深心與至境

宋詞主題中的生命意蘊與精神風貌

黃 雅 莉 著

文 史 哲 學 集 成
文史哲出版社印行

國家圖書館出版品預行編目資料

深心與至境：宋詞主題中的生命意蘊與精神

風貌 / 黃雅莉著.-- 初版.-- 臺北市：
文史哲出版社, 民 110.01
　　頁；　公分（文史哲學集成；735）
ISBN 978-986-314-540-0（平裝）

1.宋詞　2.詞論

820.9305　　　　　　　　　　　　　109022103

文史哲學集成　　735

深心與至境
宋詞主題中的生命意蘊與精神風貌

著　　者：黃　　　　雅　　　　莉
出 版 者：文　史　哲　出　版　社
　　　　　http://www.lapen.com.tw
　　　　　e-mail：lapen@ms74.hinet.net
登記證字號：行政院新聞局版臺業字五三三七號
發 行 人：彭　　　　正　　　　雄
發 行 所：文　史　哲　出　版　社
印 刷 者：文　史　哲　出　版　社
臺北市羅斯福路一段七十二巷四號
郵政劃撥帳號：一六一八〇一七五
電話886-2-23511028・傳真886-2-23965656

定價新臺幣七八〇元

二〇二一年（民一一〇）元月初版

ISBN 978-986-314-540-0　　　01735

自　序
走在前進的路上

　　這本書終究在動盪不安的 2020 庚子年結束之前交出了。

　　這一年來世界變動太大，病毒瘟疫肆虐、天災人禍賡續、戰爭一觸即發、政治算計不斷、人心沈淪敗壞。許許多多死亡的生命被「簡化」成了一列又一列的統計數字。在這個很長很長的死亡名單裡，也出現了我摯愛的父親、我敬愛的指導教授陳文華老師，還有多位識與不識的文壇與學界的師友。像是連鎖效應般的，我個人在工作和生活上也接二連三的遭遇到許多難以言喻的質疑與慌亂。

　　世界的、個人的，歷史的、日常的，許多無常和滄桑在這一年被尖銳的強化。在經歷了許多前所未有的生死無常和挫傷打擊後，我真正成了災劫過後的「倖存者」。

　　創傷是蘊含著時間意識的，它潛入記憶深處，鑲嵌在生命的軌跡上，不會真正的消失。創傷也在某種程度上改變了個體的生活態度。為了讓自己還有倖存的心力去面對未來的人生，我決定擯棄外界的嘈雜，關閉了臉書，不讓自己屢屢為了那些政治紛擾而心潮難平。不愛運動的我，開始養成天天到頂樓散步的習慣，藉此獨處並思索人生。站在十六層的高樓，迎著風，對著天空和來不及好好告別就蒼促離開我的

父親和文華老師訴說衷腸，細數時光的紋路，我相信總是關心我的父親和老師一定不願意看到我頹廢喪志。

人在脆弱中，可以看見高山與深淵。在頂樓，我可以見到天上和人間緊緊相連，自然也可以站在上蒼的視角俯看自己的塵世遭遇。日復一日的頂樓散步獨處，我漸漸釋懷，在漫長的一生之中總有些無法避免的失落與創傷，但創傷記憶何嘗不能轉化為生命的正向力量？正因為這個世界是如此的無常與善變，在不確定的世界裡，我惟一能掌握的，就是做好確定的自己。眷懷人生，唯求心安。在必然趨向死亡的未來面前，我獲得了一種向死而生的領悟。我想或許可以通過工作作為一種寄託或轉移。我相信只要自己一直努力的走在前進的路上，就一定可以擺脫陰霾，獲得平靜。於是把大量的時間埋首於這本書的增補與修訂，從中獲得自我療癒的可能。

二十年來的詞學研究生涯，我一直難忘當年葉嘉瑩先生一系列的唐宋詞論著和楊海明教授的《唐宋詞與人生》、《唐宋詞史》對我的啟發。葉嘉瑩先生立足於生命的興發感動和對作者人格和生活的審美觀照，為讀者深入闡述了詞所蘊含的生命真誠之美。楊海明教授從「人生意蘊」的角度來闡釋唐宋詞史，並把詞的研究與人類的社會生活聯繫起來，試圖揭示詞中生命意蘊對於讀者的啟示作用，進而認識詞的「活性效應」。這些觀點對我一直深具影響力。在學術的路上經歷了許多的陰晴風雨之後，現在，我想再找回那最初的澄澈──放棄那些冷硬的理論、複雜的分析、繁瑣的考證，以最純樸的生命意蘊的角度和前人進行對話，來為自己的詞學研究做一個階段性的告別和總結。

在本書「上篇」以詞學中的「生命主體論」為研究主題。在論述的過程中以傳統詞話為依據，對「詞心」深入探析、對「詞境」全面探掘，努力建構一個宏觀和微觀並重的批評體系，期能上升為一種評價詞人詞作的標準和理性的觀照。「下篇」以宋詞作品為主，透過宋詞「主題論」為窗口，觀察宋代詞人如何處理生命以及與所在世界的關係。時代與生活賦予作家創作的主題，透過六種主題中對宋人的人生狀態和生命體驗進行分析，揭示詞中人生意蘊對詞史發展可能發揮的作用。全書以宏觀的、發展性的、多層次的生命主體視角來論詞，期望能從理論和創作實踐兩方面為詞學研究中的「生命論」提供個人的一點研究心得。

在本書中所收錄的幾篇論文，或申請科技部計劃而未獲補助，或因受限於字數而無法被期刊接受刊登。敝帚自珍，猶不忍棄，我用了三年的規劃陸續寫出，終於在 2020 年的世界不安和生命的困厄中完成增刪修訂而定稿。書中的各篇都曾經參與研討會或期刊投稿，在投稿過程中或有審查委員以指瑕抓疵的嚴辭苛語，提醒了我因為趕稿而疏失的細節；或有在參與研討會中承蒙幾位講評委員提供修訂的建議，這些識或不識的同行師友助我得以在本書出版之前能順利修訂，我很感恩，即使是負評，也不是沒有正向的價值。每一個批評的背後，都有著警醒的作用。任何的痛苦都是有意義的，因為那是為了讓你有所領悟所必需的過程。

人生的價值由自己決定，好與壞都可因為一念之間而翻轉。科技部計劃未獲補助與期刊投稿過程中的累累挫折，反而成就了這本書得以系統性的輯成。相信宇宙總會為我的未來做出最好的安排，論文完成了自有它的命，在因緣和合的

推演下，它必然會為自己尋找安身立命的出口。

　　本書之所以能順利出版，最要感謝清華大學研發處「競爭型人文與社會科學領域」研究計畫和人社研究中心「專書寫作計劃」給予我的經費支助，讓我在不必擔心出版費用的左支右絀的情境下得以安心的以大篇幅宏觀性的角度來進行「任情縱性」的發揮。

　　此外還要感謝本書的外審委員文幸福教授、林淑貞學姐，專書工作坊發表會上的與談人李建崑老師、呂珍玉老師、羅賢淑老師的交流，這些美好的人情都是助成我的研究計劃可以順利推展的重要力量。

　　也很感謝詞學界的師友如黃文吉、王偉勇老師多年來的指導與幫助，王兆鵬、陳水雲、錢錫生三位教授的交流，我始終珍惜你們給予我的溫暖情誼。

　　同時我也感謝從竹大中文系至清大華文所成立以來一路同行的老同事丁威仁所長和陳惠齡老師給予我的關懷與幫助。

　　我更要謝謝我最親愛的母親和家人的支持，摯友倩茹、知交蓓芬、老同學翠瑛和潔明的打氣加油，以及同門的學弟妹們、幾位畢業後仍然關心我的學生們，你們的關懷與掛記，支持了我簡單純樸卻溫潤美好的日常生活，你們都是我生命中至關重要的人。

　　當然，我沒有忘記在天上的父親和陳文華老師，感謝你們幾十年來的關愛之情與教導之恩。雖然已經無法在現實生活中得到你們的回應，但我相信你們在天之靈一定會因為我的振作和努力而感到欣慰的。我相信你們會用另一種形式繼續陪伴我、鼓勵我。

　　最後，要感謝在寫作過程中與我交流的宋詞中各式主題和詞家以不同的性情和姿態給了我生命的力量。是他們的文字幫助我理解人生，體認人生，引領著處於困境中的我，重構人生信念，找到繼續前進的勇氣。

　　我知道這個世界並不完美，但生命仍然是美好的。在 2020年這個充滿了危殆的凶年中，能活著就是一種奇蹟，能健康平安活著就是一種成就，我們沒有理由不為生命歡喜。珍惜自己所擁有的便能喜悅，讓自己更加堅強，無論是多麼微不足道的事，都值得你興高采烈，就像這本書得以完成。

　　當世界無論如何都不肯給你肯定時，你還是要做自己唯一卻有力的啦啦隊。從黑暗仰望光明是人生的基本信念，就像我站在頂樓散步，面對每一天的日落仍然期望明天的日出。即使日子經常漏洞百出，但我仍要努力；即使生活經常手忙腳亂，但我仍要誠懇。每一個日出都是生命的美好開始，每一個日落都是前進的等待出發，每一個不曾用心經營的日子都是對生命的辜負。

　　多給自己一點打氣，所有的順利、所有的美好，都是從相信自己開始！做自己喜歡做的事，盡心盡力把它做到最好，珍惜每一個當下。當退休後的晚年，回首來時路，我也會因為自己一直走在前進的路上而不會感到遺憾。

黃雅莉謹誌於清華大學華文文學所
二〇二〇年十月二十五日

深心與至境

宋詞主題中的生命意蘊與精神風貌

目　次

上篇　理論篇

返本求源——詞學中的生命主體論

下篇　作品篇

以生爲本──宋詞主題中的生命意蘊與精神風貌

緒　論

　　綜觀半世紀以來兩岸的詞學研究，有了許多領域的拓展與創新。如詞調的查考、詞的作者真偽、詞人生平事蹟與籍貫歸屬的考證、詞的域外傳播、詞的用字、意象與結構等等，這些議題雖然有其重要性，但畢竟是遮蔽了文學與人的存在的關係，使文學成為與人的生存無關痛癢的隔閡，甚至漠視了詞文學中對生命的思考。我們面對的是一部自足的文本，其承載的價值和意義是比那些外在形式更為重要的。如果對於詞中的生命觀和價值觀、對文本中的存在感，或極力開脫，或不置一詞，這是捨本逐末、喧賓奪主的偏失。

　　捷克流亡作家米蘭・昆德拉《小說的藝術》中說道：「小說的任務在於探索存在之謎」[1]，把握住「存在」這種文學的終極關懷，並且將它與文學的詩性沉思結合起來，我想這也應該成為文學研究的使命。如果不是為了感受和生存，人們為什麼創作？如果文學與人的生存和生命無關緊要，那麼，詞文學便會已成為被人遺忘的「遺產」。對於宋詞的研究，對文學文本應有更多的情感關注，對詞人的精神存在應投入真誠和熱情。理應更多地關注人的心靈和精神，甚至那些更能體現人的本質的心靈和精神的深

1　[捷克] 米蘭・昆德拉著、唐曉渡譯：《小說的藝術》(作家出版社，1993年版)，頁 157。

層結構。詞文學中對於生命存在的關懷這一主題仍然是值得我們鑽研發揚的精神資源。

　　筆者如此說，並不是要推翻純學術的研究，但認為學術研究更不能缺少溫潤的人間情懷，我欲透過學術研究與人文關懷、價值尋求、存在意義取得緊密結合，期望能透過個人研究的成果，一方面既顯示出研究的學理性，另一方面又可以具備人文情懷的應用性。期待這樣研究方向也能成長為一個時代的學術方向。可以少一點學理性的冷硬、枯淡，多一點生命的溫情與熱力；少一些促狹的學術味，多一些博大的人間情懷；少一些統計數字的抽象，多一些生命意識強化的具象，用真誠和生命去啟動曾經輝煌的傳統，那是宋代詞人為我們留下的寶貴的精神遺產。只有這樣，才不至於使宋詞成為這個科技高度急駛的時代中「無用」的代名詞，進而成為被遺忘的精神之流。正因為詞人，體現著一個有著豐厚文化背景的心靈，正視填詞、作詞是生命的問題，文字的背後挺立的是活生生的人，作品是生命靈動的凝結，不能見文不見人、見字不見心。

　　理論和創作之間的關係，正如「心手相應」、「道藝並進」的關係，作家總是透過創作實踐來呈現自我的內心的世界，並實現理論原則，以符合獨特文體的創作規律。創作往往是作者對客觀事物的主觀感受通過熟練技巧加以再現的問題，是客觀事物、主觀認識的和表達手段三者統一的問題。詞話、詞論等「文學理論」是批評家從大量的宋詞創作現象入手，透過對文學現象的歸納、概括文學的本質、特徵、規律而來，並從概念、範疇、命題及理論框架等各方面準確地、系統地去理解文學。它是從文學創作和文學批評實踐中總結出來的思想體系，它來自文學實踐，又要回

到文學實踐中去，給文學創作和文學批評以指導，提供觀點和方法。

　　本書分為上、下篇。上篇是理論篇，主要建構詞學理論中的「生命主體性」。擬從詞文學的創作和接受的角度，在符合詞的文體規範下去探討詞學中的生命主體性。書名的標題，強調從「深心」到「至境」，因為每個詞人的創作皆來自於「深微幽隱」的「詞心」和「極至高遠」的理想「境界」。面對詞的創作與接受，人們並不滿足於只停留在對客體形貌的描摹，更要把握其精神內蘊，尤其要深入到主體的內心世界去，把握其審美心態。如同那句人人耳熟的透骨情語：「換我心，為你心，始知相憶深」，詞心之「真」與「深」，使詞成為詞人自我個性化、獨特化的抒情詩體。而「詞心」與「詞境」二者之間形成詞之抒情內結構（「詞心」）與外結構（「詞境」）的關聯性，這便形成了一種「心與境偕」的審美結構。「詞境說」發展到王國維，特別拈出「境界說」，把「詞境」和「人生境界」、「自有高格」聯繫在一起，呈現出「以境界說人格」的獨特思路，於是「境界」便成了品評詞作的審美標準。理想人格的培養是一個人生境界逐漸提升——由功利境界、道德境界而進入「天人合一」日趨完善遞進的歷程，這也是一個由現實中的人逐漸提升至理想境界的過程，筆者名之曰「至境」。境界規定著人格的內在特徵，人格又以一個整體的形象展示了詞作精神境界的品性。

　　下篇重在對宋詞幾種主題進行其意義的生成背景、闡釋其精神風貌，期望以主題的視角系統研究宋詞的精神內涵。「主題」和「題材」是不同層次的問題，二者互有區別與聯繫。我們若從縱向的結構層次——由表及裡地探究文學作品，可以分為三個層次：言（話語層）、象（形象層）、意（意蘊層）。其中的「象」（形象層）

和「意」(意蘊層)恰好可以說明「題材」和「主題」的關係和差別。「題材」是作品外在所呈現的物象與事象，以及客觀的生活圖景，這都是形象層，這並不是作品的「主題」，主題往往來自於作者的創作意識，它是經由外在形象而深入到內在的意蘊層，它是在文學語言與形象層的基礎上透露出來的深層次的意旨內涵、意義與價值。它是比直接顯現的形象更為深遠的一種東西。它甚至是作品的一種內在的精神、靈魂、風骨和精神。意蘊就是作品的思想意義和作者的寫作意圖，也就是今人所說的主題或中心思想。詞文學一方面要求作家有較高的創作技巧，另一方面要求讀者有較高的鑑賞水準，因為詞作的主題思想比一般文章的中心思想表現得深刻、隱蔽、含蓄些，所以往往被一般讀者所疏忽，也較少受到研究者的關注。為了開掘宋詞研究空間的歷史突破，筆者以為透過「主題分析」的路徑是一種非常有利的切入點，它能夠突破時間和空間的界限，在文學的場域中縱橫馳騁，兼收並蓄。主題的研究，一方面可以從時間視角自然地構築了文學研究中的歷史分期，使研究者更順利的關注特定歷史時空下某一種或某一些極具生命力與影響力的文學思潮，在此基礎上，研究可以進行縱深開掘的方向。筆者對宋詞進行「主題」式的研究，在文學史研究的同時也進行了審美批評的路徑，將宋詞創作這一文學現象置於整個歷史時空之中，並且借鑒了比較詩學研究、文化學研究、社會學研究、歷史批評、接受美學等多種研究和批評方法，進入主題的深層次開掘，挖掘主題的深刻成因及其在歷史中產生的變異和衍生的現實意義。

　　本章為緒論，共分兩節，分別說明上篇和下篇的寫作動機與背景。

第一節　建構詞學批評中的生命主體論

──詞心、詞境及其關聯性探究

　　詞的主體意識和審美價值其集中體現的就是「詞心」與「詞境」，關於創作主體內在心靈的「詞心說」與強調主、客觀交融的「詞境說」，兩者之間有著密切的關聯性，這兩大論題乃突顯詞之所以為詞，並應被視之為一種具有獨特精神的詞學批評標準與核心思想。

　　詞人是創作活動的中心，也是詞作生成過程中的直接操縱者，有詞人，才有詞作，然後才有詞學的欣賞和批評，所以作家的主體精神是詞學理論體系中的重要一環。然而，歷來對詞學理論的研究，多著重在探討時代政治對文學思潮與審美觀念的影響，或偏重在詞的功能、詞的體式、表現手法、詞史發展等諸方面，然而對於從創作主體心靈世界的「詞心」、內在主觀與外在客觀結合的「詞境」等這一獨特主體性角度論詞，應該可以進行更全面與深入的論述。在同一時代或同一時期，文人所處的社會文化環境大體相同，可是卻最終形成了風格迥異的作品，這其中有多種因素，最深層也是最重要的是作家心靈或心態的差別。作品的創造和閱讀者都是活生生的人，因此，後人對前人的心靈開掘到什麼程度，也就決定了與對歷史、人生和文學思考到什麼程度。欲了解一代詞學，需要先明一代詞人的心態，清代詞論是在總結前面各代詞學遺產後做出整體性的評說，詞論中的生命主體性，由「詞心」而「詞境」有著內在的互攝與演變發展的歷程，具有展示文人的心靈世界和情感歷程的重要性，二者之間也在存在某

種必然的關聯性，需要進行總合性的探究。

　　作品是作家整體心理結構的充分表現，正是作家的主體能動性決定了創作的獨特處，決定了作品的境界、風格、氣韻、格調，這說明了心靈的重要性。其次，文學是用易於感受的方式，訴諸於人的感官和感情，所以必須透過特定的審美形態來體現作家的審美意識。藝術創作莫不是心與物的契合，這種契合最中心的共識就是「意境」。這說明了內外交融、主客合一、形神相契的審美感知的重要性。由是之故，本書上篇擬對清代詞論中的「生命主體論」範疇予以考察。第一章和第二章就詞學中關於創作主體與接受主體之「性情而發」到「詞心醞釀而成」的發展與內涵作一探究。第三章和第四章即針對清代詞學中的「詞境論」到「境界說」的內涵變遷，從「審美藝術論」至「人格生命論」的發展，探討王國維境界說的美學根源。此皆為文學理論與文學批評的綜合研究，兼具專論性與文學發展的歷史性考察。主要在探析「詞心說」、「詞境說」在清代各詞學家的論述中呈現出怎樣的敘述方向與發展變異，以期提供一個了解古代詞家及其作品的新視角，更有著強調回歸創作主體本位來看詞體的獨特性，遠比從時代社會等外緣背景更形重要的意義。

　　上篇共分四章，以下略述各章重點：

第一章　從「性情而發」到「詞心醞釀」——從創作歷程的角度論詞心

　　創作的本質在於抒情，從生活中尋找情感，以一顆心來挖掘和發現詩意的生活。心是創作的本源，但不同文體的創作初心仍有差異。如果說，「詩者，乃天地之心也」，而「詞心，乃是萬不得已也」。如果說，「詩者，志之所之也」，而詞「乃性情之道」。「性情」是比「志意」更為隱匿、內在的東西。性情的內涵體現為情

感的真與深，以及情感的自然抒發。本章從創作的歷程論述詞心的內涵，把整個文學的創作過程分為幾個相互聯繫又相互獨立的階段，從作者創作的角度分為以下的三個階段：「創作之前的準備與積累階段」、「創作中的構思與想像階段」、「創作時下筆的表現與傳達階段」。

第二章　從「以心換心」到「詞外求詞」──從讀者接受的角度論詞心

前章論述「作者之心」，本章則論述「讀者之意」。接續前章脈絡從創作進入到讀者接受的層次。作者用「心」創作，也把「心」交給讀者。文學作品的接受是一門見仁見智的事情。不同的讀者因為學識積累、人生閱歷、審美偏嗜等方面的不同，對同一作品的閱讀感受必然不同。作品的意義和價值只有通過讀者的閱讀方可實現。詞者的重要地位不言可喻，所以清代詞論家亦從讀者的角度來論詞心。由於「批評」以「鑑賞」為基礎，但它又高於「鑑賞」，它要通過對作者創作的評說來推動創作的發展，另一方它要幫助讀者理解作品，提高讀者的鑑賞水平，是以，在接受論中，筆者先後分為：「讀者鑑賞的再創造」、「文學批評的審美判斷」。

綜觀第一、二章的安排，是為了遵循文學的創作、鑑賞、批評三方一體的規律、前後發展的歷程，並通過板塊的分類才能對相近、相關範疇之間的發展關係有較為深入的認識。如此便可見清代詞學家如何貫串了文學活動中，「現實世界──作家創作──文學作品」、「文學作品──讀者接受──現實世界」兩組獨立而又統一的恆定關係，由此而形成了內在整合的文學觀，在此視野下也提供了一幅「詞心說」形成的內在全景，其中涵蓋了創作、欣賞、批評三方面的主體性論述，此三位一體的主體性方為「詞心」說完整的義蘊。

第三章　「詞有別境」的審美藝術——清代詞學中的詞境說

　　詞必有境，而且詞有別境。詞境是由景與情、主與客、意與境等諸多元素水乳交融所形成的一種生動的藝術氛圍。詞境理論從情與景的關係，發展至意境理論，再至王國維的境界理論。本章先對王國維之前的詞境發展進行了「溯源」與類型劃分的辨析。全章對王國維之前的清代詞論中的「境界論」範疇予以考察。主要在探析「境界說」在清代各詞學家的論述中呈現出怎樣的發展變異，以勾畫出詞學中詞境論的開展面貌及闡說的軌跡。可知王國維之前的詞評家仍然是從審美藝術的角度來論詞境，詞論在向詩論趨近的同時，也同時建構了不同於詩論的特色。這些論述，形成了王國維之前詞境觀念的存在前提。

第四章　從二元對立到統攝雙方——王國維「境界說」美學根源探究

　　本章旨在探討王國維《人間詞話》建構「境界說」的二元對立思維模式的產生、發展及其辯證解決之道。透過「追本溯源」的視角來分析王國維的「人生觀」和「境界說」在某種程度上的相互印證，以達到重新解讀王國維及其詞學觀的目的。二元對立的思維模式的辯證是王國維美學理論的貢獻之一，認識王國維思想的「二元對立」可以幫助我們瞭解其對詞學境界說的建構具有開闊性與豐富性。

第二節　以生爲本：

從生命書寫的角度觀照宋詞重要主題

　　宋詞研究是詞學研究中的熟題與顯學，至今已經累積了許多的成果，在客觀上也為來者設置了難以跨越的高臺。因而，將研究的主題再度鎖定在宋詞，很容易被視為老調重彈，難出新意。「熟題」的命運自是如此，但筆者仍然決定在「宋詞」這個「顯學」與「熟題」中再度挺進，針對幾個與生命與存在思考相關的主題書寫進行探究，是因為生命意識與詞之創作關係還有值得闡發的地方。筆者以為，宋詞研究如欲擺脫難出新意的內在困境其根本出路就是走向生命與文本互構，尋求始源。透過對生命書寫的探究來尋找始源。從宋代遊仙詞、自壽詞、歎老詞、情詞、感時紀事、貳臣創傷書寫中都可以見到詞人對生命苦難的感悟與體認，對自然生命的超越。任何的創作都是作者對生命存在的探索，只看他用什麼方式來表現。作家對生命探索有兩種基本形式：一種是表層的，這種探索是作者自己通常能意識到，屬於經驗層次，就是我們所謂的「題材」，題材以客觀生活場景為描寫的主體。另一種是深層的，它表現出作家對生命本身的體悟，屬於超驗的，在作品體現出一種對生命追求與深刻的內心體驗，這就是「主題」。主題必須寓於一定的題材之中，透過題材才能體現出來。我們可以說，「主題」是文學作品中通過客觀形象和圖景的描寫所透露出的理性思考，主題也是作家在生活實踐和創作實踐中展現出的感性體悟。正是這種發自生命本體的理性思考和感性體悟，孕育了藝術的生命之花。

　　書之所以命名為「宋詞主題中的生命意蘊與精神風貌」，乃是期望以主題學的方法系統研究宋詞的精神內涵。擬從「生命論」的視角對宋詞進行內部觀照，去發掘文學深層的生命價值和人生意義。並以建構精神主體的方式進入宋詞研究的視閾，期望得以超越詞史的一般性論述，鋒芒直指文學的核心——生命書寫與心靈變遷，以此開掘了廣博而深邃的宋詞研究空間。以下說明下篇的研究動機與目的：

一、研究動機

(一)探究各種主題書寫興盛的歷史文化淵源和時代背景

　　欲探究宋詞中幾個主題書寫興盛的歷史文化淵源和時代背景，包括社會政治之影響、思想文化之浸染、文學傳統之延續等因素。從詞史角度審視宋代各種主題書寫的發展與新變，有助於體認宋人嘗試提升詞體地位的尊體意識和主觀努力。

(二)探究宋代各式主題書寫的創作心理

　　欲探究宋詞幾種主題書寫的創作心理。榮格《分析心理學與詩的藝術》說：「藝術實際上是一種心理活動」。[2]文學與藝術，和人類其他活動一樣，乃是出於心理上的動機。每個作家都有自己的創作心理，每個作家都有一個自己的內在世界，即其獨特的藝術思維。作家創作心理的形成，與人生覺醒、藝術覺性有關。人類的文學活動，總體上說是一個由相互作用的各個有機部分組成

---

[2] [美]卡爾文・S・霍爾，沃農・J・諾德拜合著，張月翻譯，《榮格心理學綱要》(鄭州：黃河文藝出版社，1987年版)，頁141。

的一個完整的系統。是一個由緊密聯繫的若干發展階段相成的活動過程，在這一過程中，作家其心理活動實際上起著相當重要的作用，對作品產生相當大的影響。因此，在文學研究中，創作心理是一個應當給予充分重視的課題。

（三）探究幾種主題書寫的審美詩性

審美價值是文學作品對人類的靈魂喚醒和本真生命的詩性存在，所彰顯的精神關懷——使人的生命更加具有詩意和靈性。如何看待作品審美價值所體現出來的客觀的、歷史的詩性特徵，也是筆者關注的焦點。筆者欲透過對宋詞中的幾種主題書寫的心理等對生命活動的分析，理解其審美取向和藝術表現。

二、研究目的

基於上述研究動機的說明，本文的研究目與欲處理的問題約有以下幾點：

（一）理解宋代幾種主題書寫的歷史文化淵源

筆者欲透過探究宋代幾種主題書寫形成的創作心理動機與時代背景，藉以理解詞所展現文人的生存環境與時代心態。因為詞終究是在複雜的歷史背景下產生的「文學——時代和文化現象」，我們在分析詞文本時便不能不考慮歷史、政治、哲學的時代與文化背景。

（二）理解宋代幾種主題書寫所體現的文化精神和 人生意趣

如果說，文學是人學，詞學更是心學，宋詞因其體性特質和文化功能當仁不讓地成為宋代諸類文學中與抒情主體心靈相合度最大、最真實無偽的一種文體，故從中抉發宋代詞人心靈發展的

動態史自是文學史上重要工作。詞人把自己人性的魅力和光芒存放在作品中，延續為不朽。筆者擬透過對兩宋幾種主題書寫文本解讀以理解宋詞中的所體現的文化精神和人生意趣。藉以理解宋代幾種主題書寫其創作風格與文化品味。

(三)掌握兩宋幾種主題書寫的發展嬗變

本文欲探究幾種主題書寫階段性的發展嬗變史，以及其社會功能與在詞學史上的價值與意義。理解宋詞在北宋和南宋不同「時代背景」與不同「作家身分」中所呈現的不同的「視野和心態」。例如北宋初期、北宋中後期、宋室南渡、南宋中興時期、南宋末年等不同階段，不同身份的詞家如英雄志士型、江湖名士型、恬淡隱士型，都會形成不同的主題書寫的內涵與思考。

(四)理解宋代幾種主題書寫在詞史發展中的意義

詞之產生，本來就在酒宴歌席的娛樂活動中而興，這使它與傳統詩歌言志的功能截然相反，使它獲得了一種解放的氣息。像祝壽詞便是在這種自由的氣息中成為一種具有喜樂性質的實用題材，以其神奇的韻味，祝賀色彩，為詞文學增姿添彩。然而，詞的去俗復雅的尊體運動，在詞史上始終進行著，「自壽詞」便是去俗復雅的體現，其發展走的是向傳統詩學靠攏的路子，「尊體」成為自壽詞追求的主流，在內容和格調上也確實得到了極大的開拓和提升。「自壽詞」不僅發揮了抒情言志的功能、甚至是文治教化的功能，更是詞發展史上一個不可或缺的重要鏈條，也成為詞體地位提高的又一印證。本文欲從宋詞的幾種主題書寫的抒情功能、抒情模式、審美特性三個方面來論證其對詞史的發展的影響。站在時代與歷史演進的高度，突出和強調各式主題在詞史上的創作表現與特點，藉以推定宋詞主題書寫的詞史地位和文學成就。

三、章節安排

　　筆者擬對宋代各時期詞作中的各種紛繁複雜的文學現象進行了細緻的梳理、分析與歸納，並將其以主題學的路徑重新引入文學史，考察宋代詞人複雜矛盾的處世心態——深情執著而又自適超脫的生存姿態、在情與理的衝突中曲折起伏的心路歷程、感時憂世又寄情自然的文化精神和人生意趣。下篇主題分為以下各章：

（一）生存詠歎下的自我觀照

第五章　遊仙書寫的發展軌跡與對傳統的逸離

　　「遊仙」是詩歌從先秦以來淵遠流長的傳統題材，從「遊仙」一詞的形態與指向來看，「仙」，意指縹緲空靈的「仙境」、飄忽不定的「仙人」和「長生不死」的境界等多重含義。然究其實質，仙人與仙境也是人想像出來的，是人的思想進行一種超現實的異化；而人思想的異化，往往由於人的處境或時代社會發生異化，促使之不得不在虛想的世界中創造一個桃源仙境，以擺脫現實的羈絆。「遊仙」必須有「遊」，「遊」則是一種行走，行走不限於在現實的人間世界遊走，它也可以是一種精神之遊、心靈之遊。

　　最早以「遊仙」為名的是曹植的〈遊仙詩〉，「遊仙」於是成為詩歌的一種獨特的類型，從「儒道互補」的視角以宣洩志不獲展的一份心靈的寄託。然詞之為體，從它誕生的第一天開始就不是從社會功利與政治實現出發，乃是從生命自由的角度來寫人的欲望和對愛和美追求，但由於詞的詩化趨勢、三教思想的濡染，文人出處行藏的矛盾衝突，在唐宋詞中也出現了超越現實的遊仙之作，儘管為數不多，但本身卻有著不可忽視的價值與重要性。

　　本章基於「越界破體」視野下對宋詞的「遊仙書寫」進行「以

詩為詞」的闡釋和發展歷程的探究。「遊仙」本是詩歌的傳統題材，但由於文體拓展的需要，情感表達之必須，作家莫不是從自我生存狀態出發以審視內心世界。詞人對遊仙詩題材的借鑑，透過越界破體的過程，進行多角度的融合，以豐富創作內涵。因此，遊仙書寫的出現展現了詞體的創新與再造，從豔情求女到遁世長生之想至宣說存在之理，以詞來書寫士大夫文人在詩歌中所表現的志不獲展的隱逸之懷、人生無常的生命意識、歷史興亡的憂患意識。

筆者選擇了宋代每個階段中具有代表性的遊仙書寫相關的心靈標本，觀照他們以遊仙作為自我救贖之路，而後勾畫出兩宋詞人心靈史。在梳理這些被選出的心靈標本的過程中，整理出共通的時代心理，同時也發現了文體交融的一些規律。就兩宋不同階段的群體和個體而言，詞人因其各自不同的環境、經歷、身份及個體心理等因素，從而表現出異彩紛呈的遊仙書寫。可見宋詞的遊仙書寫有其發展的歷史軌跡，並與時代發展同步進行。

第六章　歎老書寫與消解之道

本章主要探究宋詞中的歎老書寫與超越之道。歎老書寫衰老給人帶來身體感受的同時，也造成直接的心理衝擊，如何度過餘年、安頓自我身心，是人人都無法迴避的問題。宋人是善於思考一代，宋人一方面珍愛生命，一方面對生命進行思考。而詞又是一種最能挖掘內心真情的文體，宋詞中的老年心境書寫，更能展現了詞人面對遲暮所展現的生命關懷，面對衰老時體現出內在的自我勉勵，在自我調適中重構人生秩序，內在超越為他們帶來新的生命感覺，他們在詞中把這些心情變為人生閱歷的真誠訴說，使衰老從文化符號變為一種展現人生觀的紐帶。

第七章　自壽詞的創作心理與發展意義

自壽詞，顧名思義即是為自己生日所作之詞。生日是個體特殊的時間座標，人們往往會在這個日子進行自我反思與評價。自

壽絕非應酬交際、慶賀歌頌之作，自壽其實比他壽更富有文學性，
更應被重視。或許因為自壽在人們印象中屬私人化而顯得貧弱，
自壽詞長期處於被忽視的地位。本文以此為題，闡述宋代自壽詞
的表現，以此揭示自壽詞的抒情品格與文學價值。

(二) 人我之間的互動

第八章 納悅他者──「詞人之詞」的情詞書寫及詞史意義

愛情是人類不可或缺的生命體驗，更是宋詞的重要主題。宋
代詞人的創作與女性的關係非常緊密，在宋代這樣一個特定的時
代背景下，情詞在抒情視域及審美意趣上與以往的愛情詩詞存在
一定的差異性，情詞將詞的生命意蘊和審美價值擴展到了一個新
的高度，尤其是「詞人詞」在情詞的書寫上更呈現出「真」與「深」
的境地。

第九章 時代存照──「感時紀事」的詞史書寫與發展軌跡

本章從反映時代面貌的角度，闡明兩宋「感時紀事」的創作
現象與發展軌跡。探討兩宋詞在繼承宋代以前「以詩寫史」文學
遺產的基礎上，在史實內涵、表現手法和審美風格等方面所表現
出的獨特藝術魅力。對於宋詞「感時紀事」的關注，不僅可以使
我們更為全面地把握宋詞在主題思想方面的發展變化，以及宋代
文人在特定時代中的心態與關懷內容，同時也有助於我們瞭解「以
史入詩」這一詩歌創作現象在宋詞中所產生的新變。

第十章 易代滄桑的悲吟──仕金貳臣群體的創傷書寫

宋代是中國歷史上民族矛盾突出的王朝，從北宋時代的遼與
西夏環伺，南宋時的金和蒙古進逼，使得宋代長期面臨著異族的
威脅。時代興替之際必然出現了變節出仕新朝的「貳臣」這一特
殊的群體。在「事君不貳是謂臣」和「華夷之辨」的傳統觀念中，
社會普遍難以接受身仕兩朝的「貳臣」，他們在文化、民族和群體
三方面皆無法找到自己合適的歸屬，甚至被視為是大節有污的象

徵。貳臣們的內心無時不在痛苦的掙扎著，創作似乎成了自我救贖的方式。在詞中留住僅存的人格氣節，寄託殘存的遺民情懷；甚至藉著眷懷故國舊鄉，表達內心的愧悔，以博得人們的諒解與同情。作品往往可以揭示仕北南人的心態，透過他們的創傷書寫，除了幫助我們了解貳臣這一文人群體的獨特生存狀態，對我們了解宋金易代之際的社會歷史也具有獨特的價值。本章選擇了被迫仕金的貳臣群體，留下詞作表現心跡的文臣，如出使見留的宇文虛中和吳激、隨著宋土淪陷轉而仕金的高士談、隨父降金的蔡松年，這幾位文人大都來自人文薈萃的中原地區，他們加入金朝陣營的原因比較複雜，其政治抉擇表現出明顯的矛盾性。因其各自不同的環境、經歷、身份及個體心理等因素，從而表現出異彩紛呈的貳臣書寫。本章透過知人論世，對詞人生經歷的理解，再透過文本分析作品中的貳臣情懷，對創作進行審美評價，以見他們四人同中各有異趣的情感內涵。

綜合上述，可以見到下篇是對於宋代詞人創作表現不同面向中傳達了詞人對生命意蘊的各式感知。在第五至七章中分別針對遊仙悟道、歎老嗟衰、自壽詠懷的探討，這都是屬於詞人對自我生命關照與生存詠歎。第八、九、十章是「人我之間」的關係探討。第八章「情詞的深化」探究的是「納悅他者」，第九章的「感時紀事」書寫是離亂下的「時代存證」，第十章「易代滄桑的悲吟」主要探究宋金易代之際四位仕金宋人在成為貳臣之後心境變化，從其創傷書寫中以見其內心掙扎。從六個章節論述中，可見詞人從自我走向他者，走向群體和大我。

上篇　理論篇

返本求源——詞學中的生命主體論

第一章　從「性情而發」到「詞心醖釀」

——從創作歷程的角度論詞心

　　在詞學理論中許多重要的問題，如體性、體要、比興寄託等已經得到了較多的關注與闡釋，歷來對詞學內涵精神的研究，也多立足於從詞體本位的基礎上進而探討時代社會心理、文學思潮、審美觀念等諸方面，然而對於詞的創作歷程中作家心理生成機制的問題，或從主體內在心靈即「詞心」與「生活關係」的主客交流這一獨特角度論詞，尚未引起學界足夠的重視。

　　法國大文豪雨果說過：「世界上最廣闊的是海洋，比海洋更廣闊的是天空，比天空更廣闊的是人的心靈。」[1]此系文學理論中最根源性的問題，對方寸之心的重視，對主體性的重視。創作即人心感於外物的結果，文學作品是「人心」的產物，研究文學，首先得研究作家的心理。「文學創作過程並非作家對於現實的被動反映，相反的，他對於創作握有極大的主動權。在這種創造活動中，作家是作為一個起決定作用的主體，影響著全部過程。」[2]作家在創作活動中具有主導性，為創作過程提供內在的尺度，其主體意識貫穿在文學創作的始終。創作主體在創作中具有重要地位，接

---

1 法・雨果：《雨果散文》(北京：人民文學出版社，2008 年)，頁 13。
2 參閱魯樞元、錢谷融主編：《文學心理學》(臺北：新學識文教出版中心，1990 年)，頁 134。

受主體與作品之間也必須具有適應性，「主體性」在整個文學活動中具有非常重要的地位。本章和下一章就詞學中關於創作主體與接受主體之「詞心醞釀而成」至「以心換心」的發展與內涵作一探究。

　　「詞心」的發展，最初是從作者的「創作論」，延伸到讀者的「接受論」(包含鑑賞和批評)，貫串為一個嚴整的思想體系。清詞的發展史在某種意義上可說是一部流派史，然而尚有一些不屬於任何流派的詞論家，他們往往又和某些流派內的詞論家在詞學主張上有諸多相似之處，這就要求我們在進行詞論的研究時，有時必須打破派別的限制，進行宏觀綜合的考察。如果研究範圍只局限於特定的詞派內部，那麼，詞派或詞人群體以外的詞論研究就沒能得到應有的融會貫通。幾位詞家生卒年雖有先後的差異，亦不屬於「並時性」的同一詞派，但他們對於「詞心說」的闡述既各具特色卻又息息相關、層層遞進、後出轉精。在他們看似平易簡短的談論中，蘊藏著深刻的見解，然因中國傳統詞話論述採取的是片言隻語的「分則式」闡述，每則內容並不連貫，顯得零碎不成系統，加上多偏於「直觀性」評價，或「經驗性」總結，沒有分析推理的發展，缺少邏輯思辨的過程，雖然幾位詞評家對於詞的創作、鑑賞、批評的主體性論述有很好的見解，然而卻沒有理論的嚴密建構。任何事物皆由部份和整體組合而成的，這就決定了科學方法永遠脫離不開「分析」和「綜合」。在「分析」的基礎上的「綜合」才是科學的，在「綜合」指導下的「分析」才是可靠的，脫離了「分析」的「綜合」判斷必然失誤；脫離開「綜合」去「分析」作品，便沒有主幹。筆者企圖從散置在各家的片段論述中，從傳統詞話的模糊感性把握走向規範化、科學化或明晰化的理性闡釋，從理論高度和宏觀視野上去闡明詞心的性質、

特點和一般規律，所以在分析的過程中，要始終考慮的是如何清晰地呈現一種系統性的整合。是以，本文欲打破詞評家所屬詞派或群體之間的界限，依據一般創作的歷程和接受的規律，先有作品的生產，才有讀者的接受，所以，我們可以把整個文學的創作過程分為幾個相互聯繫又相互獨立的階段，從作者創作的角度分為以下的三個階段：「**創作之前的準備與積累階段**」、「**創作中的構思與想像階段**」、「**創作時下筆的表現與傳達階段**」。

第一節　中國審美主體論的發展：
從言志、緣情到心靈說

一、詩學中的性情論：「言志」到「緣情」的發展

　　文學，從創作主體的角度來看，就是人們的性格學、心靈學。中國傳統文學中有著豐富而深邃的精神活動，而這種精神活動概括來看，不外乎是「言志」與「緣情」兩大方面。[3]《尚書・堯典》中謂：「詩言志，歌永言」[4]，詩言志，言何志？何以言志？言志即抒懷明道。孔子評定《詩三百》時指出，《詩三百》的價值主要在於「思無邪」。古人將立德、立功、立言譽為「三不巧」，

---

3 關於「言志」與「緣情」的觀念，一直是中國詩學的重要觀念。「情」與「志」的概念看似相近，但同中有異，各有偏重：「言志」側重於群體性的政治社會價值的實現、道德倫理的張揚，而「緣情」側重於個人身世遭遇之感、性情之剛柔、心靈之悲喜。言志，體現著對大我的擔當與投入；緣情，感受著小我的生命體溫與脈搏。

4 《尚書・堯典》，見《十三經注疏》（台北：藝文印書館，1982 年 8 月），頁 46。

其中「立言」即言志明道。中國詩歌以「言志」為主調，以「善」為本的文學觀要求任何文學形式都必須為「明得失」、「正人倫」等倫理目的服務，中國傳統強調正統詩人必須以詩載道，言志明道對於傳統中國詩歌，始終是一條明晰的主線，並鮮明地體現著天人合一、民胞物與的民族文化精神。[5]「詩品即人品，人品則以道詩品」，中國古典詩歌尤其強調詩品與人品的一致性與社會價值的實踐性。有遠大的懷抱與責任擔荷性情的作家自有上品的詩作，在詩學體系中，情性與言志本是一脈相承的，《毛詩‧大序》指出：

> 詩者，志之所之也。在心為志，發言為詩。情動於中而形
> 於言，言之不足故嗟歎之，嗟歎之不足故詠歌之，詠歌之
> 不足，不知手之舞之，足之蹈之也。[6]

〈毛詩序〉強調了幾個重點，第一，它肯定了情感是「詩」(言)、「樂」(嗟歎、詠歌)、「舞」的動作，也是作品的內容，而「樂」、「舞」是詩的延續與昇華。第二，它將「志」視為內在的「詩」，將「詩」視為外在的「志」，一內一外，互為表裡。看可見「情性」與「言志」互相依存的關係。《毛詩序》初步協調了「詩」與「樂」、「舞」的關係，將「情」設定為文藝創作的原動力，並不強調「心」這個概念。

在漢人心中，「志」是一個含義較多的概念，東漢許慎《說文解字》云：「志，意也。」[7]又云：「意，志也。」[8]「志」與「意」

---

5 如屈原用〈離騷〉表現他聯齊抗秦、忠君愛國的政治理想；曹操用〈短歌行〉抒發渴望賢才輔佐，統一天下的雄心壯志；陶淵明以「久在樊籠裡，復得返自然」的詩句表達他的隱逸之志；陳子昂以登高望遠的視角長嘯「念天地之悠悠」，抒發遠大的抱負和失路的悲愴。
6 《毛詩‧大序》，見《十三經注疏》(台北：藝文印書館，1982 年 8 月)，頁 13-15。
7 漢‧許慎撰，清‧段玉裁注《說文解字》(上海：上海古籍出版社，1981

可以互訓，說明雙方內部的字義可以會通。清人段玉裁根據「志」在古籍中使用的情況，將其義項歸納為三：一、志向，二、識記，三、知識。若再將上「意」的義項：記憶、意圖、意念、意志等，則「志」的含義更為豐富。[9] 這樣一來，當〈毛詩序〉將「詩」、「志」視為內外、表裡關係時，無形中也就增大了作品抒情的容量。

　　「志」所包含的情感已被後人理解為被禮義所過濾後的情感，並不是人的自然本體真性情。魏晉時代，文學轉向了注重個人抒情，陸機〈文賦〉有云：「詩緣情而綺靡」[10]，鍾嶸〈詩品序〉有云「搖蕩性情，形諸舞詠」[11]，也試圖尋找情與詩、舞與樂的關係。劉勰《文心雕龍·神思》亦云：「登山則情滿於山，觀海則意溢於海」[12]，將「情」與「意」並列。再云：「意翻空而易奇，言徵實而難巧」，將意、言對舉。〈情采〉又云：「昔詩人什篇，為情而造文」，將「情」看成文的主旨，並兼有「意」的內涵。又如「情者，文之經」，認為情性為文的構成主因，皆對文學抒發個人情感的作用予以重視。

　　「詩言志」說由儒家提出，源遠流長，應是較為完備、成熟的抒情理論，儒家雖提出了「詩言志」以及情的動力等問題，但由於「禮」的禁欲、制約的作用，「情」在大部份的時候是處於被

　　年 10 月版），頁 502。
8　漢·許慎撰，清·段玉裁注《說文解字》（上海：上海古籍出版社，1981年 10 月版），頁 502。
9　漢·許慎撰，清·段玉裁注《說文解字》（上海：上海古籍出版社，1981年 10 月版），頁 502。
10　陸機〈文賦〉，見梁·蕭統編、唐·李善注《昭明文選》（台北：文津出版社，1987 年），頁 761。
11　鍾嶸〈詩品序〉，見鍾嶸《詩品》（台北：金楓出版社，1986 年 12 月），頁 18。
12　梁·劉勰文《文心雕龍·神思》，參見周振甫：《文心雕龍注釋》（臺北：里仁書局，1984 年 5 月），頁 105。以下再次徵引甚多，概見此本，不一一附註。

防範、被壓抑的暗處。儒家提倡「以禮節情」，把道德規範作為實踐理性和人生之最高目標，本無可厚非，但由於目標預期具有高不可攀的神聖性和規範性，從而使現實生活中有情有欲的普通人難以做到。儒家所注重的內心體驗主要是道德倫常體驗，然而對於「美」的審美體驗、求「真」的生命體驗，基本上是排斥的。在儒學看來，人應該為道德而生，為倫常而死，而不應該為求真、求美而活。「志」大都被賦予實踐理性的道德內涵，而情感大都被說成是詩的「動力」因素，而不是本體內容。在這種情況下，「詩言志」說出現的雖早，「情動於中」、「詩緣情而綺靡」、「人稟七情」、「搖蕩性情，形諸舞詠」等命題雖多，但從科學理性的角度講，到底何謂感情？感情的類型、結構、活動的機制是什麼？緣何而起，緣何而滅？抒情機制如何？創作歷程與內心活動是何關係？鮮有談及。這證明了孔子以來的道德本體論對於詩論中「情性」的發展是有阻礙的。

　　唐宋以後，出現了「性情」重於「言志」之說，如白居易根據自己創作的體驗提出「根情」說：「感人心者，莫先乎情，莫始乎言，莫切乎聲，莫深乎義。詩者：根情、苗言、華聲、實義」[13]，白居易認為下筆之前先有「莫先乎情」的創作動力，而且在詩歌的內容構成要素(情、義)和形式要素(言、聲)當中，情為先，情為根，「根情說」對創作本質有一種相當深刻的認識，把「情」提高到創作的首要和根本的地位，這就比「緣情說」又大跨進了一步，這一理論直接影響了宋代嚴羽《滄浪詩話》提出：「夫詩有別材，非關書也；詩有別趣，非關理也。……詩者，吟詠情性也。」[14]性

---

13 白居易〈與元九書〉，《白氏長慶集》卷 28，清‧紀昀等編撰，《欽定四庫全書集部》，見清高宗敕編《景印文淵閣四庫全書》集部‧別集一，1080 冊(台北：臺灣商務印書館，1985 年 9 月)。

14 嚴羽著、郭紹虞校釋：《滄浪詩話校釋》(台北：東昇出版事業公司，1980年)，頁 24。

情之論是詩學理論的基本命題。受到儒家詩學觀的影響，古代詩學雖不否定性情的書寫，但是強調主體性情的抒發必須受到儒家倫理道德規範的制約，所謂「發乎情，止乎禮」。

二、從「詩心」、「文心」、「賦心」到 「詞心」說的發展

遠在「詞心說」被提出之前，中國古代文學理論即有「詩心」、「文心」、「賦心」之說。古代第一篇論詩專文〈詩大序〉開篇即有此認識：「詩者，志之所之也，在心為志，發言為聲。」[15]司馬相如云：「合纂組以成文，列錦繡而為質，一經一緯，一宮一商，此賦之跡也。賦家之心，苞括宇宙，總覽人物，斯乃得之于內，不可得而傳也。」[16]在此所強調的「賦家之心」，是超越在詞藻、宮商等技巧層次上的一種生命之感，因作者的胸襟博大，能包容整個宇宙，通觀古今人物，從而得之，這份感受可以用心領會，卻難以用言語相傳，這必須作者調動其具有豐富的想像力與創作才能。「賦家之心」所包含的性情與才能本身就是創作主體特有的心理素質，作家對萬物有所感，因而提筆援篇。明末張溥云：「他人之賦，賦才也；長卿，賦心也。」[17]張溥強調他人只是以驅使語言文字的才能寫賦，而司馬相如是以全部生命與心靈投入而寫賦。清人劉熙載再發揮而云：「賦家之心，其小無內，其大無垠，

---

15 〈國風・周南・關雎〉，孔穎達《毛詩正義》(北京：中華書局，1967 年) 卷一之一，頁 3。
16 葛洪：《西京雜記》卷二(北京：中華書局，1985 年)記載友人盛覽問司馬相如如何作賦，司馬相如的回答。
17 明・張溥：《漢魏六朝百三家集題辭注》(台北：世界書局，1979 年 10 月再版)，「司馬文園集」下，頁 4。

故能隨其所值，賦像班形。」[18]其意在說明「賦心」乃是作者心靈本有的，所以能感悟極小細微無內、極大浩瀚無際的宇宙萬物，且能貼切而形象地把它表現出來。由此可見，除了形跡的描寫，「賦家之心」實與「詩人之心」相通，正如劉熙載所云：「詩為賦心，賦為詩體」[19]，從創作者的主體意識來看，不論是賦還是詩，文學作品所傳達的都是作家對天地萬物的感受。

劉勰文《文心雕龍·序志》云：「夫文心者，言為文之用心也。昔涓子琴心、王孫巧心，心哉美矣，故用之焉。」[20]劉勰所云之「文心」，「文」是「心」的載體，心是美好的性靈，所以把「文心」用作書名。《文心》雖成為專書，其所強調的思接千載、感物而發、神與物游，已經直探文心之幽深細微，其〈隱秀〉篇云：「夫心術之動遠矣，文情之變深矣。源奧而派生，根盛而穎峻」，強調心靈的力量可以無遠弗屆，成為文情之淵源，文學之根苗。後人乃以「文心」來泛指作家創作的初衷本意、情思意緒。

從文學藝術的本質上來說，「詩心」、「文心」、「賦心」與「詞心」之說，都不外乎是內在主體對外在客體的心靈觀照，只不過，「詩心」、「文心」、「賦心」、「詞心」四者對於主體心靈的側重程度仍有差別。「詩心」是「在心為志，發言為詩」之情志合一。「文心」乃「為文之用心」，即創作時心的投入活動。「賦心」是賦家之心與宇宙萬物融合為一後化情如賦。「詞心」與「詩心」、「文心」、「賦心」的概念在不同體式中，其內蘊並不一致，然而卻異中有同——皆從文學藝術創作主體的角度立論，有著共同以「心」論

---

18 清·劉熙載：《藝概·賦概》(台北：金楓出版有限公司，1986 年 12 月)，頁 136。
19 清·劉熙載：《藝概·賦概》(台北：金楓出版有限公司，1986 年 12 月)，頁 122。
20 梁·劉勰文《文心雕龍·序志》，參見周振甫：《文心雕龍注釋》，頁 174。

文的思維取向，所傳達的生命之感是相通的。但在「詞心」的主體意識中並無顯著「載道言志」與「形容盛德」的思想，「詞心」不只是強調主體之「情」、個人之情，而且更是隱層次的「性情」，最為深刻、幽微的內在世界，它來自於先天的才氣情性與後天的學養習染，也來自於創作的過程和讀者的接受。

　　文以「載道」，詩以「言志」，賦以「鋪張揚厲」，那麼，詞者為何？晚唐五代亂世，社會秩序傾覆，正統意識主導下的「詩心」、「文心」頓時無法再安頓惶惶人心，人心趨向柔弱化、內在化、性靈化，便易而為「詞心」；所謂的「風骨」便易而為「豔情」。宋代文人嚴格地要求詩、文去「言志說理」，卻試圖將詞保持在純抒情、純娛樂的範圍內，不僅不給它負載上如「詩教」、「文統」一類的沉重負荷，反而將它拉入了狹窄庭院，帶進了深閨夢裡，為了和現實的人生處境和內在幽微發生聯繫，因而採取了一種深度挖掘的詠歎形式，而抒情又是以平淡、超逸、閒靜、悠遠等品格出現，甚至是感傷悲涼、淒迷幽怨的境界展示。由於詞之為體，乃人性靈之所繫，其趨向已不在家國倫常，而在男女之間的風月之情。詩、文等正統文學本是文人生存價值、生命實現的本源，但它已日漸異化為蒼白的道德理性形式，再也無法展現作家真摯的心靈世界，詩、文等正統文學已成為牽制情感、扼殺性靈的桎梏，生命失真，心靈乾枯。詞是一種表現主體性靈心緒的文體，它的情感走向不是趨向於外部事功，而是趨於內在幽微的心緒，人的心靈雖只有方寸之地，卻敏感而多變，深密而無垠。中晚唐以後，詞人即以這類聲情並茂的詞篇，搖蕩著千萬讀者的心。而男女之間的豔情本是一種非倫理或反倫理的現象，但卻涵蓋鮮活而豐富的生命體驗和人生況味。這種從生命性情根柢處游離或背離主流文化的情懷，其實才是最真實地表現詞人內在幽微的一份

深刻的感發。

第二節 沿波討源：

宋明以降詞學中性情論之發展

　　詞本是主情的藝術，就其表現情感而言，與作家創作表現的變遷有密切的關係，展現了從「豔情」到「閑情」再到「性情」的發展程，這種歷程其實就是詞的文人士大夫化。《花間》詞是以男歡女愛為主旋律，特定的末世氛圍，奠定了詞香豔之風，「豔情」成為詞人首次自覺的表現主題。南唐君臣開始顯現「閑情」與「性情」的消息：馮延巳以「閑情」的生命感觸為主，李煜開文人抒發「性情」之先河。北宋社會局勢穩定，趙宋王朝禮遇文人，努力營造太平盛世的氛圍，富貴典雅的風貌成為上層詞壇的主流，更扭轉了唐五代泛寫豔情的淺薄，展現了更多人生感懷，如晏殊、歐陽修以自身文人的身份展現生命感觸的「閑情」，「閑情」並不是一般閑情瑣緒，它更表現出作家自我對宇宙人生與生命的深層感受，使詞作跳出「豔情」的窠臼，朝向「抒寫性情」的正途發展。「性情」，來自作者自我的性格與感情的本質，謝章鋌云：「情語則熱血所鍾，纏綿惻悱，而即近知遠，即微知著，其人一生大節，可於此得其端倪」[21]，由此可見，「豔情」與「閑情」其實都無非是「性情」，「豔情」若發自熱血深情，「閑情」若得之善感多思，都可以成為「性情之語」。「性情」一語在詞論中被正式提出

---

21 謝章鋌：《賭棋山莊詞話》卷四，唐圭璋編：《詞話叢話》(台北：新文豐出版社，1988 年 2 月)，頁 3366。

來，現於蘇門弟子的「性情說」。清代以前的詞學批評，雖沒正式提出「詞心說」，但已有「性情說」，具有作者主體性之概念，以下回顧宋明以來詞學中關於主體性論述的發展，以作為筆者對清代詞學研究的論述基礎。

一、蘇門的「性情說」和李清照的「專主情致」

性情說在詩學理論中已受到重視，在詞學中更為人們所重視，宋人對詞的創作進行反思是從對柳永詞的批評而發，蘇軾以其天才的創作和大膽的言論，引發了詞學思想的第一個高潮。這一時期詞學思想主線是對主體性的強調，蘇軾提倡「自是一家」[22]，張耒〈東山詞序〉說賀鑄詞是「滿心而發、不得已而後工」[23]，黃庭堅〈小山詞序〉以大半篇幅述其晏幾道性格，都是要求在詞中表現自我獨特的性情。當然，這個主體性也是有其規定性的。柳永和秦觀的詞作不能說沒有作者的真感情，但柳永失之「俗」、秦觀失之「弱」，都受到當時人們的批評。如晏殊譏諷柳永俗詞，晁無咎批評柳永「乏韻」，蘇軾以「氣格」病少游樂府，從這些記載可看到他們提倡的是一種充份體現士大夫性情學養的、有道德人格挺立其中的主體性。蘇軾高揚主體性，以詩為詞，打破文體界限，促使蘇門弟子思考詞的內在本質的規定性。[24]

22 蘇軾：〈與鮮于子駿書〉：「近卻頗作小詞，雖無柳七郎風味，亦自是一家。呵呵！數日前獵於郊外，所獲頗多。作得一闋，令東州壯士抵掌頓足而歌之，吹笛擊鼓以為節，頗壯觀也。」蘇軾撰、孔繁禮點校：《蘇軾文集》卷五三（北京：中華書局，1986 年 2 月），頁 1569。
23 張耒：〈東山詞序〉，見金啟華、張惠民、王恒展、張宇聲、王增學合編：《唐宋詞集序跋匯編》（台北：臺灣商務印書館，1993 年 2 月在台第一版），頁 59。
24 相關內容參看筆者《宋代詞學批評專題探究》（台北：文津出版有限公司，2008 年 4 月）「第三章 詩化破體論的新變」。

　　詞體素被視為婉媚，但蘇軾高揚主體精神與傳統婉約詞不相符，陳後山評曰「非本色」、李清照〈詞論〉提出的「別是一家」，他們認為蘇軾等人的詞失去詞之所以為詞合音律的面貌，作得像詩，於是在〈詞論〉中以秦詞為標準範式，指出秦詞「專主情致」[25]，「情致」乃強調詞情含蓄蘊藉、韻味悠然，這一點應屬於「詞心」的範疇。情乃心之源，但詞情有厚薄之分、有高下之異、有雅鄭之別，李清照崇尚文雅的情調，追求藝術表現的完美，故能以此來肯定秦觀具有一顆纏綿細膩的心靈

　　蘇門弟子高揚主體性，強調「性情」的抒發，具有力度美，然而李清照的「情致」說則是對蘇詞的修正，乃以「情致」取代「性情」，更強調詞情是一種音韻諧調的「優美」，一種淒怨感傷的「悲美」。綜合上述，我們可以發現，北宋詞學中關乎主體性的論述有二條路線，其一是宋初到蘇門而極盛的詞的主體化、士大夫化之路，其特點是重個人性情、揄揚氣格。其二是李清照對「詞別是一家」的堅持，從詞的本質出發，主張詞應另具一種風格，強調情致的委婉纏綿，因而在「性情」基礎上更加強調「情致」之重要性。

二、南宋王灼以人皆「有心」而論詞之起源

　　南宋王灼有見於當時詞壇「自立」而「真情衰矣」[26]的弊端，他以蘇門弟子的性情觀為基調，沿著這一思路加以闡發，認為詞與詩同具有「吟詠情性」之功能：

---

25 〈詞論〉，見李清照著、黃墨谷重輯：《李清照集》(齊魯書社，1981 年)，頁 261。
26 王灼：《碧雞漫志》卷二，「東坡指出向上一路」，《詞話叢編》，頁 85。

> 或問歌曲所起，曰：天地始分，而人生焉，人莫不有心，
> 此歌曲所以起也。〈舜典〉曰：「詩言志。歌詠言，聲依永，
> 律和聲。」〈詩序〉曰：「在心為志，發言為詩，情動于中，
> 而形于言。言之不足，故嗟歎之，嗟歎之不足，故永歌之，
> 永歌之不足，不知手之舞之，足之蹈之。」〈樂記〉曰：「詩
> 言其志，歌咏其聲，舞動其容，三者本于心，然後樂器從
> 之。」故有心則有詩，有詩則有歌，有歌則有聲律，有聲
> 律則有樂歌。永言即詩也，非於詩外求歌也。今先定音節，
> 乃製詞從之，倒置甚矣。[27]

　　王灼沿波討源，把詞的起源定位在人的心，注意到詞起源過程中的創作主體因素，從文體起源於「心」的角度來闡述「詩詞同一」的觀點，以為歌曲起於人的心聲，上古之詩、樂府與詞都源於自然之心，都是一脈相承地出於人心的感發。又云：

> 東坡先生以文章餘事作詩，溢而作詞曲，高處出神入天，
> 平處尚臨鏡笑春，不顧儕輩。或曰「長短句中詩也」。為此
> 論者，乃是遭柳永野狐涎之毒也。詩與樂府同出，豈當分
> 異？[28]

　　王灼之論乃承認蘇詞在本質、本源的基礎上與詩「同出」，而不當「分異」。蘇詞之如詩，仍基於詞壇弊端而倡導抒寫「本於心」的「真情性」之作。王灼從詩詞「同源而異流」、「一本而用殊」的角度立論，因為創作同源於人的方寸之心，詞須像詩一樣擔負抒發真情的嚴肅任務，所以提出「詞」之與「詩」「其本一也」。王灼以人心為詞之起源，也就堅持以心來統率創作的理論。心，就是「真情」或「情性」。他反復強調要「因所感發為歌」，因而

---

27 王灼：《碧雞漫志》卷一，「歌曲所起」，《詞話叢編》，頁73。
28 王灼：《碧雞漫志》卷二，「各家詞短長」，見《詞話叢編》，頁82。

把歷史上歌曲的衰落都歸結為「性情不足」、「真情衰矣」[29]。在風格上，他既欣賞蘇軾的豪放，也讚美賀鑄、周邦彥、一派的婉約[30]，他的審美理想乃經過詳密規範的心靈引出。《碧雞漫志》的理論架構的意圖就在於論證了「心」與詞的體性之間所應有的投射關係，王灼實際上開闢了探尋詞心的審美理想的新途徑。

由此可見，詞論中對於的詞的抒情內質與創作主體的論述，發展到了南宋，已由類型化、感官化向文人抒情詩的個性化、心靈化、真實化的審美追求靠攏了。這對於詞在發展中提高其抒情質量和藝術品位，具有重要的轉折意義。

三、金人元好問強調「詞主性情，不得不然為工」

金源的元好問長於評論鑑賞，其關於詞學「性情說」的主張主要見於〈新軒樂府引〉：

> 唐歌詞多宮體，又皆極力為之，自東坡一出，情性之外，不知有文字，真有「一洗萬古凡馬空」氣象。雖時作宮體，亦豈可以宮體概之？人有言，樂府本不難作，從東坡放筆後便難作。此殆以工拙論，非知坡者。所以然者，《詩三百》所載小夫賤婦幽憂無聊賴之語，時猝為外物感觸，滿心而發，肆口而成者爾，其初果欲被管弦、諧金石、經聖人手以與「六經」並傳乎？……近歲新軒張勝予亦東坡發之者歟？新軒三世遼宰相家從，少日滑稽玩世，兩坡二棗，所

---

29 王灼：《碧雞漫志》卷二，「漢初古俗猶在」，見《詞話叢編》，頁75。「東坡指出向上一路」，見見《詞話叢編》，頁85。

30 王灼：《碧雞漫志》卷二，「各家詞短長」中云：「賀方回、周美成、晏叔原、僧仲殊各其其才力，自成一家。賀、周語意精新，用心甚苦」，見《詞話叢編》，頁83。

　　謂入其室而啖其炙者，故多喜而謔之之辭，及隨計兩都，
　　作霸諸彥，時命不偶，十得補掾中臺。時南狩已久，日薄
　　西山，民風國勢，有可為太息而流涕者，故多憤而吐之之
　　辭。[31]

　　新軒，即金人張勝予，這篇序主要肯定新軒憤慨而吐之詞，
具有真性情。在元好問看來，東坡「以詩為詞」的真正內涵即在
以情性為詞，而不在文字雕琢，對情性真誠而充分的表現，方能
取得「一洗萬古凡馬空」的成就。至於東坡「時作宮體」，他並不
以為非，因為東坡不像唐代宮體詞的作者那樣「極力而為之」，而
是像「《詩三百》所載小夫賤婦」那樣從心而出，真情而成。在這
裡顯示元好問對詞的主張乃以情性為第一標準。元好問雖然以《詩
經》為例說明這種情性是「時萃為外物感觸，滿心而發，肆口而
成」，但他對性情的理解是十分寬泛的，他只強調文學乃內心深處
真誠的自然而發，非有意去奉守聖人詩教，因此他對新軒年輕時
「多喜而謔之之辭」，在金末亂離之際，又「多憤而吐之之辭」，
二種風格雖違反溫柔敦厚的詩教，亦能抱持理解與欣賞。由此可
見，只要是創作主體發自內心的真情實感，即使是宮怨閨思之情、
小夫賤婦幽憂無聊賴之語，或滑稽玩世、喜而謔之、多憤而吐之
作，諸如此類，在他看來都是「動搖人心」的好作品。他論詞特
重性情，「情性之外，不知有文字」的境界即由此而產生。每一個
具有真摯心靈的人，常是會用一種最自然與單純的方式來表現自
己，具有主體精神充溢其中，方能自然而工。在此，詞與詩在內
在本質上有了一致性，同為作者的性情而發。掌握了性情，也就

---

31 金・元好問：〈新軒樂府引〉，《遺山集》卷三十六，見清・紀昀等編撰《景
　　印文淵閣四庫全書》集部 130 冊・別集四，總 1191 冊(台北：臺灣商務
　　印書館，1985 年 12 月)。

掌握了詞的本質，強調吟詠性情，也就是強調詞當以表現作者的
主體性情。情由性引發，性由情而達，由此可見，元氏論詞，特
重性情之天然，自然之本色，真淳之至情。

四、明人用「心」、「性」、「情」規範詞心

　　明代，受王陽明心學思潮的影響，崇情主情乃明人對文學的
重要主張，從南宋「以理節情」向「以欲激情」邁出了一大步，
明人把言情之說引入對詞的體認，試圖以「心」、「情」、「性」來
為詞作規範。例如楊慎《詞品》云：

> 大抵人自情中生，焉能無情，但不過甚而已。宋儒云：「禪
> 家有為絕欲之說者，欲之所以益熾也。道家有為忘情之說
> 者，情之所以益蕩也。聖賢但云寡欲養心，約情合中而已。」
> 予友朱良矩嘗云：「天之風月，地之花柳，與人之歌舞，無
> 此不成三才。」雖戲語亦有理也。[32]

　　強調人情和人欲的重要性，特別強調情的主導作用，認為情
是一切文學作品創作的根源，尤其是詞的存在基礎。又如沈際飛
《草堂詩餘序》云：

> 文章殆莫備於是矣！非體備也，情至也。情生文，文生情，
> 何文非情？而以參差不齊之句，寫鬱勃難狀之情，則尤至
> 也。[33]

　　他把言情視為詞體的本質，詞體特徵適於把人內心的情感表
現得委婉盡致。「寫郁鬱勃難狀之情，則尤至也」，強調詞在文人

---

32 明・楊慎：《詞品》卷三，見《詞話叢編》，頁467。
33 明・沈際飛：《草堂詩餘四集・序》，見沈際飛編《草堂詩餘》（台北：臺
　　灣中華書局，1971年11月，初版），頁1。

的手中有其性格，始終有一股悲涼之氣全天地籠罩在文人的創作
心態上。明人有意識地就把內心頑豔深摯的一面投入長短句的形
式之中，孟稱舜就在此基礎上前進了一步，其《古今詞統・序》
云：

> 蓋詞與詩曲，體格雖異，而同本于作者之情。……或言之
> 而低徊焉，宛然焉；或言之而纏綿焉，淒愴焉；或言之而
> 嘲笑焉，憤悵焉，淋漓通快焉。作者極情盡態，而聽者洞
> 心聳耳，如是者皆為當行，皆為本色。[34]

　　孟氏以為詞「要以摹寫情態，令人一展卷而魂動魄化者為
上」[35]，以為詞具有纏綿悱惻的感性化特徵，側重以強烈的感情
來打動讀者。除了「極情盡態」的觀念深深地烙印著明代後期的
思想風貌外，孟稱舜的理論強調詞與詩曲同出於作家之心與情，
此論述與王灼如出一轍，而且更加旗幟鮮明，無論是柔婉或雄放
的風格，只要是出自於真心，都是佳作，不必以風格來分優劣。
又如明代戲曲大師湯顯祖說：「世總為情，情生詩歌，而行于神」
[36]，認為文學創作應本於人的自然情感，本於人的天性。在湯顯
祖看來，「情」是生命的動因，是宇宙間最偉大的力量，生生不息。
　　由上述可見，在清代之前，宋明詞論家就已針對創作者的主
體性有所論述，宋元偏重於以「性情」為論詞之重點，強調抒情
之直率與自然；明代詞學注重性情書寫，強調詞體本身言情抒情
的特性，注重詞以表現作者內心婉變悱惻的深情為主。皆是以作
者的主體性角度論性情，還未以讀者的接受角度論述。且論述也

---

34 明・孟稱舜：《古今詞統・序》，見卓人月編《古今詞統》明崇禎刊本(瀋
　　陽：遼寧教育出版社，2000 年)，頁 1。
35 同上。
36 明・湯顯祖：〈董解元西廂記題辭〉卷五十，《耳伯麻姑游詩序》卷三十
　　一，徐朔方箋校：《湯顯祖詩文集》(上海：上海古籍出版社)，頁 1050。

顯得片段、不夠完整與深入，不足之處，尚待清人來補足。況且宋明以來，論述作家的主體性，也只提「性情」與「情性」，仍未見「詞心」，「詞心」是清代詞論家評詞時經常使用的一個術語，但長期以來對「詞心」一詞並無明確的界定，因為其義涵豐富，並不單一，且在不同詞評家的論述中各有側重，以下即針對清代詞學中關於「詞心」的內涵與發展演變做一探究。

第三節　創作前的積累：

從作者天性才情與後天醞釀論詞心

「詞心」一詞最早是由清代常州詞論家馮煦在《蒿庵論詞》中提出。所謂「詞心」，顧名思義，是詞人為詞之用心，貫穿於詞人創作之終始，我們可以說，創作的歷程就是詞心的表現。馮煦是在評定秦觀詞作中運用這個詞，他偏重於從創作之前的積累準備來論「詞心」所必須具備的主體條件。而這主體條件有源自於先天的心性，也有來自於後天的遭遇閱歷，以下論述之。

一、「得之於內，不可以傳」：
詞心乃天生難以言傳之善感幽微的心性

「吟詠性情，莫工於詞」[37]，詞是言情的心緒文學，長於傳達詞人內在幽約細膩、深婉複雜的心情。詞人的情感意蘊便是詞

---

37 尹覺：〈題坦庵詞〉，見金啟華、張惠民、王恒展、張宇聲、王增學合著：《唐宋詞集序跋匯編》（台北：臺灣商務印書館，1993 年 2 月），頁 198。

心的內涵，因為作家總以個人的身份向人們說話，詞的抒情內容總以詞家的獨特個性形式出現，因此詞心也具有個人化、個性化的特徵。要評價一種文體和相應於這種文體的作家心態，卻應該看重選擇對象的典型性，抓住最能體現時代精神和文體特徵的精神範式。宋朝因時代與政治特有的氛圍，不同於盛唐的張揚奔放，文化心態偏於柔弱，秦觀詞所展示的即是一種文人柔弱的感傷心靈，秦觀始終被認為是最具有典型詞心的作家，最像詞人的詞人。秦觀詞的創作個性體現在其獨特的藝術思維之中，其個性心理特徵和特殊生活經歷等極微妙、複雜地構成了一種特殊的情緒，這種情緒是詞人的性格、內心、襟抱、經歷的一種綜合反映，也是詞心生成的根基。馮煦《蒿庵論詞》評秦觀時，從「賦心」與「詩心」推演出「詞心」：

> 昔張天如論相如之賦云：「他人之賦，賦才也；長卿，賦心也。」予于少游之詞亦云：「他人之詞，詞才也；少游，詞心也。」得之于內，不可以傳。[38]

馮煦受明代張溥對司馬相如賦「賦心」的評價的啟發，推及於詞，特別拈出「詞心」來談秦少游，即著眼於詞人的殊異心相作出描繪。詞心，就是作詞的心理特徵，性格、能力、思維構成了人的心理特徵的主要內容。「詞心」作為評賞詞人的一個標準，切合了詞體的特徵。因為詞作為隱約幽微的情緒抒發，確實更多地借助於心靈深處的一種敏銳的感受。而且在評論中馮氏更肯定「詞心」，認為「詞心」本自於「詞才」，且又勝於「詞才」。他人是以詞來展現驅使文字的才情，而秦觀是以詞來傳達內心幽微的體驗。早在宋代李清照〈詞論〉就曾言「秦少游專主情致少故實」，

---

38 馮煦：《蒿庵論詞》，《詞話叢編》，頁 3586。

「主情致」就是詞心的展現，說秦觀有一顆敏感細膩的心靈，一往情深的單純品格，依馮煦的推導解釋，「詞心」是作者先天所具有的資質稟賦，秦觀的天賦性情就適於填詞而不是作詩，詞之體性與他的個性本色及心態相契符節。因人選體，緣體述情，內外配合，自能相得益彰，人格即風格，作家選擇文體的表現，其實也是有個性的，因此創作要識體、合體，才能得體。由於每個人都是獨一無二的，每個人都有不同的個性，以各自的人生際遇，展現了不同的生命感悟，所以詞作是與詞人的人生軌跡、獨特性格相生相成的。詞人以其個人的身份來向讀者講述生命，詞心的差別其實就是性情個性的差異，這就為我們研究詞人詞作提供了有益的平臺，借助這一平臺，我們完全可以走進詞人的內心世界，去品味他們迥異的人生體驗。

由此可見，馮煦論詞心，乃重視詞家不同的心理世界，獨特的性情氣質，從理論上闡發個性的作用，個性不僅是創作卓越藝術形象所必需，也是文學真實性不可缺少的因素，按照馮煦所論，「詞心」的根基，即是詞人的個性心理特徵和特殊生活經歷的微妙構成，由此來看，《淮海居士長短句》就是一部記錄秦觀個人生活體驗的心靈文獻，也是他建構「自成一家」特色的藝術格調使之走向獨特性的情感總結。既有他對現實社會的感受，也有其自我生命的體驗方式。面對生命處境的種種變化，詞人所體現出來的一種慣性的對應狀態，往往就是他內在生命與精神的真實表現，我們可從其詞作尋繹這一位「真古之傷心人」其內在的心靈狀態。「得之於內，不可以傳」，突出了詞心直覺性的難以言傳，心理世界的幽微窈深，有其主觀性，既純粹又神秘，它來自於作家的內心氣質和真實體驗。最偉大的風格與個性，就是能在思維裡化文字於無形，讓人們可以感知一種心理場的獨特體驗。個人

的背景經歷、氣質情性、情緒心境不同，文學作品也正因每位作家千態萬狀的心理場效應不同，而呈現出儀態萬千的風姿。馮煦從「發皇詞心」的角度對詞家心態所做的分析，讓我們看到的是人的動機、欲望、氣質、性格、情愫、處世觀、生死觀等精神狀態，這無疑是深化了對詞人內心的認識和感受。

二、寄慨身世：
詞心來自於後天缺失性的生活體驗

　　馮煦以為詞的創作，乃是詞心驅使下的表露，但詞心並不只源於先天存在、與生俱來的獨特性格，也來自於後天的生活積累。有了生活積累，便有一定的情感體驗，由於人格性情的不同，某種情感體驗便鬱積起來，成為一種具有巨大勢能的心理能力。生活積累之所以重要，除了它是創作的原材料外，還因為它同時進行著情感的積累。秦觀的詞心有其獨特之處，不只在他的作品中具有其獨特的藝術想像，對於秦觀而言，詞心之形成更是源於滄桑坎坷的遭遇，所以馮煦亦從後天的悲劇性體驗與身世無依之感論秦觀的詞心：

> 少游以絕塵之才，早與勝流，不可一世，而一謫南荒，遽喪靈寶。故所為詞，寄慨身世，閒雅有情思，酒邊花下，一往而深，而怨悱不亂，悄乎得小雅之遺，後主而後，一人而已。[39]

　　秦觀以絕塵之才而遭遇挫折，其詞心個性便是身世之悲，在抒情的取向上，缺失性的悲劇體驗似乎是詞心的特質，最有利於激發作家創作欲望、發揮作家創造力的動力因素。現代文學理論

---

39 馮煦：《蒿庵論詞》，《詞話叢編》，頁 3586。

認為：「悲劇性是指悲劇主體面對的苦難(包括生命苦難、情感苦難等)的總和及主體的態度；悲劇意識是悲劇主體對自身與悲劇客體的對立和分裂及苦難的必然性的一種清醒體驗，是對自身的悲劇性進行文化觀念上的把握、提煉之後所形成的心理積澱；悲劇精神是指悲劇主體面對生活中的不幸、苦難與毀滅時所表現出的抗爭精神、超越精神。」[40]而詞似乎是最適於表現悲劇意識與悲劇精神的載體，在秦觀詞中乃由浸染悲劇意識而瀰漫為一種悲劇型美感，馮煦讚秦詞「怨悱不亂，悄乎得小雅之遺」，正透露出詞作寄託的感慨與詞心之間的關係，就是從創作主體的心理角度，揭示了詞心的深層意蘊，它是詞人的理想追求與現實社會矛盾的結晶，便深化成為一種無可奈何的悲恨，蘊含著時代社會、生命歷程的深刻意義，尤其是自身的經歷更是其他人所體驗不到的，秦觀的詞心正是在人生的水深火熱中掙扎時醞釀而成的心態，故而是「得之於內，不可以傳」。由馮煦的論述可知，情感是創作主體心靈的結晶，但它的形成不是無緣無故的，必然與主體的人生閱歷和現實處境息息相關。正如謝章鋌所云：「情之悲樂，由於境之順逆」[41]，王國維云：「詩詞者，物不得其平而鳴者也。故歡愉之辭難工，愁苦之言易巧」[42]，缺失性情感體驗和真實深切的心靈之音遂成為詞心的內涵。缺失性的遭遇與經歷本身是痛苦不幸的，然而有許多美好的東西都是在不幸和痛苦中造就的，秦觀正是從磨難和不幸中加深著對人生的體認，也深化自己作品的境界，他的心靈正因悲劇而誕生美，精神創傷的折磨經歷，反而玉成了他的詞心。

---

40 程孟輝：《西方悲劇史學說史》(北京：中國人民大學出版社，1996 年)，頁 509。
41 謝章鋌：《賭棋山莊詞話》卷十，《詞話叢話》，頁 3541。
42 王國維：《人間詞話》，《詞話叢話》，頁 4257。

三、「古之傷心人」：
詞心演繹著作家獨特的生命感悟

　　「不是無端悲怨深，直將閱歷寫成吟」[43]，《淮海居士長短句》從不同角度呈現了文人的生命苦難與精神苦難。詞心最主要的是一種無可皈依的生命體驗，是飄蕩搖擺的一顆淒迷深婉的心。翻開淮海詞，觸目可及的多是愁情恨意、灑天淒清。誠然，抒寫愁情恨意本是古代詞家的專擅，一般詞人若表現日常情感和人類所共俱的普遍情緒皆可以獲得藝術的感染力，不過，當這種日常形態的生活與情緒經過秦觀那顆纖細敏銳的「詞心」醞釀而出，便別具打動人心的巨大感情魅力。「傷情處，高城望斷，燈火已黃昏」（〈滿庭芳〉），詞人不斷地追求人生高遠的境界，卻只能在暮色蒼茫、華燈初上時絕望地踏上征途，在秦觀看來，自己是這世上最不幸、最命苦的人了，費爾巴哈說：「痛苦是詩歌的源泉，只有將一件有限的事物的損失看成是無限損失的人，才具有抒情的熱情與力量。」[44]當一顆細膩善感的心靈與外在現實世界接觸後，使他痛苦和失落，讓他的心靈進一步向內轉，收縮為獨自吞咽的辛酸之淚，鬱結於詞人敏感的心胸中，使秦觀大部份作品無不淒苦憂傷，詞人為了生存而嘗遍了生活的苦辛，為了尋覓情感的歸宿而飽受心靈的折磨，一種濃重的生命悲劇意識流蕩在文字之外。這種悲劇意識的核心是詞人關於命運的憂思、哀愁的性情以及人生的態度。馮煦又說：

　　　淮海、小山，真古之傷心人也，其淡語皆有味、淺語皆有

43　龔自珍：〈題紅禪室詩尾〉其三，見《龔自珍全集》(上海：人民出版社，1978 年)。
44　費爾巴哈：《費爾巴哈哲學著作選集》下卷(香港：三聯書店，1960 年)，頁 110。

致，求之兩宋，實罕其匹。[45]

　　淮海與小山二人的生活道路不同、詞作亦具不同的情感內涵，一為身世之悲，一為傷逝之苦，但馮煦在這裡把秦觀和小山相提並論，已點出了一個不為人所留意的事實，那就是二人的詞心具有相近或相同處，情有所鬱，意有所感，皆為「古之傷心人也」，這句話提示我們「正是傷心人」才會有如此深沉的感受。晏幾道出身貴介，青年時代有過一段美好的生活，後因家道中落，從富貴風流的公子一跌而為一個貧困潦倒的落寞文人，不幸的生活遭遇激蕩著他的心靈，使他對過往有著不盡的感傷與懷想。秦觀之所以為「古之傷心人」，乃因其一生仕途命運舛厄，無辜地捲入黨爭，在新舊黨中屢遭打擊，被一貶再貶，甚至遠至南荒，最終客死藤州。性格柔弱、感受細膩的他，總是被悲愁哀怨所糾結，這樣的遭遇使他難乎為繼。他不同於同遭黨禍的蘇軾、黃庭堅得以透過心寬胸曠來化解痛苦，他對於孤獨和痛苦的體驗有著常人難以企及的深沉敏銳。也正是這種不夠豁達的人生態度，使之具備他人所難有的詞心，這也是馮煦推許「詞心」高於「詞才」的意涵，在這裡是著重於人生閱歷來論心，馮煦認為後天的遭遇又與先天性格合一，可以孕育出詞心。創作是源於人生的缺憾和失落，這種缺失性的人生體驗，和易於放大痛苦、沉緬悲愁的性格相激盪，便能譜出一曲曲動人的生命之歌，具有深沉的自我感受和人生體驗，所以「求之兩宋詞人，實罕其匹」，正因為其「有味」、「有致」寓於「淡語」、「淺語」之中，寄意深微卻不露痕跡，才能達到自然、渾成的境界，可見這種創作的自然，不僅在於「淡語」、「淺語」的形式，更關乎內在的生命感受，即詞心。

---

45 馮煦《蒿庵論詞》，《詞話叢編》，頁 3587。

　　馮煦的《蒿庵論詞》雖非專門的詞學論著，尚不成體系，然其從詞人的先天性格和後天遭遇結合來談而提出「詞心」說，便使得常州詞派透過詞家的身世之感建構「寄託說」有了更進一步的拓展。人生經驗的積累和情感的儲存都可以看作是生活的積累，前者側重於客觀方面，後者側重於主觀感受方面。對於創作來說，情感比遭遇更重要。因為一旦情感體驗被激活，就會化為創作的動力。正由於情感的介入，作家的許多生活經歷，尤其是意外偶發的生活經歷，才會對他構成一種長久的心理體味並成為創作的動力。如此一來，寄託有了更深的生命體驗而有所依附，寄託源於詞心，藝術表現的渾成也源於詞心，只要詞人憑詞心創作，便會於詞中寄託身世之感，抒寫真實感懷，無需強求，自然具有遙深的內涵，自然可以達到形式和內容統一的「渾成」境界。

第四節　創作運思的心理機制：

從藝術觸發與藝術構思論詞心

　　上述創作前的生活積累和情感積累，顯然還處於創作過程前的準備階段，還不是創作的開始，從馮煦的論述來看，儘管秦觀有了十分豐富的內、外在條件的積累，但有了「積累」也只是有「準備」，嚴格意義上的創作過程還未論述。那麼，創作究竟是從什麼開始呢？應是在長期生活體驗、情感累積上所產生的一種心靈上的領悟，是創作主體意識的自我領悟，作家發現了自己所真正想表現的東西。

　　馮煦的「詞心」說是在評定秦觀詞作時運用的術語，周濟與

況周頤主要是從自己填詞和讀詞的體驗中總結出「詞心」的內涵，他們並不像馮煦那樣只從作者的襟懷、性格、人生體驗等「積累」階段談詞心，而是從真正進入創作運思的角度來講，從想像力和靈感的形成過程來談詞心。想像從感發、興起、孕育、演化到賦象班形，敷衍成篇，其間經歷了一個動靜結合、虛實相生、由隱而顯、物我一體的心理演變過程。以下透過幾位詞評家的論述來闡發這種過程。

一、由靜入動：
詞心以虛靜作為藝術發現的心理前提

詩歌創作的過程一般是這樣的：外界某種刺激，引發了詩人的感興和衝動，便形成一種詩的「典型情緒」，然後，詩人便以此作為「取景框」和「過濾器」，狀物繪景，敘事寫人，然而寫出來的東西，其間應該還有更為深層的信息和深廣的意蘊，即前人所謂的「言此意彼」、「詩外求詩」，所以讀者必須要透過表面的景物去了解其內心情感的發展脈絡。由此逆溯思考，作家們在創作過程會有怎樣的心理現象及思維活動？離不開虛靜觀照，虛靜作為一種心理空間，它既是進入創作的準備或前提，又是貫穿整個創作過程，從起興、構思、想像到訴諸筆墨的心理場，虛靜為靈感的降臨創造了有利的契機，為想像的萌發、神思的馳騁提供了活動的舞臺。

清人周濟、況周頤皆有透過個人填詞的經驗而體會到詞家心髓，展現出「學詞以用心為主」到「吾心之醞釀」的承繼發展。以下論述之。

(一) 周濟「學詞先以用心為主」：創作意圖的形成
周濟依據個人的藝術體驗，他重視學詞門徑，提出「學詞先

以用心為主」：

> 遇一事，見一物，即能沉思獨往，冥然終日，出手自然不
> 平。[46]

周濟此言，乃要求詞人在創作時能夠全神貫注，深入思索。沉思，是在寂靜和孤獨中對某一意象或事象的深沉思索，一種發現或一種創造性的閃光出現了，只有這樣才能有不平之作，而這種「不平」正是意味深長的不凡。周氏不但指出了學詞用心的重要性，而且描繪了這個用心的過程，「遇一事，見一物」，詞人主動接受生活的饋贈，外在的一事一遇皆能在心中有所感受，這是因為詞家的心是主觀能動的，是有生命力的，在自覺或自發中傳達著詞人的生命體驗。周濟從自己的創作經驗和批評觀點出發，將詞的創作過程視其程度深淺，分為「有寄託入」和「無寄託出」兩階段：

> 初學詞求空，空則靈氣往來。既成格調求實，實則精力彌
> 滿。初學詞求有寄託，有寄託則表裏相宣，斐然成章。既
> 成格調，求無寄託，無寄託，則指事類情，仁者見仁，智
> 者見智。[47]

周濟在此提出為詞時「用心」的先後次序、寄託的門徑與層次。初學詞階段要「求空」，即虛靜，作家在創作時必須先要排除腦中種種躁動之情所滋生的種種雜念，使注意力凝聚於心靈深處，專注於所欲托之主旨，要在心中自覺地樹立寄託意識，即有所為而發，有所感而寫，有創作意圖，有思想感情的積蓄，待主題大義已明，格調即成，便有豐沛的精力。「精力彌滿」，是指詞內容的充實深刻。接下來，他從比興寄託的表現手法來談創作過

---

46 周濟《介存齋論詞雜著》，「學以用心為主」，見《詞話叢編》，頁 1630。
47 周濟《介存齋論詞雜著》，「學詞途徑」，見《詞話叢編》，頁 1630。

程中主體的運動過程，寄託本來就必須託之於彼，借物託情、指東說西、言在此而意在彼，借助外在客體，由創作主體而及於創作對象，詞家用心的對象就是從「有寄託」到「無寄託」。周濟以為，詞中的寄託並非一般之情，而是由感物觸發後思之於心的深遠幽微之意，惟其如此，才能達到主客合一，物我交融，超越具象，不落言詮，從而產生多種多樣的解讀，所謂「仁者見仁，智者見智」，給讀者接受的再創造發揮提供了廣闊的天地。周濟以為：有寄託入、無寄託出，即是詞體獨特的表現，透過作者的運思體驗，進一步規範了「詞心」，「詞心」在這裡已超越了一般意義上的藝術心理，而成為一種「用心」於詞之思路的規律性。它是在詞人平時養護性情，感受生活，深入人生，從而在創作時能按自己的審美理想預制出一套理想模式和理性尺度，此即「藝術發現」，「藝術發現即是對創作意圖的發現」。[48]

(二)況周頤「吾心之醞釀」：創作構思的開始

上述周濟的「有、無寄託論」比較偏向於「應該怎麼寫」的思考，偏於「創作意圖」。「創作意圖」是作家對於未來作品的一種理性思考和感性領悟，況周頤的論述則偏於從「創作構思」來談。「創作構思」乃對作品設計安排的過程，在整個創作中具有十分重要的地位。所謂創作構思，「是指作家在生活積累和藝術發現的基礎上，按照創作意圖，以藝術概括的方式，創造完整的內心意象，為作品設想出整個藝術世界的思維過程。」[49]「創作意圖」介入「創作構思」，才能在詞作內容上充實深刻，在表現形式上純任自然。況周頤以「吾心醞釀」論創作構思，補充了周濟「以用

---

48 顧祖釗說：「創作意圖是指關於未來作品的一套理性的和感性預定標準和圖式，它是對未來藝術構思進行干預的約束機制。」顧祖釗：《文學原理新釋》(北京：人民文學出版社，2002 年 2 月)，267。

49 顧祖釗：《文學原理新釋》(北京：人民文學出版社，2002 年 2 月)，268。

心為主」論創作意圖。

　　雖然創作與先天的個性本質和後天生活經驗有關，但「詞心」並非時時刻刻都能從生活中生發出來，它必須作者處在一種澄靜空靈的心理狀態中才能出現，況周頤強調詞心產生的前提必須進入一種適合創作的境界，他描繪創作構思前的準備階段，即保持一種深遠虛靜的心境：「詞境以深靜為至」，「境至靜矣，而此中有人，如隔蓬山，思之思之，遂由淺而見深」[50]，在至靜至空的心理狀態下，情感便被淨化昇華了，這種感情便是一種超越於生活之上的藝術化情感。其次，虛靜心固然離不開外在客觀條件的激發，但它從興起、運動到形成特定的審美形象，其心理的內部根據是變幻莫測，複雜多樣，試看其言：

　　　　人靜簾垂。燈昏香直。窗外芙蓉殘葉，颯颯作秋聲，與砌鼎(或為「蟲」之誤)相和答。據梧暝坐，湛懷息機。每一念起，輒設理想排遣之。乃至萬緣俱寂，吾心忽瑩然開朗如滿月，肌骨清涼，不知斯世何世也。斯時若有無端哀怨，根觸於萬不得已，即而察之，一切境象全失，唯有小窗虛幌、筆牀硯匣，一一在吾目前。此詞境也。三十年前，或月一至焉。今不可復得矣。[51]

這一段所描寫的就是臨近創作的準備期當中所產生的一種適合寫詞的環境。有幾個重點：第一、進入虛靜心，乃創作前最佳之心理狀態，它必須是一個以深靜為主的境界，在夜深人靜之時，殘燈昏黃、香氣繚繞。此時，窗外秋夜殘葉的颯颯聲與砌蟲相唱和，夜顯得更加寂靜。在創作活動中，深靜境界的重要意義在於使創作主體從實用角度和理性思考中超脫出來，進入到審美觀照的境

---

50 況周頤《蕙風詞話》卷二，《詞話叢編》，頁 4425。
51 況周頤：《蕙風詞話》卷一，《詞話叢編》，頁 4411。

界，為藝術的想像作準備。其次，詞人必須具自我心安神靜的條件，除卻雜念，力排干擾。此時，詞人暝坐，湛懷息機，漸漸進入虛靜空明之境。即使雜念時時泛起，詞人也必須一一排遣，直至萬緣俱寂，心境空明，開朗如滿月，肌骨清涼清明，進入到一種形神俱逝，不知「今夕何夕，今世何世」的空靈、明靜。其三，在息心靜氣之後，深藏在心中的情感才能自由萌動，豁然開朗。一股無緒且萬不得已的哀怨無端泛起，思緒萬千，使詞興頓悟，文思如泉，情不自禁，進昇到另一種境界。這就是創作前的心理狀態，也即「詞境」。此種「詞境」，也就是創作前的一段虛靜的心理狀態，然而卻極不易得到。它實為長期的積累下的偶然得之，它使作者對作品的思想意蘊有了清醒的認識，使得藝術思維活躍起來。想像就是在這種心理背景下誕生並發散開來，演變成燦爛的藝術之花。

　　對創作來說，虛靜之心不是與生俱來的先天造化，它需要有一個積累儲存的漫長過程，因此，虛靜不是寂然不動，枯坐入冥，它必須置身在人事與自然之中。它要求審美主體以空明虛靜之心去體驗自然之美。因為創作本身是一種與單純物質欲求、生理欲望相對立的審美欲望，是一種自由自在的精神活動，虛靜要求作家用志不分，凝神專一，寵辱不驚，虛以待物。如果不具備虛靜心，整天為世俗的榮辱進退以至蠅頭小利所困，這種物欲橫流的俗心與雜念，乃是與創作本質完全對立的，為藝術家所不齒。後來王國維即發展為「靜中得之」的創作觀：「無我之境，人唯于靜中得之。有我之境，于由動之靜時得之。」[52]不論是生命的直觀把握的「無我之境」，還是具有主觀幻想情感滲入的「有我之境」，

---

52 王國維：《人間詞話》，《詞話叢編》，頁 4240。

都必須透過「靜時」方能得之，境界是需要於虛靜寂寞中才能提升，「眾裡尋他千百度，驀然回首，那人正在燈火闌珊處」，常人留戀燈火輝煌的熱鬧，而心懷大事業、大學問的人卻能在燈火闌珊處安於寂寞，劍走偏峰，在虛靜中得以獨自面對自己，他的人生境界因而與眾不同。所以虛靜不單是一種創作前提的心理準備，更重要的是，它體現了一個作家必備的修養，使他能達到一種高度的思想境界。

二、對「心物交感」與「不得已」傳統的深化：詞心乃得自江山之助而不得不發之真心

中國傳統即有所謂的「物感說」，即強調物對心的作用，以為詩歌創作是詩人有感於客觀外物召喚的結果，詩興的產生必須通過「物」的「引發」。[53]自從劉勰開始才真正注意到審美主、客觀的雙向互動關係，不是如之前的「物感說」那樣，只注意物對心的觸動興發，主體只是被動地接受，而是在強調「物感」的同時，更強調了心對於物的主導和駕馭，其《文心雕龍・物色》云：

> 是以詩人感物，聯類不窮；流連萬象之際，沉吟視聽之區。
> 寫氣圖貌，既隨物以宛轉；屬采附聲，亦與心而徘徊。[54]

古人之所以重視客觀景物，乃由於它的起情、起興作用。在詩興產生過程中，儘管物與情二者缺一不可，但起決定作用的是

---

53 《禮記・樂記》：「人心之動，物使之然也，感於物而後動，故形於聲。」鍾嶸《詩品・序》：「氣之動物，物之感人，故搖蕩性情，形諸舞詠。」謝榛《四溟詩話》：「景乃詩之媒，情乃詩之胚，合而為詩。」陸機〈文賦〉：「遵四時以歎逝，瞻萬物而思紛；悲落葉於勁秋，喜柔條於芳春。」皆以為詩興的產生必須通過「物」的「引發」。物能「引發」詩人內在的哀心或怒心，從而使詩人產生感情。這裡的「心」與「物」的關係是一種引發與被引發，它強調的是外物給予主觀情緒的感發作用。
54 梁・劉勰文《文心雕龍・物色》，參見周振甫：《文心雕龍注釋》，頁 161。

詩人的主觀情感制約並決定著起興之物，劉勰把「隨物宛轉」與「與心徘徊」視為不可偏廢的同一過程。

　　此外，中國文論中有針對創作動機之「不得已」的論述，如《文心雕龍‧序志》篇：

> 歲月飄忽，性靈不居；騰聲飛實，制作而已。……形同草木之脆，名逾金石之堅。是以君子處世，樹德建言，豈好辨哉？不得已也。[55]

　　文章寫作以語言文字為物質媒介，由於文字作為物質符號具有記載、傳達意義的永恆性功能，一旦作家將自己的情感思想通過文字而流傳後世，便具有永恆性。這樣，劉勰也就把人的生命同文章的價值聯繫在一起。

　　之後韓愈〈送孟東野序〉中展開了「不平則鳴」的議論：

> 大凡物不得其平則鳴，……人之於言也亦然，有不得已者而後言，其歌也有思，其哭也有懷，凡出乎口而為聲者，其皆有弗平者乎！[56]

　　韓愈有感於孟郊在近六旬還在任溧陽尉這種小官一事，一方面同情其遭遇，一方面又認為這種人生的坎坷不平反而給他帶來詩意情懷，於是強調作者把內心的「不得已」作為創作的動機而假於「言」，仍在於人之生命遵循平衡協調的運動規律，當主體由於外部力量的打擊而失了心理平衡，對於作家來說，創作是最好的恢復心理平衡的手段。因而，作家內心有不平之情，必然要鳴之以創作，不平之情必然構成作者創作的心理動力。

　　況周頤從創作過程對「詞心」的闡述，仍從傳統文論中的「不

55　梁‧劉勰文《文心雕龍‧序志》，參見周振甫：《文心雕龍注釋》，頁 174。
56　韓愈〈送孟東野序〉，見韓愈撰、[宋]魏仲舉編：《五百家注昌黎文集》，見清‧紀昀等編撰《景印文淵閣四庫全書》集部 13 冊‧別集一，總 1074 冊(台北：臺灣商務印書館，1985 年 9 月)。

得已」和詩論中的「物感說」而來，所不同的是：況氏強調「不得已」更著重在流露於「不自知」之「非理性」。其雖強調創作動機的出現，來自外在世界的刺激，強調主客的交流，但與傳統詩論「物感說」不同之處，正在於況氏更強調創作者之心所起的主導作用，所以「心」的內涵與地位被大大強化了，且看他所言：

> 吾聽風雨，吾覽江山，常覺風雨江山外有萬不得已者在。此萬不得已者，即詞心也。而能以吾言寫吾心，即吾詞也。此萬不得已者，由吾心醞釀而出，即吾詞之真也，非可彊為，亦無庸彊求。視吾心之醞釀何如耳。吾心為主，而書卷其輔也。書卷多，吾言尤易出耳。[57]

這裡有三處值得重視：其一，這段文字突出一個「吾」字，吾聽、吾覽、吾言、吾心、吾詞、吾詞之真。「吾」乃是自我、真我，所以「詞心」乃是高度個性化、內在化的吾心之本真，強調的乃是自我真性靈，所以詞心是用真感情去體驗客觀事物。其次，「詞心」比前人論述的「文心」、「賦心」、「詩心」更多了一份「萬不得已」之莫可名狀的內涵。而這種「萬不得已」是一種不可不發、不能不發的獨特非理性的體驗，是不能克制、純屬個人私我的真感情，這就突出了詞人對生命的深切體驗與深沉感受；其三，詞心乃主體對客體的心靈觀照，乃受到風雨江山等客觀外物觸發下而產生一種強烈的、細膩的、深層的不能自己的審美情緒與心態。但「風雨江山」對自己的刺激，作者並非全盤接受，而是只接受其「萬不得已者」，這是因為「萬不得已者」與吾心發生了「異質同構」的關係，這與《文心雕龍‧明詩》中的「人稟七情，應物斯感，感物吟志，莫非自然」的「心物交感」相同，不過況氏

---

57 況周頤《蕙風詞話》卷一，《詞話叢編》，頁 4411。

強調的只是「與心而徘徊」，忽視了「隨物以宛轉」的另一面。他只強調了主體的主觀自我色彩，忽視了客體在物我交流中的地位和作用，忽視了客體應有其自身的相對獨立性，未有對外在景物客體在交流中的地位和作用有所論述。況氏理論的缺憾，不得不待後人予以論述補足，如王國維《人間詞話》云：

> 詩人必有輕視外物之意，故能以奴僕命風月。又必有重視
> 外物之意，故能與花鳥共憂樂。[58]

「以奴僕命風月」即是做自然的主人，與心徘徊；「與花鳥共憂樂」即是做自然的奴隸，隨物宛轉。[59]二者不可偏廢。又如陳匪石《聲執》云：

> 詞境極不易說，有身外之境，風雨山川花鳥之一切相皆是。
> 有身內之境，為因乎風雨山川花鳥發於中而不自覺之一
> 念。身內身外，融合為一，即詞境也。[60]

「身內之境」乃主觀內心，內心被「身外之境」所觸動，於是身內、身外合而為一，即為詞境也。一般來說，心物感應為創作的起點，可以分為：一、感知階段：「隨物宛轉」以求物之妙，從認識客觀事物發展的自然規律下手。二、構思階段：「與心徘徊」以超越形似，必須「意在筆先」，以直探神理。創作是一種意識活動，所謂的「存在決定意識」，創作只有一個來源，那就是存在的客觀物象世界，對於客觀物理的觀察，是心理活動展開的基礎，在強調審美主體關照的同時也必然要注重對審美客體的關照，客觀之物之所以會和主觀之心相感應，客體所以會成為審美客體，是因

---

58 王國維：《人間詞話》，《詞話叢編》，頁 4253。
59 歌德說：「藝術家在用塵世的事物來進行工作時，是自然的奴隸」，但他在說完作家要做「自然的奴隸」之後，又強調作家要做「自然的主人」。參考歌德：《歌德談話錄》(北京：人民文學出版社，1987 年)，頁 250。
60 陳匪石《聲執》上，《詞話叢編》，頁 4950。

為它具有審美價值，即使這個審美價值是因審美客體在審美活動中經由與審美主體的辨證統一而產生顯現的，但它畢竟是審美客體所具有的特質。一位創作者一定要以謙恭、皈依、歸順的態度去對客體物象作出觀察，所謂「師造化、法自然」，所謂「隨物以宛轉」，「以自然之眼觀物，以自然之舌言情」[61]，使自己以合乎自然的「心」與「眼」完全服從於物的規律，按照物的原來形體狀貌如實地體察和了解，如此觀物、觀我，構成審美靜觀的純粹主體。「隨物以宛轉」強調的是對於物理世界的細心體會與觀察；「與心而徘徊」說明「眼中之物」若不轉變為「心中之物」，創作是不可能的。作者如果永遠滯留在物理境域中，就只能永遠充當「自然的奴隸」，就只能成為一個機械化的模仿者，不可能成為創造者，是故，從外物轉入到心理的體驗，是創作的必由之路。

　　況周頤肯定了「情」與「景」的主從關係，其「詞心」說則更進一步強調了「情」的統攝與替代作用，所以況氏很少談「物景」的重要性，而是強調「情景」，如：「蓋寫景與情，非二事也。善言情者，但寫景而情在其中。」[62]、「填詞景中有情，此難以言傳也……善讀者約略身入景中，便知其妙」[63]。「情景」是一種人生體驗與遭遇，「情景」所強調的並非客觀現實生活的再現，而是作家根據生活而加以創造的心靈化的現實，他以為「吾」的心靈與「風雨江山」存在某種聯繫，這就涉及到寄託象徵的問題：

　　　　詞貴有寄託，所貴者流露於不自知，觸發於弗克自已。身

　　　　世之感，通於性靈。即性靈，即寄託，非二物相比附也。[64]

　　與周濟不同的是，況周頤不是從創作的技巧和作品欣賞的角

61　王國維：《人間詞話》，《詞話叢編》，頁 4251。
62　況周頤：《蕙風詞話》卷二，「韓持國詞深靜」，《詞話叢編》，頁 4425。
63　況周頤：《蕙風詞話》卷二，「元遺山木蘭花慢」，《詞話叢編》，頁 4465。
64　況周頤：《蕙風詞話》卷五，「詞貴有寄託」，《詞話叢編》，頁 4425。

度討論寄託的問題，而是從創作心理機制的角度探索從生活到作品的過程，這說明了在詞的創作運思過程中，作家的情感要經歷過濾、昇華即「詞境」的動態形成過程，成於生活又非同於生活的「詞心」，這就把關於「寄託」與「非寄託」的討論又推進了一步。況周頤的「有寄託」同於周濟所謂的「創作意圖先行」，詞心乃主體心中之情，它是獨立於風雨江山之外，蘊藏於詞人的心中，然其萌動乃是對風雨江山有所悵觸的自然感發流露，創作主體因而產生創作的欲望與衝動，詞心趨向於感情真實的表露，符合性靈的展現。況周頤強調的是作者真實的性情與體驗，不是虛假造作地刻意藉由景物的比附托意。詞家創作動機的出現，首先是來自外在世界的刺激，這一內驅力從根源上來看，它仍是以外在客觀現實作為起點的，外在客觀的事物，往往給予作家不同程度的啟迪、暗示，這種外部的刺激一旦與作家特定的心理需要相適應，加上作家本身此時此地獨特的情緒、心境，交互感應，形成獨特、複雜的心理結構，於是便產生巨大的感召力，促使作家將自己的情緒意念表達出來，強調創作乃出於己之所自得，而且特別強調是出於「天機自動，觸物發聲」[65]，乃是一種不得不發的心靈呼聲。之所以被風雨江山觸發，乃因為「身世之感，通於性靈」的萬不得已、不得不然。這是強調主體性在創作中的能動與積極作用。

詞心乃發自於詞人之內心，它是詞人自我的心靈姿態與生命律動。其二，此真感情，一經風雨江山引發則不可收拾，必吐而後快。其三，詞心不是強而為之，而是甚不得已地發自內在的性靈與感受，這種「不得已」而為的詞心，突出詞人對人生問題的

---

65 徐渭：〈葉子肅詩序〉，《徐文長集》卷十七。

深切感受與體驗，其必具有真情實感的審美色彩與美學意蘊。至此，「詞心說」已具理論形態，且進一步拓展了古代傳統文論中的「心物交感」說、「不得已」之論。王國維繼承況周頤的論述，強調文學之所以有意境者，「以其能觀也」，此「能觀」便是強調主體的能動性，《人間詞話》有言：

> 詩人對於宇宙人生，須入乎其內，又須出乎其外。入乎其內，故能寫之；出乎其外，故能觀之。入乎其內，故有生氣，出乎其外，故有高致。[66]

創作既要有感性投入的層次，也要有超越昇華的理性層次。「入乎其內，出乎其外」，這是所有創作者應該信守的準則。真能入乎其中，才能透徹了解事物的本質，掌握事物的真相；真能出乎其外，才可以不被物所迷所惑，而能悠游於物之外。入乎其中，具有寫實的功能；出乎其外，則有超越的體悟。「能觀」即能夠進入審美靜觀，此乃作家本身的能事，這是創造意境的先決條件，「能觀」首先要求作者要擺脫意志的束縛，忘掉個人的存在，使人類不與自然對立，而是與自然相融相諧。此外，「觀」有兩層涵意：一是觀照自然與世界，二是觀照自己的情感；一為客觀、一為主觀；一為能入、一為能出；一為往外挖掘，一為往內探索；一為神會自然，一為觀照內心；不僅是感性也是理性；不僅是熱烈也是冷靜，收放之間，皆在於一心的主觀能動性。

三、「匪夷所思」的靈感降臨：
創作時的高峰心理體驗

隨著創作過程中，遠離浮躁，進入虛靜，以納萬物，於是虛

---

66 王國維：《人間詞話》，《詞話叢編》，頁4253。

靜中已包含了動[67]，當外在江山環境的刺激與內在產生共鳴，當
這種異質同構、同頻共振的能量積聚到一定程度時，便趨使無意
識活動而導致構思的發生，許多作家自己也無法解釋這種莫名的
情緒，這種「來不可遏，去不可止」的創作衝動其實就是靈感蜂
擁而至，周濟從「寄託出入說」描繪了靈感的思維過程，他在《宋
四家詞選・目錄序論》云：

> 夫詞非寄託不入，專寄託不出。一物一事，引而伸之，觸
> 類多通。驅心若游絲之罥飛英，含毫如郢斤之斲蠅翼，以
> 無厚入有間。既習已，意感偶生，假類畢達，閱載千百，
> 譬欬弗違，斯入矣。賦情獨深，逐境必窈，醞釀日久，冥
> 發妄中。雖鋪敘平淡，摹績淺近，而萬感橫集，五中無主。
> 讀其篇者，臨淵窺魚，意為魴鯉，中宵驚電，罔識東西。
> 赤子隨母笑啼，鄉人緣劇喜怒，抑可謂能出矣。[68]

　　周濟把詞的創作過程分為兩大階段：第一是「非寄託不入」，
在這個階段，當詞人虛靜觀照萬象事物，寂然凝慮，思接千載，
視同萬里，思緒便異常活躍，觸類旁通，作家可以借助想像力突
破直接經驗的局限，如同郢人運斤成風斲蠅翼，如同庖丁解牛「以
無厚入有間」一樣，這是形象化地再現了作者的感受和觸及物象
的那種微妙的狀態，從而達到一種「游刃有餘、道進於技」的境
界。第二階段是「專寄託不出」，與第一階段中有意去尋求相應於
心的物、相和於情的景，以求得主客交流的話，那麼此時，詞人
既已習於這種「驅心體驗」的學詞門徑，也就對「詞心」有了規
範性的體驗，便能在心物相應、情境相融中，靈思乍現，這種種

67　虛靜心可以接納萬境，正如蘇軾〈送參寥詩〉：「欲令詩語妙，無厭空見
　　靜，靜故了群動，空故納萬境。」詩中所云正是入靜後所產生的創造心
　　理功能。
68　周濟：〈宋四家詞選目錄序論〉，見《詞話叢編》，頁 1643。

從「入」到「出」的轉化，是一種創作品質的昇華與飛越，是寄託的渾成之境，周濟已道出詞人創作時特有的體驗的心理狀態，其對於作家如何產生內心意象有了深刻的體會。

「陶鑄文思，貴在虛靜」，如果沒有虛靜的心理狀態，創作靈感也不會光顧。靈感的產生需要一個外界刺激物的誘發，或內心思維的突然閃光，這便是靈感產生的偶然機遇。靈感乃作家「長期積累、偶然得之」的結果，況周頤形象地描述自己填詞時的這種高峰的創作體驗：

> 吾蒼茫獨立於寂寞無人之區，忽有匪夷所思之一念，自沉冥杳靄中來，吾於是乎有詞。洎吾詞成，則於頃者之一念若相屬若不相屬也。而此一念，方縣邈引演於吾詞之外，而吾詞不能殫陳，斯為不盡之妙。[69]

詞人想像自己獨立於蒼茫寂寞無人之時間與空間，「前不見古人，後不見來者」，突然，「匪夷所思」之一念，從虛無縹緲之境域飄然而至，於是有了創作的構想。這正是創作者期待已久的創作靈感的降臨，它往往可以喚起人們心理層深的內容。「匪夷所思」，即是一種超越常理的意念，「沉冥杳靄」是一種無法指實的來源、不可理喻的感受，這是一種從心靈深處忽然而生的感受，有如金聖嘆在評點《西廂記》時所說的：「文章最妙，是此一刻被靈眼覷見，便于此一刻放靈手捉住。蓋于略前一刻亦不見，略後一刻便亦不見，恰恰不知何故，卻於此一刻忽然覷見，若不捉住，便更尋不出。」[70]這種似乎從遙遠處飄來的「匪夷所思」之狀態，就是靈感降臨時的閃光時刻，這種一開始只隱約存在的感應，一

---

69 況周頤：《蕙風詞話》卷一，見《詞話叢編》，頁 4412。
70 清・金聖歎評點，傅曉航點校：《貫華堂第六才子書西廂記》(蘭州：甘肅人民出版社，1985 年 9)卷二《讀法》第一六則。

且進入意識中就成了具體的情感活動，它往往是突如其來，不思而至，稍縱即逝，所以作家特別珍惜靈感襲來，迅速進入藝術傳達的過程，做到「恰值其時」，文思泉源中，「於是乎有詞」。這種通過詞作所表現出的情感內涵和最初所形成的情緒狀態是一種「若相屬若不相屬也」的關係，這說明了藝術構思常在無意識中進行，一旦作家進入苦心積慮的創作構思，大腦的工作便不會停止，作家有時為了休息而不得不把自己的構思推之腦後，雖然顯意識已停止構思，但實際上無意識領域還在積極進行構思，只有當偶然的機緣觸發才使無意識構思成果騰竄而出，此時顯意識還毫無準備，這便是靈感的不思而來，具有非預期性和突發性，然而靈感並非神力感召，其實是作家的辛苦構思在無意識中結出的果實，是「得之在俄頃，積之在平日」，這就是「若相屬若不相屬也」之意。「而此一念，方縣邈引演於吾詞之外，而吾詞不能殫陳」，靈感的表現是一種無法完全用語言清楚交代其來龍去脈的深層意緒，它或許是一種「感情的湧現」，也或許是一種「潛意識的活動」，或是一種「超乎自然的精神感召」，古代作家述其創作經驗都有類於靈感降臨的狀態，如陶淵明「登東皋以舒嘯，臨清流而賦詩」、李白「斗酒詩百篇」、杜甫「讀書破萬卷，下筆如有神」、清人吳雷發「作詩固宜搜索枯腸，然著不得勉強。故有意作詩，不若詩來尋我，方覺下筆有神」[71]……皆謂之也。主體彷彿忘卻了自己的存在，物我之間的關係和諧隱密，渾然一體。而那最初忽生的「匪夷所思之念」，不僅促使作家完成了詞，而且還得以「縣邈引演於吾詞之外」，使得詞具有「不能殫陳」的「不盡之妙」，由此可見，創作靈感的閃現是一突發性的暫時過程，又是極其重要的

---

71 清・吳雷發：《說詩菅蒯》，見丁福保編《清詩話》(上海：上海古籍出版社，1978 年修訂本)。

創造性質變的過程。這一短暫過程，可以使人們在某些問題上得到突破、創新，使人的思維能力所散發出來的能量得到最大限度的發揮，從而創造出振聾發聵的佳作名篇。在靈感的亢奮狀態中，作家的全部才力無疑會表現得超乎尋常的敏銳，而審美的記憶和藝術想像中的表現也會格外鮮亮靈活，會有奇妙不凡的構思、出神入化之敘述、雋永閃光的語言，都在這一刻一齊湧現，靈感思維的出現等於是智力的總爆發。

四、靈感從何而來：
天資學力與眼前境界不可偏廢

靈感來臨時，往往伴隨著高度興奮，有時甚至出現迷狂狀態。那種迷狂，並非真正失去理智，也不是不受理智支配，它只是作家精神專注地致力於藝術創作和藝術追求時所產生一種高度興奮、昂揚投入、執著以求的一種狀態。如果只是用「匪夷所思」的非理性來說明詞心靈感，並沒有解釋靈感的全部內涵。靈感從何而來？靈感是靠平時所蓄積的知識材料與生活經驗，在某種偶然狀況下，所湧現出來的感情。必須先有所積，然後才有所發。所以多讀、多想，當然也要多寫。只有不斷地堅持寫作，才能達到能生動地運用文字的效果。只有堅持，達到一定的量之後，就會有質的飛躍，這是一種從自覺到不自覺的行為。詞心，即靈感，其實是一種能力，周濟論詞常用思力、才力、心力、才情、詣力等等，指的是詞心的積累與創作力量。而周濟則將此「意」與時代盛衰、社會現實和性情學問相關聯，其《介存齋論詞雜著》云：

> 感慨所寄，不過盛衰，或繾綣未雨，或太息厝薪，或己溺己飢，或獨清獨醒，隨其人之性情、學問、境地，莫不有

　　由衷之言。見事多，識理透，可為後人論世之資。[72]

　　周濟注重詞作的現實關懷、思想內容，而這種內容又必出自詞人內心的「由衷之言」，而此「由衷之言」乃「隨其人之性情、學問、境地」而異，而且還是來自於作家長期的人生體驗和深入社會的自然感受。周濟所強調詞人若能見事多，識理透，自能表現出一種廣闊的胸懷，一種對人生的整體感受，一種對歷史的理解和關懷的氣度。

　　況周頤亦強調填詞的最重要的條件是襟抱，但並不只是襟抱，後天的學力亦不可偏廢：

　　填詞第一要襟抱。唯此事不可彊，並非學力所能到。[73]

　　填詞要天資，要學力。平日之閱歷，目前之境界，亦與有關係。無詞境，即無詞心。矯揉而彊為之，非合作也。境之窮達，天也，無可如何者也。[74]

　　況周頤之詞心，不是只強調天生情性及心態與詞的關係，而是由人主觀方面的天資學力與客觀方面的「平日之閱歷」、「眼前之境界」，自然而然地冥會默契，不期而有。天資即是天賦，學力即是文學修養，一為天生才情，一為後天學問的積累，再加上人生閱歷，所以在創作過程中內心與外物相互共鳴的體驗，方成妙境。「無詞境，即無詞心也」，說明詞心是在「詞境」之中才能醞釀而出，所以「詞境」是一種動態的過程，是指詞人精神世界那種創造性體驗而產生作品的過程：由「目前之境界」而觸動引發「平生之閱歷」，景物與情感交會相摩，進而靈感突現，進而肆口

---

72 周濟：《介存齋論詞雜著》，「詞亦有史」條，見《詞話叢編》，頁 1630。
73 況周頤：《蕙風詞話》卷二，見《詞話叢編》，頁 4430。
74 況周頤：《蕙風詞話》卷一，見《詞話叢編》，頁 4408。

而成，這是自然而然的妙境，不是造作可以得之，這正是神物交會的「天作之合」。

又詞人性靈之深淺、襟抱之高下又如何而來呢？況周頤說：

> 問：填詞如何乃有風度。答：由養出，非由學出。問：如何乃為有養？答：自善葆吾本有之清氣始。問：清氣如何善葆？答：花中疏梅、文杏。亦復託根塵世，甚且斷井、頹垣，乃至摧殘為紅雨猶香。[75]

詞的風度乃緣於是否有所養而致，非由學出，況周頤以為詞人之性情襟抱，一方面需要自然清氣之薰陶，另一方面，也需要人文精神與自然風情的薰染。他從花卉植物生長的現象和本質反思人類的生活，人生一世，草木一秋，物理與人事相通，梅與杏雖託根於頹敝的斷垣殘壁，卻猶能清香如故，這與人生原則是一樣的，人類託身於塵世，仍要「清氣」貫注，「精神」飽滿，創作才能精力彌滿，風度翩翩。植物世界中體現出的辯證法則也是人類生活中的至理。草木人格，花卉性情，植物們都在追求根深幹強、枝盛葉茂、花美果實，人也要追求高格、襟抱與風格、氣質，此外，亦要追求學力：

> 填詞之難，造句要自然，又要未經前人說過。自唐五代已還，名作如林，那有天然好語，留待我輩驅遣。必欲得之，其道有二。曰性靈流露，曰書卷醞釀。性靈關天分，書卷關學力。學力果充，雖天分少遜，必有資深逢源之一日。書卷不負人也。中年以後，天分便不可恃。苟無學力，日見其衰退而已。[76]

---

75 況周頤：《蕙風詞話》卷一，見《詞話叢編》，頁 4412。
76 況周頤：《蕙風詞話》卷一，見《詞話叢編》，頁 4410

> 平昔求詞詞外，於性情得所養，於書卷觀其通。優而游之，
> 饜而飫之，積而流焉。所謂滿心而發，肆口而成，擲地作
> 金石聲矣。[77]

> 學填詞，先學讀詞。抑揚頓挫，心領神會。日久，胸次鬱
> 勃，信手拈來，自然丰神諧鬯矣。[78]

　　以上所列，皆可見況周頤雖提及天資與學力並重，但更強調
的是後天學力的培養，想要達成妙造自然的境界，不可自恃天資
而不盡人力，必須掌握創作規則，提高藝術技巧，需要經過由巧
而拙的一番功夫和努力，還有後天的人生閱歷。一旦天資與學力
相合，書卷與性靈俱化、先天性情與後天經歷相得益彰，讀詞與
作詞並行，便能在潛心體會中，取精用閎，心領神會，隨意揮灑
而出。這種功夫與境界，既得益於平日書卷的醞釀，又得益於江
山風雨之助、自然清氣的護養，故積之愈久，觸之愈深，一旦靈
感突現，詞思噴湧，就能一揮而就，發之愈真，且令人回味無窮。

　　靈感來襲的興奮快樂，其實是以昔日學力的積累和苦惱焦灼
的構思為前提的。寫作活動的過程，絕不是坐在桌前的那一刻才
開始，而幾乎是在每一分鐘的時光中，都以觀察、思考或感受的
方式在進著。只不過在水到渠成的時刻，把腦海中的思維請出，
移位至紙上，並加以整理組織而已。人生閱歷和書卷之輔引、平
時的理性思索都會融合在對客觀世界的感知中，如同鹽融於水一
樣。創作靈感的出現並非易事，亦非偶然。它是生活積累的結晶，
是創作實踐的昇華，是創造性思維的展現，想獲得它須下一番苦
功不可。日常的所見所聞所知所感，和努力學習得來的智慧與心

77　況周頤：《蕙風詞話》卷一，見《詞話叢編》，頁 4409。
78　況周頤：《蕙風詞話》卷一，見《詞話叢編》，頁 4415。

得，經常蓄積在腦海之中；在潛意識活動達到飽和點時，不得不一吐為快。因為作家他們平常對人生世相及天地萬物予以精確深切的觀察、判斷以及體驗，有了豐富精深的了解和認識以後，自然就培育了深厚的生活意識，這些潛藏在內心的意識作用，只要稍一觸發，便會沛然湧現，很快產生文思。所以靈感必須由豐富的生活經驗、真摯的性靈、熱烈的情感和勤奮讀書得來。

如果說馮煦的「詞心」說，是針對特定的詞家──秦觀來論述，而況周頤則是由自己的學詞經驗總結出創作過程中「詞心」的運動狀態。從馮煦到況周頤，「詞心」的對象由特指過渡到泛稱，內涵也由特殊性而走向一種普遍的共性，「詞心」之作是詞人以心性為詞的結果。如果說馮煦對「詞心」的論述偏於創作前的積累階段，強調作家必須具備的先天、後天的條件；那麼，況周頤對靈感狀態的描繪，則偏向於從創作過程論心理的思維活動，提出「心神」與「外物」交接之際的「萬不得已」的觸發，詞心即是在神與物游、心物交會中化生而成。如果說馮煦偏於從「知人論世」的角度論作家的素養、藝術的積累，那麼況周頤則偏於從創作的藝術觸發、藝術的發現與創作欲望來探尋詞人投注於詞審美活動中的心靈體認。此外，與馮煦強調秦觀的「寄慨身世」和「怨悱不亂」的內容相比較，況周頤的「詞心」說更趨向心靈化、神秘化、窈深化的傾向。在馮煦論述中所強調少游的「絕塵之才」，在況周頤的筆下被解釋為一種自「沉冥杳靄」中忽然而來的「匪夷所思之念」，而這種不可捉摸的靈感，更多是得自於人籟而非天籟，是後天學力與閱歷相合，是主體凝神於自己所處的情境，專注於自己的真實感覺中，當自己的心能與大自然合一時，才能以其靈敏的感受力回應著現象世界。

第五節　創作傳達的經驗模式

從表現方式和藝術技巧論詞心

　　創作是一種複雜精緻的審美運動，不只是構思的活動，還是語言表現的藝術，然而藝術形象系統不能僅存在於構思的藍圖中，還需要經過藝術表現、語言傳達而定型為作品。在作家進入藝術傳達階段之後，形式與內容便展開了征服與反征服的關係。創作的規律一般是「內容決定形式」、「形式亦反作用於內容」，特定的內涵必須透過相應的形式才能展現，這就是形式對內涵的實踐作用與積極影響。「詞心」有其不同於詩心、文心的獨特本質，詞論家從創作技巧論詞心時，其所強調的不只是把心靈的內涵顯示出來，而且在顯現上又有其深度取心的獨特形態和隱秀不顯的藝術魅力，這就必須把心靈的東西予以感性化。但由於詞心所展現的是詞人內在的心理氣質，比個性要更為深層的內在，詞心的深遠意蘊恰好就在表現技巧上透過意象組合和縈繞其間的曲折層次從而給千百年的讀者留下多種遐思和闡釋的空間，在表現這種往內挖掘、往深探索的詞心內涵，自有其獨特的規律可循。

　　在內容確定的前提下，形式往往起著主導作用。本節先透過詞評家的論述以確立「詞心」的精神內涵，但因「詞心」的內涵不是抽象的存在，而是透過相應的形式表現出來，接下來便針對如何使內涵表現得更充分、更深刻的形式加以分析，限於篇幅，本文不擬討論許多瑣碎的詞法與技巧，而是強調得以展現詞心特質的獨特相應的抒情規律、原則以論述之。

一、詞心之內涵精神：「哀感頑豔」之性靈美

（一）真字是詞骨：詞心乃情深意真之心

　　詞之為體，以其上不似詩，下不類曲，有十分鮮明的特徵，是特別適合抒情的文體，為藝術而藝術的「本於心」之載體，「從某種意義而言，一種文體實際上就是人們感覺與表現生活的一種物質形式」[79]，因為「詞之情文節奏，並皆有餘於詩」[80]，因此「詞心」是從內心深處發出的真實、獨特、慣性的創作感知，是一顆情深意真之心，況周頤云：「真字是詞骨。情真、景真，所作必佳」[81]，指出了「真」之於詞的重要性；又說：「詞要有真氣貫注其間」[82]，指出了一往情深，自能氣韻生動。他提出「至佳之詞境」其特質：「看似平淡無奇，卻情深而意真。求詞詞外，當於此等處得之。」[83]無論是情寓景中，或直抒胸臆，都貴一個「真」字。情深意真者，乃因主觀之意識如實顯現，主觀之感受觸物覺知，以心會物，以心感物，以心覺物，以心識物。情深意真，最能見出詞心之妙。

（二）詞之為道，陶寫性情：詞心乃「哀感頑豔」的性靈之真

　　詞心來自於契合創作過程中的心靈律動和感情起伏，能如實地表現出創作的主觀心靈，況周頤強調「填詞第一要襟抱」[84]，「性靈」可以說是「詞心」的原始狀態：

79　鮑恒：〈詞體與詞體學略論──詞學研究中的兩個基本問題〉，《安徽大學學報》第 26 卷第 5 期，2002 年 9 月，頁 90-96。
80　況周頤：《蕙風詞話》卷一，見《詞話叢編》，頁 4406。
81　況周頤：《蕙風詞話》卷一，見《詞話叢編》，頁 4408。
82　況周頤：《蕙風詞話》卷五，見《詞話叢編》，頁 4427。
83　況周頤：《蕙風詞話》卷一，見《詞話叢編》，頁 4420。
84　況周頤：《蕙風詞話》卷二，見《詞話叢編》，頁 4431。

> 填詞智者之事。……吾有吾之性情，吾有吾之襟抱，與夫聰明才力。欲得人之似，先失己之真，得其似矣，即已落人後，吾詞格不稍降乎。[85]

> 平昔求詞詞外，於性情得所養，於書卷觀其通。優而游之，饜而飫之，積而流焉。所謂滿心而發，肆口而成，擲地作金石聲矣。情真理足，筆力能包舉之。[86]

> 吾性情為詞所陶冶，與無情世事日背道而馳。其蔽也，不能諧俗，與物忤。自知受病之源，不能改也。[87]

詩與文雖亦講性情，但就其藝術表現功能來講，詞心更趨於感性心態的表露，更適合「性情」的展現和「才情」的張揚。這是詞體獨特的適應性，融深層感性色彩的心態世界，使得詞體獲得了最為誘人的審美魅力。可見，在《蕙風詞話》中頻頻出現約達三十多次的「性靈」、「性情」，其實就是況周頤所謂的「風雨江山之外有不得已者在」的「詞心」，我們可以說，「詞心」真即「性靈」之真。

何謂詞人「性靈」？況氏曰：「不可方物之性靈語，流露於不自知。」[88]這種自性靈中出的內心世界有何特質？況氏謂之曰「哀感頑豔」，「哀感頑豔」原出《文選》卷四十繁休伯〈與魏文帝牋〉：「淒人肝脾，哀感頑豔」[89]。較早在詞學批評中言「哀感頑豔」的，是清初宋征輿的《倡和詩餘序》：「柳屯田哀感頑豔，而少寄

---

85 況周頤：《蕙風詞話》卷二，見《詞話叢編》，頁 4417。
86 況周頤《蕙風詞話》卷一，見《詞話叢編》，頁 4409。
87 況周頤：《蕙風詞話》卷一，見《詞話叢編》，頁 4410。
88 況周頤：《蕙風詞話》卷五，見《詞話叢編》，頁 4527。
89 繁休伯〈與魏文帝牋〉，梁・蕭統編、唐・李善注《昭明文選》(台北：文津出版社，1987 年)四十卷，頁 1821。

託」。[90]陳維崧評：「飲水詞哀感頑艷，得南唐二主之遺」[91]，王國維《人間詞話》亦言「納蘭侍衛以天賦之才……其所為詞，悲涼頑艷，獨有得於意境之深」[92]，他們似有以「哀感頑艷」為詞人真性靈之意。況周頤則真正確定了這種觀念：

> 問哀感頑艷，「頑」字云何詮？釋曰：「拙不可及，融重與大於拙之中，鬱勃久之，有不得已者出乎其中，而不自知，乃至不可解，其殆庶幾乎。猶有一言蔽之，若赤子之笑啼然，看似至易，而實至難者也。」[93]

> 作詞有三要，曰重、拙、大。南渡諸賢不可及處在是。[94]

這「不得已者出乎其中而不自知」即是「詞心」，它是頑艷之心，亦即頑艷性靈，劉永濟詮釋：「況氏詮釋『頑』字之訓釋也。天下唯情癡少，故至文亦少。情癡者，不惜犧牲一切以赴之，〈柏舟〉之詩人、《楚辭》之屈子，其千古情癡乎！有此情癡已難矣，而又能出諸口，形諸文，其難乃更甚。然而情之發，本於自然，不容矯飾，但使一往而深，自然癡絕，故又曰『至易』。」[95]因為「真」極而「頑」，「頑」而成「癡」，正如袁枚所謂的「情從心出，非有一種芬芳悱惻之懷，便不能哀感頑艷。」[96]此性靈，拙而重大。「拙」，乃自然流露，正因為詞心乃流露於不自知的真情實感，其喜怒哀樂純粹發自內心，「融重與大於拙之中」，因「重者，沉

---

90 見《雲間子新詩和稿·幽蘭草·倡和詩餘》點校本(瀋陽：遼寧教育出版社「新世紀萬有文庫」出版，2000 年版)，頁 1。

91 見馮金伯輯：《詞苑萃編》卷八引，見《詞話叢編》，頁 1937。

92 王國維：〈樊志厚人間詞序〉，《人間詞話·附錄二》見《詞話叢編》，頁 4277。

93 況周頤：《蕙風詞話》卷五，見《詞話叢編》，頁 4527。

94 況周頤：《蕙風詞話》卷一，《詞話叢編》，頁 4406。

95 劉永濟：《詞論》卷下(上海：上海古籍出版社，1981 年版)，頁 84。

96 袁枚：《隨園詩話》卷六，《袁枚全集》(江蘇古籍出版社，1993 年版)。

著之謂，在氣格，不在字句」[97]，可見「重」，是要有凝重、厚重、沉摯的真情實感作為充實的內容，「大」是指寓意深刻，托旨遙深。詞心，宜拙不宜巧，宜重不宜輕，宜大不宜小。總之，詞心乃「哀感頑豔」的性靈之真，其發之於不得已，其沉摯真切、寓意深遠，但卻出之以自然流露。

二、詞心傳達之獨特規律與創作機制

(一)透過惝恍輕靈的方式呈現縹緲淒迷之致

詞心潛藏著最深沉的底蘊，它在無形中告訴作者，抒情必須採取最幽渺、空靈的方式才能婉轉曲折，傾訴難言之心靈，正如馮煦強調秦觀之詞心乃「得之於內，不可以傳」，除了意指一個人內在最深刻幽微的一面，其實也關乎詞的審美境界，配合這樣的境界所要求的語言表現即是「語淡而味終不薄」：

> 其淡語皆有味，淺語皆有致，求之兩宋詞人，實罕其匹。(《蒿庵論詞》

馮煦這句話實是李清照評秦詞「專主情致而少故實」的延續，秦觀詞淡語有味，淺語有致，即是「少故實」的特色，不多用典而描寫事物便顯得豁達生動。而淡語、淺語，淺近平淡之語，卻味不薄，情致深，此乃詞體「重語輕出」的特色，即使是沉重的感情，也可以透過輕靈婉轉的方式表現。秦觀以穎悟的詞心，調動想像，趨遣神思，創造出極虛極活、迷離變幻的詞境，表現了如雲煙縹緲的迷離之思。如其代表作〈滿庭芳〉：「多少蓬萊舊事，空回首，煙靄紛紛」，才剛點出事件，讀者正待了解情事的內容，

---

97 況周頤：《蕙風詞話》卷一，《詞話叢編》，頁 4406。

詞人馬上打住，轉用虛筆，以景點染，讓情思在想像的空間馳騁，寫出了舊事在詞人心中的縹緲之感。正因為詞心複雜隱微、難以言傳，所以詞家習於透過虛筆，隨心造境，使詞境如煙靄紛紛。如清人錢裴仲《雨華盦詞話》提出詞之情宜迷離惝怳、意境恍惚、情韻幽眇：

> 迷離惝怳，若近若遠，若隱若見，此善言情者也。若忒煞頭頭尾尾說來，不為合作。[98]

這段文字說明透過語言的省略、殘缺，把情感引到一個缺口，反而留下了朦朧美，能夠含蓄地表現出詞心之藝術美。留得好空白，反而給予讀者觸發了想像，如司空圖《詩品・含蓄》中概括的「不著一字，盡得風流」之處正是藝術想像空間之所，也是藝術空白美在語彙、結構、表現技巧、意境構成方面形成了「別是一家」的體制規模。又如沈祥龍《論詞隨筆》云：

> 詞得屈子之纏綿悱惻，又須得莊子之超曠空靈。蓋莊子之文，純是寄言，詞能寄言，則如鏡中花，如水中月，有神無跡，色相俱空，此惟在妙悟而已。嚴滄浪云：惟悟乃為當行，乃為本色。[99]

> 詞貴意藏於內，而迷離其言以出之，令讀者鬱伊愴怏，於言外有所感觸。[100]

> 蓋心中幽約怨悱，不能直言，必低徊要眇以出之，而後可感動人。[101]

這裡強調詞心幽微之處，也許是在神光離合、意識流離之

98　清人錢裴仲：《雨華盦詞話》，見《詞話叢編》，頁3012。
99　沈祥龍：《論詞隨筆》，見《詞話叢編》，頁4048。
100　沈祥龍：《論詞隨筆》，見《詞話叢編》，頁4048。
101　沈祥龍：《論詞隨筆》，見《詞話叢編》，頁4048。

時，剎那感悟觸發了深埋的詞心，這種感覺無法用語言表現，只能以縹緲之語表現之。鏡花水月、以神遇不以跡求、不落色相，便是沈氏所倡詞的委婉空靈之美，詞家有意地以「迷離」的語言，將詞陌生化，這樣讀者在接受作品時因為人為地被阻斷而增長感受的時間，獲得「得意忘言」的深層審美體驗。況周頤云：

> 填詞先求凝重。凝重中有神韻，去成就不遠矣。所謂神韻，即事外遠致也。[102]

> 詞有淡遠取神，只描取景物，而神致自在言外，此為高手。[103]

　　有真情實感之作自然情意凝重，「凝重中有神韻」便是因為透過空靈超逸的姿態來表現，才能在宣達胸臆之外還有韻致。蓋此正是語淡情濃，事淺言深，運密入疏。其化景物為情思，或感慨全在虛處，即況周頤評廖世美詞許之以「語淡而情深」[104]。劉熙載論詞專以「詞須空中蕩漾」一條，提出「空中蕩漾是詞家妙訣」，「詞要放得開」，「必如天上人間，去來無跡，斯為入妙」[105]，陳匪石《聲執》亦曰：「夫論詞者，不曰『煙水迷離之致』，即曰『低回要眇之情』。心之入也務深，語之出也務淺。」[106]

　　從文學表現的角度來講，詞的抒情不能直接淺白，必須婉轉，借形象、敘述或象徵道出。再更進一步說，抒情不是不能直白，而是無法直白，不是必須婉轉，而是不得不婉轉。詞人心有靈犀，一片神行，總在迷離飄忽中展示自己的心靈境界。

102　況周頤：《蕙風詞話》卷一，見《詞話叢編》，頁 4409。
103　況周頤：《蕙風詞話續編》卷一，見《詞話叢編》，頁 4533。
104　況周頤：《蕙風詞話》卷二，見《詞話叢編》，頁 4429。
105　劉熙載：《詞概》，《詞話叢編》，頁 3699。
106　陳匪石：《聲執》上，《詞話叢編》，頁 4948。

（二）透過比興寄託的曲筆，構築沉鬱纏綿的
　　審美格調

　　詞心抒發的情感側重於「情緒」，是心理隱層的個人自我窈深朦朧、不可名狀的私心意緒，那是非理性化的一種難以指實的意緒，詞論家在談詞的時候都注意到詞旨隱、微的特色，如馮煦《陽春集序》云：

> 翁俯仰身世，所懷萬端，繆悠其詞，若顯若晦，揆之六義，比興為多。若〈三臺令〉、〈歸國謠〉、〈蝶戀花〉諸作，其旨隱，其詞微，類勞人思婦、羈臣屏子，鬱伊愴怳之所為。[107]

　　繆悠其詞，若顯若晦，鬱伊愴怳，皆是說明馮延已詞具有一種無法指實的空靈沈鬱之美。況周頤亦云：

> 詞貴有寄託，所貴者流露於不自知，觸發於弗克自己。身世之感，通於性靈。即性靈，即寄託，非二物相比附也。（《蕙風詞話》卷五）

　　即使常州詞家主張寄託的重要性，但況氏卻認為寄託乃是性靈、感情的觸發，儒家的倫理情懷與道德人格已被化身為一種性靈，一份真切的體會、天生之觀感。從況氏關於詞心是「萬不得已」的表述，又把天資、學歷、閱歷作為「詞心」的前提，又提出「即性靈，即寄託」的觀點，可以看出，他的詞心來源於現實人生的返照，一方面又是現實人生的超越，它來源於生活，卻不囿於生活。也因為來自生活，來自世情，清末常州詞派所面臨的是滿清覆亡已不可避免的末世，自然在詞中展現一種淒迷哀怨的亂世基調。亂世中的封建文人，對自己原本所屬的文化歸屬有著

---

107 馮煦：〈陽春集序〉，見南唐・馮延已《重校陽春集》(台北：世界書局，1982 年 4 月)，頁 1。

無限的深摯之情，明知時代已經在前進，傳統已在不可避免中走向崩頹，但他們仍企圖抓住自己長久以來習以依賴的生存體系與存在價值，所以他們論詞心，並不強調各別作家特殊的創作個性，而是強調儒家文化的共性，不但在理論中實現了儒家人格內涵向詞體套用，而且也透過創作使詞成為他們文化救治的情感載體，儒家的人格情感已被內化為一種詞心的內涵[108]，詞便成為托旨甚大的文體了，增加了詞在對現實的參與表現上的深度和力度。然而詞相較於詩而言，畢竟是一種個人化、內心化、感性化的文體，與儒家的道德人格體驗實有不小的距離，常州詞家找到的解決途徑就是「寄託」，在詞中具體體現為儒家人格精神和詞體的抒情性結合，希望保持一種溫柔敦厚、臨危不亂的氣度，如譚獻的「柔厚」[109]說，所謂「柔」，是詞體婉美深微的審美特徵，「厚」，即是儒家的人格精神向詞中的滲透，其本在襟懷，陳匪石曰：「故詞之為物，固衷於詩教之溫柔敦厚，而氣實之母」[110]，乃有真氣、生氣貫注其間，氣來自於詞家的性靈與氣質。陳廷焯更是強調「若捨沉鬱以外，更無以為詞」：

> 所謂沉鬱者，意在筆先，神餘言外，寫怨夫思婦之懷，寓孽子孤臣之感。凡交情之冷淡，身世之飄零，皆可於一草一木發之，而發之又必若隱若見，欲露不露，反復纏綿，終不許一語道破，匪獨體格之高，亦見性情之厚。[111]

---

108 如況周頤出「重者，沉著之謂，在氣格，不在字句」，譚獻提出「柔厚」，陳廷焯提出「忠厚」，皆為儒家道德化的人格情感轉為創作主體個人內在的精神追求。

109 譚獻《詞辨》跋云：「大抵周氏所謂變，亦予所謂正也，而折衷柔厚則同。」《詞話叢編》，頁 3989。

110 陳匪石：《聲執》上，《詞話叢編》，頁 4950。

111 陳廷焯：《白雨齋詞話》卷一，《詞話叢編》，頁 3777。

> 感慨時事，發為詩歌，便已力據上游，特不宜說破，只可
> 用比興體。即比興中，亦須含蓄不露，斯為沉鬱，斯為忠
> 厚。[112]

　　陳廷焯主張通過委婉曲折的方式來表現亂世之淒迷，表現一纏綿、深沉、哀怨、溫婉的情調和朦朧、淒迷、蒼涼的意境，如此一來，比興寄託成了詞人表現儒家化的人格情感的手段，它一方面使詞情蘊藉深厚，具有人格美，一方面婉約的手法又能營造詞具有優美沈鬱的意境。

　　清末詞論家以詩教為詞旨，用傳統「詩言志」的觀念來強作解釋，強調賢人君子不得志而寄託之，但畢竟是注意到詞心具有「不可理喻」的一面，注意到其「旨隱」、其「詞微」的特點。既然詞善於表現深層意緒，故意境比較朦朧，所以詞在表達人們情緒方面確實有其獨到之處，那就是比興曲筆，表現「風人之旨」，以「縹緲之音」構築「怨悱不亂」的審美格調。

(三)透過自然而工的語言展現至真性情

　　性靈化、個性化的詞心必以「真」為前提，抒情緣事而發，有所為而作，有所感而寫，即使不一定有寄託，有真性情之作便可以傳之千古了。「真性情」與「自然而工」是內容情感和語言風格的完美統一。秦觀詞在創作之初，就已取得「都下盛唱」(蘇軾語)的成功，而其創作表現也獲得歷代評論家的高度評價。例如晁補之曾經批評黃庭堅的詞是「不是當行家語」[113]，但卻稱讚秦觀詞是「天生好言語」[114]。足見天生自然語言成為表現詞心的最合

---

112 陳廷焯：《白雨齋詞話》卷二，《詞話叢編》，頁 3797。
113 參見胡仔纂集，廖德明校點：《苕溪漁隱叢話》（臺北：木鐸出版社，1982），後集，卷33，頁209。
114 宋・魏慶之：《詩人玉屑》(台北：世界書局，1980 年 10 月)卷二十一引，頁 467。

宜形式。況周頤認為「自然」與「真心」乃是並行不悖的內在機制：

> 詞筆固不宜直率，尤切忌刻意曲折。以曲折藥直率，即已落下乘。昔賢樸厚醇至之作，由性情學養中出，何至蹈直率之失。若錯認真率為直率，則尤大不可耳。[115]

> 平昔求詞詞外，於性情得所養，於書卷觀其通。優而游之，饜而飫之，積而流焉。所謂滿心而發，肆口而成，擲地作金石聲矣。情真理足，筆力能包舉之。純任自然，不假錘鍊，則沉重二字之詮釋也。[116]

王國維也提出「自然」是評詞的一項根本依據，便要求詞的創作要有一種自然真切的情感表現，要求「不隔」，做到「語語如在目前」。「不隔」乃是「真」的另一種說法，因為「隔」容易過於晦澀，不能生動鮮活地表現事物，無法使所描寫的內容灌注詩人的生命體驗。王國維又說：

> 大家之作，此言情也必沁人心脾，其寫景也必豁人耳目。其辭脫口而出，無矯揉妝束之態。以其所見者真，所知者深也。詩詞皆然。持此以衡古今之作者，可無大誤矣。[117]

> 人能于詩詞中不為美刺投贈之篇，不使隸事之句，不用粉飾之字，則于此道已過半矣。[118]

王國維否定詩詞創作中的「游詞」，游詞並非內容的輕薄淫鄙，而在於游離出自我真實的內心世界，他以為對己對物都必須

---

115 況周頤：《蕙風詞話》卷一，《詞話叢編》，頁 4407。
116 況周頤：《蕙風詞話》卷一，《詞話叢編》，頁 4410
117 王國維：《人間詞話》，《詞話叢編》，頁 4253。
118 王國維：《人間詞話》，《詞話叢編》，頁 4253。

忠實：「詞人之忠實，不獨對人事宜然，即對一草一木，亦須有忠實之意，否則所謂游詞也。」[119]他以為創作不應為功利實用的目的，而是在於性情與真心。

境界的核心是真切與自然，所以「情」與「自然」是他評價詞之美的根本依據。

> 有造境，有寫境，此理想與寫實二派之所由分。然二者頗難分別。因大詩人所造之境，必合乎自然，所寫之境，亦必鄰於理想故也。[120]

王氏在歸結理想與寫實兩種不同的創作方法的同時還提出了「造境」並非杜撰扭造，而是必合乎自然，「其材料必求之於自然，而其構造又必從自然之法則」[121]，即使虛構的材料必求之於自然，虛構境界中的思想邏輯和結構也必然基於現實生活的規律，仍深深根植於自然人生之中。在此王國維在強調那種稱得上是「大詩人」筆下完美的境界是如何產生的，即合乎自然，在創作的時候可以用一種全然忘我的姿態而進入靜觀之中，物我兩忘，詩人本身也就自然化了。

由上述可知，詞心的精神內涵乃「哀感頑豔」之性靈美，這種心靈體現的是創作主體對萬象世事的心靈感應，是一種感情的超越，具體事件或情節的形跡本身被淡化消釋了，其心靈思悟也被詩化昇華了，所以「詞心」在創作上的表現，有三個重點：

其一，通常是模糊了事實的痕跡，著重在心態的點染描繪，往往以淒迷惝怳的姿態展現一縷情懷、一片哲思、一種境界。

其二，詞心既為性靈的表現，身世之感即存在於性靈之中，

---

119 王國維：《人間詞話》，《詞話叢編》，頁 4266。
120 王國維：《人間詞話》，《詞話叢編》，頁 4239。
121 王國維：《人間詞話》，《詞話叢編》，頁 4240。

同時流露於不自知，故曰「即性靈，即寄託」，由性靈而兼得寄託，詞心具便具有言外之幽旨。但詞人透過比興以寄託自身情懷，則天地萬象經過詞人心靈的一番熔鑄，便能映照出性情與心靈化的光輝，便能以「縹緲之音」表現「風人之旨」，透過寄託構築「怨悱不亂」的審美格調。

其三，「詞心」是真實生命的感受，是在詞人平時養護性情、觀通書卷，從而在創作時才能情真理足、筆力包舉的基礎上形成的。在表現形式上應純任自然，不假錘煉，以自然渾成的語言表現「真心」，所以詞心必以自然之語出之。總之，若從創作傳達、藝術表現階段來論詞心，我們可見詞評家皆強調用細密深致的筆法、比興寄託的方式、質樸自然的語言，展現一個純淨的精神境界，一片深摯的心理空間。如此一來，詞心深幽而不艱澀，朦朧而不輕浮。

小　結　從創作角度論詞心說出現的文學史意義

總結本章，從宋明以來的詞論中的「性情」到「詞心」的發展，可見詞心說主要是在晚清詞評家的手中完備的，詞評家們或解讀、評價詞人心性，或從填詞的門徑過程，或關注詞體的本位特質來論，使得「詞心」說這一範疇有別於「詩心」而具有獨特的文學史意義，以下分五點說明。

一、「以悲為美」的傳統之深化：
詞為悲劇意識的最佳載體

前已述及，秦觀的感傷詞作形成了詞史上具有影響力的抒情範式。其屢遭流貶之苦，幾乎是中國封建社會眾多下層文士悲劇命運的縮影，秦觀以其柔婉淒涼的詞作傳遞出廣大文士共同的悲涼，因此獲得了普遍的認同與推崇。個別往往可以印證普遍，從發展歷程來看，「詞心說」一開始是由馮煦藉以論個別詞人秦觀，到周濟、況周頤、王國維的論述，已由特殊而昇華到普遍，至此「詞心」說所指涉的對象並不只是個別的作品、詞人、單一的文學現象，而是以美學與哲學方法論為指導，從具體上昇到抽象，從個別上昇到一般，即所謂的普遍藝術規律。如王國維論：「後主之詞，真所謂以血書者也」，強調後主詞抒發自我內心真實的感情，將自己所感所悟盡情表達。又說：「後主則儼然有釋迦、基督擔荷人類罪惡之意」[122]，後主將個人的亡國之痛、身世之感與人類共通感情融為一體，能引起後世讀者內心深處的強烈共鳴，正因其中蘊涵了人類許多相通的情感體驗、普遍焦慮。雖然其詞抒懷的只是他個人的生活反映，但在其中所展現出來的正是歷代無數的人們所遭遇的悲劇性體驗，因而便具有了重要的心靈交流意義。

我們可以清楚地意識到，創作主體通過對自己悲劇性的處境、悲劇性遭遇，抒其悲劇意識，體現了詞獨有的悲劇美學的特質。所以詞是悲劇意識與悲劇精神的載體。悲劇意識具有悲觀色彩，但悲觀色彩往往是人們在洞悉人生、宇宙，進而抵制、拼搏

---

122 王國維：《人間詞話》，《詞話叢編》，頁 4243。

的心理基礎發生的，也是一種生命本能。詞心所表現的正是主體因缺失性體驗而生的精神痛苦，詞人對愛情、出處的關注只是表象，其中所內蘊的生命悲劇感，才是詞心的特質，所以詞心必具有悲劇美學的特質。滿懷生命悲劇意識的詞人並未完全沉溺下去，相反地，悲劇意識誘發了他們深沉癡執、放浪疏狂、風流蘊藉、坦率多情的性情，考察詞心的內蘊，其實就是在尋找詞人生存的現實意義和哲學意義，是在揭示一種人格的力量，這就是詞心具生命悲劇的意義。因為詞可以揭示這種生命悲劇意識，其感傷文學的悲劇功能才會得以突顯。

二、從個性心理的呈現強化詞體之感性特質

　　詞的本體特徵和審美功能，其集中體現的就是詞心，詞心說的論述乃是建立在詞體的藝術特質上。正因為詞論家把詞審美的心理功能推進到一個更高的層次上，心態的斂縮在發掘文體特質上更趨於凝結，一種定向性的心靈特徵便發展到了極端，從文體特色而言，只有詞體才能更好地承擔和負載「詞心」這樣的感情心態，正如清人查禮《銅鼓書堂詞話》所言：

　　　情有文不能達，詩不能道者，而獨於長短句中，可以委宛形容之。[123]

　　詩、文的社會功能與形式構造有時難以完美承擔「委宛形容」這一任務，從詞體適應性來看，詞體和詞心的相關諧和，詞體便成為詞心最佳選擇的容納器，反過來揭示了詞心的特殊感性內涵。正如童慶炳所言：「從形成文體的深隱原因看，文體背後存在

---

123 清・查禮：《銅鼓書堂詞話》，《詞話叢編》，頁 1482。

著創作主體的一切條件和特點，同時也包括與文體相關的豐富的社會和人文內容。毫無疑問，文體屬於形式問題，但這形式是內容的形式，因此形成文本內的作家的資稟、氣質、性格、思想、情感、願望、理想等一切條件，以及相關的文化傳統、現實生活的一切實在，都直接或間接地、或強或弱地制約著文體，文體折射著一切主、客觀因素，同時又受制於這一切主、客觀因素。」[124] 文體其實也是一種感知世界、闡釋世界的方式，詞正是一種具有獨特感受與表達的物質形式，詞的本體特徵和審美功能，其集中體現的就是詞心與詞境，由此可見詞心說的論述必須依附於詞體特質而來，二者是相互依存、互為條件的。有了詞心說，才更能深刻地展現詞體之神理韻致。

　　本章的研究乃以清代詞論為範圍，在打破詞派界限之後，可以發現清代詞論關於創作主體性的論述乃由馮煦論詞人秦觀首次提出「詞心說」、周濟的「有、無寄託說」承之於後，至況周頤《蕙風詞話》而全面論述、譚獻「用心說」承之，而後王國維《人間詞話》再從詞體本身特性而強調「詞人者當不失其赤子之心」，初步形成由「傳統的性情論」向「現代的審美心理」轉化的詞學主體性理論，終究在某種程度上擺脫了從儒家人格性情論過渡至詞之藝術本體的批評論。

附註：本章曾以〈從作者創作的視角論「詞心」說〉為題，發表於中國韻文學會、湘潭大學主辦之《中國韻文學刊》，2014年第 1 期，總第 68 期，2014 年 1 月，頁 43-61。

---

124 童慶炳：《文體與文本的創造》認為：「文體是指一定的話語秩序所形成的文本體式，它折射出作家、批評家獨特的精神結構、體驗方式、思維方式和其他社會歷史文化精神。」（昆明：雲南出版社，1994 年），頁 1。

第二章　從「以心換心」到「詞外求詞」

——從讀者接受的角度論詞心

　　前章已述及，從宋明以來詞學即有關於「性情」的論述，爾後「詞心」一詞乃由清人馮煦首次提出，至況周頤而全面論述，清末王國維再立足於詞體本身特性而強調「詞人者，不失其赤子之心」，已從創作的視角對「詞心」的內在精神進行了闡釋。然而作品完成之後，只有通過讀者的閱讀鑑賞，作者的主體意識才能得到發揚與再創造，文學的審美價值才能得到實現。由於客觀審美對象必須等待具有審美情感的人去發現、認識，經過審美主體的觀照與感發，主、客結合中才能具備藝術美。而作為鑑賞、批評主體的讀者，也必須充分發揮自己的主觀能動性，加深對作品的理解。作者和讀者最終要通過作品交流溝通，創作主體在創作中具有重要地位，接受主體與作品之間也必須具有適應性，足見「主體性」在整個文學活動中具有非常重要的地位。創作主體與接受主體同樣都必須發揮詞心的主體性與能動性。

　　「詞心」的發展，最初是從作者的「創作論」，延伸到讀者的「接受論」(包含鑑賞和批評)，貫串為一個嚴整的思想體系。前章已從創作歷程的視角論「詞心」，本章乃從讀者接受的角度論「詞心說」的義涵，分別就鑑賞與批評兩方面來論述。

第一節　從讀者鑑賞的再創造論詞心：
從「以心換心」到「詞外求詞」

　　我們在上一章已提及，詞情在若有似無之間，詞心亦時明時滅，若非有心人則無心捕捉，因此，詞心的鑑賞對讀者的投入要求更高，越是情感豐富的人就越能與作者的詞心產生同頻共振。古往今來，許多作者，藉著作品來詮釋他對生命的感受，展示他個人的生命型態，並期待「解人」或「知音」，讀者在一定層面上能與作者的心靈產生共鳴，作者才能意有所歸。所謂的「以心換心」，指的就是作家期望有人去閱讀、欣賞、理解自己作品的意義，進而理解自己創作的意圖或目的。所謂的「詞外求詞」，指的是讀者對於作品理解不只停留於字面上的「言內之意」，還能結合個人的生命體驗而自由感發，產生創造性的閱讀中，讀出詞作的言外之意。透過作品本身認識世界，認識歷史；理解生活、理解人生，也理解自己。

　　無論理解前人的作品還是與人相處，「知人」乃必要前提，但「知人」又非輕易可為之事，語言有意的掩飾，讀者的心不在焉或學力不逮，都有可阻隔了溝通之橋。言以傳意，言以達志，言以表己，說起來容易，但人內心之思是那樣的細微和複雜，所以《孟子・萬章篇》云：「故說詩者，不以文害辭，不以辭害志，以意逆志，是為得之。」[1]孟子主張讀詩，就是通過作者的本意去考

---

1 《孟子・萬章上》，見南宋・朱熹著《四書章句集注・孟子集注卷九》（台北：長安出版社，1991 年 2 月出版）。，頁 306。

察作品的思想，而不要停留在文辭表面的意義上。本意何由得之？知人──了解作者本人遭遇與精神世界的構成是關鍵。理解作家的作品，就是要知悉作家這個人，讀者只有理解一個人的心靈，才能真正進入到他作品之中，披開語言的遮蓋，體會到作者深層而微妙的情感活動。在詞心的鑑賞論中，清代詞家多從「用心」啟示後人用易感的心靈讀詞，讀者用心越深、越真，就越能感受的妙處。

一、讀詞宜摒去閒思雜慮，用心體會

詞之抒情必須採取幽渺婉轉的形式傾訴心靈，這同時也告訴讀者，詞是情緒的載體，不是文字遊戲，流淌的是最富於血氣的感情之波。讀者閱詞之前，務以神聖細膩的態度面對之，如清人錢裴仲《雨華盦詞話》談及讀詞之法宜細心體會云：

> 讀詞之法，心細如髮。先摒去一切閒思雜慮，然後心向之，目注之，諦審而咀味之，方見古人用心處。若全不體會，隨口唱去，何異老僧誦經，乞兒丐食。丐食亦須叫號哀苦，人或與之，否則亦不可得。[2]

錢裴仲所言「摒去一切閒思雜慮」這實際上可以追溯到更前的創作階段的虛靜，作家創作必須進入到虛靜的心理深層內容，讀者也同樣需要在虛靜的心理空間中尋找與作品內在的契合點，相應的情緒便會在精神網絡系統內導下被召喚出來。由於詞心是一種無法指實、躁動於內心的情感體驗，未必有清晰的感情線索，或許乍遠乍近，忽前忽後，若不追尋其脈絡，很可能就陷入茫然

---

2 清‧錢裴仲：《雨華盦詞話》，唐圭璋編：《詞話叢話》(台北：新文豐出版社，1988年2月)，頁3012。

之中。其實醇厚的感情就隱藏在一句句的脈絡中，需要讀者充分
調動自己的審美聯想與之呼應。詞的創作離不開想像，詞的鑑賞
也同樣離不開想像。若非細心如髮、耐心如流，則不能細細品味。
雖然「創作」之想像和「鑑賞」之想像都是藝術思維，都具有創
造功能，但二者又不完全相同。「創作」之想像是作者情思與藝術
表象相互交融而鑄造審美意象的心理活動過程，「鑑賞」之想像是
讀者根據作品的語言文字而展開思維，讓作品中的審美意象置換
為栩栩如生的藝術形象而浮現於腦海中，從而獲得無限的審美快
感。耐人尋味的作品，總是帶有普遍意義，震撼讀者的心靈，引
起廣泛而深遠的審美共鳴，這便源於一種普遍性的情感體驗。詞
人常用一顆易感的心靈在創作，詞作通常把許多具體事物隱去，
只提煉出一顆真情鬱勃的詞心，把生命的悲劇苦痛準確到位地傳
達出來，知音自然會感受到詞中的莫大震撼力。「若全不體會，隨
口唱去，何異老僧誦經，乞兒丐食」，這裡提出了「體會」的重要
性。「體會」與「經驗」不同，「體會」是「經驗」的詩意發現與
昇華，文學與人的「體會」有更密切的關係，因為文學是對人的
生命、生活及其意義的叩問，創作所期待的主體交流是與讀者的
心靈相和，這不是文字與眼睛的連結，而是心靈與心靈的對應。

二、與作者之情合，意境締構於吾，性靈相浹俱化

　　況周頤《蕙風詞話》提出讀詞的方法：

　　　　讀詞之法，取前人名句意境絕佳者，將此意境締構於吾想
　　　　望中。然後澄思渺慮，以吾身入乎其中，而涵詠玩索之。

　　吾性靈與相浹而俱化，乃真實為吾有，而外物不能奪。[3]

　　按這段文字，讀詞可分為三個步驟。第一，在鑑賞之初，讀者以其主觀的審美判斷選擇「名句意境絕佳者」，以滿足自己的「期待視野」。也就是說，好的作品往往具有「名句效應」，令讀者過目難忘。詞的生命力往往是通過名篇與名句的表現而釋放，更多名句意境將深刻的人生感悟透過精美的語言交融為一種「情韻兼勝」之美。讀者在閱讀的過程中並不是消極的接受者，而是根據自己的需要、標準、意圖對作品進行選擇，這樣作品的意境才能締構於讀者的想望期待中。這裡展現的是接受主體有足夠的權力去選擇讓自己有所感動的好作品，而不應只是被動地接受。一位具有審美熱情與感受力的讀者，總是期待著對文本意蘊的深沉理解，總是期待著作品能出現切乎自己理想的人生態度，以滿足自己的接受動機。詞作之意象並不鮮明，一開始讀者可能還茫然無所遇，但經過反覆地涵詠，深入地意會和積極地想像，所謂「將此意境締構於吾想望中」，就是對詞作意境展開豐富的想像、積極的聯想，設身處於當時的情境中，才能使詞的意境變成鮮明生動的形象畫面。其二，「以吾身入乎其中，而涵詠玩索之」，即讀者的性靈情感深入到作品中，俱化為一體，這是欣賞主體與作品客體的交融。沒有審美客體，鑑賞主體的審美投射就失去了依附；沒有鑑賞主體，審美客體只是一種靜態的美的存在(即等待接受者鑑賞的物質性文本)。只有鑑賞主體和審美客體之間起著一定的聯繫，鑑賞活動才能進行。其三，「吾性靈與相浹而俱化，乃真實為吾有，而外物不能奪」，最後是「俱化」為一的融合的境界。作品的意蘊已化為讀者的意蘊，作品已「相浹」成為讀者自我意識的

3　況周頤：《蕙風詞話》卷一，《詞話叢編》，頁 4411。

一部份。之所以能「入」而與之「俱化」，是因為讀者是按照自己人生經驗去印證作品，讀者對作品的感受力、體驗力，其實就是個人生命靈性的表現，因此作品在欣賞中被讀者同化。讀者也許有著不同的生活背景、教育程度，但是人們的內在，也就是無意識的感知是彼此相連的。人性與人類經驗是具有普遍性的，作者通過創作表現一種人生情境，在這種人生情境中往往寓含著某種人類共同生命意識和對生命進程的思考。審美主體通過鑑賞作家所創造的人生情境，直面現實人生，進而反思自己的人生，從而完成了自己生命意識的超越。詞的鑑賞其實便是作者所傳達的心聲與讀者的心靈合而為一，讀者沉潛到作品深處，對作品的意象進行反覆的感受和體味，從而獲得對作品深層審美韻味的把握。

　　每一部成功的作品都可以挖掘出兩方面的意蘊：個性和共性。前者使我們可以見到每位作家獨特的風格，後者能使不同時代、地域、民族的讀者產生共鳴。這種共鳴不單是文本所產生的，更是從人們的共性而來的，這便是榮格說的「集體無意識」在起作用。「詞心」已涉及到詞作與讀者之間內在精神的交流，即心領神會的意蘊妙悟，之所以能心領神會乃源自於一種「集體無意識心理」[4]，榮格以為「凡是偉大的作家和詩人，都是集體無意識的代言人」[5]，「集體無意識」是一種共同的民族心理記憶，來自於一種原型的心理形態，文學創作從作家心理活動拓展到整個人類的生存空間，共同的心理狀態。考察歷代文人的人生經歷即可看出，他們始終徘徊於出世與入世之間，一旦受到貶斥或排擠，選

4　榮格云：「集體無意識並非後天獲得，而是先天就存在。它不是個別的，而是普遍的。它與個性心理相反，具備了所有地方和所有個人皆有的大體相似的內容與行為方式」。見榮格《心理學與文學》(香港：三聯書店，1987 年)，頁 2。

5　榮格：《心理學與文學》(香港：三聯書店，1987 年)，頁 111。

條路便是歸隱或遠遊。文人的生存處境是艱難的，他們的人生飄忽不定，懷才不遇，經不起政治風浪的幾番沉浮，積澱在心理底層的原型總是與失意惆悵、憂患意識等情緒相關。於是「集體無意識」以「原型」形式通過個性心理呈現，作為「共性」外顯的構思。

作家創作往往從「小我」出發，由「小我」窺見「大我」，透過關注自我而關注社會、關注現實，最終達到小我和大我的完美統一。當讀者通過自己心靈去真誠的體驗作者情感，實際上已經加入了讀者自己的人生體驗，忘了現實的存在而沉浸在藝術世界，在超越的審美世界裡讓心靈遨遊，與作者一起同悲同喜，相照相溫。從創作的角度來看詞心，詞人實現了個人情感的抒發與宣洩，從接受角度看，接受者體驗、感受、引起共鳴，也得到了撫慰與借鑑。

三、詞外求詞：自由感發聯想，獨特發現與再創造

詞人在創作的時候，審美客體不但能激起主體有意識的激情，而且也能激起主體無意識的感動，所以讀者在鑑賞作品時也會具有同樣情況。詞心具有不可理喻的一面，所以詞中表現人類情感與激起無意識激情方面有其獨到之處，在詞中出現的形象，實際上就是引起主體審美感受的客體，尤其是優秀的詞作所能提供給讀者的審美空間是非常廣闊的，它所選擇的表象不僅能使人產生有意識的聯想，同時也能引發出人們無意識的聯想。

譚獻提出讀詞時要「辨於用心」[6]，他對常州派詞學接受批評

---

6 譚獻：〈篋中詞序〉，《詞話叢編》，頁 3988。

理論發展和貢獻是他在〈復堂詞錄敘〉裡提出的這一段話：

> 又其為體，固不必與莊語也，而後側出其言，旁通其情，觸類以感，充類以盡。甚且作者之用心未必然，而讀者之用心何必不然。言思擬議之窮，而喜怒哀樂之相發，嚮之未有得於詩者，今遂有得於詞。[7]

　　文學鑑賞也是一種審美的再創造，對作品形象意蘊的獨特發現，使作品的審美價值大大增值，作品的形象更加多層次化，讀者在鑑賞的同時也參加了作品的第二次創造。文學活動中的主體性有作者之用心、讀者之用心，文學鑑賞是讀者的聯想和感受通過作品本身興發感動的作用而完美地結合在一起，從而達到見仁見智的效果。用心的對象當求合於詞體體性，「辨於用心」即充實了詞人心性，顯現了讀詞應用心合乎時代的感悟，此正指出了詞對讀者的審美感情的投注程度要求很高。

　　在鑑賞論中，強調了讀者的審美再創造，強調了作品與讀者的共鳴特徵，是有意義的，然而常州詞家往往強作解人，甚至穿鑿附會，以儒家的社會功能強加於詞旨上。不過「微言大義」的鑑賞論並沒有如常州詞家所願，推動起詩教附加在詞旨的作用，更多的是，由於讀者的自由聯想，反而與近代啟蒙思想在發揚個性化的方面吻合，進一步動搖了詩教為詞旨的本意。

　　每一篇文學作品，原則上都有受到不同視角關注的可能性，都有受任何解讀的適用性，在閱讀時如果拿既定的模子或框框去套一部作品，也會讓本該靈動的閱讀行為變得笨拙呆板，王國維受西方思想的影響，他的文學觀也有了重大的變化，此即他勇於突破功利主義的框架而以個人的生命體驗來鑑賞詞，《人間詞話》

---

7 譚獻：〈復堂詞錄序〉，《詞話叢編》，頁 3988。

提出了他自由感發下對人生三境的感知：

> 古今之成大事業大學問者，必經過三種之境界。「昨夜西風
> 凋碧樹，獨上高樓，望盡天涯路」，此第一境也；「衣帶漸
> 寬終不悔，為伊消得人憔悴」，此第二境也；「眾裏尋他千
> 百度，驀然回首，那人正在燈火闌珊處」，此第三境也。此
> 等語非大詞人不能道。然遽以此意解釋諸詞，恐晏歐諸公
> 所不許也。[8]

　　王國維通過三段具有優美境界的詞句以喻示古今成就大學
問、大事業者必經之境界。三段詞原本各自成章，並不是出於同
一篇的詞作，也不是出於一人之手，卻因身為讀者的王國維的自
由聯想，而按照一定的層次連貫地組統起來表達一個完整的意
思，除了詞句本身的意義外，可以通過讀者的想像再創造，沿著
詞意展現對宇宙人生的聯想。因為宇宙人生，對於每個人都具有
不同的意義，人對宇宙人生在某種程度上所有的覺悟，即構成人
生的某種境界。王國維運用三位詞人的句子闡發他的人生三境
說，也正是認識到讀者自由聯想的現象在鑑賞中發揮著重要作
用。雖然他沒有直接、明白地進行鑑賞理論的闡述，但已強調讀
者在欣賞作品時的「能觀」——能自由感發聯想，為後人欣賞作
品提供了一個清晰明白的理性思路。讀者應該把作品中的具體意
象，通過聯想而深化為自己的感受。其三段論述具有一定的順序
和層次，三種境界間必須循序漸進，未有不經第一、第二階段而
能遽躋第三境者。王國維又說：「此等語非大詞人不能道，然遽以
意解釋諸詞，恐晏歐諸公所不許也」，王國維在這裡暗中點出了其
用心與原詞作者之用意不同。讀其詞而並非用其意，這是王國維

---

8 王國維：《人間詞話》，《詞話叢編》，頁 4243。

真正的用心。他對這種以彼喻此、感發聯想的方法雖沒有直接道出，但其實是存在的。人心所感通的價值世界往往是在生活實踐過程中逐步形成，並不斷作用於人的情感意志、認知等心理程。閱讀是一種認知存在世界的方式。審美是一種高層次的實踐活動。王國維通過詞句的形象引發，已清晰地揭示了三境說理論所特有的感發意蘊，這便是「出乎其外」，能跳出作品，身居局外，按照自己對人生體驗而充分自由聯想。

從上述詞心的鑑賞規律來看，用心深入作品，是一種凝神觀照的過程，對作品內涵感性美的獲得都必須在凝神觀照中進行，其次，因為尋找詞心而與作者產生共鳴，讀者的主觀感情始終佔據著主導地位。但情感深摯的主觀色彩投射到作品中，有時反而遮蔽了客觀的面目或再創造的可能，僅僅對詞「入乎其內」顯然還不夠，必須「出乎其外」，因此，讀者還必須從原有鑑賞的審美心境中跳出來，從作品表層意而提昇為重新審視自我。王國維的人生三境論已提供了「超乎其外」的審美視角，「跳出」是在不斷「深入」中獲得活潑的生命，只有這樣，才能完成真正意義上的昇華與超越，作品的影響力才能更為持久。

第二節　文學批評的審美判斷：

從詞人心性過渡到詞體自性論詞心

審美活動的最高層次並不是只達到審美感受的這個階段，不應僅僅創造出一個豐富的感性世界而感到滿足。審美活動還需要審美判斷，這就需要理性的參與，這是審美活動逐漸深化的結果。

文學批評的意義主要是對文學作品審美價值的再創造，必須是客觀而理性的活動。當詞文體在成熟定型後，人們便會產生深入發展的願望，所以清人對於「詞心」的論述也漸融入一定的審美評價和審美判斷。其重點有二，以下分別從人格視角、藝術本體的角度來討論。

一、作者人格論：從儒家襟懷論轉移至到人生精神境界論

（一）晚清常州詞家從儒家功利角度論詞心

嘉、道之際，宗廟社稷，岌岌可危，有識之士有感於外在時代現實所激發的責任感，以「經世致用」的思考來應付世變，在同治光緒年間成為主宰詞壇的主要思潮，強化詞的社會功能，擴大詞的表現力，使詞真正立足於時代社會之中，把儒家的詩教精神移入詞中，從而對「詞心」的抒情特質進行規範，如張惠言論詞情乃「賢人君子幽約怨悱不能自言之情，低徊要眇，以喻其致。」[9]周濟認為詞心所載之感慨所寄「不過盛衰，或綢繆未雨，或太息厝薪，或已溺已飢，或獨清獨醒」[10]，把「詞心」發展為德性情操的充實，於是詞心的審美創作和德性力量便合而為一。馮煦說秦觀的詞心能在「寄慨身世」中「怨悱不亂，悄乎得小雅之遺」[11]，譚獻在〈篋中詞序〉中云：「麗淫麗則，辨於用心。無小非大，皆曰立言。惟詞亦有然矣。」[12]充實了詞人心性，使詞心暗合時代感悟。其「折衷柔厚」說就是「寓溫厚和平之教」在詞作中反映，

9　張惠言：〈詞選序〉，見張惠言、董毅編：《詞選・續詞選》(北京：華夏出版社，2006 年 1 月)，頁 1。
10　周濟：《介存齋論詞雜著》，「詞亦有史」條，見《詞話叢編》，頁 1630。
11　馮煦：《蒿庵論詞》，《詞話叢編》，頁 3586。
12　譚獻〈篋中詞序〉，見《詞話叢編》，頁 3988。

這方面與周濟相通。[13]「折衷柔厚」即是溫柔敦厚的詩教傳統。
謝章鋌也深受經世致用思潮之影響說：

> 今日者，孤枕聞雞，遙空喚鶴，兵氣漲乎雲霄，刀瘢留於
> 草木。不得已而為詞，其殆宜導揚盛烈，續饒歌鼓吹之音。
> 抑將慨歎時艱，本小雅怨誹之義。人既有心，詞乃不朽。[14]

謝氏道出自己身遭戰亂、在生民塗炭中「不得已而為詞」，所以主
張為詞應該感憤時事，在內容的要求上「敢拈大題目，出大意義」
[15]，「亂離之時能詞者應有之言」[16]，以詞寫史，以詞「立身、論
世」。這個「有心」，便是詞人感於現實而生發的一種責任感，這
種「心」是立足於時代社會之中，要求詞家在時代氛圍中「煉人
心性」，如此一來，詞乃不朽。謝氏所要求的就是儒家詩教中的「怨
誹而不亂」的愛國情操，並不是簡單的一己身世之感，而是要在
時代滄桑中「其感其覺」，他以為詞人當全心地接納生活的饋贈，
面對生存本來的面目，昇華生命體驗。

此外，陳廷焯提出詞心的內涵是「沉鬱溫厚」：

> 溫厚和平，詩教之正，亦詞之根本也。然必須沉鬱頓挫出之，
> 方是佳境。否則不失之淺露，即難免平庸。[17]

所謂的「本原」乃創作主體內在的性情人格，即是風騷精神[18]，中
國詩學強調主體人格的修養與性情之鍛鍊，詞所繼承的正是《風》、
〈騷〉溫厚和平的精神。陳廷焯要求詞作應傳達出詞人對時局的心

---

13 譚獻〈詞辨跋〉：「大抵周氏所謂變，亦予所謂正也，而折衷柔厚則同。」
  《復堂詞話》，《詞話叢編》，頁 3988。
14 謝章鋌：《賭棋山莊詞話續編》卷五，《詞話叢編》，頁 3567。
15 謝章鋌：《賭棋山莊詞話》卷五，《詞話叢編》，頁 3423。
16 謝章鋌：《賭棋山莊詞話續編》卷三，《詞話叢編》，頁 3530。
17 陳廷焯《白雨齋詞話》卷七，《詞話叢編》，頁 3939。
18 陳廷焯《白雨齋詞話》云「風騷為詩詞之原」，《詞話叢編》，頁 3939。

靈感應，反映出社會現象。

　　況周頤提出了「重拙大」也是針對現實而來的：

　　　　作詞有三要，曰重、拙、大。[19]

　　　　重者，沉著之謂。在氣格，不在字句。[20]

「重」，乃深刻的思想和感情，「拙」則真摯的情感透過樸實的語言表現出來，「大」則是要詞表現大事。

　　以上所列各家說詞，在詞的批評上更重視詞的社會價值和政治功能，這種觀點雖然可以達到推尊詞體的作用，但也導致僵化凝固而漠視了詞為文學的審美價值。清末常州詞派在滄海桑田的動蕩易代之際，儘管儒家的傳統文化面臨著重大危機，常州詞家仍然死死地固守著儒家文化的規範，這不僅限制了他們的認識視野，也使他們無法接受新的選擇契機，也就無法成就文化更新。

（二）王國維返本復歸以心懷宇宙的哲學觀照論詞心

　　伴隨著西方文學思潮的勃興，晚清人文思潮也有了新的發展。如龔自珍延續明人李贄的「童心說」，提出「貴真」、「尊情」[21]，要求詞作體現詞人的性情及審美理想。又如謝章鋌說：「夫詞者，性情事也。」[22]陳廷焯也說：

19　況周頤《蕙風詞話》卷一，《蕙風詞話輯注》，頁6。

20　況周頤《蕙風詞話》卷一，《蕙風詞話輯注》，頁7。

21　龔自珍在許多詩作中反復說明了自己對「童心」的追求：「少年哀樂過於人，歌泣無端字字真。既壯周旋雜痴黠，童心來復夢中身。」（〈己亥雜詩〉）。如所謂「不似懷人不似禪，夢回清淚一潸然。瓶花帖妥爐香定，覓我童心廿六年」等，都是這種主張的體現。

22　謝章鋌云：「詩詞異其體調，不異其性情」（《賭棋山莊詞話》卷八），雖認為詩詞同源，均為「性情事也」。他還提出了「真性情」：「夫詞者，性情事也。」（《抱山樓詞序》），此外，他在《賭棋山莊詞話》卷一論稼軒詞時說：「稼軒是極有性情人，學稼軒者，胸中須先具一段真氣、奇氣，否則雖紙上奔騰，其中俄空焉。」在謝章鋌看來，有真性情方有好詞。見《詞話叢編》，頁3330。

　　情有所感，不能無所寄，意有所鬱，不能無所洩。古之為
　　詞者，自抒其性情，所以悅己也；今之為詞者，多為其粉
　　飾，務以悅人，而不恤其喪己。而卒不值有識者一噱。是
　　亦不可以已乎！」[23]

強調詞應悅己適性，反對悅人喪己。

　　又如沈祥龍《論詞隨筆》：

　　詞之言情，貴得其真，勞人思婦，孝子忠臣，各有其情。
　　古無無情之詞，亦無假託其情之詞，秦柳之妍婉，蘇辛之
　　豪放，皆言其情也。[24]

把秦柳、蘇辛並提，肯定他們皆「自言其情」，對豔情詞亦持平對
待，對詞言情的特質予以肯定。

　　然而即使詞家們有主性尊情的自覺與反省，但由於儒家思想
的束縛，他們在要求詞人張揚情性的同時，又不免受到「經世致
用」文學觀的影響，使得這種反省只能在迂迴曲折中發展。如劉
熙載在《詞概》中云：

　　詞家先要辨得情字，〈詩序〉言發乎情，〈文賦〉言詩緣情，
　　所貴於情者，為得其正也。忠臣、孝子、義夫、節婦，皆
　　世間極有情之人，流俗誤以欲為情。欲長情消，患在世道。
　　倚聲一事，其小焉者也。[25]

　　明知「詞要先辨得情字」，要「貴於情」的同時，卻又把情的
範圍限制在傳統的道德之內[26]。但王國維不同，他是一位具有高

23　陳廷焯：《白雨齋詞話》卷八，《詞話叢編》，頁 3969。
24　沈祥龍：《論詞隨筆》，《詞話叢編》，頁 4053。
25　劉熙載《藝概・詞概》(台北：金楓出版有限公司，1986 年 12 月)，頁
　　165。
26　如劉熙載《藝概・文概》：「忠臣孝子、義夫節婦，皆世間極有情之人。
　　流俗以欲為情，欲長情消，患在世道。」

的看法就異乎前人，他不像常州詞家以功利角度去評估詞的價值，而是以人為中心，突出人在審美、創作中的主體作用，他之所以以「人間」命名詞作及詞話，乃王氏心懷廣宇的博大胸襟，符合芸芸眾生之真性情。王國維從人性和人生的角度去重新評定詞的審美價值，認為文學是突破了功利觀點的束縛，著眼於詞文體之藝術本質，《人間詞話》開宗明義即指出：

> 詞以境界為最上。有境界則自成高格，自有名句。[27]

　　「意境」是中國傳統美學中的核心範疇，但若從心性論的角度來看王國維的「境界論」就不是「意境」中的情景關係所能詮釋的，王國為以為「滄浪所謂興趣，阮亭所謂神韻，猶不過道其面目。不若鄙人拈出『境界』二字，為深其本也」[28]，「言氣質，語神韻，不如言境界。有境界，本也。氣質、神韻，末也。有境界而二者隨之矣。」[29]此乃一種探本的批評標準，建立在詞的藝術本體與美學批評的層次上，直探詞之抒情審美本質，以探本之論，從哲學層次引申的創造性批評，強調高尚偉大之人格，乃心靈境界之別稱。境界，從來就是心靈境界，沒有所謂的客觀境界，它雖然是主觀的，卻具有客觀意義，因此它又不是純粹主觀的。「境界」，乃專以感覺經驗之特點為主。換言之，「境界全賴吾人感受之作用，境界之存在全在於吾人感受之所及，因此，外在世界在未經吾人感受之功能而予以再現時，並不得稱之為境界」[30]。「境界」，是就人對宇宙、人生的認識及感悟的程度和心靈狀態。可見王國維的「境界」與「意境」同中之異，便在於其所強調的並非什麼情景交融，而是與情、景兩要素相對的「觀」，虛心的觀照，

27　王國維：《人間詞話》，《詞話叢編》，頁 4239。
28　王國維：《人間詞話》，《詞話叢編》，頁 4241。
29　王國維：《人間詞話》，《詞話叢編》，頁 4258。
30　葉嘉瑩：《王國維及其文學批評》(北京：北京大學出版社，2008 年)，頁 180。

便來自於心靈境界。文學作品的境界，不只是詩人心靈境界的物態化，也是藝術家對於心靈境界的一種肯定方式。 王國維返本復歸以心懷宇宙的人生觀照論詞心：

> 尼采謂：「一切文學，余愛以血書者也。」後主之詞，真所謂以血書者也。……後主則儼然有釋迦、基督擔荷人類罪惡之意。[31]

後主之詞已上升到全人類的普遍情感。王國維把文學看成是人性的需要，是人的生命自然流露，他以進化的詞史觀為詞體正身。一部優秀的作品，就是作者對宇宙、歷史、人生的觀照，生命意識的律動。厚重的宇宙感、歷史感、人生感、人性的回歸與超越是作品審美要素的主要成分。文學的批評常常要進入到審美的至高層次上，以哲人的眼光、思辨的形式，對文學作品進行形而上的哲學審視，從而發現作品中抽象的哲學意蘊，完成審美價值的創造。

二、文體藝術批評論：從詞體的適應性提出感傷與真深

童慶炳：《文體與文本的創造》認為：「文體是指一定的話語秩序所形成的文本體式，它折射出作家、批評家獨特的精神結構、體驗方式、思維方式和其他社會歷史文化精神。」[32]文體是客觀形式結構，但卻具主體精神。查禮《銅鼓書堂詞話》云：「情有文不能達，詩不能道者，而獨於長短句中，可以委宛形容之」[33]，詞體和詞心密切關聯，詞便成為詞心承攬的最佳載體。在中國以

---

31 王國維：《人間詞話》，《詞話叢編》，頁 4243。
32 童慶炳：《文體與文本的創造》（昆明：雲南出版社，1994 年），頁 1。
33 查禮：《銅鼓書堂詞話》，《詞話叢編》，頁 1481

抒情為主的詩歌傳統中，詞無疑是一種更典型、更純粹的抒情詩體。所以，詞家就從詞體的適應性上，反過來揭示詞心的特殊感性內涵。

(一) 感傷文學與悲劇精品

正因為詞體存在著最適合於表現感傷和淒涼的特色，這是詞體從民間步入文人手中就已定型的內涵。晚唐五代，正是中國封建社會進入紛亂和暗弱的時期，戰亂頻仍、民生疾苦等黑暗的現實，無時無刻不在刺激著文人士大夫們那脆弱和敏感的神經，那些危苦感傷的情緒，自然流瀉在他們的詞作中，詞體無不浸染著感傷愁苦的色調。詞體善言感傷意緒、淒怨情懷的特色，至此已基本上得到了確立。

明‧張綖在《詩餘圖譜‧凡例》提出「詞有婉約豪放二體」說影響後世深遠：

> 詞體大略有二：一體婉約，一體豪放，婉約者欲其詞情蘊藉，豪放者欲其氣象恢宏。然亦存乎其人。如秦少游之作，多是婉約；蘇子瞻之作，多是豪放。大約詞體以婉約為正，故東坡稱少游為今之詞手，後山評東坡詞雖極天下之工，要非本色。[34]

把秦觀推為婉約的代表詞家。不知不覺，秦觀的歷史地位便被多數論者高度評價而被許為最富有本色的代表詞家，例如：

> 《淮海詞》一卷，宋秦觀少游作，詞家正音也。故北宋惟少游樂府語工而入律。詞中作家，允在蘇、黃之上。[35]

秦觀詞究竟為什麼能夠贏得「詞家正音」的讚譽呢？評者多

---

34 《詩餘圖譜》通行者為明汲古閣刊本，但無〈凡例〉，〈凡例〉僅見於《增正詩餘圖譜》，這裡節錄的是〈凡例〉後所附按語，轉引自王水照：《唐宋文學論集》(濟南：齊魯書社，1984 年版)，頁 297。

35 胡薇元：《歲寒堂詞話》，《詞話叢編》，頁 4029。

著眼於淮海詞的語言精美、音韻協和等特點，如宋人葉夢得《避暑錄話》卷三就曾說秦觀詞「語工而入律，知樂者謂之作家歌」[36]，但僅從音律諧婉和語言精美來看秦詞的地位，恐怕還不夠，所以晚清詞評家陳廷焯曾說：

> 秦少游自是作手，近開美成，導其先路，遠祖溫、韋，取其神不襲其貌。詞至是乃一變焉。然變而不失其正，遂令議者不病其變，而轉覺有不得不變者。[37]

秦觀被認為是「當行本色」的詞家正音，然而一個出色的作家，他在繼承傳統的同時，更重要的是能發揮自己作為個體的獨特性而超越、脫離前人，所謂「一變焉」，即是秦觀對詞境所做的深化，使詞境轉而變為更加意味深長和含蓄雋永。所謂的「變而不失其正」，從詞的發展源流和詞的本質、數量來看正變，則前有婉約，後有豪放，詞的音樂性和功能，本質就是婉約。所謂秦詞「變而不失其正」一語，已說明秦觀對詞境所做的深化，是在尊重詞體本色之美學特質的前提下進行的，融入個人切身的生活經歷和感受，因此，才能夠「令議者不病其變，而轉覺有不得不變者」，正因為有尊重詞體本身特色的前提，才能夠為自己贏來「詞家正宗」的盛譽。馮煦《蒿庵論詞》以詞心評秦觀：

> 他人之詞，詞才也；少游，詞心也。得之於內，不可以傳。[38]

「少游，詞心也」；即是一種「身世之感，打併入豔情」的真摯。秦觀在柳永式的豔詞模式中，注入關於自己的政治際遇和人生遭逢的感傷，將自己的全部真情注入詞中，不僅為詞的創作開

---

36 宋・葉夢得撰，王雲五主編，《避暑錄話》(台北：台灣商務印書館，1966年出版)卷下。
37 陳廷焯：《白雨齋詞話》卷一，《詞話叢編》，頁 3785。
38 馮煦：《蒿庵論詞》，《詞話叢編》，頁 3586。

闢出一條新的道路，而且豐富和擴大了詞的表現手法，增加了詞的藝術魅力，使得詞情深化，詞心內斂，使詞體自身獨立於其他它文學樣式之外的獨特美學價值得到了進一步的加強。

　　詞作為文學大家庭中最能摹寫心靈、展現性情的一種體裁，自然最具有「寫心」這一特質，富有詞心的作品即詞之正宗，由此可見「詞心說」與詞「正變觀」之間的關聯性。從「詩言志」到「詞心說」的趨向是對於主體的內在要素的重視，可說是對心靈的一種補償，一種慰藉。其實，幾乎所有的作品，大都建立在不斷向內挖掘體驗的基礎上。然而較之於詩，詞人更是不把精力放在向外部世界的開拓而用在向內挖掘中求得平衡、安慰。這一流程變化強調抒情主體內在心靈的探勘與挖掘，詞乃心學，語言媒介所承載的內容當來自於主體心靈，而不是對外物的描摹。即使有對外物的描摹，目的也僅限於傳達創作主體之情、表現創作主體之意，而不追求與外物的相似。甚至，在創作主體自認為傳情達意之後，媒介是可以被拋棄的。「詞心」隱藏的是揮之不去的哀愁和偏於柔婉的悲情，這哀愁和悲情是如此的深邃，以致於詞人的作品充滿了綺豔異麗的色彩，因為作為隱約幽微的情緒抒發，確實更多地需要借助於心靈深處的一種敏銳的感受，以麗寫怨，以豔寫痛，成了詞心的一大特色，色彩的斑斕反襯愁思的深重。朱蘇權〈善言感傷——淺談《淮海詞》贏得盛譽的重要原因〉說：

> 　　我們認為，秦觀之所以被不少詞評家們認為「允在蘇、黃
> 之上」、甚至被尊奉為「詞家正宗」，其中一個很重要的原
> 因，就在於他的善於塑造和表現淒怨、感傷的美學特徵，
> 才使得秦觀的詞作在總體風貌上，比其他一些詞家顯得更

加「本色」和「當行」。[39]

　　「詞心」的主體意識中並無「載道言志」與「形容盛德」的思想，「詞心」強調是主體之「情」、個人之情，而且是內心深處最為細微、最深刻的感傷悲涼，這就與詞之本色正宗取得一致性。考察一位詞家的創作是否本色或當行，便常常要考察這位作家的創作是否善於塑造和表現感傷淒怨之美，而秦觀之所以被盛譽為「詞家正宗」或「詞中作手」，其中最重要的原因在於他的多愁善感。詞之為體存在著特別適合表現感傷、淒涼、哀怨的情感特質，所以秦觀被許為詞體之正宗者，必須具備善於塑造和表現感傷和淒怨之美，正如清末詞評家謝章鋌所言：

> 夫詞多發於臨遠送歸，故不勝其纏綿惻悱。即當歌對酒，
> 而樂極哀來，捫心渺渺，閣淚盈盈，其情最真，其體亦最
> 正矣。[40]

謝氏乃從詞作大多展現的特定情景來看，指出纏綿悱惻乃詞體之最正者，由此可見詞心所抒之感傷哀怨乃是詞體之最本色正宗者。詞心善語感傷淒怨，乃成後世詞評家的看法。謝氏指出感傷哀怨之詞乃「詞體之最正者」。「詞心」做為評賞詞作的標準，也切合了詞體的特徵，若從「正變」角度論詞心，詞的正宗本色與詞心精神內涵取得了一致性，詞心強化詞含蓄深長之本色，此即「詞心說」與「正變觀」的聯繫。

(二) 詞心之「真」與「深」

　　王國維說：「以其寫之於詩者，不若寫之於詞者之真也」[41]。詞之為體特別適合於表現感傷淒怨之美，感傷淒怨來自於情之著

39　朱蘇權〈善言感傷—淺談《淮海詞》贏得盛譽的重要原因〉，《廣西師院學報》，第 19 卷第 10 期，頁 11-15。
40　謝章鋌：《賭棋山莊詞話》卷十，《詞話叢編》，頁 3451。
41　王國維：《人間詞話刪稿》，《詞話叢編》，頁 4256。

「真」與「深」。詞心之真深在李煜詞中更得到了進一步的發揮，王國維談及詞心時，特別以李煜為例評曰「詞人者，不失其赤子之心也」[42]，文學即人學，作品是一種人格的再現，是一種社會文化的存在，文如其人，詞如其心，李煜的赤子之心，發自肺腑，是一顆真純而敏銳善感的詞心，其「生於深宮之中，長於婦人之手」而「不失其赤子之心者也」，其感情真摯濃烈，純任性靈，自然直率，毫無矯揉雕琢之習，他以純真任縱之感受，直探人生核心，以一己之悲哀涵納千百年以來人類之悲哀。

由於，強調赤子之心，得童心之真，也就能自覺地意識到自我存在，蘇格拉底說：「思維的人是萬物的尺度」[43]，有了萬物的尺度，還愁沒有意象組合的尺度嗎？藝術本是主客體的結合，善於得天成之趣，一個具有「真精神」的人，「寧為大雅罪人，勿儒冠而胡服」[44]，這便是千古詞心，王國維之所以說：「詞人之詞，寧失為倡優，不失之俗子」[45]，「以其寫之於詩者，不若寫之於詞者之真也」。[46]，這便是千古詞心。詞心往往意味著人格的不合流俗，張岱所謂「人無癖不可與交，以其無深情也；人無癡不可與交，以其無真氣也。」情真、情深的性格外化即是癡，正因為詞人有種種不被時人所理解的癡處，才使得其詞在言情上能達到深沉執著真摯的地步。

在閨閣、青樓、沉吟之際、視聽之區，詞人卻能體驗到一份最富豔真切的生命感動，那種「男子而作閨音」的心靡悱惻、情

---

42 王國維：《人間詞話》，《詞話叢編》，頁 4242。
43 轉引自列寧：《哲學筆記》(北京：人民出版社，1961 年第一版)，頁 305。
44 王世貞《藝苑巵言》論詞言「寧為大雅罪人，勿儒冠而胡服也」。《詞話叢編》，頁 385。
45 王國維：《人間詞話刪稿》，《詞話叢編》，頁 4265。
46 王國維：《人間詞話刪稿》，《詞話叢編》，頁 4256。

至文生，正是詞人真性靈的體現。王國維說：

> 政治家之眼，域於一人一事。詩人之眼，則通古今而觀之。
> 詞人觀物，須用詩人之眼，不可用政治家之眼。[47]

　　王國維以為詞人只有以顯著自然、率真的「詩人之眼」去觀照宇宙人生，才會達到超越一般意義的「情景交融」，「故能寫真景物、真感情者，謂之有境界」[48]，其中所說的「真感情」，實際上就是詞心。王國維在評判真感情方面，盡力擺脫傳統功利主義觀點的束縛，主張只要出自真心，即是真感情。這種不強求感情內容之必須符合傳統倫理標準而唯求其「真」的詞學批評，就突破了舊有的社會學批評模式而直探詞的抒情文學本質。由此我們可見王國維的詞學批評主要著眼於詞文學的藝術本體，重視它那表現情感之自然與真切。詞體文學以其審美特質屹立不搖，千百年來正是負載了這樣的一份詞心之真。

第三節　從讀者接受視角論詞心說
出現的文學史意義

　　詞心說主要是在晚清詞評家的手中完備的，詞評家們或解讀、評價詞人心性，或關注詞體的本位特質來論，使得「詞心」說這一範疇有別於「詩心」而具有獨特的文學史意義，以下分幾點說明。

---

47 王國維：《人間詞話刪稿》，《詞話叢編》，頁 4264。
48 王國維：《人間詞話》，《詞話叢編》，頁 4240。

一、關注自我內在幽微的世界

中國傳統詩歌精神，以「言志」為中心，詞則以「緣情」為中心，詞雖然長於描寫人物情態與渲染外在環境，卻不是為了滿足感官刺激，而是指向人物的內心世界。而且是進一步虛靈化，往往是以物象來渲染某種感情。詞心說的出現仍文學內傾化的趨勢使然，從詩言志的大我轉向內部的小我，從而發現了自身的價值，關注自我內在幽微的世界，小我方寸之心已為成為文學表現的主要對象，小我內在的價值再次被發掘。在「詞心」說裡，人們擺脫了對外部社會倫理的評價，發揚和發掘了人在審美創作中的主體作用，對人的價值有了新的思考，人不再是追求政治價值、功利目的的工具，也不是玩物，而是具有高度自覺的主體，是一種人格和精神的獨立存在，這種生命意識實際上體現為一種自覺的主體意識，把自己作為認識和改變世界的主體，他們有著鮮活的生命和靈性，人的本質被重新還原，對人的理解和認識得到全面的體察，人在社會和文化的地位被重新定位。

在內涵上以關注個人的生命與情感體驗為主的詞心說，正是對文學本質的回歸。清代詞學家已能從心理分析的角度去探求詞的心理內涵，並透過詞人的主體意識去探求詞心的底蘊和詞情的成因。詞，特別是婉約詞，在一般情況下，並不直接反映社會生活，更與重大的社會題材無涉，它主要是表現詞人在特定環境或生活中的心情和心境。所以在詞心的探討方面，清人已不再局限於僅從「言志明道」和「反映論」出發去發掘詞作的思想內容和社會意義，更拋棄了用作家的外在階級或身分來評論詞人的簡單化和規範化的做法，而是著眼於詞在挖掘心靈世界方面所具有的

特殊功能。文學是情感的藝術，若從主情的角度考察，詞作中反射出作家主體精神的運動，從而可見到一種時代的靈魂。要審視歷史發展，不能忘了窺探作家的內心世界和精神歷程，正如論者所言：

> 詞學活動因為有了追尋詞心，而煥發出個體生命意識的勃動、詞趣美韻的流動及內在精神的貫穿。[49]

「詞心」乃詞學理論心靈化闡釋中的特殊用語，這種心靈化的闡釋的生發有其特定的背景，有著獨特的視角，有其特有的美學意味。就其涵義而言，「詞心」乃人之情感思緒所生發之源，由於「性是心之理，情是心之用」，宋明以來關於詞學主體的論述是強調「性情」論，「心」統馭「性情」，是以清代詞學以「詞心」來闡釋詞情之淵源、性情之根本，因而在論說中能直探本源，剖析入微，以人的性靈、精神所包藏之心為創作本源。清代詞學家在審視詞史發展的歷程時，已能將關注點設定於作家的思想、感情、性格、氣質中去，特別是伸進游移不定的心態中去，從而挖掘出不朽的神韻來。「詞心」說所啟示後人的是透過心理分析的方法，似乎更能貼近詞為心緒文學的本質屬性。

二、從「詩心」的儒家功利觀回歸到「詞心」的審美人生本質

「詞心」說最終由儒家社會人格論而落腳於審美價值論，實現了「文學是人學」的價值回歸。清代詞論中的「詞心」說已由馮煦論個別詞家秦少游發展到況周頤、王國維，詞心所指涉的對

---

49 楊柏嶺：〈晚清詞家詞心觀念評說〉，《文藝理論研究》，2004 年第 3 期，頁 89-96。

象並不只是就個別具體的作品、詞人、文學思潮和流派去分析和評價，或者說主要不是針對具體個別的文學現象，而是要以哲學方法論為指導，從理論高度和宏觀視野上去闡明詞文學的性質、特點和一般規律。要從具體上昇到抽象，從個別上昇到一般，即通常我們所說的普遍的藝術規律。一方面對詞創作的藝術規律的探索越來越深入，如馮煦只涉及作者性情與遭遇問題，況周頤的論述則兼顧創作過程與作品立意；另一方面常州詞家也從寄託表現手法而論述到作品欣賞的門徑，又著重於詞格與詞筆。詞心發展到後來，對創作規律和鑑賞原則的深層揭示顯然具有更多的包融性，而王國維乃著重於詞的藝術體格，強調「詞之為體」，誠摯的感情和深刻的思想出之自然真率，作家的情感要經歷昇華的詞境過程，作為出於生活又高於生活的詞心，其精神實質在於以審美直觀的方式建構感性與理性統一的完美人性。「詞心」說最終實現了「文學是人學」的觀念，更多地重視其審美作用，而不再如傳統許多論者都偏重於對詞進行倫理社會的批評，於是，是否具有更高心靈性便成評價詞作的重要藝術尺度。

　　一部優秀的作品，就是對宇宙、歷史、人生的觀照，是生命意識的律動。正正是這種獨特的詞人創作心態，奠定了這一藝術形式獨特的主體屬性和審美特徵。清代詞學家在學詞中追求詞心，使詞心包含著甚為複雜的內涵，儘管各家關注的焦點有所不同，但都突出了主體的心性，而且也把詞心上升到一種審美價值、生命意識的層次。

小　結　詞心具有多層涵義：

創作、鑑賞、批評為一體

　　「詞心」說主要是「詩言志」的繼承與發展，但卻在強調詞文體本質的基礎上有了創造與轉化。「詩言志」的觀念貫穿中國文學的始終，由此奠定了中國抒情文學的傳統，「詞心」說雖從「言志」系統發展而來，然而，詞體特殊的抒情功能與審美價值畢竟使得「詞心」說不同於「詩言志」，有了自己更有個性的獨特意義。「詞心」說已把對創作主體的心靈功能推進到一個更新的層次上，也使過去以來過多重視對詞作本身的社會性理性分析、流派美學風貌的定性分析，或形式技巧的審美批評，轉移到對詞人——創作主體的審美心態的把握，使得「詞心」有異於「詩心」、「文心」、「賦心」，有了更虛涵、更幽微、更強烈、更深刻、不可抑制的性靈化傾向，這種細微之處，正是創作者會心而難言之妙境，也是閱讀者賞心而難道之極致。從清代詞論來看「詞心」，有時指作家創作時的心理狀態，有時指作品中對人生的感悟與覺察，有時指作品中的言外之意和思想意旨，有時又指詞文體藝術美的最高樣式，甚至對文學接受者的主體建構和審美心理也提出了相應的要求，「詞心」在大多數語境中兼有內外、主客相互融攝的意味，但仍以主觀心靈作為統攝與主導，即使是從讀者接受的角度論，讀者也絕非被動的接受者，而是一個積極主動的再創造者。文學感性與藝術心理的叩求和獲得，乃由創作主體與接受主體的積極努力來體現的，此外還有詞文體原型的自我膨脹、自我補償、自我完美的多種可能性的實現，從而揭明：詞論中關於主

體性的論述不是一種固定的文化產物，而是一種具有精神意義卻又不斷流變的文學觀念，有其漫長、動態的發展歷程。在這個歷程中，「詞心」的「本質」不斷被重新定義而豐富化，也為詞的創作、鑑賞和批評挖掘出主體的創造性，「詞心」是一種動態性的流變現象，其意蘊豐富，沒有人能為它做出絕對、唯一的定義。詞心決定了在創作與接受上異趣於詩，更具微觀審美活動和深沉的心理結構，從而造就了詞的主體美學觀不同於詩的言志論。

　　雖然清代詞家在論詞心時，關注的焦點多有不同，有的指作家天生之性格與性情，也可以指創作時的心理狀態，有時指詞作中的人生感悟與真情，但都突出了主體的心性，強調文學的心靈化色彩。此外，詞心又可以從表現手法來看，它通常模糊了事件的痕跡，著重於心態的寄託和象徵，表現為一縷通感，一種境界。有時又指以疏朗自然的字面、蘊藉和婉的意境、流暢相諧的章法，來達到詞文體藝術美之最高形式。從主觀而言，這種心靈化的詞論術語所體現的就是創作主體對外在世事萬象的心靈感應，是一種情感的昇華，從本質上它是外在現實人生的遭遇在創作個體心理層面的積蓄所致，它來自於作家後天不幸的生活遭遇在一顆先天敏銳善感的心性中的折射。在創作的過程中，這種外在現實遭遇的事件或形跡本身被淡化、銷釋了，而其心靈的情感與思悟則被凸現、詩化、昇華了，所以，心靈化的文學表現並非虛無縹緲，它是以實踐經驗為基礎寄託生命的感受和領悟的。這也是況周頤所強調「平日之閱歷，目前之境界」與詞心的密切關係。綜合全就是詞之「真」與「深」的精神內涵；在讀者而言，就是心領神會的妙悟神會，「以心換心」與「詞外求詞」的審美再造。對批評家而言，就是一份「返本復歸」的哲學價值溯源，它是一個包含著藝術性感受和理性思考的雙重活動。

附註：本章曾以〈「以心換心」與「返本復歸」——從讀者的接受視角論「詞心」說〉為題，發表於國立空中大學《空大人文學報》第 22 期，2013 年 11 月，頁 29-59。

第三章 「詞有別境」的審美藝術

——清代詞學中的詞境說

　　中國詩歌的審美傳統是一種追求含蓄的美學，所以有了「意境說」。「意境」是指作家的主觀情感與所描寫的客觀景物渾融而形成的情景交融、虛實相生、韻味無窮的詩意化、想像性的審美空間和藝術氛圍。在「意」與「境」的融合中，能使人如身入其境而受到感染。「意境」也是中國古代詩論的核心概念和重要的美學範疇。最早出現在唐王昌齡的《詩格》「詩有三境」：一曰物境，二曰情境，三曰意境。[1]並強調情思是意境營造過程中的一個重要因素。此後，「意境」開始作為中國詩學的重要審美範疇而為評論家們所沿用。如司空圖的「思與境諧」[2]，宋代嚴羽「興趣妙悟說」[3]、明代王世貞的「神與境合」[4]，以及王夫之的「妙合無垠」[5]等，都觸及到了意境美學的本質內涵。明清時期，「意境」一詞就漸被廣泛使用，開始成為品評詩詞的最高審美標準。於是我們也常常混淆詩論中的「意境」和詞論中的「境界說」，認為「意境」等同

1　郭紹虞，《中國歷代文論選》(上海：上海古籍出版社，1979 年 1 月)第二冊，頁 88-89。
2　郭紹虞，《中國歷代文論選》(上海：上海古籍出版社，1979 年)，頁 217。
3　南宋‧嚴羽《滄浪詩話》，參郭紹虞《滄浪詩話校釋》(台北：漢京文化出版社，1977 年)。
4　何文煥，《歷代詩話》(北京：中華書局，1981 第三冊)，頁 102。
5　潘德輿，《養一齋詩話》(北京：中華書局，2010.第三冊)，頁 301。

「境界」。其實不然，「詞境」從「詩境」而來，但並不同於詩境，詞的「意境」與「境界」的義涵亦不同。從詩論中的「意境說」，發展到了清代的「詞境論」，到了王國維手中變成了「境界說」了。這種發展的過程，便是詞論和詩論同中趨異的表現，這個過程值得我們重視。

　　長期以來，提到詞境論，幾乎所有的人都會想到二十世初期的王國維《人間詞話》，其獨樹一幟的運思方式和審美表達，深刻拓展了詞學批評的思想內涵。從「意境論」到「境界說」的發展，可謂傳統詞學批評的終結和新變。在詞論中對境界說做出最完整的論述自然是王國維，然而事物的發展是連續的、漸進的，任何一種理論的提出，都離不開對前人成果的吸收與繼承，王國維的「境界說」也不例外。目前學界對於清代詞境論雖然累積了一些成果，[6]但這些成果多半以宏觀式或總論性的角度來談，未能從微觀的角度與史的流程來呈現詞境論的發展與嬗變的線索。筆者以為清代詞境論還有被討論的空間。基於上述，本章擬從王國維之前的詞境說進行「追源溯流」的分析，才能更清楚的見證清代詞

6　胡建次〈清代詞學批評視野中的詞境論〉(《社會科學學刊》，2009 年第 3
　　期，總 183 期，頁 165-170)，是從宏觀的角度論述清代詞學批評視野中的
　　輪廓，主要針對以下三方面來論述：一是對詞境表現特徵的探討，二是
　　對詞境生成與創造的考察，三是對「境」作為詞作之本的標樹。透過三
　　個角度，較為完整地構建出了古典詞境論的論說空間。劉貴華〈詞境理
　　論〉(《中國韻文學刊》第 19 卷第 1 期，2005 年 3 月，頁 70-74)主要是
　　從藝術角度來談詞境是由主與客、我與物、情與景、意與境等諸多元素
　　水乳交融所形成的渾成或渾厚的詞藝境界。劉毅青〈詞論中的境界說〉(《惠
　　州學院學報》第 22 卷第 4 期，2002 年 8 月，頁 24-29)，主要論述詩論中
　　的境界說在唐代形成，詞境理論的正式確立與形成，是在晚清常州派陳
　　廷焯、況周頤的詞學理論中。而王國維從審美本質入思，對境界重新構
　　建闡釋，他的境界說將詞學批評推上了藝術美學的新層面，使之成為具
　　有現代美學意義的理論體系。楊柏嶺〈晚清詞家詞境觀念評說〉(《南陽
　　師範學院學報》第 3 卷第 5 期，2004 年 5 月，頁 179-86)，全面論述晚清
　　詞家以境界評詞的觀念，主要透過情與景的關係來談詞境化生的基本前
　　提。

王國維建構境界說的影響。

本章的研究目的有三：

一是探究清代詞論的「境界說」對詩論中的「意境說」的
　突破。

二是探究清代詞論的「境界說」對宋、明以來詞學的發展。

三是探究清代詞學的「境界說」在幾位詞評家的論述中呈現
　出怎樣的發展與嬗變的歷程。

本章的研究進路有三：

一是宏觀微觀並重：要從宏觀上透視清代詞境論的整體性，
又要從微觀上把握各詞論家的理論個性，使這些個性能夠在各自
的定位上形成承繼與變化的動態發展史。

二是推源溯流的文學史論：透過推源溯流的線索把詞界說放
在文學發展過程中而加以評論，才能見到較之詩論中的「意境論」
有何開拓，對王國維有何影響。

三是科學化的體系建構：中國詞話文本是散漫的、意象化的，
但其實在看似散亂簡短的談論中，蘊藏著深刻的見解，筆者企圖
從散置在各家的片段論述中，以歸納、分析等科學方法去闡明詞
境說的特點和規律。

基於這樣的構建，本文或可補充了現今未論述的王國維之前
清代詞論家對詞境論的建構與發展，以提供來者了解王國維《人
間詞話》建構「境界說」較之前賢有何拓展，以達到重新解讀王
國維其詞學的目的。

本章的進行脈絡乃依照詞史的流程的歷時性角度來論述。

第一節　詞境說在清代以前的發展：

營造意境的創作論

　　詞境說在清代之前的發展，依照筆者的考察，只出現在南宋張炎和明末的陳子龍零星的論述中。。

一、南宋張炎的「清空」詞境論

　　如果不限於有在理論字面上有無「境界」一詞，關於詞的審美境界的描述，在南宋張炎的《詞源》中就出現了，即是：

> 詞要清空，不要質實。清空則古雅峭拔，質實則凝澀晦味。
> 姜白石詞如野雲孤飛，去留無跡。吳夢窗詞如七寶樓台，
> 眩人眼目，碎拆下來，不成片段。此清空質實之說。[7]

清空是一種審美形態，也是一種創作風格，還是一種美學境界。張炎對詞境的標準說法即是「空」而又「清」，展現一個澄明的審美空間。惟有審美境界清澈開闊的作品，才能使人讀之神觀飛越。後來清代的謝章鋌承張炎之說又加以稍進一層：

> 夫詞欲清空，忌填實。清空生於靜，靜則心妙。其寄意也
> 微，其托興也孤。[8]

　　這裡提出清空生於「靜」。「靜」也是中國傳統的人生修養功

---

7 張炎《詞源》卷下，《詞話叢編》(台北：新文豐出版社，1988 年 2 月)，頁 259。
8 這段文字出於謝章鋌為清人張炳堃詞集所做的〈抱山樓詞敘〉，引自陳良運編《中國歷代詞學論著選》(南昌：百花洲文藝出版社，1998 年 8 月)，頁 620。

夫。[9]詞評家把這個觀念用在創作，把虛靜觀念和實際創作相聯繫。把虛靜看做是文學創作的方法論，並從理論的高度，將虛靜與詞的構思緊密聯繫起來。「靜心則妙」，通過踐行靜心，可以實現寄意之微與托興之孤，也就是寄託在有無之間，都可因靜心而達成，因此可以建構清空的境界。在這裡把清空與寄託融而為一，在一定程度上矯濟了「清」、「空」可能流於缺乏感發力量的疏弊。

沈祥龍《論詞隨筆》則專就「空」來談：

> 詞當於空處起步，閒處著想。空則不佔實位，而實意自籠住；閒則不犯正位，而正意自顯出。若開口便實便正，神味索然矣。[10]

這裡提到了「空」與「閒」兩個概念。空，作為一個詩學範疇由蘇軾〈送參寥師〉正式提出：「欲令詩語妙，無厭空且靜。靜故了群動，空故納萬境。」[11]只有心靈之「靜」與「空」，才能產生「了群動」的豐富紛呈的心靈意象。從審美心理的角度看，人從現實或世俗的心境進入審美心境，就必須要放「空」。「空」，是一種放開，可以鬆動緊張的生命，打通了生氣，為封閉的生命

---

9 儒家關注「靜」的哲學內涵與人生修養價值，在「修身在正其心」的修養倫理中居重要地位。孔子以靜比喻仁者，《論語・雍也篇》：「智者樂水，仁者樂山；智者動，仁者靜；智者樂，仁者壽。」孟子講不動心，荀子講「虛一而靜」，都認同靜在工夫修養中的意義。在道家思想中，「靜」被視作構成道家本體論、宇宙論、修養論的重要觀念。

10 清・沈祥龍《論詞隨筆》，見《詞話叢編》，頁 4055。

11 〈送參寥師〉出自《蘇東坡全集・卷十七》，詩云：「上人學苦空，百念已灰冷，劍頭惟一吷，焦谷無新穎。胡為逐吾輩？文字爭蔚炳，新詩如玉雪，出語便清警。退之論草書，萬事未嘗屏，憂愁不平氣，一寓筆所騁。頗怪浮屠人，視身如丘井，頹然寄淡泊，誰與發豪猛？細思乃不然，真巧非幻影。欲令詩語妙，無厭空且靜。靜故了群動，空故納萬境。閱世走人間，觀身臥雲嶺。鹹酸雜眾好，中有至味永。詩法不相妨，此語當更請。」(見蘇軾撰，張志烈、馬德富等主編：《蘇軾全集校注》全二十冊，河北人民出版社，2010 年 6 月)詩人以禪解詩，提出了詩歌、書法創作上的一系列重要的美學見解：好詩應如玉屑，出語清警；詩人作詩，應有空靜心態，才能明察群動，容納萬境；詩歌與禪法並不相妨；詩歌與書法的最高妙境是淡泊、至味等。

劃出通往萬物、通往無限的管道。生命因「空」而柔軟靈動，因
「閑」而放開，不執著、不陷溺，而有更多的可能性。「空」作
為文學範疇對後世文學批評產生了深遠的影響。一是由世俗而寧
靜，二是由寧靜而放空，三是由放空而「動而愈出」[12]。

　　空，不僅與意境構成橫向聯繫，而且成為意境構成的一種審
美質素。張炎的清空說一出，已經塑造了一個被詞壇遵循的審美
範式，從此，清雅峭拔，空靈疏宕，托意深婉，成為後代詞家的
一種基本美學理想。謝章鋌、沈祥龍對清空詞境的補充，與後來
況周頤言「詞境以深靜為至」、王國維言「無我之境，人惟於靜
中得之」，皆可見「清空」說影響之深遠。作品的生成過程，就
審美心境而言，是由靜而空，因空顯象；就審美意境而言，是由
清而空，以空納境。意象不清，則不能生空，不空則無境。意境
之清，生於心境之靜。

二、明代陳子龍「境由情生」將詞境
定位於「情」之境

　　詞體發展到明代，因詞的俗化和曲化，以至於詞失去原有的
風貌韻味，逐漸衰落。陳子龍為了扭轉了明詞的頹廢之勢，對詞
境的創造主要表現在對傳統情詞的精神回歸，和社會變動帶來的
新思想的抒寫。其詞境的開拓，反映出他對現實問題的思考，以
及主張復古的詞學觀。並在一定程度上推動了清詞的復興之路。
陳子龍《幽蘭草詞序》中始說：「或穠纖婉麗，極哀豔之情；或流

12　借用《老子‧第五章》語：「天地不仁，以萬物為芻狗；聖人不仁，以
　　百姓為芻狗。天地之間，其猶橐籥乎？虛而不屈，動而愈出。多言數窮，
　　不如守中。」但在本文是指意象不斷的生成。

暢淡逸，窮眇倩之趣」，後隨之出現言「境」之語：

> 然皆境由情生，辭隨意啟，天機偶發，母音自成。[13]

陳子龍認為，由情生境，詞之境主要是詞家表現詞的感情境界。
詞境的營造應追求情與境的統一，字裡行間猶有自然而然的天
機，使作品中呈現出渾然天成、蘊藉深遠的效果。但意境中的情
和景、形與神是一種主從的關係，「景」只是情的附屬，意境中「景」
的出現只是為抒情服務罷了。二者之間，要求重一個「情」字、
突出一個「神」字。陳子龍始終把感情置於其詞論的核心地位，
從「風騷之旨，皆本言情」的觀點出發，要求詞應「寫哀而宣志」
[14]，盛讚五代北宋詞人「境由情生，辭隨意啟」[15]，更把「凡其歡
愉愁怨之致，動於中而不能抑者，類發於詩餘」[16]作為宋詞獨工
的主要原因。意境，其主要成份是情思。詞之境，主要是詞家表
現於詞的感情境界。真實是感情的生命，也是詞骨力度的保證。
這對王國維有深遠的影響。王國維說：「境非獨謂景物也，喜怒哀
樂亦人心中之一境界。」[17]在王氏看來，「境」不僅包含景物，還
應包含情感在內，正因為如此，情以獨至為真的詞作境界便是王
國維最稱許的。

綜合上述，可見宋明詞論很少「直接」探討詞境，在這個有
限的論述中，多半是從營造意境的創作視角來論述，例如「清」
與「空」、「閑」與「靜」，皆是從創作審美的心境著眼，強調具有
意境的作品，都是具有強烈的藝術感染力。直到清代，詞學理論

---

13 明末・陳子龍：〈幽蘭草題詞〉，陳子龍、李雯、宋徵輿《雲間三子新詩
　　合稿・幽蘭草・倡和詩餘》(瀋陽：遼寧教育出版社，2003 年，頁 1 至 2。
　　以下再次徵引甚多，概見此本，不一一附註。
14 陳子龍：〈三子詩餘序〉。
15 陳子龍：〈幽蘭草題詞〉。
16 陳子龍：〈王介人詩餘序〉。
17 王國維：《人間詞話》，《詞話叢編》，頁 4240。

才引入境界說。

　　清代詞境說我們可以分成兩個階段來看：一是王國維以前的發展，二是王國維對前人的突破。本章先就王國維以前詞境說的發展進行了「溯源」、「變遷」與類型劃分的辨析(主要是與詩的離合之分)，關於王國維對前人詞境說所做的突破，再於下一章討論。

第二節　清初劉體仁《七頌堂詞繹》

從「詩詞分疆」論「詞中境界」

　　劉體仁(1624-1684)是清初時期詞學發展中一個應被關注卻長期被忽略的人物，其《七頌堂詞繹》首次將「境界」這一術語引入詞學批評範疇：

> 詞中境界，有非詩所能至者，體限之也。大約自古詩「開我東閣門，坐我西閣床」等句來。[18]

這裡強調詞中的境界有詩所不能到者，所舉的例子是北朝民歌〈木蘭詩〉「開我東閣門，坐我西閣床」句子，這幾句乃女子閨閣之事，劉體仁藉此說明詞與詩因為體式有別，境界也有差異。因為詞是音樂文學，為了合樂，也為了符合歌者的身份與姿態，它的表現並不像詩有明白的旨意，詞人往往表現一種幽深的情懷。這裡所提出的「詞中境界」，已非通常所說的「意境」，而是指詞這一文體所特有的精神世界，乃女子的閨襜之情。

　　劉體仁從「詩詞分疆」的理論來論述境界：

---

18 清·劉體仁，《七頌堂詞繹》，《詞話叢編》，頁 619。

「夜闌更秉燭，相對如夢寐。」叔原則云：「今宵賸把銀釭
照，猶恐相逢是夢中。」此詩與詞之分疆也。[19]

他透過了杜甫〈羌村三首〉之三和晏幾道〈鷓鴣天〉同一情境的
詩詞對照來說明詞出於詩而異於詩。品味一下，我們會發現杜甫
詩句顯得沉重而直接，表現方式也比較平實和古樸；晏幾道詞句
很明顯的是脫胎自杜詩，但卻顯得空靈婉轉，表現姿態也較為新
巧和靈快。晏詞意謂著過去常常因思念而被夢魂所苦，醒來才知
是一場夢，而如今真的相見了，卻惟恐仍是一場夢。而不斷地以
銀燈探照，急於確定是否為真。透過人物的動作表現了其急於證
其為真的心態，描寫的細膩深刻，曲折婉轉。由此可見，詞往往
比詩更善於表現人們的深層情緒和意識潛流。正如晏幾道的「猶
恐相逢是夢中」呼應了前文「幾回魂夢與君同」的敘述，此一「恐」
字，點染出對「失而復得」的喜悅當下，卻產生「得而復失」的
憂慮感，這種更深層的情緒表現，正是詩詞間美感追求的差異。
詩、詞雖同屬韻文學，但兩者的文體性質卻有明顯的差異。「詩言
志」的傳統，使得詩境多偏向外境的描寫，表現的往往是理性的、
有自覺的意志，屬於心理世界中比較表層的部份。而詞多表現為
非理性的情緒和性情，詞的抒寫角度往往傾向往內挖掘，除了關
心近處的身邊風景，更把境界的觸角向自我內心深處。詞境和詩
境相比，在美學特徵上是有明顯差異的：詩心顯，詞心隱。詩如
高山大河的壯闊，詞如小橋流水的清幽；各有風貌，彼此不相排
斥。

　　劉體仁從詞體的定位把握出了「詞中妙境」，是文學史上第
一位提出詞境不同於詩境的詞學家。他立足在對詞文體形式特徵

---

19 清・劉體仁，《七頌堂詞繹》，《詞話叢編》，頁 619。

與內部規律的認識、把握，才能自覺運用文體規律對作品進行批評。強化文體意識，能更有效掌握詞境特色。文體意識是創作的保障，遵從文體紀律，才能寫出適體、合體的作品。劉體仁「詞之體式限制」的論述，強調「詞境有詩所不能至」、「詩詞分疆」，已為境界說定下了基調。對王國維從詩詞趣異的角度論「境界說」多多少少產生了啟發作用。

此外，劉體仁在《七頌堂詞繹》中談到警句對營造境界的重要作用：

> 惟片言而居要，乃一篇之警策。詞有警句，則全首俱動。20

闡釋「詞中警句」對於「詞中境界」的重要性。如果一個句子能在全篇中居於重要地位，成為全篇的警策之語，這種警句效應可以提振全詞精神。劉體仁又談到：

> 文長論詩曰：如冷水澆背，陡然一驚，便是興觀群怨，應是為傭言借貌一流人說法。溫柔敦厚，詩教也。陡然一驚，正是詞中妙境。21

其源自陸機〈文賦並序〉所記載：「立片言而居要，乃一篇之警策。」22較之陸機強調一篇文章應有一句或幾句話，作為它的中心思想，劉體仁則更是強調「詞中警句」的文學效益。他提出徐渭對詩判斷的奇特方法：「如冷水澆背，陡然一驚」，如果詩能具有這效果，徐渭便認為是好詩，如其不然，就是壞詩。這種「陡然一驚」之妙，便是具有儒家「溫柔敦厚」的詩教作用。劉崇建〈淺論劉體仁《七頌堂詞繹》中境界說的內涵〉如此詮釋：「『詞中警句』使得詞體本身表現出「陡然一驚」之妙，從中突出了詞

---

20 劉體仁，《七頌堂詞繹》，《詞話叢編》，頁 620。
21 劉體仁，《七頌堂詞繹》，《詞話叢編》，頁 623。
22 陸機《文賦並序》，見[梁]蕭統編、[唐]李善注《昭明文選》第五十二卷「論二」(台北：文津出版社，1987 年)，頁 2231。

體『奇』的特質；強調「陡然一驚」之效，可理解為詩詞創作在不經意間的突顯與觸動，恰恰是詞中警句的最好表現。」[23]「興觀群怨」是儒家詩教觀，詩若能夠使人讀之如「冷水澆背」那樣「陡然一驚」，也就達到了「興觀群怨」的文學感動人心的效益。這正如劉體仁《七頌堂詞繹》所道：「『紅杏枝頭春意鬧』，一鬧字卓絕千古。」[24]強調詞人善於點化一個平凡的「鬧」字，便能化腐朽為神奇，提振全句精神，成為千古名句。王國維也在《人間詞話》中談道：「『紅杏枝頭春意鬧』，著一「鬧」字，而境界全出。」[25]這很明顯是受到劉體仁所論一個字便能成就「詞中警句」的影響，一旦成為警句，便能具有「境界全出」之妙。王國維論境界說云：「詞以境界為最上。有境界則自成高格，自有名句。」[26]這或許也可以說是一種從生命經歷所提煉出具有人生哲思的「警句效應」。可見劉體仁「境界說」為王國維從詞境與詩境之離合建構境界說的論述提供了參照。

　　雖然劉體仁對「境界說」的論述仍缺乏系統性，但他首次在詞論中提出了「境界」一語，並從詩詞分疆的角度來論述境界，已為王國維「境界說」體系的形成埋下了伏筆。

---

23 劉崇建〈淺論劉體仁《七頌堂詞繹》中境界說的內涵〉，《太原城市職業技術學院學報》，2016 年 10 月，頁 199。
24 劉體仁，《七頌堂詞繹》，《詞話叢編》，頁 618。
25 王國維著、施議對譯注：《人間詞話》(台北：貫雅文化，1991 年 5 月)，頁 24。
26 王國維著、施議對譯注：《人間詞話》(台北：貫雅文化，1991 年 5 月)，頁 4。

第三節　乾嘉年間周濟從寄託論過渡到意境論

「以無厚入有間」中達到「意與境渾」

　　周濟（1781－1839）是乾嘉年前常州詞派的重鎮，繼承了張惠言的詞論傳統，被視為常州詞派的集大成者。徐楓、葉抒：〈論周濟對詞學寄託論的新闡釋〉認為寄托出入論，是周濟「創作思想成熟的標誌」[27]，該文針對周濟的寄託論意涵進行了深刻的闡釋，然而周濟在論寄託出入說時，也間接提出了詞境形成的條件，筆者在該文已經論述的基礎上，專就周濟的論述中分析「寄託說」與「詞境說」之間的關聯：

> 夫詞，非寄託不入，專寄託不出。一物一事，引而伸之，觸類多通。驅心若游絲之罥飛英，含毫如郢斤之斲蠅翼，以無厚入有間。既習已，意感偶生，假類畢達，閱載千百，謦欬弗違，斯入矣。[28]

　　這段論說強調「物」與「情」的結合，必須透過作家精妙的藝術構思活動，以及高超的藝術技巧。周濟認為詞應該要有所寄託，要傳達出作者某種思想情感才行。而客觀物象自身有能被引伸設譬的特性，只要作者構思精微，技巧嫻熟，把無形的思想情感通過有形的客觀物象表達出來，就可以做到了有寄託的「入」。「無厚」，不是沒有厚度，這個「無」字是一種精神的超越，是指作者不執著於自己特定的思想情感，因此顯得意微旨幽而無形，

27　引自徐楓、葉抒：〈論周濟對詞學寄託論的新闡釋〉，《東北師大學報》(哲學社會科學版)2002 年第 2 期，總第 196 期，頁 79 至 85。
28　周濟：〈宋四家詞選目錄序論〉，見《詞話叢編》，頁 1643。

具有更廣泛的涵蓋性。「有間」是指客觀物象，凡是物象皆有其形，有其形則必有縫隙，所以「有間」。因此，「無厚入有間」絕不僅僅只是技藝或技巧的高超，也包括著作者的主觀情志與所描繪的客觀物象之間「若即若離」、「不即不離」的關係，這種情志與物象之間的結合所營造出的生動感人的藝術氛圍，便是作品所能達到的境界。但這還不是周濟理想中的寄託，這還只是能「入」，是一種有意的寄託；要做到能「出」，就要做到無意寄託才行，「入」而能出」才堪稱「至境」。

「驅心若遊絲之飛英，含毫如郢斤之斫蠅翼」，指的正是當外界之事物感發於心，便會經歷了一條觀察、體認、感受、轉化、提煉、昇華的「內心活動之路」。這種「心動」的過程猶如縷縷游絲牽掛著如花瓣一樣紛紛墜落的纏綿之態；運筆則猶如大匠運斤，技術嫻熟高超，一任自然，熟練的砍削薄如蠅翼的堊粉，對作品卻沒有些微的損傷。《莊子·養生主》中的「庖丁解牛」，功夫嫻熟的庖丁在宰牛時，能以無厚入有間，運刀於骨節之間，而刀刃游行有餘。「有間」本指牛體結構必有空隙，在這裡指的是留有餘地，「餘地」是希望之境，是生機活力，是鍾靈毓秀。文學也是，要求人們運用形象思維，展開情境聯類、由此及彼的聯想，便猶如生命行走於人間世，遊刃有餘而得以養生。以「無厚」之詞筆，入「有間」之詞境，以一當十，由此及彼，情境連類，浮想聯翩，最終達到寄興之「物」與詞家之「情」兩相契合，在「情」與「象」相融中達到「入」之「微」而「出」之「厚」的詞境。惟其如此，方能達到「假類畢達，閱載千百，馨欬弗違，斯入矣」的境地。周濟又說：

> 賦情獨深，逐境必寤，醞釀日久，冥發妄中。雖鋪敘平淡，摹繢淺近，而萬感橫集，五中無主。讀其篇者，臨淵窺魚，

意為魴鯉，中宵驚電，罔識東西。赤子隨母笑啼，鄉人緣
劇喜怒，抑可謂能出矣。[29]

　　在此周濟論述了寄託出入的高層階段。「賦情獨深，逐境必
寤，醞釀日久，冥發妄中」，隨著生活積累的愈深，情感積澱的愈
厚，創作技巧的成熟，「情」和「物」就會達到一種深度交融的境
界，以至於情、物合一，不知何者為情，何者為物。「情」是非物
質的、主觀的，故求其實；「境」本是可觀的、質實的，故求其虛
空，如此虛實相合，方可容納萬千。所以周濟主張「鋪敘平淡，
摹繪淺近」，以淺近之筆出之，求得平淡之致，而非精細刻畫，窮
形極相。言淺而意深，語淡而味厚，使作品的意境深入淺出，無
意為寄託而寄託自深，「境」的表層意義與「情」的深層意義之間，
也就相互渾融，妙合無垠，終至「萬感橫集，五中無主」，不知何
者為我，何者為物了。這樣的詞作讓讀者閱讀時才會「臨淵窺魚，
意為魴鯉，中宵驚電，罔識東西」，從意象中去生發聯想，抽繹情
思，和作品產生共鳴。

　　這一段正表明以「無寄託出」之創作方法寫就的詞作，所具
有的深刻的藝術概括性和典型化的魅力。其「中宵驚電，罔識東
西」的驚歎與淵默，是振聾發聵的強烈效應。呈現的是一種「不
著我之色彩」、「一切景語皆情語」的「無我之境」，這樣才稱得上
能「以無寄託出」矣。周濟之創作論不正是以全無痕跡之寄託為
紐帶，使「意」與「境」渾化為一、不分彼此，從而使詞內足以
平矜釋躁，外則感人以「喜怒」、「笑啼」的嗎？

　　「無寄託」是「物」與「情」結合的最高境界，將寄託與情
景融為一體，泯滅其痕跡，使其難以實指，為讀者留下了更為廣

---

29 周濟：〈宋四家詞選目錄序論〉，見《詞話叢編》，頁 1643。

闊的想像空間，這和葉燮《原詩》論形象思維有相近之處：「詩之
至處，妙在含蓄無垠，思致微渺，其寄託在可言不可言之間；其
旨歸在可解不可解之會。言在此而意在彼，泯端倪而離形象，絕
議論而窮思維，引人於冥漠恍惚之境，所以為至也。」[30]而周濟
之論，比之葉燮的「其寄託在可言不可言之間」更進了一層，他
所宣導的是「渾化無痕」的「至境」。寄託一旦進入「無寄託出」
此情已不再是「偶生」之下的「觸物之感」，而是「醞釀已久，冥
發妄中」之極深之情，是紛至逐來，橫集於胸的「萬端」之感了。
這樣豐敏蘊藉的深厚情感，遠不是假託「一事一物」之「類」就
可以表述的。周濟這一大段的闡述，已完全摒棄了物類，而獨出
之以「境」。唯此一「境」，方可擔荷「萬感橫集」之深情。那麼，
此「境」何「境」？「境」之本義，是指一定疆土的範圍，周濟
強調了「賦情獨深，逐境必窟」，則「情」與「境」不僅「相合」，
而且「相渾」——不知何者為物，何者為我，「興寄」當然「不落
言詮」，無跡可求了。周濟於是從寄意於「象」，代之以寄意於「境」，
以「境」呈「意」，從而提出了他的寄託從「有」到「無」，從「入」
到「出」的新命題，使「情」與「物」由初始相合，昇華為「意」
與「境」的高層次相融，臻於「渾化」之境，從而完成了其「寄
託論」由「神理超越」向「意境渾化」的過渡。「渾厚」與「神理」
同說，而「渾化」更被他視為詞之創作之至境。正如周濟所言：

> 花間極有渾厚氣象，如飛卿則神理超越，不復可以跡象求
> 矣。[31]

「渾厚」與「神理」同說，而「渾化」更被他視為詞之創作
之至境。就「境」而言，周濟強調「渾化」。周濟還從接受者的角

30　葉燮《原詩》(北京：人民文學出版社，1979 年)內篇下，頁 30。
31　周濟《介存齋論詞雜著》，見《詞話叢編》，頁 1631。

度，道出了「意與境渾」所造成的審美效應；

> 問途碧山，歷夢窗、稼軒，以返清真之渾化。余所望於世
> 之為詞人者，蓋如此。[32]

　　作為「無寄託出」的高級階段，更是指藝術的章法句意、氣
象神韻渾然一體的整體美。「渾化」是周濟創作理論的最高至境，
「渾化」來自於泯滅寄託痕跡，託寓在有意無意之間，達到主客
「渾化」來自於泯滅寄託痕跡，託寓在有意無意之間，達到主客
交融、渾融為一體的境地。周濟論詞「專寄託不出」，就是他「所
望於世之為詞人者」，從學習碧山、夢窗、稼軒入手，「以還清真
之渾化」。那麼，何以去「問途碧山」？周濟認為，首先當從「情
意」入手，「賦情獨深」，因為碧山詞託意遙深，且能寄託，而且
這份感情「醞釀日久」，絕非一時一地偶發之情，而是積鬱已久，
不得已而非發不可之情。像夢窗詞意旨深沉；稼軒詞氣勢奔縱，
反映時代滄桑，蓄積於胸中，不能自抑。但惟有清真詞雖無明顯
的寄託但情志宛然可見，能達到天衣無縫的「渾化」之境。惟有
厚積薄發之深厚悠長之情，才可以包含心靈中廣大而深遠的內
容，才可以照映出社會生活的內在本質，作者所反映的情也就愈
真實。有了如此強烈而綿邈的情感，一旦進入創作，則自然萬象，
都會奔流於心，「境」與「心」會，達到「冥發妄中」之境。故「情
深」是為「逐境必寤」之基礎。「賦情獨深，逐境必寤」是入乎「渾
化」的至高至大之境了。

　　由此，周濟在精心為「世之為詞人者」指出了一條「寄託出
入」學詞門徑之時，也完成了引導人們做詞時返周邦彥的「意境
渾化」之路。這使周濟的創作論從「寄託說」過渡到「意境論」

---

32 周濟：〈宋四家詞選目錄序論〉，見《詞話叢編》，頁 1643。

而具有普遍的美學意義，並成為通向王國維「無我之境」的橋樑。王國維署名樊志厚的《人間詞乙稿序》亦把「意與境渾」視為文學創作的上品：

> 文學之事，其內足以攄己，而外足以感人者，意與境二者而已。上焉者，意與境渾；其次，或以境勝，或以意勝。苟缺其一，不足以言文學。[33]

託出入說」，實際上提出了創作中「意」與「境」相融的重要觀點。周濟雖然還未能直接從中提煉出「意境」這個重要的美學觀點，但卻明確以「寄託出入」說總結了常州詞派的一個重要的創作家法。「意境渾成」，往往展現一種水乳交融的整體性氣象，「氣象」也是作者人格、作品風格意境的完滿結合體。「氣象渾成」則是人格修養和藝術造境的最高境界，是人格與作品的高度統一，人生與藝術兩位一體的展示。

　　其次，我們也可以見到周濟論詞是很注重相輔相成之辯證關係的。周濟在前述的論說中，運用了二元對立角度來論述，例如「有」和「無」，以及並列對立的「空」與「實」、「淺」與「深」、初學階段的「斐然成章」與進入創作高級階段的「見仁見智」，求得虛實相生的美學效應，足見二元對立論包孕其中，使之作為詞的創作的一個有機的過程，統一於「以有寄託入，無寄託出」的完整命題之中。我們可以說，周濟「寄託出入說」的理論價值，主要表現在成為王國維從二元對立的角度來論述境界說建的先導。

---

33 王國維署名樊志厚的〈人間詞乙稿序〉，《人間詞話・附錄二》，《詞話叢編》，頁 4276。

第四節　道咸年間蔣敦復以

「有厚入無間」之境評詞

　　蔣敦復(1808-1867)，是道光咸豐年間的詞人。他的《芬陀利室詞話》對周濟的寄託理論有了進一步的發揮，例如他評周濟詠物詞：「比興無端，言有盡而意無窮」[34]，也評南宋詠物皆有寄託：「詞原於詩，即小小詠物，亦貴得風人比興之旨。唐、五代、北宋人詞，不甚詠物，南渡諸公有之，皆有寄託。……未有無所寄託而可成名作者。」[35]足見他對周濟寄託說的重視。他說：

> 壬子秋，雨翁(按，指湯貽汾，字雨生)與余論詞，至有厚入無間，輒斂手推服曰，昔者吾友董晉卿每云：詞以無厚入有間，此南宋及金元人妙處。吾子所言，乃唐、五代、北宋人不傳之秘。[36]

> 有厚入無間者，自南宋稼軒、夢窗、石帚間能為之，碧山時有此境。[37]

　　很明顯，蔣敦復的「有厚入無間」是由「無厚入有間」一語衍繹而來。「有厚」是強調思想感情的蓄深積厚，不可無病呻吟，「無間」應是指寄託可以渾化無痕，自然而然的神圓氣足。「有厚入無間」，這是指化寄託於無形，無寄託而出。在他看來，唐五代北宋像李氏、晏氏父子的詞則能達此至境，皆為有神味的作品，

34　蔣敦復《芬陀利室詞話》卷一，《詞話叢編》，頁3634。
35　蔣敦復《芬陀利室詞話》卷一，《詞話叢編》，頁3675。
36　蔣敦復《芬陀利室詞話》卷一，《詞話叢編》，頁3653。
37　蔣敦復《芬陀利室詞話》卷一，《詞話叢編》，頁3652。

皆因為能「有厚入無間」。又南宋辛棄疾、姜夔、吳文英等人偶而
為之，周密時有此境。在這裡，我們可見，意境作為一種美學概
念，就是指文學作品中所營構的一種獨立存在的審美空間。詞人
若能「有厚入無間」便能達到這種富有意味的境界。譚新紅對「有
厚入無間」的解釋如下：

> 從創作者這一角度言，要有深厚的思想意蘊，不能空洞無
> 物，無病呻吟（「有厚」）；同時要有高超的創作技巧，
> 這些思想在作品裡要顯露得渾化無痕，神圓氣足（「無
> 間」）。」[38]

這樣的詮釋頗合於蔣敦復的論述：

> 詞之合於意內言外，與鄙人有厚入無間之相符者。[39]

「意內言外」一詞是常州詞派盟主張惠言為了了糾正詞壇存在的
幾種弊端而在《詞選序》中豎起的寄托的大旗，強調以立意為本，
又講求詞體的微言要眇之美。[40]蔣敦復以「意內言外」來詮釋「有
厚入無間」，因為它是蔣敦復用來衡量作品好壞的標準，可見他對
作品的思想內容和藝術標準都提出了很高的要求。它指的不僅是
寄託等技巧，而且還包括好的作品所應具備的條件，大約和「意

---

38 譚新紅：〈「無厚入有間」與「有厚入無間」辨──周濟和蔣敦復詞學思
　想比較研究〉，《長沙理工大學學報》（社會科學版）第 24 卷第 3 期，2009
　年第 3 期，頁 75-78。
39 蔣敦復《芬陀利室詞話》卷一，《詞話叢編》，頁 3639。
40 《詞選・序》則為常州派開派的理論宣言：「敘曰：詞者，蓋出于唐之
　詩人，採樂府之音，以制新律，因系其詞，故曰詞。《傳》曰：「意內而
　言外謂之詞」。其緣情造端，興於微言，以相感動，極命風謠，里巷男女，
　哀樂以道。賢人君子幽約怨悱不能自言之情，低徊要眇，以喻其致。蓋
　《詩》之比興，變《風》之義，〈騷〉人之歌，則近之矣。然其文小，其
　聲哀，放者為之，或跌蕩靡麗，雜以猖狂俳優。要其至者，莫不惻隱
　盱愉，感物而發，觸類條暢，各有所歸，非苟為雕琢曼辭而已。自唐之
　詞人，李白為首，其後韋應物、王建、韓翃、白居易、劉禹錫、皇甫松、
　司空圖、韓偓，並有述造，而溫庭筠最高，其言深美閎約。」見張惠言、
　董毅編：《詞選・續詞選》（北京：華夏出版社，2006 年 1 月），頁 1。

境」、「境界」是相近的。

蔣敦復提出「有厚入無間」或多或少存在著語焉不詳的弊病。但他已進一步的闡釋凡有境界的作品，必須有深厚的情思和高超的藝術技巧相結合所達到的某種不凡的境界。較之劉體仁偏重在創作技巧的因素，蔣敦復的論述涉及「人」、「境」(景)、「情」三者之間的關係，境中有人，境中有情，人與境共，境由心造，情由境生，形成共生的關係。而他標舉的「有厚入無間」，所強調的思想感情的蓄深積厚，是來自於作者的自我修養和人格的提升，這對王國維建構「境界說」所強調的人生境界的提升也有著啟示的作用。

第五節　咸同年間劉熙載以
詩境說引入詞境

劉熙載（1813－1881），字伯簡，號融齋，江蘇興化人，晚清經學家、文學批評家。關於「境界」或「意境」，劉熙載有重要論述。劉熙載《藝概・詞曲概》云：

> 司空表聖云：「梅止於酸，鹽止於鹹，而美在鹹酸之外。」
> 嚴滄浪云：「妙處透徹玲瓏，不可湊泊，如水中之月，鏡中之象。」此皆論詩也，詞亦以得此境為超詣。[41]

劉熙載在此用司空圖的「韻味說」與嚴羽的「妙悟說」來談詞境。司空圖的詩論主要發揚王維詩歌的澄淡意境所營造出的藝術精神。「梅止於酸，鹽止於鹹，而美在鹹酸之外」，即是強調一

---

41 劉熙載《藝概・詞曲概》(台北：金楓出版有限公司，1986 年 12 月)，頁
　163。

種「象外之象、景外之景」的「詩家之景」的虛境，這是一種超越於現實的一種想像空間。司空圖的韻味說對宋人嚴羽的「妙悟說」有所影響，嚴羽面對江西詩派「以文字為詩，以議論為詩，以才學為詩」的弊病，提出「妙悟說」：「大抵禪道惟在妙悟，詩道亦在妙悟。且孟襄陽學力下韓退之遠甚，而其詩獨出退之之上者，一味妙悟而已。惟悟乃為當行，乃為本色。」[42]嚴羽標舉「盛唐興象」，提出盛唐詩興象超越可以達到「透徹玲瓏，不可湊泊，如水中之月，鏡中之象」，這乃是受到禪宗「不立文字，以心傳心」講求直覺頓悟式思維的影響，嚴羽的詩論也因以禪喻詩，用「羚羊掛角，無跡可求」這一禪語旨在強調主觀感情、精神與審美客體達成一種默契，進入物我兩忘的入神境界。而這樣創作出來的詩歌也就虛實相生，詩中意象晶瑩透明，真正達到了「透徹玲瓏，不可湊泊」。劉熙載把詩境說引入詞論，可謂是唐宋詩境論在詞學上的運用。這裡所說的「此境」也就是「意境」，即是從本體論意義上指示了把握詞境的直覺性、體驗性的特點。顯然這對王國維「詞以境界為上」的觀點有直接影響。但王國維把「境界」抬高為一種高於司空圖和嚴羽詩境論的一種「探本」之論：

> 嚴滄浪《詩話》謂：「盛唐諸公，唯在興趣，羚羊掛角，無跡可求。故其妙處，透澈玲瓏，不可湊拍，如空中之音、相中之色，水中之影，鏡中之象，言有盡而意無窮。」余謂：北宋以前之詞，亦復如是。然滄浪所謂「興趣」，阮亭所謂「神韻」，猶不過道其面目；不若鄙人拈出「境界」二字為探其本也。[43]

---

42 南宋·嚴羽《滄浪詩話》，見郭紹虞《滄浪詩話校釋》(台北：漢京文化出版社，1977 年)。

43 王國維著、施議對譯注：《人間詞話》(台北市：貫雅文化，1991 年 5 月)，頁 29。

言氣質，言神韻，不如言境界。有境界，本也。氣質、神韻，末也。有境界而二者隨之矣。[44]

王國維在此強調「境界說」高於司空圖的「韻味說」與嚴羽的「妙悟說」、王世貞的「神韻」說，便在於「興趣」、「神韻」不過只是「道其面目」，只強調是什麼，而忽視關係性的理解，不如他拈出「境界」二字為一種「尋源探本」下的宏博會通。也就是說，盛唐宋明詩論所提到的神韻、興趣等說都只停留在詩人在「興趣」與「妙悟」的共同促發下，達到的物我合一的審美狀態，從作品中體味到「言有盡而意無窮」的審美層次；而「境界」是心理時空中一個富有形上本體意味的境界，乃出神入化，不但是返回生命之真，凝視主體之神，而且是能夠與萬物通靈，參透客體之神，實現從有限向無限的飛升。

又如《藝概・詩概》中說：「思無邪，思字中境界無盡，惟所歸則一耳。」[45]強調文學作品在「思想」內容方面既要「境界無盡」，又要有純淨無邪的最高歸屬。這些論述皆對王國維境界說的基礎本質是「真」與「自然」，當有所影響。可見劉熙載借用詩論中的「詩境論」對王國維建構「境界說」當有啟示。

另外，《藝概・書概》說：「學書有二觀：曰觀物，曰觀我。觀物以類情，觀我以通德。」[46]「觀」是一種思維的方式，也是生存的態度，是返諸內心的寧靜而形成的與天地萬物的交流融合的姿態，以實現對外物的超越。劉熙載強調靜觀的在學習書法上

---

44 王國維著《人間詞話刪稿》，見《詞話叢編》(台北：新文豐台出版社，1988 年)，頁 4258。
45 劉熙載《藝概・詩概》(台北：金楓出版有限公司，1986 年 12 月)，頁 113。
46 劉熙載《藝概・書概》(台北：金楓出版有限公司，1986 年 12 月)，頁 219。

的價值，認為學習書法要認識物性來達到與我的情感一致，要認
識自我來實現道德的修養。而王國維後來也運用「觀物」與「觀
我」來論詩詞境界，這是一種創造性的借鑒。認識靜觀也是我們
理解王國維境界說思想的重要關鍵。任何藝術的道理都可以相
通，靜觀的實質是無功利性的審美。它注重主體心態的釋然與超
脫，在寧靜中獲得自我的確認，以生命的投入來呈現深邃的寧靜，
呈現出更為高遠的真實。

第六節　同光年間陳廷焯《白雨齋詞話》
把興寄和沉鬱詞境合而爲一

　　陳廷焯（1853－1892），字亦峰，又字伯與，是同光詞壇上貢
獻卓越的詞論家。他的《白雨齋詞話》與況周頤的《蕙風詞話》、
王國維的《人間詞話》並稱為「晚清三大詞話」。陳廷焯論詞溯本
探源，在繼承常州詞派前輩詞論家「比興寄託」理論的基礎上，
建構「沉鬱」之境，影響深遠。他的「沉鬱說」擴大了常州詞學
之堂奧，在相當程度上消解了詩詞的對立。陳廷焯《白雨齋詞話》
卷七云：

> 詩詞一理。然不工詞者可以工詩，不工詩者斷不能工詞。
> 故學詞貴在能詩之後。若於詩未有立足處，遽欲學詞，吾
> 未見有合者。[47]

由此可見陳廷焯他從詩與詞同一本源的角度來論述二者之

---

47 陳廷焯《白雨齋詞話》卷七，《詞話叢編》，頁 3936。

別，也認為學詞應由詩入門，未有不工詩而能工詞者。強調「有志為詞者，宜直溯風騷」[48]：

> 詩有詩境。詞有詞境。詩詞一理也。然有詩人所闢之境，詞人尚未見者，則以時代先後遠近不同之故。一則如淵明之詩，淡而彌永，樸而愈厚，極疏極冷，極平極正之中，自有一片熱腸，纏綿往復。此陶公所以獨有千古，無能為繼也。求之於詞，未見有造此境者。一則如杜陵之詩，包括萬有，空諸倚傍，縱橫博大，千變萬化之中，卻極沉鬱頓挫，忠厚和平。此子美所以橫絕古今，無與為敵也。求之於詞，亦未見有造此境者。若子建之詩，飛卿詞固已識之。太白之詩，東坡詞可以敵之。子昂高古，摩詰名貴，則子野、碧山，正不多讓。退之生鰲，柳州幽峭，則稼軒、玉田，時或過之。至謂白石似淵明，大晟似子美，則吾尚不謂然。然則詞中未造之境，以待後賢者尚多也。（皆境之高者，若香山之老嫗可解，盧仝、長吉之牛鬼蛇神，賈島之寒瘦，山谷之桀驁，雖各有一境，不學無害也。）有志倚聲者，可不勉諸。[49]

從這裡可見陳廷焯提出的詞境類型說是透過詩的神理境界來加以比附，打破了傳統詩詞分疆的論述，其意在於尋求詩詞內在的相通處，體現了把詞歸入詩歌範疇作一體觀的批評眼光，可被視為王國維境界說借鑑詩論的近源。至於「詩詞皆有境」，最高境界為何？他提出了「沉鬱」之境：

> 詩之高境在沉鬱。其次即直截痛快，亦不失為次乘。詞則捨沉鬱之外，即金氏所謂俚詞鄙詞游詞，更無次乘也。非

---

48 陳廷焯《白雨齋詞話》卷八，《詞話叢編》，頁 3965。
49 陳廷焯《白雨齋詞話》卷八，《詞話叢編》，頁 3977。

沉鬱無以見深厚，唐、宋諸名家，不可及者正在此。[50]

　　在這裡提出詩之高境在沉鬱，但直抒胸臆也不失為詩之另一番境界。然對詞而言，則除了沉鬱之外便不足為道。強調「沉鬱」是詞體唯一的理想高境，不似詩，沉鬱只是其數種高境中的一種。「作詞之法，首貴沉鬱，沉則不浮，鬱則不薄」[51]，「不鬱則不深，不深則不厚」[52]，由此可知：「沉」，是不浮、不薄、不纖、不輕的情感；「鬱」，是指其深度是纏綿鬱結深重真摯。「沉鬱」詞境指詞中思想情感抒發要真摯、深沉、厚重。至於要如何達到「沉鬱」的境界？陳廷焯這樣說：

> 所謂沉鬱者，意在筆先，神餘言外。寫怨夫思婦之懷，寓孽臣孤子之感。凡交情之冷淡，身世之飄零，皆可於一草一木發之。而發之又必若隱若現，欲露不露，反覆纏綿，終不許一語道破。匪獨體格之高，亦見性情之厚。[53]

> 若興則難言之矣。託喻不深，樹義不厚，不足以言興。深矣厚矣，而喻可專指，義可強附，亦不足以言興。所謂興者，意在筆先，神餘言外，極虛極活，極沉極鬱，若遠若近，可喻不可喻，反覆纏綿，都歸忠厚。[54]

　　他指出沉鬱首先是「意在筆先，神餘言外」，這八個字已經說明了寄託的本質，正因為作品表現的是一種深沉鬱積之情感境界，遠遠超越了文字本身的一種深刻沉厚的情感，例如怨夫思婦之懷、孽臣孤子之感、交情之冷淡、身世之飄零，這些種種都是

---

50 陳廷焯《白雨齋詞話》卷八，《詞話叢編》，頁 3966。
51 陳廷焯《白雨齋詞話》卷八，《詞話叢編》，頁 3776。
52 陳廷焯《白雨齋詞話》卷三，《詞話叢編》，頁 3838。
53 陳廷焯《白雨齋詞話》卷一，《詞話叢編》，頁 3777。
54 陳廷焯《白雨齋詞話》卷六，《詞話叢編》，頁 3719。

一種人世間最普遍而又最沉重的生命之悲感，但其表達方式並非
是直接、發露。而是若隱若現、不可確指的，其特徵是「欲露不
露，反復纏綿」，強調感情的蓄深積厚，是一種內在深厚凝重的思
想感情的外在表現。即是透過比興寄託的情感，便可見其人「性
情之厚，體格之高」。陳氏構建「沉鬱」意境的用意，在於希求通
過此一意境，掃除穠麗空疏的詞壇習氣，以達詞之本原。他把「沉
鬱」之境提升到「本原」的地位[55]。這是陳廷焯對浙西詞派重格
律、重形式而輕內容的一種否定。陳廷焯在繼承常州詞派比興寄
託詞學思想的基礎上，對張惠言、周濟、譚獻等人的「詞境」理
論進行了修正與完善。他把比興寄託說與傳統意境美學理論相結
合，並創造性地將二者納入儒家「溫厚和平」的詩教之中，作為
其品評詞人、詞作的最高標準，為人們提供了一個有章法可循的
治詞、評詞的途徑。陳廷焯對唐五代宋諸家詞以「沉鬱」衡量之、
篩選之：

> 唐五代詞，不可及處正在沉鬱。宋詞不盡沉鬱，然如子野、
> 少游、美成、白石、碧山、梅溪諸家，未有不沉鬱者；即
> 東坡、方回、稼軒、夢窗、玉田等，似不必盡以沉鬱勝，
> 然其佳處，亦未有不沉鬱者。[56]

符合沉鬱之境，則必須從思想情感內涵和表現形態兩方面來
把握。情感內涵必須溫厚、忠厚。陳氏認為，雖有「溫厚和平，
詩教之正，亦詞之根本也。然必須沉鬱頓挫出之，方是佳境；否
則不失之淺露，即難免平庸」[57]。這種溫厚的情感還須用「沉鬱」
的姿態來表現，既重視詞的風雅之義，又兼顧詞文體的特殊表現

---

55 本原，即基礎、來源、根基、根源，哲學上指一切事物的最初根源或構
　　成世界的最根本實體。
56 陳廷焯《白雨齋詞話》卷一，《詞話叢編》，頁3776。
57 陳廷焯《白雨齋詞話》卷七，《詞話叢編》，頁3939。

形態，這便是「沉鬱」理論的核心所在，即「溫厚以為體，沉鬱以為用」。

「沉鬱」是一種風格，同時也是一種境界。朱崇才如此解釋：

沉鬱是一種「境」、「意境」或「境界」，與「渾成」、「忠厚」、「穆」之意味境界有相似之處。[58]

不過此處若把「沉鬱」籠統稱作「意境」或「境界」而不加以區分，是有失偏頗的，因為它畢竟和王國維「境界說」的內涵是不同的。陳廷焯論「沉鬱」時，主要還是在傳統意境理論下而言的。「沉鬱」與「意境」的關係，陳廷焯多有述及，如其在品評辛棄疾詞時說：「辛稼軒，詞中之龍也，氣魄極雄大，意境卻極沉鬱。」[59]、「觀稼軒詞，才力何嘗不大，而意境亦何嘗不沉鬱。」[60]，可見在陳廷焯的觀念中，「沉鬱」是意境的一種表現形式。他在《白雨齋詞話》、《詞則》中多次使用「意境」一詞評價作家、作品，如說王碧山詞「以意境勝」、「意境最深」[61]，評柳永詞「意境不高」[62]、納蘭詞「意境不深厚」[63]，評彭門詞「意境較厚」[64]、陳維崧、朱彝尊「意境未厚」等等。陳廷焯使用「沉鬱」這一概念時，似較多地偏於「意」的方面，偏重於思想情感的沈厚、用意的高遠。

58 朱崇才，《詞話史》(北京：中華書局，2006 年)，頁 326。
59 陳廷焯《白雨齋詞話》卷一，《詞話叢編》，頁 3971。
60 陳廷焯《白雨齋詞話》卷六，《詞話叢編》，頁 3916。
61 陳廷焯《白雨齋詞話》卷二，《詞話叢編》，頁 3808。
62 陳廷焯《白雨齋詞話》卷一，《詞話叢編》，頁 3783。
63 陳廷焯《白雨齋詞話》卷三，《詞話叢編》，頁 3828。
64 陳廷焯《白雨齋詞話》卷三，《詞話叢編》，頁 3829。

第七節　晚清況周頤以「詞心」與「靜境」定下詞內、外結構的關係

　　陳廷焯之後，作為常州詞派後期的晚清四大家之一的況周頤（1859～1926），也繼續在陳廷焯的「沉鬱」說的基礎上進一步發展詞境說。

一、況周頤的「沉著」與陳廷焯的「沉鬱」說同出機杼

　　況周頤之「沉著」說是其論詞之三要「重、大、拙」的一部分——重，他在《蕙風詞話》卷一論述道：

> 作詞有三要，曰重、拙、大。南渡諸賢不可及處在是。[65]

　　另外，況周頤推舉「境」與「厚、重、大」相結合的「穆境」。

> 詞有穆之一境，靜而兼厚、重、大也。淡而穆不易，濃而穆更難。知此，可以讀《花間集》。[66]

在表達情感內容的深沉厚重上，況周頤的「沉著」與陳廷焯的「沉鬱」說同出機杼，都強調感情的蓄深積厚，他在《蕙風詞話》中云：

> 情真理足，筆力包舉之。純任自然，不假錘煉，則沉著二字之詮釋也。[67]

況周頤指出「沉著」是一種內在深厚凝重的思想感情的外在表現，

65　況周頤《蕙風詞話》卷一，《詞話叢編》，頁 4406。
66　況周頤《蕙風詞話》卷二，《詞話叢編》，頁 4423。
67　況周頤《蕙風詞話》卷一，《詞話叢編》，頁 4410。

「情真理足」、「純任自然」，表明這種感情的真摯性、樸拙性。他
又說：

> 重者，沉著之謂。在氣格，不在字句。於夢窗詞庶幾見之。
> 即其芬菲鏗麗之作，中間雋句豔字，莫不有沉摯之思，灝
> 瀚之氣，挾之以流轉。令人龥索而不能盡，則其中之所存
> 者厚。沉著者，厚之發見乎外者也。[68]

把「沉著」與詞之重、大、拙聯繫起來，認為詞中密處、厚處、
重處即「沉著」。「沉著」是一種氣格上的凝重、深厚，對此，況
周頤指出蘇軾詞、辛棄疾詞和吳文英詞實是同源殊流，認為蘇辛
雖豪縱，夢窗雖緻密，但皆雅入厚出，皆能表現一種充溢的思力
與凝重深厚的感情，故皆能稱之為「沉著」。陳廷焯與況周頤對「沉
鬱」、「沉著」的闡釋使用都建立於一個特別重要的概念——「厚」，
況周頤的「沉著」說的基本立足點也是「厚」。《蕙風詞話》提出
「沉著者，厚之發見乎外者也。」同時也指出了「沉著」的内核
實則為「厚」。陳廷焯的「沉鬱」說與況周頤的「沉著」說皆強調
感情深沉，但「沉鬱」說更強調感情的纏綿鬱結，它是以「溫柔
敦厚」的詩教傳統和政治寄託為指導原則；而「沉著」說則更強
調感情的凝重真摯，這是其「重、大、拙」詞論的重要組成部分。

顯然，況周頤與陳廷焯兩人對表現於詞中的深厚感情、詞的
基本情感內核有著一致的認識。他們共同肯定一個「沉」字，也
即肯定詞中那種不浮、不薄、不纖、不輕的情感，重視詞中思想
情感內容的感發，要求情感抒發要真摯、深沉，這是兩人對浙西
詞派重格律、重形式而輕內容的一種糾偏補正。

---

68 況周頤《蕙風詞話》卷一，《詞話叢編》，頁 4447。

二、「靜境」的提出

　　況周頤論詞境時提出「靜境說」，與陳廷焯等人的詞境說相比，由於強調一個「靜」字，因而顯得更為突出和具體。況周頤強調的「靜境」，有二層意思：一是詞作的審美境界，二是創作的審美心理狀態。以下分幾點說明：

(一)作品本身之靜境

　　「靜」作為一種詞的創作狀態固然是況周頤所強調的，同時，他更強調詞作本身的「靜境」，況周頤認為，「靜境」是詞最高的境界──「穆境」的重要特徵。為此，他對這一問題進行了反覆的論述：

> 詞有穆之一境，靜而兼厚、重、大也。淡而穆不易，濃而穆更難。知此，可以讀《花間集》。[69]

況周頤認為「穆」是詞中的一境。然而，「穆境」是以「靜」為基礎的，是「靜而兼厚、重、大也」，這就明確地告訴我們，「穆境」只是「靜境」的變化，其基本的特點還是「靜」。

> 詞境以深靜為至。韓持國〈胡搗練令〉過拍云：「燕子漸歸春悄。簾幕垂清曉。」境至靜矣，而此中有人，如隔蓬山。思之思之，遂由淺而見深。蓋寫景與言情，非二事也。善言情者，但寫景而情在其中。此等境界，唯北宋人詞往往有之。[70]

在此況周頤就說得更明白了，他將深靜之境看成是詞的最高境界。他認為，韓持國〈胡搗練令〉中的「燕子漸歸春悄。簾幕垂

69　況周頤《蕙風詞話》卷一，《詞話叢編》，頁 4423。
70　況周頤《蕙風詞話》卷二，《詞話叢編》，頁 4425。

清曉」之所以妙，就在於它「境至靜」。在這兩句詞中寫到的三種情景——燕子漸歸、春悄、簾幕垂清曉，無一不表現出安靜、平靜的特點。況周頤強調的是「深靜」，一個「深」字，可以看出他對「靜」的高度要求。況周頤為我們描寫了一個深幽虛靜的詞境，在這一片深靜之中，人的思維被最大限度地調動起來，在這種情況下才能達到神與物遊，感受到心靈的神明。況周頤在重視深靜之境的同時，又並不欣賞死寂無人之境，而強調的是寂靜中有人的活動，有人的情感。「此中有人，如隔蓬山。思之思之，遂由淺而見深。」這幾句是描寫「靜境」的呈現狀態，明明可以感知「其中有人，呼之欲出」，但此人又有如遠在仙山，雖望之似有，卻渺茫難即，正因為難以企及，遂造成一種令人嚮往的飄忽朦朧的藝術境界，如此更容易引發讀者各以不同的藝術儲備去體味它，從而獲得一種「只可意會不可言傳」的審美感受。正因為相見無望，更加引發人內心的渴慕，想像愈具體，思念愈深切，投注越多，自然情感由淺而見深，透過景物而漸漸浮現。況周頤在欣賞韓持國〈胡搗練令〉「境至靜矣」後，也強調情景交融。實際上就是說，境界的創造固然有對景物寂靜、安靜的要求，同時也必須情景交融，寫景而情在其中。畢竟，文學創作者應當使藝術形象本身為讀者提供耐人尋味的審美想像空間，留下大片的藝術空白，這樣，人們在鑑賞作品時，便會不自覺地喚起一種想要探究作品未能交代清楚的模糊或空白背後的明確答案，這種渴望往往會激發讀者馳目騁懷，浮想聯翩，獲得一種參與創造的審美愉悅。

（二）情入深境：從情與景的交會談意境

況周頤認為凡有意境的作品，皆具有「不盡之妙」這樣的一種狀態，而這種狀態往往是來自於情景交融，物我兩忘：

> 蓋寫景與言情，非二事也。善言情者，但寫景而情在其中。

> 此等境界，唯北宋人詞往往有之。持國此二句，尤妙在一
> 「漸」字。[71]

這裡所說的「境界」即指「意境」。況氏強調以景寫情，寓情於景，而北宋詞即景抒情，因景觸懷，不像南宋詞多即事敘景，緣情布景，因此，他推重北宋詞自然感發而生情景交融的意境。他讚賞韓持國〈胡搗練令〉「燕子漸歸春悄。簾幕垂清曉」兩句，就在一個「漸」字，這個「漸」字有一個時間發展的過程或速度由弱至強的變化。不是特意為之，或虛構而成。人的情感是在景物的觸動下自然而然的形成，在觸發與被觸發之間，景物是起到一種「引發」的作用。景物能「引發」詩人內在的哀心或怒心，從而使詩人產生感情。這裡的「心」與「物」的關係是一種引發與被引發的雙方，它強調的是外物給予主觀情緒的感發作用。況周頤強調境界的獲得，是通過物我合一，情與景融來實現的。人與自然之間，對象與情感之間存在著某種呼應的形式、結構、秩序和規律。一旦它們(客體與主體、物理世界和心理世界)在力的結構上趨於一致，在運行上實現了同步(異質同構)，那麼，對藝術的創造者或鑑賞者來說，就有可能進入物我同一、身心和暢的境界，人的審美體驗也就由此境界而產生。[72]

他又引《織餘瑣述》云：

> 蕙風嘗讀梁元帝〈蕩婦思秋賦〉，至「登樓一望，唯見遠樹
> 含煙。平原如此，不知道路幾千」。呼娛而詔之曰：「此至
> 佳之詞境也。看似平淡無奇，卻情深而意真。求詞詞外，

---

71 況周頤《蕙風詞話》卷二，《詞話叢編》，頁 4425。
72 參考自杜濤〈〈蒹葭〉何以美〉，《國文天地》，1993 年 3 月，第 8 卷第 10 期，頁 62-67。

當於此等處得之。」[73]

況周頤透過梁元帝〈蕩婦思秋賦〉的藝術表現來說明詞境。〈蕩婦秋思賦〉在齊梁宮體文學中可稱為是抒情小賦中的佳品。從表面上看此篇，是寫了一位本是妓女而後從良的女性。在出嫁後，得不到丈夫的愛，在家中獨守空房。她經常登樓遠望，看著遠處的樹林如煙如織，愁緒也「煙霞變幻，難以名狀」。看著平原遼闊，一如自己和丈夫的距離隔成千里，她在淒涼的秋色中哀歎自己的命運。全賦卻寫得纏綿悱惻、哀怨交集。作者透過情景交融的筆法和層層推進的結構，把人物形象描繪得鮮明動人，把人物內心寫得細膩深切。表面看來似乎是平淡無奇，不作驚人之語，但如果深入來看此賦，其中之深意難道僅僅局限於男女之間的情愛嗎？其實這首詩透過朦朧的意境涵蓋了超越時空社會共相和人生真諦，具有深遠的旨意和哲理。表達出人性的渴望，因而帶出各種有關疏離、隔絕與身分認同的存在思索。其所描繪的長久隔絕之苦，是對世間種種人情涼薄、人際疏離的一種諷喻。人與人之間往往很難真正理解，常有隔閡，互不相通，迫使他們廝守異處，容顏消損、肝腸寸斷，這是不可迴避的現實悲情。況周頤強調好詞是語淡而味不薄，語淺而情深，貌淺而意真。他認為「詞外有詞」方是好詞，也就是好詞必具有言外之意，讓人讀後可以產生多方聯想的可能。凡是有意境的作品都能令人感到「言有盡而意無窮」。況周頤透過這首抒情小賦的表現來說明詞境，對情景關係、言外之境進行了總結。

---

73 況周頤《蕙風詞話》卷一，《詞話叢編》，頁 4420。

三、創作的心理狀態與創造靜境的方法

（一）營造創作的外部環境與審美心理狀態

　　填詞必須具備什麼條件呢？創作又是處在什麼樣的境地呢？況周頤說：

> 填詞要天資，要學力。平日之閱歷，目前之境界，亦與有關係。無詞境，即無詞心。矯揉而輒為之，非合作也。境之窮達，天也，無可如何者也。雅俗，人也，可擇而處者也。[74]

　　況周頤在這裡所說的「詞境」，並不是詞作本身所具有境界，而是描述作詞時的外部環境與內心感受，就是創作詞時的一種狀態。「無詞境，即無詞心」，這裡已強調了平日的閱歷和目前的處境都是創作的條件。如何創造「靜境」呢？從創作者來說，是淨性靈化心靈，安定情緒，才能迅速進入「靜境」的審美狀態中，可見「靜境」是一種創作前最佳之心理狀態，它可以幫助詞人營造創作中的「虛靜之境」：

> 人靜簾垂。燈昏香直。窗外芙蓉殘葉，颯颯作秋聲，與砌蟲相和答。據梧暝坐，湛懷息機。每一念起，輒設理想排遣之。乃至萬緣俱寂，吾心忽瑩然開朗如滿月，肌骨清涼，不知斯世何世也。斯時若有無端哀怨根觸於萬不得已；即而察之，一切境象全失，唯有小窗虛幌、筆床硯匣，一一在吾目前。此詞境也。[75]

這一段文字是對創作者進入深度專注的創作狀態中的傳神寫照，

---

74 況周頤《蕙風詞話》卷一，《詞話叢編》，頁 4407。
75 況周頤《蕙風詞話》卷一，《詞話叢編》，頁 4411。

其中所強調的就是「靜」，環境的安靜，內心的平靜，思緒的寧靜。室內，是「人靜簾垂，燈昏香直」，沒有任何的干擾。室外，雖有殘葉秋聲和蟲鳴相合，但是，它們只是在窗外。詞人「據梧暝坐，湛懷息機」，安靜地坐著，「暝坐」、「息機」四字點出了心理狀態，夜深人靜，秋風颯颯，冥然而坐，澄懷去念，於是塵世的繁雜紛擾沒有了，只剩下清澈空靈。每一個起心動念，「輒設理想排遣之」，都是經過最佳思考的安排，這種理想的安排可以形成智慧的照明，淨化或化解欲念或情緒所帶來的雜質。在「萬緣俱寂」中，詞人進入了高度單純的狀態。也正是在這種高度單純的狀態中，思緒動起，「吾心忽瑩然開朗如滿月」，很多事情突然迷津得渡，一念豁然，得心應手。「肌骨清涼，不知斯世何世也。」這二句寫的正是創作的獨自命對淒涼的狀態，人只有在孤獨時才能對生命進行深度思考，人只有在靜心中才能超越現實而進入到「不知斯世何世也」的境界，這就是「古今相通，無我兩忘」的境地，那是一份追求超越於現實生活的高情遠韻，一種人類獨有的精神高度，保持內心的平衡。

　　況周頤在這裡所強調的「靜境」，實際上包含兩層含義：一層就是外部環境之靜，另一層就是內心世界的單純、安靜，這就是詞的創作狀態。「靜境」所追求的，不是現實生活中的思想、情感，而是超越於現實之上一種心境的追求，也是對一種人生狀態的追求，在不美滿的人生中，靜心是一種非常美好的體驗。只有在靜心中，人才能夠檢驗出自己的創造性，調動沉睡在心中的那些優異、獨特的品質。

（二）營造創作時內心的單純靜淨

　　況周頤認為，詞應於靜中得之，而不應於動中得之。創作時需排除一切世俗生活的干擾和各種私心雜念，一般人比較難於做

到，只有志慮單一，用心專一的詞人，內心單純的詞人才能做到。心態平和、環境安靜，則是一種淨化的表現，在這種情況下，詞才能創造出「靜」（無塵而不囂）的境界。

做為審美狀態的「靜境」往往可遇不可求。在《蕙風詞話》中還有如下的論述：

> 吾蒼茫獨立於寂寞無人之區，忽有匪夷所思之一念，自沉冥杳靄中來，吾於是乎有詞，洎吾詞成，則於頃者之一念若相屬若不相屬也。而此一念，方綿邈引演於吾詞之外，而吾詞不能殫陳，斯為不盡之妙。非有意為是不盡，如書家所云無垂不縮，無往不復也。[76]

寂寞無人之區（境）是產生詞的重要前提，這是一種澄明之境，人與自然融而為一。也正為如此，況周頤才對寂寞無人之境才這樣強調和重視。「忽有匪夷所思之一念」，即靈感降臨時的閃光時刻，是一種「目擊而道存」，主體去除感性欲念與知性觀念之蔽後的「直尋」。況周頤強調的「靜境」，一種是創作時心靈的審美狀態，一種是詞作的審美境界。作為審美狀態的「靜境」往往可遇不可求；作為審美境界的「靜境」，是詞作中最高的審美標準。在面對某一處自然景觀時直接產生感悟，呈現出一種人生境界。

同時，況周頤強調了讀書的重要性：「學填詞，先學讀詞。抑揚頓挫，心領神會。日久，胸次鬱勃，信手拈來，自然豐神諧鬯矣。」[77]可見，讀書也是獲得詞心的重要條件，詞心的湧現離不開對前人創作經驗的汲取。常言道：「熟讀唐詩三百首，不會作詩也會吟」，要想得心應手的填詞，必須有豐富的語言積累。沒有平時量的積累，何來寫作時「質」的飛躍？在長期豐富的閱讀基

---

76 況周頤《蕙風詞話》卷一，《詞話叢編》，頁 4412。
77 況周頤《蕙風詞話》卷一，《詞話叢編》，頁 4415。

礎上，必能爆發出燦爛的詞思。優秀的作品能夠給人以啟發，使
人心遊蕩前人的詞情、詞心中，一旦心領神會，於是慨然執筆，
發洩心中情愫。雖然這些創作資源的積累，「得之於頃刻，積之於
平日」，但最終還是要歸於心靈的靜化，使詞人進入虛靜的狀態
中，這就是陸機〈文賦〉所說的「課虛無以責有，叩寂寞而求音」
[78]。從創作與閱讀的角度來看，作品與讀者之間存在著一種微妙
的關係。創作往往是發揮想像力的「無中生有」，由空顯實，空中
寓實。這種「有」與「無」、「空」與「實」之間的辯證關係，正
是情感充盈的所在，是作品的藝術內涵所在。讓人們在藝術空白
的「空」、「虛」中各自去進行豐富的想像並進行藝術的再創造。
作品蘊含的思想情感是藝術表現的深層結構，語言意象是它的表
層結構，讀者通過表層的語言意象，並不見得能百分之百地掌握
作品深層結構中的思想情感。所以在審美欣賞的過程中，讀者往
往會以自己的生活經驗為基礎，通過對作品表層語言意象的感
受，在空白中馳騁自己的想像，進行再創造以獲得完整的美感，
而從不同角度進行再創造的過程中，使得作品的空白之處有可能
變得非常豐富和異彩煥發。對此，況周頤提出讀詞之法對創作的
影響：

> 讀詞之法，取前人名句意境絕佳者，將此意境締構於吾想
> 望中。然後澄思渺慮，以吾身入乎其中而涵泳玩索之。吾
> 性靈與相浹而俱化，乃真實為吾有而外物不能奪。三十年
> 前，以此法為日課，養成不入時之性情，不遑恤也。[79]

---

78 陸機〈文賦〉：「伊茲事之可樂，固聖賢之可欽。課虛無以責有，叩寂寞
　　而求音。」見[梁]蕭統編、[唐]李善注《昭明文選》(台北：文津出版社，
　　1987 年)，第十七卷，頁 761。
79 況周頤《蕙風詞話》卷一，《詞話叢編》，頁 4411。

「取前人名句意境絕佳者,將此意境締構於吾想望中」,指出了「誦讀」之法,在於心領神會,再取「意境絕佳者」仿作之。可見有意境的名句效應對讀者的影響力。這也是王國維所謂的「有境界,則自成高格自有名句」[80]一說的前導。況周頤認為對前人名篇、名句的學習是創作的源泉之一。從接受理論看來,「意義不是從文本中挖掘出來或用文本的暗示拼湊而成,而是在讀者與文本的相互作用的過程中獲得的」[81],完整的創作既需要作家的寫作活動,也離不開讀者的閱讀介入,而且惟有讀者的深度閱讀才使得從作家筆下開始的創作活動得以最後完成。托爾斯泰說:「藝術活動就是建立在人們能夠受別人感情的感染這一基礎上的。」[82]心靈與心靈的碰撞,生命與生命的交流,是一種高貴的生活方式,閱讀時必須投注自己的感情:「以吾身入乎其中而涵泳玩索之」,鑑賞重在全心投注的涵索玩味。通過情感相互交流,讀者便能獲得豐富的審美享受。「性靈與相浹而俱化,乃真實為吾有而外物不能奪」,這句話強調的是一旦深入涵詠,以情相應,以心相和,和作者的文字進行心的交流,所獲得的感知則是屬於個人獨有而他人不能奪的。正如同英國詩人艾略特曾說過:「詩人只是把人們早已熟悉的感情用更富有自覺的方式表達出來,因能幫助讀者更加認識到他們自己。」閱讀的本身,就是讓每一個人發現真實的自我,找到自己真實的生命。

---

80 王國維著、施議對譯注:《人間詞話》(台北市:貫雅文化,1991 年 5 月),頁 4。
81 [德]H.R.姚斯,[美]R.C.霍拉勃著;周甯,金元浦譯:《接受美學與接受理論》,瀋陽,遼寧人民出版社,1987 年。
82 [俄羅斯]列夫‧托爾斯泰《藝術論》(北京:人民文學出版,1980 年版),頁 46。

四、從詞心到詞境：定乎內、外之分的關係

　　況周頤認為，當「詞境」與「詞心」作為兩個聯繫密切的概念時，「詞境」指作者構思時的精神境界，亦即作者臨景創作，在客觀環境深靜、主觀神情虛靜的條件下進入的「吾心忽瑩然開朗如滿月」的境界。它促使藝術思維活動進入最佳狀態，引起創作衝動。況氏是非常看重「萬不得已」的詞心：

> 吾聽風雨，吾覽江山，常覺風雨江山外有萬不得已者在。此萬不得已者，即詞心也。而能以吾言寫吾心，即吾詞也。此萬不得已者，由吾心醞釀而出，即吾詞之真也，非可強為，亦無庸強求。[83]

據此看來，所謂「萬不得已者」的詞心是指沉浸於無限境地的心靈體驗的審美主體之心，詞心必須在全心投入外在的風雨江山的虛靜狀態下才能獲得。況周頤從創作層面論述「詞心」與「詞境」的對應關係：從「詞心」說到「詞境」說的發展，定乎內、外之分，「詞心」與「詞境」是處在一種內結構與外結構之間的關係。二者相輔相成，密切聯繫。這種定乎內、外之分的關係，正如陳匪石在《聲執》所謂：

> 詞境極不易說，有身外之境，風雨山花鳥一切相皆是。有身內之境，為因乎風雨山川花鳥發於中而不自覺之一念。身內身外，融合為一，即詞境也。[84]

　　這裡所謂的「身內之境」，就是況周頤所分析的詞心與詞情，「詞心」只是一種生命的本源，它必須被外在景物興發觸動後才

---

83 況周頤《蕙風詞話》卷一，《詞話叢編》，頁 4411。
84 陳匪石《聲執》《蕙風詞話》卷一，《詞話叢編》，頁 4950。

能發動，當「身內之境」與「身外之境」融合為一才能達到詞的抒情美學的建構，所呈現的「詞境」就是美主、客體之間的完美統一，也是全幅生命的顯現。

綜合上述，可見「詞境」是況周頤詞學論中的重要議題。況周頤強調的「靜境」，有二層意思：一種是創作的審美心理狀態必須「虛靜」，一種是詞作的審美境界必須「深靜」。況周頤提出詞的「靜境說」，與周濟、陳廷焯等人的境界說相比，由於強調和突出了一個「靜」字，因而顯得更為具體，側重點也有所不同。從詞境理論的發展來說，況周頤明確提出了「靜」是具有特殊的意義。從「靜境」說的具體內涵來說，「靜境」說在某種程度上是對詞的藝術境界、藝術特徵的準確揭示。「靜境」是形成「穆境」的重要條件。可見詞境自五代以來發展到了晚清，歷經詞評家的詮釋與發展，已逐漸形成不同於詩境的藝術特徵。

清代詞學中的境界說是歷代詞學的總結和發展，就總體而言，它遠承宋代詞學的新變，以「尊體」為旗幟，以「言志」為核心，力矯明代詞學對政教詩學的背離，最終確立了詞的本體定位。

小　結　境界說對詞之審美觀念的構建價值

總結本章，可見清代之前的宋、明詞論很少「直接」探討詞境，在這個有限的論述中，多半是從營造意境的創作視角來論述，如張炎、陳子龍論述中的意境乃停留在創作的技巧。直到清代，詞學理論才引入「詞境說」。清代詞論的境界說可以分成兩個階段來論述：一是王國維以前的發展，一是王國維對前人的突破。本

章先回顧了王國維之前的詞境理論，對王國維之前的「詞境」理論發展進行了「溯源」與類型劃分的辨析。從清初劉體仁《七頌堂詞繹》從「詩詞分疆」論「詞中境界」；乾嘉年間周濟從寄託論過渡到意境論：「以無厚入有間」中達到「意與境渾」；道咸年間蔣敦復「以有厚入無間」之境評詞；咸同年間的劉熙載以詩境說引入詞境；同光年間陳廷焯從「沉厚」而及「沈鬱」詞境的美學表述；晚清況周頤從「詞心」而及「靜穆」詞境創造心理機制的揭示。

　　上述幾位詞學家論述包含了不同的路徑，呈現出「詞境說」與古典詩學中「意境論」的離、合之別。他們一方面從承衍的發展繼承了古典詩學「意境論」的内涵，一方面也勾畫出詞學中詞境論的展開面貌及闡說的軌跡。皆已發宋明以來前人未發之功，對於詞學是極重要的補充，也為清末的一代詞學大師王國維之境界說的完善昇華增添了基礎性的鋪墊。雖有劉體仁強調「詩詞分疆」說，但也有劉熙載以詩境入詞境，詞境發展過程中或多或少仍然受到詩境論的影響。周濟、陳廷焯、況周頤等人皆強調詞境的形成與寄託的關聯性，他們的詞境說皆是由「主」與「客」、「我」與「物」、「情」與「景」、「意」與「境」等諸多元素水乳交融所形成的「渾成」、「渾厚」或「沉鬱」的詞藝境界。從審美藝術表現的視角建構詞境，成了王國維之前詞境觀念的存在前提。

　　我們可以發現，王國維之前的詞評家仍然是從審美藝術的角度來論詞境。要求詞應該是深刻沉厚的思想感情和優美婉約的藝術形式的有機統一，詞境是由情與景、意與境等諸多元素水乳交融所形成的「渾成」或「渾厚」的境界。詞必有境，而且詞境不同於詩境，兩者之間具有不同的審美差異，然而還未能提昇到更高的生命超越後的精神境界。這些論述，已經構成了王國維之前

詞境觀念的存在前提。王國維繼承前人的詞境論，在中西方兩種異質文明巔峰處的交流匯流，前人的文化遺產和近現代西方思想都是他深入研究詞學觀的重要動力，尤其為他的美學思想提供了基底性的框架支撐。

第四章　從二元對立到統攝雙方

——王國維建構「境界說」的美學根源

　　長期以來，提到詞境論，幾乎所有的人都會想到二十世紀初期的王國維《人間詞話》，其獨樹一幟的運思方式和審美表達，深刻拓展了詞學批評的思想內涵。從詩學「意境論」到王國維詞學「境界說」的發展，可謂傳統詞學批評的終結和新變。幾十年來，對於王國維《人間詞話》的單篇論文，難以計數[1]，具代表性的有葉嘉瑩《王國維及其文學批評》，以「知人論世」的角度探討王國維治學途徑的轉變——從早期致力於西方哲學和文學的研究轉向後期致力於古文字、器物史地的考證研究[2]，並對《人間詞話》進行評價。近來又有大陸學者彭玉平《王國維詞學與學緣研究》的出版，此書從王國維的學術因緣入手，提出王國維的思想底蘊實際上並未跳脫中國古典美學的傳統[3]，論述他受傳統典籍啟發的潛在脈絡。

　　如此看來，王國維詞學在學界已是被過度開發的議題，但正如彭玉平接受訪談時說：「也不能說被過度開發，倒是重複性的開

1　對王國維境界說的研究以中國大陸為多，以「王國維境界說」為檢索詞，《中國期刊網站》就超過 30 篇，限於篇幅，無法一一羅列。請參考以下網頁：http://cnki.sris.com.tw.nthulib-oc.nthu.edu.tw/kns55/brief/result.aspx?dbPrefix=CJFD

2　葉嘉瑩，《王國維及其文學批評》(石家莊：河北教育出版社，1997 年)。

3　彭玉平，《王國維詞學與學緣研究》(北京：中華書局，2015 年 4 月)。

發居多，而且在不少領域這種重複還停留在淺層次。王國維雖然是一個被廣泛關注的人物，但讀懂王國維其實並不容易，我選擇他來研究，就是我發現王國維看上去知名度很高，其實透明度很低。這種『低』有的是被學術史模糊掉的。」[4]彭先生所言已經道出了王國維的詞學仍然有未被開發出的空間。雖然對王國維「境界說」的闡釋已是不新鮮的熟題了，但統觀之，這些討論，多數是側重於「就事論事」地考證「境界」的各種含義，在表層性進行釋義論述。對王國維建構「境界說」的內在「思想根源」或「心理模式」進行分析的成果並不多見。筆者以為，任何的理論的發現和掌握，必有其內在的認識根源。「根源」是一種原理或原則性的東西，這種根源性的探討對實踐性的文學創作、文學批評的活動來說，都具有價值依歸的重大意義。若想對文學批評取得創新的突破，不能忽視思想根源，研究文學觀的前提，必須為其尋找其美學根源。

　　「境界說」做為一種詞學的批評標準，具有重要的心理美學價值，本章擬從王國維建構境界說背後的思維模式來探究其美學本源。那麼，王國維建構「境界說」使用的思維模式究竟是什麼？在筆者的觀察是「辯證思維」── 即對立統一的思維方式。二元對立的思維模式的辯證發展是王國維美學理論的貢獻之一，認識王國維思想的「二元對立」可以幫助我們瞭解其對詞學「境界說」的建構具有開闊性、豐富性，以及平衡性、中和性。他通過一系列對立範疇的精神追問，逐步彰顯「境界說」的價值訴求，從文學營構藝術轉向了以生命體驗為主的「生命美學」。這些對立的思想都可以在精神主體性的哲學思維中得到解釋，在精神主體性哲

4　原文網址：https://kknews.cc/culture/zpolrl.html

學的指導下，這些二元對立的範疇形成一個相互聯繫、相互作用的有機整體。

境界說的前提不能脫離「情」與「景」的統一，情、景相生相成乃有「意境」。王國維在早期論述「意境」較多，但後來大有用「境界」來取代「意境」的趨勢。王國維為何自覺地以「境界」取代「意境」？在王國維的思想體系裡，「意境」和「境界」二者的差異何在？文學並非只是情感內容和形式載體的結合，它不能捨棄對生命體驗的傳達。王國維終身都在為了追尋人生意義的解答而苦苦探問，在個人感受的基礎上對世間人生的處境與出路、價值與意義進行深沈的追問，最終從「現實人間」走向「天人合一」，從「審美體驗」到「人生憂患」的昇華超越，這種「超越對立，統攝雙方」的思想與中國傳統藝術美學「天人合一」的基本思想具有會通之處，正是這種「會通」的探索推動了中國傳統藝術美學思想向現代轉換的發展。

基於上述，本章主要探討王國維《人間詞話》建構「境界說」的二元對立思維模式的產生、發展及其辯證解決之道，擬從王國維詞論中的幾組二元對立項目入手，挖掘其深層含義，借此詮釋王國維如何巧妙地運用二元對立找到一種和諧統攝的詮釋方式，以構建「境界說」的精神內涵和藝術魅力，突顯出「境界說」的豐富性及多層次性。其次，透過追本溯源來分析王國維的「人生觀」和「境界說」在某種程度上的相互印證，以達到重新解讀王國維及其詞學觀的目的。

全章分幾個小節來進行，依序如下：一、詮釋境界說的本質；二、從王國維詞論中的幾組二元對立項目入手挖掘其深層含義；三、再借此詮釋王國維如何巧妙地運用二元對立找到一種和諧統攝的詮釋方式；四、構建境界說的精神內涵和生命意蘊，突顯出

境界說的豐富性及多層次性。

第一節　定位與義界：

王國維「境界說」的本質

　　「境界說」的本質為何？內涵為何？在這裡筆者透過「質的規定性」來為境界說進行定位與義界之說明。

一、境界說是一種「返本探源」的批評標準

　　筆者以為，「境界說」的本質(或性質)是一種文學批評的標準。境界說是王國維用來進行文學批評的標準或原則，從以下這一段文字便可見王國維把境界本質定位在「文學批評」：

> 詞以境界為最上。有境界則自成高格，自有名句。五代北宋之詞所以獨絕者在此也。[5]

　　強調「境界」為文學的最高要求之「第一義」。這段文字首先標舉出詞以「有」、「無」境界為標準來判斷高下優秀，有境界的詞才是最好的詞。在王國維來看，「境界」是高尚偉大的人格和真情的結合，詞因為有了境界就自然形成崇高的格調，自然產生影響深遠的名句效應。這也是詞學批評有別於詩的「言志」、文的「載道」、賦的「頌德」──這些正統的雅文學都是比較偏於符合社會道德倫理的標準，而詞之所以為詞，就在於它油然而

5　王國維著、施議對譯注：《人間詞話》(台北：貫雅文化，1991 年 5 月)，頁 4。

生的內省性與自發性，所以用是否有境界來判斷其文學品格。王
國維之所以推崇五代、北宋的詞便是因為它們往往在自然無心中
展現出詞家的人格修養。他說：

> 唐五代北宋之詞家，倡優也。南宋後之詞家，俗子也。二
> 者其失相等，然詞人之詞，寧失之倡優，不失之俗子也。
> 以俗子之可厭，較倡優為甚故也。[6]

> 「昔為倡家女，今為蕩子婦。蕩子行不歸，空床難獨守。」
> 「何不策高足，先據要路津？無為久貧賤，轗軻長苦辛。」
> 可謂淫鄙之尤。然無視為淫詞、鄙詞者，以其真也。五代、
> 北宋之大詞人亦然，非無淫詞，讀之者但覺其親切動人；
> 非無鄙詞，但覺其精力彌滿。可知淫詞與鄙詞之病，非淫
> 與鄙之病，而游詞之病也。「豈不爾思，室是遠而，」而子
> 曰：「未之思也，夫何遠之有？」惡其游也。[7]

從「寧失」、「不失」的觀點來看，可見王國維肯定唐五代北宋詞
皆為「即景生情」之真，筆筆如在目前的寫景真切；而南宋詞多
為「緣情布景」之虛構假想之景，所以「俗子」終究在「倡優」
之下。可見王國維對於真性情的守護。王國維推崇北宋詞而貶抑
南宋詞，就在於他認為北宋詞人更多地表達了對人生真實的感受
和思考。

　　「境界說」之所以獨特的成為詞學批評標準，正在於它不同
於一般的傳統強調「立意於象」的「意象」，也不同於一般主、客
融合之後表現的「意境」，它應有更深刻豐富的內涵。在此我們先

6　王國維著《人間詞話刪稿》，見王國維著、施議對譯注：《人間詞話》（台
　　北：貫雅文化，1991 年 5 月），頁 307。
7　王國維著、施議對譯注：《人間詞話》（台北：貫雅文化，1991 年 5 月），
　　頁 185。

論述「意境」的涵義。

　　「意境」是什麼？「意境」作為一種藝術美學的概念，就是指作品所營造出的一種獨特存在的美學氛圍或藝術空間，它往往是作品中所描寫的外在圖景和內在的思想感情融合而形成的一種形神相生的藝術氛圍，它既不是客觀生活形象的簡單攝取，也不是主觀思想感情的單純抒發，而必須是情景交融、主觀和客觀內在的統一。然而，意境又不是一般的情景交融，而是在「意」與「境」的融合中，對「意」和「境」兩方面都有一定的更高層次的藝術要求，能使讀者通過想像和聯想，受到感染。

　　任何文學作品都必須具備「景」和「情」(也可以說是客觀和主觀)的結合，在詩學理論中的「意境」說，也強調景與情的結合。然而王國維「境界」和「意境」說與一般詩學理論不同的地方，在於王國維認為「情」和「景」的關係是相輔相成的，而非一種主從的關系，離開任何一方也不能構成意境。王國維說：

　　文學中有二元質焉。曰景，曰情。[8]

　　昔人論詩詞，有景語、情語之別。不知一切景語皆情語也。[9]

　　從「情」與「景」的角度分析作品的意境之美，「情」與「景」是完美地統一在作品中。此外，與詩學只把「意境」視為藝術審美的標準不同，王國維把「境界」抬高為一種「探本」之論：

　　嚴滄浪《詩話》謂：「盛唐諸公，唯在興趣，羚羊掛角，無跡可求。故其妙處，透澈玲瓏，不可湊拍，如空中之音、

8　王國維：《文學小言》，姚淦銘、王燕編：《王國維文集》第一卷(中國文史出版社，1997年)，頁 11。
9　王國維著《人間詞話刪稿》，見《詞話叢編》(台北：新文豐台出版社，1988年)，頁 4257。

相中之色，水中之影，鏡中之象，言有盡而意無窮。」余
謂：北宋以前之詞，亦復如是。然滄浪所謂「興趣」，阮亭
所謂「神韻」，猶不過道其面目；不若鄙人拈出「境界」二
字為探其本也。[10]

氣質，言神韻，不如言境界。有境界，本也。氣質、神韻，
末也。有境界而二者隨之矣。[11]

　　王國維在此強調「境界說」之所以超越宋代嚴羽(滄浪)的「興
趣」說、清代王士禎(阮亭)所謂的「神韻」，便在於「興趣」、「神
韻」不過是「道其面目」，只強調字面上的意義，卻缺乏「探源式」
的「關係性」的理解，不如他拈出的「境界」說才是一種更為深
入的「逆水行舟」式的「尋源探本」下的宏博會通。「境界」是心
理時空中一個富有形上本體意味的場域。「境」，原指地理空間、
國土疆域之範圍為中介，後來向文學領域轉換。將「境」這一實
詞精神化，是指想像中無限的空間與時間，是內心的感受可以展
現為超現實、不可界定的精神世界。只有抓住本質與根源，才能
讓「為什麼」順理成章。王國維是把境界放在文學本源的位置上
來探討的，他視境界為各種文學的靈魂。只有本源才能解釋文學
產生的根源、創作的動機與背景。

二、境界說的基石：真與自然

　　境界說既然是一種「返本探源」的文學批評標準，那麼這個

10　王國維著、施議對譯注：《人間詞話》(台北：貫雅文化，1991年5月)，
　　頁29。
11　王國維著《人間詞話刪稿》，見《詞話叢編》(台北：新文豐台出版社，
　　1988年)，頁4258。

標準的內涵是什麼呢？在此我們可以先從「基礎」說起，也就是有境界的作品必須俱備的基本條件。王國維透過「有」、「無」來對舉，強調「真」為「境界」充分且必要的條件：

> 境非獨謂景物也。喜怒哀樂，亦人心中之一境界。故能寫真景物、真感情者，謂之有境界。否則謂之無境界。[12]

王國維認為，所謂「境界」必須包括兩部份，一是外在景物，一是內在真情，兩者兼而有之，才是有境界，否則是無境界。把「真」看成作品是否有「境界」的一個重要標準，要有「真感情」，須有「真景物」。寫景必須是帶著我們真實感受而寫，只有情景俱真而且情景交融的作品，才是「有境界」的佳作。王國維將真性情作為文學的審美標準，甚至把真性情置於「美」與「善」之上，而拋棄了傳統的詩教以「善」為主之說。「真」是「境界說」的基石所在，成了王國維整個文學批評理論的出發點。在眾多詞人中，王國維自然對性情純真的詞人李煜給予了特別的關注：

> 溫飛卿之詞，句秀也；韋端己之詞，骨秀也；李重光之詞，神秀也。[13]

> 詞至李後主而眼界始大，感慨遂深，遂變伶工之詞而為士大夫之詞。周介存置諸溫、韋之下，可謂顛倒黑白矣。「自是人生長恨水長東」，「流水落花春去也，天上人間」，《金荃》、《浣花》能有此氣象耶！[14]

---

12 王國維著、施議對譯注：《人間詞話》(台北：貫雅文化，1991 年 5 月)，頁 21。
13 王國維著、施議對譯注：《人間詞話》(台北：貫雅文化，1991 年 5 月)，頁 48。
14 王國維著、施議對譯注：《人間詞話》(台北：貫雅文化，1991 年 5 月)，頁 50。

　　詞人者，不失其赤子之心者也。故生於深宮之中，長於婦

　　人之手，是後主為人君所短處，亦即為詞人所長處。[15]

上述對李煜詞的評價，皆從藝術品位和創作論上探討李詞之真。

為了突出文學作品中的真性情，他更提出文學作品有「隔」與「不

隔」之說；

　　問「隔」與「不隔」之別，曰：陶、謝之詩不隔，延年則

　　稍隔矣；東坡之詩不隔，山谷則稍隔矣。「池塘生春草」，「空

　　梁落燕泥」等二句，妙處唯在不隔。詞亦如是。即以一人

　　一詞論，如歐陽公〈少年游・詠春草〉上半闋云：「闌干十

　　二獨憑春，晴碧遠連雲，二月三月，千里萬里，行色苦愁

　　人。」語語都在目前，便是不隔。至云「謝家池上，江淹

　　浦畔」，則隔矣。白石〈翠樓吟〉：「此地，宜有詞仙，擁素

　　雲黃鶴，與君遊戲。玉梯凝望久，歎芳草萋萋千里。」便

　　是不隔。至「酒祓清愁，花消英氣」，則隔矣。然南宋詞雖

　　不隔處，比之前人，自有淺深厚薄之別。[16]

　　「生年不滿百，常懷千歲憂。晝短苦夜長，何不秉燭游。」

　　「服食求神仙，多為藥所誤。不如飲美酒，被服紈與素。」

　　寫情如此，方為不隔。「采菊東籬下，悠然見南山。山氣日

　　夕佳，飛鳥相與還。」「天似穹廬，籠蓋四野。天蒼蒼，野

　　茫茫，風吹草低見牛羊。」寫景如此，方為不隔。[17]

「隔」與「不隔」是王國維立足於「境界」這一審美標準的角度

---

15 王國維著、施議對譯注：《人間詞話》(台北：貫雅文化，1991 年 5 月)，
　頁 54。
16 王國維著、施議對譯注：《人間詞話》(台北：貫雅文化，1991 年 5 月)，
　頁 126。
17 王國維著、施議對譯注：《人間詞話》(台北：貫雅文化，1991 年 5 月)，
　頁 130。

所提出來的延伸概念。王國維極為推崇「不隔」，並以此作為評價詩歌優劣的標準。王國維對那些直抒生命憂患意識的詩詞頗為喜好，如《古詩十九首》的「生年不滿百，長懷千歲憂」、「服食求神仙，多為藥所誤」，認為其真實地表達了情感而不顯矯揉造作之態。又如陶淵明〈飲酒詩〉和那首視域廣遠的北方民歌都立足於自己所處的情境入手，寫景真切，如在目前。可知王國維「不隔」的美學內涵體現在三個方面：一是寫景真切，二是物我合一，景與情渾。他又說：

> 詞人之忠實，不獨對人事宜然。即對一草一木，亦須有忠實之意，否則所謂游詞也。[18]

王國維以為，詞人不只是對人情世態，就算是對於一草一木的自然之物也要以忠實誠懇的態度去創作。如果沒有忠實之意，作出來的也只是浮誇輕薄之詞。由此可見他強調創作來源於現實，主張作家必然要對生活進行細致深入的觀察和描摹，同時，創作又是通過現實來表達作家的理想。完美的作品是作家理想與生活真實的水乳交融。王國維由人及文，提出了「隔」的評論：

> 白石寫景之作，如「二十四橋仍在，波心蕩、冷月無聲」，「數峰清苦，商略黃昏雨」，「高樹晚蟬，說西風消息」，雖格韻高絕，然如霧裡看花，終隔一層。梅溪、夢窗諸家寫景之病，皆在一「隔」字。北宋風流，渡江遂絕，抑真有運會存乎其間耶？[19]

> 古今詞人格調之高，無如白石。惜不於意境上用力，故覺

---

18 王國維著《人間詞話刪稿》(台北：新文豐出版社，1988 年 2 月)，頁 4266。
19 王國維著、施議對譯注：《人間詞話》(台北：貫雅文化，1991 年 5 月)，頁 122。

　　無言外之味，弦外之響，終不能與於第一流之作者也。[20]
王國維說姜夔詞「如霧裡看花，終隔一層」、「白石有格而無情」[21]，
認為姜夔詞雖然清空峭拔、格調高雅，但是缺乏生命的歷練和對
人類生命情懷的深沉透視，缺乏深切真摯的情感抒發和鮮明生動
的形象描繪，因此不配進入第一流作者的行列。王國維對姜夔詞
的批評未必公正，作為一種審美類型，「隔」同樣具有一種言外的
美。所謂「隔」，實質上是指人們在審美過程中產生的理解或感知
或共鳴上的障礙，這種障礙常會形成作品與讀者之間的距離與隔
閡。但從更深層次說，「不隔」源於中國傳統的心、物交感的哲學
思維，強調「即景生情」、「應物興感」的自然感發。[22]從王國維
對於「隔」與「不隔」的一系列論述，可見他對寫情不隔、寫景
不隔的要求，寫情必須抒發真性情，到達沁人心脾的藝術效果，
這往往體現在「寫」上必須語語如在目前，達到豁人耳目的藝術
效果，總之要寫出真景物、真感情，才算「不隔」。

　　「隔」與「不隔」根本區別在於是否真切，它們都是緊緊圍
繞「境界說」而延伸而發的美學範疇。關鍵在於詞人必須要發自

20　王國維著、施議對譯注：《人間詞話》(台北：貫雅文化，1991 年 5 月)，
　　頁 133。
21　王國維著、施議對譯注：《人間詞話》(台北：貫雅文化，1991 年 5 月)，
　　頁 136。
22　例如《禮記・樂記》：「人心之動，物使之然也，感於物而後動，故形於
　　聲。」鍾嶸《詩品・序》：「氣之動物，物之感人，故搖蕩性情，形諸舞
　　詠。」劉勰《文心雕龍・明詩》：「人稟七情，應物斯感，感物吟志，莫
　　非自然。」劉勰《文心雕龍・物色》：「春秋代序，陰陽慘舒，物色之動，
　　心亦搖焉……歲有其物，物有其容，情以物遷，辭以情發，一葉且或迎
　　意，蟲聲有足引心，況清風與明月同夜，白日與春林共朝哉。」陸機〈文
　　賦〉：「遵四時以歎逝，瞻萬物而思紛；悲落葉於勁秋，喜柔條於芳春。」
　　中國傳統重心物交感，之所以重視客觀景物，只是由於它的起情、起興
　　作用。在詩興產生的過程中，儘管物與情二者缺一不可，但起決定作用
　　的是詩人的主觀情感制約並決定著起興之物，這是「物感說」不同於西
　　方文論中「反映論」的根本之點。王國維主張的詞的創作路徑正是「感
　　物興發」、「即景生情」的實景書寫，而非「緣情布景」虛擬假想的思索
　　安排。

真性情，要能以赤子之心來面對世界，不能有所虛偽，才能寫出形象鮮明的藝術作品。所以，「隔」與「不隔」與其說是審美尺度，不如說是人生態度和生命價值的尺度，可見王國維對於文學作品的價值定位就在於真性情。

對於「真」與「赤子之心」的言說，王國維有時會用「自然」二字取代。「真」和「自然」兩個概念在王國維的文學體系裡是可以相互替換的，「真」就是「自然」，「自然」就是「真」。王國維強調詞人要認識自我的內心世界這一創作規律。他說：

> 納蘭容若以自然之眼觀物，以自然之舌言情，此由初入中原，未染漢人風氣，故能真切如此。北宋以來，一人而已。[23]

王國維評價未染漢人風氣的納蘭容若「以自然之眼觀物，以自然之舌言情」的創作方式，與著名的法國畫家亨利・馬蒂斯所提出「用兒童的眼光看生活」[24]相通。標舉藝術創造的天然自成，成了境界說的價值取向。一位藝術家看世界要像初次看到事物時那樣的好奇與熱情，好像他是個孩子。赤子處在天真未鑿混沌的狀態，帶有人類最可貴的最初的真純，擁有神秘的自然靈異，和奇特的想像力，他們擁有很多成人失落了的特異功能和寶貴品質。所謂「以自然之眼觀物」就是「真景物」，「以自然之舌言情」，就

---

23 王國維著、施議對譯注：《人間詞話》(台北：貫雅文化，1991 年 5 月)，頁 160。

24 法國著名野獸派畫家亨利・馬蒂斯在去世前寫下〈用兒童的眼光看生活〉一文，認為兒童看任何事物都是用天真好奇的眼光去看世界，不帶一點虛偽和矯飾，如此則必然能夠認識世界的新鮮，這樣才能產生最佳的新奇效果：「像頭一次看東西那樣看每一事物……像他是孩子那樣去看生活，假如他喪失了這種能力，他就不可能用獨創的方式去表現自我」。這篇文章是畫家本人結合了自己的創作實踐而提出了具有總結性質的理論，強調了藝術創作過程中如兒童眼光般純淨、專注的藝術品格的重要性。

是「真感情」。平凡樸實、自然純真便是藝術之道。自然、人生、詩情、哲理，都是藝術精神追求的內核。藝術的本質在於自然，這是藝術創作的靈魂，也是藝術美之極致所在。王國維強調「自然」是文學創作最高的境界，因為自然，它使客觀事物保持它最天然本真的狀態，這種本真就是最理想的境界。

可見，「境界說」的生命力在於「真」，王國維主張藝術創作要回歸自然，寫景要真切，如在目前，追求性情的真摯，體現淳樸、天真的本性。這是境界說的基本條件。真實是藝術的生命，作家必須要真誠地面對自己和他人，真實的面對生活和生命，作品才能獲得長久的生命力。

三、境界說的深度：憂生與憂世的思想

王國維建構「境界說」的內涵是極有層次的，有著從「基礎」到「深度」的脈絡發展。如果說，「真」與「自然」是境界說的基石——是充分而必要的條件，那麼「憂生」與「憂世」則是境界說更具「深度」的表現。所謂的深度，是指在基本條件下更往內的挖掘、步步深入後所呈現的深刻程度。

王國維《人間詞話》從「意境」朝向「境界」概念變遷的重要關鍵在於「境界說」具有「憂生」、「憂世」並重的人生觀與價值觀。在王國維的思想體系裡，「意境」著重在一種審美的層次，強調情景交融的藝術境界；但「境界」更強調作者對生命的體驗和感知，具有憂生憂世的思想，這才是「境界」的深度。一旦作者具有對人類心靈的憂生和憂世之懷，必然對詩人的心靈之「真」有深度的要求，正如楊海明在談詞文學具有悲劇性和感傷性的時候這樣說：

由於詞的多寫憂患意識和感傷情緒，又使唐宋詞篇出現了
這樣的「特異光彩」：一是「真」，二是「深」。這是因為：
真正的憂患意識和感傷情緒都是從「真心」(王國維所謂的
「赤子之心」)的「深處」升將起來的。它們帶有真摯和深
沈的「品格」，決非那些虛偽、浮淺的思想感情可比。[25]

由此可見「真」與「深」總是相生相成的。我們由以下這段王國
維對文學作品的價值定位可見：

大家之作，其言情也必沁人心脾，其寫景也必豁人耳目，
其詞脫口而出，無嬌揉妝束之態。以其所見者真，所知者
深也。詩詞皆然。持此以衡古今之作者，可無大誤矣。[26]

除了「以其所見者真」之外，他也強調「所知者深也」，這知
之甚深，便在於對人生的真心，因為真心，所以投入深，若以「真」
與「深」二個標準來衡量古今作品，便可以避免大的誤差。真心
和憂患意識總是相生相形。作家把自己的憂患意識投注到寫作的
過程中，往往能創作出感人的悲劇精品。人類社會在發展的過程
中必然充滿了苦難與衝突、黑暗與惡醜，如果要推動社會前進和
人類發展，就需要有一份悲劇意識和憂生憂世的擔荷精神，如果
缺乏「知其不可為而為之」的殉身意識，就不會有改進社會和促
進自身發展與完善的動力。從哲學上講，憂患意識是思想的靈魂，
是人類自我生命覺醒的產物。王國維受到叔本華悲觀主義理論的
影響，加上他天性多思多感，所以其詞學思想乃由「生命之思」
進入「憂患之思」，從「意境」的審美精神進昇到「境界」的悲劇
意識。他說：

---

25 楊海明《唐宋詞史》(高雄：麗文文化出版社，1996 年)，參見第一章、
第一節「論唐宋詞的整體觀」，頁 12。
26 王國維著、施議對譯注：《人間詞話》(台北：貫雅文化，1991 年 5 月)，
頁 174。

> 「我瞻四方，蹙蹙靡所騁」，詩人之憂生也。「昨夜西風凋
> 碧樹，獨上高樓，望盡天涯路」似之。「終日馳車走，不見
> 所問津」，詩人之憂世也。「百草千花寒食路，香車繫在誰
> 家樹」似之。[27]

　　悲歡有時，哀樂有時，都是人生難免的際遇。文學對人類活動的審美把握與終極體驗，根據向內與向外對象的不同可分為「憂生」和「憂世」兩種。在人間、人生的意向的表達層面上，王國維認為《詩經‧節南山》的「我瞻四方，蹙蹙靡所騁」表達了「憂生」之情，這是一份身世之感。「終日馳車走，不見所問津」表現了「憂世」之思，這是一份對時代和世局的大我關懷。「百草千花寒食路，香車繫在誰家樹」乃出自五代馮延巳的〈鵲踏枝‧幾日行雲何處去〉，這首詞從表面上來看是閨怨之作，女主角對於遊蕩在外、久久不歸的情人有了怨懟和疑慮，心裡想著寒食路上長滿了百草開花，情人是否因為外面有所歡會而滯留不歸？但因其抒情的怡悅含蓄，容易引發人們廣泛的聯想，被人們認為詞中概括了更廣泛的人生體驗，甚至具有忠厚纏綿的寄託之情。

　　劉鋒傑、章池合著的《《人間詞話》百年解評》這樣界定「憂生」與「憂世」的精神內涵：

> 憂生是對生命的憂患，抒寫個體對生命的理想、追求或焦
> 慮。所表現的主題比較抽象，具有哲理性，追問人是什麼，
> 從何處來，又到何處去。或是個體對宇宙所產生的感慨，
> 一種無法揮除的孤獨感灌注其間，情調總是悲傷的。區別
> 於憂生，憂世是對人間世事的憂患，以抒寫人情世態，展
> 示人世百相為底本，揭示人世的困厄、艱難、凋敝。它所

27　王國維著、施議對譯注：《人間詞話》（台北：貫雅文化，1991 年 5 月），
　　頁 80。

面對的大多是人世的痛苦，並展示這種痛苦，揭示個人與
社會的對立、衝突，主題具有社會性，具有充分的愛心。[28]

憂生憂世思想是王國維用來衡定境界高低深淺的主要標準，
與衡定「境界」是否成立的「真」的品格，同為王國維「境界說」
的核心思想之一。憂生憂世直接承襲了中國傳統思想文化中「以
悲為美」、「惟以告哀」、「知其不可而為之」[29]的文藝精髓，也切
合王國維對清末衰世的人生體驗和悲觀主義的人生觀。悲劇體驗
往往是個體在自我實現時遭受挫折和壓抑，但不為所困，仍然執
著於自己的信念，九死而不渝，萬難而不棄。似乎作家的人生態
度，就應該這樣不辭地承受一切的痛苦與磨難，執著於自己的理
想而不動搖，這就代表了各類藝術的悲劇性審美精神。正因為王
國維強調以憂生悲觀主義理論為視點，他高度評價「著我色彩極
為強烈」的李後主：

尼采謂：「一切文學，余愛以血書者。」後主之詞，真所謂
以血書者。[30]

「以血書者」的本身就具有一股震撼人心的崇高與悲壯。李
後主詞感情真摯熱烈，他的悲哀具有穿透力而能以一己之悲哀涵
納世間人類共有的悲哀，展現了一種開拓博大的氣象，也開拓了

---

28 劉鋒傑，章池：《《人間詞話》百年解評》（合肥：黃山書社，2002 年 3
月），頁 128。
29 中國傳統有關於「以悲為美」的論述，如《魏風·園有桃》云：「心之
憂矣，我歌且謠。」《小雅·四月》云：「君子作歌，維以告哀。」屈原
在《九章·惜誦》中提出：「惜誦以致愍兮，發憤以抒情」。司馬遷〈報
任安書〉：「《詩》三百篇，大抵賢聖發憤之所為作也。此人皆意有所
鬱結，不得通其道，故述往事，思來者。」「知其不可而為之」，來自
《論語·憲問》》：「子路宿於石門。晨門曰：奚自？子路曰：自孔氏。
曰：是知其不可而為之者與？」上述種種，皆強調「鍥而不捨」的追求
所形成的一種「悲劇意識」和「擔荷精神」。
30 王國維著、施議對譯注：《人間詞話》（台北：貫雅文化，1991 年 5 月），
頁 60。

詞境。王國維肯定李煜不止在於真，更在於他深刻地反映了作為亡國之君特定的悲與愁。他將詞人對一些具體事象的描繪，提升到「憂生」或「憂世」的高度上來理解，甚至以為李後主的詞作不限於抒寫一己身世之戚，「儼然有釋迦、基督擔荷人類罪惡之意」[31]，他在創作中宣洩了自己的愁苦，這種宣洩不但救贖了自己，也救贖了所有受苦失敗者的心靈。悲者，深也。李煜無論寫享樂還是寫悲哀，他都秉持著一顆真摯的赤子之心盡情地抒寫，他的詞寫出了他真切的情感，可謂「有境界」者。可見境界是一種精神之美。從「憂生」、「憂世」意識、情感之真作出新闡釋，關注人生苦痛、抒發憂患意識，共同構成了《人間詞話》中悲天憫人的「人間」情懷。王國維提到：

> 生活之本質何？欲而已矣。欲之為性無厭，而其原生於不足。不足之狀態，苦痛是也。既償一欲，則此欲以終。然欲之被償者一，而不償者什佰，一欲既終，他欲隨之，故究竟之慰藉，終不可得也。即使吾人之欲悉償，而更無所欲之對象，倦厭之情即起而乘之，於是吾人自己之生活，若負之而不勝其重。故人生者如鐘錶之擺，實往復於苦痛與倦厭之間者也。夫倦厭固可視為苦痛之一種，有能除去此二者，吾人謂之曰快樂。然當其求快樂也，吾人於固有之苦痛外，又不得不加以努力，而努力亦苦痛之一也。且快樂之後，其感苦痛也彌深，故苦痛而無回復之快樂者有之矣，未有快樂而不先之或繼之以苦痛者也，又此苦痛與世界之文化俱增，而不由之而減。何則？文化愈進，其知識彌廣，其所欲彌多，又其感苦痛亦彌甚故也。然則人生

之所欲既無以逾於生活，而生活之性質又不外乎苦痛，故
欲與生活與苦痛，三者一而已矣。[32]

王國維在詞學闡釋和文學創作中一直把生命視為最高的存在，而
生命存在就是苦難歲月的結晶，如叔本華所認為的那樣，人生即
欲望，有欲望就有痛苦，這是一個無盡的追求，未曾滿足的苦惱
如同鐘擺一樣折磨著人，而要想擺脫欲望生存的羈絆，就必須具
備一雙看透紅塵的「天眼」，通過對藝術的純粹直觀達到獲得永
恆，但純粹觀審畢竟只是瞬間的慰藉而非永恆的駐足，人終歸要
回到被現實規律所支配的世界之中來。

　　王國維「境界說」的內在精神在於強調詞人應該在人間嘗遍
命運艱辛所帶來的苦難體驗，文學應該藝術地傳達這種生命本真
的價值情懷。「境界說」本之於其表現的「憂生」和「憂世」並重
的人生觀與價值觀，它也是「境界說」更往內探索所達到的深度、
廣度、濃度、烈度。

第二節　境界說之哲學辯證：

各種藝術範疇二元對舉中的和諧

　　「境界」的涵義複雜且豐富，很難一言以蔽之便可以精準地
概括其全部內涵。為了更全面的說明「境界」說，他歸納了幾組
與境界相關的對立範疇，計有：「入乎其內」與「出乎其外」、「有
我之境」與「無我之境」、「造境」與「寫境」、「理想」與「寫實」、

---

32 王國維〈人生及美術之概觀〉，《紅樓夢評論》，見《王國維文學論著三
　　種》(北京：商務印書館，2001 年 3 月)，頁 2。

境界之「大」與「小」，可知「境界」的定義不是唯一的，可以從不同的視角對「境界」給出不同的定義。王國維從幾個不同的角度為「境界」下定義，這些範疇各有各的特點和適用範圍，但都從不同側面揭示了「境界」的精神。本節透過這幾組範疇來對境界說進行「辯證性」的解讀。

一、入乎其内與出乎其外：
創作心境中的理性與感性兼備

　　創作心境是思維中難解之謎，作者在創作活動過程中的審美的審美判斷、藝術構思、情感基調的定位、主體與客體之間的辯證關係，乃至創作方法的使用、審美理想的表達，這都是很難說明白的複雜隱密。

　　前面已述及王國維「境界說」的深度在於憂患意識，但作家對於憂患意識並非一味陷溺，而是能用理性的智慧靈光進行消解，能「入」亦能「出」。「境界說」作為一種生命體驗的審美活動，它必然具有自我反思的超越性，在對待現實人生的事象上，應該是一種既內在而又超越的關係。一方面，審美者要深入生活，從實際的人生體驗中來培育自己對美的感受能力，另一方面，他又要努力超越一己當下的具體感受，將實際的生活感受提升為具有本真意義的審美體驗。王國維從創作心境來論述，作者應根據自己創作實際及時調節自己的心境。作家主體自身也有一種對立統一的關係，那便是理性與感性，能沈溺亦能超越，這是王國維對創作心境認識的一個深入。創作的確需要主體與客體統一，這不僅是說主體與客體之間存在對立，而且是指主體內部也存在相反的因素，創作心境也是矛盾統一的過程，是熱烈與冷靜、激情

與理智的對立統一。最能夠從理論上論述創作心境中矛盾統一關係的是王國維獨具一格的「出入說」：

> 詩人對宇宙人生，須入乎其內，又須出乎其外。入乎其內，故能寫之；出乎其外，故能觀之。入乎其內，故有生氣；出乎其外，故有高致。[33]

這「能入」與「能出」，不就是創作者對於現實人生既內在而又超越的二重性對待方式的確切寫照嗎？「入乎其內」，強調作家在創作過程中體驗的深刻性。不僅從大自然和日常生活獲取生動新穎的素材，而且能與日常生活和自然萬物打成一片，這是創造藝術境界的基礎。正因為「入乎其內」，才有可能對現實生活產生真切的感受，從而寫出有生氣、有活力的感人作品來。但創作更緣於能「出乎其外」，能夠抽離出來以更高的視角來看自己，以超越的眼界觀照人生，使原有的感受得到昇華，展現生命體驗的自我超越，而形成蘊涵生命智慧意義的審美體驗。更值得注意的是，王氏在「能入」與「能出」的轉捩點上，特標上一個「觀」字，這實在是審美活動由「深入」而提升至「超越」的關鍵。「觀」的意思是冷靜觀照，這裡著重的是人對自我生命體驗所採取的一種反觀的姿態。欲望的追求往往是構成人生痛苦的根源，要解脫人世之苦，只有借助於審美的「靜心觀照」，而非以功利的態度去審視受到生存欲念所制約下的種種世相，才有可能暫時消解表像世界背後的欲念活動，而使其內含的純粹「理念」得以顯現出來，這就為由「內在」到「超越」找到了心境轉化的契機。

　　王國維在這裡第一次指出了創作心境中的冷靜與理智觀照所不容忽視的作用：並不是有感動有激情就能創作了，只有激情

---

33 王國維著、施議對譯注：《人間詞話》(台北：貫雅文化，1991 年 5 月)，頁 182。

烈響，寫出的東西就只是一種「宣洩」，宣洩不能成為文學作品，
至少不能成為具有美感的文學作品。創作是感性與理性並重合一
的心理活動過程，能「出」亦能「入」是所有優秀作家的生活態
度。「入」指的是作者有一顆體驗豐富的心，對於所要寫的內容了
然於心。或者說作者可以全心靈、全生命去感受生活所帶來的全
部，不管悲喜，都能置身其中。「出乎其外」，即反觀，在先前所
創造的藝術境界當中寓含作者通脫的胸懷和哲理性的思考，以及
超越功利目的的審美藝術感情。王國維的看法無疑是富有辯證性
的。創作心境是理性與感性的統一、是內在與外在的統一、是絕
對和相對的統一。

二、審美形態的二元對立

(一)創作時超越與陷溺的二元對立：有我之境
與無我之境

　　情與景作為傳統詩學中兩個基本的審美範疇，當心與自然景
物相契合、主觀與客觀相碰撞就使得二者出現辯證統一的關係。
王國維強調「情」與「景」是構成意境的兩個主要因素，情景交
融的最高境界是能入「無我之境」，使主觀的心靈感應與外在的景
物相互融合，達到物我相忘的結果。王國維對「有我之境」與「無
我之境」定義如下：

　　　　有「有我之境」，有「無我之境」。「淚眼問花花不語，亂紅
　　　　飛過秋千去。」「可堪孤館閉春寒，杜鵑聲裡斜陽暮。」有
　　　　我之境也。「采菊東籬下，悠然見南山。」「寒波澹澹起，
　　　　白鳥悠悠下。」無我之境也。有我之境，以我觀物，物皆
　　　　著我之色彩。無我之境，以物觀物，不知何者為我，何者

為物。[34]

　　他所舉的「有我之境」的詞例，皆帶著強烈的主觀情感，因為當眼前客觀景物與「我」有直接利害關係，我在感受客觀事物的同時把自己的內心情感貫注到客觀景物之中，使得「物皆著我之色彩」，讓原本客觀的景物無不傾注了作者的個人色彩。而「無我之境」就是當眼前客觀景物與「我」無直接的利害關係，詩人受到閒靜、優美的景物的感染，從而在冷靜的回味中自然而然的進人了最高的審美境界中，這是一種以純粹的直觀感覺去領略客觀事物的結果，雖然表面上情感和景物的界限不明顯，實際上是「真景物」、「真情感」的一種默契、融合，分不出彼此，就像陶淵明的〈飲酒〉:「采菊東籬下，悠然見南山」、元好問〈穎亭留別〉詩:「寒波澹澹起，白鳥悠悠下」，詩人的心境處於寧靜狀態，而眼前景物又是優美、閒靜的，對自己的情感、心情無直接利害關係，所以似乎是用一種純粹的直觀感覺去領略外在事物，情感和景物的界限不明顯，這就是「以物觀物」，即「無我之境」，景為「優美」。所以「有我之境」和「無我之境」皆是有「我」的情感，只不過這個「我」有明顯的區別。

　　王國維把境界分為「有我之境」與「無我之境」，有些論者不能認同，他們認定根本沒有「無我之境」，凡文藝創作都是「有我」，不可能「無我」。這其實是因為他們沒有理解王國維「無我」的意義。尤其不能瞭解它是境界層深創構中最高級的境層——生命哲思的審美境界。要更深刻理解「有我之境」和「無我之境」，可以結合以下這一則來看：

　　　詩人必有輕視外物之意，故能以奴僕命風月；又必有重視

---

34 王國維著、施議對譯注:《人間詞話》(台北:貫雅文化，1991 年 5 月)，頁 11。

外物之意，故能與花鳥共憂樂。[35]

　　「外物」指的是除了自身以外的所有事物。創作必然要把握人與自然外物的關係，它既是創作的出發點也是創作的歸宿。「輕視外物」和「重視外物」是相輔相成的，人要做自然的主人，也做自然的奴隸，這就是「入乎其內」與「出乎其外」。即從「重視外物之意」從而達到「與花鳥同憂樂」。怎麼做到「重視外物」？是指以外物為主，將自身的存在忽略。如果創作對象是人情事象，作家就要進入人事所有的生活中去，感受其他人事所感受的情緒；如果創作對象是景色，創作者就要將自己置身與自然風景當中去，把自己當做是一片綠草中的一株，感受春風拂過的輕柔；如果創作物件是物體，創作者就要親密接觸這些物體，調動所有的感覺，視、聽、觸、嗅……這樣與所寫的對象融為一體才能描寫生動感人。惟有「重視外物」，才能與一切所寫的對象取得生命的共感。「與花鳥共憂樂」，才能有「入乎其內」的感受。

　　何謂「輕視外物」呢？即作者要用超脫的態度來看待所描寫的事物，「以奴僕命風月」，即在細細體會了客觀物件的存在、感情、思想以後，要能夠不被這些外物拘泥了自己的想像，「出乎其外」，從中脫離出來。在對外物客觀認識的基礎之上，注入了作者自己生命體驗的感知，才能賦予作品高格遠韻。惟有「輕視外物」的態度，才能超然於外物之上，深諳世理，以情悟道，這樣才能展現更高致的情感，作品才能有格調，有境界。

　　王國維一貫反對作品沒有主觀情感。既然如此，我們把他一貫反對的立場當作他的想法，然後加以否定，就不公平了。王國維曾強調「寫真景物、真感情，謂之有境界」，所以在他的思想體

---

35 王國維著、施議對譯注：《人間詞話》(台北：貫雅文化，1991 年 5 月)　第六十一則，頁 185。

系中，不論創作表現什麼，都離不開一個「真」字，創作必然「有我」的思想感情投注其中。這個「我」只有明白和深隱之別，而沒有「有」、「無」之分。也就是說，所有作品都有「我」的情感參與其中，只是濃淡、強弱不一罷了。即使是主體的情感投射到對象上，「登山則情滿於山，觀海則意溢於海」[36]，透過移情作用，使客體對象也染上了主體的感情。這是詩人先把自己的感情移入感知的對象，並且更進一步地以帶有主體情感色彩的客體映照主體，愈見其情感的強烈與真切。

除了「以我觀物」之外，情感體驗的另一種方式是體驗他人，即作家在進行感情體驗時，可以摒除一切外界功利欲求的干擾和騷動，而進入一種清明、寧靜的心境，使自己的審美心理進入到自由的狀態，自然地把自然界的山水風光、田園景色、他人遭遇作為審美觀照的對象。以己度人，將自己置換成對象，以對象自居。「以物觀物」，在設身處地的感知中把握對象的情感，這就是王國維所謂的「無我之境」：「不知何者為我，何者為物」，即物、我相融之後達到物、我兩忘的境地。「無我之境」乃是「以物觀物」，在虛靜心的觀照下才容易創造一種「無我之境」。「無我之境」就是審美之境。所謂的「審美」，就是採用無為自然的虛靜觀照去欣賞形象的美感。在這個過程中，自我的意識是被形象所充滿而達到了一種渾然忘我的境地。換言之，通過審美實踐中探索「我」在審美過程中的作用，「我」非但沒有被取消，反而是生機勃勃地存在和參與到審美的世界中，並成為詩人對世界獨特的闡釋角度。所謂的「無我」與「忘我」，只是一種「物我合一」、「人我相通」全心的沉浸其中的情境描述。

---

36 梁·劉勰《文心雕龍·神思篇》，見周振甫注釋本《文心雕龍注釋》卷六（臺北：里仁書局，1984），頁 105。

王國維在託名樊志厚的〈人間詞序〉云：

> 出於觀我者，意餘於境，而出於觀物者，境多於意。……
> 故二者常互相錯綜，能有所偏重，而不能有所偏廢也。……
> 余與靜安，均夙持此論。[37]

「無我之境」乃「以物觀物」，便是透過直接接觸而獲得感性認識的一種「直觀」。王國維之所以能提出「無我之境」這麼一個富有創造力和概括力的文藝概念，其淵源乃是中國的老莊哲學思想。老莊哲學是主張「無我」的。老子《道德經・第十三章》說：「吾所以有大患者，為吾有身。及吾無身，吾有何患？」《莊子・內篇・逍遙遊》裡說：「至人無己，神人無功，聖人無名」，這裡的「無身」、「無己」，「無功」、「無名」，都可解作「無我」。這裡把身、己、功、名並排在一起，已經很清楚表明這「無我」的「我」指的是具有社會化的物質欲念與功名欲念。我們便能理解王國維的「無我之境」的「我」，指的是已拋棄了欲念的、功利的「我」，所保留下來的「我」，是超越淨化了的「我」，「無我之境」乃是一種富智慧哲思審美的超然之境。

（二）創作境界高低的二元對立：詩人之境與常人之境

人生在世，莫不有生之所欲，只有超越欲求才得以解脫，進升到一個更高的境界。然而超越欲求又豈是易事？境界於是出現了難易高下之分。從這一視角出發，王國維在《人間詞話補遺》提出兩種不同層次的境界：

> 境界有二：有詩人之境界，有常人之境界。詩人之境界，惟詩人能感之而能寫之；故讀其詩者，亦高舉遠慕，有遺世之思，而亦有得有不得，且得之者亦各有淺深焉。若夫

---

37 王國維著《人間詞話附錄二》，《詞話叢編》(台北：新文豐出版社，1988年2月)，頁4276。

> 悲歡離合，羈旅行役之感，常人皆能感之，惟詩人能寫之；
> 故其人於人者至深，而行於世也尤廣。[38]

王國維強調有「常人之境界」和「詩人之境界」，二者有高下之別，「常人之境」只是「能感之」，「能感之」就是富有感受力；而「詩人之境」是能以自己的心靈境界形諸文字的「能寫之」。「境界」是主體心靈對於外在的超越，是作者人格境界的轉化昇華，透過對文學的審美探幽，可以為人們提供了一個「詩意地棲居」[39]，也可以幫助人們擺脫生活的庸俗與束縛，尋求真正的人間樂土。王國維認為「古人為詞，寫有我之境者為多，然未始不能寫無我之境，此在豪傑之士能自樹立耳。」[40]所謂的「豪傑之士」、「大家」和「詩人」，是能夠觀照世界和體驗人生、並把這種觀照和體驗表達出來的人。正因為詩人、豪傑之士追求的往往不是具體的物質或名利等欲望，而是一種執著追求的理想、情操、道義等精神嚮往，所以能寫「無我之境」的「詩人之境界」，真正的詩人能以其心靈對於外在事物進行境界的昇華，因而產生審美境界。王國維認為有「詩人之境界」的作品，往往具「高舉遠慕，有遺世之思」，這種遺世之思，應是一種超越人間世俗的生命哲思，正因為「詩人之境」常常是「無我之境」，它能超越於一己小我的情思，破我之妄執，但因表面上缺少強烈的個人化的情感表達，故讀者往往不易領會，且因讀者接受能力的差異，「亦有得有不得，且得之者亦各有淺深」之別，由此可見，王國維提出「詩

---

38 王國維著《人間詞話附錄一》，《詞話叢編》(台北：新文豐出版社，1988年2月)，頁 4271。

39 「詩意棲居」作為一個哲學命題是由德國學者海德格爾提出，這是一個關於詩意如何切入生存的概念。棲居是以「詩意」為根基的，此命題為尋求生命本真意義的人們指引了道路。

40 王國維著、施議對譯注：《人間詞話》(台北：貫雅文化，1991年5月)，頁 11。

人之境界」，足見其「無我之境」的境界已深入到人們的精神家園，深入到人性與人格的底蘊，所謂「詩人之境」所蘊蓄，可以用宗白華的「最高靈境的啟示」[41]一語來詮釋。

(三)不同類型的美學境界之二元對立：優美與壯美

我們若把審美對象按其不同的審美特性及其給予人的不同的審美感受，可以分為「優美」和「壯美」。優美、壯美已廣泛地存在於自然、社會和藝術中的審美範疇，傳統美學中的陰柔之美和陽剛之美大致與之相當。「優美」是一種靜態的、柔性的、內柔外秀之美；「壯美」則是一種動態的、剛性的、內剛外烈之美。王國維對這種傳統的美學境界進行了補充，強調「靜中得之」與「動之靜時得之」：

> 無我之境，人惟於靜中得之；有我之境，於由動之靜時得之。故一優美，一宏壯也。[42]

王國維這段表述的核心概念是「靜」和「動」。靜、動，是兩種心理觀審的狀態。而兩種心理是可以互相轉化的，動能生靜，靜而能動，王國維從審美對象和主觀感受兩方面對「優美」和「壯美」作了分辨：指出「優美」是在「靜」中得之，能給人帶來寧靜感，而「壯美」由「動之靜時」得之，能給人帶來震撼感。「優美」與「壯美」，從表層看是兩種不同的美學型態，實則為心理學的美學範疇，兩種不同的心理經驗。優美感與壯美感，正由於「無我之境」、「有我之境」兩種不同的心理經驗所形成的兩種不同美學意境類型。「無我之境」，乃強調人在「靜」中得之，實質是指人面

41　宗白華談藝術境界三個層次：「直觀感相的模寫、活躍生命的傳達和最高靈境的啟示。」見《美學散步》(上海：上海人民出版社，1985年)，頁13。

42　王國維著、施議對譯注：《人間詞話》(台北：貫雅文化，1991年5月)，頁11。

對世界的態度和理解，是基於一種靜心自得的精神境界去觀照萬物、看待事物的態度，這種觀審姿態，往往可以形成「優美」之境。

　　「有我之境」，往往因為「我」和外物的關係是對立的、衝突的，而形成一種不平之氣。所謂「憤怒出詩人」、「哀怨起騷人」，怨憤者的心境往往與社會的功利聯繫在一起，詩人的怨憤往往因國政腐敗、人心混濁等社會現象引發的一種強烈的憂患、哀怨、憤懣的心情。怨憤的心境所創造出來的作品往往是「有我之境」，帶有鮮明的主觀色彩，呈現「壯美之境」。然而王國維強調：「有我之境，於由動之靜時得之」，說明「壯美」是詩人從情感動盪後的平靜中得之，摒除外界的干擾後的清明、寧靜。從表面看來，「有我」與「無我」兩類創作心境與外物的相互關係是矛盾的、互不相融的。實際上矛盾是可以轉化的，矛盾的二者可以相互補充，相互滲透，這種互相轉化的特徵展現在思維運動的過程之中，在主體與外物對立的矛盾中，主體的思維是能動的、積極的，物象則是被動的、消極的，主體因為情動於中，而忘記了物我界限，便自然而然的把自己的主觀情感投射到外物上，使物象染上了和自己一樣的感情色彩。原本矛盾對立的主體與外物，在移情作用之後，二者成為和諧的統一，先是由「我」及「物」、乃至物、我無間，後是由「物」及「我」，達到物、我同一。我們可在「有我之境」中見到，作家主觀的情思的「物象化」，外在物象的「主體化」。在「有我之境」中，物象不再是純客觀或純自然意義上的對象了，或濃或淡、或明或暗，總是帶著有「我」的主觀色彩、「我」的情緒。移情作用作為一種審美過程，在一定條件下主體與物象從矛盾亦即對立中走向了統一，這便形成了「壯美」之境。

　　「優美」和「壯美」作為美學境界的兩種形態，經由王國維

由「動」與「靜」兩者對立中的統一之說在形態和特徵上表現為共同的和諧美特質。這種和諧既是內容和形式的和諧統一，也是真與善、主體活動和客觀規律的和諧統一。凡文學創作莫不「有我」，但若要達到「以物觀物」的途徑就是化解我執而「無我」，也就是把一己「小我」提昇為與天人合一的「大我」，形成了整個宇宙的和諧統一。「無我之境」傾向於中國傳統文化所追求的「天人合一」的大我境界，所表現的是本真的宇宙生命情懷，由靜中得之的「優美」，更符合詞境的深靜之致，這與前一章所述況周頤《蕙風詞話》所提出的「靜境」精神是相通的。

三、創造境界途徑的二元對立：
造境與寫境、寫實與理想

　　王國維不但將境界進行了分類，同時也說明了創造境界的二種不同的途徑：

> 有造境，有寫境，此理想與寫實二派之由分。然二者頗難分別，因大詩人所造之境，必合乎自然。所寫之境，亦必鄰於理想故也。[43]

　　王國維把境界創造的方法分為「造境」和「寫境」兩種，即「理想」與「寫實」二派之所由分。然二者頗難截然分開。「造境」和「寫境」或者各有偏重，或強調主觀的意識、理想；或強調客觀存在、強調自然，但二者都是經過藝術構思創造出來的，二者同樣要求生活真實與藝術想像虛構的統一。因為作家所虛構的境界必和現實生活相符合，而所寫實的境界也必須帶有理想的

---

43 王國維著、施議對譯注：《人間詞話》(台北：貫雅文化，1991 年 5 月)，頁 7。

傾向。在王國維來看，「造境」和「寫境」既不能脫離對現實的一種虛構與想像，但也不是自然主義的摹擬，不能等同於生活真實。它一方面反映現實，一方面超越於現實。

　　王國維拈出「造境」、「寫境」這一對範疇來說明創造境界的兩種方法和由此形成的「理想」與「寫實」兩大藝術流派，深入淺出地概括了分別以《楚辭》和《詩經》為源頭的中國古典詩歌兩種基本的創作方法和兩大潮流。「造境」偏於主觀的、想像的、虛構的、理想性的、緣情布景的，「寫境」偏於客觀的、寫實的、即景生情的，然而兩者其實很難截然區分，因為主觀理想離不開客觀寫實，客觀寫實也離不開主觀理想，「造境」與「寫境」二者是辯證統一，互相補襯融攝，正如同《人間詞話》第五則所云：

> 自然中之物，互相關係，互相限制。然其寫之於文學及美術中也，必遺其關係、限制之處。故雖寫實家，亦理想家也。又雖如何虛構之境，材料必求之於自然，而其構造亦必從自然之法則，故雖理想家，亦寫實家也。[44]

王國維認為自然界中各種事物之間，是互相關係，互相限制的，並不是孤立存在的。然而一旦要把它們反映到文學中來，就一定要摒棄它們的相互關係，相互限制的地方。雖然是寫實家，也同時是理想家。「理想」一詞，是浪漫主義精神的核心，把想象視為文學的本質，但即使是虛構物境，它的材料必然來自現實中的自然界，它的結構方法必然順應自然法則。這種思維模式便是一種二元對立中的合一。二元對立體系表明在浪漫書寫中夾雜著現實觀照，在寫實書寫中也反映著想像的虛構，展現了浪漫和寫實

---

44 王國維著、施議對譯注：《人間詞話》(台北：貫雅文化，1991 年 5 月)，頁 18。

的互相轉化、相生相成。

　　以上我們論述了王國維理論中的境界類型:「有我之境」與「無我之境」、「常人之境」與「詩人之境」、「壯美」之境與「優美」之境。看似紛紜零碎，但其實六種境界所呈現出來的就只有兩種審美走向，歸屬兩個審美範疇。我們從創作的發展歷程來看，由「造境」能得「無我之境」，產生「優美」及「詩人之境界」。由「寫境」得「有我之境」，產生「壯美」及「常人境界」。化繁為簡，籠而統之而後，可見「境界說」是有系統、有脈絡的理論體系，看似兩兩對立的範疇，其實是一個整體性的系統論述。三組對立範疇中的各種境界模式都有內在的關聯性。這種整體性不僅是「物」與「我」之間、「動」與「靜」、「入」與「出」等對立的精神姿態上的連續性與關聯性，而且也包括這種整體性在文學作品中的原則表現。關係都是相對而言的，在某種環境下可以把某個問題看成是一個整體。這種超越性思維實質上就是一種具有豐富性和開放性的思維方式，正因為「境界說」是一個整體的系統性論述，可以彌合因為三組對立範疇所設下六種境界類型易流於碎片化的缺點，正如本雅明所說:「每一個理念都是一顆行星，都像相互關聯的行星一樣與其他理念相關聯，這種本質之間的和諧關係就是構成真理的因素。」[45]境界的形成，是主觀和客觀的合一、是感性和理性的並行、是動態與靜態的統一，這便是「境界說」的多元共生的整體格局。

45　本雅明著、李雙志、蘇偉譯:《德意志悲苦劇的起源》(北京:北京師範大學出版社，2013 年)，頁 15。

第三節　從「意境」至「境界」的變化意義：

「藝術審美—人格境界—生命境界」

　　王國維原本所論述的美學標準是「意境」，之後又特別提出了「境界」。並且大有以「境界」來取代「意境」的傾向。這種取而代之的做法，便意味著「境界說」具有的獨特內涵，是「意境」所不能取代的。葉嘉瑩認為：

> 所謂「境界」實在乃是專以感覺經驗之特質為主的。換句話說，境界之產生全賴吾人感受之作用，境界之存在全在吾人感受之所及，因此外在世界在未經過吾人感受之功能而予以再現時，並不得稱之為「境界」。如外在之鳥鳴花放雲行水流，當吾人感受並未及之前，在物自身都並不可稱為「境界」，而唯有當吾人與接之觸而有所感受之後才得以名之「境界」。[46]

　　這樣的解釋，其實仍然與傳統的「意境」相近。若我們可以用「意境」的界定來取代「境界」的界定，便會使得「境界」成為可有可無的概念。我們若無法將「境界」與「意境」加以清晰的區別，是無法了解王國維建構「境界說」的內涵。我們必須為境界做出一個適合所有使用的定義。在這裡筆者拈出「人格境界」和「生命境界」來定義王國維「境界」的涵義。

---

46 葉嘉瑩《王國維及其文學批評》(石家莊：河北教育出版社，1997 年)，頁 192。

一、人格境界

　　「境」或「境界」，本意為疆土、疆界等地理上的客觀存在，後為佛教吸收，轉換為修道者意識中的界域。佛教是一種心靈存在的方式，於是「境界」一詞在佛教之外，也用來指人生的某種覺知。逐漸地，「境界」便被引伸、轉換到人的思想、智慧、品德、格調等相聯的主觀精神世界，如思想的高度、修行的進程、功夫的境地。王國維思想中的「境界」是從「意境」發展而來，二者最大的差別便在於「境界」所強調的並非什麼情景交融所形成的立體的藝術氛圍，而是超越在「情」、「景」兩要素之上的一種對人格境界的追求。王國維是在繼承前人的基礎上，以「人格境界」為核心的美學思想對「意境」進行了深化與發展。他認為，「意境」的創造與主體人格境界之間有著密切的關係。他說：

　　詞以境界為上，有境界則自成高格，自有名句。[47]

　　故無高尚偉大之人格，而有高尚偉大之文學者，殆未之有也。[48]

　　強調「境界」為文學的最高要求之「第一義」。「有境界則自成高格」，「高格」來自於「境界」，格調背後那更為內在本質，是一份源於生活又超越於生活的藝術精神。境界乃依賴整個心胸人格昇華而成，非技巧所能奏效。在這裡我們可見王國維把「境界」的內涵視為「人格的境界」，然後再從人格境界推展至藝術審美境界的標準，人格境界的高低便直接決定了作品創作境

---

47 王國維《人間詞話》，見《詞話叢編》，頁 4239。
48 王國維：《文學小言》，姚淦銘、王燕編：《王國維文集》第一卷(中國文史出版社，1997 年)，頁 24。

界的高低。高尚偉大之人格，便能讓作品具有境界。由此可知，文學的境界乃是作者人格境界與心靈層次的轉化昇華，透過對文學的審美探幽，可以找到人們的精神寄託。王國維的「境界說」的精神實已深入到人們的精神家園，深入到人性與人格的內在底蘊。

王國維的境界理論是他在對前人理論繼承的基礎上對自己智性的「觀照」，這是一種凝神觀照的過程，他認為創作若只是深入情境、僅僅「入乎其內」顯然還不夠，也要能「出乎其外」的「跳出」。「跳出」是在不斷「深入」中而形成了人格境界的高度，只有這樣，才能完成真正意義上的昇華與超越，獲得活潑的生命。

王國維的美學思想中認為藝術是創作主體人格的外化，「作品境界」與「人格境界」有著交融和諧的關係。藝術境界蘊涵了作品藝術表現和人格境界，人格境界孕育於藝術境界中，二者之間相互影響。王國維從生命精神的本質入思，對境界重新構建闡釋，他的「境界說」將詞學批評從藝術美學的層面推向人的思想、品德、格調、學識等相聯的主觀精神世界。

二、生命境界

王國維「境界說」其獨特之處便在於它以生命概念架構了其獨特的美學思想體系。王國維提出的「無我」、「破我」、「大我」就是一種人格境界。這種「無我」的人格境界指的是，可以抽身來做自己冷靜的旁觀者、隨時隨地反思自己；因為「無我」，所以更能清晰定位自己的角色，承載天地之廣闊而獲得大智。從人格境界獲得的智性，可以幫助作者提高自己的生命境界。對生命境界的追尋是自我的精神成長與內在超越，藝術家的生命境界

往往賦予了作品以動人的源泉。有了生命境界的體驗，藝術家才能在藝術創作過程中留下個體的生命歷程與生命思考。

　　美國符號論美學家蘇珊·朗格在《藝術問題》一書中，把「藝術」界定為「生命的形式」。[49]在她看來，藝術結構與生命結構具有很多相似之處，所以，人們常把藝術視為一種生命的形式。境界就是一種生命主體精神的形態。劉鋒傑〈生命之敞亮：王國維「境界」說新論〉從「生命本體論」的角度來闡釋境界說：

　　　生命本體論強調文學是基於生命體驗的生命創造，作家、作品與讀者三方面結合成為生命的審美共同體，以自己的生命去感化與喚醒別人（他物）的生命，又從別人（他物）的生命豐富提升自己的生命，從而在生存之網中共同獲得生命的歡欣與自由。生命本體論可以突破文學反映論的思維定式，通過強調與恢復文學與生命的本然關聯，揭示文學的生命特徵，從而肯定文學所展示的生命精神。[50]

　　這裡提到的作家、作品、讀者三方面是透過生命的體驗連結在一起，成為「生命的審美共同體」。「生命本體論」，強調生命是本體，生命的視野就是一種本原的問題。它和一般情景交融的「反映論」或外物的召喚情感的「物感說」是不同的[51]，最大的差別

49　[美] 蘇珊·朗格《藝術問題》(南京：南京出版社，2006 年 1 月)，頁 121。
50　劉鋒傑〈生命之敞亮：王國維「境界」說新論〉，《江西社會科學》，2015年第 10 期，頁 84-92。
51　就「心」與「物」的關係而言，西方和中國有著不同的認知。西方文論強調的是「反映論」，景物乃是情感之「反映」，但中國詩學更強調是「物感說」，例如《禮記·樂記》：「人心之動，物使之然也，感於物而後動，故形於聲。」詩歌創作是詩人有感於客觀外物召喚的結果。鍾嶸《詩品·序》：「氣之動物，物之感人，故搖蕩性情，形諸舞詠。」劉勰《文心雕龍·明詩》：「人稟七情，應物斯感，感物吟志，莫非自然。」劉勰《文心雕龍·物色》：「春秋代序，陰陽慘舒，物色之動，心亦搖焉……歲有其物，物有其容，情以物遷，辭以情發，一葉且或迎意，蟲聲有足引心，況清風與明月同夜，白日與春林共朝哉。」明·李贄〈雜說〉：「且夫世之真能文者，比其初皆非有意于文也。其胸中有如許無狀可怪之事，其

便在於它並不只停留在主客兩分、二元對立的關係，而是一種生命意義上的主體自我與客體之間的交流，它在情景二分之上，設置了一個更高的本原，認為美的本質在通過客體對象的感性形象來顯現內在的生命精神。

我們若從王國維「人生三境」說來看，可以印證「境界」指的就是「生命的境界」：

> 古今之成大事業大學問者，必經過三種之境界。「昨夜西風凋碧樹，獨上高樓，望盡天涯路」，此第一境也；「衣帶漸寬終不悔，為伊消得人憔悴」，此第二境也；「眾裏尋他千百度，驀然回首，那人正在燈火闌珊處」，此第三境也。此等語非大詞人不能道。[52]

王國維在談古今成就大事業與學問的歷程，是透過自由感發與聯想，把三段原本不相關的宋詞連結來說明，從某種程度來看，王國維把「人生境界」與「詞中的境界」聯繫起來了，他強調「此等語非大詞人不能道」，認為只有像詞這種「要眇宜修」的抒情載體，才能更深刻的詮釋人生三境。人生三境所呈現的，正是在追求理想的過程中人生的階段性歷鍊，每一階段的人生都是一種

喉間有如許欲吐而不敢吐之物，其口頭又時時有許多欲語而莫可告語之處，蓄積日久，勢不能遏。一旦見景生情，觸目興歎，奪他人之酒杯，澆自己之塊壘，訴心中之不平，感數奇于千載。」明・謝榛《四溟詩話》：「景乃詩之媒，情乃詩之胚，合而為詩。」明・徐禎卿《談藝錄》：「情無定位，感觸而興，既動于衷，必形于聲。」……中國傳統詩學中的「物感說」認為有情感並不見得就能寫詩，詩人作詩，首先必須產生創作衝動，即濃郁的詩興，才能產生真正的詩。詩興的產生必須通過「物」的「引發」。物能「引發」詩人內在的哀心或怒心，從而使詩人產生感情。這裡的「心」與「物」的關係是一種引發與被引發，它強調的是外物給予主觀情緒的感發作用。古人之所以重視客觀景物，只是由於它的起情、起興作用。在詩興產生的過程中，儘管物與情二者缺一不可，但起決定作用的是詩人的主觀情感制約並決定著起興之物，這是「物感說」不同於西方文論中「反映論」的根本之點。

52 王國維著、施議對譯注：《人間詞話》(台北：貫雅文化，1991 年 5 月)，頁 84。

「境」。人生三境，不僅告訴我們，「追求」是怎麼一回事，也展示了生命可以有多大的可能性，以及「孤獨」的本身就是「勇氣」的一部份。我們每個人都可以為自己設立人生三重境界。因為在每個人心中，多少有過對人生境界的追尋和提昇，不論是登高望遠、更上層樓、學海無涯的實現過程，在不同階段該達到什麼程度就達到什麼程度，這是內心對自我提昇的渴求。人生的境界，主要就在於他的思想境界。一個人確立的目標越遠大，他取得的成就會越大。王國維把主體面對人生的態度作為批評作品的標準，作者的心胸人格是決定作品境界高下的重要標準。

　　由此可見，在王國維的思想體系中，「境界」與「意境」是不同的層次，不能混淆。當「意境」變為「境界」，乃從生命主體的精神世界提出了作品境界產生的根源。王國維「境界說」的核心在於把原本屬於審美藝術創造之根本，提升到闡釋宇宙人生本真意義的本質屬性。我們要從生命精神的角度來闡釋境界，才有可能掌握王國維「境界說」所呈現出創造性特色，揭示其蓬勃的審美力量。王國維文學思想，是一條以生命論為起點的建構之路，而境界說是其生命美學與詞學美學思想的集大成。它立足於形而下的「生命活動」，到內在的「生命體驗」，到形而上的「精神超越」，在三者的交互關係中來把握審美活動的性能。

第四節　矛盾的轉化：

境界說「超越對立，統攝雙方」的辯證意義

　　詞學批評中，範疇對舉的現象頗多，諸如正與變、雅與俗、清空與質實、婉約與豪放等等，然而王國維建構境界說時所提出

的系列對舉性的理論範疇，卻具有鮮明的辯證意義。其建構的二元對立是可以互相轉化，雙方既對立又互相依存，以達到和諧之境。

一、超越二元對立必備之心理條件

（一）虛靜心之觀照：能觀

王國維對於境界的闡釋充滿著強烈的主觀能動性，他以為真正的詞人在於「能觀」，文學有無境界的關鍵在於「觀」，從「觀」可見作者的人格、精神境界之高低，「觀」通常意指帶有理性觀照、虛靜觀照、審美靜觀等審美的重要態度。中國古代美學史上也有許多審美靜觀的思想資料。如《道德經》的「滌除玄鑒」[53]、《易傳》中的「觀物取象」說[54]、程顥〈秋日偶成〉：「萬物靜觀皆自得」，都展示了靜觀說中的豐富性與深刻性。

在超越「二元對立」的探索中，我們若能回歸虛靜心之觀照，必能保持一種平和的心態更能實現對「二元對立」思維的超越，這就是王國維強調「惟於靜中觀之」的原因。因為在「安靜」的時候，人的思維才是最活躍的。

（二）辯證和諧的思維

大千世界中，差異、矛盾無處不在。二元對立也是一種差異、

---

[53] 《道德經·第十章》：「滌除玄鑒，能無疵乎？」人常常被各種雜念和不良習慣給迷失本真，玄鑒暗昧所至。善為道者，必需滌之除之雜念和妄見。人只有經常清洗、淨化自己的心靈，才能保持心靈如同明月，一妄不存，一塵不染。滌除玄鑒的過程是一個長期的修煉過程，人必須從起心動念的細微處入手，對心靈中的瑕疵當下知止，即刻放下，才能進入到那種清明虛空、圓融無礙的境界。

[54] 《周易·繫辭下》：「古者包犧氏之王天下也，仰則觀象於天，俯則觀法於地，觀鳥獸之文與地之宜，近取諸身，遠取諸物，於是始作八卦。」「觀物取象」的方式——既要「仰觀」，又要「俯察」，既觀於大，又觀於小，既觀於遠，又觀於近。觀物既不能局限於一個固定的角度，也不能局限於一個孤立的事物。只有這樣，才能把握天地之道，萬物之情。

矛盾，但並不是所有的差異、矛盾都是二元對立的，這中間不能劃等號。矛盾的對立，可以走到二元對立，也可以不走到二元對立，而走到對立的和諧統一。在辯證思維看來，對立性和統一性也是一個矛盾的兩方，失去一方，另一方也不可能存在。它們正是在相互規定的對立中，埋下了相互融合、相輔相成、和諧統一的種子，它們之間對立的產生與發展，同時是它們相互融合轉化、和諧統一的實現。

在王國維「境界說」的體系裡，許多看似二元對立的觀念其實是一種並存共尊，例如他說：「有造境，有寫境，此『理想』與『寫實』二派之所由分。然二者頗難分別，因大詩人所造之境必合乎自然，所寫之境亦必鄰於理想故也。」(第二則)、「自然中之物，互相關係，互相限制。」(第五則)、「詩人對宇宙人生，須入乎其內，又須出乎其外。」(六十則)、「詩人必有輕視外物之意，……又必有重視外物之意」(六十一則)……，正因為王國維發現宇宙世間所有的對立，其實都是相生相成，並行不悖，一切的一切才能和諧運作。和諧是一種法則，同時是大化宇宙和人類社會存在的本體特徵，天下萬物無不在和諧的運動中存在。平衡是社會常態，變異是暫時的，而變異最終也是為了平衡。在這一意義上，可以說和諧是宇宙的規律，和諧是事物產生的本源，也是事物發展的動力。更是消融對立、化解矛盾、共生共榮之道。和諧，是一種「不偏不倚、執兩用中」、「恰到好處」的處理事物的最佳方法。王國維論述已經做了很好的示範。只要改變二元思維在某些具體領域呈現的僵硬對立的形態，以轉化開放的以平常心待之，就能實現了超越。

二、詩論與詞論的趨同合用

　　境界說是王國維《人間詞話》中品詞立論的主要標準。與之相關的概念還有「真」、「不隔」、「胸襟」、「氣象」等，它們共同構成了以「境界說」為核心的王氏文學思想的美學體系。其本質仍是中國古典詩學傳統的繼承與發展。王國維在闡釋詞的境界理論時不時以詩舉例說明，這也說明了，「境界說」不獨使用在詞文學，「境界說」是為詩詞共創設的。「境界說」不僅適用在抒情文學，同樣適用於敘事文學，這也可以說明王國維的詞學批評向詩論趨同的傾向。例如：

> 境界有大小，不以是而分優劣。「細雨魚兒出，微風燕子斜」，何遽不若「落日照大旗，馬鳴風蕭蕭」？「寶簾閒掛小銀鉤」，何遽不若「霧失樓台，月迷津渡」也？[55]

> 大家之作，其言情也必沁人心脾，其寫景也必豁人耳目，其詞脫口而出，無嬌揉妝束之態。以其所見者真，所知者深也。詩詞皆然。持此以衡古今之作者，可無大誤矣。[56]

> 人能於詩詞中不為美刺投贈之篇，不使隸事之句，不用粉飾之字，則於此道已過半矣。[57]

　　以上這幾則都是從詩、詞合用來談。一方面，詞論對詩論的

---

55 王國維著、施議對譯注：《人間詞話》（台北：貫雅文化，1991 年 5 月），頁 27。

56 王國維著、施議對譯注：《人間詞話》（台北：貫雅文化，1991 年 5 月），頁 173。

57 王國維著、施議對譯注：《人間詞話》（台北：貫雅文化，1991 年 5 月），頁 176。

汲取並非簡單的搬用，而是有所變異的；另一方面，因為兩者的
理論對象同屬抒情文學，本身不成熟的詞論也就不斷自發或自覺
地調整自身，向已具完備體系的詩論趨同。王國維的「境界說」
意味著詞論向詩論靠近並更深一層地超越了詩論。他把「境界
說」這一概念與中國傳統詩論中「興趣說」、「神韻說」中的詩歌
「意」與「境」的概念整合起來，並賦予其新的內蘊。同時，「境
界說」還流露出生命哲學、人格哲學的意識。「境界」成為全新的
詞學批評標準，一個由內而外，由「藝術」到「人格」到「生命」
的全面觀照標準，它可以從詞體出發，擴展至其他文體。境界說
之所以能適用於任何文體，乃因為它的論述符合芸芸眾生之真性
情。此乃王國維「托尊詞體」的用心良苦。

　　中國的詩論以「言志」為依歸，向來注重教化與美刺，用比
興作為批評標準，既強調詩歌的實用功能，也重視詩歌的藝術功
能。在王國維之前的清代詞論家提出的詞境說多少都與比興寄託
說脫不了關係，像陳廷焯、況周頤的論述，多強調有寄託的內容
才有境界。以比興論詩，容易被強調為是否有政治寄託來取代詩
歌創作的藝術性。王國維則不然，他雖然吸納古典詩歌的意境論，
但為詞境注入了新的內容──「體現出詞論對詩論的趨同並向文
藝美學的最終昇華。」[58]這個新的內容便是擺脫了中國的詩歌以
「言志」為依歸，以自然之性、追尋最真實的人生境界，以回歸
真實的自我存在，尋找生命的真正的家園。

　　我們可見王國維的概念雖然來自傳統詩學，但亦融之以西學
精神，是傳統詩論精華與西方思想的合流。

---

58 萬文斌、黎瑛〈試論中國古典詞論與詩論的變異及趨同〉，《江西社會科
　　學》2005 年第 1 期，頁 86。

三、道德與審美的圓融合用

　　道德與審美是兩個既區別又聯繫、既分離又融合的概念。「道德」是在社會中調整人們之間的關係的行為規範的總和，使人們逐漸形成一定的理想、信念、紀律和規範。「審美」是指審美主體在物質世界和精神世界中感受美、鑒賞美、創造美的感性活動，它通過藝術形態和審美心態去把握色彩斑斕的宇宙和人生。在活動形態與方式方面，「道德」主要表現為一定的理性意識和行為規範，「審美」則主要表現為某種感性體驗和情趣感受。道德和審美合用可以說是天理與人欲的和諧，是內在與外在、個體與社會的統一，融合著生命價值、人性倫理、社會功利和審美價值。在王國維的論述中，審美正義的釐定需借助於倫理與道德的釐清。有道德的心胸，正可以提高作品的審美境界。

　　道德與審美的圓融是王國維境界說的審美訴求和價值體現之一面。境界之高格，是一種道德，但情景交融又是一種美學。「境界說」的二重性在於對「情」與「理」的完美融合，以及其在「心」與「物」的展開中的完美統一，突顯出王國維的審美色彩。理(志)與情的統一，道德品格與審美品格的統一，這種統一落實於現實個體生命之上，就使王國維美學呈現出以道德與審美的圓融為核心的美學追求。同時人格個體對審美主體性的高揚和人格普遍性對人之生命價值的關懷，又賦予王國維美學新的人文精神：

　　　詞以境界為最上。有境界則自成高格，自有名句。[59]

　　王國維以為「境界」是詞的最高審美標準，詩詞有意境就「自

59　王國維著、施議對譯注：《人間詞話》(台北：貫雅文化，1991 年 5 月)，頁 3。

成高格，自有名句」，名句通常具有警句效應，詞中的名句魅力來自於作品具有高遠的格調，而高格又來自於境界，這就看到了格調背後更為本質的東西，是一份超越於生活的思想高度。境界的內涵被理解成人格的境界，有第一等胸襟的人才能寫出有境界的第一等文字。「境界說」強調的是從人生世相中抽繹出來的主觀的、熱烈的、通過作者的情感與人格的滲瀝，包含精氣與血肉、氣度與胸次智慧凝成的完整生命。王國維說：

> 詞之《雅》、《鄭》，在神不在貌。永叔、少游雖作艷語，終有品格。方之美成，便有淑女與倡伎之別。[60]

王國維以為判斷詞之的雅俗並不在於外表所寫的事件，而在內在的精神格調。他對歐、秦、周的評價雖未必公平，但從「淑女」和「倡伎」高下的品評之語，可知他是從品格的角度出發，把審美和道德合而為一，道德與審美的因素可以而且應該共榮並存在文學作品中，形成一個和諧的生命家園。在這裡我們可見王國維把「境界」的內涵視為人格的境界，然後再從人格境界推展至審美境界，人格境界的高低、人生體會的深淺，決定了作品的境界如何。

四、內涵和表現並重

　　談到作品的表達，就包含著表達形式和表現的內容這一對既對立又依存的事物。就創作而言，除了考慮「寫什麼」，還要思考「怎麼寫」。「寫什麼」是內容層次，「怎麼寫」是形式技巧的層次。王國維深有體認，認為有真切的感受只是第一步，但還要能表達，

---

60 王國維著、施議對譯注：《人間詞話》(台北：貫雅文化，1991 年 5 月)，頁 113。

只有俱備了將感受自然真切表達出來的能力，才算是俱備「境界」
的基本條件，王國維舉例說明：

> 紅杏枝頭春意鬧，著一「鬧」字，而境界全出。雲破月來
> 花弄影，著一「弄」字，而境界全出矣。[61]

　　王國維之所以盛讚「鬧」、「弄」這兩字，因為「鬧」字是詞
人在面對生活時自然感受到春意的鮮明真切的感受最充分的體
現；「弄」字把花枝寫的很有情，懂得欣賞自己在月光下搖曳的身
影。只要善於鍛鍊點化，即使只是一個平凡的字眼，便能起到提
振全詞的精神，產生活性效應，讓讀者在這兩個字的引領下體會
到詞人所感受到的氣氛與意韻，因而「境界全出」了。這便是「點
石成金」的創作鍛鍊。他又說：

> 美成深遠之致不及歐、秦，唯言情體物，窮極工巧，故不
> 失為一流之作者。但恨創調之才多，創意之才少耳。[62]

　　王國維論境界，特別強調內涵和表現並重，美成在深遠之致
不及歐、秦，便在於技巧超越情意。

> 美成〈青玉案〉(當作〈蘇幕遮〉)詞：「葉上初陽乾宿雨，
> 水面輕圓，一一風荷舉。」此真能得荷之神理者。覺白石
> 〈念奴嬌〉、〈惜紅衣〉二詞猶有隔霧看花之恨。[63]

　　王國維認為有意境的作品，必須語出天然，不加雕飾而自然
動人。周美成〈蘇幕遮〉這三句詞從表面上看是寫景，寫陽光照
在荷葉上，把葉子上的雨珠曬乾了。荷花在風中顫動，舉起了晶

61　王國維著、施議對譯注：《人間詞話》(台北：貫雅文化，1991 年 5 月)，
　　頁 23。
62　王國維著、施議對譯注：《人間詞話》(台北：貫雅文化，1991 年 5 月)，
　　頁 103。
63　王國維著、施議對譯注：《人間詞話》(台北：貫雅文化，1991 年 5 月)，
　　頁 112。

瑩剔透的綠蓋。詞人把荷葉和荷花寫的逼真生動，或許因為他的故鄉江南就是芙蓉遍地。所以睹荷生情，通過對這些景物的點染，遊子思鄉之苦表達得淋漓盡致。王國維強調「此真能得荷之神理者」，這個「真」字，就是實實在在之意。這種逼真，並非僅指外在景物或情事實際存在之真，而更是發自內心真切之感受。只有發自內心真切之感受，生發感動的力量，才能寫出有生命的詩篇。王國維也說：

> 原夫文學之所以有意境者，以其能觀也。出於觀我者，意餘於境。而出於觀物者，境多於意。然非物無以見我，而觀我之時，又自有我在。故二者常互相錯綜，能有所偏重，而不能有所偏廢也。文學之工不工，亦視其意境之有無與其深淺而已。自夫人不能觀古人之所觀，而徒學古人之所作，於是始有偽文學。學者便之，相尚以辭，相習以模擬，遂不復知意境之為何物，豈不悲哉。苟持此以觀古今人之詞，則其得失，可得而言焉。(《人間詞話乙稿序》)[64]

王國維在《人間話乙稿‧序》中強調要判斷作品的工與不工，乃是視其「意境」之「有無」與「深淺」。所謂「意境」之有無，就是這種審美感覺有沒有的問題，而「深淺」與否，即是這種感覺的濃度高低厚薄的不同。然而很多人會忽略了一個更重要的問題。「意境」是在創作過程中形成，這個過程有幾個階段：一是能感，二是能寫。但在這兩個前提條件之外，還須要「能觀」。今人學古人作品，只是就作品本身的文辭相習以模擬，但卻「不能觀古人之所觀」，所以無法理解何謂意境。由此可見，「意境」是作者在進入靜觀的審美境界或感物之後在心中所形成的一種強

---

64 王國維《人間詞話乙稿序》，見唐圭璋編：《詞話叢編》，頁 4276。

烈的情感狀態，是在「能觀」、「能感」的窮情體物之後，在文學創作中產生的一種深邃的審美感受與審美效果。

王國維在《宋元戲曲史》中亦以意境作為作品評價的標準：

> 然元劇最佳之處，不在其思想結構，而在其文章。其文章之妙，亦一言以蔽之，曰：有意境而已矣。何以謂之有意境？曰：寫情則沁人心脾，寫景則在人耳目，述事則如其口出是也。古詩詞之佳者，無不如是。元曲亦然。明以後，其思想結構盡有勝於前人者，唯意境則為元人所獨擅。[65](《宋元戲曲史》)

《宋元戲曲史》中所謂的寫情之「沁人心脾」、寫景之「在人耳目」、述事之「如其口出」也，就是「有意境」的表現。有意境，便在於情感投入之深和表現之適切，在內容和形式這一對既對立又依存的事物可以達到完美的配合。

由上述可見，作品要有「境界」，必須內涵和表現力互成其美，相生相成。僅有感發的生命力還不夠，必須透過恰當的表現技巧呈現出來。有境界的作品必須是精美的藝術形式和豐富深刻的人生內容的有機統一，形式和內容必須相生而立，相因而成。

五、創作視角與人生閱歷的關係：
客觀與主觀的雙向圓成

王國維區分創作主體閱世深淺對創作產生影響的相對差別，關鍵在於審美對象是外部的客觀環境和社會關係，還是個體複雜幽微的內心世界：

> 詞人者，不失其赤子之心者也，故生於深宮之中，長於婦

---

65 王國維《宋元戲曲史》(台北：台灣商務印書館：2001 年 5 月)，頁 120。

> 人之手，是後主為人君所短處，亦即為詞人所長處。客觀
> 之詩人，不可不多閱世，閱世愈深，則材料愈豐富，愈變
> 化。……主觀之詩人，不必多閱世，閱世愈淺，則性情愈
> 真，李後主是也。[66]

王國維強調「主觀詩人」和「客觀詩人」的不同，在於「閱世程
度」觀察側重點的差異。客觀詩人長於觀察、展現人間百態，是
「憂世」的；主觀詩人多抒發個人感慨，是「憂生」的。詩人各
有不同的氣質類型，有些人是向內挖掘為主的，有些人是向外探
索為主的。「主觀」之詩人，多「憂生」之作；「客觀」之詩人，
多「憂世」之作。當然，這與他們藝術發現的敏銳點和觀察側重
點不無關係。「生於深宮之中，長於婦人之手」並不是在說李後主
嬌生慣養，不能感受人間的疾苦，只善於與一些婦孺打交道；而
是說明後主正因為皇室的出生而受到了特種的保護，沒有受到外
界的功利思想的污染，起到了保持情感純淨的隔離作用。「性情愈
真」，指的就是一種虛靜的、無功利的審美心靈。

　　藝術發現需要作家具有獨特的眼光和非凡的觀察力。然而，
根據詩人創作的主要對象的區別，觀察的側重點也有所差異。主
觀詩人以抒發個人情感為主，審美對像是自身隱秘而複雜的情感
世界，排除雜念，審視自我內心世界成為他們的首要任務。於是，
性情真切，閱世淺就成為主觀詩人的優勢所在了。正如王國維在
《文學小言》裡提倡的那樣：「胸中洞然無物，而後其觀物也深，
而其體物也切。」[67]這樣的詩人看世界，都是以尊重自己、事物
的自然性情出發，追求事物在日常生活下的自然狀態。只有保留

---

66 王國維著、施議對譯注：《人間詞話》(台北：貫雅文化，1991 年 5 月)，
　　頁 56。
67 王國維《文學小言》，姚淦銘、王燕編：《王國維文集》第一卷(中國文史
　　出版社，1997 年)，頁 13。

一顆真純之心，擺脫世界強加的偏見和習慣對心靈的雜染，用最真實的眼光——自然之眼，用最純的心靈——赤子之心去觀物，詩人才能用最富個性、獨創的方式去表現自己。

　　需要辨明的是，王國維所謂的「主觀之詩人」，並不意味著在創作時一味憑其主觀為之，相反，就審美與創作的態度而言，就抒情內容所具有的普遍性而言，「主觀之詩人」及其感情倒應該具備充分的「客觀性」。我們可以從王國維評論納蘭容若稱之為「自然之眼」、「自然之舌」可證明。「自然之眼」者，乃純「客觀」之眼，這樣的「主觀之詩人」最能擺脫個人欲望、利害等等外在的羈絆，因而能客觀地深窺人事物的本質，把自己的主觀感情與客觀的事物的本質「靜觀」交織在一起。他所抒發的感情就往往具有全天下人類共有之感情的性質。

六、詼諧與嚴肅缺一不可：赤子之心與成人之思合一

　　王國維《人間詞話刪稿》提出了藝術本質論：

> 詩人視一切外物，皆遊戲之材料也。然其遊戲，則以熱心為之。故詼諧與嚴肅二性質，亦不可缺一也。[68]

此處「詩人視一切外物皆遊戲之材料」，遊戲其實就是一種遊心於萬物，賞心悅目於萬象的情境，但在遊戲時，卻「熱心為之」，即認真投入，不覺其遊戲。足見這裡的「遊戲」決不能和通常所指的那些浮泛輕薄的行徑等量齊觀。席勒在《審美教育書簡》中把審美活動看作是擺脫了功利的和理性的兩種有目的性的單純的遊戲，正是這種出於自由的遊戲使人達到人性的純摯執著，達到真

68　王國維著，《詞話叢編》(台北：新文豐出版社，1988 年 2 月)，頁 4266。

正的自由。席勒有句名言：「只有當人充分是人的時候，他才遊戲，只有當人遊戲的時候，他也才完全是人。」[69]席勒在遊戲與嚴肅之間，似仍劃下了疆界；但王國維在這裡卻強調「審美遊戲」中的「嚴肅」的一面。王國維以「詼諧」與「嚴肅」對舉，他的意思是，在詩詞中創作中，無論從事何種自由想像、思想遊戲，都須有個「嚴肅」的認真姿態。藝術本質的特徵是自由，只有自由才能讓人從工具人的實用世界裡解放出來，而達到一種騁目馳懷、浮想聯翩的境地。創作就是一種主體與客體、內在與外在、感性與理性、有限與無限、主觀與客觀在遊戲自由之中的產物。王國維「詩人視一切外物，皆遊戲之材料」說貢獻是巨大的。是歷代詞話中首次從理論上確定了文學自主性的地位；拉開了中西文藝理論交流和對話的序幕。有助於文學從「工具論」、「載道論」的束縛中解脫出來。又如他強調「詼諧與嚴肅二性質，亦不可缺一也」，王國維認為人身上有兩種相對立而且又相互聯繫的因素、人格和狀態，也就是感性本性和理性本性的體現。赤子之心與成人之思合一，詼諧與嚴肅缺一不可。

七、天上與人間合流：神聖性對
日常性的超越

　　中國美學不同於西方美學的發展方向，是重視天人相應的和諧。王國維建構境界說的同時，透過矛盾對立之後的統攝，亦回應了「天人合一」的美學思考。具體表現在「詩人之境」是「無我之境」的論述，這個「無我」，是超越淨化了的「我」，這樣純

---

69 [德]弗裡德里希・席勒，馮至、範大燦譯：《審美教育書簡》(上海：人民出版社，2003 年)

淨的「我」，是「天真」的，當一個人天真的時候就是他最接近天
的時候。「無我之境」乃是更高一層的哲思審美層，是天人合一、
萬物一體的宇宙感。萬物為一的境界，是人生最高境界的所在，
是美的根源。所謂「天」，並非宗教上的高高在上的人格神，而是
可以內在於人生之中。王國維是把高高在上的神性接到了腳踏實
地的人間，把高遠的精神追求落實在現實、落實在日常，個人與
世界合一的物我和諧，成為王氏境界論的精華所在。

　　王國維也把他這一番美學體認運用在實際的創作中，《人間
詞》中有一首頗富盛名的〈浣溪沙〉，呈現出天上與人間合流的一
番自我審視的心路歷程：

　　　山寺微茫背夕曛，飛鳥不到半山昏。上方孤磬定行雲。

　　　試上高峰窺皓月，偶開天眼覷紅塵。可憐身是眼中人。[70]

　　這首詞展現了王國維尋找自我的痛苦歷程。「山寺微茫背夕
曛，飛鳥不到半山昏」這二句從客觀的角度寫了夕暉下的山寺、
飛鳥歸巢，一片蒼茫，景物也漸漸變得朦朧。僅是通過對於山寺、
黃昏和磬聲三句的描寫，將人的心境提升到了一個平靜的境界、
充滿禪意的基調。

　　下闋「試上高峰窺皓月」，努力嘗試攀山登頂，向天際張望，
已是皓月當空。詞人登峰窺月的真正目的，乃是為了追攀一種更
為超然高遠的崇高境界。高峰的位置象徵著理性，而峰下的紅塵
象徵著非理性。「試上高峰」是作者為自己建造的理性高度，讓自
己處於理智化投射的置高點。所有的紊亂雜質在接近高峰時都會
變得清晰。居高臨下，是一種俯望的視角，俯望象徵一種全景式
的觀察、開闊性的視角，就在這個時候，「偶開天眼」了。「天眼」

---

70 王國維，《王國維詞集》(上海：上海古籍出版社，2013 年 6 月)，
　　頁 23。

是上蒼對人間的審視，我們用上蒼的視角可以看得到一切。在不經意的「偶開天眼」之際往往超越凡俗的薄膜而透視人間，頓悟一切。睜開天眼的瞬間，是心智覺醒的時刻。就在詞人俯視塵寰，看清遠近巨細之物，感受到眾生萬物無非在滾滾紅塵中苦苦掙扎，紛紛擾擾，在頓悟的同時，猛然驚覺：「可憐身是眼中人」，剎那間在芸芸眾生中也看到了自己，原來自己也在紅塵俗世的痛苦和矛盾中苦苦掙扎，不能自拔。這乃是將局中人與局外人二重身份集於一身的極佳寫照。既是哀人，亦復自哀。既有入世之深度，更有出世之高度，也是天上與人間的合流。這種一體二相的情境，便是兩個自我的相互依存。他最終在更高的境界裡看清了自己的位置所在。這裡表現出神聖性對世俗性的超越，融入了作者強烈的個人情感，構建了天上、人間二元對立的藝術世界，並在二元對立關係中對於宇宙、自然之永恆與生命之無常、人生的短暫進行了理智的體悟，開拓了詞的境界。從廣義上來說，這首詞的內涵，是王國維靈魂的自我掙扎、最後獲得救贖的歷程。王國維在這裡也探討了一個意義深遠、範圍廣闊的主題──如何在有限的存在中追求更加無限高遠的人生境界。

　　境界說的精神歸趨乃指向人生，也就是說除了講究藝術形象外，更重要的是有情眾生的生活本質，這種本質往往可以展現更高的生命意義和神聖價值。我們從王國維的《人間詞話》和《人間詞》中「人間」一詞來思考，王國維之所以用「人間」二字來命名自己的詞學和詞作，就在於他感悟到了其中的哲學真諦，從而「靜觀人生之變，感慨系之」，例如：「人生只似風前柳絮，歡也零星，悲也零星，都作連江點點萍。」(〈採桑子〉)、「算來只合、人間哀樂，者般零碎。」(〈水龍吟・楊花〉)、「說與江潮應不至，潮落潮生，幾換人間世。」(〈蝶戀花〉)、「人間孤憤最難

平，消得幾回潮落又潮生。」（〈虞美人〉）……這些詞例呈現了
《人間詞》中的悲觀主義哲學觀。「人間」毫無疑問是解讀王國維
詞學理想的關鍵字，這是對人生重圍尋找突破的路徑、指向高遠
的問題。

　　藝術美感的來源之一在於創作時的分寸感，而藝術分寸感也
是創作者激情與理智對立統一的結果。王國維強調作家創作需「入
乎其內」又需「出乎其外」，既有入世的深度也有出世的高度，
養既要求作者熱烈的體驗人生，又要求作者有較高度的思想，可
以冷靜跳出客體的矛盾關係。深入生活而沒有去反思認識其中的
意義，或者只有反思而沒有深刻體驗生活，都是不完全的。認識
創作心境中的對立統一關係，對我們在創作中即堅持深入生活，
又重視一種超越與昇華的智慧，都是很有啟發的。

　　綜合上述，我們可見王國維境界說體系是經由幾組不同相反
的互動關係經過長期的演化而獲得的。創作的過程是一部交織著
敏銳的覺醒、迷惘的反思、艱難的求索的心靈史，建構批評論也
是一部凝結著繼承與突破、傳統與創新、獨唱與合唱、淺吟與高
歌的發展史。我們若能體認到王國維境界說中的創作主體內在幾
組對立因素的相反相成及其對創作心理的影響，才算更精要的掌
握境界說的體系。

小　結　境界說對詞學審美觀念的構建價值

　　王國維提出「境界說」有別於詩論的「意境說」，乃在於它
是以生命為本原、以自我超越為目的來把握審美活動的美學理
念，就在能入與能出、有我與無我、客觀與主觀之間的區別和聯

繫、逐層進行梳理辨析，闡明它們之間可能產生的互補互動的積極作用。在此基礎上提出了生命境界論的基本結構範型與理念。但我們可以見到王國維以「人生境界」為「核心」和「本源」，取代前人的「興趣」、「神韻」之「末」。王國維「境界說」在融會中西的基礎上把「意境」的論述推展到了「天人合一」的高度與深度，在中國意境理論發展上首次提出人格之真、生命之深等具有主體能動性的深度問題，並反撥了「詩言志」、「興寄說」的傳統。王國維的《人間詞話》中所提出的境界說與歷代文人墨客的主張同中有異。它既參照了前人所建構的意境論，同時也融進了許多近代西方美學思想，當然這其中還有王國維的個人創造。王國維在中西的思維方法、文化交會上，有著超越對立、融合東西的創發性發展的努力。可以說這是一個文藝天才站在中、西方文化的交會處為我們呈現的具有嚴密推展的理論體系。

　　王國維在繼承前人的意境論，在中西方兩種異質文明在巔峰處的交流匯流，是他深入研究詞學觀的重要動力，尤其為他的美學思想提供了基礎性的框架支撐。從本章的論述，可見王國維境界論其顯著特點是具有二元論傾向。文藝創作的過程都存在矛盾的對立統一。王國維的「境界說」體現出的各種概念、範疇的相互關聯和內在統一的特徵，進而揭示了在多重二元對立的關係中，每一方範疇都是平等並值得被尊重的。它們在文學理論內部不是任意的、雜亂無章的堆砌，而是按照一定的整體性、動態性、結構性、層次性、相關性組合起來。辯證思維既是最基本、也是最重要的一種思維方式，也是人把握自身和世界、為人們提供批判和反思社會現象的一種思維。它強調用聯繫關係、互相轉化的發展、部份和全體的關聯的觀點認識事物的運動規律，如此一來，非此即彼、非真即假的評價模式將被徹底打破。因為它採取的是

一種綜觀全局的大視野，從對立中把握統一。其次，它從人的生存和發展的基本需要出發，建構人文精神內涵，營造人的精神家園，展現了對世界的關懷、對人間的投注、對人的生存意義的肯定，找到人類共同的準則，因而可以貫串古今、溝通中西、連接天人。

下篇　作品篇

以生爲本──宋詞主題中的
生命意蘊與精神風貌

第五章　遊仙書寫的發展軌跡
與對傳統的逸離

　　宋代在本質上是軟弱保守的時代，不復有唐代的開拓進取和外放追求的熱情，文人士大夫們雖以「修齊治平」為人生道路，實際上卻沉浸在歌酒風流之中。受到「詩詞有別」的文體分工觀念的影響，「詞為艷科」、「詞緣情」與詩、文等正統文體兩別，詞在整體上呈現出一種綺錯婉媚之姿，內容也大多離不開相思離別、傷春悲秋等主題。然而，隨著詞在藝術上的日臻成熟，再加上時代環境的變遷與文人心態的變化，詞的創作題材日漸豐富，凡可入詩之事漸漸地也無不可入詞，正如李調元《雨村詞話》所云：「詩有遊仙，詞亦有遊仙。」[1]「遊仙」這一傳統的詩歌題材也就開始漸漸出現在詞作中。

　　「遊仙」題材起源於先秦的歌賦，經過兩漢的發展，在魏晉時期得以成熟。曹植的〈遊仙詩〉直接以「遊仙」為名，「遊仙」於是成為詩歌的一種獨特的類型，從「儒道互補」的視角以宣洩志不獲展的寄情。而詞從它誕生的第一天開始就不是從社會功利與政治教化出發，乃是從生命自由的角度來寫人的性情和欲望，但由於理學與佛道思想的濡染，文人出處行藏的矛盾衝突，在唐

1　清・李調元《雨村詞話》卷一「遊仙詞」云：「詩有遊仙，詞亦有遊仙。」唐圭璋：《詞話叢編》（台北：新文豐出版社，1988年），頁1391。

宋詞中也出現了超越現實的遊仙之作，儘管為數不多，但本身卻有著不可忽視的價值與重要性，它體現詞在發展過程中傳統與革新、當行本色與追變求異的必然發展規律。

唐五代已有遊仙詞，但未成氣候，直到宋代才有大量的遊仙詞出現，從豔情求女到遁世長生之想至宣說存在之理，以詞來書寫士大夫文人在詩歌中所表現隱逸之志、歷史興亡的憂患意識、人生無常的生命意識。然而詞人並沒有忽視詞體文學自身的藝術特性，在表現士大夫化的思想情感過程中，更著重展現出詞人內心渴望超脫現實的苦悶、貴身適志對自由境界的嚮往，遊仙之想於是成了詞人穿越人生缺憾的補償，在濁世中能讓自己定心、靜心的理想寄託。因此，遊仙詞的出現，從表面上來看，是詞的「詩化」及「士大夫化」，然而，從某種意義上來說，何嘗不是一種心靈深刻探詢的過程，透過浪漫奇幻的遊仙之想來書寫「憂愁幽思」，在另一個角度深化了詞體文學自身「狹深」的藝術特性，朝向詞境深化與內在化的表現。對於詞中遊仙書寫的關注，不僅可以使我們更為全面地把握宋詞在題材內容方面的發展變化，以及宋代詞人在特定社會時代中的文化心態、審美標準與文學創作觀念，同時也有助於我們瞭解「遊仙」這一傳統詩歌題材在宋詞中所產生的新變。

在宋代這樣一個特定的時代背景下，士人逐漸形成了獨具特色的文化情調和審美理想，進而昇華為一種相對固定的心理模式和精神境界。但就不同階段的群體和個體而言，詞人因其各自不同的環境、經歷、身份及個體心理等因素，從而表現出異彩紛呈的遊仙書寫。宋詞的遊仙書寫有其發展的歷史軌跡，並與時代同步進行，筆者以為若依時代前後和詞人身分遭遇的不同，可分為六階段各異其趣的情感內涵：第一、閑雅詞風流行的北宋真宗後

期到仁宗朝，婉約詞家以遊仙之想的潛入展現了以富貴世風為基礎的休閒意識和享樂情懷。第二、崇尚儒雅的北宋中期，蘇門弟子以遊仙之心參悟人生，追求精神的自由，以詞來表現高潔的人品和曠達的處世哲學。三、南渡之交隱逸詞家藉遊仙以逃避現實的困頓；四、南宋前期愛國詞人借遊仙以表現功業無望的悲劇意識。五、南宋中期清客布衣詞人藉遊仙在夢幻的世界裡追求清雅的詩意人生，以虛靈的仙境營造幽韻冷香的詩意品格。六、宋末元初遺民詞人託遊仙遁世以抒失根之悲和世事虛幻之歎。在這樣的發展歷程之中，我們可見兩宋詞家的遊仙書寫，從豔情意識、休閒意識，到隱逸意識、超越意識、生命意識，再到憂患意識、漂泊意識的漸進發展，由此發展的歷程中可見，詞人在收放之間、在沉溺與拓逸之間擺盪，同時也消解了入世與出世之間判然有別的二極對立，而以一種低調卻執著、深情卻出世的態度，在現實世間創造、探索生命之愛，從中展現了詞文體在詩化過程中的「變而不失其正」。此外，我們見到詩化的遊仙詞畢竟為傳統詞帶來了創新與再造，使詞的風格不再局限於婉約或豪放，使詞朝向多元化的發展，營造出清音與出塵之姿。

第一節　宋代以前遊仙書寫的形成 背景和發展歷程

　　總體來說，宋詞遊仙作數量雖不多，但與唐代相比，在表現情感的深度與純度上仍得到了很大的拓展。宋代遊仙詞之所以形成，有著對前代遊仙傳統的繼承，也與時代背景、社會形勢、宗

教思想等外緣因素有關，說明如下。

一、「遊仙」的義涵

　　何謂「遊仙」？從「遊仙」一詞的形態與指向來看：「仙」，意指縹緲空靈的「仙境」、飄忽不定的「仙人」、「長生不死」的境界等多重含義。至於「仙」，不見得為真仙，也可以只是具有神仙特質的人。費爾巴哈指出：「不是上帝按照自己的形象創造人，而是人按照自己的形象創造出上帝。宗教是人之最初的、並且間接的自我意識。」[2]同樣的，仙人與仙境也是人想像出來的，是人的思想進行一種超現實的異化；而人思想的異化，是由於人所處的時代社會發生異化，促使之不得不在虛想的世界中創造一個桃源仙境，以擺脫現實的羈絆。其次，「遊仙」必須有「遊」，「遊」則是一種行走，行走不限於在現實的人間世界遊走，它也可以是一種精神之遊、白日夢之想，可以遊走在異質的空間如仙境、甚至冥界，具有一種超越日常經驗的神祕之美。

　　人必有一死，生命最終總要走向消亡，這是任何人都無從更改的客觀事實，正因如此，對仙界樂境的渴求和對生命永恆的嚮往，成為人們的一種心理的代償。遊仙表現為一種借求仙訪藥以延長壽命的渴望與理想，但這畢竟在現實難求，所以遊仙書寫最終是以神仙世界的超驗體會作為逃避現實人生的方式，終是虛想，因為人們無法從肉體的狹窄的空間中逃出去。雖然透過遊仙之想而建構了一個夢幻般的天國世界，超越現實而獲得快樂，但同時也透過遊仙而達到對人生更深刻的悲涼體驗和領悟。

---

2 [德] 費爾巴哈，《基督教的本質》(北京：商務印書館出版，1984 年)，頁43。

二、先秦的遊仙書寫

先秦是遊仙文學初期發展的階段，先民具有靈魂不死與自由飛升的浪漫想像，於是人神的溝通便成了可能，昆侖、五嶽、三島[3]、十洲等等被「仙化」的山水在遊仙詩中除了代表承載仙蹤的靈地，更成了引發仙意的意象符碼。這些蓬萊仙境為創作的想像空間提供了可能。對山水的熱愛，往往引發尋仙的動機；而入深山尋仙，也會激發登山臨水的熱情。這使得先秦時期遊仙與山水兩種母題的詩作相互交融。

在這個時期的遊仙文學作品主要有兩個方面，在散文方面，《莊子》中的〈逍遙遊〉等篇目中關於神人、至人的描寫為遊仙文學創造了闊大飄逸的想像空間，同時為後世遊仙文學借遊仙以表現「游玄體道」的主題提供了思想基礎；屈原利用辭賦體描繪了神遊仙境的體驗，〈離騷〉最早開闢了遊仙「坎壈詠懷」[4]的抒情傳統。《楚辭》的遊仙傾向發端於〈天問〉，成形於〈遠遊〉。〈遠遊〉明確地劃分了「神遊」與「遊仙」兩種不同的境界。另外，宋玉〈高唐〉、〈神女〉表現人神遇合的內容，對後世遊仙文學的影響也很大。

三、魏晉南北朝的遊仙書寫

到了曹魏時期的遊仙文學鮮明地體現出文人借遊仙自我抒

3　「三島」，指渤海中蓬萊、方丈、贏洲三座仙島，相傳為仙人所居。
4　鍾嶸《詩品》卷中評郭璞〈遊仙詩〉：「詞多慷慨，乖遠玄宗……乃是坎壈詠懷，非列仙之趣也」，由此可見，遊仙詩被分為「列仙之趣」和「坎壈詠懷」兩大類。其實，詠懷和遊仙只是表面上的題材有別，然而在言志抒情的本質是相通的。

懷的特色。曹操、曹植、阮籍、嵇康等都是曹魏時期最重要的遊仙詩人，展現出鮮明的文人化抒情特色，富有生命悲劇意識。曹操即「願登泰華，神人共遠遊」[5]，遊仙長生之想的背後正是建功立業的焦慮，「憂世不治」的情緒。阮籍逕直以〈詠懷詩〉為題，借遊仙以抒寫自己在政治黑暗時代的難言之隱。[6]把遊仙當作排遣人生苦悶、寄託另一方精神世界的手段，詠懷與感遇才是詩歌的精神實質。

遊仙文學繁榮發展後，至西晉時期寬鬆的文化環境、其時多元的文化格局、朝隱風尚的興起，都對遊仙創作有了影響，如張華、王浮等人的志怪小說。這一時期的遊仙文學主要表現出向「列仙之趣」傳統主題的回歸。及至郭璞〈遊仙詩〉更豐富的寄託了詩人在那個動亂的社會環境中的思想感情。「六龍安可頓，運流有代謝。時變感人思，已秋復願夏。淮海變微禽，吾生獨不化。雖欲騰丹谿，雲螭非我駕。愧無魯陽德，回日向三舍。臨川哀年邁，撫心獨悲吒。」[7]借仙人、仙境自抒懷抱，飽含著個體對命運無從把握的悲哀。個體意識的覺醒和個人理想的追求，使郭璞的遊仙詩成為一種特殊的「詠懷詩」。郭璞的遊仙詩創作是對「列仙之趣」與「坎壈詠懷」兩種傳統的集大成，堪稱遊仙詩領域的最高成就。與阮籍定題為「詠懷」的詩作中往往具有有「遊仙」的傾向，而郭璞定題為「遊仙」，則往往具有「詠懷」的意味，可知「詠懷」

5　曹操〈秋胡行〉(其二)，魏·曹操著、夏傳才注：《曹操集注》(鄭州市：中州古籍出版社，1986)。

6　阮籍〈詠懷詩〉有遊仙傾向的詩歌大致可以分成兩類：一類是整首詩基本上都是遊仙書寫，另一類是詩末或其他部分夾雜遊仙詩句或遊仙詞語的。像這種整首都是遊仙書寫的，出現在〈詠懷詩〉的其二、二十二、二十三、三十五、四十、八十一 等。參見梁·蕭統編、唐·李善注《文選》(台北：文津出版社，1978年)，第二十三卷，頁1067。

7　郭璞〈遊仙詩〉(之四)，梁·蕭統編、唐·李善注《文選》(台北：文津出版社，1978年)第二十一卷，頁1018。

「詠懷」和「遊仙」只是題材的不同，但主旨和精神內涵是相通的。這說明了詩歌的本質總是言志抒情，題材之別僅在外表。

東晉時的政治偏安，此時玄風大熾，道教發展，遊仙文學創作繼西晉繼續發展，孫綽的〈遊天臺山賦〉[8]是當時山水賦的代表，作者在賦中虛構了天臺山的仙山地位，在虛寫造境之中添加寫實性的景觀以增加歷史的真實感。這種逐勝遊山，不只是山明水秀的精神充實之遊，更是文人在東晉偏安江南的情境下，藉著虛覽山水、登山求仙來闡發玄言，表達對超然之境的追求，使人情、物意、玄理三者水乳交融，實現了遊仙、山水、玄言等主題的結合描寫。

南北朝時期在總體上呈現出向「列仙之趣」主旨的回歸，但是道教色彩的濃厚是其不同於前代遊仙詩的特色。鮑照、沈約、庾信等人的遊仙詩和此時的許多遊仙小說作品都體現出對前代遊仙文學的創新與發展。

綜觀上述，我們可見，唐以前的遊仙主題不出兩種：一是借浪漫、奇幻的藝術境界來表達作者對現實社會的否定和對美好境界與崇高理想的追求；一是借神仙之奇幻，追求人生極樂和長生不死。

四、唐代的遊仙書寫

經過南北朝相對的沉寂，遊仙書寫到了唐代有了新的發展，在遊仙「詩」和「傳奇」有其各自發展，二者也能相互滲透。唐代遊仙詩和傳奇中經常出現凡人遇仙、遊歷仙境的主題，該主題

8　孫綽〈遊天臺山賦並序〉，見梁・蕭統編、唐・李善注《昭明文選》(台北：文津出版社，1978 年)卷十一，頁 493。

在唐代詩歌和小說中廣泛出現，這不僅是文學自身發展的結果，
更來源於道教對唐代文學的影響。唐以後，人文思潮的興起、享
樂主義的抬頭以及豔遊之風的盛行，推動了遊仙詩的婚戀主題向
情感深摯方面昇華，出現了以描寫仙凡愛情為主題的遊仙詩。仙
妓合流是唐代新出現的文學現象。唐代是文人浪漫自信的年代，
對人們思想的禁錮較少，與女冠戀愛成為唐代士人尤其是中唐士
人的一種時尚。道教以修仙為宗旨，道門中人通常被人們視為仙
人，士人往往將女冠比作仙女，而把自己視為誤入仙境的劉晨、
阮肇或蕭史，[9]借遊仙抒寫自己戀情。在崇仙尚道的社會思潮影響
下，加上個人躋身不易的生存壓力與超越現世的心理訴求，唐代
詩人遊仙詩往往表現在追求長生不老、渴望生命自由和寄託愛情
等三方面。遊仙書寫雖然在浩如煙海的唐詩中所占比例不大，但
比之魏晉南北朝已有了很大的突破與創新。初唐的王績、盧照鄰、
王勃、陳子昂，盛唐的李白、王維、儲光羲，中唐的韋應物、李
賀、盧仝、李益，晚唐的曹唐、李商隱等幾位詩人將遊仙詩創作
發展到一個新的高度。像李白的遊仙詩以奇特的想像、氣勢博大
的場面以及獨特的主體精神產生了震撼人心的拍擊力。[10]李賀、
盧仝則以奇詭幽冷的意象、寂寥蕭索的冥想境界構成了一個幻想
失落的深哀底蘊。[11]

9　例如李商隱商隱〈無題四首〉：「劉郎已恨蓬山遠，更隔蓬山一萬重」。杜
　　牧〈宿東橫山瀨〉：「謾向仙林宿，無人識阮家。」韓偓〈夢仙〉：「每嗟
　　阮肇歸何速，深羨張騫去不疑」劉長卿〈過白鶴觀尋岑秀才不遇〉：「應
　　向桃源裏，教他喚阮郎。」元稹〈會真詩三十韻〉：「行雲無處所，蕭史
　　在樓中。」岑參〈感遇〉：「昔來唯有秦王女，獨自吹簫乘白雲。」
10　例如〈夢遊天姥吟留別〉一詩，有「青冥浩蕩不見底，日月照耀金銀台。
　　霓為衣兮風為馬，雲之君兮紛紛而來下。虎鼓瑟兮鸞回車，仙之人兮列
　　如麻」這樣神奇輝煌而頗具氣魄的仙界描寫，然而，天國雖然美好而令
　　人羨慕，但詩人胸中的卻依然是對社會政治、塵世秩序的牽掛與眷戀。
11　例如李賀的〈夢天〉：「雜縣寓魯門，風暖將為災。吞舟湧海底，高浪駕
　　蓬萊。神仙排雲出，但見金銀台。陵陽挹丹溜，容成揮玉杯。姮娥揚妙

仙結合、艷情與遊仙統一的趨勢，遊仙書寫已由仙界而落實到人間世，有著批判現實同時又向現實妥協的雙重特徵。遊仙與山水、艷情的結合導致遊仙的世俗化，從而泯沒了遊仙的浪漫性。

從以上簡略的回顧可見，遊仙詩的思想源自於原始的成仙幻想、《楚辭》、《莊子》的文學意象等各種因素共同促成的，經過漢魏的醞釀，成熟於六朝、唐代。各個不同時代都在不同程度上展現了詩人對於神仙和仙界的嚮往，但這些嚮往與其說是信仰的表露，不如說是心靈的一種幻想境界來和現實世界相對照，寄託了詩人對於現實人生的看法與企望。「遊仙」在作品中主要是作為隱喻、象徵而存在，成為抒發情志的手段和依託。美學成分就大大超過信仰的成分，其藝術意義也遠遠超越宗教的意義。

第二節　宋詞遊仙書寫形成的時代背景與文學思潮

一、積弱的時代背景和以歸隱為尚的人文精神

唐人有著非常強烈的功名意識，一如李白一旦被朝廷徵召，發出「仰天大笑出門去，我輩豈是蓬蒿人」的昂揚高調，覺得自

音，洪崖頷其頤。升降隨長煙，飄颻戲九垓。奇齡邁五龍，千歲方嬰孩。燕昭無靈氣，漢武非仙才。」詩人夢中上天，下望人間，通過夢遊月宮，描寫天上仙境，以排遣個人苦悶，寄寓了詩人對人事滄桑的深沉感慨，流露了冷眼看待現實的態度。全詩充滿了奇特的想像。想像豐富，構思奇妙，用比新穎，體現了李賀詩歌變幻怪譎的藝術特色。

己的人生抱負可以實現了。與盛唐詩人剛剛從門閥制度的桎梏中解放出來，急於建立事功，以確立和鞏固自己人生價值而倡揚「外王」不同，宋代文人在「百年承平」的表面現象中享受著國家豐厚的俸祿，很自然地接受程朱理學「內聖」的經世路線，其文化意識具有明顯的理性、思索、反省的特徵，宋代也就成為文人意識最為濃烈的時代。

　　綜觀宋代，整個社會意識的向內轉型是隱逸精神產生的時代氣候。宋自立朝以來，就採取了一種對內強化集權專制、對外保守妥協的基本原則。宋代社會經濟繁榮發展的背後始終有著政治凋敝的隱憂，對外被動防守一味妥協，導致對外戰爭屢屢失敗。國勢積弱、從來不曾強盛過宋代，不再像唐人外放熱情的追逐一切，而是回到自我安排與內在安定，不發雄壯的激情烈響，不唱壯闊的高歌厚音，安份的唱好自己的女兒曲般的低音，瞭解自己的生命狀態，然後去完成自己的使命。內斂而又細膩，心柔而念遠，生命的深度醇化成哲理的馨香。宋人把人格修養的完善看作是人生的最高目標，不汲汲營營於事功。宋人不復有唐朝的高歌猛進、雄壯開放，它成為一種帶著溫和、沉靜和舒徐色彩的時代氛圍。在這種暗淡的時代背景下，士人更強烈地表現出對個體命運的關注和追求。那麼，以心靈自適為核心的宋型隱逸文化便有了開花散葉的氣候條件。宋代的文化心態越來越趨於內斂，宋人更多追求的是心靈上的靜謐。與唐朝盛世高音的積極進取不同，反映在詞作中表現出對生命意識的感悟。

　　前代文人的處世傳統大致可分仕、隱兩途，兼濟天下與獨善其身二者的生命取向往往對立而不相容。文學作為一種社會意識的藝術形態往往能反映其賴以存在的經濟基礎和社會現實。唐代以儒家進取為主要精神，唐之前雖有魏晉士人因政治黑暗和心靈

痛苦而崇尚隱逸，但卻被視為旁支。而宋代文人卻迥異於前代文人的仕隱觀，對傳統的仕、隱兩種對立的處世途徑進行了調和與靈活變通，他們在仕時也能隱，在參政的同時，仍能保持平和超越的心態。他們能「入」亦能「出」，而其「出」，並非身體力行的歸隱，而是心的超越，這就是一種「心隱」。文人們自覺地追求心靈世界的空明和放逸，精神生活的超越和豐富，生命意識的自由和高遠。我們不難從宋代主流文化中看到這兩種異質文化的相互關聯。宋人以立德、立功、立言的儒家理想自許，但私心卻更嚮往貴身適意的道家情懷。自宋以來，士大夫形成以「心隱」為主要抉擇，宋代文人尊隱崇隱成為一種普遍的傾向，即使為了生計不能身體力行歸隱，也要在精神上追求「心隱」。對歸隱人生和超俗絕塵境界的追求，已成為宋代文人靈魂深處的企慕。宋人以歸隱清逸為雅，以山野平淡為雅，以日常生活為雅。在這個文弱之世、英雄無可作為的時代，為尋找心靈的舒暢和生命的消遣，他們在大自然中尋找安慰，把唐之前的功名追求轉化為宋文化的歸隱崇尚，士大夫式的歸隱之風。隨著這一潮流的興起，原本在前代地位平凡的陶淵明，成為宋代文人崇拜的對象，與這股「追陶」思潮相始終的，則是士大夫群體對日常生活的關注。從文化哲學的角度看，日常生活是個體生活實踐的形式、是人的本真存在的方式，如日常生活中的詩酒唱和、采菊登高，從這些日常行止中皆可見生命的姿態，成為宋人文化精神的生命形態。宋人不再像唐代詩人被高昂的時代精神和民族精神所挾裹下的群體高音昂揚，而是更多地關注於自身的生命拔節、綻放、凋零、隕落的過程，表達屬於個體的生活體驗，由形而下的經驗而上升為對整體人類命運的思考和感傷。

二、宋代三教合一的思想因素

　　宋詞的遊仙書寫與宋代的人文思想、宗教體驗等因素有著密切的聯繫。宋人尊崇道教，在真宗在位期間到達了極盛之巔，在此時代風氣的浸染下，文人的潛在思維與創作心理自然傾向道教清淨無為、淡漠功名富貴、追求生命自在自然的人生境界。此外，佛教隨緣自適的處世哲學，讓儒士在無法自主的仕途困頓中，轉化出豁然達觀的放曠心境，提昇生命對外在境遇的適應。儒、釋、道融通而成的內在超越哲學可說是當朝士子精神自救的重要良藥。透過儒學的道德提升與文化感染，道家的自然思維與精神淨化，禪宗的泯滅欲求與瞬間頓悟，士大夫們失衡的心態與感傷的文學精神，終於在佛、道的彌補下獲得完整的體現。

　　佛教、道教和儒家理學發展所形成的三教合一的宗教意識和思想精華對創作個體的內隱思維影響更是長遠深渺。在三教融合的基礎上，宋人對功名、生死、得失都有了一個新的思考。三教合一，讓宋人在面對人生的得失時能更加從容，這種對生命意識的感悟，也鮮明地表現在宋詞中。宋代文人在繼承儒家「天人合一」的觀念，也立足於道家「崇尚自然」和禪宗「唯心任運」的思想，往往將自己在三教方面的修養、感知融鑄於遊仙詞中。理學的理性進取，道家的清靜自然以及佛家的萬物皆空、淨土信仰，給詞人的心態和詞的創作產生很大影響，給詞作注入了憂患意識、苦空觀念，促進了詞具有更深、更多元的表現層次，如明道、悟道、淨化、超脫、隱逸精神等。

　　宋代崇文抑武的基本國策和走馬飛觴的社會氛圍下，加上儒、釋、道三教融通的交互影響，士人一方面以道自任，對自我

價值實現的要求較之以往任何時代都更為強烈，另一方面因三教合流、士人注重安頓內心而趨於理性內斂，在這兩點的基礎上，面對政局的變化無常，國家的積貧積弱，及時行樂的思想在士大夫的精神層面得以延伸和發展，皆已為詞的遊仙書寫提供了文學膏壤。

以下針對宋代遊仙詞的創作軌跡與發展歷程析論如下：

第三節　「莫教紅日西晚，留著醉神仙」的及時行樂

—— 北宋初年閒情的深化與昇華

北宋初年仍號稱承平盛世，時值澶淵之盟以後的宋朝，積貧積弱現象尚未大規模爆發，士大夫「以道自任」的自信正蓬勃生長，旺盛的青春不僅代表著更多實現自我價值的機會，也代表著時代的隆盛，對青春的歌詠流連，是對自我生命價值的體認，也是對承平盛世的讚頌。社會環境物質的富足和軍事上的積弱而使宋人普遍產生向內追求享樂之風的心理。北宋初年的遊仙詞作大致可分為幾類，即繼承傳統的描寫漫遊仙境與仙人交往、用遊仙詠物寫景、用遊仙寫男女之情和贈酬類之作。另外，用遊仙祝壽也是北宋遊仙詞的一大特色。隨著詞人主體意識的增強，遊仙詞的創作由「無我」轉向「有我」，對晚唐豔情遊仙詩的創作思維也有所突破。北宋初年的文人士大夫們雖然懂得享受生命的歡愉，然而他們畢竟沒有沉溺於感官欲望，他們仍然致力於精神的深度與高度，表現了對人生的思考，遊仙詞也從豔情的抒寫轉向閒情

的抒寫。宋詞中對閒情的體驗，還有一個更重要的價值，即在無常的人生找到內心安頓，對人生的理性認識和對有限的珍惜。

　　宋初最早寫作遊仙詞的要數蘇易簡(958-996)，有〈越江吟〉一詞：「神仙神仙瑤池宴，片片，碧桃零落春風晚，翠雲開處，隱隱金輿挽，玉麟背冷清風遠。」[12]把人帶入一個夢幻神秘的境界。此外，北宋初期寫作遊仙詞的有柳永(985-1053)、張先(990-1078)、晏殊(991-1055)三位詞人。

　　北宋初年的柳永(985-1053)，處在道教頗為興盛的期間，且宋真宗更是把儒雅崇道的風氣推上了高潮，柳永有五首〈巫山一段雲〉，皆詠仙事。[13]清人李調元評曰：

> 人皆謂柳三變《樂章集》工於閨帳淫媟之語、羈旅悲怨之辭。然集中〈巫山一段雲〉詞，工於遊仙，又飄飄有凌雲之意，人所未知。詞云：「清旦朝金母，斜陽醉玉龜。天風搖曳六銖衣。鶴背覺孤危。　　貪看海蟾狂戲。不道九關齊閉。相將何處寄良宵。還去訪三茅。」又「簫氏賢夫婦，茅家好兄弟。羽輪飆駕赴層城。高會盡仙卿。　　一曲雲謠為壽。倒盡金壺玉酒。醺酣爭搖白榆花，踏碎九光霞」。末二句真不食煙火語。[14]

其中所陳的詞句乃柳永〈巫山一段雲〉的其三與其五，二詞均寫遊仙之事，寫仙境、仙物、仙樂，飄然有凌雲之意，可謂立意新穎，想像奇特。

---

12 蘇易簡〈越江吟〉，見唐圭璋編撰，王仲聞參訂，孔凡禮補輯：《全宋詞》(北京：中華書局，1999年)，頁3。以下凡引宋代詞人之作品，皆出自此版本，不再一一交代編選和補輯人，以及出版之時間、地點。

13 例如其中第二首：「琪樹羅三殿，金龍抱九關。上清真籍總群仙。朝拜五雲間。　　昨夜紫微詔下。急喚天書使者。令齋瑤檢降彤霞，重到漢皇家。」這首詞以漢武帝代指宋真宗，是真宗屢降天書史事的隱化。見《全宋詞》(北京：中華書局，1999年)，頁23。

14 唐圭璋：《詞話叢編》(台北：新文豐出版社，1988年)，頁1391。

　　又如張先的〈宴春台慢・東都春日李閣使席上〉、〈喜朝天・清暑堂贈蔡君謨〉為應和友人之作，將遊仙與娛樂結合，開宋代富貴遊仙的風氣。又如晏殊的〈浣溪沙〉：「淡淡梳妝薄薄衣，天仙模樣好容儀」[15]，語入豔情。〈望仙門〉：「閬苑神仙平地見，碧海架蓬瀛。洞門相向，倚金鋪微明。處處天花撩亂，飄散歌聲。裝真筵壽，賜與流霞滿瑤觥」[16]，在祝壽中含有濃厚的享樂意識，尤其是知足之樂與安閑之樂。晏殊祝壽類在其遊仙詞中占的比重非常大[17]，這正可以反映晏殊所處經濟繁榮的昇平時代、身為宰相的社會地位。在祝壽詞中，祝壽對象和祝壽場景經常被作者神仙化，表達了人們對神仙世界長壽久生的嚮往。祝壽以喜慶歡愉為基調，滿足長生久視的幻想而大興祝壽慶典。又如〈長生樂〉在祝壽之際展現了富貴宰相的長生之想：

　　　玉露金風月正圓。臺榭早涼天。畫堂嘉會，組繡列芳筵。
　　　洞府星辰龜鶴，來添福壽。歡聲喜色，同入金爐濃煙。
　　　　　清歌妙舞，急管繁弦。榴花滿酌觥船。人盡祝、富貴
　　　又長年。莫教紅日西晚，留著醉神仙。[18]

詞先從環境描寫入手，起句「玉露金風月正圓」點明了節令時間與天氣。「臺榭早涼天」寫秋涼的情境。「畫堂嘉會，組繡列芳筵」

---

15 晏殊〈浣溪沙〉，《全宋詞》（北京：中華書局，1999 年），頁 89。
16 晏殊〈望仙門〉，全宋詞 (北京：中華書局，1999)，頁103。
17 例如為仁宗皇帝祝壽的〈喜遷鶯〉：「風轉蕙，露催蓮。鶯語尚綿蠻。堯蓂隨月欲團圓。真馭降荷蘭。　賽油幕。調清樂。四海一家同樂。千官心在玉爐香。聖壽祝天長。」又如〈少年游〉為妻子做壽：「芙蓉花發去年枝。雙燕欲歸飛。蘭堂風軟，金爐香暖，新曲動簾帷。　家人拜上千春壽，深意滿瓊卮。綠鬢朱顏，道家裝束，長似少年時。」又如〈拂霓裳〉：「慶生辰。慶生辰是百千春。開雅宴，畫堂高會有諸親。鈿函封大國，玉色受絲綸。感皇恩。望九重、天上拜堯雲。　今朝祝壽，祝壽數，比松椿。斟美酒，至心如對月中人。一聲檀板動，一炷蕙香焚。禱仙真。願年年今日、喜長新。」
18 晏殊〈長生樂〉，《全宋詞》(北京：中華書局，1999 年)，頁 103。

則開始進入主題，鋪敘壽誕之豪華。「洞府星辰龜鶴，來添福壽」
則是鋪敘喜慶之熱烈。「歡聲喜色，同入金爐濃煙」，進一步將吉
祥喜慶之情與富貴豪華之景巧妙地融合在一起。下片繼續渲染壽
誕宴會的盛況。壽誕宴會上伴隨著清亮的歌聲、美妙的舞蹈以及
樂隊的節拍急促、音色豐富的樂曲，來參加宴會的人紛紛端起滿
杯的榴花酒，喜氣洋洋地給詞人絡繹不絕地說著「富貴又長年」
的祝福語。結句「莫教紅日西晚，留著醉神仙」，表面看起來似乎
與開篇的「玉露金風月正圓」壽誕宴會是辦在晚上的時間有矛盾，
實則詞人把明月當作紅日的錯誤將其在壽宴上喝醉了後的心滿意
足、興高采烈的情態反映得惟妙惟肖——讓紅日不要落山，讓我
這個活神仙多快樂一陣子。全詞展現了閒暇時對富貴生活的歌
詠。

　　北宋初年詞的遊仙書寫展現了詞人體驗人生、享受生活、排
遣失意、調適心理的瀟灑風姿。作家基於某種時代特性的觸發，
在反思生命的同時尋找安頓內心的路徑，或因為個人，或因為時
代的局限無法達到更為廣闊的空間，內心對負面情感的體驗得到
昇華，遂演變成對及時行樂心態的謳歌。基於人生世界的雙面性，
總是存在一對相反的範疇，團聚的背後總是離散，歡樂的對面總
是感傷，盛世的的詞人必須面對大自然和人類社會的客觀規律，
必須面對時光年華的流逝，他們在圓滿中深感不圓滿，當他們品
嘗到歡樂的同時，接下來就必須面對痛苦，敏感的心性使他們更
樂於透過及時行樂來抒發對於人生的喟歎。及時行樂的心態正是
人類對負面情感體驗的一種反抗。詞文學與祝壽這種世俗生活內
容聯繫起來，反映了人們對及時行樂的生命態度。「及時行樂」的
價值取向與情感模式幾乎可以目之為晏殊遊仙書寫的一個特色，
它承續了《花間》以來指向聲色歌舞之娛的特點，反映了在廣袤

的時間面前對生死的憂懼；同時也表達了詞人在有限的人生和變化無常的政局中，為安頓內心而進行的寄託。及時行樂的主題不單純是在宋初三教合流的背景下，對聲色之欲的歌唱，更為重要的是表現了晏殊在面對個人仕途沉浮之時，能夠主動向內自省安頓的探索，表達出對生命的反思。正因為人生無常、生命短暫，更要善待今生。

　　北宋初年的詞人透過遊仙書寫實現日常生活的藝術化。日常生活是平凡周而復始的內容，但對於宋代文人而言，日常生活的藝術化實現，首先要有無後顧之憂的物質生活；其次要有一定的閒暇時間，才能擁有悠閒的心態。北宋初年的遊仙書寫主要傳達一種休閒意識，一種物質和精神享受的追求。遊仙詞往往創造了一個不同於現實生活的美好境界，極視聽之娛、飽耳目口腹；其次是精神享受，它往往來自於仙界的薰陶使人產生恍如出世之感，而且遨遊仙界與仙人交往可以讓人暫時逃離生活的煩勞、官場的勾心鬥角，旨在體現一份自適自得的情懷。北宋文人在物質與精神都達到富足的情況下，既能通過追求外在事功，享受功名地位帶來的世俗的樂趣，又能通過提升自身的內在修養，追求個體人格的獨立與精神的自由。因此，北宋文人的遊仙書寫更多的是對自己內心自適悠遊情懷的一種表現。休閒是人類永恆的精神現象，是人類的生命家園，對人的思想、精神的影響是深遠的。仙境形成了清幽杳渺空靈的藝術意境，脫離了「花間詞」穠艷的色調，展現了北宋初期文人追求幽遠清雅的審美情韻與超越日常世俗的創作心態。

第四節　「聊從造物遊」的精神自由

—— 北宋中期蘇軾及門生以遊仙參悟人生

　　柳永、晏殊之後，時代進入到北宋中後期約三十年，是宋詞遊仙書寫的多元發展期。北宋中後期社會問題開始激化，為緩解社會矛盾，有志之士開始進行社會變革，但不幸的是這種改革卻陷入了士大夫之間的意氣之爭，引發了一輪又一輪的黨爭。原本欲革除國家弊弱卻因意見不合的新舊黨人，逐漸變成了黨派之間互相爭鬥、傾軋。政場上的風雲詭變使文人士大夫淡化了仕途進取之心，官場失落而鬱悶的心情須借助儒釋道三家思想化消散，轉而追尋閒適生活的意趣和悠然自得的心境。畏禍及身的心理使文人開始尋求解脫，對遊仙的嚮往其實是對仕途厭倦的內在表達。在這種背景之下，遊仙詞的創作開始興盛起來。另外，此時的宋詞在創作觀念上也發生了一些變化，蘇軾「以詩為詞」的突破，開啟了詞的變革，詞的創作題材變得日漸豐富起來，凡可入詩之事漸漸地也無不可入詞。於是，「遊仙」這一詩歌傳統的主題也就開始漸漸出現在詞作中，再加上時代環境的變遷與文人心態的變化，造成了北宋中後期遊仙逸詞的興盛。這一時期遊仙書寫最具代表性的作家是蘇軾(1036-1191)及其門生如黃庭堅(1045-1105)、秦觀(1049-1100)、陳師道(1053-1101)、晁補之(1053-1110)、黃裳(1044-1130)等。他們的遊仙詞賦予仙人冰清玉潔、飄逸灑脫與不食人間煙火的形象。除此之外，神仙題材也運用在感懷、詠物、祝禱、豔情等內容。並好用典故於遊仙詞，其中宋玉〈高唐賦〉中的襄王夢會巫山神女之事是詞人最常使用的

典故；另外詞人又塑造如夢似幻的世界，如「弄玉吹簫」、鵲橋相會、文君聞琴、洛神湘妃、行雲解珮之類等。

　　在這個階段中對於宇宙人生的思考，達到澈悟境界的代表人物莫過於蘇軾。由於蘇軾在面對人生的難題與考驗之時，能時時刻刻對自己的人生進行深刻的反思，能用正向的心態去面對不同的遭遇。又加上蘇軾對於傳統文化，即儒釋道思想的融會貫通，即使一生宦海浮沉，但他始終能從人生的苦難中找到生活的樂趣。尤其在離開黃州之後，蘇軾經歷了其政治生涯的最高峰和最低谷，幾經起落，更透過遊仙展現灑脫的人生態度。蘇軾於元豐三年（1080年）因李常拜訪，兩人久別重逢格外感觸，作〈好事近〉送別：

> 煙外倚危樓，初見遠燈明滅。卻跨玉虹歸去，看洞天星月。
> 　當時張范風流在，況一樽浮雪。莫問世間何事，與劍頭微咉。[19]

　　上片寫詞人斜倚高樓，看著遠方那忽明忽暗的燈火，「跨玉虹歸去」，做跨虹歸去之想。蘇軾把彩虹做為橋，是天上與人間的溝通憑藉，跨虹來到仙境，以觀星月，即遊歷神仙洞府、看星光明月。下片則回想張良與范蠡能功成身退的風範還留著，詞人今在仙境，需開懷暢飲。「一樽浮雪」即杯酒中之泡沫，有如潔白的雪花令人喜愛，「莫問世間何事」，表達了厭棄俗事與出世的思想。「與劍頭微咉」[20]，這裡以劍環和劍首聲喻微不足道。上片登高臨遠，所見之景有仙境迷幻般的誘惑，以致下片有欲擺脫

19　蘇軾〈好事近〉，《全宋詞》，頁259。
20　劍頭，劍把上的小環孔。咉，微小的聲音。劍頭一咉指吹劍把上的環孔，聲音小得如風吹過一般，比喻微小、無足輕重。語本《莊子・則陽》：「夫吹萮也，猶有嗃也；吹劍首者，咉而已矣。堯舜，人之所譽也，道堯舜於戴晉人之前，譬猶一咉也。」見清・郭慶藩編、王孝魚整理：《莊子集釋》(臺北：漢京文化事業有限公司，1983年)，頁894。

俗事而生漫遊之暇想。蘇軾因現實的挫折、理想的幻滅，對人世間失望而產生逃避現實的反應，下片以張良、范蠡二人功成身退之例以做勉勵。

又如蘇軾〈念奴嬌‧中秋〉寫他神遊月宮，表達渴望擺脫現實人生的困境，追求美好的理想世界：

> 憑高眺遠，見長空萬里，雲無留跡。桂魄飛來光射處、冷浸一天秋碧。玉宇瓊樓，乘鸞來去，人在清涼國。江山如畫，望中煙樹歷歷。　　我醉拍手狂歌，舉杯邀月，對影成三客。起舞徘徊風露下，今夕不知何夕。便欲乘風，翻然歸去，何用騎鵬翼？水晶宮裡，一聲吹斷橫笛。[21]

元豐五年(1082)中秋之夜，蘇軾在黃州賞月，當時詞人處在貶謫中。作者登高望月，面對著萬里無雲的天空和皎潔的月亮，引起了無限的幻想，想到自己在現實人生中的坎坷，嚮往那虛無縹緲清靜自由的生活，以遊仙的虛幻情節表現追尋人生的真諦。詞人透過神話故事，營造了一個高潔清涼的仙界。詞一開始以「憑高眺遠」領起，便使得全詞境界全然不同。置身高樓，視野開闊，長空顯得更爲遼闊無邊，引人入勝。再由晴空寫到明月，「桂魄飛來光射處、冷浸一天秋碧」，古時稱月爲魄，傳說月中有桂樹，詞人在幻想中神遊月宮，見到瓊樓玉宇、婆娑桂樹、乘鸞鳳的仙人往來飛行。這一個光明、高潔、清涼的月宮仙界，正是在政治上遭受沉重打擊的詞人衷心嚮往的理想境界。蘇軾在此詞中想像自己飛升到月亮上，「乘鸞來去，人在清涼國。」抒發對自由美好生活的嚮往，充分表達超塵出世、飄逸超渺之致。「江山如畫，望中煙樹歷歷」，秀麗的江山像圖畫般的美麗，在朦朧的月色裏，

---

21 蘇軾〈念奴嬌‧中秋〉，《全宋詞》，頁 330

樹影婆娑，迷幻動人。江山越美，就越加顯示現實的醜惡，越能表現見出詞人內心的苦悶。下片「我醉拍手狂歌，舉杯邀月」，場景由仙境回到人間，從月亮俯瞰人間，把天上的明月和身邊自己的影子當成知心朋友一起起舞，不辜負了這良辰美景。「便欲乘風，翻然歸去，何用騎鵬翼」，化用《莊子・逍遙遊》中的大鵬怒飛之典，蘇軾自比謫仙，駕長風飛升天國。藉著邀月以解孤單，詞尾「便欲乘風」道出蘇軾欲超脫物外卻不騎鵬，而以「一聲吹斷橫笛」將內心的鬱悶盡情發洩。全篇從人間寫到天上，再回到人間，最後以他在水晶般的月宮中悠然吹笛收結。「水晶宮裏，一聲吹斷橫笛」，嘹亮的笛聲，響徹明淨的月宮。這些想像與嚮往，僅是蘇軾擺脫痛苦心靈的一種表現。

　　全詞通過遊仙之思，用極精練的語言在我們面前展示了一幅美不勝收的仙境闊遠：飄行其間千姿百態的雲彩，夢中的物境、情境、仙境，作者運用大膽而又豐富的想像，巧妙地把天上與人間聯繫起來，目的就是要創造出一個迷茫的境界，為詞境蒙上一層虛無縹緲夢幻般的色彩。剝開虛無縹緲的夢的外衣，我們發現景物描寫在這裡已經成為了現實世界的一種投影。蘇軾以曠達之心超越了苦難困厄，並在此基礎上一往情深地寄有限生命於無限宇宙之中，深刻啟迪著千百年來尋求智慧和超越的人們。我們可見，在此詞中，初至黃州時的那個愁苦哀怨的蘇軾已經消失了，此時的蘇軾看到的只是中秋月夜澄澈清涼的圖景，我們感受到的則是蘇軾神游高渺逍遙的逸致。蘇軾借道家給予他的精神濡染完成了對生命困境的超越。全詞充滿虛幻與現實交錯，雖起乘風歸去的遐想，但知絕無可能，故展現詞人心中無法排解的矛盾，即理想與現實衝突的心情寫照。李攀龍評曰：「坡公襟懷寥廓，與上下同流，故其詞清雅飄逸，至今誦之，令人翩翩然，有羽化登

仙之態。」[22]說蘇軾胸襟開拓，詞有飄逸之姿，意境神奇超渺，讀來恍若登仙，特別是遊仙詞更能展現這種超拔清逸的境界。所以黃庭堅曾稱讚東坡詞：「語意高妙，似非吃烟火食人語，非胸中有萬卷書，筆下無一點塵俗氣，孰能至此？」[23]蘇軾在日常生活中尋找一種人生的了悟與覺醒，把平常的生活藝術化，嚮往一種寧靜淡泊的生活，反映了文人化的人格追求。

蘇軾〈定風波〉云：「試問嶺南應不好？卻道，此心安處是吾鄉。」[24]這是蘇軾大悟後的智慧語，寄寓著詞人安頓心靈、尋找精神家園的處世哲學。何處是歸程？何處是吾鄉？蘇軾已不再渴求地理性的歸鄉，轉而追求心靈的自適和精神自由，達到了一種「心安之處即是吾鄉」，揭示出詞人關於安頓心靈、順其自然的自勉。在心靈深處建構起精神家園，平衡調節了長久以來困擾自己的仕隱矛盾，並以豐富深厚、廣袤無垠的精神世界超脫、消解了生活的苦難與不幸，超越了世俗現實對心靈的束縛與羈絆，向內實現生命的自我挺立。「心安之處」即是歸隱之地。不須辭官，不須歸隱，一切往內自求安頓。從蘇軾的創作表現可見，遊仙書寫的自由性所產生的影響主要是在對於詞作意境的開闊。

身為蘇軾門生與摯友黃庭堅在〈水調歌頭〉中卻巧妙運用桃花源和劉、阮天臺遇仙的神話傳說，抒寫他神遊理想境界的喜悅暢快之情：

> 瑤草一何碧，春入武陵溪。溪上桃花無數，枝上有黃鸝。
> 我欲穿花尋路，直入白雲深處，浩氣展虹霓。祗恐花深裏，

---

22 明・李攀龍《新刻題評名賢詞話草堂詩餘》卷5，轉引自鄒同慶、王宗堂著《蘇軾詞編年校注》(北京：中華書局，2007年10月)，中冊，頁428。

23 黃庭堅《跋東坡樂府》，見金啟華、張惠民、王恒展、張宇聲、王增學合著：《唐宋詞集序跋匯編》(台北：臺灣商務印書館，1993年2月在台發行第一版)，頁29。

24 蘇軾〈定風波〉，《全宋詞》(北京：中華書局，1999年)，頁290。

　　紅露濕人衣。　　　坐玉石，攲玉枕，拂金徽。謫仙何處？
無人伴我白螺杯。我為靈芝仙草，不為朱脣丹臉，長嘯亦
何為？醉舞下山去，明月逐人歸。[25]

詞的上片寫春景，描述詞人在世外桃源賞仙草、步清溪、聽鸝鳴、
穿花徑，又坐玉石、倚玉枕、拂琴弦，詞人往往將所詠之物、所
寫之景置於仙境，或是將所詠之物比作從天而降的仙物，讓自然
界的美景常常讓人有一種出世之感，這與遊仙詞的清逸飄渺的風
格不謀而合。「浩氣展紅霓」，境界闊大高遠，表現了詞人開闊的
胸襟。他在這美如仙境的溪山一吐胸中浩氣，化作天上虹霓，從
而遣散了在現實社會中的苦惱。下片即景抒懷，欲追尋謫仙人李
白來相伴對飲。「我為靈芝仙草，不為朱脣丹臉」，作者以不同凡
俗的靈芝仙草自比，不願意塗脂抹粉去做一個媚世隨俗的小人。
整首詞表現了詞人孤芳自賞、不肯媚世求榮的性格和出塵與入世
的思想的矛盾。因為有遊仙之想，全詞顯得語意高妙，境界超逸，
正是他的精神自由的藝術表現，這與蘇軾的一些詞作有異曲同工
之妙。

　　北宋中期的文人往往是集政治家與文學家於一身，這就使他
們思想受到政治榮辱的影響更大，以蘇軾為代表的文人士大夫在
飽嚐政治風浪之後，透過心理的自我調節途徑以達到平衡。他們
沒有痛苦於現實的不可把握，而是以更加自適、恬淡的態度去包
容萬象，榮辱不驚、隨遇而安、出入自由。不論身處天涯海角，
不論面臨何種處境，只要內心安定，何處不是吾鄉、何處不是可
以安身立命之處呢？蘇軾、黃庭堅、晁補之等人在曠達超塵中堅
守格操，營造個體人生價值，用詞表現了在擺脫政治羈絆後，追

25　黃庭堅〈水調歌頭〉，《全宋詞》(北京：中華書局，1999 年)，頁 386。

求心靈自由，抒發其政治生涯裡的挫傷憂患和嚮往隱逸的矛盾心態，清新與黯淡兩種色彩兼而有之。他們既為詩人、詞人，亦為哲人，能夠在退隱生活中曠達自得，解悲成喜。在長期的貶謫生活中，蘇軾積極吸納佛、道思想中利於精神超越、利於生存需要的合理因素以涵養自己對抗苦難、擺脫困境的心理素質和文化人格，保持一種穩定、平和、曠達、不走極端的心態，不掛懷個人之窮通得失、禍福生死。恬然以處，隨遇而安，坦然應對官場的失意和人生的挫折，平穩度過這段人生低谷期。「寓悲憤於遊仙之中」，這種複雜的心態使他們的詞作時而曲折深婉、時而平和蕭散、時而清遠醇厚。創作了一種超然仙趣、虛無飄渺的神仙境界，「心存神仙之境，筆有超然之趣」，這種超然之姿正是宋詞非常重要的審美形態或美學境界。其文化內涵便是一種轉移或擺脫煩惱的精神救贖。

第五節　「彷彿夢魂歸帝所」的精神避難

── 南渡詞人借遊仙以逸離現實的苦難

　　靖康之變劃開了兩宋歷史的傷痕，徹底粉碎了北宋人努力裝點出來的繁華表象，宋人從此被拋入痛苦的深淵，士人的理想在這一亂世之秋逐漸地萎縮，造就了遊仙詞在南宋的高度發展。南渡詞人的一生橫跨兩宋，從北宋到南宋。他們經歷了二帝蒙塵、見證了北宋滅亡，也體會了金人的入侵如何將歌舞昇平的士大夫們推向了流離失所的災難生活當中。隨著宋世南渡，國破政遷的傷痛籠罩於愛國志士的內心，掀起愛國主戰的豪情壯懷，如岳飛、

李綱等人豪氣干雲且義憤填膺的怒吼。有志之士們紛紛投入戰鬥以求取得抗敵救國的勝利，但是隨著形勢稍有好轉，統治者們便抱定坐穩半壁江山的決心，以求和換取苟且的安定，南宋始終處在「是戰是和」的矛盾之中，投降派得勢的時間較久，使得很多胸懷壯志的士大夫遭到排擠和打擊，這些詞人繼續發展著蘇軾言志的風格。另一方面，還有另一群體的另一種心聲，因看透積弱不振的南宋政局，以「孤臣無力可回天」的慨然，無奈地選擇隱逸山林，投身自然與嚮往幽靜生活來聊以解慰、擺脫苦悶，過著眼不見心不煩的隱逸生活，南渡詞人的這種隱逸情懷可以說是一種無奈的逃避，尋找精神避難所。這時期的隱逸詞人有朱敦儒(1081-1159)、葉夢得(1077-1148)、向子諲(1085-1152)等人。南宋詞壇走向兩條異流同歸的發展路線，都是在靖康之變後的政治境況中，產生不平則鳴的抒發，是一種對國仇家恨的痛心與覺醒。

一、「風休住，蓬舟吹取三山去」：

雄奇奔放的亂離書寫

在靖康之變的背景底下，南渡詞人的愛國意識群起，激烈的詞風與慷慨萬千的作品洶湧，南渡詞家中具有格調雄奇、造境恢宏的遊仙書寫，如李清照的〈漁家傲・記夢〉：

> 天接雲濤連曉霧，星河欲轉千帆舞。彷彿夢魂歸帝所。聞天語，殷勤問我歸何處。　我報路長嗟日暮，學詩謾有驚人句。九萬里風鵬正舉。風休住，蓬舟吹取三山去。[26]

---

26 李清照著、黃墨谷重輯：《李清照集》(山東濟南：齊魯書社，1981 年)，頁 126。

作者以浪漫的夢遊構思全篇，想像自己在拂曉的海上航行，夢魂彷彿升入天國，天帝「殷勤問我歸何處」，飽含著深厚的情感。「歸帝所」、「歸何處」，一個「歸」字，便說明了想自己本是天帝那兒來的人，現在要回到天帝的處所。作者透過問答以傾述內心隱衷，表現了對時代黑暗的失望。現實是日暮途遠，即使自己學詩有著驚人表現，但在現實中也找不到可以理解自己的知音，唯有通過幻想，才能盡情地抒發心中的悲懣。末三句從對話中脫出，仍不離主線。「九萬里風鵬正舉」，看大鵬已經高翔於九萬里風之上，正奮力抖落滿身的疲憊，以展翅的雄姿，勇敢地迎接命運的挑戰。由此而聯想到《莊子・逍遙遊》的「鵬之徙於南冥也，水擊三千里，摶扶搖而上者九萬里」之姿。詞人將用世之心和高遠之想融合在一個飄渺的夢境中，也流露出人生追求無果的渺茫之感。「風休住，蓬舟吹取三山去！」舊典翻出新意，期望大風可以不住地吹，把自己的帆吹送到蓬萊三山，一氣勢磅礡，一往無前，令人折服。上片與下片之間互為因果，上片寫天帝詢問詞人歸於何處，此處則交代了海中仙山即為詞人的歸宿。詞人以超現實的幻想寄託她對美好理想與人生價值的執著追求，也體現了她的堅韌不拔的性格。

全詞以奇景、奇情、奇志交織成篇，語豪氣盛，奔放曠達，意境雄奇，遂成為李清照詞中最富代表性浪漫主義的名篇。初看此詞似乎擺脫了詞人一貫的多愁善感的影子，展示了積極豪放的一面。然而事實並非如此。該詞實為一首記夢之作，按照夢境的補償心理，如果一個人必須借夢來敘述心底的願望，那一定是在現實生活中苦悶至極。〈漁家傲〉正是苦悶之作，是詞人生活處境和心境的自然流露。如果說詞人寫於後期的詞作大多是直接抒寫顛沛流離的生活和慘烈深愁，那麼這首〈漁家傲〉則是在此基礎

夢的外衣，作者分明是把深愁慘烈潛藏在了壯闊高遠的夢境裡，在虛無縹緲中展示一個奇幻的世界，一個不同於黑暗醜惡現實世界的人間仙境。那裡沒有流離失所、沒有苦難孤獨淒涼，有的只是美麗的天河、氣派的天宮、公正嚴明而又慈愛的天帝、還有令人嚮往的海上仙山。這裡所描述的環境顯然有一定的象徵意義。它既是詞人處境艱難的暗示，又是時代環境的折射。

　　靖康之變使原本生活幸福美滿的李清照頃刻間家破人亡、無家可歸。李清照滿懷惆悵，被迫獨自輾轉奔波於杭、越、金華間的晚年生活困苦淒涼可想而知。這種愁在〈漁家傲〉中就幻化成天、雲、霧連為一體的愁雲慘霧，沒有邊際。景物描寫又暗示詞人前路茫茫，不知所之。而翻動的銀河則是當時兵荒馬亂，動盪不安的社會現實的形象寫照，隨波飄轉，艱難航行的帆，正是千千萬萬像作者一樣無家可歸、被迫在人生道路上艱難跋涉，流徙奔波、苦苦掙扎著的真實再現，他們隨時都有被巨浪吞沒的危險。這哪裡是一副美麗壯闊的畫面，分明是一副難民逃亡圖。遊仙只不過是詞人跳脫現實的拘束，化解生活劇變下的苦悶，擺脫俗世壓抑下的煩亂，遊仙意識亦象徵了旁人無能體會的悲哀與無人賞識的坎坷。

　　如果說李清照的〈漁家傲〉的遊仙書寫比較偏重在個人、小我離散經歷的夢境超越，那麼南渡詞人群體中直接親身經歷了汴京保衛戰的張元幹(1091-1161)，他則是把自身的命運與宋室南渡結合的更為緊密，同時也更為沈重的反映了南渡時期的時代苦難。張元幹他見證了北宋末期最後的光景，看盡潮起潮落的起伏人生與倏忽驟變的政治情勢，內心難平，只得透過創作來表現，而詞體是最能凸顯詞人的心志的載體。透過仙夢書寫或許更能表達他難以吐盡的悲憤，如〈賀新郎‧送胡邦衡待制〉：

　　夢繞神州路。悵秋風、連營畫角，故宮離黍。底事崑崙傾
砥柱，九地黃流亂注。聚萬落、千村狐兔。天意從來高難
問，況人情、老易悲如許。更南浦，送君去。　　涼生岸
柳催殘暑，耿斜河、疏星淡月，斷雲微度。萬里江山知何
處。回首對床夜語。雁不到、書成誰與。目盡青天懷今古，
肯兒曹、恩怨相爾汝。舉大白，聽金縷。[27]

　　從詞題來看，這是一首為友人的送別詞，但本詞卻全然不從
小我的離愁別緒入手，而是心懷大我。首句以「夢繞神州路」領
起，讓詞人魂縈夢繞的是淪陷於金人手中的神州大地。張元幹是
出生於閩地的南人，在張元幹心裡，中原仍是心靈最終的故土，
是永恆的原鄉。詞人心底的愁思與無奈，難以實現的北歸夢想，
藉由「夢繞神州路」來傳達，鄉愁顯得更深刻也更濃郁了。詞人
透過外在蕭索氛圍來營造這個令人絕望的夢。夢裡有令人惆悵的
蕭瑟秋風，還見到金兵營壘相連，號角連綿不斷，整軍待發的威
武氣勢，更顯出宋軍的窘迫與不堪。如今故都汴京的皇宮寶殿已
成廢墟，禾黍稀疏，一片荒涼。「底事崑崙傾砥柱，九地黃流亂注，
聚萬落千村狐兔為」，這幾句是夢中的情節。作者連`夢中都思念
著被金軍踐躪的中原河山。表面上是寫夢，但這夢事實上就是「事
實」。詞人嚴詞質問悲劇產生的根源：為什麼黃河之源崑崙山的天
柱傾倒了？眼見著黃河流域各地氾濫成災，中原人民流離失所。
人口密聚的萬落千村都變成了狐兔盤踞橫行之地。詞人向天發
問，然而，天高難問其意。更何況，人情易老，悲情難訴。如今
自己和友人都老了，悲情能向誰傾訴呢？在上片末尾：「更南浦，
送君去」，感慨時事，點明送別。對現實無能為力，也只能默默地

---

27 唐圭璋編撰，王仲聞參訂，孔凡禮補輯：《全宋詞》(北京：中華書局，
　　1999 年)，頁 1073。

相送友人到南浦。上片寫盡了北宋汴京淪陷如噩夢，其實是以真為夢，以夢寫真，首先以荒涼混亂的景象表現出北地在金兵統治下的不堪與殘破，並藉此展現對侵略者的仇恨和對南宋主和派不思振作的激憤。

下片先從送別時下筆，「涼生岸柳銷殘暑」至「斷雲微度」為第一層，狀別時景物。蒼茫的景象、淒涼的月光，交織出送別時的憂傷感觸。「萬里江山知何處」至「書成誰與」為第二層，設想別後之心情：此番別後，就此天各一方，遠去道路茫茫，國家前途亦茫茫。而彼此對床夜話的情景，將成為美好的回憶，由眼前的送別，想到了今後可能書信難通，這就更深入一層地表達了詞人對友人離去的留戀和悲傷。「目盡青天懷今古」至最後為第三層，遣愁致送別意，這幾句曲曲折折抒寫留戀之情：遙望蒼天，俯仰今古，想到歷史上出現了多少英雄人物，詞人期勉朋友和自己，決不做只念恩怨私情的兒女之輩，要以豪邁樂觀的態度來承擔一切的困頓與打擊。請滿飲此杯，唱一曲〈金縷〉歌。結尾所表白的與友人共勉的磊落胸襟和遠大的抱負，在當時的艱難困境中，是十分可貴的

全詞感情慷慨激昂，悲壯沉鬱，抒情曲折，表意含蓄。既反映了深厚的友情，也表達對國事的感慨。打破了歷來送別詞的舊格調，把個人小我的友情放在了民族危亡這樣一個大背景中來詠歎。所抒發的不是纏綿悱惻的離愁別恨，而是憂念國事艱危的憤慨之情。因「亂離書寫」打造了「存史」的價值，從而展現了真實空間裡的戰場；更重要的是，源於潛隱其間的情感之真實與深刻，流露出詞人對生命價值與人生意義的摯愛、關懷、思考與領悟。同時我們也可見到，此詞是借夢來述時事，寫出靖康之難中原淪陷的慘狀；滿腔愁懷難以排遣，透過「夢繞神州」的遊仙異

變，把心靈底處細膩真摯的情感毫無保留宣洩而出。

靖康之難，金人的鐵蹄無情的踐踏著北宋的土地，國土的淪喪，家園的殘破，親人的四散，顛沛流離的生活，淒涼慘痛的現實，迫使詞人們一改先前抒情宴享時低聲吟唱的靡靡之音，轉而創作出悽慘哀慟大聲呼號的亂世悲歌。南渡詞人的遊仙書寫或多或少都夾雜著對個人或群體離散經驗的書寫，反映了詞人在離散過程中獨特的心理體驗，透過遊仙的外衣，引發內心的衝擊的描寫是生動且深入的。這一涵養著主體情志、浸染著世事滄桑的題材，它不僅是詞人個體生存狀態的展示、生命體驗的暢抒，更是創作主體感性思維的傾注。正因為詞人俯仰流觀的並不僅僅是個人，同時也有時代，小我和大我之間是合而為一的。

二、「群仙念我，好人間難住」：
不滿現實的「塵外清音」

南宋前期閒逸之音的遊仙書寫以朱敦儒為代表。朱敦儒早年傲居於在朝堂之外，隱匿於山林之間，生活優遊。少年就開始詩酒風流、安逸生活的朱敦儒，不願被世俗羈絆，為官場所累，一心欲脫離世俗。《宋史・文苑傳》對此曾這樣記載：「敦儒志向高潔，雖為布衣，而有朝野之望。靖康中，召至京師，將處以學官，敦儒辭曰：『麋鹿之性，自樂閑曠，爵祿非所願也。』固辭還山。」[28]黃昇評其：「天資曠逸，有神仙風致。」[29]其作遊仙詞，「不蘄仙不佞佛」，而是純任性情：

我不是神仙，不會煉丹燒藥。只是愛閑耽酒，畏浮名拘縛。

---

28 元・脫脫《宋史・文苑傳》卷四四五(北京：中華書局，1977 年版)，頁13141。

29 黃昇《中興以來絕妙詞選》卷一，《四庫叢刊本》。

　　　種成桃李一園花，真處怕人覺。受用現前活計，且行
　　歌行樂。[30]

詞人傲視王侯功名，面對黑暗污濁的現實，寧願隱於山水，醉於詩酒，逃遁現實。朱敦儒把自己在現實中不能滿足的情感寄予在這個虛幻的謫仙身分中，暫時忘記現實的種種。其詞亦以「神仙風致」為人所稱賞。陸游曾感慨：「公今度世為飛仙，開卷使我心凜然。」[31]劉克莊亦稱其詞「筆力有謫仙風骨」[32]，「神仙風致」，已成了詞人精神外化的一種可感知的表現形式。它沉澱了詞人一生的行藏出入，在詞中表現為一種韻致、風度。

　　朱敦儒接受和繼承了李白的謫仙意識，自我仙化，喜用神仙形象來作為他的自我象徵，在詞中曾自比為凡塵之仙，他在〈鷓鴣天〉中寫道：

　　　我是清都山水郎，天教分付與疏狂。曾批給雨支風券，累
　　上留雲借月章。　　詩萬首，酒千觴，幾曾著眼看侯王？
　　玉樓金闕慵歸去，且插梅花醉洛陽。[33]

詞人自封為天上管理山水的郎官，透過浪漫的想像，把自己視為謫居人間的仙人。幻想擁有仙力，可以讓天帝為他提供風雨，並且向天帝遞呈要求留下行雲、借用明月的奏章。雖然詞中沒有直接出現「仙」字，但詞作中表現的是幻想著的神仙世界，間接地將自己比作神仙中的一員。這是朱敦儒前半生自我形象的比附，這樣傲視王侯，自比天神掌管山水的口吻，疏狂中帶著那份

30　朱敦儒〈好事近〉，《全宋詞》(北京：中華書局，1999年)，頁855。

31　南宋・陸游，〈題吳參議達觀堂堂，蓋朱希真所作也僕少，亦辱知於朱公故尤感慨云〉，《陸游全集》(第二冊)(北京：中華書局，1976年版)，頁908。

32　南宋・劉克莊撰、王秀梅點校：《後村詩話》續集卷四(北京：中華書局，1983年版)，頁134。

33　朱敦儒〈鷓鴣天〉，《全宋詞》(北京：中華書局，1999年)，頁843。

質樸與情緒飛揚，此精神有一種俊逸瀟灑的脫俗情懷，無疑表露出前半生的不羈豪情。從中可見，朱敦儒早年生活那般隨意清逸的體驗。

朱詞中的「謫仙」形象，俯拾即是，且屢屢自稱「仙翁」、「仙官」、「瘦仙人」等。[34]朱敦儒「多塵外之想」，作品風格清曠飄逸，在其謫仙詞中，絕塵去俗的襟懷創造出一種清遠澄淨的藝術境界，讀之有浩然飛舉之想，如〈念奴嬌〉：「插天翠柳，被何人、推上一輪明月。照我藤床涼似水，飛入瑤臺瓊闕。霧冷笙簫，風輕環佩，玉鎖無人掣。閒雲收盡，海光天影相接。」[35]，大有李白遊仙詩境界的開闊之勢，又訴之以風清月明的享受，「洗盡凡心，滿身清露」。大凡世人欲做仙人，精神旨歸在於仙界。謫仙在人間，只是暫時客寓，仙界是其主體自由精神和人格的寄寓。借仙界的自由驅散了心中所籠罩的現實的陰影，顯示出一個真正獨立的「我」。其次，仙界是詩人對俗世的逃離，寄寓失志的現實處境。在飄然世外的神仙幻覺中，擺脫塵世仕途不暢、步履維艱的尷尬處境。在虛幻的仙界裡緩解痛苦的精神狀態，安慰因社會巨變而受傷的心靈，也獲得內心暫時的平和。遊仙之想的背後，寄寓著詞人對自由放曠理想人格的渴望。在這類詞中，遊仙之「夢」是短暫、虛空、幽幻的化身。

無道的政治又一次使得朱敦儒選擇了背離儒教仕途的道路，只得跟隨逃難的人群逃往南方。從一個過慣了安逸生活的名士到一個淪落天涯的遊子，巨大的反差使朱敦儒頓起天上人間之感。朱敦儒少年生活奢華逍遙，清狂之中傲居於紅塵之外；中年

---

34 如「仙翁笑酌金杯」（〈柳梢青‧季女生日〉）、「心疑身是仙官」（〈朝中措‧夜來聽雪曉來看〉）、「瘦仙人，窮活計」（〈蘇幕遮‧瘦仙人〉）等。
35 朱敦儒〈念奴嬌〉，《全宋詞》（北京：中華書局，1999 年），頁 835。

沉咽仕途，徘徊於政治漩渦不能自已；晚年歸隱山林，閑澹之中
卻又隱藏一份難以釋懷的遺恨。他為後人留下了大量表現隱逸情
趣的詞篇，題材包括漁父、田園、飲酒、遊仙等日常生活，這些
詞看似飄逸閑放。但是朱敦儒畢竟是帶著政治遺憾而被罷官的，
他蹉跎官場幾十年，縱然是在「謝天教我老來閑」（〈鷓鴣天〉）
的心境中也難以掩蓋仕途失意、壯志難酬的遺憾。在〈醉春風〉
裡，他流露出自己深埋於心且久久難以釋懷的心情：

> 夜飲西真洞。群仙驚戲弄。素娥傳酒袖淩風，送送送。吸
> 盡金波，醉朝天闕，闌班星拱。　　碧簡承新寵。紫微恩
> 露重。忽然推枕草堂空。夢夢夢。帳冷衾寒，月斜燈暗，
> 畫樓鐘動。[36]

作者夢見自己與群仙嬉戲共舞，素娥為自己傳酒。一杯又一杯，
詞人均一乾杯而盡，酒酣後，他夢見自己又在朝堂之上，此時的
朝堂已不如自己仕途之時的渾濁，而是換了星斗，「紫微恩露重」，
詞人在朝堂之上也能慷慨陳辭，享盡君王的恩澤，一展鴻圖。然
而，酒醒夢散之際，作者依舊躺在草堂之中，夢中的一切都是空
的，剩下的不過是冷帳寒衾，青燈老鐘，而夢境之中的姮娥依舊
斜掛在幕天之上。

　　此時詞人暮年垂老，一生經歷了輾轉逃難、宦海風波、天涯
飄萍和世事變故，褪盡了先前的風流與輕狂，多了幾分沉重和滄
桑。理想與現實的矛盾使朱敦儒產生了強烈的不滿，他深感「人
間難住」，然而「擲下酒杯何處去」（〈減字木蘭花・秋日飲香山石
樓醉中作〉），遍觀人間無處可排遣心中的苦悶和痛苦。他只有把
解脫的希望寄託在夢幻的仙境。朱敦儒吟唱的閑逸之音，如〈聒

---

36 朱敦儒〈醉春風〉，《全宋詞》（北京：中華書局，1999 年），頁 840。

龍謠〉：

> 憑月攜簫，溯空秉羽，夢踏絳霄仙去。花冷街榆，悄中天
> 風露。並真官、蕊佩芬芳，望帝所、紫雲容與。享鈞天、
> 九奏傳觴，聽龍嘯，看鸞舞。　　驚塵世，悔平生，歎萬
> 感千恨，誰憐深素。群仙念我，好人間難住。勸阿母、偏
> 與金桃，教酒星、賸斟瓊釂。醉歸時、手授丹經，指長生
> 路。[37]

　　全詞借夢寄託情感，借助夢的虛幻而朦朧的本質來展現特定的情思。作者憑藉恣肆的想像力，創造出一個夢幻仙境，這一切與人間構成了鮮明的對比。「人間難住」，是作者嚮往仙境的理由，在現實的擠壓下，朱敦儒只好向想像中的神仙世界求得精神的安慰。謫仙意識可以讓朱敦儒借助恍惚若仙的幻覺，暫時忘記在人間的社會角色，擺脫與其理想相衝突的現實環境。在面對人生的坎坷時，其謫仙視角讓他自己相信，他經歷的種種苦難是仙界對他的考驗，功德圓滿之後他就可返回仙界。這樣他就得到了心理安慰，不會有內心的痛苦和抱怨，同時產生一種接受苦難的坦然。借虛幻的謫仙意識來撫慰自己的心靈，這會讓他把原本以為的人生之大不幸，認為是功德圓滿、升天成仙必須經歷的考驗。

　　朝廷的儒弱無能和自己顛沛流離、淪落天涯的客子命運，對朱敦儒來說都是難以平復的巨大心理創傷。洛陽的安逸生活已成往事，一去不復返。面對殘酷的現實生活，朱敦儒有痛苦、也有掙扎，在一切的努力都化為泡影後，就流露出對社會的極度厭倦和失望：「人生虛假，昨日梅花今日謝。不醉何為，從古英雄總是癡。」[38]。自視謫仙的他已厭倦塵世的貶謫生活，感到身心都非

37　朱敦儒〈聒龍謠〉，《全宋詞》(北京：中華書局，1999 年)，頁 833。
38　朱敦儒〈減字木蘭花〉，《全宋詞》(北京：中華書局，1999 年)，頁 858。

常的疲倦，讓他無時無刻不在想：「我是臥雲人，悔到紅塵深處。
難住。難住。拂袖青山歸去」[39]。朱敦儒從「謫仙」角看到的人
間是「算蝸戰，多少功名，問蟻聚，幾回今古」（〈聒龍謠〉），
覺得塵世間的爭名逐利是如此的渺小可憐和毫無意義。朱敦儒在
其詞中表達超脫出世的思想時，夾雜著他對現實黑暗的深沉感
歎、對人生無法解脫又要求解脫的無奈和痛苦。在朱敦儒看來，
仙界是完全不同於人間的，那裡沒有爾虞我詐，也沒有爭名逐利，
更沒有黑暗腐敗。仙界對於朱敦儒來說就是理想社會，寄託著他
對理想社會的極度渴求和嚮往。

　　向子諲是兩宋之交的名臣，亦是著名的南渡詞人，目睹了山
河破碎、政治腐敗和奸佞當道的社會現實之後，主動掛冠，歸隱
薌林。後期創作了大量隱逸詞，飽含縱情山水、拋名棄利的釋然
和無法忘情於世事的悲嘆。如向子諲〈驀山溪〉：

　　掛冠神武。來作煙波主。千里好江山，都盡是、君恩賜與。
　　風勾月引，催上泛宅時，酒傾玉，繪堆雪，總道神仙侶。
　　　　蓑衣篛笠，更著些兒雨。橫笛兩三聲，晚雲中、驚鷗
　　來去。欲煩妙手，寫入散人圖，蝸角名，蠅頭利，著甚來
　　由顧。[40]

　　向子諲於五十餘歲時即退隱清江薌林別墅，從此度過了十五
年閒逸悠遊的日子。這首詞便是向子諲晚年退隱時期所作，真切
地反映了詞人掛冠歸隱後的愉悅之情和閒逸之趣，表達了他鄙棄
功名利祿、悟透人生虛幻的思想感情。

　　靖康之難過後，外族入侵的滿目瘡痍與低迷軟弱的國家氛
圍，讓「以天下為己任」的宋代文人面對志意難伸的痛苦轉成兩

39　朱敦儒〈如夢令〉，《全宋詞》（北京：中華書局，1999年），頁868。
40　向子諲〈驀山溪〉，《全宋詞》（北京：中華書局，1999年），頁952。

種態勢：一者為在詞作中慷慨激昂、收復山河的高歌；二者因厭倦萎靡朝政腐敗而轉向隱逸。清晰地展現南渡時文人為尋求心靈的吐露與逃避的兩種路線，兩者所選擇的道路儘管並不相同，但都透過遊仙之夢來表現歷經時代歷史傷痕的沉痛與萎靡，緊緊貼合著當代文人的那份欲伸難平、欲隱無休的情緒。

　　遊仙是一種「造境」[41]，鮮明地表現詞人的高遠理想、宏偉抱負而產生巨大的藝術感染力和震撼力。南渡詞家習慣巧妙地採用以遊於仙夢「造境」 的形式，有意把活躍在作者心靈深處的主觀願望以夢幻的浪漫形式表現出來，有意設置的夢中物境，對夢中情境的描繪，它直逼人物的內心世界，真實袒露作者處境淒涼和對命運抗爭的不屈靈魂。在遊仙夢境中既盡情揮灑著自己顛沛流離、孤獨輾轉之際無路可走、無人可訴、無法可想的悲苦，也揮灑著不屈的生存意志。

　　從南渡隱逸詞人的遊仙書寫可見，詞人的矛盾和軟弱造就了其豐富的內心世界。透過南渡隱逸詞人的思想，我們可以見到古代隱逸士人的形象縮影——在實現自己人生價值的「欲潔未曾潔」的艱難旅程中，他們永遠無法掌握自己的命運，永遠苦悶地徘徊

---

41 王國維《人間詞話》指出：「有造境，有寫境，此理想與寫實二派之所由分。然二者頗難分別。因大詩人所造之境，必合乎自然，所寫之境，亦必鄰於理想故也。」王氏拈出「造境」、「寫境」這一對範疇來說明創造境界的兩種方法和由此形成的「理想」與「寫實」兩大藝術流派，深入淺出地概括了分別以《楚辭》和《詩經》為源頭的中國古典詩歌兩種基本的創作方法和兩大潮流。「造境」偏於主觀的、理想的，「寫境」偏於客觀的、寫實的，然而兩者其實很難截然區分，因為主觀理想離不開客觀寫實，客觀寫實也離不開主觀理想，「造境」與「寫境」二者是辯證統一，互相補襯融攝，正如同《人間詞話》第五則所云：「自然中之物，互相關係，互相限制。然其寫之於文學及美術中也，必遺其關係、限制之處。故雖寫實家，亦理想家也。又雖如何虛構之境，材料必求之於自然，而其構造亦必從自然之法則，故雖理想家，亦寫實家也。」王國維拈出的「理想」一詞，揭示出浪漫主義精神的核心。宋詞的遊仙造境正是以鮮明地表現詞人的高遠理想、宏偉抱負而產生巨大的藝術感染力和震撼力。

在社會化人生價值的坐標之外。對詞人而言，謫仙身分終是虛幻的，他們只是凡人絕不是神仙，也絕無可能找到仙界。

第六節　「我志在寥闊，疇昔夢登天」的述志想望

── 愛國詞人居閑憂世的悲劇意識

《宋史》云：「靖康之變，志士投袂，起而勤王，臨難不屈，所在有之。」[42]每當在中華民族處在生死存亡的危急時刻，文人士大夫便體現了強烈社會責任感和使命感。救亡圖存，重整山河，既是時代的呼喚，也是自我價值的實現。愛國詞人的遊仙詞大都產生於為權臣所忌而致仕歸隱、罷官閑居、情緒低落之時，是「隱」的產物，但他們並未就此消極避世，而是居閑憂世，懷有愛國志士之思，因此具有總體傾向的一致性，高揚了隱逸詞中的愛國精神、熔鑄沉鬱之氣於詞間，這是時代、社會與當政者所共同加諸其身的英雄主義的悲劇。

辛棄疾(1127-1162)是一面具有凝聚力的大旗，他周圍集合起一大批愛國詞人，形成一股聲勢浩大的力量，愛國詞的創作出現空前繁榮的局面。從辛棄疾的詞中，我們除了讀到了金戈鐵馬的壯志豪情，同時也可以體會到英雄賦閒作廢的悲情。辛棄疾一生志向在投身抗金復國的大業，遺憾的是終未能實現報國之志。「卻將萬字平戎策，換得東家種樹書」(〈鷓鴣天〉)是他回顧人生的

---

[42] 元·脫脫等撰，《宋史》卷四四六〈列傳·忠義〉（臺北：藝文印書館，1955年），頁5403。

不平之鳴。在這種謫仙身分的認同下，他渴望自身能超脫榮辱得失等一切世俗功利觀念對人心靈的束縛，拋開世俗的紛擾。追求超塵脫俗、自由放曠的人格理想，努力追求一種思想上自由無礙的境界。仙化自我就是實現這種人格理想的最佳途徑。

辛棄疾〈木蘭花慢〉是以〈天問〉之體寫來：

> 可憐今夕月，向何處、去悠悠？是別有人間，那邊纔見，光影東頭？是天外空汗漫，但長風、浩浩送中秋？飛鏡無根誰繫？嫦娥不嫁誰留？　謂洋海底問無由。恍惚使人愁。怕萬里長鯨，縱橫觸破，玉殿瓊樓。蝦蟆故堪浴水，問云何、玉兔解沉浮？若道都齊無恙，雲何漸漸如鈎？[43]

〈木蘭花慢〉乃從〈天問〉借鑑化生而出，對月亮提出一連串的問題，一問到底，但無解答。即使如此，他仍不能放棄執著的求索，他從第一句發問到末句終，仍未解決他的痛苦求索。詞人因個人生命的創傷，便以「提問」的獨特手法表達對生命的深沉思考，或懷疑，或求證，或澄清，以此表明自己的生命觀。這些問題的提出，並不一定要獲得解答，但大都有一定的針對性，或告誡世人，或抒發痛苦，因為不問不究，不問不思，這種全方位地借天地自然之物而發問，問的全是宇宙間不能改變的規律，問的荒唐無理，卻往往源於至情至性，千鈞探問，窮理詰問，如雷貫耳，在激發讀者對生命省思方面起著不可低估的作用。

辛詞的創格，還有對古今時空的大膽穿越，寄贈友人趙昌父的〈水調歌頭〉上片云：

> 我志在寥闊，疇昔夢登天。摩挲素月，人世俯仰已千年。
> 有客驂麟並鳳，雲遇青山赤壁，相約上高寒。酌酒援北斗，

---

43 辛棄疾〈木蘭花慢〉，《全宋詞》(北京：中華書局，1999 年)，頁 1912。

我亦蝨其間。[44]

辛棄疾的壯志豪情在現實中得不到實現，那麼他該當如何？隱退田園，曠達度日？不，因為詞人至死都未曾放棄心中壯志。飲酒解愁，消極頹廢？不，因為詞人是一位堅韌超絕的鬥士。然而現實與理想的強烈反差必定會使辛棄疾心中鬱積了太多的憤慨與無奈，從生理和心理的角度來說，人的感情是需要發洩的，種種鬱悶悲憤的情緒，英雄詞人該如何發洩呢？於是乎，遊仙幻想便成為辛棄疾最好的寄託方式式。辛棄疾畢竟不同於一般人，自然有一股衝破現實束縛的強烈願望。開頭「志在寥闊」的描寫顯然也透露出詞人不屈的生存意志。一起筆就寫他在夢幻中飛上青天。「有客」以下幾句，盡情地與趙昌父、李白、東坡驂鸞跨鳳撫摸光明皎潔的月亮，到極高極遠的天宮去遨遊，似乎在俯仰之間，人世已過了千年之久。四位不同時代的詩人用北斗當杯痛飲著天上的美酒。多麼超凡的想像，多麼神奇的戲劇場景！張揚著積極昂揚的生活激情、不屈灑脫的生命體驗。「遊仙登天之夢」既反映著英雄詞人的身世坎坷，又折射出寄託另一方想望的複雜心態。

辛棄疾從小深受儒家思想薰陶，形成了強烈的忠君愛國、積極入世的價值觀。但由於一生仕途坎坷，壯志難酬，不得不借助遊仙出世的幻想來撫慰自己受傷的心靈，這就形成了辛棄疾身上儒家和道家矛盾卻並存互補的思想。

又如其浪漫造境的〈山鬼謠〉：

> 問何年，此山來此，西風落日無語。看君似是羲皇上，直作太初名汝。溪上路。算只有、紅塵不到今猶古。一杯誰舉？笑我醉呼君，崔嵬未起，山鳥覆杯去。　　須記取，

---

44 辛棄疾〈水調歌頭〉，《全宋詞》(北京：中華書局，1999 年)，頁 1932。

> 昨夜龍湫風雨，門前石浪掀舞。四更山鬼吹燈嘯，驚倒世
> 間兒女。依約處。還問我、清遊杖履公良苦。神交心許，
> 待萬里攜君，鞭笞鸞鳳，誦我遠遊賦。[45]

「山鬼」是屈原刻畫的一個具有人性、神性、鬼氣三合一身份的
女性形象，屈原在刻畫山鬼美麗的同時也寄託了他的執著之情；
在寫山鬼堅貞的同時，也表達了自己對楚國未來的憂慮。這正是
自然賦予人們的本能。辛棄疾這位位偉大而堅定的孤獨靈魂，當
他徘徊於西風黃昏邊上，只能孤獨地與天地對話，對那些在荒野
上飄飛找不到回家的路的魂魄交遊，對這個世界發出質問。辛棄
疾此詞兼用了屈原〈山鬼〉、〈遠遊〉，詞人以山鬼為知己，結
伴雲遊，主題即是〈離騷〉「路漫漫其修遠兮，吾將上下而求索」
的追尋精神。辛棄疾懷著北伐中原、統一神州的遠大抱負，他那
顆堅韌執著鍥而不捨的愛國丹心，同屈原「亦余心之所善兮，雖
九死其猶未悔」是一脈相通。

　　「平生以氣節自負，以功業自許」的英雄詞人在面對報國無
望、政治黑暗的情況下，深切地感受到了英雄無路、壯志難酬的
痛苦與孤寂。他知道自己報國無門，請纓無路，心裡埋藏著深沉
的憂愁，在罷官閒置、人生不得意時，寫了多首遊仙夢詞，以夢
述志、以夢抒憤來寄託他的政治理想，從夢中消解他所面對的現
實困境。這類詞所呈現出的曠達超脫只是表像，悲憤無奈才是其
中的底蘊。

　　辛棄疾的遊仙書寫，記錄了他心靈深層的孤獨體驗與痛苦掙
扎。在「造境」的遊仙構思中寫神遊、夢遊，將審美對象幻化、
變形，還有寫人與神仙交友結緣，與酒杯、花鳥、山石對話等等。

---

45 辛棄疾〈山鬼謠〉，《全宋詞》(北京：中華書局，1999 年)，頁 1886。

此外，問天、問月，尤其是穿越時空的表現方法，更被著意營造浪漫神奇意境的詞人靈活自如地運用。辛棄疾的一生是希望與失望、機遇與惆悵交織的一生，透過遊仙，把壓抑在心裡的愁寫出來或暗示出來。作為一種心靈上的排遣與淨化，他的愁是一種公愁，是為國家而愁，為民族而愁，為壯志難伸而愁，曲折地表達出他深摯的愛國情懷，透過遊仙之夢來婉轉抒愁，便讓他的愁化成一曲低吟的悲歌。

第七節　「繁華過後剩淒涼」的詩意棲居：

典雅詞家營造惝恍清空之境

　　面對著宋金長期對峙的定局，南宋詞家敏銳的心靈感受著這種風雨飄搖、大廈將傾的末世氣氛，這種憂思寄託在詞裡，充滿了迷惘淒涼、朦朧淒惻之歎。除了愛國詞人之外，值得我們重視的是布衣寒士詞人的遊仙書寫，他們表現出不同於仕宦詞的遊仙心態和審美風貌。其中最有特色的詞家是姜夔(1155-1209)，姜夔可以說是南宋布衣寒士的縮影，他的一生歷經沉浮，清貧苦澀，多有不濟，但選擇了另一種生活方式來面對人生，能以道心為人，以想像中的仙境為精神寄託。在困窘的命運面前，他往往用超脫的心境反觀世態，憑藉獨有的清雅之姿和平和的人生態度，在自己的創作中縱覽世態，體現出了另一種人生智慧，也因此擁有了異乎宋代其他雅士文人的藝術境界。他中對功名地位已不在乎，對他而言，重要的是個體情感的寄託與心靈的安放，內在心理的調節才重要。

　　姜夔詞風以清空騷雅、幽韻冷香著稱。關於此種風貌的成因，歷來有不少學者予以闡釋，各有所得。然而遊仙之夢意象的大量運用是其詞風與眾不同的內部原因之一，這一點較少有人論及。他的隱逸性格與詞風生成關係密切，直接導致了他清空淡遠的詞境和高潔峻逸的詞品。以下我們來看姜夔〈滿江紅〉所刻畫的巢湖仙姥形象尤為可親可敬：

> 仙姥來時，正一望、千頃翠瀾。旌旗共、亂雲俱下，依約前山。命駕群龍金作軛，相從諸娣玉為冠。向夜深、風定悄無人，聞佩環。　　神奇處，君試看。奠淮右，阻江南。遣六丁雷電，別守東關。卻笑英雄無好手，一篙春水走曹瞞。又怎知、人在小紅樓，簾影間。[46]

在姜夔筆下的仙境多是泛化為超越清曠的審美符號，營造出一種清幽的境界，也因此而塑造了姜夔高潔的文化人格。對遊仙意象進行主觀精神的寄託，從物象中升華出一種精神品格。上片從巢湖上自然風光而塑造了一位仙姥來時的神奇境界。風來湖面，綠波翻滾，亂雲聚集，旌旗飛揚，仙姥降臨，群龍駕車於前，諸娣相從在後，金軛與玉冠光彩熠熠，令人想見仙姥雍容華貴的儀態。下片敘寫仙姥調兵遣將，雷厲風行，驅逐強敵，奠定淮右，保衛江南。詞人熱烈謳歌仙姥的神威偉業，也是含蓄地諷刺南宋朝廷竟無英雄抗金守土的社會現實。全篇既有恢弘氣勢與壯麗場景，又有「向夜深，風定悄無人，聞佩環」和「人在小紅樓，簾影間」的輕柔飄渺細節描繪，更襯托出仙姥這位智勇雙全女神的窈窕風姿，令人遐想不盡。張炎在《詞源・清空》中說：「姜白石詞如野雲孤飛，去留無跡」。[47]野雲孤飛，正是姜夔詞飄然自任，無羈無

46　姜夔〈滿江紅〉，《全宋詞》(北京：中華書局，1999 年)，頁 2176。
47　張炎《詞源》卷下，唐圭璋編《詞話叢編》(臺北：新文豐出版社，1988

絆的姿態；「去留無跡」的寫照，道出了其詞境的不著痕跡，熔煉高妙。這些遊仙詞的特點就是帶有強烈的主觀感情色彩，是詞人自己品性、身世的寄託，同時也表現出詞人獨特的審美情趣和審美視角。

在姜夔眼中，仙界是一個純潔無瑕的世界，仙界的一切都是美的象徵。所以當他看到這些美好的事物時，也以仙視之，幾乎成了慣性思維。「神仙世界」能深入到人們的精神領域，對人生有救贖與淨化的功能。古代詞評家讚揚姜詞仙才、仙品的評論尤多：陳廷焯《白雨齋詞話》卷八云：「白石，仙品也；東坡，神品也，亦仙品也。」[48]劉熙載《詞概》亦云：「詞家稱白石曰白石老仙，或曰畢竟與何仙相似？曰：『藐姑冰雪，蓋為近之』。」[49]姜夔的遊仙之想，便是一種虛實相生的藝術境界。姜夔喜歡從「虛」處著筆，經過一定的跳脫飄轉，然後回歸到現實中來，使讀者好似也跟著經歷了一次飛躍仙家園圃的情感體驗。「實」的一面是姜夔詞中客觀實在的場景物象和人物蹤跡，「虛」的一面是詞的氣韻與情感，貫穿於詞作之中，它能夠被感知，卻難以清晰地描摹出來。姜夔將「虛」與「實」這兩種藝術手法進行了獨特的運用和處理，並使二者高度融合，形成了清空的風格特徵。「清空」便是姜夔對「虛」與「實」高度熔煉之後折射出來的氣質。遊仙書寫是姜夔詞營造空靈剔透之境、幽虛澄澈之風格的重要因素。

這種幻中不失其真的遊仙書寫(有夢境也有幻想)，在夢與醒的對比中，我們可以感覺詞人在夢中的歡樂和夢醒後的淒涼，在這種情況中，遊仙往往就只是一個符號了，它代表空幻和虛無。

年2月在臺第一版)，《詞話叢編》，頁259。
48 陳廷焯《白雨齋詞話》卷八，見《詞話叢編》，頁3969。
49 劉熙載《詞概》，見《詞話叢編》，頁3694。

因現實的失落，遊仙夢代表過去的美好，或渴望得到的美好，深深地札根於詞人的心中，成為其詞創作的一種思維定勢。當遊仙成為符碼後，它便不再僅僅指一種詞風，而是上升為一種精神的象徵。正如趙曉嵐所言：「張炎用『野雲孤飛，去留無跡』作為清空一語的形象解說，凸現了漂泊無依的江湖落拓者的形象，與無所為者不同，這是一種寂寞無人問的高潔，實際上是一個找不到安定的精神家園的飄泊靈魂的象徵。」[50]張惠民也說：「清空之境如野雲孤飛，是高蹈遠舉者的心態與情趣的象徵。表現一種不受人間世拘繫的自由精神，而具一種自甘寂寞的淒清韻味。能超越名利，能潔身自好，則見品性人格挺異卓犖，加上騷雅深厚的文化修養，正氣逸韻，自占地步，飄逸瀟灑，使讀者生高舉遠慕之想。」[51]所以張宏生也認為「清空」：「並不完全是技術層面的東西，沒有一定的生活經歷，沒有一定的學養積累，沒有一定的襟懷思致，是無法簡單模仿的」[52]，此言極是矣。當我們走近詞人的心靈世界，可以看到，姜夔詞那一脈清曠、疏放、空淡的美感特質，便滋生於南宋特定的社會文化土壤中。

　　南宋典雅詞家中的吳文英(1200-1260)是以夢為詞的代表，他提筆為詞或寫具體的夢，或為抽象的夢。具體的夢要醒化為虛幻，抽象的夢本身就是虛幻的代名詞。正如其所言「醒眼看醉舞」(〈掃花遊‧贈芸隱〉)，只是醒中為夢，他常常是帶著夢幻的心態為詞的清醒者，夢與醒、真與幻、今與昔的對比在夢窗詞中是一個常見的表現姿態。我們常能在夢窗詞中見到他使用夢幻的構思，例如〈八聲甘州‧陪庾幕諸公遊靈岩〉：

---

50 趙曉嵐，《姜夔與南宋文化》(上海：華東師範大學，2001 年)，頁 182。
51 張惠民，《宋代詞學審美理想》(北京：人民文學出版社，1995 年)，頁 284。
52 張宏生，《清詞探微》(上海：上海古籍出版社，2008 年)，頁 299。

渺空煙四遠，是何年、青天墜長星。幻蒼厓雲樹，名娃金屋，殘霸宮城。箭徑酸風射眼，膩水染花腥。時靸雙鴛響，廊葉秋聲。　　宮裏吳王沉醉，倩五湖倦客，獨釣醒醒。問蒼波無語，華髮奈山青。水涵空、闌干高處，送亂鴉、斜日落漁汀。連呼酒、上琴臺去，秋與雲平。[53]

　　這是一道登臨懷古之作，詞題為「陪庾幕諸公遊靈巖」，庾幕即倉幕，是指提舉常平倉的官衙，吳文英當時任蘇州倉幕幕僚。靈巖，山名，在今天的蘇州市西，因吳王夫差的遺蹟而有盛名。吳文英陪倉幕諸公遊靈巖山，見吳國遺蹟想起了吳國興衰的史實，弔古傷今，聯想到宋朝國事，抒發感慨而作此詞。全篇正是通過今昔對比展現歷史滄桑和人生虛幻的主題。詞一開始便由實入虛：「渺空煙四遠，是何年、青天墜長星。」極目遠眺，縹緲的長空萬里，雲煙渺茫向四處飄散。不知是何年何月，青天墜下的長星。「幻蒼厓雲樹，名娃金屋，殘霸宮城」，幻化出這座蒼翠的山崖，雲樹蔥籠，幻化出上面有殘滅的春秋霸主吳王夫差的宮城，美人西施就藏嬌館娃宮。幻化出氣壯山河的霸業英雄。一個「幻」字如夢般的統領全篇，古今融為一體，似真似幻。「箭徑酸風射眼，膩水染花腥。時靸雙鴛響，廊葉秋聲。」靈岩山前的采香徑筆直如一支弓箭，淒冷秋風刺人眼睛。筆筆渲染，烘託出一個悲秋的美人形象。下片由上片憑弔而轉入抒情和反思，「宮裏吳王沉醉，倩五湖倦客，獨釣醒醒。」用「沈醉」和「獨醒」寫吳王和范蠡范，已經有褒貶之意，之後由弔古而轉入抒懷。「問蒼波無語，華髮奈山青。水涵空、闌干高處，送亂鴉、斜日落漁汀。連呼酒、上琴臺去，秋與雲平。」想問蒼茫的水波，到底是什麼力量主宰

---

[53] 吳文英〈八聲甘州‧陪皮幕諸公遊靈岩〉，《全宋詞》(北京：中華書局，1999 年)，頁 2926。

著歷史的興衰盛亡。蒼波無語。詞人滿頭白髮正是愁苦無奈之結果，但大自然是無情的，依舊山青水流。最後，頓然一轉，呼酒登台，把自己從感傷的情緒中超脫而出，開拓出一種奇情壯采。

　　詞人改變正常的思維方式，將常人眼中的實景化為虛幻，將常人眼中的虛幻化為實景，並且摒棄了傳統創作中理性邏輯和線性發展的敘述方式，在其作品中大量地使用了意識流動的手法，夢境與現實穿梭糅雜，過去和現在交互重疊，人物的心理飄移流動，紛繁的思緒無邊無際。通過奇特的藝術想像和聯想，創造出如夢如幻的藝術境界。虛實相襯，沉鬱蒼涼，體現了作者在雕鏤組繡以外的奇特才氣。又如〈花犯・郭希道送水仙索賦〉：

> 小娉婷清鉛素靨，蜂黃暗偷暈，翠翹敧鬢。昨夜冷中庭，月下相認，睡濃更苦淒風緊。驚回心未穩，送曉色、一壺蔥蒨，才知花夢準。　　湘娥化作此幽芳，凌波路，古岸雲沙遺恨。臨砌影，寒香亂、凍梅藏韻。薰爐畔、旋移傍枕，還又見、玉人垂紺鬢。料喚賞、清華池館，臺杯須滿引。[54]

水仙花為缺少綠色的冬天平添一片春意，清翠修長的葉片簇擁著朵朵銀白花瓣、金黃花蕊的小花，姿態優雅，清香襲人。全詞以遊仙之想來「詠物」，奇思妙想連篇，以女性擬體超越前人的詠花作，從中可見詞在思力安排下追求極新極變的創作實踐。上片以夢引花，下片浮想聯翩，重在描繪出水仙花的神韻。結句呼應詞題中希道索賦之請，寫兩人的共同愛好的賞花與飲酒。「小娉婷」句，為詞人未得水仙前的夢中之景。「清鉛」句繪花瓣，「蜂黃」句狀花蕊，「翠翹」句喻綠葉。「湘娥」三句以擬人手法言眼前的

---

54 吳文英〈花犯・郭希道送水仙索賦〉，《全宋詞》(北京：中華書局，1999年)，頁2893。

水仙原來是湘水女神的化身。湘水女神往來於煙波浩渺的水邊沙岸四處尋找舜帝，但卻始終沒有找到，對江而留下深長的怨望，體現出彼此間始終不渝的愛情。「臨砌」兩句，述其香。透過夢幻之窗，閃爍其中的曼妙身姿與淒情豔事，是詞人身世之感的變相表現。這類詞作從總體來看，既有凝晦昧澀的質實，也有「淩波微步、羅襪生塵」的空靈，鑄就了夢窗詞「天光雲影，搖盪綠波，撫玩無，追尋已遠」[55]的風格特色。

　　遊仙書寫有著自身獨特的藝術表現，它往往綜合運用各種藝術手法：神仙類語典和事典的運用豐富了詞作的語言，奇特的想像營造了夢幻的意境，神仙的形象逐漸變得具體，仙界場景卻呈現陌生化的趨勢，給遊仙詞營造了一種清寂的氛圍，馳騁幻想，營造出浪漫神奇的超現實的藝術境界，把活躍在作者心靈深處的主觀願望以夢幻的浪漫形式表現出來。

　　北宋的遊仙夢多清新樂觀的思想，但姜夔、吳文英的遊仙夢詞則多感傷黯淡的情緒，遊仙成為詞人寄託的手段，將神仙世界視為夢幻的棲居家園。描寫神仙世界的神秘性和超越性的這些奇幻空靈、幽虛澄澈的文字背後，隱含著詞人真實而深刻的情感體驗。在姜、吳作品中遊仙意象中所蘊含的美學意蘊，即絢麗之美與感傷之美，形成了美麗與哀愁的共同結晶。

---

55 周濟《介存齋詞論雜著》，《詞話叢編》，頁 1633。

第八節　「閒似神仙閒最好」的主動疏離：

遺民詞人抒寫失根之悲

　　遺民詞人的遊仙作，是宋元易代之際的特殊政治和時代思潮共同作用的結果。元蒙貴族的鐵騎，驚醒了昏睡中的漢族知識份子，改朝換代的巨變、家國淪喪的慘痛、民族壓迫的殘酷以及科舉制度的廢除，使他們不得不面對現實，面對一個讀書人失卻了實現傳統人生目標的客觀現實。作為儒家信徒，不入仕意味著無由進取，作為為社會個體，不做官則意味著布衣終身，與富貴無緣。他們在感歎歷史虛無、人生幻滅的同時，由懷疑、否定而轉向隱逸。他們的隱逸詞也直接體現了這種懷疑和否定的態度。解脫的去處無疑是——隱逸，回歸山水田園，正是「貴適意」的人生價值取向的表白。然而，南宋遺民詞人中的隱逸避世詞不只是老調重彈，而有著特定的時代內容及由此特定時代內容所賦予新特點。

　　前代詞人所抒寫的隱逸情懷，一般說來還是一種個人情志意趣的表現，儘管詞人這方面的志趣仍根植於社會現實，但導致作者追慕林泉之隱的動因更多的還在於其個人的生平遭際和思想情趣，此外這種隱逸思想也從未成為詞壇創作的主導傾向；但宋末遺民詞中的隱逸主題則不同，遺民詞人在宋亡之後，或隱居山林，或曾被迫一度做過學官，或曾赴朝廷徵召，但都沒有甘心屈事新朝，這些身處逆境的文人士子們，其心理與精神的內涵具有一致性，似乎都有著一種相通的遁世情結。南宋遺民詞人在被外族所統治時，他們的進退出處，是一個需要經過嚴肅思考的問題。當

時出仕在節操上要受到自我譴責和內疚心理的折磨，所以，隱逸不仕，成了大多數詞人的必然選擇。這樣，遺民詞人就基於宋元易代的現實原因而開始了他們的隱居生活。他們出於民族自尊不願再仕新朝，只有遁跡隱居，在白雲青山的隱逸生活中尋找解脫，常以遊仙的故事來寄寓自己的心情，例如張炎以劉、阮遇仙女、還鄉已過七世之事來暗喻世事變化、滄海桑田，如：「傍水開時，細看來、渾似阮郎前度。」(〈三姝媚〉)[56]，又如：「年華已破瓜。怕依然、劉阮桃花。」(〈南樓令〉)[57]，乃用遊仙書寫來暫時脫離人間的煩惱與痛苦。

張炎在詞句中特別強調「閒」字，這「閒」的真正含義，可以在「閒似神仙閒最好，未必如今閒得」(〈壺中天〉)[58]句中找到，由此可知，張炎所追求的閒適，實際上是一種擺脫了社會約束的個性自由發展的精神狀態，其著眼點不僅在於形式上的出世，而且在於主體情意逃離現實的快適暢達，在宋末遺民詞人中，張炎這種主「閒適」的思想是一種有著特別意義的普遍意識。它所體現的以個體為目標的價值取向，明顯地有背於正統的仕宦本位文化精神，它昭示著一種主體人格的回歸，顯示著士階層與元蒙統治者的一種疏離傾向，是由宋入元的士人文化思潮的一種嬗變。張炎〈憶舊遊〉一詞：

> 問蓬萊何處，風月依然，萬里江清。休說神仙事，便神仙縱有，即是閒人。笑我幾番醒醉，石磴掃松陰。任狂客難招，采芳難贈，且自微吟。　　俯仰成陳跡，歎百年誰在，闌檻孤憑。海日生殘夜，看臥龍和夢，飛入秋冥。還聽水

56　張炎〈三姝媚〉，《全宋詞》(北京：中華書局，1999年)，頁3465。
57　張炎〈南樓令〉，《全宋詞》(北京：中華書局，1999年)，頁3488。
58　張炎〈壺中天〉，《全宋詞》(北京：中華書局，1999年)，頁3516。

聲東去，山冷不生雲。正目極空寒，蕭蕭漢柏愁茂陵。[59]
此詞為宋亡之後，張炎獨自登臨蓬萊閣，憑弔山河感懷之作。面
對改朝換代的人世無常和大自然的永恆，不覺感慨生哀。問蓬萊
仙山在何處，眼前風月依舊人事已非，江天空闊客子形單影隻。「休
說神仙事，便神仙縱有，即是閒人」，不要說神仙事，神仙並不存
在，只有放棄俗世的紛擾，才是真正的神仙。在這裡，張炎直接
以「閒人」比做隱士，借鑒了莊子的自由精神作為隱士的基本理
念，充分體現了張炎遊仙書寫中人文精神的道家思想。遺民詞人
的隱居生活環境造成了創作主體心境的「空」與「閒」，這種心境
上的空、閒，很容易接受道家隱逸哲學思想的影響，從而刺激他
們選擇了遊仙書寫等相關的意象，構造出其詞清新空靈的意境。

　　在宋亡以後，很多詞人不願同元朝合作，他們或隱居山林，
或漂泊江湖，如落葉哀蟬，失群孤雁，在詞中以高漸離擊筑之歌
或杜鵑啼血之聲抒發亡國之恨與身世之悲，顯示出硬骨錚錚的民
族氣節。其中，也有不少想落天外、造境奇幻的佳篇，如蔣捷
(1245-1301)〈賀新郎‧吳江〉：

> 浪湧孤亭起。是當年、蓬萊頂上，海風飄墜。帝遣江神長
> 守護，八柱蛟龍纏尾。鬭吐出、寒煙寒雨。昨夜鯨翻坤軸
> 動，捲雕翬、擲向虛空裏。但留得，絳虹住。　　五湖有
> 客扁舟驀。怕群仙、重遊到此，翠旌難駐。手拍闌干呼白
> 鷺，為我殷勤寄語。奈鷺也、驚飛沙渚。星月一天雲萬壑，
> 覽茫茫、宇宙知何處。鼓雙檝、浩歌去。[60]

此詞是宋亡以後蔣捷漂泊東南時期的作品。一開始寫跨吳淞江上

59 張炎〈憶舊遊〉，《全宋詞》(北京：中華書局，1999 年)，頁 3470。
60 蔣捷〈賀新郎‧吳江〉，唐圭璋編撰，王仲聞參訂，孔凡禮補輯：《全宋
　　詞》，頁 3432。

的長橋與垂虹亭的宏偉氣勢，借垂虹亭的被毀，象徵江山破碎、國家淪亡。在詞人的想像中，北宋時建造的垂虹亭，竟是海風從蓬萊仙山上吹落到人間，非比尋常，天帝還特派江神來守護它。亭子的八根大柱上，有八條蛟龍盤旋纏繞，它們騰挪飛躍，能噴雲吐雨。把橋邊江上的煙雨景色想像為神龍噴吐而成，奇思狂想。本以為來自仙山神力所護持的垂虹亭應能永保不壞，誰知一夜之間，巨鯨翻攪了地軸，把亭上的彩簷擲向虛空，殘破凌亂的只剩下一座長橋。顯然，「鯨翻坤軸」是想像而來，隱喻元軍的南下與南宋的滅亡。垂虹亭被毀，曲折地反映了河山破碎。下片從垂虹亭寫到了自己的吳江之行，目睹亭子殘碎，內心悲慨，但詞人沒有直接抒發自己的感慨，而是以遊仙之想寫到「怕群仙、重遊到此，翠旌難駐」，垂虹亭本是蓬萊山上群仙的聚會之所，如果仙人重來，目睹亭子殘破，恐怕也難以駐留。於是他設想越奇，想使白鷺為群仙報信以說明人間山河改易，勸他們不必再來。怎奈白鷺不解人心，驚飛而去。把沙渚飛鷺平常景物也拉進了神仙境界。「一天雲萬壑，覽茫茫、宇宙知何處？鼓雙楫、浩歌去。」何處是自己的容身之處？全篇用神怪意象強烈地表現詞人的沉哀巨痛，更表現他寧可漂泊終生，決不屈節仕元的志氣。全詞構思奇特，意象奇譎，造境奇幻，透過遊仙的造境幻想，顯得空靈醞藉、恍惚迷離、神奇夢幻，詞境深邃高遠。

　　遊仙作為一種重要的文化土壤，對詞的藝術風貌和審美特徵產生了重大影響。也滲透在向內審視，對內在生命的關注，對生命自由境的追求。一般而論，南宋遺民詞人的遊仙詞還有著一種反思的特點，詞人創作所表現出的隱逸思想實質上是一種對歷史和人生反思的產物。遼、北宋、金和南宋幾個王朝相繼在戰火中覆滅，在暴力和強權面前，人命猶似螻蟻，繁華過後只剩煙雲，

社會的一切道德、公理和秩序，都變得毫無意義。這嚴酷的現實，不能不引起他們對歷史意義的追索和對人生價值的拷問。這種反思，在作品中多體現為一種深重的滄桑之感和興亡之慨，例如王奕〈唐多令〉：

> 直上倚天樓，懷哉古楚州。黃河水、依舊東流。千古興亡多少事，分付與、白頭鷗。　　祖逖與留侯，二公今在否。眉尖上、莫帶星愁。笑拍危欄歌短闋，翁醉矣，且歸休。[61]

古今多少興亡事，懷人念己嘆人生。從這首詞可以見到，南宋遺民詞人從對歷史的關照中，更加深切地感到朝代一興一亡，更替何其快也。在異族治下的宋遺民詞人，他們承襲並發展了前人詠史懷古的寄託姿態，常以遊仙的姿態影涉現實，以詠史的方式來隱喻現實，借詠歌前人的方式來表述自我。例如王沂孫〈慶清朝〉：「誰在舊家殿閣，自太真仙去，掃地春空」[62]，又如陳允平〈西河〉：「夢醒覺非今世。對三山、半落青天，數點白鷺，飛來西風裏。」[63]，與自然物相對照，歷朝歷代顯得異常短暫，人生更如匆匆過客。豪傑一世，而今他們又在哪裡？時代的風流人物，都已散消逝亡。既然如此，建功立業，積極進取，還有多大意義？歷史虛無，人生幻滅，遺民詞人反思歷史，也反思對人生意義。如果說，晚唐五代的一些放浪形骸的詞人是在「須愁春漏短，莫訴金盃滿」(韋莊〈菩薩蠻〉)的醉酒狂歌中麻醉自己，北宋有些詞人在「且任偎紅倚翠，風流事，平生暢」(柳永〈鶴沖天〉)溫

---

61 王奕〈唐多令〉，唐圭璋編撰，王仲聞參訂，孔凡禮補輯：《全宋詞》，頁 3300。

62 王沂孫〈慶清朝〉，唐圭璋編撰，王仲聞參訂，孔凡禮補輯：《全宋詞》，頁 3359。

63 陳允平〈西河〉，唐圭璋編撰，王仲聞參訂，孔凡禮補輯：《全宋詞》，頁 3129。

柔鄉中尋求解脫的話，那麼，南宋遺民詞人只有在清風皓月的大自然中化解苦悶，此外別無他計。遺民詞生動表現了詞人的人生體驗、心理狀態。對人生價值的懷疑，顯然來自民族社會的苦難憂患。正是這種民族社會的苦難，驅使遺民詞人必須尋求超脫，只好心寄水雲、徜徉在山水林泉之間，讓自己過著閒人隱士的閒適生活。

　　歷史上，每逢易代之際，都會引起社會各階層、各方面的劇烈動盪及重新組合。宋元鼎革之際，漢人因不堪忍受元朝以蠻族身份入主中原及一系列民族壓迫政策，堅持不與元人合作。遺民本著寧死不為貳臣的信念，他們身在元朝，卻懷念著早已滅亡的大宋。以「遊仙」為生存常態，藉著「遊」來疏離現實。所以，遺民詞人的遊仙之想其實孕含著現實反叛的時代內容。在這以前，退隱的人生觀一直作為儒家進取人生觀的對立面補充而存在，既有哲學意義上的叩問、論證(如老莊、蘇軾)，也有實踐的形態(如陶淵明)，可是這些都僅出現在富有獨特個性的少數人物，並沒有形成一種社會思潮，也不像遺民詞人的隱逸詞對進取人生觀否定得如此徹底，這樣一種社會思潮，這樣一種徹底的態度，依然是現實社會光影的折射，透露出對社會現實的強烈不滿，奔湧著反叛的泉流。它是經歷了痛苦、絕望無助後一種變形的反叛方式，是帶著那一特定時代社會印痕的獨特的文化現象，可以說他們對隱逸生活的選擇和歌詠正是以其對個體生命和個性自由的肯定與珍視為基本出發點的。正是在這一點上，南宋遺民詞人的遊仙書寫有著重要價值。將隱逸和遊仙融合，將遊仙和抒情言志結合，抒發了對現實的不滿和無奈、對志意難酬的悲哀，以及對時光流逝的感傷。南宋遺民詞人在抒寫遊仙之時難以忘卻的是的反思、對未來餘生的重新選擇，他們希望構建一個清新的隱居

環境來安頓自己的心靈，所以常會透過遊仙之想來美化他們的生存居處。傷痕與安頓、流離與棲居是遊仙詞的兩個重要主題。在「出」、「處」之間，他們進退兩難、猶疑不定，掙扎在功名理想與守節意識之間，身心兩痛。我們並不能簡單地認定為求官或非求官，更不能將求官與否與今天的「民族意識」和「愛國主義」直接掛鉤。這種複雜心態是傳統士人的功名理想與道德意識共同交互作用使然。

　　宋元之交的特殊歷史文化時期文人心態使然，讓詞家透過遊仙之想寄託亡國之痛。時代和文化所給予南宋遺民詞人的生存空間和心理態勢，都將他們的價值選擇引向傳統文化中隱逸避世的精神園林中，從而產生了大量的遊仙夢。南宋遺民詞人經歷了一個被現實活生生撕毀的人生，他們成為時代的流民隸役，成為無法把握自己命運的流亡者。他們經歷了隱忍壓抑、仕隱困惑的悲劇性心靈體驗，他們的悲傷比起以往詞人來更深重而難解。至此，詞的遊仙書寫也隨之發生了新變，之前的遊仙書寫大多抒發心中的休閒適意，或表現公務之暇的冶遊歡情，或風花雪月中的男歡女愛，或心靈崇高境界的超越與追求，或展現對時代的擔荷述志理想。但遺民詞人深沈的悲劇性生命體驗，卻給遊仙詞帶來了深沉的憂患意識。如果我們念僅僅用遺民意識來概括經歷了易代之亂的遺民詞人其內世界似乎是不夠的。這種遺民意識中包含著自視為「局外人」或「邊緣人」的冷靜心態，對歷史、宇宙深刻的反思，只能在遊仙夢想中寄予著內心對高遠清境的追求，然而他們既未尋到安樂的隱逸之地，更是未能像神仙道士般超然而看淡人生之痛苦煩惱。正如鄭思肖談及自己的創作：「每一有作，倍懷哀痛，直若鋒刃之加於心，苦語流出肺腑間。」[64]若以這句話來說明遺民詞人的心境亦無不可。

---

64 南宋・鄭思肖《大義集・自序》，《心史》。

第九節　「閒適換悲涼，豔情易憂患」的變化發展 ——

從「休閒意識」到「隱逸意識」到「悲劇意識」

　　宋代遊仙詞是中國遊仙文學史上的一個新的階段，有著鮮明的時代特徵。從北宋到南宋，遊仙詞的內容也從豔情、遊歷仙境而向更廣闊的方向發展。宋代游仙詞與之前的遊仙詩相比有著很大的不同，起初主要側重於豔情以及現實功用，但漸漸的由「休閒意識」到「隱逸意識」到「悲劇意識」的漸入發展。以下說明之：

一、休閒意識：精神享受下的遊仙之想

　　北宋初年的遊仙詞抒寫及時行樂的休閒意識，主要表現在對物質享受和精神享受的追求。從物質享受上來講，遊仙詞往往創造了一個不同於現實的世界，極視聽之娛、飽口腹之樂；其次是精神享受，它往往來自於仙界的薰陶使人產生恍如出世之感，而且遨遊仙界與仙人交往可以讓人暫時逃離生活的煩勞、官場的勾心鬥角。這是一種心理調節的機制。我們可以從休閒娛樂的心態來審視遊仙書寫的價值和意義。及時行樂的「作樂」，不只個人的食色享樂，也包含著人們把握有限時間的積極態度。從人類永恆的休閒需求聯繫來看遊仙書寫，詞的創作即是抒發文人生命的自覺、生命的創造，以表達個體的生命體驗，「遊仙」無疑是心靈困

境的拯救方式，持守著內心的寧靜，為自己和讀者建構了一個充滿詩情的自足的想像世界。遊仙書寫從娛樂開始的感官盛宴、閒情自適，經過審美的感受，最終達到了對有限人生的珍惜把握。

二、隱逸意識：內在超越與心靈安定的精神自救

宋代儒、釋、道三教義理的融合及禪宗的影響，為處於精神困境中的士人提供了解脫之道。例如如蘇軾、辛棄疾等人，一方面他們懷抱經世濟民之志；一方面逍遙於山水自然。他們尊崇儒家對社會責任的擔當，卻沒有成為魏晉時代遁世逃避責任的隱士，也沒變成晚唐五代的那些放浪形骸的浪子，同時又在釋道禪中安頓了自己那焦灼不定的靈魂。「心隱」便順理成章地成為北宋中期隱逸的主要存在方式，遊仙的思想超越在更多的意義上是作為一種精神境界而存在的。人在苦難中要作樂才能活得下去，人在長期的遷謫與閑置中更需要為自己尋找好好活下去的理由。遊山玩水，其情怡樂，學道遊仙，張揚了創作主體的個性需求，是他們精神自救的重要良藥。透過儒學的道德提升與文化感染，道家的相對思維與精神淨化，禪宗的泯滅欲求與瞬間頓悟，士大夫們失衡的心態，終於獲得完整的體現。化挫折為藝術的文人士大夫既是創造美的中堅力量，又是審美主體的核心。他們的思想、情趣會直接影響到時代美學觀念的演變趨勢和創作風格。長於抒發個人幽微情懷的詞文學更能折射出宋代士人的生活方式、價值選擇、審美取向。宋代士人那種既做到經世致用又保持個體生命的自由、以精神的圓滿自足為終極目的的超越性人格，就會自然而然地影響到宋詞審美風貌的生成。精神的隱逸、心靈的自由讓士人們能夠超越榮辱窮達，在物我合一的審美觀照中獲得解脫。

以蘇軾為代表的士大夫在大自然風情或笙歌弦唱中風雅地揮灑著個人的性情，展現了居士般自由瀟散。從外部生活環境上來講，遊仙詞描寫的對象若不是美麗出塵的仙境，便是逍遙自在的仙人生活，這正是歷代文人們所幻想的隱居生活的投影；從內在情感追求上來講，幻想遊仙的作家大多是為了尋求內在的安寧、逃避官場和生活中的不如意，遊仙詞所描寫的世界為他們的精神提供了一個暫時的棲息地。士人往往藉著遊歷仙境的想像，讓自己短暫脫離現實的殘酷，得到超凡出世的快感，這是士人在生存困境和社會環境壓抑下，不得已選擇的超越性途徑，在想像的神仙世界中，士人可以縱情任性，隨心所欲，讓精神無限自由。

三、悲劇意識：對「盛極必衰」的高度敏感

就詞體的審美形態來看，詞不尚崇高而在優美的境界，其旨趣不在歡愉而在悲愁。遊仙書寫流露出的休閒意識或隱逸意識都只是一種表層的情緒，更深層仍然不離悲劇意識或感傷意緒。這種悲劇意識通過歷代作家無數次的表現，便成了一種心理趨勢，一種在悠遠的歲月傳承下來的生存方式和生活態度。那意味著，對生活的認真，對生命的執著，對存在的嚴肅，對愛、美、直覺、感性的珍惜。詞人對生命的體悟中包含著深沉的思索，對生命的珍惜中寓含著對生命遷逝的深刻把握。遊於仙境的空間追求背後是時間意識、生命意識的凝聚。「哀吾生之須臾」(蘇軾〈前赤壁賦〉)的心態，可以說已成為有宋一代詞人所普遍持有的心態。這種心態包涵了文人在經世觀念與理想之間的反思、衝突與失落，同時也蘊含著詞人關於生命、時間、宇宙的悲劇意識。與此相聯繫的是，作為社會中堅的士大夫的個體精神狀態。宋代的士大夫

和中國歷代知識份子一樣，有著強烈的社會責任感和歷史使命感，以及強烈的憂國忠君、建功立業的意識。然而，兩宋三百多年間，黨爭不斷，每每波及這些文人士大夫的正常人生，貶謫流放幾乎成為兩宋士大夫必不可少的經歷。理想受挫、宦海浮沉、人世滄桑，反而錘煉出士大夫瀟散淡泊、老成達觀的心理特質，為「心隱」風氣的瀰漫提供了心理基礎。居廟堂之高而存江湖之志的「心隱」舒解了仕與隱、責任與自由的衝突。宋人的遊仙書寫即是一種「心隱」，遊仙中流露出的是一種詞中的悲劇意識主要從兩個方面來表現，即「悲己」與「悲世」。「悲己」主要是由於強烈的時空意識而產生的對時間流逝、生命易逝的感慨；「悲世」在「悲己」的基礎上繼而產生生命短暫而志向未酬、家國未報的感嘆。

（一）「悲己」：時間的流逝，人生如寄的流浪之悲

從古至今人類的內心總是敏感脆弱的，對於無法挽留的時間和無可抗拒的命運總是束手無策。悲己主要是由於強烈的時空意識而產生的對時間流逝、生命易逝的感慨，從惜時到遊仙，便成為古代文學中人性價值的兩極延展。這兩大主題以各自獨特的角度昭示著中國文學沿著人生價值兩個基本指向伸延的歷史行蹤。「仙境」是一種神話傳說，也是一種幻想的寄託，其特點表現為與「人境」同構的此岸化傾向。正是在生命飄渺無定的前提下，詞人們轉而成仙得道以尋求精神的解脫，由渺小、有限而臻於永恆。但詞人想像中的仙境，只是一種暫時的忘卻痛苦。它並不能真正消解心中的缺憾感。

（二）「悲世」：在悲己的基礎上形成志向未酬、國仇未報之嘆

1126 年的靖康之難，北宋滅亡，宋室南渡，中原故土收復無望等社會現實，使宋人心中鬱結。時代氛圍的變化都會極為深刻

地影響到相應時代的文人的創作心態。隨著宋代的國勢漸入末境，後來在詞人創作中，即使遊仙書寫也無法改變內心的失落。詞人終究發現，日與月交替無常、生死無常、富貴無常、幸福美好無常……世上所有讓人感到喜悅的事物都是無常的，唯一不變的「有常」便是「無常」，即便如此，遊仙之想依然活躍於詞人的的潛意識當中，形成一種思維慣性。文人歷來是一個敏感多思的創作群體。他們始終身頂著千百年延續不斷的儒家傳統要求──大丈夫當心懷天下，志在四方。在宋代，延亙了千百年的儒學仍然在宋人的心理上發揮著它的餘力，仍然要求著宋代的文人們要繼續擔負他們的社會使命，要求他們報效國家，抵禦外族，這些使命必然要求他們在重視自身感受的同時要放棄部分的內心要求。另一方面他們卻又得面對社會的種種排擠與不公。面對自己難以實現的抱負，他們只能深陷入不盡的矛盾中苦苦掙扎。在現實與理想的衝突中，在內外交相逼迫的矛盾中，遊仙的虛幻夢想，也就自然而然地成為宋代文人釋放和消解內心痛苦的緩衝劑。遊仙夢已不僅是浪漫文化的象徵，更是宋代文人在面對理想與現實的矛盾時心靈的緩衝地帶。

第十節　當遊仙遇上了詞文體

── 宋詞對遊仙詩傳統之繼承與逸離

一、遊仙書寫是隱逸文化中「心隱」的延續

隱逸文化是中國傳統文化獨具特色的重要一環。早在先秦，

作為構成民族心理兩大基石的儒家思想和道家思想便顯露出隱逸思想的端倪。道家無疑是隱逸思想有力的體現者、提倡者。道家思想主張返樸歸真，超越社會的羈絆束縛，在心齋、坐忘中高蹈自在，遁入「與天地精神獨往來」的絕對自由中去。儒家則把「隱」作為一種修身的方式，為出而隱，在隱中汲汲自修，從而曲徑通幽地實現其積極進取的人生理想。至漢代，儒道互滲互補的趨勢已大致形成，隱逸思想遂在二者的交融中悄然定位、變化。到南北朝時期，佛教的盛行更使隱逸思想在儒、釋、道三教合流中蔚為壯觀，內涵也更加複雜、深邃。至宋代，隱逸思想在各種思想的碰撞、影響中顯得日趨複雜。兩宋三百多年間，隱逸風尚不斷興盛，成為宋代文化的重要構成，也成為文人士大夫的精神取向。但宋代的隱逸不同於傳統意義上的鑿岩穴居、棲息山林、餐風飲露的「形隱」，像歐陽修、蘇軾，他們所追求的均是以淡泊寧靜為特質、注重自我的心性修養和精神自由、自足的「心隱」。究其原因，是時代諸因素綜合作用的結果。自先秦士人階層出現以來，隱逸作為士人逃避現實的一種哲學思想和應世方式，始終與政治仕宦密切相關。經過秦漢小隱和晉唐大隱、中隱觀念的發展，士人心隱的方向已經相當清晰。直到宋代，士大夫們寄心於隱，不僅建構起了吏隱形式和夢隱、仙隱新境，而且不以形跡累心，寓隱於物，形成了隱逸文化內傾化的發展的態勢，這既體現出士大夫通達的出處觀念，更來源於他們融攝三教的文化精神，奠定了士大夫精神自由的審美內涵。尤其是南渡前後的文人和宋亡後的遺民詞人，因時代巨變的緣故，其隱逸思想不可避免地呈現出斑駁蕪雜的色彩。像朱敦儒或張炎等人的詞作，其「隱」是一種很深的傷痛。儘管與陶淵明、王維相比，他們的隱逸情懷是很不徹底、很不純粹的，但恰恰是這種複雜性才使之具有比前人更深切

的內涵，從而使我們能窺見到宋南渡時期和宋末時隱逸觀念的獨特內蘊。仙鄉成為詞人情感的一種寄託，也是詞人體情觀物的想像形式和內在視角，是內心的一種投射和外化，亦是構成其詞審美特徵的重要因素，詞境達到了內心與外境的和諧統一。其衷已雜「詩心」的特性，這也為詞體「言志」的內涵生成與多元的風格提供了內在的潛能。

　　理性地看遊仙詞，它是士人在政治參與受挫後無奈的變通之想，或是面對險惡官場而作出的自我保全之道；或者是遭受打擊後的自我安慰之思，或者是憑藉著對山水林泉的親近，實現自我心靈的安頓和對世俗的超越。這些遊仙書寫，表面上淡泊雅致、曠達超脫，實則表達出詞人們憂國傷時及個人身世感慨的豐富內涵。表現出宋代士人對於獨立人格的追求，對大自然的親近，對於醜惡現實的消解，對於生命價值的反思。

　　詞人以自然山水林泉之間為仙鄉仙境的飽遊飫看並不僅僅是一種令人愉悅的感官享受，更是一種心靈的慰藉。仙鄉仙境是詞人用以寄託人生情懷的獨特媒介。這種消極避世背後卻蘊涵著積極的意義，更顯現出文人的隱逸空間向內宇宙開掘的特徵。被迫疏離傳統的他們卻在山水林泉的的涵納中了悟人生的另一重真諦，繼而在無限廣大的宇宙中為精神找到了一個理想的生命棲息家園，以期獲得能夠徹照「心隱」的精神道場。

　　北宋的隱逸文化實現了轉型，隱逸方式由小隱山林逐漸向大隱朝市發展，文人普遍追求「心隱」，隱逸精神具有更為豐富的內涵，其精神內核是淡泊名利、進退合道，外在表現則是追求自由與超然。雖然方外與仙境都是詞人創出來的虛幻想像，但從心靈的角度而言，都在表現他追求生命的自由、心靈的消遙自在，具有生命實踐上積極的意義。

二、遊仙實則是一種夢境，符合了詞的審美本質

　　詞是一種傳達個體敏銳、細膩、輕柔感受的文體，詞不是通過具體的寫實刻畫情境，而是以似與非似產生朦朧的審美距離，產生「只可意會不可言傳」的美感。宋詞多夢，夢意象與詞在表現手段的客觀方面存在一致性，從而彰顯出夢境在詞中具有獨樹一幟的文學意義和審美張力。

　　夢可分為「真夢」和類於神遊的「白日夢」。遊仙便是一種白日夢。宋代詞人對遊仙意象的集體性選擇的歷史現象，是宋詞夢文化延續發展的結果，更是宋代特殊的歷史環境發展的產物。遊仙之夢來自生活，又高於生活，與現實世界介於「形似與神似」之間，從而使人產生真實而朦朧的幻覺，神祕超然。同時，遊仙之夢又因人而異，因事而異，無固定的邏輯規則，這樣的物我兩忘的通感體驗特別適用於詞創作中「寓有限於無限」式的輕描淡寫。它飄忽不定、輕幻浮動，以此切中作者與讀者內心搖曳無定的心緒。由於夢內容的奇異，故而夢詞中所寄託的意象常常顯得模糊、多義，言有盡而意無窮。另外，在宋詞中的總體基調是多愁傷感的，愁情是一種難以名狀的思維情緒，而夢的這種無形無象的載體，恰切地成為愁思的載體。愁情和傷感經夢詞的渲染，被賦予飄渺虛幻的浪漫色彩，具有了朦朧、飄逸之美。夢境空靈的特質恰如其分地應合了詞文體的輕柔、婉轉的美學氣質，共同營造出詞輕柔、深邃、蘊藉的意境。

　　夢往往是人擺脫現實規律束縛後的悄然流露，是個體原始本真狀態下不自覺地呈現。所以夢境的內容「自知而他不知」，甚至連自己亦「不覺」和「不知」。其中難以名狀的神祕、飄忽狀態造

就了人們記述、轉述及解讀的心理需求，成為寄寓深意的載體。
對自我的夢境的描述產生「顧左右言他」的文字距離，具有一種
主觀世界的深沈與細膩。這種深沈細膩與宋詞遊仙之想的內斂、
隱喻筆調具有某種天然的契合。此時，遊仙意象被視為某種直面
人性的心語獨白，能夠細膩地觸及人們內心深處乃至靈魂層面的
心理意識，同時從一個隱晦的角度和開放的態度來呈現抒情主角
的情緒轉換。由此，讀者得以在超現實的場景中直面現實、體驗
真實。就夢的文學表現而言，詩文體往往難以提供夢描寫所需的
篇幅，而詞文體卻以表現纖細微妙的個體情緒見長，以簡約的文
字組合產生出與夢境個體「心理話語」相對等的筆觸。透過複雜
多變的夢境，詞人們可以在私人化的話語中立體地表達自己隱秘
微妙的心事與感受，現實世界裡不敢愛之人、不得志之念、不能
到之處，一一在夢詞中的書寫中得到抒發，從而賦予詞在傳情達
意方面的表現空間。遊仙之夢是宋詞題材的重要組成部分，夢作
為傳達詞人思想情感的意象載體，既有豐富的時代社會內涵，其
自身也具有強大的文學表現張力。正所謂「幽夢覺仙遊，遊仙覺
夢幽」，宋詞中遊仙意象的大量運用，這與詞的文體特質與夢的表
現性質之間存在著審美和文學創作機制上的高度契合有關。

三、遊仙之趣的消退與生命體認的覺醒

在傳統的文人創作意識中，「詩言志、詞緣情」在有意無意
間成為一種創作定式。於是，詞因其純粹、狹深和細膩的抒情特
點而被界定為是一種內傾的心緒型文體。俄國文學評論家車爾尼
雪夫斯基曾說過 ：「每一代的美都是而且也應該是為那一代而存

在的。它毫不破壞和諧，毫不違反那一代美的要求。」[65]自然，宋詞中或富麗或閒適或幽思的遊仙幻想與宋代社會經濟情況相關，也與宋人審美趣味有關。而詞在宋代盛行也在一定程度上固化了詞文體緣情而感傷的細膩特色。宋人雖然多情、但更善於思考，遊仙書寫正表現了宋人對個體生命、對自然宇宙的探索精神，展現了對生命永恆、對美好生活的追求，這是生命意識覺醒的一種表現。童勝強〈宋詞中的生命意識〉說：「宋人對時光的感受尤為敏銳，歲月的無形流動，在宋人心頭生起無限的感慨，且由此對人的自身存在價值也有更為清醒的認識。」[66]這種反思習慣和人生態度的選擇，影響了宋詞創作，對生的憂慮與對死的恐懼，更遠遠超越了對物欲和功名追求的落空。在現實生活中消解苦悶最有效的途徑，莫過於心隱和求仙。對現實黑暗政治的反感，看不到出路的苦悶，生存的艱難，使詞人很自然地在遊仙中進入物我兩忘的境界，獲得抵禦亂世的精神力量。詞人接受了中國傳統文化中以老莊為代表的道家哲學和佛教禪宗思想，把這些人文思想資源通過作品的轉化成了個人生存的一種精神支柱。詞人對個體生命的思考，是以抒情的方式反映著時代的深重苦難，因而與前人對生命際遇的哀歎不同，具有嚴肅的生命意義和鮮明的時代精神。幻想的動力是因為願望不能實現或未被滿足，每一個幻想都是一次對不能滿足的現實的補償。宋代詞人通過遊仙書寫心中嚮往的情境，尋求代替的滿足，透過這種帶有補償性質的寄託性寫作，不斷與自身的陰暗面抗爭，調整心態，努力走出精神上的困境。遊仙書寫在一定程度上化解了內心的許多執念，借著破迷

---

65 [蘇俄] 車爾尼雪夫斯基，《藝術與現實的審美關係》(北京：人民文學出版社，1979 年)，頁 6 -8。
66 童勝強〈宋詞中的生命意識〉，《學術論壇》1997 年 5 月，頁 86-91。

轉悟的思考進路，為自己解圍抒困。撥開了長久以來壓在心中的那片愁雲慘霧。詞人通過遊仙細膩描寫內心從痛苦到解脫的自我釋懷的過程，展現了由悲觀消極逐漸轉向超越解脫的人生態度。遊仙書寫更多的是一種不自覺的潛意識行為，通過將與現實對照的想像落實為文字，補償了現實中的缺陷，達到治療心理創傷的主要目的。

　　前文通過對宋代遊仙詞的歷時性考查，同時參照個體生命意識在相應發展階段上的變化，就可發現遊仙主題在本質上是對人生有限的超越，是自我生命意識漸趨覺醒的表現。而遊仙的盛衰也和生命意識演進的起伏相一致。遊仙書寫實際上與詞人的際遇、隱痛是緊密相連的，詞人在這個主題上寄了多種感情因素，有對命運坎坷的悲歎，有對人生無常的慨歎，有對人情世象的看透，有對紅塵看破的消極，立足於多苦多難的現實，努力尋找一種相對的擺脫和超越。

四、「以詩為詞」的視域融合

　　「遊仙」是詩歌從先秦以來淵遠流長的傳統題材，我們可以站在「越界破體」的視野下對遊仙詞進行「以詩為詞」的闡釋，這種探究是對文本闡釋的一種深化與拓展，有利於實現對詞文學審美價值的追求，可使闡釋活動變成一種有意義的價值判斷。

　　每一個時代中都存在著突破傳統書寫的「變體」，因為人們都是從自我生存狀態出發，來進行創作。不同時代的課題和生存狀態，其關注點也就不同。異樣的聲音，打破了傳統的關注點，為我們探索新的生存狀態的表現開啟了新的空間。從北宋至今，各個時代雖處於不同歷史視域，對於「以詩為詞」的評斷或褒或

貶——或讚揚「以詩為詞」開豪放的新風氣、開拓詞境、提高詞品；或批評「以詩為詞」混淆詩詞界限，模糊了詞的本色。詩與詞究竟應殊途同歸或分道揚鑣？褒揚與異議兩大創作視域並沒有對錯之別，而是對同一個問題的相互補充。二者都是基於某種生存狀態下，對人類自我主觀感情抒發的關注。站在人文關懷通感的基礎上看，創作的使命是作者在自然世界和歷史社會中對自我的尋找與發現，從這個角度來看，詩與詞是「同質異體」、「殊途同歸」的——二者都是用以抒發個人情感的載體，詩與詞雖是不同文體，但其內在有著某種共同的聯繫，這種內在的一致便是表現內在情志和世間道理的。正如戴復古所說：「詩文雖兩途，理義歸乎一」[67]，雖然外在形式有差異，但這並不影響內在性質的一致。只是相對的分工不同，詩歌更注重對社會大我的針砭時弊，而詞作更傾向於個人的細膩抒情；詞體委曲深幽，比詩應更注重內在視野和表現的幽深婉曲。

宋代遊仙詞中包含了情感、理想、文化、道德、哲學等多重文化內涵，[68]這是詞的詩化和拓寬化的表現。但從另一角度來看，詞之遊仙，也是詞的本色化和情感的內在化，深入到內在的潛意識。因為詞體關注生命個體的情感、願望和追求，側重表現外在世界在詞人內心所激起的漣漪和潮汐，詞中所描寫的一切都被「心靈化」、「狹深化」了，這又是詞「本色當行」的表現。宋詞遊仙書寫也是在本色和非本色之間遊移流動。

---

67 宋‧戴復古：《石屏詩集》卷一。見《宋詩鈔》，《文淵閣四庫全書》本，卷 95。

68 從道德層面而言，詞人們繼承了儒家「山水比德」的傳統，使自然山水承載了新的「人格化」的象徵意義；從情感層面而言，詞人豐富的感情和強烈的個性賦予自然山水濃厚親切的人情味和非比尋常的精神意蘊。從哲學層面而言，宋代詞人深受道家自然哲學的影響，在對自然的觀照中，他們領悟自我存在的價值，實現了「人的自然化」。

宋詞的遊仙書寫乃「以詩心為詞」，所謂「詩心」，是指具有表現文人情志與適應文人審美趣味的平淡意韻的詩性因素。具體言之，具有宋人的理性精神和內省態度以及平淡清遠的審美理想等等。遊仙書寫正在「以詩為詞」的破體中展現了詞人的內心體悟和生命意識，這既是詞人對生命的悲劇體認和自我救贖，也是它異於前賢遊仙詩的觀照視角。

小　結　遊仙書寫的創作意義

遊仙本身就是一種思維方式、創作視角，尤其在宋朝這樣一個國力不振的年代，對個體的內隱思維影響更是長遠深渺。文人在仕途無法自主的困頓蹇厄中，轉化出豁然達觀的放曠心境；在抉擇出處、行藏矛盾衝突的過程裡，張揚了創作主體的個性需求，它是一種內在超越的哲學，是精神自救的良藥，強化內在主體對外在境遇的適應力。我們每個人都曾經有這樣的體驗，在混亂中為自己創造一個理想家園，詞人藉由遊仙之想建構了一個充滿隱喻與象徵的世界，以幻想為一切存在尋求價值的依憑。暫時超越或抽離現實，作精神世界的神遊或冥想。如果拿遊仙詞作歷史來讀，它充滿了虛構；但如果拿它做虛構的想像來讀，又會發現其中充滿了歷史。宋詞遊仙書寫的價值，正在於它表現了宋代文人矛盾複雜的內心世界，並非真正的脫離現實，實為抒發了他們對於人生與時代的憂患意識，具有特殊的意義，不可一言以蔽之曰「胡思亂想的無聊之作」。在遊仙的藝術世界裡，雖然一切意象的隱喻、象徵無不源於對無常世界的反觀和超越，然而，卻又在反面展現出另一種悲涼。「一朝敵神界」，「旋復還幽蔽」，在表

現理想性和神秘性的同時，是否也意味著意識到現實生活中的這類仙境樂土，與現存的社會秩序有著對立衝突，因而好景不長呢？文人們雖借遊仙而達到心理某種程度的平衡，但又同時促使心理進入更深的矛盾，正如樂章的複調，有一種更悲切的回音、潛臺詞的餘響。

　　本章選擇了宋代每個階段中具有代表性的遊仙書寫相關的文本，觀照他們的以遊仙作為自我救贖之路，而後勾畫出兩宋文人的心靈史。從前述的分析來看，宋詞的遊仙書寫有六個階段的發展。

　　第一階段為北宋初年，標榜閑雅的北宋真宗後期到仁宗朝，以晏殊、柳永為代表的婉約詞家以遊仙之想的潛入展現了以富貴世風為基礎的休閒意識和享樂情懷。是對自然感官與情思的禮贊，從中窺得一介生命生存欲求的醒轉。

　　第二階段，是崇尚儒雅的北宋中期，以蘇門弟子為主的文人以遊仙之心參悟人生，追求精神的自由，以詞來表現高潔正直的人品和曠達的處世哲學。詞人從遊仙中獲得人格的超越，甚至放眼當代，體會歷史、省思時代。

　　第三階段是在宋室南渡之交，意味著宋詞遊仙書寫第一階段的感官享受反映休閒意識宣告結束。這個階段因作家的性格差異出現了兩類作品，一是像李清照偏重於內心對現實的關注，張元幹蘊含了豐富厚重的時代滄桑並寄寓著作者深切的人文關懷。另是以朱敦儒、向子諲為代表的隱逸詞家借遊仙以逃避現實的困頓。

　　第四階段是南宋前中期以辛派愛國詞人為代表的借遊仙以表現功業無望的悲劇意識和述志情懷。詞人從遊仙中獲得人格的超越，甚至放眼當代，體會歷史、省思社會與民生民族之脈搏互動。

　　第五階段，南宋中後期以姜夔、吳文英為代表的清客布衣詞人藉遊仙在夢幻的世界裡追求「清空典雅」的詩意人生。融寒士心態與晉宋風度於詞的創作，以虛靈的仙境營造幽韻冷香的詩意品格。

　　第六階段是宋末元初以張炎、蔣捷為代表的遺民詞人託遊仙遁世以抒失根之悲和世事虛幻之歎。

　　通過對宋代遊仙詞的歷時性考查，同時參照個體生命意識在相應發展階段上的變化，比較而言，北宋的遊仙詞大多創作於閒適之中和歸隱之後，側重於抒寫對悠然閒適的隱逸生活情趣的嚮往之意與熱愛之情，在瀟灑清曠之中透出幾分牢騷與憂鬱；而南宋因為偏安局勢與和、戰之爭，從多方面促成了「林下之風」的盛行，而以遊仙寄託歸隱的書寫也隨之興盛起來。南宋遊仙詞除了一部分出自於因看破紅塵而歸隱的詞人之手，大多數則創作於被罷官賦閑之中，在抒寫放浪湖山的閒逸情趣的同時，也夾雜著壯志難酬、感時憂國的悲憤之情與激越之音。這是南、北宋詞家在遊仙書寫情調上的差異。我們也可以發現在宋室南渡以至南宋敗亡之後，詞家覺悟到生命終究必須沉埋於時間，化作歷史煙塵，此時心境不免微冷，於是從外部世界的關注而意識到內在視野的重要性。於是自覺改變了關注的焦點，即由原來的傾向於對社會現實的關注轉向對內心世界的挖掘，展現了一種內傾性的自我超越之道。

　　當我們以歷時性的向度觀照宋詞遊仙書寫的發展脈絡時，可以發現它所體現出來的審美意識是清晰的，無疑帶有現實與歷史的印記，但這印記是通過詞人心靈振蕩而來的。詞人是以抒情和內感的方式反映著時代的深重苦難，因而與前人對生命際遇的直陳鋪敘和直言唱歎不同，往往寄託了更為嚴肅的時代意義和鮮明

的時代精神。詞人在半宦半旅、半仕半隱的生存狀態裡體會到生命的缺憾，流露出物是人非、不得舒展的感慨。看似放情仙鄉與山水的詞人並不是漠視現實人生，而是把無法逃避的現實苦難寄託在對仙鄉的幻想中。有些遊仙詞表面上不談國事，不言時代，但在閒看山水的表面下卻蘊含了沉重的身世之感。倦遊思歸、感慨身世、眷戀家國，由表及裡、從外到內地構成了遊仙書寫中寄寓了身世之感和時代滄桑的精神內涵，展現了生命體驗的內容。如果拿遊仙詞作歷史來讀，它充滿了虛構；但如果拿它做虛構的想像來讀，又會發現其中充滿了歷史。宋詞遊仙書寫既與前代文人有所相通，又因歷史條件的不同而有其獨特性。總體上，宋代文人一方面保有儒家的道統觀，一方面又兼具道家文化心靈自由理想，透過遊仙書寫的分析，讓我們看到宋代詞家的隱逸形態不同於前人的發展，從前人的吏隱、道隱、教隱，更進一步發展到夢隱、心隱，隱逸所涉及活動空間，從田園、山林等自然空間，延伸至在喧囂的城市中另闢私家園林、別墅居處，並逐漸昇華到精神層次的仙境和夢幻世界，空間除了真實的物理性之外，還有超越實質的空間，如心靈空間、夢想空間，隱居的空間是非常豐富的，打破了單一場景的抒寫特點而出現了複疊場景，形成了在特定時空背景下的處境，以及此類風物與心境契合神會所組成的神秘詭奇的意境美。

　　「遊仙之心」這種閑適的虛靜之心需要詞人在生活中、創作前進行一番精神蓄養，這種蓄養就是創作主體的精神準備。遊仙的實質是一種隱逸意識下的產物，所不同的是其隱含的非實質的空間，而遊於異質空間——仙鄉，潛入夢幻之暫時逃逸迷醉。遊仙之想，乃士大夫們寄心於隱，不以形跡累心，寓隱於心，形成了隱逸文化「內傾化」的發展，往內挖掘自不必借著外在景物空

空間來鋪陳，「會心處不必在遠」，內心就可以虛幻出一種獨特的想像世界，不必一定要投身到自然，即使透過夢想幻境，也可以實現隱，這既體現出宋代士大夫通達的出處觀念，更來源於他們融攝三教的文化精神，奠定了士大夫群體自由精神的審美內涵。到後來，隱逸顯然走向日常生活化和普泛化，只要心靈可以抽離逃逸，便隨處可隱、隨時可隱，隱也從「形隱」發展到「心隱」。遊仙之想便是在「心隱」情境下，起到了自我心理的調節作用，正如童勝強所言：

　　與魏晉唐代等前人的遊仙書寫所抒寫的「憂生之嗟」相比，宋詞體現出更豐富、更強烈的生命意識。宋詞的遊仙書寫有時是壯志不能實現所激起的傷感，有時則是人生短促所觸發的悲感。這焦灼不安、蒼涼憂傷的情惑，使宋詞在審美視域中具有了悲劇美的特質。宋詞的反思哲理較之前人而言，已超越了一己個人的憂患，而昇華為對全體人類共同命運與出路的關照。

　　宋詞遊仙書寫在繼承傳統的同時又有新的變化，並形成了審美視野不同於傳統，對現實困頓的消解，對生命價值的追問，或是士人在政治參與意識受挫後的無奈變通，或者是遭受打擊後的自我安慰，或者是憑借對自然的親近，實現自我心靈的安頓和對世俗的超越。實際上這種隱逸一點都不是真正的快意自在，更多的是一種暫時的忘卻，但內有著更深的無奈。

　　遊仙之想是士大夫文人在理想與現實的衝突中所選擇的一種處世方式，也是他們保持人格獨立、追求心靈自由的一種人生哲學。詞興起以後，受到詩化和隱逸文化的影響，對遊仙逸趣的追求也逐漸滲透到詞的創作中來，並成為宋詞獨具特色的一個主題，強化了宋詞的抒情化。表現恬淡、閒適、瀟灑飄逸、超邁清曠的人生意趣，雖然不無消極遁世的思想因素，但也展現了宋人

體驗人生、享受生活、排遣失意、調適心理的瀟灑風姿。遊仙詞的創作現象，不僅僅是宋代士人多情、虛空、無奈等心態的寫照，表現出一種虛幻卻又帶著現實的歷史特徵，同時也是對現實生存狀態的超越和昇華。

第六章　歎老書寫與消解之道

　　遲暮之年，去日苦多，該如何安頓自己的心靈，如何心理建設而安度餘年？這是人生在世無法回避的問題，也成為作家思考的人生問題。在宋代這樣一個「轉向內在」[1]的時代風氣中，外在功業就不再是士人們的歸宿，士人們把目光從現實政治轉向世事人生，個體道德心性的完善愈加成為安身立命的根基，對生命存在的思考也比其他朝代更深刻。

　　宋代對士人的思想束縛與精神壓抑是雙重的。重文輕武的基本國策、中央集權的高度強化、仕進道路的狹窄[2]，以及「務本向道」的理學思想的影響等，都使得士人們生活在一種有形或無形的精神枷鎖之中。但從另一角度來看，宋代是一個優厚文人的時代，文人一旦入朝為官，皇帝給了文官足夠的俸祿，士人不必為衣食勞頓奔波，就有足夠的時間去感受生活、品味生命。宋人多感多思，他們常常對生命進行思考。而詞又是一種最能挖掘內心真情的文體，遲暮歎老、傷春悲秋更是詞這種感傷文學重要的抒情模式，抒發了他們對歲月蹉跎、老無成的感慨。蘊涵了生命無常、情感孤獨、仕途坎坷、恐懼死亡等豐富的文化心理。詞人對

---

1 「轉向內在」一詞，乃根據劉子健《中國轉向內在 ——兩宋之際的文化內向》(南京：江蘇人民出版社，2002 年)一書而來。
2 宋代士人出人頭地的道路幾乎只有科舉一條路可走，且是帝王實行殿試取人，士人要想飛黃騰達，就不得不入帝王的彀中，受其控制，最終成為維持國家機器有效運轉的一部分。

生命的眷戀，往往通過時間的流逝、衰老的逼近來傳達自我的生命意識。宋人一方面表現衰老的生命體驗，另一方面又展現對衰老的超越。對衰老的思考，對生存的體驗，都在在強化了詞文學的「狹深」境界。[3]衰老的焦慮背後，深藏著恰好是它的反面，是對生命的加倍珍惜和留戀，對時間的焦慮正反映出詞人對人生的眷戀與執著，詞人面對衰疲老蒼，更能展現對生命的關懷。本章欲藉著對宋詞歎老書寫的探討以理解宋人的心靈信息，以及對衰老的超越之道。

其次，北宋與南宋詞因為時代背景、審美風氣、抒情方式的差異，對衰老主題的表現也呈現出「同中有異」的發展。大體言之，北宋詞老年書寫的內容包括老年生理體徵的描摹、日常生活作息的描述、生命感覺的展示和超越之道。北宋詞人對衰體老態的點染，在身體經驗的表達上為宋詞創作的日常化開闢了新境界。老年致仕的閑居狀態提高了詞人自我身心體察的精細程度，也使詞人用自我充實的心態消解了身體老化的頹喪感。其次，詞人面對衰老時體現出內在的調適勉勵，在自我更新中重構人生秩序。南宋詞人因儒道與理學思想開啟的內在超越為他們帶來新的生命感覺，儘管問道的程度與方向不盡一致，但由理學開啟的內在超越對士人處世心態與生活情趣有著深刻的影響。他們在詞中把這些心情轉變為對人生閱歷的真誠訴說，使年齡從文化符號變為一種人生觀的表現紐帶。北宋、南宋詞在歎老書寫的發展演變軌跡顯著，從時代社會的演進、詞人自我意識的呈現、對衰老的自覺體驗，在歎老書寫的表現便有所差異，各有所長，不可偏廢。本章欲探討兩宋詞人對衰老思考的差異與變化的發展線索與具體

---

3 楊海明《唐宋詞史》(高雄：麗文文化事業股份有限公司，1996 年 2 月) 謂詞是一種「狹深文體」，頁 3-6。

考的差異與變化的發展線索與具體表現。

　　筆者試圖通過對兩宋詞人晚年心境創作情況的考察，探究詞人在垂暮的心境與思考，不僅在內心實現了從悲苦到接納的轉折，而且對詞之抒情創作融入了哲思的新境界，實現了其晚年美學思想的升華。藉此以掘發宋代詞人如何對待現實中的「老」，進而將「老」審美化與哲思化，構成一種具有宋代文化特色的思考方式。從本章定題以及寫作宗旨看來，可知筆者要探討的對象是宋代詞家中有關歎老的作品，然而《全宋詞》共收詞人千餘家，詞作約二萬闋，每位詞家或多或少都會有涉及歎老之作，但限於篇幅，無法在一個章節裡全數涵納所有作品，吾人只人選定具有代表性的，或歎老作品份量較多的幾位詞家作為抽樣代表，以點代面。在具體操作上，以北宋的晏殊、王安石、蘇軾、周邦彥，南宋的愛國英雄詞人(張元幹、陸游、辛棄疾、劉辰翁)、布衣清客職業詞人(姜夔、吳文英等人)為重點，考察「歎老」在詞人創作中的表現。同時探究衰老書寫與歎老詠老心情在南、北宋視角的變化，以及這樣的書寫對宋詞的審美藝術有何效益，以此揭示宋詞中老年心境書寫的抒情品格。

第一節　宋詞歎老書寫的形成背景

　　本節旨在探究宋詞中衰老書寫形成的背景，這裡的「衰老」不僅指作家在肉體和精神上的衰退變化，還涉及了詞人對詞體及時代氛圍的認知。從美學角度來看，歎老書寫其實也是一種詞學創作觀念。意指詞人不同於年輕生命的那種蓬勃的朝氣，也不像以前如唐人青春外放熱情的寫作狀態，越來越內縮到私人化封閉

性的寫作中，從毫不妥協到無奈接納到自我安頓、自我和解的歷程。以下我們分幾點言之：

一、文學傳統：承繼詩中歎老書寫的淵源

衰老的體驗自古以來，人皆有之，中國文學中的歎老主題濫觴於詩，主要存在於抒情詩作中。如屈原〈離騷〉：「老冉冉其將至兮，恐修名之不立」[4]，反映了屈原對功名未立的內心焦慮。如《古詩十九首》：「人生非金石，豈能長壽考」、「生年不滿百，常懷千歲憂」的生命焦慮，「回車駕言邁，悠悠涉長道。四顧何茫茫，東風搖百草。所遇無故物，焉得不速老。盛衰各有時，立身苦不早」(〈回車駕言邁〉)[5]的衰退蒼涼之感，都是古人歎老抒懷時無法回避的內容。

唐代不僅是詩作的黃金時代，歎老作品也異彩紛呈，其中最有代表性的首推杜甫，「歎老嗟悲」已成為杜甫最常表現的抒情姿態。〈茅屋為秋風所破歌〉寫出了年邁詩人最後的託身之所便是成都草堂，這是詩人人生最後的保障，生存意義的物化形式，未料一場暴風捲走了屋頂的茅草，隨之而來的是連夜秋雨，床頭屋漏，狼狽的處境觸發了詩人對戰亂以來所嘗遍的痛苦回憶。這首詩實際上也是杜甫在年老時回望一生用世的追求後，只有一間破敗的茅屋可以寄託的悲涼，但這唯一的憑藉卻也是他等待死亡的最後棲居之所。又如〈野老〉、〈賓至〉、〈野望〉、〈垂白〉、〈老病〉等詩皆寫盡了詩人的衰老心情。實際上對老年處境進行系統吟詠是

---

4 引自梁‧蕭統編、唐‧李善注《昭明文選》(台北：文津出版社，1987 年)，頁 1487。

5 以上《古詩十九首》諸作乃引自梁‧蕭統編、唐‧李善注《昭明文選》(台北：文津出版社，1987 年)，頁 1343。

在中唐的劉禹錫、韓愈、白居易等詩人那裡才開始盛行。李商隱
「天意憐芳草，人間重晚晴」（〈晚晴〉）……。一代又一代的文
人不約而同地抒發對時光流逝的無限感慨，已為歎老感時的詩歌
長河抹上了一層憂傷的色彩。由此可見，歎老是文學史上的一個
抒情傳統。受此文學傳統的影響而不禁歎老是必然的。

　　綜合上述，在古典詩中，歎老受到普遍的認同而成為一種文
化符號，歎老從古至今融入了歷代文人士子的情感思維裡，已成
了一種特定的文化心理。宋代詞人之歎老，是承繼前代歎老抒情
文學的傳統而來。老化在社會中的存在已經遠遠超越了生理層面
的具體意義，被附予更多文化、人性、心理的意涵。

二、人情老易悲：源自人性對起落興衰的基本焦慮

　　歎老這個主題何以能綿延不絕成為文學的傳統呢？源自人
性對生命由盛及衰自然行程中的基本焦慮。如果說青春令人欣
愉，壯年使人勇奮，中年讓人期許，那麼老年則給人以悲懷。生
老病死，起落興衰，這是生命的遞嬗中的特定歷程，彷彿是遠古
以來就緊緊追隨人類的讖語魔咒，為人類展示了一個從由生機萌
發、一片榮盛漸漸走向蕭索凋敝、滿目蒼涼演變的生命歷程，面
對青春的流逝、再加以仕途的坎坷，多愁善感的文人自然會對「由
盛而衰」的現象產生焦慮。生命的起落興衰必然喚起了人們內心
的寂寞。按西方學者的觀點，人性的本質「應當是一個在他生存
的每時每刻必須查問和審視他自身的生存狀況的存在物」[6]，正如
海德格爾所指出「日常生活就是生與死之間的存在，人應讓思想
回到自身，回到存在。」[7]人存在的問題就是時間，老病死是不可

6　[德]恩斯特・凱西爾著：《人論》（上海：上海譯文出版社，1985 年），頁 8。
7　參考自張賢根著：《存在・真理・語言─海德格爾美學思想研究》（武昌：

避免的自然現象，是人生必須要叩問思考的終極問題。人到老年——意味著生命活力的日漸衰退，意味著個人對現實世界的物質或財物的貢獻力日益減退，或者說是索取將多於付出。而在一個對功利有極大的需求、必須以付出做為證明自身價值的現實世界裡，衰老必然將一個人推至權力以外的邊緣地帶或弱勢處境。於是年輕時不會出現的徬徨悲歡在年老時往往會一一迸發。

　　老者——被視為社會秩序中的無可作為衰退者，對自己身份認同產生危機，對家園的歸屬感到茫然。衰老將一切潛隱的矛盾尖銳化和表面化。當親友日漸凋零，而自己也已步入老病之年，任何一個感情豐富的人都難免受到遲暮感的侵襲，如果又加上時代社會的風雨通過衰老這一生命信號變本加厲地投射於歎老者的精神世界，那份生命的感傷便會更形加劇，對自己的老化格外敏感，這揮之不去的愁緒恰恰又加速了詞人身心的衰老。

三、絢爛之極，歸於平淡：
老年心境與宋朝時代精神相符

　　一個時代的審美情趣，往往與相應的社會現實合拍。與同為大一統王朝的秦、漢、唐那種鋪張揚厲、雄渾奔放的氣象大異其趣，宋代的審美情趣顯示了與統一王朝不協調的陰柔之美。或許是強敵環伺，疆土局促，君臣宴安，從而形成一種內斂而不張揚的氣質。宋代的審美思潮具有「平淡美」和「思辨力」。宋代文人的生活態度傾向於理智、平和、冷靜，也更腳踏實地，可以說是超越了唐代青春煥發式的躁動而日臻於內省。面對生活，也往往採用「和光同塵、挫銳解紛」[8]的生活態度，審美態度也日益世俗

武漢大學出版社，2004 年 12 月），頁 226。
8　《老子》：「挫其銳，解其紛，和其光，同其塵」，本文在此用以指出宋人的生命態度是一種含斂光耀、混同塵世的境界，這實際上是通向人內心

化了。宋詞中的歎老嗟悲與白髮霜鬢，是飽嘗世事炎涼，由絢爛歸於平淡的人生境界的象徵。當生命超越了個我，融入宇宙大化的體驗，縱有悲傷，也將歸於冷靜淡然處之。宋人對宇宙人生的深沈平靜剛好符合老年人的思考姿態，外似莊玄而內屬儒家，外似達生而內蘊深切的憂生。

老化既已是每個人不可辭讓或轉移的命運，任何一種無法避免的共同點都能生出「大我」普遍式的感情，就像衰老是某生命的自然規律無可抗拒。任何一種痛苦的感受，只要前面有人走過，個人所受的折磨都可以從借鑑前人而化為生命的智慧，支持人們熬下去。善於反思人生的宋人，面對人生困境總有著比前代人更深刻的思考。他們以清澈如水的心思去體味老年，讓心靈獲得淨化的平和。

四、靜水流深：
歎老之愁符合詞體悲劇體驗的感性審美需求

宋代文人士大夫沒有漢唐士人那種豪氣干雲的精神和氣魄。如果說漢唐士人就像颯爽英姿的遊俠少年的話，宋代士人則一如憂喜不驚練達老成的長者。宋人從靜中學會心氣平和；偶有振作，也不過是「老夫聊發少年狂」而已。我們可以用「靜水深流」這四個字來表徵宋詞的情感狀態和美學特色，這也是宋人的心境或心態。

「靜」，是生命的平和，是為人處世平靜淡泊而不張揚。「水」，是生命的本源；「流」，是情感的動態發展；「深」，是的生命的遼闊與厚重，是情感的堅守與執拗。詞文學在承載宋

和諧、思想完滿的一個重要途徑，他們不再像唐人那樣想高飛遠舉了。

人那種幽深細婉的情緒方面得天獨厚，一如靜水流深，從表面上看似平靜無華，卻能讓我們在這種潛流中，看到底層那種無可奈何的接受與涵納，也能看出時代滄桑與社會現狀。一如老者的心境，平靜、安詳而又淡泊。略覽宋詞，不難發現，「老」字在宋詞出現的頻率非常高。在晏殊、王安石、蘇軾、黃庭堅、朱敦儒、辛棄疾等愛國詞家的詞中經常可見「老」字，其義大部分又與「歎老」內容相關。一般而言，歎老是人在生命里程已過大半後的一種定向情懷，是人在垂暮之年對已逝青春的懷戀，或者是飽嘗人生艱辛後的一種無可奈何的感慨。歎老文化背後反映的是宋代人對美好人生追求不遇的失落，從中可以讀到詞人複雜難言的人生經驗，進而折射出其內心世界的深沈。由大自然的生命體驗，領悟到人生的一種意義，一種既朦朧可感又難以名狀的精神境界。可見，詞中歎老主題之所以讓人深思，乃緣於「內容決定形式、形式反作用於內容」的定律，相關的主題會選擇相應的文體表達。這是抒情力量物件化的慣用形式，也是作者有意利用詞這種模糊朦朧、包容力極大的抒情載體來入境深思。詞在繼承前代歎老文學傳統之餘，也成了詞人老衰後根據更深刻的內在要求寄託情感並結成美的文本載體。可知歎老書寫不僅是詞人對生活、生命的解讀，更是對詞文學的審美本質與傳統文化回歸的創作表現。

綜合本節，我們可見歎老書寫早已超越了具體的生理現象與醫學意義，具有多重指向性，既有形而下的個體生理反映，又有形而上的對存在思考，對時代的思考。尤其在宋代這個多重傷痕的時代與社會背景中，對老化的描寫包含了特定時代內涵——身體癥狀與國疾民瘼形成表徵與同構，表達了詞人對社會現實、時代現狀的深刻感知。

第二節　憂生與黨爭背景下的北宋詞人歎老書寫

　　本節重點在論述北宋詞人的歎老書寫。因為北宋詞家歎老書寫者夥，限於篇幅，本文不可能一一盡訴，只能選擇具有代表性作家，筆者以歎老在其作品中出現的頻率較多、具有反映時代背景與自身特色的詞家為重心，在此筆者選擇了晏殊、王安石、蘇軾、周邦彥這四位分別代表北宋初年至中期、末期的詞家，透過對四位詞家詞作中的歎老情懷分析，以見北宋的衰老書寫主要緣自憂生與黨爭的時代壓力，北宋詞家在歎老之餘，也展現了豐富的人生感悟、深沉的歷史感慨、理性的情感超越，這使得歎老詞具有一定的哲思色彩。

一、晏殊因政治遭遇而歎老：
憂生意識的外在表現形態

　　北宋第一位具有鮮明歎老書寫的詞人是晏殊(991-1055)。晏殊是宋初著名的宰相詞人，富貴榮華，人生沒有太多的波折，然而他卻是一個有著濃鬱的歎老情懷的人，他詞作中的那種「歎老」情緒，絕非都是垂暮之年的產物，而主要是詞人因外物所感而生的一種時光易逝、人生易老的慨歎。《珠玉詞》中有大量關於歎老詞作，表現出詞人明顯的世間情結。如：「春花秋草。只是催

人老」、「暮去朝來即老，人生不飲何為。」[9]又如：「不覺星霜
鬢邊白，念時光堪惜」[10]等等。驚心時光之易逝，催人之速老，
惆悵和所愛的人分離，雙重悲劇，於是感人生之有限與無常而歎
老，其思想情感內涵的本質是深切的生命焦慮。在表現人生苦短
這一主題時，晏殊詞的一個突出特點是往往將人生的短暫與自然
的永恆作比較，在對比中突出人生的短暫，如〈謁金門〉：

> 秋露墜。滴盡楚蘭紅淚。往事舊歡何限意。思量如夢寐。
> 　　人貌老於前歲。風月宛然無異。座有嘉賓尊有桂。莫
> 辭終夕醉。[11]

上闋主要透過自然景物而引發對往事的追憶與思考，在此基
礎上，下闋則是對人生的感歎。過片的「人貌老於前歲，風月宛
然無異」兩句，在人與風月之間形成了一種對比，以風月無異對
比人貌老於前歲，突出人生的變化與短暫。

看似日復一日毫無變化的日常生活，反而造就詞人對於時序
輪替與季節變化更有敏銳的感受，用心把握有限的時間，隨著時
間的推移，詞人漸漸接納現實的種種，他心靈契合於大自然，逐
漸地讓他忘卻了人生的缺憾，四時風物在他的仔細體會下，於精
神上給了他安慰與解脫，也為他往後的日子找到了移情與寄託。
通過觀察四時與自然風物，衰老的痛感暫時得到了解脫，抑鬱之
情暫時得到了慰藉。

晏殊地位崇高，詩酒風流，與物有情，自然覺得歡娛時光過
得特別快，但他又多愁善感，善於理性思考，所以晏詞的「歎老」
實際上是沉潛於「憂生」意識的外在表現。生命存在的本質就是

9　晏殊〈清平樂〉，見唐圭璋編撰，王仲聞參訂，孔凡禮補輯：《全宋詞》(北
　　京：中華書局，1999 年)，頁 92。
10　晏殊〈滴滴金〉，《全宋詞》(北京：中華書局，1999 年)，頁 106。
11　晏殊〈謁金門〉，《全宋詞》(北京：中華書局，1999 年)，頁 87。

時間，是有限的時間，用金錢權力都無法改變生命的善變與無常。詞人從「感受悲涼」而「感受存在的本質」，晏詞透過「衰老」的意象去逼近生命存在感知，生出了對生命短暫、青春易逝的哀愁。例如：「紅顏豈能長如舊」、「浮生豈得長年少」（〈漁家傲〉）[12]，在他看來，浮生倏然而逝，人生唯一值得珍視的是自己有限的生命。「珍惜當下」、「善待今生」幾乎可以目之為晏殊人生觀的定向，反映了在廣袤的時間面前對生死的憂懼；同時也表達了晏殊在有限的人生和變化無常的政治生活中，寄情山水自然，為尋找內心的安頓而進行的深刻反思。

晏殊善於從主體生命精神的縱深之處掘進，在生命的感性欲望中積澱著更多的理性操持和詩性智慧。值得我們注意的是，晏殊不僅直接表達了他的人生感歎，同時也有著極為清醒的人生意識。在感歎人生苦短，時光易逝的同時，晏殊詞中另一個普遍的主題是對人生變幻難測、人生如夢的感歎，例如：「須知一盞花前酒，占得韶光。莫話匆忙。夢裏浮生足斷腸」[13]，「朱弦悄、知音少，天若有情應老。勸君看取利名場。今古夢茫茫」（〈喜遷鶯〉）[14]等，這幾首詞非常明顯地表現了晏殊對人生的認識，在他看來，儘管人生是各式的名利競技場，現象是豐富多彩的，但是，從本質來說，卻都是一場場難以掌握的夢。怎樣面對這樣的人生呢？或許有人想到的是求仙學道，企求長生不老，但實踐的結果很快就發現此路不通，羽化登仙、長生不老的祈望與努力只不過如鏡中花、水中月般的虛無縹緲。對此，晏殊在詞中普遍認為，應該珍惜當下，及時行樂，以聽歌飲酒的享受來消解人生短暫、

---

12 晏殊〈漁家傲〉，見《全宋詞》（北京：中華書局，1999年），頁99。
13 晏殊〈採桑子・春風不負東君信〉，見《全宋詞》（北京：中華書局，1999年），頁93。
14 晏殊〈喜遷鶯・花不盡〉，《全宋詞》（北京：中華書局，1999年），頁94。

聚少離多等帶來的痛苦。例如：「勸君莫作獨醒人，爛醉花間應有數。」[15]。晏殊強調「不如憐取眼前入」（〈浣溪沙〉），遠不如在有限的生命過程中盡情享受人生的快樂來得實在。究其實質，晏殊其及時行樂式的生活，一點也不瀟灑、輕鬆，而是一種唯恐老之將至的深沉憂生意識所展現的生命形態。

　　以上我們考察了晏殊對老年進行的思考和及時行樂的人生態度，以見身為宰相詞人其內心的深情感傷。晏殊具有一種細膩嚴謹的性格，富貴的生活反而使他時時感到生命衰老與短暫。這種感知往往能夠喚醒人們深層的價值觀，讓衰老不僅僅是一種簡單的生命現象，更超越生理的內涵，在這裡提出人應該樹立什麼樣的生命態度。這種價值觀也使得他的詞在歎老的淺愁與淡苦還能保有一份平和圓融之致。

二、王安石因人世浮沉而歎老：
對生命澈悟後，通過佛禪尋求超越

　　王安石(1021-1086)年輕時是一位銳意變法、積極用世、豪氣勃發的改革家，早年曾在政治上叱吒一時，後被罷相退居江陵。晚年的王安石雖然遠離權力的中心，但內心並未平靜，他時刻關注著朝政的變化。表面看來，他的處境與古代士大夫們的經歷並無二致，但其中最大的不同就在於政治上他曾經達到了人生最高處的輝煌，之後又跌入了谷底，這是大起大落的遽變。他的退隱實屬無奈，對於這樣一位人生遽變的政治人物來說，其晚年時的內心世界必然是豐富複雜的。王安石晚年為了排解內心的苦痛，

15　晏殊〈木蘭花・燕鴻過後鶯歸去〉，《全宋詞》（北京：中華書局，1999年），頁95。

潛心佛禪，企圖以另一種關注來尋找內心的一種平衡。江陵一代
的美好風光成了他安頓身心的另一種方式。[16]但他寄心佛禪、遊
山玩水、飲茶讀書卻也只能暫時的消解苦痛，對他而言根本就不
可能完全忘懷政治。晚年他寫出了一系列獨具個性的詞作，這些
詞作恰恰反映了他此時獨特的內心世界。如〈浪淘沙令〉：

> 伊、呂兩衰翁，歷盡窮通。一為釣叟一耕傭。若使當時身
> 不遇，老了英雄。　　湯、武偶相逢，風虎雲龍。興王只在
> 談笑中。直至如今千載後，誰與爭功？[17]

伊尹原本只是一介耕傭，呂尚晚年在渭水河濱釣魚為生，都因為
遇到了賞識他們的君王而得以實現自己的才能。伊尹得遇商湯賞
識，成為「商放桀」這一場革命的幕後關鍵人物。呂尚遇周文王
受到重用，輔佐武王滅商，封侯於齊。他們君臣遇合、適逢其會，
王安石詠此史事，用心頗深。他曾得宋神宗重用變法，後來卻遭
罷相長期閒居，他大概覺得自己與神宗之間，實際上並未完全達
到伊尹、姜子牙之遇合湯武那樣的層次，「若使當時身不遇，老了
英雄」，如果不是遇到賞識他們的明君，或許一生就只能與常人無
異，老死山林，沉淪埋沒。可知一個人除了有才華之外，不可缺
的外在條件的機遇。本詞之尾句，表達了世事多變、宦海浮沉、
生命之起落之歎。又如〈漁家傲〉：

> 平岸小橋千嶂抱。柔藍一水縈花草。茅屋數間窗窈窕。塵
> 不到。時時自有春風掃。　　午枕覺來聞語鳥。欹眠似聽
> 朝雞早。忽憶故人今總老。貪夢好。茫然忘了邯鄲道。[18]

16　葉夢得《避暑錄話》記載：「王荊公不愛靜坐，非臥即行。晚卜居鐘山
　　謝公墩，畜一驢，每食罷，必日一至鍾山，縱步山間，倦則即定林而睡，
　　往往至日昃及歸。」
17　王安石，〈浪淘沙令〉，《全宋詞》(北京：中華書局，1999 年)，頁 207。
18　王安司，〈漁家傲〉，《全宋詞》(北京：中華書局，1999 年)，頁 205。

　　王安石晚年隱居金陵，這首詞寫的就是他隱居的生活及心境。首二句寫出了群山環抱，柔藍綠水，遍地花草繽紛的大自然，有數間草屋，在這麼優美的環境裡，紅塵俗事不到心間，因為時時有春風吹拂。這首詞反映了他在離開政治舞臺後已失積極進取之名利心，對仕宦生涯感到厭倦，欣然於自然懷抱中寄託自己的幽懷，與花鳥山水同心共鳴的恬淡心境。下片則具體的寫他的隱逸生活：「午枕覺來聞語鳥」，中午時分斜倚在枕上，這裡沒有官場世俗的煩擾，想睡就睡，忘了晨昏。「欹眠似聽朝雞早」，一覺醒來聽到鳥兒啼叫好像聽到早晨報曉的雞鳴，聯想到當年從政早朝時「騎馬聽朝雞」的生涯，恍如一夢，如今已回歸自己的人生，由絢爛而歸於平淡。「忽憶故人今總老」，不言自己已老，而言故人之老，這正是曲筆述意，委婉含蓄。當自己已老，而今只貪愛閒適生活中的午夢，這夢是輕快歡愉的，不再是盧生邯鄲道上所作的「建功樹名，出將入相」的黃粱幻夢。王安石二次罷相隱居金陵以後，讓自己在自然中得到寄情。這種日常親切的體察，讓詞人在老去的人生中得到了心境的平適。

　　要之，王安石詞創作與其政治生涯密不可分。他的詞傳情達意、吞吐心曲，真實再現了這位政治家的志向、懷抱，及變法過程中的種種複雜情懷。他的歎老之作，讓我們看到了這位叱吒風雲的政治家晚年生活中的另一面。晚年在日常生活中的與物同在，經過「心與景會」之觸動與碰撞，醞釀而生之情感，在沉澱心境、洗滌生命的狀態裡，都讓王安石暮年回歸人生原點，在閑靜生活中得其自適，獲得了心靈的沉澱與心境的昇華。

三、蘇軾在貶謫中歎老：
洞徹生命如幻夢虛無後追尋精神自由

　　晏殊和蘇軾(1037-1101)的衰老書寫均從人之必死的自然規律中衍生出焦灼的時間意識，但流向卻截然相反。晏殊是以及時行樂消解了衰老的悲愁，而蘇軾則是極力尋求老年的生命意義從而使生命活力得到張揚。

　　蘇軾少年得志，以儒家思想自任，本以為自己步入仕途後會有一番作為，然而人生幾經跌宕。他因反對王安石變法恐在朝廷中無法容身而自請外放擔任杭州通判，之後又先後被調往密州、徐州、湖州等地。近十年的外放生活，時光的倏忽而逝，青春流逝，世事無常，詞中不無衰老之歎，例如：「情未盡，老先催。人生真可咍。他年桃李阿誰栽。劉郎雙鬢衰」[19]、「春光亭下。流水如今何在也？歲月如梭。白首相看擬奈何。」[20]這些詞大都作於外任期間，雖以詩酒、耕讀實現對挫折的超越，但心中仍有著時光流逝、歲月難駐的憂愁與苦悶，其時間憂患意識較為深重。建功立業仍然是此時的蘇軾不變的追求，例如〈江城子‧密州出獵〉首句即道「老夫聊發少年狂」，大有橫槊賦以抒報國立功之慨，以一展豪情壯志(但蘇軾畢竟不同於李白式的青春歌唱與豪情萬丈)，可知此時期蘇軾仍有濟世之懷，不過存在內心深處的歸去之懷也隱隱浮現。這也是他每到一個地方都能有一番作為，為當地的百姓謀福利的根本原因。把儒家思想觀念作為主要精神支柱的蘇軾自然會對時間的流逝極其敏感。當青春流逝中包含對理想難

19　蘇軾，〈阮郎歸‧蘇州席上作〉，見《全宋詞》(北京：中華書局，1999年)，頁298。
20　蘇軾，〈減字木蘭花‧送趙令〉，見《全宋詞》(北京：中華書局，1999年)，頁312。

以實現的擔憂和焦慮時，時間的流逝便會顯得更快，這也是這一時期蘇軾的時間意識如此敏銳的原因。然而蘇軾卻並非被動地承受時間流逝所帶給他的悲劇感，而是在展現悲劇真相的同時對其進行精神的超越。這種心情在〈望江南・超然臺作〉中則有淋漓盡致的展現：

> 春未老，風細柳斜斜。試上超然臺上看，半壕春水一城花。
> 煙雨暗千家。　　寒食後，酒醒卻咨嗟。休對故人思故國，
> 且將新火試新茶。詩酒趁年華。[21]

此詞作于熙寧九年(1076)蘇軾在密州任上，超然臺是蘇軾到密州後對北城舊臺重新修葺而成，並由其弟蘇轍命名曰「超然臺」。詞人登臺眺望，興懷思鄉，故作此詞。上片全然是一幅淡雅的密州春色之美。「春未老，風細柳斜斜」，春尚在，微風拂著楊柳，首二句便寫出暮春一派祥和美好的景象，同時也是蘇軾曠達樂觀精神的展現。登上超然臺俯瞰全城，密州早已不是蘇軾剛到任時的連年乾旱，經過蘇軾的治理已變成「半壕春水一城花」，微風細雨更讓整座城市籠罩在一片煙雨朦朧之中。寒食過後便是清明時節，「酒醒卻咨嗟」，在酒醒後便有了對現實的感傷，因自己長期離家宦遊，而興起了淡淡的嗟懷。但這種情緒卻沒有導向消沉和絕望，蘇軾總有對自我的開解與安慰之方：「休對故人思故國，且將新火試新茶。詩酒趁年華」，這絕非晏殊「滿目山河空念遠，不如憐取眼前人」[22] 的及時行樂，從「故人故國」轉向「新火新茶」是以一種全新的心態面對人生的起落，超然物外，忘懷塵世的一切，是境界的開啟。最後的「詩酒趁年華」更與上片的

---

21 蘇軾，〈望江南・超然臺作〉，見《全宋詞》(北京：中華書局，1999年)，頁295。
22 晏殊，〈浣溪沙〉，見《全宋詞》(北京：中華書局，1999年)，頁90。

「春未老」所傳達的心態相呼應。「春未老」而人空老，可知人老是無可奈何的現實，但蘇軾從日常的詩酒生活去超越現實的悲劇，在本真的生活中找尋到了生命的價值和歸宿。從中不難探究出生命態度在衰老處境中的精神指引作用。

　　蘇軾在杭州時期曾經寫下：「無可奈何新白髮，不如歸去舊青山」[23]，對現實的挫折而生發的「無可奈何新白髮」的生命悲劇意識，漸漸的在投身於日常生活之中、在心靈契合於大自然之中，逐漸地讓蘇軾忘卻衰老的缺憾，四時風物在他的仔細體會下，給了他安慰與解脫，也為他往後一貶再貶的日子找到了移情與寄託。通過觀察四時與游賞自然風物，成了蘇軾超越衰老憂患的一種方法，例如〈行香子‧過七里灘〉云：

　　　算當年、虛老嚴陵。君臣一夢，今古虛名。但遠山長、雲山亂、曉山青。[24]

既然時光難駐、生命有限，人都會老去，而身後的聲名即使再盛，在歷史的長河中也終是虛妄，那麼為什麼不投身自然的懷抱，去過自在的閒適生活呢？「君臣一夢，今古虛名」的歷史悲劇意識都在蘇軾對人生全新的意義和價值的建構中被超越。正是藉著觀看自然、游心於大千世界的方式，達到移情轉換，重新認識自身而獲得心境的平衡。一個人惟有在大寂寞和大失落之中，才能真正體驗人與自然的和諧關係。要想真正超脫現實困境，有時要把關注的目光從自身轉向自然，抽身而出，返身觀照，才能真正改變自己的困境。回歸自我本真的生活才是最值得過的生活，才是個體生命的應然狀態。蘇軾往往在日常生活中發現生機，在大自

23　蘇軾，〈浣溪沙‧感舊〉，見《全宋詞》(北京：中華書局，1999 年)，頁 318。
24　蘇軾，〈行香子‧過七里灘〉，見《全宋詞》(北京：中華書局，1999 年)，頁 303。

然中生發靈感，讓自己在山川風物的洗禮中揮去眼前的陰霾，敞開心扉。

　　再舉一首他在黃州時期的作品〈浣溪沙‧遊蘄水清泉寺。寺臨蘭溪，溪水西流〉：

　　　山下蘭芽短浸溪。松間沙路淨無泥。瀟瀟暮雨子規啼。

　　　誰道人生無再少，門前流水尚能西。休將白髮唱黃雞。[25]

上片主要是寫景，展現了暮春遊清泉寺所見之清幽景緻。中國地勢西北高東南低，所有河川皆向東流入海，這是人們一般的認知。但蘇軾從蘭溪的溪水往西流這樣不同於我們一般認知的現象，而思考到人生何嘗不可以逆向思考、反彈琵琶。衰老無所不在，當鬢邊白了一縷頭髮，衰老就漸漸降臨了，「神龜雖壽，猶有竟時」，這是不可抗拒的客觀規律。然而任何反面的事情都有其不同的啟示，用不同的角度、不同的觀念、不同的態度去看待這一自然規律，便可得出不同的結論。老年，可以是老當益壯，也可以是未老先衰。如果連蘭溪的溪水都可以違反自然規律，那麼我們的人生又未嘗不可返老還童？「誰道人生無再少？休將白髮唱黃雞」，因黃雞報曉，表示時光流逝。蘇軾疾呼不要在老年時感嘆時光的飛逝。蘇軾有勇氣面對老年，將更多的希望與熱情傾注於未來。「白髮」意象所蘊涵的歷史與人生意味可以說是中國傳統文化幾千年積澱的結果，但大部分的人只透過「白髮」看到歲月的流逝和隨之而起的無限愁緒，蘇軾卻站在了一個更高的層面，看到了另一種存在，預見了人生有無限可能的發展。蘇軾以自己的體會告訴人們，人到了老年正是利用無數經驗再次創造的開始。在人生中要驅除負面思考，學會樂觀，這就是蘇軾這首〈浣溪沙〉教

25　蘇軾，〈浣溪沙‧遊蘄水清泉寺。寺臨蘭溪，溪水西流〉，《全宋詞》(北京：中華書局，1999 年)，頁 314。

給我們的人生智慧。

我們再看他在元豐五年在黃州所寫的〈江城子〉：

> 夢中了了醉中醒。只淵明，是前生。走遍人間，依舊卻躬
> 耕。昨夜東坡春雨足，烏鵲喜，報新晴。　　　雪堂西畔暗
> 泉鳴。北山傾，小溪橫。南望亭丘，孤秀聳曾城。都是斜
> 川當日境，吾老矣，寄餘齡。[26]

蘇軾彷彿與淵明異代同心，直以為淵明就是自己的前生。自
認是淵明的轉世，二人命運相似，都面對了政治的黑暗，都能於
醉夢人生中保持著清醒的頭腦，不隨波逐流，而最後也有著同樣
的躬耕田園的歸宿。但淵明是因為不滿政治黑暗而拂袖歸田園，
蘇軾卻因文字獄以罪人身份謫居躬耕於黃州。但蘇軾仍然以曠達
態度來面對人生，對於「春雨足，烏鵲喜，報新晴」這些富有生
氣的景物讓他到適意，雪堂、泉鳴、小溪、亭丘、遠峰，都讓他
感到美好。他在躬耕中和淵明有了更深的契合，便感覺到如今自
己所處所為，似乎一切一如當年淵明的斜川境況，不免想到自己
是否也會像淵明一樣在老去中感受生命。「吾老矣，寄餘齡」，對
現實無法掌握，產生遲暮之感。夢中了了、醉中清醒是陶淵明歸
隱時的生活狀態，更是蘇軾謫居黃州期間的人生態度，蘇軾已全
然將生活、人生看成一場夢，做到了夢中覺醒，看透人生，因此
才能以超然曠達的態度在雪堂生活。經歷了烏臺詩案的不自由生
活後，反而是全新的人生觀的建立。這首詞是蘇軾想到自己的餘
生，以此來宣示自己生活型態的改變，人生態度的調整。

在離開黃州量移汝州赴任途中，因旅途勞頓，條件惡劣，他
的小兒子不幸病亡。與蘇軾有深厚感情的元配王弗、繼室王閏之、

---

26 蘇軾，〈江城子〉見《全宋詞》(北京：中華書局，1999 年)，頁 298。

愛妾王朝雲都先他離開人世。仕途的險惡、人生多次的大變故使
蘇軾經常歎老，常有「人生如夢」之歎。蘇軾在詞中反復敘說「人
生如夢」並非消極逃避，更非對整個人生的厭倦和感傷，恰恰是
蘇軾超越時間憂患和束縛的思考。既然人生如夢似幻，那麼何苦
追求身為之物？人生還有一種更深沉的悲劇，那就是費盡了千辛
萬苦追求到了，事後才發現這種追逐是毫無意義的。蘇軾在對人
生的終極思考中認識到這一點，並在思考中包含著對世事的悔悟
和自嘲。他不禁自問道：「長恨此身非我有，何時忘卻營營？」（〈臨
江仙・夜飲東坡〉），「世事一場大夢，人生幾度秋涼？」（〈西江
月〉），然而等到真正醒悟時人也已老了。這時的蘇軾，似乎看透
了人生，看破了紅塵。但蘇軾更高的境界不是在看透與看破之中
任憑命運擺佈，而是試圖穿越這種虛幻而達到一種精神上的解脫
和對自我價值的重新確認。

　　蘇軾在神宗元豐八年(1085)黃州期間慰問王鞏(定國)南遷歸
返而作〈定風波〉一詞：「萬里歸來年愈少。微笑。笑時猶帶嶺梅
香。試問嶺南應不好？卻道。此心安處是吾鄉」[27]，就已經以回
歸精神故鄉的方式超越了現實悲劇意識，因為心安，心靈自由與
超脫，便沒有了他鄉與故鄉之分。紹聖元年(1094年)，蘇軾被貶
惠州，在惠州謫居將近三年後又於元符元年(1097年)被貶到天涯
海角的海南儋州，長達六年的嶺海時期是蘇軾人生的最後一個時
期。這一時期，不論是嶺南惠州還是海南儋州，氣候環境和生活
條件都是極其惡劣的，比謫居黃州時期還要困窘。然而物質生活
的窮苦卻並不影響蘇軾心靈與精神的富足，嶺海時期的蘇軾已經
做到了超越榮辱得失，以心靈自在作為精神家園，至此，蘇軾達

---

27 蘇軾〈定風波〉，《全宋詞》(北京：中華書局，1999年)，頁293。

到了人生的最高境界——與天地造化合而為一的境界。蘇軾貶謫海南心境的變遷經歷了從矛盾、徬徨到對苦難的接納，直至閒淡適意三個層次。晚年的蘇軾詞中充滿了隨遇而安、無入而不自在的曠達體驗。正如他所言：

> 荏苒中秋過，蕭蕭兩鬢華。寓身化世一塵沙。笑看潮來潮去、了生涯。[28]

此詞作於蘇軾離開黃州後到被貶惠州的十年間[29]，詞中全然沒有對時間的憂患與恐懼之情，也沒有對悲劇性現實的哀歎，相反，蘇軾還「笑看潮來潮去」以情感觀照現實，對生活進行審美化的體驗。正因為他用審美的眼光看待人生，並將現實人生上升到審美的意義上，便能在衰老中仍能灑脫，在醜惡中發現美好、在困苦中尋找幸福、在困惑中保持清醒、在急流中保持獨立。這就是為什麼蘇軾能夠在坎坷的一生中始終保持對生命的熱愛、對自身價值的關注，能夠在苦難中保持樂觀的精神狀態的原因。

蘇軾一生宦海浮沈，飽嘗了人生的悲歡離合、生活的酸甜苦辣，對自然、社會、人生有了比他人更深刻的體驗和更獨特的見解。形成自己的生活哲學——「無入而不自得」地為活著而活著。他用閒適的心情面對一切，讓自己進入生命的平和狀態。所以，東坡在創造白髮霜鬢意象時雖然承繼了傳統的內涵，但又注入了屬於個人的獨特風格。如果說白髮對早年的蘇軾而言，常常勾引起身世的感傷，那麼對暮年的他則更多的是引發對青春、對生命的渴望留戀。真正熱愛生命、理解生命的人不會狹隘地把衰老僅僅理解為個體的悲劇，他知道那是生命的自然常態。幾十年的淬

---

28 蘇軾〈南歌子〉，《全宋詞》（北京：中華書局，1999年），頁293。
29 按：此詞寫作時間有二說：龍沐勛據朱祖謀編年，列於神宗熙寧七年(1074)；劉向榮依傅幹《注坡詞》，編於哲宗元祐五年(1090)，依本詞的生命體驗判之，乃晚年的心境，本人主張以劉向榮編年為準。

歷換來的，不是別的，正是懂得了人世的不確定，在不確定的人生中只能做好確定的自己。蘇軾將博大的宇宙感、強烈的現實感、深邃的歷史感巧妙地融入歎老書寫中，極大地拓展了歎老書寫的審美內涵和意蘊，提升了詞作的藝術品格。

四、周邦彥倦客情懷的歎老：徘徊在仕宦與隱逸之間的矛盾

　　北宋中後期，積貧積弱，新舊黨爭的政治環境下，形成了周邦彥特有的倦客心理。周邦彥本人在新、舊兩黨間的政治處境複雜微妙。由新、舊黨先後執政期間太學制度的變革以及周邦彥本人被貶逐前後的心理的變化，可以推斷周邦彥確因支持新法的政治立場而導致人生流落，其經歷典型地反映了仕途受黨爭影響之深。他的詞隱曲地流露出仕途沉淪和末世情懷。其作品中多次寫到倦客情懷：如「憔悴江南倦客」（〈滿庭芳・鳳老鶯雛〉）、「路長人倦空思舊」（〈蝶戀花・蠢蠢黃金初脫後〉）、「倦客最蕭索」（〈繞佛閣・暗塵四斂〉）等等。這種倦意，是一種與客居、仕宦、羈旅等境況緊密相關的身份狀態，在此前文人詩詞中早已見到，但在周邦彥詞中，倦客之情被表現得更加鮮明集中。周詞中的倦客心態已具有不同於一般羈旅行役之愁的特殊意義，反映自己在宦海中沉浮輾轉命運的身世之感。在周邦彥是在不甘心於隱而又不能自在於仕，形成了徘徊在兩極間的苦悶狀態。恰恰是這種徘徊矛盾的心態讓周邦彥看到了自身的衰老。這種狀態當然為自己的生活造成了重大困擾，然而卻使他的歎老書寫具有更為獨特的魅力。例如周邦彥〈過秦樓〉：

　　　　水浴清蟾，葉喧涼吹，巷陌馬聲初斷。閑依露井，笑撲流

螢，惹破畫羅輕扇。人靜夜久憑闌，愁不歸眠，立殘更箭。歎年華一瞬，人今千里，夢沉書遠。　　空見說、鬢怯瓊梳，容銷金鏡，漸懶趁時勻染。梅風地溽，虹雨苔滋，一架舞紅都變。誰信無憀，為伊才減江淹，情傷荀倩。但明河影下，還看稀星數點。[30]

　　本詞中的抒情主角究竟是女子或是詞人自己並不明確，但具有主體介入和感事紀實的特點。北宋黨爭政治環境和周邦彥自身的政治態度與兩黨的關係，深刻地影響著他的創作。這首詞撫今追昔，想從前、瞻望未來，造成了現實、回憶、憧憬等各種印象迭加，通過多角度寫景、體物、敘事、抒情，展現出一個羈苦、孤獨的詞人形象。全詞由秋夜景物、人物行動到內在情感，層層寫來，接著揭開造成內心鬱結的謎底：「歎年華一瞬，人今千里，夢沉書遠。空見說、鬢怯瓊梳，容銷金鏡，漸懶趁時勻染。」嘆青春年華，轉眼即逝，人各一方，相距千里，不只音信稀少，連夢也難做。這種歎老不只是年華老去，更是一種對人生的「倦意」，「倦意」是比悲愁則顯得更低沉、更黯淡、更長久，而且是在無盡征途或孤單客舍中慢慢沉積而成。周詞雖極力迴避在詞中言及政治，但讀者卻是能從其詞字裡行間體會他念老思歸中所隱含的仕宦厭倦與末世哀愁。這種歎老的心情，確實寫出了北宋亡國前士大夫階層潛在的悲觀心理。枯燥的旅途中沒有絲毫賞心樂事，歸期無望的遊子只是日日重複著舟車前行，如此便漸漸生發出一種倦意人生，形成一種揮之不去的倦客心態。「倦」中既包含著舟車勞頓、輾轉流徙帶來的身體疲憊，更意味著宦遊之中枯燥無聊、頹唐無奈的心理倦怠，是對官場奔波、人世勞碌的厭倦膩煩，是

30　周邦彥〈過秦樓〉，《全宋詞》(北京：中華書局，1999 年)，頁 602。

四處奔忙之中不得解脫的沉鬱之歎。久別親人與故鄉，人在千里之外，書信難以到達，不只是自己蒼老，想念的人也可能鬢髮零亂枯焦，容顏憔悴瘦損，害怕玉梳將鬢髮攏起顯得更加稀散，面容消瘦而不敢照鏡，在日復一日中因為相思而生命枯萎。

周詞的歎老主要表現在面對人生的倦意。這種倦意的本身亦有其特點所在。首先，這是一種長期性的心理狀態，它是在經年累月的客途奔波、宦海沉浮中沉積而成的感受，而不是在一朝一夕的刺激之下突然湧現的。唯有久歷滄桑，眼看繁華世界零落只餘秋霜，浪跡在外的行者才會生出百無聊賴的疲憊倦意。在這樣長久不消的倦意中，對親(情)人的思念，對家園的嚮往，對故鄉的眷懷，始終縈繞其間。這也是周邦彥在羈旅詞中樂於提到家鄉錢塘，對故園懷有無限深情的原因。唯有溫馨美好的故園才是遊子可以結束流浪而回家的歸宿。另一方面，「倦」在周詞的表達中也包含著深刻的矛盾感。由於詞人對功名顯達的期望與現實的失意落魄之間存在著巨大的落差，導致他對於仕宦名利既厭棄又執著的矛盾複雜心態。畢竟像並不是每個人都可以像蘇軾在面對宦海浮沉時具有解悲成喜、變苦為樂的曠達修養。奔波宦途、轉徙各地是封建時代許多文人共同的人生體驗，在宦海沉浮之中倦於羈旅、卻因為生存而不得不繼續奔競，也是他們無可奈何的倦憊人生與真實心境。周邦彥的歎老代表的是士大夫徘徊在仕宦與隱逸之間的來回不定的內在矛盾。

第三節　戰亂與理學思想交鋒下的
南宋詞人歎老書寫

　　不同於北宋歎老書寫多為對自我人生價值、人類終極意義的憂鬱，南宋歎老，多半具有政治隱喻。南宋詞人的歎老並不同於北宋只是一種單純的憂生之歎，而是在儒道合流的思想中都包含著「憂生」與「憂世」、「兼濟」與「獨善」、「入世」與「出世」交融的生命觀，這是一種更高層次上的人生憂慮。與北宋詞人朝向自我化、個性化不同，南宋詞人呈現是一種群體化的趨勢。由於靖康之變的國難，面對戰亂而呈現出不同的反應，我們可以把南宋詞家分成兩大群體：一是愛國英雄詞人、一是布衣清客典雅詞家。以下分兩大部份來談。

一、英雄詞人老當益壯之不服老

　　南宋時期，江山社稷風雨飄搖，在時不我待的生命緊迫感的驅動下，士人的功名心被大大激發。此時的歎老意識不止是關懷個體的精神探求，更注重的是群體的時代悲劇，面對政治的黑暗與腐敗，文人內心充滿了困惑。儒家的價值體系早已讓士人們確定了人生的價值與意義：修身，齊家，治國，平天下。然而現實社會的無情卻給了他們當頭棒喝，讓他們承受心靈的煎熬。天下擾攘而士人又報國無門的歷史背景下，對大多數文士而言，最大

的苦悶就是「疾沒世而名不稱」[31]，亦即生命在默默無聞中終結，其應有的社會價值不能獲得充分實現。南宋時期，江山社稷風雨飄搖，在愛國詞人那裡，歎老的意義指向很為明確，那就是英雄壯志未酬、報國無門之痛。例如南宋初年的張元幹的〈菩薩蠻〉上片：

> 春來春去催人老，老夫爭肯輸少年。醉後少年狂，白髭殊未妨。[32]

春天來去對於垂老之人，更容易引發心情的波動。這裡所承接的是「老夫爭肯輸少年」，詞人雖然有了白髭鬚，但是心中沒有悲哀，還希望像年輕人那樣具有活力。這種人老心不老的灑脫，使得作品具有一氣貫注之勢。

又如陸游的〈夜遊宮‧記夢寄師伯渾〉在真幻之間傾吐其恢復中原的心聲：

> 雪曉清笳亂起。夢遊處、不知何地。鐵騎無聲望似水。想關河，雁門西，青海際。　　睡覺寒燈裡。漏聲斷、月斜窗紙。自許封侯在萬里。有誰知，鬢雖殘，心未死。[33]

此詞以記夢的方式抒發愛國激情。上片全寫夢境，一落筆便先聲奪人渲染了一幅有聲有色的塞外雪景：雪笳、鐵騎、關河、雁門、青海等特定的北方邊關意象的層層渲染，便把讀者帶入詞人的故國夢遊裡，可見詞人夢中所思所見，都是他朝夕縈念的故國河山。下片寫夢醒後的回到現實的感受：眼前寒燈熒熒，冷月在窗，漏聲滴斷，夜色中蔓延著無邊的蒼涼。但在結拍處，詞人仍然從內

---

31 語出司馬遷〈報任安書〉。
32 張元幹〈菩薩蠻‧三月晦送春有集，坐中偶書〉，《全宋詞》(北京：中華書局，1999年)，頁1094。
33 陸游〈夜遊宮‧記夢寄師伯渾〉，《全宋詞》(北京：中華書局，1999年)，頁1601。

心發出「鬢雖殘，心未死」的心情。人老而心不死，詞人始終沒有放棄封侯在萬里的用世信念。上下片一氣呵成，境界高遠，格調悲壯。

再看陸游〈鷓鴣天〉下半闋：

> 貪嘯傲，任衰殘。不妨隨處一開顏。元知造物心腸別，老卻英雄似等閒！[34]

這首詞寫自己終老田園的閒居生活。塑造了陸游的歌詠自得、曠放而不受拘束的形象。「貪嘯傲，任衰殘。不妨隨處一開顏」，詞人說自己貪戀這種嘯傲瀟灑、蔑視世俗的情趣，任憑自己在這種無拘無束的生活中衰老，隨處都能見到使自己高興的事物，何不隨遇而安呢？這三句寫出詞人隨處開顏的舉止，貌似輕鬆灑脫。末尾兩句「元知造物心腸別，老卻英雄似等閒。」是對以上所寫的自己的處境作出了解釋。本就已知道造物者無情，它白白地讓英雄衰老死去卻等閒視之。這難道不是在怨天嗎？這首詞表面上是隨遇而安。彷彿看破紅塵，逍遙自得，但其實是消沈到極點。陸游曾經被以「力說張浚用兵」的罪名而落職閒居家鄉。正當人生盛年，卻在閒居中消磨了壯心，自然發出了「老卻英雄似等閒」之歎。結尾兩句將心底的悲憤宣洩無遺，因為南宋朝廷始終無心恢復中原，使自己這樣的英雄竟無用武之地。

作為愛國詞人的代表辛棄疾，一生為了恢復中原、國家統一而奮鬥，但卻被迫隱居，其老去的情懷，多半用以寄託了不能用世的孤憤之慨，例如：「了卻君王天下事，贏得生前身後名。可憐白髮生。」[35]，「不念英雄江左老，用之可以尊中國。歎詩書、萬

---

34 陸游〈鷓鴣天・送葉夢錫〉其四，《全宋詞》(北京：中華書局，1999年)，頁1583。

35 〈破陣子〉，《全宋詞》(北京：中華書局，1999年)，頁1518。

卷致君人，番沈陸。」[36]，詞人志在報國，行在兼濟，卻請纓無
門、獻身無路，其憤激之情、憂生之念，自難平抑。於此的生命
之「憂」與國事之「憂」是緊密相聯的。在這裡寫出寫出了年輕
時代的壯志豪情，一方面對「壯歲旌旗擁萬天」(〈鷓鴣天〉中語)
的過往念念不忘，一方面又必須面對現實的處境，期望與失落兩
極反差所組合的失意人生。辛棄疾從四十三歲起便閒退於江西上
饒，總計長達二十三年之久。閒居期間，他失去了為國家在前線
奮力拚搏的機會。正因為無事可為，轉而寫詞抒懷，這時期也是
他創作的高峰期，往往表現了他的歸隱思想，也流露出相當濃重
的歎老情懷。

又如〈瑞鷓鴣〉五首[37]表達了辛棄疾的歸隱思想，他的歸隱
絕不是笑傲逍遙式的隱逸，而是出於一種無可奈何下的選擇，例
如：「聲名少日畏人知。老去行藏與願違。」「隨緣道理應須會，
過分功名莫彊求。」[38]辛棄疾從熱衷世事到淡泊出世的漸變，是
他在政局無望、仕途多艱的無奈下不得已的選擇。在統治者不思
復國，當朝者只顧黨爭的背景下，辛棄疾只有將一腔豪情熱血掩
埋在老莊無為的哲學之下，用陶潛隨心淡泊、不問世事的思想麻
醉自己的恢復中原之抱負。雖然晚年朝廷又起用他，但並非真心
重用他，詞人未能久於其位。晚年的他，心境有了比較大的變化，
與前次罷官時所明顯呈現的那種外若蕭閑頹放、而內實激昂憤慨
不同，更多是表現看破紅塵世態，悠遊山水、蕭閑頹放地安度晚
年。如作於慶元元、二年間的〈行香子〉：

> 歸去來兮。行樂休遲。命由天、富貴何時。百年光景，七

---

36 〈滿江紅〉，《全宋詞》(北京：中華書局，1999年)，頁1477。
37 〈瑞鷓鴣〉五首，《全宋詞》(北京：中華書局，1999年)，頁1963。
38 〈瑞鷓鴣〉，《全宋詞》(北京：中華書局，1999年)，頁1964。

十者稀。奈一番愁，一番病，一番衰。　　　名利奔馳。寵
辱驚疑。舊家時，都有些兒。而今老矣，識破機關：算不
如閑，不如醉，不如癡。[39]

他在此詞中對自己過去的人生進行了總結和反思，此詞雖然表面
上仍唱的是及時行樂的老調，但內心體驗卻與以前不大相同，他
幾乎斷絕了對功名的欲望，對自己在人生道路上的種種遭遇有了
不同的體認，覺悟到「名利奔馳、寵辱驚疑。舊家時，都有些兒」，
曾參與過爭名奪利，有過名利思想，而如今「識破機關」，功名對
他而言已沒有任何意義。晚年的他，內心常湧現出「覺今是而昨
非」的思想，如：「試回頭五十九年非，似夢裡歡娛覺來悲。」(〈哨
遍・用前韻〉) [40]、「六十三年無限事，從頭悔恨難追。已知六十
二年非。只應今日是，後日又尋思」(〈臨江仙・壬戌歲生日書懷〉)
[41]。詞人一生志不得展，回思既往，常常追悔自己的人生，有多
少謬誤？憾恨六十三年的人生，有六十二年是錯的。那麼，鑒於
過去錯誤的經驗與教訓，今日應該做對了吧？然而，等到後天尋
思反省，還是發現自己沒有做對。無論你怎麼用心在規劃人生，
總是覺今是而昨非，多非而少是——這就是人生。對詞人而言，
六十年來的人生路，無論坎坷或平坦，都已成了過往。即使是錯
誤的路，這也是人生最真實的記載，每一段路程，都有值得珍惜
的風景。辛棄疾的詞作有一大半創作於閒居時期。這段時期的詞
作雖然風格不一，卻都能從不同的題材反映了詞人從自然中獲得
的安頓。正因為落職，理想受限，侷促在有限的空間，這讓他原

---

39 辛棄疾〈行香子〉，《全宋詞》(北京：中華書局，1999年)，頁1905。
40 辛棄疾〈哨遍・用前韻〉，《全宋詞》(北京：中華書局，1999年)，頁1916。
41 辛棄疾〈臨江仙・壬戌歲生日書懷〉，《全宋詞》(北京：中華書局，1999
　　年)，頁1960。

本入世的性格轉變成為一富有哲理的心靈探索，進而發現自我。辛棄疾歎老之情多在落職閒居之時，年輕時他將個人生命與國家連在一起來觀想，但晚年的時候，他要用更多的時間來尋找自我，窺見自我，享受晚年，一任光陰飛逝，他在回歸自我間自由飛翔。不論是對韶年過往美好的留戀，還是對目前處境的感懷，他都是以一種真實的情感來面對，這種直率和坦誠讓他的作品流露出內心世界的豐富。

　　除了辛棄疾以外，南宋末年的遺民詞人劉辰翁的〈西江月‧新秋寫興〉亦在詞中展現了暮年的心境：

> 天上低昂依舊，人間兒女成狂。夜來處處試新妝。卻是人間天上。　　不覺新涼似水，相思兩鬢如霜。夢從海底跨枯桑。閱盡銀河風浪。[42]

詞的上片描寫人們如癡如狂地歡度七夕，竟把南宋都城臨安當作了天堂。這裡兩次把「天上」與「人間」連接，寄寓了對人們忘卻家國之痛的諷刺。過片寫他長期懷念故國，就在一夜之間兩鬢已變白如霜。「不覺」二字，強化了歲月流逝的驚心。結拍兩句，寫他就在七夕的深夜裡做了一個夢，夢見自己潛入海底，跨越乾枯桑樹，又飛騰九天，看盡銀河上的風浪。雖然是用夢境想像之筆構思，但情感卻是沉重的，詞人借夢表達對世事滄桑巨變的深沉感慨。歲月匆匆消逝，多少英雄豪傑正是在這般在遊仙夢中壯志銷磨！故國山水，已成異邦城闕，任心中熱血沸騰，空有補天志，卻壯志難酬。此詞沉痛地寄託了時代的屈辱和表達了個人的感慨，將一個豪放張揚卻又飄零落寞的老了的英雄形象展示於人

---

42 劉辰翁的〈西江月‧新秋寫興〉，《全宋詞》(北京：中華書局，1999年)，頁3195。

前。

　　南宋英雄詞人通過心靈之史的抒寫，充分表達了詞人的志向與情懷，表現自己行藏出處和精神世界。南宋愛國詞人歎老之情不同於一般文人的歎老嗟悲的心理，而是志不得伸的表現。往往展現了詞家內在和外在衝突的痛苦，這是愛國熱情和黑暗的政治環境相互碰撞的必然結果，年紀老大卻依然報國無門、僅傳詞名的悲嘆。當士人愈來愈難在衰時亂世中找到個體心靈和社會價值之間的契合點時，慷慨任氣的英雄詞風也就一轉而為感傷低沈的歎老之悲。幾位英雄的慘遭構陷殺戮不僅加速了士林與王權的疏離，更使士人的生命意識由外擴救世轉向內斂自省。報國無門、英雄坐老，成為南宋士人群體的一段悲而不壯的回憶。愛國詞人通過他們的歎老之悲，為我們構建了認識南宋社會的文學媒界。通過個體遭遇與時代和群體建立更深層更廣大的關聯。

二、布衣游士歎老的異調：
慣看人生起落遺世獨立的孤高

　　縱觀文學史，不難發現，每當王朝沒落之時，也是文人困頓之際。晚唐的許多才子都做過節度使的幕僚，如杜牧和李商隱皆是在清寒的幕僚生涯中潦倒。到了南宋，亦有布衣清客詞家，他們多是達官顯貴們的食客，以求衣食的安穩。作為游謁江湖的作家，周旋於達官貴人之間，身份可以說是十分特殊，似友又非友，似僕也非僕。布衣清客的風雅詞人因遠離政治中心，滌瀘去了英雄詞人的悲壯之氣，而變為對高雅飄逸、「心與道冥」的人生境界的自覺追求，人的個體生命與外部世界的關係逐漸從主客對立轉向了物我合一，士人的生命焦慮也因此多少得到了慰藉與平復。

他們的詞作將整個南宋衰颯的時代氛圍在個人生命境界中轉換再現。他們的歎老，也是南宋士人另一種生命型態的顯現。但我們望見的並不是參透生死、了無罣礙的徹悟，而是對生命的強烈眷戀和對情愛的永恆執著。瀰漫在南宋風雅詞中的生命焦慮內涵約略有二：一是今昔對比的感悼，二是對生命苦難的驚懼與規避。政治的黑暗、朝廷的積弱不振，使社會矛盾更加激化，身處如此困境的南宋士人，更是感受到了前所未有的困頓與失意。他們無法超越這個黑暗的現實社會，面對時間的流逝與生命的短暫，他們自然而然地發出了對生命的歎惋：「驚物換，歎星移。相看兩鬢絲。」[43]，生命縱然轉瞬即逝，人生的價值無法真正實現，這是他們所有苦情的根源，所以對生命的慨歎、對離別的憂傷、對相思的愁苦，這些情感的「基型」，正是敏感的士人們對那個社會表達出的憂思。他們無法選擇人生，無法駕馭生命，在這短暫的生命歷程中，詞人們的憂生憂世情結被不斷加以放大、強化，他們把目光從外部轉回到自我，開始關注生命的價值與存在，並試圖用情愛的回憶與創作來抵消這種失落與感傷。

布衣清客典雅詞家的代表是姜夔與吳文英，以下針對二位詞家論述。

（一）少年情事老來悲：姜夔歎老中的合肥情結

姜夔(1155-1221)一生飄零江湖、羈旅孤獨，依附權貴。不過在這種生活中，他卻看重個人人格的獨立孤高，保持了心靈的與世俗之間的分寸與距離。姜夔生平遭遇家國破碎，愛情失意，流離失所，淪落江湖，寄人籬下，卻依然保持著文人的清高和矜持，在曲折坎坷的生涯中逐漸形成的飄泊情結。他時常回憶其故鄉、

---

43 吳文英〈醉桃源‧贈盧長笛〉，《全宋詞》(北京：中華書局，1999年)，頁2896。

親人，尤其是青年時代那位色藝雙全、體貼入微的合肥戀人。姜夔一生寫了不少懷人之詞，這些緬懷之詞大部分是用來追念情感往事，表達出他對合肥情人難以割棄的眷戀。合肥情事成為詞人一生不可缺少的精神支柱和一生孤苦漂泊生涯中不可忽視的精神家園。即便在他晚年歎老心境中，也常常念念不忘、依依不棄地提及合肥舊事。甚至說是因為戀情的失落使他更容易生發衰老之心。如〈鷓鴣天·元夕 有所夢〉等五首，對合肥戀人的思戀，如同老酒，越陳越濃烈，無窮無盡的相思永恆地駐紮在詞人唯剩孤獨的心中。他的歎老情懷總是連繫著沉寂已久的戀情，例如：「花滿市、月侵衣，少年情事老來悲」[44]，在觀看滿市花燈，皓月當空，回憶少年時與愛人在元夜同游之往事，而今風景依舊，人卻隔成天涯，這段情事帶給他無盡的痛苦思念，翻成了老來之悲。以樂景反襯哀情，更增其悲。又如：「春未綠、鬢先絲，人間久別不成悲」[45]，開春換歲，又過一年，春郊猶未綠遍，但自己因歲月蹉跎，羈旅飄泊，鬢髮已經絲般白了，即使芳春可待，人已老又奈何？「人間久別不成悲」，飽含著深刻的人生體驗和深沉的悲慨。這是久經磨難的中年人對情感深有體會的表現。深摯的愛情，總是隨著日推月移的時間飛逝而悲傷更深更多，但姜夔卻往往不常表現為激情烈響的爆發，而是像深埋在地底的熔岩，在平靜的外表下流動著熾熱的情感潛流，但因離別年深日久，相思的傷痛已經積累的太深太重，或許就連自己也意識不到內心的悲哀了。

又如〈玲瓏四犯·越中歲暮，聞簫鼓感懷〉：

> 疊鼓夜寒，垂燈春淺，匆匆時事如許。倦遊歡意少，俯仰

---

44 姜夔〈鷓鴣天·正月十一日觀燈〉，《全宋詞》（北京：中華書局，1999年），2172。

45 姜夔〈鷓鴣天·元夕有所夢〉，《全宋詞》（北京：中華書局，1999年），2172。

悲今古。江淹又吟恨賦，記當時、送君南浦。萬里乾坤，
百年身世，唯有此情苦。　　揚州柳，垂官路，有輕盈換
馬，端正窺戶。酒醒明月下，夢逐潮聲去。文章信美知何
用，漫贏得、天涯羈旅。教說與，春來要尋花伴侶。[46]

此詞寫歲暮感懷，乃姜夔回望人生、總結身世之作。在過年
的氣氛中，「疊鼓夜寒，垂燈春淺」，卻流露著清冷的氛圍和「匆
匆時事如許」之慨。接著傾訴自我的感懷：「倦遊歡意少，俯仰悲
今古」，借江淹寫傷痛苦恨，由於悲從中來，自然不吐不快。下片
撫今追憶，從回憶再回到感歎今日的身世飄零。對自己四十年人
生作了一次階段性的總結，流露了懷才不遇之慨，道出對上位者
冷落人才的不滿與孤身天涯羈旅的無奈。姜夔一生流寓漂泊，往
來於揚州、湘中、金陵、杭州等地，漂泊的心靈從未得到真正的
靠岸止泊，他必須時時去面對生命中的山程水驛，讓林泉風月來
承載自己一腔身世之歎。漫長的漂泊遊歷造就他獨特的描摹視
角，在冷靜的敘述中展開「文章知信美何用，漫贏得、天涯羈旅」
的歎息，表達隱忍一生的江湖歸情，在詞人緬懷愛情往事和抒發
家國情懷的詞作中，也伴隨這種老去飄泊遙無盡期的滄桑情結。

探究詞人歎老書寫中蘊涵獨特的情感根源，將有助於深刻理
解姜夔其人其詞，以及歷代漂泊文客的創作履歷和人生思想。由
於生活境遇的不同，姜夔詞中所表現出來的家國情懷與辛派愛國
詞人完全不同，姜夔以其特有的江湖生涯和尋歸情結對自己的身
世淒涼、漂泊之悲和國破家亡之痛進行思考。當姜夔再次離開合
肥，他那些以往對戀人不知魂歸何處的傷痛，早已不只是私人的
傷痛之情，而是寄託著家國之痛，顛沛流離中尋覓歸宿的渴想，

---

46 姜夔〈玲瓏四犯‧越中歲暮，聞簫鼓感懷〉，《全宋詞》(北京：中華書局，
　　1999 年)，頁 2178。

然而國已破，家何在？歸宿何在？又何處尋歸？他已從一時的行跡漂泊延長為一生的飄泊情懷。

再看他的〈霓裳中序第一・亭皋正望極〉：

> 亭皋正望極。亂落江蓮歸未得。多病卻無氣力。況紈扇漸疏，羅衣初索。流光過隙，歎杏梁、雙燕如客。人何在，一簾淡月，彷彿照顏色。　　幽寂。亂蛩吟壁。動庾信、清愁似織。沉思年少浪跡。笛裏關山，柳下坊陌。墜紅無信息。漫暗水、涓涓溜碧。漂零久，而今何意，醉臥酒壚側[47]。

詞寫遊子客中的幽怨，表達了姜夔對愛情的執著以及悲涼心情。起筆即可見其情之深，意之切：站在亭皋極目天涯，但見落紅凋零。在此比喻所懷之人，已紅顏漸老，容光憔悴，而自己卻「歸未得」。「多病卻無氣力」，既實寫憂思成疾，也暗示自己歸期遙遠。「況紈扇漸疏，羅衣初索」，寫季節的變遷，人事的輪轉，詞人對時光的流逝感到惆悵。「流光過隙」，光陰飛逝，離別苦久。「歎杏梁、雙燕如客」，謂清秋燕子又將南飛，正如客子，無法久留。愛情的失落是姜夔一生最有代表性的情感體驗，詞人巧妙地把自己的顛沛流離與對合肥情事的懷念結合來寫，強化了詞人一生縱橫江湖、一無所依的飄泊意識，同時也傳達出隱伏的愛國情懷和興亡感慨。同時，漂泊無依的境遇，更直接觸動家國感情，並與合肥情事的傷痕交織在一起。錯綜複雜的感情網路形成詞人獨特的抒情內涵。

朝代末季，社會走向衰落，人們追憶過眼繁華，內心充滿幻滅之感，姜夔作為南宋詞壇一大家，其思想反映了宋代文士獨有

47　姜夔〈霓裳中序第一・亭皋正望極〉，《全宋詞》（北京：中華書局，1999年），頁2175。

的精神世界和文化性格。他的一生歷經波折沉浮，多有不濟，但他以道心處事，憑藉獨有的清雅灑落之心和人生態度，在自己的文學創作中縱覽世態，展現出了另一種生命姿態，也因此擁有了異於於宋代其他雅士文人的藝術生命。中年的他，成為一個冷眼看世事的文士。也表現出他看破紅塵、遺世獨立的孤高形象。

（二）春夢人間須斷：吳文英歎老中的夢幻情結

吳文英(1200-1260)是南宋後期傑出詞人。一生未做官，布衣終身，困頓落拓。詞人所處的時代——南宋，雖尚能偏安一隅，但已是日薄西山了，敏感的詞人在創作中自覺或不自覺流露出對時代氣息的感懷。實際上，吳文英詞的時代敏感比同時代的詞人都強，正如論者曰：「南宋末年詞人多懷亡國之懼，夢窗詞於此感最深」[48]吳文英一生奔波流寓，長期生活於權貴的幕府之中，生活的艱辛，還有廣泛接觸社會給他啟示，以及深廣的歷史學養也使他對現實的思考深於常人。如〈瑞鶴仙·丙午重九〉：

> 亂紅生古嶠。記舊遊惟怕，秋光不早。人生斷腸草。歎如今搖落，暗驚懷抱。誰臨晚眺。吹臺高，霜歌縹緲。想西風、此處留情，肯著故人衰帽。　　聞道。莫香西市，酒熟東鄰，浣花人老。金鞭腰嫋。追吟賦，倩年少。想重來新雁，傷心湖上，銷減紅深翠窈。小樓寒、睡起無聊，半簾晚照。[49]

此詞乃詞人在杭州的後期人生作品。從整體看，感歎生命搖落，年華已逝，懷抱徒存。「記舊遊惟怕，秋光不早」，回憶年輕時的豪情意興，可以想見當年文英年輕時意氣風發之情景。「人生斷腸

---

48 劉永濟《微睇室說詞》(上海：上海古籍出版文，1987 年版)，頁 525。
49 吳文英〈瑞鶴仙·丙午重九〉，《全宋詞》(北京：中華書局，1999 年)，頁 2875。

草」句用李白詩「昔作芙蓉花，今作斷腸草」，意在感慨青春不再。「暗驚懷抱」，「驚」字驚心動魄，因時日匆匆，平日尚不覺，而今突然面對這亂紅古嶠、蕭瑟秋風，思及「懷抱」無著，因而心驚。詞人之所以在「驚」前加一「暗」字，是要表達出一種難言的傷痛。下片中的「金鞭腰嫋。追吟賦，倩年少」句倒裝，與「浣花人老」形成鮮明對比，正是「暗驚懷抱」的側面體現。末節「小樓寒、睡起無聊，半簾晚照」，通過人物的處境點出心情，詞人孤身在寒冷的小樓，睡醒後百無聊賴，很自然的思念起前塵舊夢，重溫生命中那些曾經擁有的美好。然而美好的一切也只能留在心中回味。回望往往是一種對生命的眷戀，詞人正是在不斷回溯的中途中遇到了存在的詩性。

　　吳文英的歎老悲情總是聯繫著戀情，當他的思緒穿越現實而飛翔在過往的領空時，生命中的情緣使他心有所繫。如〈惜秋華‧七夕〉云：

　　　露罥蛛絲，小樓陰墜月，秋驚華鬢。宮漏未央，當時鈿釵遺恨。人間夢隔 西風，算天上、年華一瞬。相逢，縱相疏，勝卻巫陽無準。　　　何處動涼訊？聽露井梧桐，楚騷成韻。彩雲斷、翠羽散，此情難問。銀河萬古秋聲，但望中、婺星清潤。輕俊。度金鍼、漫牽方寸。[50]

詞從夜景起筆，「露蛛絲，小樓陰墜月」，簷角上的蛛網佈滿了露珠，夜空中的雲朵時而遮蔽了月光。接下來寫月下之人，也就是詞人自己，「秋驚華鬢」，一個「驚」字，寫出兩鬢斑白的詞人當此七夕之時的無限感慨。詞人首先想到的是唐明皇與楊貴妃在七夕之日指天密約的故事。在這種寓主於賓的表現方法中，吳文英

---

50 吳文英〈惜秋華‧七夕〉《全宋詞》（北京：中華書局，1999 年），頁 2912。

實際上是借詠牛郎織女故事抒發自己對去姬的刻骨銘心的思念和由此而生的無限悽楚之情。

有論者以為：「吳文英詞作中，與恐懼心理有一定聯繫的就是夢幻」[51]，「夢」是吳詞中經常出現的字。詞人的夢幻心理在詞中得到了多角度、多層次展示，如陶爾夫所言：「夢幻，是開啟夢窗心扉的一把鑰匙。」[52]我們透過夢窗的夢詞，不難窺見其對家國、人生的悲觀意識、夢幻心理。詞人既生活在對未來的恐懼之中，又希望擺脫這種恐懼，這便是詞人選擇夢幻的理由。和蘇軾「人生如夢」的通澈了悟感是非常不同的，吳文英寫夢的結果是對未來更加恐懼和失望，其所展現的是一種對人生、對時代、對宇宙無法掌握的虛空之感。在夢中可以實現現實中不可能擁有的美好，所以苦苦地尋夢，然而夢醒後又不可避免落入更深的悲哀。我們試舉〈三姝媚‧過都城舊居有感〉一詞來看：

> 湖山經醉慣。漬春衫、啼痕酒痕無限。又客長安，嘆斷襟零袂，涴塵誰浣。紫曲門荒，沿敗井、風搖青蔓。對語東鄰，猶是曾巢，謝堂雙燕。　春夢人間須斷。但怪得、當年夢緣能短。繡屋秦箏，傍海棠偏愛，夜深開宴。舞歇歌沈，花未減、紅顏先變。佇久河橋欲去，斜陽淚滿。[53]

本詞寫的是懷人傷逝之情，同時流露出有志難伸、蹉跎不遇的悵惘，也融入了國運衰亡的悲慨。「春夢人間須斷」，詞人感到美好事物如同春夢一樣總是要逝去的，一個「須」字，說的如此斬釘截鐵，這種「必當如此」的判斷，正是詞人強烈的悲劇意識，他

---

51 吳楠，〈從吳文英詞中的恐懼、夢幻心理看其愛國思想〉，《中國古代文學研究》，2006 年 6 月，頁 17-18。
52 陶爾夫，〈夢窗詞與夢幻的視窗〉，《文學遺產》1997 年第一期，頁 76-85。
53 吳文英〈三姝媚‧過都城舊居有感〉，見《全宋詞》(北京：中華書局，1999 年)，頁 2939。

已預知生命的本質：一切的美好終必消逝，一切的幸福和擁有終被摧毀，得到了也必將失落。這是一種用心甚苦的「預後感知」，詞人用這種悲觀主義的思想在開解自己；另一方面，「但怪得、當年夢緣能短」，詞人又悲歎春夢去的太早太快了。既知是「夢」，「夢須斷」，又何必傷春呢？這也正是詞人抒情獨特的地方。詞人在表達幻滅感的同時，又總是充滿著對現實人生的強烈關注和執著，始終不甘心於幻滅。但就算不甘心、就算依然如此的執著，但那又怎麼樣？到頭來還不是一場夢，一場讓自己徹骨悲涼的夢而已。何謂「人生」，以公式表示如下：(夢+醒)+(得到+失去)+(美麗+哀愁)+(冷寂+溫暖)＝人生。悲劇對吳文英隱而言已不是遭受外來的打擊和橫逆，那只是外來的附加物，而是悲劇就是人生生存的本質，是必然的發展規律。他還一首〈金縷歌‧陪履齋先生滄浪看梅〉，也同樣提出了「後不如今今非昔」：

> 喬木生雲氣。訪中興、英雄陳跡，暗追前事。戰艦東風慳借便，夢斷神州故里。旋小築、吳宮閒地。華表月明歸夜鶴，嘆當時、花竹今如此。枝上露，濺清淚。　　遨頭小簇行春隊。步蒼苔、尋幽別塢，問梅開未。重唱梅邊新度曲，催發寒梢凍蕊。此心與、東君同意。後不如今今非昔，兩無言、相對滄浪水。懷此恨，寄殘醉。[54]

據夏承燾《吳夢窗繫年》，這首詞約寫於宋理宗嘉熙三年（1239），詞人四十歲時。詞人透過與吳潛來遊韓世忠所置的滄浪亭別墅緬懷前塵，追憶韓世忠大敗金兀朮的戰績，充分表現了吳文英的愛國意識。上片追念英雄舊事，「夢斷神州故里」，痛惜之情一覽無遺。「華表月明歸夜鶴」，用丁令威學仙的故事，引出物是人非，

---

54 吳文英〈金縷歌‧陪履齋先生滄浪看梅〉，《全宋詞》(北京：中華書局，1999 年)，頁 2939。

今非昔比的慨歎。詞人從韓世忠轉入到此時看花遊春的自己，由歷史說到景物，又由景物感染到人事，然後用「枝上露」點出梅花，「濺清淚」雙綰花上的清露和人的悲傷，表達了對英雄人物的無限景仰和悼念。下片先寫賞梅，接下來兩句「重唱梅邊新度曲，催發寒梢凍蕊」，表達了詞人的愛國熱忱。然「後不如今今非昔」，則是詞人對南宋王朝怯懦無能、苟且偷安的現實的清醒評價，這才是詞人內心最沉痛處：如今的情景不如往昔，以後的歲月恐怕連今天也比不上了。每下愈況似乎是時代和人生共同的規律。他一方面希望南宋王朝在困境中能振作起來，一方面又深知無力回天，對著滄浪亭下的流水，只能滿懷悲恨和憂悒，「懷此恨，寄殘醉」了。從這裡可見吳文英在夢幻與恐懼的心理中流露了愛國思想，而且表現得更深沉，「深沉」也是吳文英詞作的獨特之處。正如吳楠所言吳詞：「在恐懼和夢幻之中，雖然充滿了一種破滅感，但是詞人卻又總是在苦覓過去的美好。忘不掉過去的人，又怎麼能把現實的一切看作『夢幻』而消逝過去呢？這又恰恰強調了在夢幻與真實的對比中，現實更值得關注，從而更體現了吳文英詞中的愛國思想」，「而其詞中的夢幻意識，不是令詞人擺脫恐懼的良方，相反又催化了其恐懼心理。吳文英的恐懼心理和夢幻意識，正是詞人熱愛生活，關心國事的表現。在吳文英充滿恐懼和夢幻的詞作中，一方面我們看到了詞人對國家、民族的熱愛，對生命的珍視，對愛情的執著。」[55]從這段評述中，可見吳詞之感歎年華消逝、今非昔比，常是透過夢境的窗口曲折展現，而且並不只是停留在戀情的單一表述，同時還有深刻的愛國思想的體現和曲折表達。這首詞雖不能說是歎老之作，但流露其中的今非昔比的

---

55 吳楠〈從吳文英詞中的恐懼、夢幻心理看其愛國思想〉，《中國古代文學研究》，2006 年 6 月，頁 17-18。

感傷情結是比較廣大的時代關懷，它並不停留在具體形貌的衰頹和年齡的老大，而是一種時代的衰颯，國勢的老邁，心靈的滄桑。

遊歷陳跡，追憶前塵，緬懷英雄，或許也代表了詞人生命中曾經擁有的美好，但一切都已成了「前事」和「陳跡」了。在當時大宋王朝已經日暮西山、搖搖欲墜了，縱有如像韓世忠這樣的英雄也只能被埋沒，最後也許只對著滄浪水懷恨感知「人間正道是滄桑」了。〈金縷歌・陪履齋先生滄浪看梅〉把歷史和人生化為蒼茫迷離的過眼雲煙。展現了詞人對生存本質的澈悟，一切的美好，只不過是鏡中月、水中花罷了。正如《金剛般若波羅密經》所言：「一切有為法，如夢幻泡影，如露亦如電，應作如是觀。」一切紅塵萬象，都是不真實的。這就是作者通過對華年往事的追憶，體悟到人生的悲劇本質。

以上我們考察了南宋布衣清客詞人歎老情懷。姜夔和吳文英是兩位時間上相去四十年的詞人，他們的詞作大都以戀情為主題，兩人雖然在表現手法和語言風格上存在著較大的區別，但他們的歎老都連繫著情愛的傷痕，連結著對戀人的回憶，傾訴著他們那飽含著苦戀和傷感的情懷。然而，姜夔、吳文英真摯傷感絕沒有停留在男女之情的層面，而具有深遠的拓展。姜夔詞融入了其仕途蹭蹬的人生際遇和異於流俗、清高疏淡的氣質個性，因而帶有落拓不遇的情調。吳文英的情詞於真摯傷感之中不僅寄寓身世之感，而且折射出特定的時代氣息，表達他對國事的關懷。他們兩人皆終身布衣、沉淪幕僚，寄人籬下、漂泊無定，內心鬱結了太多的幽思感傷。當面對愛情的失落，情人的離去，心中的盤曲鬱結衰老之感更容易被觸動、引發。加之生逢衰世，夕陽西下的南宋時代情緒不可避免地滲透到詞裡。因此，他們的歎老在內在情蘊上可以說包容了自然生命、戀情、身世、歷史和時代等傷

感的集合體。南宋布衣清客詞家之詞，既是一種文學現象，更是一種時代文化現象，是宋末政治、經濟、社會、審美風尚與詞人身世、性格、才情綜合作用的產物，從他們的歎老情結，我們可以聯想到自古以來很多生活在末世多坎坷失意的落魄文人，他們的追求、渴望與掙扎。

第四節　憂世、憂生兩種對立而互補的歎老品格

歎老這種對生命起落興衰自然的解悟，又由主體情感哲思昇華拓展的特定文學現象，其內涵被不斷充實進更豐富複雜的理性內容。詞的歎老書寫從北宋到南宋，大致經歷了一個由「情感」向「心志」轉移的雅化過程，歎老書寫也順應了詞史這一雅化趨勢。從北宋以憂生為主，到南宋以憂世為重，在保持詞體特點的同時，融入了身世之感、家國之歎、時代之悲。本節主要論述宋代歎老詞作的時代價值，以及北宋和南宋歎老詞作的偏嗜與差異。

一、符合時代的審美風尚：
愁極本憑詞遣興，詞成吟詠轉淒涼

歎老主題往往展現了詞人最真實的生命感受，反映了生存的本質，用文字創造一種往內探求自己的精神跋涉歷程。這既是詞人自我生活經歷所留下的投影，同時也呈現出中國文學發展的內在美學軌跡。歎老主題的存在發展，使中國文學特別是抒情詞有

一條內在的網路，豐富了歷代文人心理層次的感應資訊，使人以關懷自身生命週期為主題的創作得以更自覺的全面展開。它帶動了中國的抒情文學中的白髮意象的隱喻作用，其講究「思」與「境」偕，更形成了對生命的本質的思考，如人生如夢、空幻、閒適、虛靜等一系列美學範疇，無不或多或少地與歎老主題有內在關聯。其次，歎老主題基於中華民族集體的憂患意識，進而給整個中國抒情文學「以悲為美」的主旋律、總風格以決定性的影響。悲則歎老，老又生悲，由「人生之老」聯想到「時代之老」和「故國之老」、「亡國之音哀以思」，染濃了文學的社會內容與時代特徵。這背後則是對人生的一種正視、一種追求，一種不甘願庸碌無為的覺醒。我們可以說：渾渾噩噩、虛度終日的人是發不出真正的歎老之慨的，歎老是人自我意識深化、外化的必然產物。歎老不是一種對壽命有限、物欲得不到滿足的悲歎，而是一種對自我嚴肅要求的價值觀，它又與詞人執著癡迷的自審自愛的目光相互印證著。在詞的創作園地上，這是一片關於生命悲劇體驗的獨特風景。其離不開特定時代與社會環境下主體的個人遭際和心境。

　　由歎老主題的探索我們不僅可窺見宋代文人諸多內心奧秘，還可以更生動直觀地認識封建社會。宋代文人多情多思，有高度的文化素養，歎老作為一種千百年來的集體意識，幾乎給每個有才華的創作者以強大的遺傳基因。歎老意識是隨閱歷日豐、藝術臻美而強烈地、深深地滲透到士大夫的深層思維中。再由個人身世之感的滲透，回憶的介入，老年心境表現了深切的人生夢幻感與繁華流轉盡歸孤寂的感傷情緒。

　　對衰老思考在生存論上具有十分重要的意義。時間的感受對詞的抒情至關重要。詞人的心緒莫不是在過去與現在之間徘徊反顧，詞在它頗為雷同的情景安排中，仍然呈現出內在經驗的深

度——對個體生存狀態、對生命本身的關照與沉思——無論其為頹唐自溺或者顧惜珍重，這就是宋詞最深沉的品質，也是它深於感發的本質原因。

「歎老」作為一種宋詞的題材或修辭策略，表徵了文化和價值想像，具有能指的多義性。這一文化現象，並不是簡單地代表了宋代詞人心態的老化與龍鍾，也不只是對積弱不振的社會現實的一種單向度的投射，而是現實社會的發展問題與人們的功業情結有機交融的必然結果。在詞人看來，浮生百歲倏然而逝，都是無法掌握的，人生唯一值得珍視的是自己有限的生命。這是與時間體驗中的憂患意識相關聯的，在流連光景、輾轉相思之際也體現了珍惜生命、珍愛人生的抒情品質。實際上，人生的衰老無依感固然是孱弱無力的表現，卻也未嘗不是一種對生命擔荷的責任意識，中國文人一向是對生命認真，對理想執著，不忍自己隨時光之流而無所作為。心理習尚中的基石是如此穩固，延續性之強，凝聚力之大，綿亙之久。兩鬢星霜，人生流轉、瞬息萬變的感悟使得詞的題材廣闊多元，退出人生競技場的中老年人習慣說真話，衰老書寫反而更能真實反映詞人其晚年生命形態及欲從矛盾中解脫之情，這類詞的數量雖不及男女戀情多，但詞境極為開闊。其詞作中所寄託的情感內涵，或感傷、或孤寂、或沉溺、或超脫，百感交集，百味雜陳，可見詞人心靈深處的矛盾掙扎。

探究詞家的晚年心境，更能見其多元之題材中蘊含生命意識之精華。在這類詞作中，不論是花草樹木等自然風情或是躬耕漁樵或與鄰友相聚暢談，或是閱讀寫作，都向我們展示了一個鮮活而又深沉純淨的世界，終究讓詞人那顆在紅塵飄蕩的蒼老心靈得到安放。我們可以說，是衰老的困境激發了詞人的生存自覺，而生存的自覺又引導詞人擺脫了對日常生活的關懷而走向對生命終

極意義的叩問。

二、南、北宋兩種歎老心音：
「憂世」與「憂生」之情的對立與融合

　　所謂「憤怒出詩人」、「哀怨起騷人」是兩種不同的抒情動機與情感內涵，古代抒情詩便以憤憂、怨傷兩路情感為主，這一情感可以進一步分為「憂世」與「憂生」。根據孫維誠〈「憂世」與「憂生」——中國古代憂患詩歌史論綱〉所言：

> 古代抒情詩以憤憂怨傷情感為主，這一情感可以進一步分
> 解為憂世與憂生。憂世是儒家入世的情感，表現為憂君、
> 憂國、憂民三位一體的內容。憂生是道家對生命本體的憂
> 患，表現為生死之憂、生活之憂與生存之憂三大主題。憂
> 世與憂生情感的交融互攝產生兩類憂患詩歌，形成抒情詩
> 歌史上兩種文學時代。憂世時代詩人們發抒著憂國憂民的
> 懷抱，文學主張是言志、務實，這一時代占據著抒情詩的
> 大部分時空。憂生時代專注於發抒自我情感，文學主張是
> 緣情、表現。兩個時代互相交替，以憂世時代為主，憂生
> 時代為輔，形成一部憂患詩歌史。[56]

發端於儒家的「憂世」思想與發端於道家的「憂生」思想表面上處於對立之中，但實際上是起到互補相融的作用。若借用孫維誠的分析來考察了兩宋詞歎老書寫，也可以發現具有「憂世」與「憂生」情感的交融互攝。「憂世」思想有著強烈的經世致用，它有一種使命感、責任感，以天下為己任，有悲天憫人的博大情懷，自

---

56 孫維誠〈「憂世」與「憂生」——中國古代憂患詩歌史論綱〉，《安慶師院社會科學學報》，第 17 卷第 4 期。1998 年 10 月，頁 90-96。

覺地把國家民族利益放在個人利益之前，即使身處逆境，還有一種「知其不可為而為之」的悲壯情懷。正是這種憂世意識保證了宋王朝在內憂外患中仍然有堅韌的生命力，國祚得以延展至三百多年，甚至比唐代還要長。「憂生」意識正好相反，它關注人的生命自由，重視人的價值。由於複雜的政治、經濟、社會心理因素，文人失去了入世的熱情，轉而關注自身的存在，對詩意人生理想的渴求，指向了一種不為外物所累的自在。他們對社會正面的責任感不強，專注於發抒自我的情感。對黑暗社會現實的絕望，對生死難以掌控的無奈，使士人們開始重新審視生命的價值與意義，自覺關注個體生命的存在。他們多半抒發人生短促、生命易逝的感受，在對個體生命的反思與審視中呈現了士人靈魂的覺醒。

這兩種不同抒情看似對立，卻形成了互補的格局，入世與出世的互補，熱中事功與關懷生命的互補。正因為宋代的特殊政治環境，在歎老書寫中由此產生了兩種抒情互相交替，互為消長。綜觀兩宋詞中歎老書寫的情感發展史，隨著不同時代政治、經濟的變化，社會心理也發生著深刻的變化。以下說明之：

（一）北宋詞人在歎老中強化自我意識

即使在被統治者自誇為「百年無事」的北宋，士大夫們因激烈的黨爭所帶來的懼禍多愁心態，他們在赴職、離任、漫遊、貶謫途中的複雜感受，也使得他們在詞中多寫歎老之傷。不論是愛情上離別相思的幽怨，抑或是對家鄉、故人的思念，有心報國卻壯志難酬的悲慨，還有種種受到阻遏挫折卻縈結於心的願景，都憑藉歎老嗟老成為如虎添翼、傳情寄意的最佳載體。北宋時代，士大夫注重個體的感性生活，不再執著於外在事功，而把個體生命自由和本真看作價值歸宿，自然也在一定程度上擺脫了在有限的生命中無法實現政治理想的憂慮而進入了一個新的審美境界，

所以北宋詞中「憂世」之嗟較少，「憂生」之嘆較多。我們可以舉
蘇軾為例，蘇軾在詩中投注進較多的社會意識成分，但在詞中筆
觸則收斂於個體心靈，表現為自我對宇宙、對人生、對歷史與社
會的深刻反思與解悟。北宋歎老之作的憂生之嘆，既表現為對有
限的生命長度之焦慮，又表現為生命困頓不遇之憂。此外，北宋
歎老書寫既具有前代嘆老詩歌的特點，亦能反映出宋人對人生思
考的大體特徵——生命意識的深入集中。

（二）南宋詞人感歎時代老境，徹底失去青春之熱情

　　與北宋相較，南宋詞人心中彷彿住了個老靈魂。南宋詞人歎
老多半都具有強烈的蒼老意識，傳達出南宋獨特的時代審美風
貌。老靈魂並不是指實際生理年齡的衰老，而是心理的衰老。南
宋二種不同身份的詞人群體傳達出不同的衰老意識：愛國詞人衰
老偏重於內在追求與現實環境對比的強大張力，布衣清客詞家的
衰老更傾向於對生存現況的省視，詞人並不刻意強調衰老意識，
而是通過對自我生存狀態的揭示來彰顯對個體衰老生命的關注。

　　靖康之難與北宋的滅亡對人們的生活與心靈產生強大的衝
擊震撼，文人的憂憤與感慨，明顯地反映在詞作之中。南宋詞人
對淪陷故土和離散親人的追憶眷念，今昔盛衰之感、世事滄桑、
人生無常的悲哀，也自然借助於衰老抒寫，婉曲深隱地表達出來。
如陸游的歎老意緒：「胡未滅，鬢先秋，淚空流。此生誰料，心在
天山，身老滄州。」（〈訴衷情〉）[57]此詞的生命之「憂」與國事之
「憂」是緊密相聯的。南宋英雄詞人的歎老書寫多為「憂世」之
嗟，體現出時代暗淡、無力回天的發憤而作、宣洩悲愁的創作方
向。布衣清客詞人作為南宋一個特殊的群體，具有憂生憂世情結，

---

57 陸游〈訴衷情〉，《全宋詞》（北京：中華書局，1999 年），頁 1394。

既指向於個體人生，又高度概括了無數人千古共有之情，具有個性與共性同構統一的特徵。像吳文英的〈三姝媚‧過都城舊居有感〉寫的是懷人傷逝之情，同時流露出有志難伸、蹉跎不遇的悵惘，也融入了國運衰亡的悲慨。反映了在南宋末期，在政治腐敗的社會現實下，士人的心態發生的深刻變化──由立身成名到反思個體生命的價值，這在一定程度上反映了士人個體生命意識的覺醒。宋代文人承繼前人所接受的「憂世」與「憂生」兩大意識形態，既對立互補，又交融互攝，此伏彼起，前後相繼，使得詞之歎老抒情也形成了「憂世」與「憂生」之情的對立而又融合的格局。

第五節　宋詞歎老書寫在詞史的審美價值與創作意義

　　以上我們探討了兩宋詞家的歎老書寫，本節從藝術表現的角度來總結宋詞歎老書寫的審美效益與抒情品格。

一、歎老書寫的審美價值

　　生老病死，起落興衰，這是不可避免的自然現象，是人生必須要叩問思考的終極問題。衰老將一切潛隱的矛盾尖銳化和表面化，任何一個感情豐富的人都難免受到遲暮感的侵襲，如果又加上時代社會風雨通過衰老這一生命信號變本加厲地投射於歎老者的精神世界，這揮之不去的愁緒恰恰又加速了人們身心的衰老，

形成了一種惡性循環。晚景暮年，該如何安頓自己的心靈，這是人人都無法回避的問題，也成為作家思考的人生問題。歎老與悲秋一秋一樣，從古至今已在歷代文人士子的內在心裡，成了一種特定的文化人格，這是一個不容被忽視的生命終極叩問，不應被忽視，此即本章定題於歎老書寫的原因。

　　在古典詩中，歎老受到普遍的認同而成為一種文化符號，雖說人生苦短是人之所以為人的普遍情緒，但在不同的歷史時期，它又承載了迥然有別的文化心理和精神氣象。一個時代的審美情趣，往往與相應的社會現實合拍。與同為大一統王朝的漢、唐那種鋪張揚厲、雄渾奔放的氣象大異其趣。或許是強敵環伺，疆土局促，君臣宴安，形成一種內斂而不張揚的氣質，較之青春煥發的唐代，宋代文人的生命範式更加冷靜、理性、平和，也更腳踏實地，而日趨成熟內省。宋人往往回歸到私人的生活空間，在安靜中完成對自然、對人生的參透。宋人對人生的深沈平靜剛好符合老年人的思考姿態。讓我們在看似平靜的潛流中，看到內心深處的善感幽微，看出時代滄桑與社會現狀。透過宋代來看老年書寫，應該是文學反映時代精神以實現其價值的表現。

　　其次，我們可以發現歎老之愁符合詞體悲劇體驗的感性審美需求。詞文學在承載宋人那種幽深細婉的情緒方面得天獨厚。略覽宋詞，不難發現，「老」字在宋詞出現的頻率非常高。一般而言，歎老是人在生命里程已過大半後的一種定向情懷，是人在垂暮之年對已逝青春的懷戀，或者是飽嘗人生艱辛後的一種感慨。歎老文化背後反映的是宋代人對美好人生追求不遇的失落，從中可以讀到詞人複雜難言的人生經驗，一種既朦朧可感又難以名狀的精神境界。可見，詞中歎老主題之所以讓人深思，乃緣於「內容決定形式、形式反作用於內容」的定律，相關的主題會選擇相

決定形式、形式反作用於內容」的定律，相關的主題會選擇相應的文體表達。這是抒情力量物件化的慣用形式，也是作者有意利用詞這種模糊朦朧、包容力極大的抒情載體來入境深思。詞在繼承前代歎老文學傳統之餘，也成了詞人將更深刻的內在要求將情感結成美的文本載體。可知歎老書寫不僅是詞人對生活、生命的解讀，更是對詞文學的審美本質與傳統文化回歸的創作表現。

　　宋人多感多思，他們常常對生命進行思考。而詞又是一種最能挖掘內心真情的文體，遲暮歎老、傷春悲秋更是詞這種感傷文學重要的抒情模式。詞人對生命的眷戀，往往通過時間的流逝、衰老的逼近來傳達自我的生命意識。對衰老的探索和思考，對生命意義的關注，對個體生存環境的關照和體驗，都在在強化了詞文學的「狹深」境界。歎老的焦慮背後，深藏著恰好是它的反面，是對生命的加倍珍惜和留戀，對人生的眷戀與執著藉著對宋詞歎老書寫的探討以理解宋人的心靈信息，以及對衰老的超越之道。

　　北宋與南宋詞因為時代背景、審美風氣、抒情方式的差異，對衰老主題的表現也呈現出「同中有異」的發展。大體而言，北宋是在憂生與黨爭背景下形成歎老書寫，南宋是在戰爭與理學思想背景下形成歎老書寫。兩宋不同詞家面對衰老的不同生命姿態，不僅反映出當下老化的現狀，同時也折射出不同人在面對「生老病死」時的態度與思想。北宋、南宋詞因時代背景不同，詞人生命體驗的差異，在歎老書寫的表現便有所差異，各有其姿，各展其態。

　　關於北宋詞人的歎老書寫，前文論述了晏殊、王安石、蘇軾這三位分別代表北宋初年至中期的詞家，透過對三位詞家詞作中的歎老情懷分析：晏殊因惜時傷逝而歎老，是憂生意識的外在表現形態。王安石因人世浮沉而歎老，展現了對生命澈悟後，通過

佛禪尋求超越。蘇軾在貶謫中歎老，洞徹生命如幻夢虛無後追尋精神自由。由三位詞家的創作表現可見，北宋的衰老書寫主要緣自憂生與黨爭的時代壓力，他們在歎老之餘，也展現了豐富的人生感悟、深沉的歷史感慨、理性的情感超越，這使得歎老情感具有一定的哲思色彩。

與北宋詞人朝向自我化、個性化不同，南宋詞人呈現的是一種群體化的趨勢。戰亂與理學思想交鋒下的歎老書寫。由於靖康之變的國難，面對戰亂而呈現出不同的反應，我們可以把南宋詞家分成兩大群體：一是愛國英雄詞人、一是布衣清客典雅詞家。英雄詞人的歎老之慨，實為報國無門與憂世傷時的政治隱喻。而布衣游士的歎老所呈現的是南宋士人另一種生命型態的異調，是慣看人生起落遺世獨立的孤高。他們的詞作將整個南宋衰颯的時代氛圍在個人生命境界中轉換再現。他們的歎老，並不是參透生死、了無掛礙的徹悟，而是對生命的強烈眷戀和對情愛的永恆執著，不同於北宋歎老書寫多為對自我人生價值、人類終極意義的憂鬱，而是一份時代的關懷與政治寄託。南宋詞人的歎老並不同於北宋只是一種單純的憂生之歎，而是在儒道合流的思想中都包含著「憂生」與「憂世」、「兼濟」與「獨善」、「入世」與「出世」交融的生命觀，這是一種更高層次上的人生憂慮。

我們考察「歎老」在詞人創作中的表現。同時探究衰老書寫與歎老詠老心情在南、北宋的變化，以及這樣的書寫對宋詞的審美藝術有何效益，以此揭示宋詞中老年心境書寫的抒情品格。正因為詞人在詞中把這些心情轉變為對人生閱歷的真誠訴說，使年齡從文化符號變為一種人生觀的展現。本章試圖通過對兩宋詞人歎老心境創作情況進行考察，探究詞人在垂暮之年的思考，不僅在內心實現了從悲苦到接納自適的轉折，而且對詞之抒情創作融

入了哲思的新境界，實現了其晚年美學思想的升華。藉此以重新掘發中國傳統文化如何對待現實中的「老」，進而將「老」美學化與思想化，構成一種具有文化智性的思考方式。

二、歎老書寫的創作意義

以下總結宋詞中的歎老書寫在詞史上的價值與意義：

（一）從抒情表現而言，實現了詞情之真與深

歎老的背後是對人生的一種正視、一種追求，一種不甘願庸碌無為的覺醒。我們可以說：渾渾噩噩、虛度終日的人是發不出真正的歎老之慨的，歎老是人自我意識深化的必然產物。歎老不是一種對物質上追求得不到滿足的悲歎，而是精神上鬱悶苦痛的抒發。它植根於主體審美意識的深層結構，是一種對自我嚴肅要求的價值觀。歎老主題因為表現了自己最真實的生命存在感受，逼近了生命存在的本質，使人以關懷自身生命週期為主題的創作得以更自覺的全面展開。

（二）豐富了文學傳統中華民族集體的憂患意識

歎老主題基於中華民族集體的憂患意識，進而給整個中國抒情文學「以悲為美」的主旋律、總風格以決定性的影響。悲則歎老，老又生悲，它帶動了中國的抒情文學中的白髮霜鬢意象的隱喻作用，更形了對生命的本質的思考，如人生如夢、空幻、閒適、虛靜等一系列美學範疇，無不或多或少地與歎老主題有內在關聯。

（三）歎老主題從個人走向群體和時代

詞人往往由「人生之老」聯想到「時代之老」和「故國之老」、「亡國之音哀以思」，染濃了文學的社會內容與時代特徵。文學主題的書寫，其離不開特定時代，社會環境下主體的個人遭際和

心境。由歎老主題的探索我們不僅可窺見宋代文人諸多內心奧秘，還可以更生動直觀地認識封建社會。

（四）歎老作為生命及其經驗的反思

對衰老思考對於生存論具有重要的意義。「歎老」作為一種宋詞的題材或修辭策略，表徵了文化和價值想像，具有能指的多義性。這一文化現象，並不是簡單地代表了宋代詞人心態的老化與龍鍾，也不只是對積弱不振的社會現實的一種單向度的投射，而是現實社會的發展問題與人們的功業情結有機交融的必然結果。在詞人看來，浮生百歲倏然而逝，都是無法掌握的，人生唯一值得珍視的是自己有限的生命。實際上，人生的衰老無依感固然是孱弱無力的表現，卻也未嘗不是一種對生命擔荷的責任意識，宋代詞人一向是對生命認真，對理想執著，不忍自己隨時光之流而無所作為。我們可以說，是衰老的困境激發了詞人的生存自覺，而生存的自覺又引導詞人擺脫了對日常生活的關懷而走向對生命終極意義的叩問。即使衰老使人不可避免的感傷，但較高的藝術素養卻使他們在詞境的表現走出了一條新路。詞人們從感受衰老到超越衰老，透過對衰老的詠歎為自己找到一種生命價值的建構。衰老雖然是人生不可避免的遺憾，但卻也因此而更增添生命的熱度與光彩，同時也促使人們去思索有價值的生命意義。

本章探究宋詞中衰老書寫，可知「衰老」不僅指作家在肉體和精神上的衰退變化，還涉及了詞人對詞體及時代氛圍的認知。從美學角度來看，歎老書寫其實也是一種詞學創作觀念。意指詞人心境不同於青春生命的那種蓬勃的朝氣，也不像以前如唐人青春外放熱情的寫作狀態，越來越內縮到私人化封閉性的寫作中，從毫不妥協到無奈接納到自我安頓、自我和解的歷程。以此體現文本內部的張力。其次，作家面對衰老時體現出珍惜有限生命，

在自我更新中重構人生秩序。理性開啟的內在超越為他們帶來新的生命感覺。變為人生閱歷的真誠訴說，使年齡從文化符號變為情感紐帶。

小　結　何以慰遲暮

── 衰老令人悲，亦令人思

衰老孤獨所帶來的痛苦使作家對人類、對心靈有了更豐富更深刻更持久的體驗，在認知方面，形成了一種經驗開放的審美感受格局。宋代是個敏銳而多思的時代，宋人在感傷衰老的同時也在努力的超越衰老，展現了對生命意蘊的探尋，創造了獨特而又極具普遍意義的情境，值得後人關注。宋詞中歎老情懷在糅合著時代審美風氣、詞的文體因素，加之詞人自身的藝術趣味、獨特的氣質和修養，以及政治際遇宦海沉浮的經歷下形成的獨特思考，也正是這種獨特的思考與創造，才能對讀者產生深遠影響。

緣於人性對老化的痛感，催人省悟，在主體的深層心理結構中生發出一種能經久回味的美。本章以兩宋詞歎老書寫為鑰匙，不但可以探討主題內涵，同時還可以深入了解其產生的相應時代的文化背景和深層意蘊。可以發現，北宋詞歎老書寫中的憂世之嗟較少，憂生之嘆較多。北宋歎老之作的憂生之嘆，既表現為對有限的生命的焦慮，又表現為生命困頓之憂。北宋歎老書寫既具有嘆老詩歌的特點，亦能反映出宋人對人生思考的總體特徵。南宋英雄詞的歎老書寫多為憂世之嗟，體現出發憤而作、宣洩悲愁的創作方向，具有個性與共性相統一的特徵，既指向於個體人生，

又概括時代下無數人共有之情。衰老給人帶來身體感受的同時，也造成直接的心理衝擊。宋詞歎老書寫反映出宋人的憂生之歎與憂世匡時的心態，進而從一個側面反映出宋代社會史、文人心靈史。

宋代詞人的老年書寫，寫自然生命，寫人生感懷，也寫歷史和時代，從描繪「外在現實」到表達「內在現實」，完成了「生物自我」到「精神自我」再到「社會自我」的演變。歎老書寫作為一種精神的慰藉，完成了與內在自我的對話。衰老書寫輻射的主題包括：回顧生活之旅，表達人生理想，再現心路歷程。由於各種主客觀因素的影響，還具有真實性、歷史性、思考性等特點。歎老之詞可以展現更真實的憂慮、思考，甚至表達作者胸中的不平之氣。詞人敏銳地捕捉到了時代風氣的變化，並把這種時代情緒訴諸筆端。而這種時代情緒又不僅僅屬於那個時代，它所描述的人類永恆缺憾依然存在，甚至於會在每個個體生命中放大，這必然會引發後世讀者的共鳴。而它所包蘊的人生思考，又為後人提供了精神上的救助，這就是歎老詞作的生命力之所在。

老年，是一種生活歷煉後的沉潛，一種領略了人生真諦後的平靜，一種禍福皆空的平和，一種對生命意趣更深刻的領悟，是一種人生歷程的高遠境界。歲月之美不只屬於青春年少，美是一種在生命艱難時的努力綻放。安時而處順地在自己所處的生命時區，回到自我安頓與內在安定，瞭解自己的生命狀態，然後去完成它的使命。宋人留下的歎老作的文化遺產到頭來卻是滿眼美不勝收了。每一首詞都是進入那個時代精神空間的途徑。我們與宋人之間的歷史距離，會因為這些歸真返樸的歎老詞作的存在而拉近。

第七章　自壽詞的創作心理

與發展意義

「年壽有時而盡，榮樂止乎其身，二者必至之常期，未若文章之無窮」[1]，正因為人壽有限，榮樂無常，所以人們眷懷生命的美好，於是透過祝壽書寫來傳達心中對長壽的祝願。祝壽，是從《詩經》以來就有的一種文學類型[2]，但祝壽書寫真正大盛卻在宋代，尤其在詞文體。宋代文人對這於壽詞這一領域可謂情有獨鍾。[3]《全宋詞》中，從題序中標明「祝壽」、「慶誕辰」、「生日」等字樣，經判讀可確定為壽詞的便超過一千首，無此類標誌而經判讀可確定為壽詞的也有幾百首。清人吳衡照《蓮子居詞話》說：「生日獻詞，盛於宋時」[4]，壽詞大盛於宋代，這已被學術界所公認，

1　曹丕《典論・論文》，見[梁]蕭統編、[唐]李善注《昭明文選》第十七卷「論文」(台北：文津出版社，1987 年)，頁 2270。
2　最早的祝壽文學可以追溯到《詩經》，《小雅・鴛鴦》云：「鴛鴦於飛，畢之羅之。君子萬年，福祿宜之。」《小雅・楚茨》云：「以為酒食，以饗以祀。以妥以侑，以介景福。」這些詩篇反映了人們面對有限的生命，對福壽的渴望和祝願。又如《小雅・南山有台》：「南山有台，北山有萊。樂只君子，邦家之基。樂只君子，萬壽無期。」是一首臣子祝頌君主或上層官員的壽詩。由此可見，祝壽書寫其來有自。
3　張帆〈魏了翁壽詞創作考源〉說：「兩宋祝壽的風俗之盛是以往任何一個歷史時期都難以企及的，不僅壽詩盛行，用於祝壽祈福的壽詞創作也成了一種新的詞學現象。」《四川師範大學學報》(社會科學版)第 36 卷第 4 期，2009 年 7 月，頁 101-104。
4　吳衡照《蓮子居詞話》，見唐圭璋編：《詞話叢編》(台北：新文豐出版社，1988 年 2 月)，頁 2448。

縱觀目前所有論及壽詞的論文，大多以宋代為主。[5]在這些研究中皆可見前人對壽詞的生命理想與審美型態進行了精要的分析，但大部份論述的是「壽詞」，沒有把壽詞中的「自壽」類型特別提出來談，畢竟「自壽」與「他壽」是兩種不同功能的創作類型。即使有幾篇論文以「自壽」為題，如吳冬虹〈宋代自壽詞的悲傷意蘊〉[6]、韓立平〈南宋自壽詞的人生體悟〉[7]，已經專注於探討自壽詞的生命體認和悲涼意蘊，但對於「自壽詞」的探究比較偏向靜態論述，或單一的向度，比較缺少一種發展與變化的動態發

---

5 目前研究壽詞的論文約有以下幾篇：黃文吉〈壽詞與宋人的生命理想〉，《黃文吉詞學論集》（臺北：臺灣學生書局有限公司，2003）。吳冬虹〈宋代自壽詞的悲傷意蘊〉，《廣西社會科學學報》，2007 年 12 期，總第 150 期，頁 123-126。韓立平，〈南宋自壽詞的人生體悟〉，《西南農業大學學報(社會科學版)》第 5 卷第 6 期，2007 年 12 月，頁 104-107。閻君祿，〈欲托朱弦寫悲壯──後村壽詞初探〉，《樂山師範學院學報》，2003 年 2 月，頁 49-52。劉鋒燾，〈劉後村壽詞淺論──兼談後村與賈似道的關係〉，《陝西師範大學學報》(哲學社會科學版)，1998 年 3 月，138-143。王慧綱，〈祝壽詞所見宋代士人思想意識〉，《北方論叢》，2013 年第 2 期(總第 238 期)，頁 66-70。徐瑩，〈從宋代壽詞的題材分型探討其內在意蘊〉，《語文學刊》2008 年，第 14 期，頁 83-84。劉彩霞，〈20 世紀 80 年代以來宋代壽詞研究綜述〉，《咸陽師範學院學報》，2008 第 1 期，頁 74-76。李紅霞，〈論南宋壽詞的分型及特徵──兼論祝壽文學的歷史演進〉，《深圳大學學報》(人文社會科學版)，2005 年第 3 期，頁 87-90。劉佳宏、段春楊、雪蘭，〈論辛派壽詞中的抗金情結〉，《江蘇工業學院學報》(社會科學版)，2005 年第 2 期，頁 55-57。李紅霞，〈從文化學角度解讀南宋壽詞的勃興〉，《江淮論壇》2004 年第 3 期，頁 127-130。李紅霞，〈論南宋壽詞的興盛及其文化成因〉，《陝西師範大學學報》(哲學社會科學版)，2002 年第 4 期，頁 56-61。賀慧宇，〈略論宋代壽詞的歷史流程〉，《船山學刊》，1999 年第 1 期，39-41。吳永江，〈宋代壽詞初論〉，《中國韻文學刊》1996 年第 2 期，頁 46-59。李揚，〈生命與才情的詠嘆──宋代壽詞創作的審美描述〉，《名作欣賞》1995 年 6 月，頁 34-37。韓立平，〈南宋自壽詞的人生體悟〉，《西南農業大學學報(社會科學版)》第 5 卷第 6 期，2007 年 12 月，頁 104-107。李紅霞，〈論南宋壽詞的分型及特徵〉，《深圳大學學報》(人文社會科學版)，2005 年，頁 87-90。趙曉瑩，〈宋代無名氏祝壽詞初探〉，《安徽文學研究》2018 年 7 期，總第 420 期，頁 11-13。

6 吳冬虹〈宋代自壽詞的悲傷意蘊〉，《廣西社會科學學報》，2007 年 12 期，總第 150 期，頁 123-126。

7 韓立平，〈南宋自壽詞的人生體悟〉，《西南農業大學學報(社會科學版)》第 5 卷第 6 期，2007 年 12 月，頁 104-107。

展論述。筆者以為，對於自壽詞的創作心理與發展變遷還有進一步討論的空間。

劉尊明統計唐圭璋編撰的《全宋詞》(含孔凡禮《全宋詞補輯》)中，有壽詞 2554 首，約占《全宋詞》總數的 12.13%[8]，從這樣的創作數量來看，壽詞的創作在宋代並非一種偶一為之的現象，而是一種普遍而流行的創作風氣。尤其到了南宋，更是壽詞創作的興盛期。[9] 壽詞按照寫作的目的與對象，又可以細分為「他壽」與「自壽」兩大類。兩種壽詞表現的情懷與風格大異其趣，正如佘筠珺所言：

> 在祝壽文學中，「壽他」往往承擔起祝賀的功能，以吉祥語來傳達，強調對現世安穩的禮讚。當書寫題材從「壽他」成為「自壽」時，創作者便不再需要考慮特定讀者（壽主）的接受和反應，也就不再需要特別經營「壽」的祝福寓意，而能回歸抒情自我的主體性，強調自我在面對「時間」的各種反省與紀錄。換言之，祝壽文學的「壽他」發展了「祝」的層面，成為著重於社交功能的實用題材，而「自壽」則凸顯了個人對「年」的時間意識。[10]

佘筠珺把「自壽」與「他壽」放在一起進行比較，形成一種

8　劉尊明《唐宋詞綜論》(北京：中國社會科學出版社，2004 年)，頁 136。
9　李紅霞考證：「祝壽活動在南宋成為一種非常盛行的社會風俗行為，壽詞創作在南宋達到了空前的高潮。這主要表現為一、作品數量多。全部南宋壽詞約為 2347 首，約為北宋壽詞總量的十倍二、創作隊伍龐大。南宋壽詞作者約 400 人。三、作品種類豐富，既有壽聖壽宮詞，又有壽親詞、壽友詞，還出現了自壽詞。四、出現了專門的類目與評論。趙長卿《惜香樂府》、陳允平《日湖漁唱》列有《賀生辰》、《壽詞》的類目，張炎《詞源》和沈義父《樂府指迷》已有專門的壽詞評論。」見李紅霞〈論南宋壽詞的興盛及其文化成因〉，《陝西師範大學學報》(哲學社會科學版)，2002 年第 4 期。
10　佘筠珺〈年誌書寫：論劉克莊「自壽詞」的自我形象〉，《成大中文學報》第五十九期，2017 年 12 月，頁 1-40。

審美的對比與強烈的反差。這種反差包括主題、人物、情節、結構等各方面。這種奇特的色彩的強烈的對比，不僅體現在構思上，而且也體現在心理機制上。正是因為這種矛盾交叉的審美心理機制，使自壽詞的創作更加具有獨特的文學價值。詹欽瑞這樣說自壽詞：

> 這些文字寫在人生的不同階段，對生活的理解與感受逐漸深刻，感情上或以低沉為主，或以昂揚為主，抒發的人生感受不盡相同，但相同的卻是作家對詞學的癡迷，對於人生的堅定，對待事業的熱愛。自壽詞可謂解讀詞人的編年史，自壽詞也成為研究作家、瞭解詞人的最佳載體。[11]

自壽詞和前一章所述的一般的歎老憂生之作不同，它並非純粹對時間流逝的思考，它往往是詞人對個體生命的感悟，對過去的回顧和未來的展望。自壽詞作為詞史的一個獨特的主題現象是不應被忽略的，正如同蔡鎮楚〈壽詞：宋人的生命之思〉說：

> 宋代壽詞，特別是那些看破紅塵、淡薄功名、浮雲富貴的自壽題贈之作，乃是宋代文人士夫對社會人生作哲學沉思的藝術結晶，表現強烈的生命意識，充滿著豐富的生命之感。[12]

正因祝壽詞發展到了「自壽詞」發生了重大變化，從而使祝壽詞的主題及風格得以開拓。自壽詞突破了一般祝壽詞流於人際應酬而作的「庸俗化」或寫作慣性的「公式化」，流露出深刻的自我反省意識，作品既真實感人又具有較強的可讀性，為祝壽詞的創作增加了新的內涵，堪稱是祝壽詞的「變體」與「異調」。宋人壽詞雖已受到學界的關注，但大多的研究都放在對他人的祝壽上，或一般的祝壽，對於自壽詞並未引起學界相當的重視，這

---

11 詹欽瑞〈「長安詞癡」月人先生的自壽詞〉，《渭南師範學院學報》，2013
　　年第 10 期，第 28 卷第 10 期，頁-73
12 蔡鎮楚〈壽詞：宋人的生命之思〉，《宋詞文化學研究》(長沙：湖南人民
　　出版社，1999 年 7 月)，頁 257。

是吾人認為十分可惜的事情。[13]，是故本章以兩宋自壽詞的創作表現為基點，探究詞家如何透過自壽式的生命書寫而成為探尋自我的一種途徑。自壽詞可以說是詞人用真情書寫的精神自傳，在自傳和文學之間找到了良好的契合點，不僅流露出敏銳的時間意識，作品的主題思想、風格境界也從「他壽」的歌頌享樂反其道而行，趨向深層與內在化，觀照內世界，呈現了詞人對命運的詠嘆與惆悵，對生命的回溯與反思，不僅增加了作品的敘事容量，也展示充滿生命體驗的人性關懷。

　　在宋代不同的階段、不同的身份詞家的自壽詞，除了體現出不同時代背景所造就的詞人創作心理的差異，還反映出詞家面對生命存在永恆主題時逐代加深的思索。筆者擬透過宋代幾位大量書寫自壽詞的詞人如宰相詞人晏殊、理學家詞人魏了翁、辛派愛國詞人劉克莊等人文本的解讀，探析自壽詞的文化精神與詞人的創作心理，同時從詞史發展的角度審視兩宋自壽詞的發展與新變，展現了祝壽文學「向內轉」，由外而內的「去應酬化」的表現、從現實功用性到主體心理敞亮的意義。相信經過這樣的探究，有助於幫助我們體認宋人嘗試透過自壽書寫提升詞體地位的尊體意識和主觀努力。

---

13 關於自壽詞的研究，目前研究壽詞的論文約有以下幾篇：吳冬虹〈宋代自壽詞的悲傷意蘊〉，《廣西社會科學學報》，2007 年 12 期，總第 150 期，頁 123-126。韓立平，〈南宋自壽詞的人生體悟〉，《西南農業大學學報(社會科學版)》第 5 卷第 6 期，2007 年 12 月，頁 104-107。李紅霞，〈論南宋壽詞的分型及特徵——兼論祝壽文學的歷史演進〉，《深圳大學學報》(人文社會科學版)，2005 年第 3 期。劉佳宏、段春楊、雪蘭，〈論辛派壽詞中的抗金情結〉，《江蘇工業學院學報》(社會科學版)，2005 年第 2 期。佘筠珺，〈年誌書寫：論劉克莊「自壽詞」的自我形象〉，《成大中文學報》第五十九期，2017 年 12 月，頁 1-40。和宋詞其他主題或題材的研究相比，這個數量實在不足。

第一節　宋代自壽詞興盛的歷史文化淵源和時代背景

　　任何一種文學書寫之所以興起繁榮，必然有其時代背景與社會根源。任何一類題材作品的形成與發展，都無法離開培育它的時代特有的物質、制度、精神文化。壽詞作為祝壽這一社會風俗的衍生品，其成因深深根植於宋代特殊的社會文化背景中。我們若將壽詞創作與相應的社會風氣相聯繫來看，可見到宋代建國之時，統治者就努力營建一種享樂風情，直接帶動了壽詞創作的普遍流行。關於壽詞的分類，李紅霞〈論南宋壽詞的分類及特徵——兼論祝壽文學的歷史演進〉所言：「祝壽對象不同，其類型可分為壽聖壽官詞、壽親壽友詞和自壽詞三大類。壽聖壽官詞因其應制酬唱之目的而帶有諛美色彩和模式化特徵；壽親壽友詞因祝頌的功利需求雖不免有一些塵俗觀念和價值提升，但因其表現了人倫真情的溫馨和生命意義的美好，因而具有一定的思想意義和審美價值。」[14]正因為壽詞往往受制於祝者(作者)與祝壽對象(讀者)的人際關係，創作較無法自在發揮，於是在壽詞中新變出一種新類別——自壽詞。

　　文學應時代的需求承擔起了對人的存在狀態的反思，特別是對自己生命起點的日子，往往展現對人生的追尋與價值實現的表述，也透顯著主體對生命的熱愛和執著。這是詞人主體意識的自覺，當詞人開始使用自壽視角來表達和建構一個新的自我、獨特

---

14 李紅霞〈論南宋壽詞的分類及特徵—兼論祝壽文學的歷史演進〉，《深圳大學學報》(人文社會科學版)，2005 年第 3 期，摘要。

的自我，詞人主體的形象通過自壽的講述變的鮮明而獨特，更重要的是他們建構的獨特自我形象也鮮明地留在了作品及其閱讀者的心中。因為自壽詞終究是在複雜的歷史背景下產生的「文學—文化現象」之間的互動，我們不能忽視特定時代的詞壇狀況。對於宋代自壽詞興盛的的背景，可以從以下三方面來看。

一、社會政治之影響：
逸樂的時代風尚與積貧積弱的國勢

　　宋代的統治者為了營造享樂風氣而大興祝壽慶典，這使祝壽詞得到發展。正如論者所言：「壽聖詞之所以產生並且以歌頌為主題，有其深層的文化心理與現實社會因素。對統治階級而言，既可借祝壽慶典以宣揚其王業政教，粉飾太平，又可以滿足其本能的享樂意識和虛幻的長生欲求。至於一般的臣民之所以虔誠而熱烈地為統治階級祈福祝壽，一方面是帝王崇拜和忠孝思想的表現，另一方面則表現了一種現實的功利需求。」[15]宋人的享樂生活多面向，祝壽是其中的形式之一。祝壽是源於先民對死亡的非理性思考，壽辭伴隨著這種儀禮活動而生。到了宋代，詞體文學與祝壽這種世俗生活內容聯繫起來，並且蔚成風氣。

　　與前代相比，南渡後的宮廷祝壽活動更為頻繁。這種聖節祝壽之風至在宋代始終都能找到發展空間，從而不絕如縷，這大概與俗詞具有娛樂、宣傳、交際等實用功能、與當時的社會生活密切相聯有關。詞的文化功能得以繼續發揮正是這種融社交、娛樂、抒情三種功能於一體的應用性。詞在產生之初就已經具有了應歌的文化功能，而壽詞在這方面有著明顯的繼承痕跡。壽詞更使祝

---

15 甘松、劉尊明，〈宋代宮廷詞的文化內涵及詞史意義〉，《東方叢刊》，2009年2月，頁238-254。

壽活動具有了一種高雅的性質。祝壽多用在歌功頌德——宋代詞人通過描摹太平盛世、渲染朝廷禮樂文教之盛、歌頌皇恩浩蕩等表現，這種各類盛會上的酬酢式的慣性套話，漸漸會形成一種庸俗的風氣。這種庸俗的書寫，易使人麻木。也會使歌功頌德成為其不自覺的慣性行為，缺乏真實的生命體驗，從而也減低了文學藝術性。

　　與上述享樂意識相矛盾的是，宋朝積貧積弱的國勢，使宋朝士大夫普遍產生了深重的憂患意識。唐末五代以來中國一直處於分裂戰亂之中，生命的脆弱與短暫使得知識份子憂傷感歎。北宋即便有短暫的所謂太平盛世，也難以消除人們的憂生之懷，及時行樂、重長生成為宋人普遍的心態。加之宋代黨爭激烈，文人命運多舛，禍福無常，仕途不測，常有朝不保夕之感，在生日這一特殊的日子裡，敏感、柔弱、內向的宋代詞人，用才情來詠歎生日。遲暮之悲在誕辰紀念日這一天就顯得尤為濃重。北宋王朝，士大夫的這種憂患意識還只局限在個人之憂的範疇，他們謳歌愛情，歌頌青春，表達由於愛而不得，青春不能永駐所引起的憂患。而到了南宋王朝，強敵壓境，窺伺江南；而南宋上層統治集團。一方面苟且偷安、不思恢復；另一方面奢侈淫靡，大倡遊樂之風。他們借歌舞遊樂以點綴昇平的假象，並滿足自身享樂的需要。這一時期，南宋小朝廷皇宮中的祝壽活動愈演愈烈，趨於高潮。因為時代的滄桑，國勢衰微，加上朝廷不思振作，苟且偷安，這使一些關心國家前途命運的文人士大夫在詞中充溢著對家國的憂患。這樣，由個人生命之憂發展而為大我之憂。受這種憂患意識的影響，南宋人極為關注生命，由對生命的關注，而熱衷於在生日這天為自己致上祝願與期許。壽詞就正是宋代士人憂患意識與報國無門的愛國詞人，對國勢衰微的憂懼之情，國恥未雪的仇

恨和焦慮之情，請纓無路、年華虛擲的悲憤抑鬱之情、不平之鳴，一於詞發之，自壽詞便成為他們表現這種深厚而又複雜的思想感情的一種文學形式。

二、生命意識的詠歎與理學思潮的浸染

中國古人很早就以其特殊的敏感開始了對生死、久暫問題的思考。「人生不滿百，常懷千歲憂」（漢樂府〈西門行〉），「人生忽如寄，壽無金石固」，「人生非金石，豈能長壽考」（〈古詩十九首〉），無不流露出一種青春遲暮、好景不常、歲月流逝的感傷。人的生命在茫茫宇宙面前不過是白駒過隙，一瞬而已。人們不僅本能地感受到，而且理智地認識到了生命的有限。「對酒當歌，人生幾何。譬如朝露，去日苦多」（曹操〈短歌行〉），幾乎成為歷代壯志難酬的有志之士的共同心聲。人的生命是一個有終點的歷程，而終點即是人的肉體的消亡。生命既不滿百，希望長壽、超越死亡則勢必成為人類的內在的需求。健康長壽也是中國人對生命的一種追求，祝壽即反映了人類期望延續生命的心理需求。因此，追求長生不老的古老情結所反映出的對生命的執著與熱愛成為壽詞創作的原初衝動。

此外，我們也不能忽視理學思想對壽詞的影響。張帆〈魏了翁壽詞創作考源〉說：

> 總的說來，不管是朝廷的祝壽頌德，還是民間的壽誕禮儀都是一種以封建倫常觀念為思想根柢、以喜慶祥和為基調的風俗行為，本質上貫穿著中國傳統文化尊親貴老的倫理

　　精神，也是傳統儒學和宋代新理學不可或缺的重要內容。[16]
研究自壽詞，如果沒有看到理學思維代表著一種對文學的變革性
文化力量和社會力量，便未能看到自壽詞獨特的自我反省精神。
宋代統治者已充分意識到用理學思想來教化世道、凝聚人心、鞏
固皇權。所謂「君君、臣臣、父父、子子」的倫常禮教它將整個
封建社會的關係制度化，而壽祝儀禮和壽體文學的創作也正是在
其樂融融的氛圍中將這種上下等級的觀念變得輕鬆自然。孝悌仁
愛既是家庭不可少的道德規範，也是傳統儒家和南宋新理學努力
宣導的社會風範。祝壽創作得以發展並漸趨興盛，及至南宋時期
祝壽幾乎成為一種極為普遍的社會風氣。正如沈松勤所言：「綜觀
南宋詞壇，似乎還給人這樣的感覺：若不作壽詞，便算不上一個
真正的詞人！」[17]

　　宋代文化呈現兩極對立，一方面是理學思想深入人心，一方
面是享樂意識濃厚。文人的內心始終進行著「情」與「理」的衝
突、碰撞。宋代崇文抑武的基本國策，導致了「宋代士人的身份
有一個與唐代文人不同的特點，即大都是集官僚、文士、學者於
一身的複合型人才」[18]，他們對實現自我，有著更高的要求。靖
康之變後，南宋朝廷偏安一隅，屈辱求和，徹底打破了文人的功
業夢想。面對大時代的無常，往往會導致對生命的覺悟。文人從
正視生死開始，在難以面對的種種無常困境中，重塑生命的契機。
追求長生不老的古老情結所反映出的對生命的執著與熱愛成為壽
詞創作的原初衝動，在經由祝願與回望人生的過程，實現了生命

---

16 張帆〈魏了翁壽詞創作考源〉，《四川師範大學學報》(社會科學版)第 36
　　卷第 4 期，2009 年 7 月，頁 101-104。
17 沈松勤《唐宋詞社會文化學研究》(杭州：浙江大學出版社，2000 年 1
　　月)中篇〈唐宋詞的社會文化功能〉，頁 275。
18 王水照，《王水照自選集》(上海：上海教育出版社，2000 年)，頁 30。.

絕境中的突圍和超越，追尋到了人性的真善美和生命的意義。「隨著戰爭的侵逼和理學思想的影響，心學對文學的滲透不僅成為一股強大的潮流，而且成為文學內轉的動力。這種內轉使文學突破了傳統，呈現多樣化、複雜化、心理化的趨勢。」[19]自有其有深刻的思想性，但不是空談哲理，而是以詩情、感受來寫哲理，是以生活的體驗來寫哲理。從生命的視角進行的自壽書寫往往具有理性觀照，可以發掘更為深層的生命價值和人生意義。

三、文學傳統之延續與變革

中國傳統文化非常重視生命的價值，正因為中華民族歷經了多種變故，在大變動下更加思考個體在宇宙中的位置，更認識生命存在的價值。在詩歌裡很早就有祝壽詩了，中國傳統中，作為後起之秀的「詞」自然在一定程度上受到了詩歌的影響，壽詞的產生也同樣與壽詩一脈相承。宋朝祝壽之風盛行，祝壽是宋人一項重要的社交應酬活動。詞產生之後，因為具有抒情功能，故也漸成為文人應酬的工具。而壽詞在祝壽活動中起到的也是社交應酬的功用，發揮了與詩同樣的作用。從這一角度來講，壽詞的創作與盛行，也是詞體地位提高的一個表現。文人們熱衷於以壽詞作為應酬手段，這正體現了詞地位的提高。

進入南宋，因靖康之恥無形的鞭策以及儒家詩教觀的深度介入，政治教化功用被大力的強調，祝壽類俗詞進入南宋後仍然蓬勃興盛。祝壽行為本是源於人類期望延續生命的心理需求，往往帶有程度不同的喜慶色彩和祝頌性質，其本質是偏向世俗性。在

---

19 張玉雁〈文學內轉的動力——簡評心理學對文學的滲透〉，《華北水利水電學院學報》2004 年第 2 期，摘要。

詞壇全面雅化的呼聲中才有張炎等人對壽詞的創作加以引導、批判與規範。在詞壇強烈崇雅斥俗的潮流下，壽詞被詞評家視為畏途，例如張炎《詞源》說：

> 難莫難於壽詞，倘盡言富貴則塵俗，盡言功名則諛佞，盡言神仙則迂闊虛誕，當總此三者而為之，無俗忌之辭，不失其壽可也。[20]

沈義父《樂府指迷》也說：

> 壽曲最難作，切宜戒壽酒、壽香、老人星，千春百歲之類。須打破舊曲規模，只形容當人事業才能，隱然有祝頌之意方好。[21]

張炎和沈義父皆認為壽詞不容易展現文學價值。壽詞因為祝頌的應酬性形成了比較固定的模式，形成呆板的套路，加上壽詞多半是為應酬的功利目的而作，與其說是創作，無寧說是一種按套路填空的文字遊戲，有辭而無情的應酬文字。因此，詞人從他壽轉向自壽書寫，這是很自然的事情，甚至在宋末元初文人面對宋室傾覆，自壽詞漸漸取代了他壽詞。

歷史上的每一種書寫風氣的嬗變，都意味著時代的變遷。它的意義不僅在於對逝去時代的回顧和總結，更重要的是領領了一個新世代的文學思潮。就祝壽詞而言，也不會是總是變動不居的。隨著戰火紛飛的時代變遷和理學思想的滲入，壽詞漸漸從「他壽」而向內轉為自我觀照的「自壽」，這種「向內轉」成為北宋到南宋文學發展的一個總體趨勢，論證了一種審美意識的時代變遷，一個新文學世紀的開始。創造了一片有別於他壽追求外在世界的審

---

20 張炎《詞源》卷下，唐圭璋編《詞話叢編》(臺北：新文豐出版公司，1988年2月)，頁266。
21 沈義父《樂府指迷》，唐圭璋編《詞話叢編》(臺北：新文豐出版公司，1988年2月)，頁282。

美新天地，自壽詞反而流露出深刻的自我反省意識，表現出「今是昨非」的思想，為祝壽詞的創作增加了新的內涵。比「他壽」詞更富哲思的自壽詞，堪稱是壽詞的「變體」與「異調」，反映出人類面對自身與生命這種永恆主題時逐代加深的理性思索。

第二節　壽詞漸趨個人化寫作的軌跡：

宋人從他壽轉向自壽書寫的創作心理

本節欲探究詞人書寫自壽詞的創作心理因素，在此分兩點來說明。

一、從悅人到悅己：兩種創作心態的過渡發展

自古做文章就有兩種心態：「悅己」、「悅人」──這是從作家創作的目的是個人性或公共性、是從自身出發還是從讀者出發的兩種創作心態的區別。前者是情鬱於中自然要求一發為快的不得不鳴而鳴，不得不述而作。後者是為了取悅他人而作，自然以觀者為中心構思，揣度時人之心理。顯然，此兩種創作心態大有不同，目的亦大有不同。第一種做文章之心態，首要目的是為己而作，為宣洩、為移情、或為達到平和之心境，創作僅僅是為了表達作者內心的感受。文本的主要任務是所寫之物適合宣洩所表達之情。只要宣洩的目的可以達到，作者便完成了任務。第二種創作心態，首要目的是為他人（讀者），為了達到某種功利目的，取悅於他人，或驚醒世人。

　　祝壽分為「他壽」和「自壽」，剛好符應了「悅己」和「悅人」兩種心態。宋代祝壽詞多半屬於人際交往應酬，內容包括神仙思想、養生與保健思想的祝壽之詞，大多反映著人們普遍追求長生、渴望延長壽命的社會心理。這些作品多半具有濃厚的享樂意識。這種享樂意識，多是為了應酬或應制的政治目的。但自壽便不一樣，它往往作於詞人的中年或晚年，人到了這樣的年紀才比較會注重對生命的回望和對未來人生的反思。風格少有他壽詞的喜慶歡愉而多以悲憤激越為主調。大多數詞評家認為壽詞具有公式化的缺點，例如王國維說：

> 政治家之眼，域於一人一事。詩人之眼，則通古今而觀之。
> 詞人觀物，須用詩人之眼，不可用政治家之眼，故感事懷
> 古之作，當與壽詞同為詞家作禁也。[22]

　　王國維要求詞人觀物要用「通古今而觀之」的詩人之眼，勿用政治家之眼。因為政治家之眼，乃為特定的對象服務，拘限在一己之利害思考，真正有價值的作品無不是可以超越古今而形成一種人人皆能感動的普遍情感。王國維反對人們去寫感事、懷古、壽詞這類題材。這類題材往往受制於具體的內容和明確的對象，便難以在這些題材中彰顯出高遠之境。他認為祝壽詞多數是「意境凡近，套話連篇」的應酬之作。清人吳衡照《蓮子居詞話》卷三言：「生日獻詞，盛於宋時。以諛侫之筆，攔入風雅，不幸而傳，豈不倒卻文章架子」[23]，況周頤《蕙風詞話》亦云：「壽詞難得佳句，尤易入俗」，劉永濟《詞論》亦曰：「然而賀壽惡詞，賢者不

---

22 王國維《人間詞話刪稿》，唐圭璋編《詞話叢編》(台北：新文豐出版社，1988 年 2 月)。
23 吳衡照，《蓮子居詞話》，見唐圭璋編：《詞話叢編》(台北：新文豐出版社，1988 年 2 月)，頁 2448。

免，亦風雅之衰也」[24]。從上述多位詞評家的觀點來看，皆對祝
壽詞的應酬套語的創作內容頗有微詞。然而持平而論，題材並不
必然是創作成敗的決定性因素，如何在限定的題材上又能以個人
的創意巧思超越題材，才是衡量作品的標準所在。詞本來就是一
種相當私人化、情感化的文學載體，因此，它最能表達詞人在日
常生活中的所感所懷，最能展現詞人的情感流向、宋人的文化精
神與人生意趣。我們也許可以這樣說，壽詞從「他壽」回歸「自
壽」，從某個角度來看，就是回歸詞的文學本色。吳冬紅在〈宋代
自壽詞的悲傷意蘊〉說：

> 壽詞按體裁可分為他壽詞和自壽詞兩種，其中他壽詞占大
> 部分，既有壽帝皇、太后、長官，又有壽同僚、親人，其
> 中親人包括 父母、兄弟、叔伯、妻子、兒女等，對象極
> 為廣泛；少部分為自壽詞，自壽詞為生日感懷之作，因創
> 作主體與祝壽對象合二為一而成為自我抒懷的最佳載體。[25]

吳冬紅認為自壽詞是對壽詞創作原則的背離。但在自壽詞中，祝
壽者與祝壽對象合二為一，不再以阿諛奉承取悅他人為目的，從
而使得自壽詞擺脫了大多數他壽詞的功利屬性，進而能更加真切
細膩地表達出自己內心的思想情感。

　　壽詞大都是讚美或逢迎的應酬話，並非發自詞人內心的真誠
感情。而自壽詞多半是作者有感於心，情激於胸的狀態下而成。
並不是說所有應酬之情都是世俗的，任何的感情，只要是真實的、
誠懇的，就不庸俗。但有些壽詞是出於世俗禮節或利害得失的需
要，這就不免流於俗了。抒寫真景物與真性情，建造起一個既豐

---

24 劉永濟：《詞論》(台北：源流出版社，1982)。
25 吳冬虹〈宋代自壽詞的悲傷意蘊〉，《廣西社會科學學報》，2007 年 12 期，
　　總第 150 期，頁 123-126。

富又純淨的内心世界，這是自壽詞給詞的創作者帶來的重要啟示。

二、詞境深化的表現：從浮光掠影到尋幽入微

在宋代這樣一個文化之高與國勢之弱的特殊時代，由於社會、時代、政治、人生的種種經歷和各種原因，也因為宋人厭倦了外在事功，厭倦了人際酬酢，使得宋代詞人終究擺脫了壽詞中的世俗塵雜之情，進而「轉向內心」，在個人的內視中思考存在的意義。透過自壽來反省自我，「自壽」明顯的與「他壽」在風格與内精神都發生了轉變，一改「他壽」那種喜樂開闊壯觀的氣勢，而轉為對自我生命的回望和反思，更重要的變化是在「他壽」中的那些未能免於俗的情味消失了，代之而生的是一份對生命運動的強烈感受。例如周紫芝〈水調歌頭〉詞云：

> 白髮三千丈，雙鬢不勝垂。人間憂喜如夢，老矣更何之。
> 蓬玉行年過了，未必如今俱是，五十九年非。擬把彭殤夢，
> 分付舉癡兒。　　君莫羨，客起舞，壽瓊厄。此生但願，
> 長遣猿鶴共追隨。金印借令如斗，富貴那能長久，不飲竟
> 何為。莫問蓬萊路，從古少人知。[26]

這種為自己而寫的自適自得的創作態度導致對壽詞既定規範的瓦解。就像這首詞，以議論起句，不復祝願長生，相反的，卻對長生升仙等表示懷疑。詞中的「彭祖」、「蓬萊」等本來用以象徵長壽的文化語彙，反成為詞人對人生懷疑感傷的存在，表達了詞人對五十九年來的人生的感懷──「起來點檢經由地，處處新愁」[27]，人生便如同檢點自己一路行來經過的每一個舊地，從而又迎

26　唐圭璋編：《全宋詞》(北京：中華書局，1979 年)，頁 873。
27　借用馮延巳〈采桑子·笙歌放散人歸去〉，《唐五代詞》(台北：世界書局，

來一段新愁。全詞傾訴了人生老邁的悲慨，命運的神秘和不可捉摸，使得這首自壽詞增加了幾許蒼涼。「自壽詞」擺脫了「他壽」的功利目的，審視並探索生命的價值與意義，深刻揭示詞人深婉細膩的心跡，帶有濃烈的個性化色彩。

自壽詞不但在內容上因詞家的情思飽滿而各具樣貌，而且在風格上也各具特色，這種特色展現出一種變異。它們出自作者內在真實的生命體驗，對自身亦有了深刻的自省。自省是映照成長之路，是一種人生智慧。自省首先源於認識自己。詞人往往在自壽詞中思考自己的人生，追求什麼。追蹤壽詞個人化寫作的軌跡，探究宋人從他壽轉向自壽書寫的創作心理，對我們深入理解宋詞內轉的動力和心理的關係有重要的意義。

自壽被稱為作家的心靈告白，是一門指向內在的藝術形式。自壽也可以說是一種心靈的自傳，其背後的書寫深意值得我們思考。由「他壽」到「自壽」的發展意義，便是詞境由顯淺到深隱的過程，這個過程體現了作家自我意識的一步步覺醒。一系列的自壽詞展現了詞人所處的時代環境的變化，表現了複雜的內心情感，同時也體現了詞家自我意識的逐步覺醒。

第三節　北宋初年享樂意識下的宰相達官晏殊對生命的覺醒

一般論者皆以為自壽詞的首創者為周紫芝(1082-1155)，因周

1976 年 7 月)，頁 235。

紫芝在宋高宗紹興十一年(1141)所作的〈水調歌頭〉序云：「十月六日於僕為始生之日，戲作此詞為林下一笑。世固未有自作生日詞者，蓋自竹坡老人始也。」[28]自述史上自作生日詞是始於自己，同時，這種遊戲自適的創作態度導致對壽詞既定規範的瓦解。周紫芝雖然自稱是最早有意識寫作自壽詞者，然黃文吉的研究指出晏殊、米芾、向子諲、趙鼎皆早於周。[29]沈松勤也確立：「在宋代，第一位大量作壽詞的是宋初詞壇大家晏殊」[30]，揆諸宋詞作品實際，黃文吉和沈松勤的論述是符合事實的。晏殊是中國歷史上第一位自己給自己寫祝壽詞的詞人。

北宋時官員的待遇極其豐厚，加上北宋政府提倡享樂之風，甚至在大臣生日時，皇帝會派專使到大臣家中慶祝並賞賜禮品，皇帝的這一舉動大大提高了群臣慶祝自己生日的積極性，晏殊也不例外。但是，在晏殊的自壽詞中，除了對宴會、舞樂的常規描寫，讀者也能體會到晏殊對生命深切的感悟與對長壽的嚮往，因而其自壽詞具有獨特風格。我們可以發現，在晏殊的壽詞中，並不存在阿諛奉承的壽詞，許是因為晏殊的仕途平順，並官至宰相，他無需以「他壽」來阿諛上意便可平步青雲。「悅人」的創作動機不存，故知其壽詞所表現的多為作者與親人之間的倫常互動之聚會的美好，或者因為生命意識的覺醒與死亡焦慮的心理體驗。晏殊的自壽書寫，依抒情向度，大致可分為兩種：

---

28 周紫芝〈水調歌頭〉，見唐圭璋編：《全宋詞》(北京：中華書局，1999年)，頁873。周紫芝，号竹坡居士。

29 見黃文吉：〈壽詞與宋人的生命理想〉，《黃文吉詞學論集》(臺北：灣學生書局有限公司，頁86。

30 沈松勤《唐宋詞社會文化學研究》(杭州：浙江大學出版社，2000 年 1月)中篇〈唐宋詞的社會文化功能〉，頁 270。

一、「求得人間成小會」：對人間溫情的安適享受

　　晏殊的壽詞中有表達對生命美好的讚美，對溫馨親情的享受，讓人在一派和氣中體悟到率真素樸的人倫真諦。同時作者又把這種世俗而珍貴的人倫之親推廣到世人，這正是作者心思的可貴之處。晏殊的壽詞蘊含的濃濃的親情、愛情和友情，讓人讀來溫情款款，無論是是祝福者還是被祝福者都沉浸在一片溫暖如春的細膩溫柔中，共同享受親切美滿的人間溫情。

　　據夏承燾《唐宋詞人年譜》[31]、唐紅衛《二晏研究》[32]可知，晏殊雖早慧和少年得志，但一生經歷過很多至親之人的離世。晏殊的長弟晏穎從小才華出眾，二十二歲時，十八歲的弟弟晏穎突然病逝，晏殊之父晏固也在當年亡故。二十四歲，母喪。在三度婚娶中，初娶李虛己女，早逝。繼娶孟氏，又在晏殊四十歲左右病故。晏殊從宋真宗的大中祥符六年(1013 年)到宋仁宗景祐三年(1036 年)，二十三年間便失去了五位至親的人。親人相繼去世，給晏殊的心靈留下嚴重的精神創傷，使其本來就早熟的心智對生命特別敏感。因此，對生命的思索以及對長壽的嚮往便體現在了他的自壽詞中。如其〈漁家傲〉連章詞十四首之二：

> 荷葉荷花相間鬥。紅嬌綠嫩新妝就。昨日小池疏雨後。鋪錦繡。行人過去頻回首。　　倚遍朱闌凝望久。鴛鴦浴處波文皺。誰喚謝娘斟美酒。縈舞袖。當筵勸我千長壽。[33]

開首兩句「荷花荷葉相間鬥，紅嬌綠嫩新妝就」，透過景物

31 夏承燾《唐宋詞人年譜》，見夏承燾著、吳戰壘等編：《夏承燾集》全八冊，杭州：浙江古籍出版社、浙江教育出版社，1997 年。第一冊：《唐宋詞人年譜》。
32 唐紅衛《二晏研究》(天津：南開大學出版社，2010 年出版)
33 唐圭璋編：《全宋詞》(北京：中華書局，1999 年)，頁 100。

鋪陳而渲染了一股生機勃勃之氣。後一句則寫剛剛經歷了小雨的
滋潤而愈發豔麗的荷花引得路人頻頻回首。詞的上片寫景，但是
作者對生命的感悟卻夾雜其中。下片「倚遍朱闌凝望久」，看著「鴛
鴦浴處波文皺」，透過這種姿態展現了詞人對生命真諦的思索。最
後，府中擺開宴席來慶祝主人壽誕，席上名為「謝娘」的侍女歌
舞頻頻，為主人祝酒，祝主人延年長壽。乍一看，最後一句「當
筵勸我千長壽」彷彿與之前的詞意不搭，但是細細一品，才發現
有了最後一句，整首詞彷彿才有了「神」。整首詞在感歎生命之美
好，但生命過於短暫，因而才會有最後他人對詞人「千長壽」的
祝願。

　　另一首〈連理枝〉中，詞人對長生久視的渴望表達的更加直
白：

> 玉字秋風至。簾幕生涼氣。朱槿猶開，紅蓮尚拆，芙蓉含
> 蕊。送舊巢歸燕拂高檐，見梧桐葉墜。　　嘉宴凌晨啟。
> 金鴨飄香細。鳳竹鸞絲，清歌妙舞，盡呈遊藝。願百千遐
> 壽比神仙，有年年歲歲。[34]

　　這首詞用先描寫出秋天的氛圍，之後寫出了酒筵的歡快，進
一步描寫了詞人在壽辰這一天，風流豪放的情態。最後為自己的
壽誕許願。晏殊在自壽詞中抒發對生命的感悟與對長壽的嚮往，
正是抒懷的坦誠，才讓他的自壽詞具有獨特的藝術韻味。

　　對於這類作品，我們不能簡單地視為粉飾太平和百無聊賴。
晏殊的自壽詞多出現了「謝娘」、「蕭娘」[35]、「紅(雲)衫侍女」[36]等

---

34 唐圭璋編：《全宋詞》(北京：中華書局，1999 年)，頁 108。
35 如〈清平樂〉：「蕭娘勸我金卮。殷勤更唱新詞」，《全宋詞》，頁 92。〈採
　　桑子〉：「人生樂事知多少，且酌金盃。管咽絃哀。慢引蕭娘舞袖迴。」
　　《全宋詞》，頁 93。
36 如〈木蘭花〉：「紅衫侍女頻傾酒。龜鶴仙人來獻壽」，見《全宋詞》，頁

為他頻頻壽酒的女性形象，但不同於《花間》，這些女性已不再是作品中所描寫的主體對象，在晏殊的自壽詞中，女性只作為表現詞人個人生活及心緒的有機組成部份，因為有了她們溫馨陪伴，就有了人我之間互動的情意與情趣，也有了團聚熱絡的美好感受。即使親人離開，但身旁總還有玉人、蕭良、謝娘的陪伴，這些女性為他跳舞，勸他飲酒，可見女性的知心識曲是他人生保有美好佳境的重要組成，她們在他歡娛時為他佐歡助興，在他感到寂寞時為他捎來關懷，這些女性成為他設想美好永在的依憑，也是他感傷物是人非的象徵，有了這些為他投贈祝願的主要對象，在他書寫自壽詞時，自然而然會進而企慕一種「故人相與，春朝秋夕」[37]朝夕相處的家園天倫之樂。同時，我們也可以見到，天地萬物都處於相互作用、互為影響與關聯之中，這種聯繫，使得每一人或每一物的構成彼此形成一個不可分割的聯繫、作用與影響的交叉點，由點可以延伸而構成線與面，而成就人我之間、人與物之間的感通和諧。因為人間最動人的不是系統的知識和邏輯建構出的觀念，而是那份心靈所流露出的情意，在存在意義的探索，在人我之間搭起感通的橋樑。像晏殊這樣富有詩性心靈的詞人最懂得「美在感傷」的藝術魅力，所以用文字寫下了自己對生命的感動，對人情美的善感幽微。通過自壽，表現他對生命的熱愛，同時珍惜在自己身邊的每一個人，因他們而更加深深眷戀生命和生活，更因他們而由衷讚歎世界的美好，這便是晏殊自壽書寫啟示讀者的深意。

96。又如〈燕歸梁〉：「雲衫侍女，頻傾壽酒，加意動笙簧。人人心在玉爐香。慶佳會、祝延長」，《全宋詞》，頁 107。

37 借用宋代趙彥端〈柳梢青‧生日〉「但願長年，故人相與，春朝秋夕」語。

二、「人貌老於前歲」：無常的詠歎

　　面對死亡的脅迫，渴望活著的人總是企求延長自己的壽命，由此就引發了對生命長壽的崇拜。在晏殊三十餘首壽詞中，真正所謂「祝聖壽」、「頌升平」的只有〈喜遷鶯〉（風轉蕙）、〈喜遷鶯〉（歌斂黛）和〈長生樂〉（閬苑神仙平地見）三首，其餘均為詞人自壽之詞。詞人創作自壽詞的過程，其實也是一種自我回顧、自我反思、自我淨化、自我超越的精神過程。試舉數例：

　　　　玉露金風月正圓。臺榭早涼天。……人盡祝、富貴又長年。
　　　　莫教紅日西晚，留著醉神仙。（〈長生樂〉）[38]

　　　　家人拜上千春壽，深意滿瓊厄。綠鬢朱顏，道家裝束，長
　　　　似少年時。（〈少年游〉）[39]

　　　　可喜萬般宜，不勞朱粉施。摘承金盞酒。勸我千長壽。（〈菩
　　　　薩蠻〉）[40]

　　　　今朝祝壽，祝壽數，比松椿。斟美酒，至心如對月中人。
　　　　一聲檀板動，一炷蕙香焚。禱仙真。願年年今日、喜長新。
　　　　（〈拂霓裳〉）[41]

如此不厭其煩地為自己頌壽，個中意趣，頗堪玩味。究其實質，仍是詞人內心深處揮之不去、遣之不盡的無常之悲。雖然由於歡

38　見唐圭璋編：《全宋詞》（北京：中華書局，1999 年），頁 103。
39　見唐圭璋編：《全宋詞》（北京：中華書局，1999 年），頁 95。
40　見唐圭璋編：《全宋詞》（北京：中華書局，1999 年），頁 105。
41　見唐圭璋編：《全宋詞》（北京：中華書局，1999 年），頁 104。

樂祥和的氣氛的籠罩，有時我們很難直接從這些壽詞中感受到作者對於死亡的恐懼，我們所能感受的只是壽者與被壽者對於現世生命的重視和期望延續肉體生命的心理需求，而這一重視和需求正是由於死亡的日趨逼近所致的，它是詞人「畏死樂生」心理的折射和外現，因此我們完全有理由說，無常意識是晏殊自壽詞得以產生的最重要、也是最深層的原因。

　　對於長生的渴望，對於死亡的恐懼，無不在這歡樂祥和的氛圍中隱隱生出。由於歡樂吉祥的氣氛的籠罩，有時我們很難從中感受到作者對於死亡的恐懼，我們所能感受的只是壽者與被壽者對於生命幸福的重視，及其延續肉體生命的心理需求，而這一重視和需求正是由於死亡的日趨逼近所致。因此我們說，無常意識與死亡恐懼是壽詞得以產生的最重要、也是最深層的原因。換言之，生命意識在晏殊的自壽詞中僅僅是隱化而決不是消失，詞人流連杯酒，征歌逐舞，實際上是對生之深情眷戀的一種反撥，表面的雍容富貴、安樂閒適並不能掩飾他對生死問題的清醒認識。概而言之，無論是感物憂時之作，還是傷離怨別之曲，抑或是宴飲祝壽之詞，所表現的多是詞人對人生短促的強烈感受和對個體生命的極端珍惜。因此，《珠玉詞》並非無病呻吟，它是晏殊生命意識的自然流露和真實體驗，其中隱含著詞人對自身現實存在的悲劇性確認。而這種確認，這種自我審視，是人之所以為人的重要標誌。

　　壽詞作為一種特定環境下的應用文體，受到形式、內容和表現對象的限制，決定了其庸俗的一面。晏殊的壽詞，雖不能避免壽詞本身的局限性，但是晏殊以其極高的才情和敏銳的洞察力，使其壽詞帶有獨特、創新的一面。在晏殊的一些自壽詞，以樂景寫哀情，蘊含著人類對於世界和自身的深刻的哲學思考，卻流露

出傷感惆悵之意，與祝壽的主題和氛圍形成強烈的對比，這也是晏殊壽詞所表露的獨特之處。如〈殢人嬌〉：

> 玉樹微涼，漸覺銀河影轉。林葉靜、疏紅欲遍。朱簾細雨，尚遲留歸燕。嘉慶日、多少世人良願。　　楚竹驚鸞，秦箏起雁。縈舞袖、急翻羅薦。雲迴一曲，更輕攏檀板。香炷遠、同祝壽期無限。[42]

這首壽詞上片側重對節序的描寫，選擇具代表性景物來烘染氣氛。微涼的天氣，時光在不知不覺間輪迴。一個「微」字準確寫出自然界變化的微妙與作者內心情感的變化。「銀河影轉」寫出了時光的流逝，感慨好景不再。滿山楓葉紅遍，怎奈簾外微雨瀝瀝，梁間的燕子只能停留，不知歸期。下片寫歌者「縈舞袖、急翻羅薦」的曼妙舞姿，響遏行雲的美妙歌聲，刻畫歌者「輕攏檀板」的優雅，將整個壽宴場面的熱鬧喜慶呈現得淋漓盡致，這與上片的淒涼氛圍形成強烈的反襯。在宴會上描寫秋風蕭瑟，時光流逝，在傷感迷濛的氛圍中祝人長壽，惆悵的情緒與祝福的話語形成鮮明的對比，更加感慨時光的流逝、生命的短暫，這是在北宋表面盛世、底下掩蓋不了的危機下一個清醒者的形象。

作為文人士大夫的晏殊，身居宰相之高位，具有肩擔天下的重任，又受到儒家思想和士人夫文人化理想的薰陶，故而常常處於矛盾掙扎的狀態，基於個性的謹慎圓融，善於節制情感，不會率意直陳，於是憂思常縈於心懷，長久積澱漸漸成為晏殊的生命基調。晏殊內心無法排解的憂思，便轉化成其詞在平和雍容中的淺愁和淡苦，如：「勸君綠酒金盃。莫嫌絲管聲催。兔走烏飛不住，人生幾度三台」（〈清平樂‧春花秋草〉）[43]、「門外落花隨水逝，

---

42 見唐圭璋編：《全宋詞》（北京：中華書局，1999 年），頁 98。
43 見唐圭璋編：《全宋詞》（北京：中華書局，1999 年），頁 92。

相看莫惜尊前醉」(〈鵲踏枝・紫府群仙名籍祕〉)[44]，這些例句皆是在壽詞中以樂景寫哀情的表現，同時也流露出惜時心理和及時享樂的思想。又如〈鵲踏枝〉：

> 紫府群仙名籍祕。五色斑龍，暫降人間世。海變桑田都不記。蟠桃一熟三千歲。　　露滴彩旌雲遶袂。誰信壺中，別有笙歌地。門外落花隨水逝。相看莫惜尊前醉。[45]

上片主要運用道教傳說和典故詞對祝壽情況誇大描寫，祝壽之意表現得淋漓盡致。過片運用賣藥翁費長房進入壺中見到的奢華玉宇、旨酒甘肴來比喻今日的壽宴，沒有客套和應酬的性質。然而結尾「門外落花隨水逝，相看莫惜尊前醉」句的悵惘與之前的浪漫奢華形成對比，寫出了作者惜時惆悵的情緒，與其說祝壽，不如說是對好景難長的感慨，同時流露出及時行樂的思想，也是對生活、生命的極度珍惜。

　　壽詞體現了人們在生日這一特殊的日子裡，渴望祝福與被祝福的心願，在這祝福與被祝福中傳達出人們對富貴、長壽的渴望，可以說是表達出了人們心中共同的情感願望。從晏殊對在生日這一天的抒情，往往能夠超越自我此時此地當前的生活，轉向一份對人生整體性和一般意義的思索和判斷。為了讓生日這個背景和自己特有的心情產生一種明顯的交融與對應關係，我們可以看到晏殊以自壽為主的詞，幾乎很少寫兒女情長，而多寫自己的生活和思考，而這種生活和思考基本上都具有聚會和他人為自己祝壽的場景。涵泳性靈之餘，亦能產生生命的關懷和自覺，思索個人生命的意義，展現圓熟的人生觀。

---

44 見唐圭璋編：《全宋詞》(北京：中華書局，1999 年)，頁 91。
45 見唐圭璋編：《全宋詞》(北京：中華書局，1999 年)，頁 91。

「為壽百千長」[46]、「祝千歲長生」[47]，在生日這樣的日子裡，詞人渴求一種永恆，「人情需耐久，花面長依舊」，可以說，生日對於晏殊來說是表現他的心情與思緒的最好時間背景，正是在這種背景下，他才能把自己對生命的體驗和思考都展示的如此充分和具體。可知，晏殊自壽詞既有與宋初太平國勢、時代走向一致的享樂趨向，也有表現出宰相詞人悠游於富貴生活中的貴族雅致，更有因宰相身份、人生經歷和氣質等影響下形成的哲思化傾向。

第四節　南宋中期理學思潮下理學家魏了翁「以理節情」的超越

靖康之變不但是南北宋政治史的界限，同時也是文學史、詞史的界限。南、北宋詞從精神意蘊到藝術風格都呈現出不同的趨向。南宋詞逐漸擺脫了北宋以來的娛情賞心之用，明顯的具有詩化言志的傾向。南宋前中期詞風嬗變的重要階段。在這裡我們不能忽視理學思想對詞的影響。南宋理學大師魏了翁存詞一百八十多首，其中壽詞創作數量堪稱歷代詞人壽詞之最。[48]打開他的詞作，連篇累牘幾乎全是壽詞。

---

46 晏殊〈望仙門〉，見唐圭璋編：《全宋詞》(北京：中華書局，1999 年)，頁 102。
47 晏殊〈長生樂〉，見唐圭璋編：《全宋詞》(北京：中華書局，1999 年)，頁 103。
48 宋・黃昇《中興以來絕妙詞選》卷七選錄了魏了翁的壽詞，評曰：「晚與真西山（德秀）齊名，有詞附《鶴山集》，皆壽詞得體者。」明代楊慎《詞品》卷五評魏了翁詞：「詞不作豔語，長短句一卷皆壽詞也。……宋代壽詞，無有過之者。」皆可見壽詞已成了魏了翁創作的一大特色。

　　魏了翁，字華父，號鶴山，諡號文靖，邛州蒲江（今屬四川）人。生於孝宗淳熙五年（1178）。慶元五年（1199 年）進士，歷任眉州知州、潼州府路提點刑獄、瀘州知州、禮部尚書等職。嘉定三年（1210 年），創建蒲江鶴山書院，傳播義理之學。寶慶元年（1225 年），魏了翁因不滿丞相史彌遠擅自廢立皇位之事，被貶居靖州。六年(1231)，他創靖州鶴山書院。後來宋理宗為了表彰魏了翁的講學活動，特御書「鶴山書院」四字相贈。晚年以端明殿學士、金書樞密院事督視京湖江淮軍馬，抗擊蒙古軍入侵，曾指揮宋軍克復襄陽。於宋理宗嘉熙元年（1237 年），病逝於蘇州，享年六十。[49]由他的生平可見，他並不是一位單純的文學家或詞人，他一生主要的活動是努力宣導理學使之得到了正統的學術思想地位。他一生對於發展教育，繁榮學術，創辦書院、促進人才的成長付出了許多心力。

　　宋代祝壽詞的成風，無疑對文人詞的創作也產生了深刻的影響。魏了翁百餘首壽詞不僅發揮了教化功用與文化功能，更是詞發展史上一個不可或缺的重要鏈條，也成為詞體地位提高的又一印證。不同的祝壽對象和創作動機使作品呈現出不同的審美情趣與文化品格。魏了翁除了寫作傳統的他壽詞，如祝福壽主長生不老、渲染壽誕喜慶氣氛、歌頌壽主文治武功等，也有相當數量的自壽之作。其自壽詞也具有積極進取的生命意識，以及南宋文人士大夫世俗生活的形象反映，主要表現在以下三個方面：

49　參考唐圭璋編：《全宋詞》(北京：中華書局，1999 年)作者資料而來，頁 2366。

一、「將我東西南北去，都任長年旋折」：
人生感悟的傳達

　　魏了翁作為一代學者宗師、文壇領袖，由於其獨特的經歷和理學深湛學養的涵茹，善於從主體生命精神的縱深之處掘進，在感性欲望中積澱著更多的理性操持和反思智慧，對人類生命本質的體察把握更加圓融深刻，其獨特的價值和魅力和美學意蘊便在於以理節情。從生命的視角看文學創作向內轉的文化意義——從感受悲涼到自我超越。魏了翁也借助壽詞對生命的短促抒發無常的感慨之情，如〈賀新郎‧生日謝寓公載酒〉：

> 只記來時節，又三年、朱煒過了，恰如時霎。獨立薰風蒼涼外，笑傍環湖花月。多少事，欲拈還輟。扶木之陰三千丈，遠茫茫，無計推華髮。容易過，三十八。　　此身待向清尊說。似江頭，泛乎不繫，扁舟一葉。將我東西南北去，都任長年旋折。風不定，川雲如撒。惟有君恩渾未報，又故山，猿鶴催歸切。將進酒，緩歌闋。[50]

起筆便感傷三年時間恰如片刻而逝，接著立身所處時節和環境來入手，在初夏時節吹來的暖風中，詞人沒有過生日的快樂，只獨立蒼涼之悲。「扶木之陰三千丈，遠茫茫，無計推華髮。容易過，三十八」，相較於高大古老的扶桑樹，自己的生命是何等短暫，感傷自己華髮已生，人生已經來到三十八歲了。時光不為人的意志為轉移，如東流之水一樣一去不復返了，令人驚心，不忍回首。「此身待向清尊說。似江頭，泛乎不繫，扁舟一葉。」心中有多少的滄桑之悲，更向清尊聊一醉，外在環境限制著自己才能的發

---

50 見唐圭璋編：《全宋詞》(北京：中華書局，1999 年)，頁 2377。

揮，生命卻在無可挽回的一天天的流逝，更強烈感受到自己的身世之悲。「將我東西南北去，都任長年旋折」，可知詞人心中有無常之感和漂泊之悲。魏了翁早年也曾如大多數封建士人一樣為仕途而奔波，希望得以實現自己的人生價值。也曾經有過豪情壯志，「惟有君恩渾未報，又故山，猿鶴催歸切。將進酒，緩歌闋」，可見他有報君愛國之志，有回朝歸鄉的渴望，然而，回顧過去，一切的理想與壯志都已成空。今天在自己生命起始之日，再次辛酸地感受到自己青春的流逝，歲月的空流以及功業的未成，時間的緊迫感再次逼壓而來。在慶生辰的同時，想到生命短暫，壯志未酬，感到愧對親朋，更是愧對自己。現在回過頭來看，那些歲月，都如秋月春風般，渾然渡過了。

魏了翁在〈蝶戀花‧和費五九丈見惠生日韻〉中感慨：「又是一番生日去」、「如此壯心空浪許」，眼看著生命在享樂與消耗中流逝而不能得到實現與昇華，一種濃重的悲涼感便在對生命進行反思之際流露出來。他的自壽詞總是充滿了歲月空擲而壯志難酬的無奈。這裡，在慶祝生日的同時，魏了翁通過對自己一生的回顧，感慨生命的短促，同時表達了自我人生價值未能實現的遺憾和愧疚感。

二、「但長把根基恢拓，將相時來皆可做」： 生命價值的體證

「天地之大德曰生」，中國傳統文化非常重視生命的價值，即使中華民族歷經多種變故，但是作為傳統精神內核的生命意識卻是歷久彌新。南宋偏安江南一隅，國家處於風雨飄搖之中。南宋文人壽詞更多的表現出自我生命意識的覺醒。由於歡樂吉祥的

祝壽氣氛的籠罩，有時我們很難從中感受到作者對於死亡的恐懼，我們所能感受的只是壽者與被壽者對於現世生命的重視，及其延續肉體生命的心理需求。他們在自慶生辰時，對自我生命歷史進行評價，總結人生經驗，反省自己走過的人生道路，肯定自我價值，或是表達超越生命的渴望，抒發生命短暫、功業未成的感慨等。魏了翁雖也借助壽詞對生命的短促抒發了無限的感慨之情，但他對自身存在有清醒的認識，能夠正確地認識自己存在宇宙中的位置與價值，進而珍惜、敬畏、肯定生命。他在自慶生日時，對自我生命歷史進行評價，總結人生經驗，反省自己走過的人生道路，肯定自我價值，或是表達超越生命的渴望，抒發生命短暫、功業未成的感慨等。他透過自壽，彰顯了個性，在檢視自我中捕捉到心靈深處的情懷。例如他的〈木蘭花慢‧生日謝寄居見任官載酒三十七歲〉：

> 怕年來年去，漸雅志、易華顛。歎夢裡青藜，間邊銀信，望外朱轓。十年竟成何事，雖萬鍾、於我曷加焉。海上潮生潮落，山頭雲去雲還。　　人生天地兩儀間。只住百來年。今三紀虛過，七旬強半，四帙看看。當時只憂未見，恐如今、見得又徒然。夜靜花間明露，曉涼竹外晴煙。[51]

這首詞起筆就展現了惟恐雅志未酬而歲月易逝之歎。生日是生命個體特殊的時間座標，人們往往會在自壽書寫中進行自我反思、自我評價，思考個我在特定時空中的地位、得失與憂樂等等。絕大多數的自壽之作都在中年，這與人們年紀越大對生日更加重視有關。在不同的年齡段人們會有著不同的想法與做法：年少氣盛時，較少關注這些歲月的節點；人到中年時，常在回憶、展望中

---

51 魏了翁〈木蘭花慢〉，唐圭璋編：《全宋詞》(北京：中華書局，1999年)，頁2374。

生活，前看茫茫，後視渺渺。這首詞正是魏了翁在三十七歲時所作，其時他在知眉州任上頗有政績，他在這首詞中回顧二十七歲前到都城臨安(浙江杭州)任國子學正，匆匆十年過已過，卻一事無成，即使有「萬鍾」俸祿，又有何益？足見詞人追求的不是一種具體的名利權位等物質的利益，而是更高的自我實現的價值。這正與理學家主張無欲趨靜，不講功利的精神相通。「人生天地兩儀間。只住百來年」，人生的短暫與天地造化的永恆是矛盾的，詞人免不了產生人到中年之感。他以復興「正學」為己任，深恐未來無成，於是更執著於現實。此詞將其中年自我價值的體證與追求的心理表現得十分真實，感慨甚深。「當時只憂未見，恐如今、見得又徒然。」這便是中年人生對歲月的體悟，一個「當時」、一個「如今」便是時間的距離，在流逝了的生命與現實存在的生命之間的形成對人生的理解與激悟，正是通過回憶更深刻地認清現實的生存困境的。「夜靜花間明露，曉涼竹外晴煙」，這二句是以景結情，透過畫面來展現中年人生的感懷，對人生的體會、對生命的感悟皆可從這裡得到說明。夜靜沈幽中依然有花間明露，人到中年仍然要為自己在黑夜裡尋找微明，在清晨的薄涼中還有竹叢外晴煙可以給自己帶來溫暖。

　　魏了翁的壽詞有很高的思想價值。表現了理學家積極的人生態度，他的壽詞從內容上看，除了寫到生命意識、憂患意識、人生感悟等等，還融鑄了理性的思致與理學術語，這是魏了翁詞的重要表現。例如他的〈賀新郎〉(虞萬州剛簡生日用所惠詞韻)：

> 久問閒邊著。對滄江、煙輕日淡，雨疏雲薄。一片閒心無人會，獨倚團團羊角。便舍瑟、鏗然而作。容室中間分明見，暮鳶飛、不盡天空闊。青山外，斷霞末。　　看來此意無今昨。都不論、窮通得失，鎮長和樂。此道舒之彌八

　　極，卷卻不盈一握。但長把、根基恢拓。將相時來皆可做，
　　似君家、祖烈彌關洛。康國步，整戎略。[52]

這首詞一開始從立身所處的自然情境中去渲染心中的閒適之致：
「久問閒邊著。對滄江、煙輕日淡，雨疏雲薄。一片閒心無人會，
獨倚團團羊角。」「閒」字兩出，而這「閒」無人能懂，便意味
著詞人心境不同於他者的一份超越，他完全放下了外在的羈絆和
欲求的執著，開啟了一個既是瞬間又是永恆的時間場域。正是在
這與物冥冥、心念寂滅的境界裡，體驗到了自由的自己。而這自
由是擺脫了世俗羈絆而轉向眼前光景的心靈自由。「看來此意無
今昨。都不論、窮通得失，鎮長和樂。」詞人已然體悟了閒適之
心在人生的每個當下、每個處境都有其必要。不論今天與昨天、
不論年少與年老，不論人在窮通得失中，都要讓自己常保心境平
和喜樂，如此便能體悟到了就像「暮鳶飛、不盡天空闊」寬大自
由的生命、「青山外，斷霞末」神秘浩瀚的空間。人的生命感和
快樂悠閒往往來源於細節，外部世界寬廣無邊，而人的內心同樣
不也是沒有邊際嗎？這首詞具有「以理節情」的理性思致，詞人
看破長生富貴、功名利祿，由對一己生命歷程的反思轉向對宇宙
萬物的追問，最終痛悟原來人生如夢，一如方嶽〈雜興〉所言：
「百年一瞬間，萬事皆塵埃。」生命的悲劇意蘊超出了心靈所能
承受的負荷，詞人不得不尋求一條解脫的途徑，這是所有的理想
都破滅之後產生的絕望、幻滅之悲。詞人把自己人性的魅力和光
芒存放在自壽作品中，延續為不朽。「此道舒之彌八極，卷卻不
盈一握。」說明了這個道理的浩瀚廣大，但卻不必透過太多書卷
來陳述，因為此理是用「心」去體悟，是透過對自然的細心觀察

---

52 唐圭璋編：《全宋詞》(北京：中華書局，1999 年)，頁 2378。

而懂得。這與理學家強調內在心性本體的重要性相通。正是在自
壽詞的書寫中，詞人擁有了沉靜、安寧，在更大的視野中照亮了
生命。理學家詞人的勤勉精進，俯仰人生笑空明，承傳統文化中
惜時奮勵的成分。具有理趣的追求、境界的追攀，自壽成為他們
對自我生命的反觀獨照，體現了士人深刻的思想意識和豐富的情
感內涵。「但長把、根基恢拓。將相時來皆可做」，在這裡，詞
人驚覺時光流逝的迅疾，感慨去日苦多、世事蒼茫，但同時積極
正向，勉勵自己把根基恢拓。在這裡看似和前面的樂於恬淡自適、
從心所欲而不踰矩的暮年生活相背反，其實這正是理學家的思
考。正如論者所言：「理學雖然一方面將傳統儒學偏於感性現實
的倫理目標建立在內在的心性本體上，但同時卻又強調在實踐行
動中實現『理』的普遍立法，不僅管『門內事』，也要管『門外
事』」[53]理學家不講功利，主張無欲，但同時又強調人必須透過
身體力行來實現道。時間雖然是一去不復返的，但是魏了翁在心
理時間內為自己打造「不老時光」之碑。執守著恢拓根基之心，
努力以進，相信定會遇見未曾想到的好風景。魏了翁的生活態度
多是一種「和光同塵」的與俗俯仰，從其自壽詞，可見理學家的
生活態度傾向於穩健、淡泊，他們的生命範式更加冷靜、理性，
也更腳踏實地。

　　自晚唐五代以來，詞便以男歡女愛、婉轉纏綿、幽怨深邃為
其本色，而理學以哲理思辨的精邃周密為基本特徵，理學義理是
理學家的本色。理學家對於詞體藝術形式本身並不排斥，但對於
詞中的旖旎纏綿，尤其是關於男女之情的表現，他們是堅決摒棄
的，因為男女情愛正是理學所壓抑扼制的「人欲」的最直接體現。

53　崔海正，〈宋詞與宋代理學〉，《文學遺產》1994 年第 3 期，頁 61-73。

理學家們用理學思想作為評價體系衡量詞作，要求詞應當同傳統詩文一樣，表現性情之正。當其染指小詞時，自覺或不自覺地把理學積澱和素養帶入詞體，展現了理性思考。魏了翁的自壽詞展現了以理入詞，以理節情，將自己熟撚的理學思考引人詞中或以理語入詞，詞和理學實現了一定程度的調和。

　　理學和自壽詞的關係，不僅體現為像魏了翁這樣的理學家們對詞創作的染指，更在詞的創作上擴大了表現畛域，增強了自壽詞的哲理化色彩，促進了詞的雅化。魏了翁的壽詞不是純粹的藝術活動，它是長期的壽祝禮儀的文化積澱、南宋盛行祝壽慶生的風俗行為等諸因素的催生下產生的特殊語言。理學作為一種日漸盛行的主流社會思潮，對於宋代文人思想觀念產生了明顯的影響，使得宋代(尤其是南宋)的詞學理論帶上了鮮明的理學色彩的印痕。魏了翁詞中表現出了頓悟生命後的坦蕩與從容，這種對生命價值的理解與體認，對自我生存方式及生命終極意義的深刻思考，反映出宋代詞人自我生命意識的覺醒。理學對自壽詞創作的影響在於，以理人詞，拓展了詞的表現內容，豐富了詞的思想內涵，強化了詞的哲理色彩。自壽詞在寫作過程中是一種自我反思自我總結和自我認識。

第五節　南宋後期戰爭陰影下
愛國志士劉克莊憂時念世的大我關懷

　　劉克莊，號後村，是南宋後期重要的愛國詞人。劉克莊作為辛派後人之一，繼承了辛棄疾用詞來抒發愛國情感等特色。同樣這種繼承性也表現在祝壽詞中。劉克莊的壽詞數量極多，約八十

首，其中自壽詞有四十餘首。劉克莊向來反對在詞中一味吟風弄月、歌頌升平，提倡詞人應關心國運、憂念時事，以作品積極反映和干預現實。他的〈八十吟十絕〉聲稱「憂時原是詩人職，莫怪吟中感慨多」，他的詞學觀是「以詩為詞」，推尊詞體。劉克莊的詞論，散見於其詞集序跋、詩話，以及詞作之中。關於詞體的定位，其詞〈水龍吟‧自和前二首〉中明確的說明：「自和山歌，國風之變，離騷之裔。」[54]，其〈自題長短句後〉亦言：「別有詩餘繼變風。」[55]顯然，劉克莊認為，詞是以《詩經》、《楚辭》為代表的文學傳統的繼承者，這與唐五代以來「詞為小道」的觀念大相徑庭。其〈賀新郎‧席上聞歌有感〉亦言：

> 妾出於微賤。少年時、朱弦彈絕，玉笙吹遍。粗識國風關雎亂，羞學流鶯百囀。總不涉、閨情春怨。誰向西鄰公子說，要珠鞍、迎入梨花院。身未動，意先懶。　　主家十二樓連苑。那人人、靚妝按曲，繡簾初卷。道是華堂簫管唱，笑殺雞坊拍袞。回首望、侯門天遠。我有平生離鸞操，頗哀而不慍微而婉。聊一其奏，更三歎。[56]

這是一首男子而作閨音的代擬體作品，當然，「美人香草以喻君子」是從屈原〈離騷〉以來就有的傳統。劉熙載《詞概》「劉後村詞，旨正而語有致」一則提出：

> 後村〈賀新郎‧席上聞歌有感〉有云：「粗識《國風‧關雎》亂，羞學流鶯百囀。」總不涉閨情春怨」。又云：「我有平生〈離鸞操〉，頗哀而不慍，微而婉。」意殆自寓其詞品耶。
> [57]

---

54 唐圭璋編：《全宋詞》第四冊(北京：中華書局，1999 年)，頁 2620。
55 辛更儒《劉克莊集箋校》(北京：中華書局，2011 年)，頁 1852。
56 唐圭璋編：《全宋詞》第四冊(臺北：中華書局，1988 年)，頁 2629。
57 清‧劉熙載《藝概‧詞概》(台北：金楓出版有限公司，1986 年 12 月)，頁 152-153。

可以看作劉克莊的詞學主張。劉克莊所說的「國風關雎亂」，同「國風之變，離騷之裔」一樣，都將詞放置到與詩、賦同等的地位，認為詞應當承擔起詩、賦載道言志之責任，這一說法提昇了詞的文學地位。

壽詞在南宋極為流行，作為南宋後期詞壇的重要作家，劉克莊也創作了大量自壽詞，根據吳冬紅〈宋代自壽詞的悲傷意蘊〉統計其自壽詞就有四十多首。[58]劉克莊的壽詞雖也有富貴榮華、神仙壽考之類的作品，但其許多壽詞中不是洋溢著愛國情感，就是隱逸之情，還有對友人的祝願勉勵，這些包含著詞人的人生體悟和情懷，已脫離了壽詞的俗套，而是有其時代特點和現實意義。劉克莊壽詞在思想內容集中表現在以下兩個方面。

一、「欲托朱弦寫悲壯」：
時代滄桑的關懷，功業未就的苦悶

宋朝是一個積貧積弱的王朝，北宋時則是外強中乾，南宋更是偏安江南一隅。而宋朝又偏偏是續接在封建社會的頂峰唐朝之後。面對唐人創造的偉績，宋人只有企羨的份，而無力使自己的王朝超越前代。在仰視高峰時，宋人必會為自己國家及人民的前途而擔憂，這種家國之憂屬「大我」之憂。同時，對於大多數封建士人來說，要實現自己的人生價值，則必須入仕，必須要幹一番事業。宋朝雖然重視讀書人，給予他們更多的入仕機會，但實際上，現實卻不能允許他們按照自己的理想去奮鬥。然而歲月不待人，時光催人老。理想與現實之間這種不可調和的矛盾，使宋

---

58 吳冬紅〈宋代自壽詞的悲傷意蘊〉，《廣西社會科學學報》，2007 年 12 期，總第 150 期，頁 123-126。

人產生了「小我」之憂，即因個人理想、志向無法實現而產生的憂患，其中部分詞作反映了濃鬱的家國之情和民生之念，透露出詞人複雜矛盾的感情。劉克莊生活的時代，國勢淩夷，南宋王朝像風雨中的一葉孤舟，隨時都有顛覆的危險。南宋君臣昧於安危盛衰之機，醉生夢死，廣大民眾也缺乏高瞻遠矚的政治遠見，沉浸在偷安之中。作為一個具有強烈愛國主義感情、頭腦清醒的政治家，劉克莊憂心如焚，壽日也無法讓他緊張的神經和焦慮的心情放鬆，劉克莊的壽詞很少描摹生日的繁華熱鬧，也很少沉醉於良辰美景和賞心樂事，而是融入了自己獨特的人生感悟和思想感情，對百姓的關心體恤、對時局的憂慮痛心、壯志難酬的悲憤以及自我在悲慨與超脫之間的掙扎等，都表露在他的自壽序詞中，呈現出鮮明的大我特徵和憂國情懷彩。心懷壯志，愛國熱情時湧心中，在他的祝壽詞中也顯而易見。

劉克莊〈水龍吟・自和前二首〉曾言自己寫作壽詞是：「自和山歌，國風之變，離騷之裔」[59]，以隨意自適的態度寫作壽詞。據馮煦《宋六十一家詞選・例言》，他「拳拳君國」、「志在有為」，把恢復中原作為奮鬥的目標。劉克莊一生中先後九次被免職而做祠官，理想與現實的強烈反差，使他的自壽詞充滿了功業未就的苦悶，其〈賀新郎・生日再用實之來韻〉詞云：

> 放逐身藍縷。被門前、群鷗戲狎，見推盟主。若把士師三黜比，老子多他兩度。袖手看，名場呼五。不會車邊望塵拜，免他年，青史羞潘母。句曲洞，是歸路。　　平生怕道蕭蕭句。況新來、冠攲弁側，醉人多誤。管甚是非並禮法，頓足低昂起舞。任百鳥、喧啾春語。欲托朱弦寫悲壯，

59　唐圭璋編：《全宋詞》(北京：中華書局，1999 年)，頁 2620。

這琴心、脈脈誰堪許。君按拍，我調柱。[60]

《論語·微子》曰：「柳下惠為士師，三黜」，而劉克莊寫這首壽詞時已經五黜了，其內心充滿了憤懣之情卻又無處可訴，故滿腔怨憤之情以自壽的方式表達出來。上闋寫自己因直言屢遭放逐，歸隱在家，只得與鷗鷺結盟。但又以衣服破舊、被鷗鳥狎戲，來強化了自己處境的悲涼，流露了自憐幽獨之情。「若把士師三黜比，老子多他兩度。袖手看，名場呼五。」這幾句在自我解嘲中不難見到詞人內心生出強烈的憤慨。「不會車邊望塵拜，免他年，青史羞潘母。」點出自己的志氣，即使身世淹蹇，他都不會學潘岳望塵而拜。「句曲洞，是歸路」，也就是寧可留在隱居在岩洞裡，也絕不走趨附權貴之路。下闋寫自己飲酒大醉，冠冕攲側，不管是非曲直，也不受禮法約束，盡情高歌狂舞，無所顧忌。這種對抗禮法、狂放不羈的情緒正是詞人內心無可抑制的憤懣之情的外化。結尾一句「欲托朱弦寫悲壯，這琴心、脈脈誰堪許」，更是直接道出了詞人自傷懷才不遇、報國無門的悲憤之情

又如劉克莊〈念奴嬌·丙寅生日〉云：

老逢初度，小兒女、盤問翁翁年紀。屈指先賢，彷彿似，當日申公歸邸。跛子形骸，瞎堂頂相，更折當門齒。麒麟閣上，定無人物如此。　　追憶太白知章，自騎鯨去後，酒徒無幾。惡客相尋，道先生、清曉中酲慵起。不袖青蛇，不騎黃鶴，混跡紅塵裡。彭聃安在，吾師淇澳君子。[61]

全詞用典精當，含蓄深刻。「初度」是指出生年時，也就是生日。詞人作此詞正逢八十歲生日，被年幼的孫兒詳細詢問年紀。他油然而想起了先賢申公：「屈指先賢，彷彿似，當日申公歸邸。」

60 唐圭璋編：《全宋詞》(北京：中華書局，1999 年)，頁 2630。
61 唐圭璋編：《全宋詞》(北京：中華書局，1999 年)，頁 2605。

這裡用申公的典事抒寫自己在告老退居後的情懷。申公為漢代儒學大師，在漢文帝時曾任博士，後歸魯退居。後來漢武帝又派使臣將八十多歲的申公接出，任為太中大夫。但竇太后不喜儒術，申公再次免官還鄉。劉克莊自己也已到了八十歲，流年暗中偷換，如今自己的形貌正是「跛子形骸，瞎堂頂相，更折當門齒。」年老老體衰，槁木形骸，醜態畢露，真有浮雲身世之感。「麒麟閣上，定無人物如此」，這種自我解嘲與自我否定中，更見自己內心的悲憤。杜甫詩中有「幾歲寄我空中書，若逢李白騎鯨魚」，俗傳李白醉騎鯨魚，在潯陽溺死。「追憶太白知章，自騎鯨去後，酒徒無幾」，劉克莊乃借描寫賀知章自李白去後的狀態，來表現自己知音難遇，功業無立的傷感。「惡客相尋，道先生、清曉中醒憒起。不袖青蛇，不騎黃鶴，混跡紅塵裡。」展現了整日借酒澆愁的頹放與無奈。「彭聃安在，吾師淇澳君子。」後兩句超越了個人的年老之悲，提振自己。「彭聃安在」，這是彭祖和老聃的並稱，傳說中二人均長壽。柳宗元〈覺衰〉一詩中有「彭聃安在哉，周孔亦已沈」。「淇澳君子」，指衛武公。《詩經・衛風・淇奧》序曰：「美武公之德也。有文章，又能聽其規諫，以禮自防，故能入相于周。」詞人在這裡用這些典故，是要說明，自己要踵武前賢，仍然可以在高齡時有所做為。雖八十歲高齡，仍要以衛武公為榜樣，也就是仍然心懷大我。

詞人在生日之際不憂自己，而憂復國感歎，正因為詞人生逢民族危亡、國家傾覆的時代，抗金復國是他畢生的心願，他企盼著能在救亡圖存的過程中實現自己的人生價值，壽詞中有不少借祝壽為題，勉勵朋友建功立業，積極應戰，恢復大宋河山的詞作，其壽詞讓我們更深切地感受到深入骨髓的抗金復國理想在生命意識中的律動。在表達這一主題的壽詞作品中，劉克莊的自壽詞將

身世遭遇與時事變遷相結合，在對歲月的感歎中，抒發英雄末路、壯志難酬的情懷。雖然長時間被投閒置散，愛國熱情始終不衰。

　　劉克莊在七十一歲高齡時，仍在〈水龍吟・丁巳生日〉中發出「六韜未試，抑詩未作，如何歸老」[62]的呼喊，可以說功業的苦悶已貫穿在他的自壽詞作品中。宋代士人主體精神的滲透力非常強大，即使是壽詞這種實用性的文體，也依然顯揚著創作主體的人格精神。南宋壽詞所蘊含的家國情懷。其內容主要可以分為兩類：收復神州的激昂之志與心憂國運的深沉之痛。這一創作局面是由壽詞的體性功能與宋人主體精神相互作用的結果。壽詞本身具有其特殊的體性功能及敞開性。生命的延長、人生的富貴、家國的太平，對於這三者的美好祝願在古人的思想信仰中是三位一體的，壽詞起初作為一種祝壽活動中的歌詞，也隱含著這種「個人生命與家國前途」、「小我和大我」相通為一的本源性思想。於祝願贊頌的同時寄寓拯濟蒼生的期許，在北宋中後期就已被納入壽詞創作的基本程式中。北宋壽詞中對於長壽的祝願只是指向一種普遍人性較為寬泛的內容。經過靖康之難，由於南宋特定的時勢背景，這種長壽的寬泛主題擁有了更為具體的現實指向，詞人期許自己在有生之年可以成就收復神州、整頓乾坤的功名事業。整頓乾坤的家國情懷與傳統的祝壽活動及早期壽詞本身的要求並不矛盾衝突，只是在南宋這個時代背景的敞開性中注入了更為鮮活具體的時代精神。個人生命與家國命運的相通性也具有了「為蒼生起」、「收復神州」這樣具體的時代內涵。在南宋自壽詞中，詞人一般更傾向於展現主體精神中關注社會、心繫家國的一面，亦即「大我」的一面，而將「小我」隱去。

---

62 唐圭璋編：《全宋詞》(北京：中華書局，1999 年)，頁 2621。

二、「平生酷愛淵明」：隱士情懷的流露

　　南宋的時代亂離，而朝廷貪圖享樂不思復國，文人們身處於戰亂紛爭的現實中，便試圖從山林田園中得到精神寄託與心靈的安逸，抒寫陶情山水的隱逸之情在當時也成了壽詞的一個主題，如憂生之嗟。正如論者所曰：

> 南宋朝廷風雨飄搖，政治衰落，社會動蕩。在這樣一個積貧積弱的時代，文人士大夫無法做到兼濟天下，甚至連獨善其身也很難做到。在對人生際遇、生命意義等的思索中，詞人們更多流露出的是對仕途官場的厭倦，對俗世名韁利鎖的厭煩，而希求將身體精神回歸自然山林，尋求逍遙自適的天堂。同樣的，這份閒適情懷在自壽詞中也得到了集中充分的體現。[63]

　　劉克莊六十年的仕途之路中僅有二十年是在任上，其餘時光都是被罷官後的退隱。長時間的隱逸生活使他的詞作中出現許多抒隱逸之情的作品。於是，便有了〈水龍吟〉中「閉了草廬長嘯，多抒隱逸之情的作品。於是，便有了〈水龍吟〉中「閉了草廬長嘯，後將軍來時休報。」[64]這樣決絕的態度。

　　仕途蹭蹬使劉克莊逐漸認識到了官場的污濁和險惡，他在自壽詞中回顧反思過往的仕宦生涯：「回首雪浪驚心，黃茅過頂，瘴毒如炊甑。」（〈念奴嬌・壬寅生日〉）[65]他決心脫離官場，詩酒自娛、不問世事。如〈最高樓・吾衰矣〉這首詞：

---

63 趙曉瑩，〈宋代無名氏祝壽詞初探〉，《安徽文學研究》，2018 年第 7 期，總 420 期，頁 11-13。
64 唐圭璋編：《全宋詞》(北京：中華書局，1999 年)，頁 2619。
65 唐圭璋編：《全宋詞》(北京：中華書局，1999 年)，頁 2603。

吾衰矣，不慕勒燕然，不愛畫凌煙。此生慚愧支離叟，何
功消受水衡錢。錯教人，占卦氣，算流年。　　漫摘取、
野花簪一朵。更揀取、小詞填一個。晞素髮，暖丹田。羅
浮杖勝如旌節，華陽巾不減貂蟬。這先生，非散聖，即臞
仙。[66]

此詞上闋寫自己年老體衰，雄心壯志已不復存在，下闋寫隱居鄉
間的悠閒生活，摘花填詞，隨心所欲，恬然自樂。詞中雖極言退
隱之樂，但「不慕勒燕然，不愛畫凌煙」兩句還是隱約透露出詞
人的報國理想和功名思想並未真正死灰。後來在其七十一歲生日
之時，劉克莊還不無遺憾地感慨：「六韜未試，抑詩未作，如何歸
老。」（〈水龍吟‧丁巳生日〉）[67]在這類詞中，劉克莊雖然強調自
己隱居的決心已定，不再出山，並極力渲染自己隱居生活的悠閑
自得，但曠達自適中還是透露出深深的不甘。

　　此外，劉克莊在晚年的自壽詞中反覆描寫自己的龍鍾老態：
「旁人嘲我。甚鬢毛都禿，齒牙頻墮。」（〈解連環〉[68]、「吾衰矣，
百事且隨緣」（〈最高樓‧戊戌自壽〉）[69]、「玄花生眼，新霜點鬢，
不肯遮藏老態。」（〈鵲橋仙‧戊戌生朝〉）、「跛子形骸，瞎堂頂相，
更折當門齒。」（〈念奴嬌‧丙寅生日〉），極力渲染自己的老醜衰
颯之相。詞人之所以在自壽詞中極寫自己老廢無用之狀，並非僅
僅自嘲衰颯醜陋之態，而是蘊含著老大無成的悲哀和對統治者打
擊人才、浪費人才的憤慨不平。在劉克莊自壽詞中把歸隱之情抒
發得特別強烈的還有作於他七十七歲生日的〈漢宮春‧癸亥生日〉
中「自檃栝，山歌送酒，不消假手君旁。」寫出了歸隱可以哼哼

66　唐圭璋編：《全宋詞》（北京：中華書局，1999年），頁2636。
67　唐圭璋編：《全宋詞》（北京：中華書局，1999年），頁2621。
68　唐圭璋編：《全宋詞》（北京：中華書局，1999年），頁2606。
69　唐圭璋編：《全宋詞》（北京：中華書局，1999年），頁2635。

山歌，喝喝小酒，悠閒度日，極言歸隱。

　　自言「平生酷愛陶淵明」[70]，我們可以在劉克莊的壽詞中發現陶淵明的影子，如劉克莊的〈水龍吟・己亥自壽〉上闋：

> 年年歲歲今朝，左弧懸罷渾無事。吾衰久矣，我辰安在，老之將至。懶寫京書，怕看除目，敗人佳思。把東籬掩定，北窗開了，悠然酌、頹然睡。[71]

　　又如〈水龍吟・自和己亥自壽〉云：

> 平生酷愛淵明，偶然一出歸來早。題詩信意，也書甲子，也書年號。陶侃孫兒，孟嘉甥子，疑狂疑傲。與柴桑樵牧，斜川魚鳥，同盟後、歸於好。　　除了登臨吟嘯。事如天、莫相諸報。田園閒靜，市朝翻覆，回頭堪笑。節序催人，東籬把菊，西風吹帽。做先生處士，一生一世，不論資考。[72]

　　這種等同壽夭禍福的態度，雖然帶有一定的消極意味，但對年老廢退的詞人來說，它無疑是一劑調節心境、撫慰創傷的良藥。詞人這種在悲慨與超脫之間的搖擺和掙扎一直沒有停止過，可見這些自壽詞的面目完全異於「男兒西北有神州，莫滴水西橋畔淚」(〈玉樓春・戲呈林節推鄉兄〉)的志深氣長與慷慨悲壯，取而代之的是對歸隱生活的無限嚮往。詞人在這些詞作中或表明自己閒適的行為、或表達閒散之心境，詞中的人物都是隱士、仙人、酒徒、不守禮法之士，表現的情趣都是擺脫塵俗，以酒為伴，隱逸之情在自壽詞中得到充分的張揚，表達出的洞徹生命真諦的淡泊態度，在很大程度上只是宋代愛國詞人在其特殊時代，經綸濟世

---

70 〈水龍吟・己亥自壽二首〉，唐圭璋編：《全宋詞》(北京：中華書局，1999年)，頁 2620。
71 唐圭璋編：《全宋詞》(北京：中華書局，1999年)，頁 2619。
72 唐圭璋編：《全宋詞》(北京：中華書局，1999年)，頁 2620。

的理想破滅後，為排解內心苦悶，聊以自慰而故作的曠達之辭，
是詞人們通過對自我生命歷程的反思。

綜觀劉克莊的自壽詞，隨處可見自歎身世及時勢的憤懣悲慨
和力求超脫苦難悲哀的曠達。面對國勢衰微、壯志難酬的個人遭
遇和兄弟舊友紛紛凋零的無情現實，詞人一方面悲逝歎老，傷感
憤激；一方面又極力調整自己的心態，用道家的思想理論來泯滅
事物的界限和差異，來看待得失、榮辱和生死，以期撫慰心靈的
創傷，達到心態的平衡。總的來說，劉克莊的自壽詞很少描摹祝
壽時的繁華熱鬧，也很少沉醉於良辰美景和賞心樂事，而是歡樂
少，悲戚多，感慨深，融入了自己獨特的人生感悟，帶有強烈的
主觀色彩。對時局的憂慮痛心、壯志難酬的悲憤以及自我在悲慨
與超脫之間的掙扎，等等，都滲透到了他的自壽詞中。這種抒情
主題和詞人生活的內憂外患的時代背景、特殊的身世經歷和思想
性格都是分不開的，其自壽詞不但具有自傳性書寫特質，同時也
呈現出鮮明的文學發展和時代烙印。

第六節　從抒情傳統角度論
自壽詞的精神內蘊

在祝壽詞中，含有濃厚的享樂意識，尤其是知足之樂與安閒
之樂，且多用典運事，語言典麗，格調雍容，漸成套式，易走入
象牙塔。但在祝壽詞中有一部分自壽詞流露出深刻的自我反省意
識，表現出「昨非今是」的思想，並能反映時代內涵，跳動著關
懷時代的脈搏，為祝壽詞的創作增加了新的內涵。自壽不僅僅是

作家自省自娛的方式，它記錄著作家的生活狀態，有著豐富的精神內涵，也是作家對自身的深切關注和全面剖析。自壽作為一種創作題材，它與人的自我意識的覺醒密切相關。許多作者通過自壽這樣的一種表現形式來傳達自我。本節把自壽詞放在抒情傳統上來看它的精神內涵。

一、壽詞由情入理的文人化歷史軌跡

以上透過對三位詞人自壽詞的分析，而得出自壽書寫的情感性、關懷性和思考性，除了對生命活動展開哲理思考，也關懷個人對時代的價值體證，人的生命活動與存在的終極問題。不同身份氣質的人有不同的自壽書寫，在宰相、理學家和愛國志士的自壽書寫中，可以看出詞人對憂患意識和愛國主題的弘揚以及獨立不遷的人格魅力。

在外強中乾的北宋，因為時代陰影還未尖銳呈現，對於詞人晏殊來說，自壽是以一種接近日常生活的記錄而存在。由於自壽詞多作於中年或晚年，此時人生最燦爛的時光已過，經歷頗多的文人對生命的不可重複性的無常有了更深的感悟，於是在春往秋來中痛徹感到生命的短暫，觸景生情，莫名悲喜，何況是在生日之時，微喜後又有對生命衰微之悲哀，所以自壽詞略帶傷感成分，但隨即這種對生命流逝的傷感又轉變為對生命有限的勘破，以及相伴而來的坦蕩超越之心。晏殊自壽詞雖然寫的是個人的日常生活感受，但卻可以由此而從人的本身出發去思考全體人類共同的出路。

時至南宋，我們亦可以見到，自壽是作家的感情、精神、意志、內心的體現，和對生命的眷戀，從而表現出詞人的心裡活動，

向世人展示了自己精神上和感情上的變化。魏了翁的詞很少是從
個人的得失出發，而是表現全人類共有的生命憂思和情感體驗。
在〈木蘭花慢〉（生日謝寄居見任官載酒三十七歲）中，魏了翁借
自壽，感慨宇宙人生：

> 怕年來年去，漸雅志、易華顛。歎夢裡青藜，間邊銀信，
> 望外朱幡。十年竟成何事，雖萬鐘、於我曷加焉。海上潮
> 生潮落，山頭雲去雲還。　　　人生天地兩儀間。只住百來
> 年。今三紀虛過，七旬強半，四恔看看。當時只憂未見，
> 恐如今、見得又徒然。夜靜花間明露，曉涼竹外晴煙。[73]

詞中對時光虛度、人生短促、功業無成的感慨，怎能不喚起讀者
的自我之思？南宋詞人的自壽書寫，跨越個體生命層面進入倫理
政治層面時，成為一種內涵複雜的政治話語。這一特徵顯示了南
宋詞人自壽書寫的深度。極大擴展了祝壽題材的文學表意空間。
魏了翁詞中表現出了頓悟生命後的坦蕩與從容，這種對生命價值
的理解與體認，對自我生存方式及生命終極意義的深刻思考，反
映出宋代詞人自我生命意識的覺醒。

　　劉克莊的自壽詞將身世遭遇與時事變遷相結合，在對歲月的
感歎中，抒發英雄末路，壯志難酬的情懷。劉克莊對自己宏偉志
意的表達以及因志願無法實現產生的鬱憤，正源於對自我生命價
值的關注，正是其生命意識的重要表現。以自壽詞來表達自己的
人格理想。詞中祝壽之意滌蕩無存，而是表達出更深刻、更豐富
的思想感情，把自己的心思付與家國大業，抒寫了壯志難酬，報
國無門的抑鬱，開拓了壽詞詞境。詞雖以抒情為主流，但言志內
涵亦大量存在。歷代社會責任心強的詞人往往都以詞言志，使其

---

73 唐圭璋編：《全宋詞》（北京：中華書局，1999 年），頁 2374。

詞直接服務於國家社會，擔負起重大的歷史使命。

　　自壽者要面對的就是對自己人生的丈量與衡度，既有情感的投入，也有理性的超越，從「情」趨向「志」、「義」，詞人借助自壽詞進行自我反省、自我剖析、自我表達，字字皆是肺腑之言。自壽是對人類的靈魂喚醒和本真生命的詩性存在，所彰顯的精神關懷──使人的生命更加具有詩意和靈性。

　　綜上所述，自壽詞把祝壽詞由最初單純的頌祝，發展為既可以抒發生命易逝的感慨，又可以寄託對國事感慨的詞作，其創作的多變性和理性色彩，可以說在某種程度上自壽詞是「詩言志」、「詩述義」功能的一個延伸，把祝壽詞的思想藝術境界推向最高點，成為壽詞中最亮麗的一道風景，是整個祝壽詞創作領域中最值得研究的一部分。

二、「緣情」、「言志」、「述義」在自壽詞中三位一體

　　宋初的自壽詞圍繞著感慨自身遭際和表現理想兩大主題展開。而且自壽詞主題的吟詠又因時代及詞家思想、經歷、性情的不同，呈現出階段性變遷的特點。這種意義的轉換亦可成為考察宋代自壽詞風變化的一條途徑。宋代自壽詞的發展可以分成幾個階段。在這幾個階段中，自我表現的色彩強化，反思的成分的增加，對時代與現實的關懷深化，使得自壽詞的文人色彩逐漸增強。從中可以看出文學總是在抒情言志與外部功用（尤其是政治功用）的推動下發展。從「緣情」、「言志」到「述義」的發展表明：隨著文學的產生發展，以審美為軸心，文學總是在抒情言志與外在實用交織中前進，文學的發展很難離開「志」與「道」的介入。文學發展雖然有其獨立性，但文學也是處於客觀存在的關係網中

的一個因素，作為意識形態之一，與政治、經濟、歷史都有著密切的聯繫。

綜合上述，我們對三位詞人自壽詞的探究，可以發現內容不外乎對親情倫常之珍惜、生命意識的詠歎、人生感悟的傳達、憂患意識的表述、時代滄桑的關懷，我們可以把這些內容分成抒情、言志和述義，言志、抒情與述義並列，是自壽詞作者經常展現的重點。「抒情」、「言志」、「述義」，三個理論命題在古代便是構成中國詩歌本體論的體系框架中的基本要素。一般以為「情」是感性體驗，「志」是理性的反應，「志」是指懷抱理想志向，是在「情」的體驗後所採取的積極反應，「情」和「志」往往聯袂而行，例如劉克莊因為有了愛國之志才有報國之志。古代既有「詩言志」與「詩緣情」的傳統，而「言志」詩和「緣情」詩又都包蘊著思想意義。「志」、「情」、「義」三個命題顯示了詩歌多元化特點，共同詮釋了古代詩歌的本質屬性。「詩緣情」與「詩言志」既有聯繫，又有區別。其聯繫在於：「情」與「志」有相同之處，二者都是詩人的主體精神因素，詩人的主體精神既包括「情」，也包括「志」。孔穎達《春秋左傳·昭公二十五年正義》說：「情、志一也」，就是著眼於二者的共同性。人們經常把「情」、「志」聯合而言，因為有些「情」與「志」是不分的，如愛國之情與愛國之志、愛民之情與濟民之志，都可謂之「一也」。二者又有區別：「情」一般指審美感情，是人對外在景物、事物、人物的感受，如親情友情愛情及對美景的喜愛之情等，感性的審美的成分居多；「志」一般指志向，是對某種目標的追求，理性的功利的因素居多，具有一定的功利性和目標指向性。宋代自壽詞書寫由側重於抒情寫心的審美感情轉向了理性思考與政治志向，從而標誌著詞之書寫有了變化，大大擴展和豐富了古代詩歌本體論的內涵，促進了詩歌本

體論的發展，也標誌著一種新的詩歌美學。

「詩達義」出自白居易〈與元九書〉：

感人心者，莫先乎情，莫始乎言，莫切乎聲，莫深乎義。
詩者，根情，苗言，華聲，實義。[74]

白居易以果木喻詩，形象地提出了詩歌構成的四要素：情、言、聲、義。「根情」與「緣情」說一脈相承，「實義」說則是白居易的新貢獻。「詩達義」的基本內涵主要有是認為「義」乃詩之精神充實的重要條件。詩歌應包含著思想意義。既然，「義」為詩之「實」，詩歌創作就離不開對「義」的表達。強調「義」，使詩歌深刻感人。詩歌創作應有更高要求，以情悟道，由情入理，情中有理。「情」、「志」、「義」這三個命題對古代詩歌本體論來說缺一不可，因為古代既有「言志」之詩，又有「緣情」之詩，而在「言志」詩和「緣情」詩中，又都包蘊著思想意義、理性精神。也就是說，古代詩歌之本體本來就包含著「志」、「情」、「義」三個要素，「詩言志」、「詩緣情」、「詩達義」是對古代詩歌本體的真實反映和準確概括。這三個命題也說明，詩歌既表現詩人之理想志向，表現詩人之審美感情，又包蘊著深刻的思想意義。宋代的自壽詞雖然起於社會文化之實用，但它仍然走在抒情傳統的道路上，它正是古代詩歌抒情傳統的延續，它以多元性的情感內涵告訴世人，宋人的自壽書寫既富於美好之理想志向，又富於多彩之審美感情，也富於深刻之理性精神。「情」、「志」、「理」三位一體，正是三千年的中國古代詩歌之所以生命不息、恆久流傳，其根本原因即在此。

---

74 白居易〈與元九書〉，《白居易全集》(上海：海古籍出版社，1988 年)。

第七節　自壽詞的創作模式

　　自壽詞自有其獨特的創作模式，這種模式可以概括為：抒情視角是面對自我、主體意識突顯，思緒指向上趨於超越當前，而回望過往、總結生命，展望未來。其創作情境的場合多在休閒酒筵之中。這使得自壽詞具有了屬於自己的創作範式，擁有了和宋代其他類型或題材的詞迥然不同的審美風貌。我們可從三方面來論述。

一、情境模式：四時晨昏

　　宋代文人的自壽情懷，離不開特定的時間背景的觸動，就像晏殊的自壽詞往往選擇秋天景象。又如魏了翁〈賀新郎・生日謝寓公載酒〉：「只記來時節，又三年、朱煒過了，恰如時霎。獨立薰風蒼涼外，笑傍環湖花月。」寫的是初夏的自然情境。作為生命中特定的日子，自壽詞在描寫景色與活動的同時也為我們展示出特有的情感定勢。不論是悲涼的秋天也好，初夏的溫暖也好，從情境背景的描寫，可以窺探詞人幽曲的心靈世界。有時情感和景物是形成一種「共鳴相通」的「異質同構」之感，有時卻是「以樂景寫哀情」在對立相反中形成映襯之感。自壽詞既向世人展示了壽辰歡樂場面，同時人生的衰老也使其蒙著一層陰暗的悲戚愁緒。明快與陰暗兩種悖反的意境同時存在。在對自己生命而言是十分重要的特定日子中詞人的創作具有了濃厚的文化內涵。

　　自壽詞中離不開四時晨昏模式，正因為生命的奧秘正是通過四時傳達和體現出的，四時可以反映自然生命成長的不同階段，

四時模式於是成為生命的模式。時序濃縮了人們對於特定時序的感情。

二、行為模式：飲酒、賞花

　　壽詞是要在祝壽的場合演唱的，以增強喜慶的氛圍，因此，壽詞中多傳達和樂的氣息。但是，在歡飲的同時，那種強烈的生命意識、憂患意識被慶壽這種行動與意義所喚發與強化，因而時刻在詞人的心底浮動，使他在壽詞的喜慶中，常常不免流露出一份感傷。但在壽筵的場合，這份感傷似乎又是不合時宜的，因此，詞人的壽詞往往借助景物描寫，來渲染環境氛圍，達到以景傳情的效果，含蓄蘊藉的抒發情感。

　　其次，經由對自壽詞中的行為鏈條分析，其中詞人排遣愁情的方式有許多種，多半有飲酒、賞花，這是使用較多的行為模式，二者又不是孤立的，而是具有鏈條特徵的。正因為酒筵容易散，花的生命短暫，就會讓人更為感傷生命的短暫，一種深刻的過客意識，讓詞人更加清醒地認識到長生不老的虛妄，只有現世的及時行樂才是真實的，「傾美酒，聽高歌」之舉正是為了超脫於死亡焦慮所作的努力。魏了翁〈木蘭花慢・生日謝寄居見任官載酒〉詞中：「人生天地兩儀間，只住百來年」，「今三紀虛過，七旬強半，四秩看看」，正是在載酒中加深了他對人生如寄，如白駒過隙的感歎，人不過天地之間一匆匆過客。一位正當壯年的詞人就已經深刻感受到了死亡的迫近。又如〈蝶戀花・和費五九丈見惠生日韻〉：「又過一番生日去。壽觴羞對親朋舉」[75]酒筵歌席是壽詞的基本

75　唐圭璋編：《全宋詞》(北京：中華書局，1999 年)，頁 2382。

表現物件，大量的壽宴意象、場面在詞中具有超出自身意義局限的內涵，使得飲酒書寫成為一種有意味的形式。樂景是為了點染出笙歌散盡之後的悲情，結合祝壽在宋代文化語境中的特殊意義來展現出自壽書寫的寓意和價值。

三、思考模式：回望人生

其次，詞人創作自壽詞的過程，其實也是一種自我回顧、自我反思、自我淨化、自我超越的精神過程。雖然這些詞人在現實中並非真正選擇歸隱之路，但詞人通過與自己的心靈對話，有助於自我調節，使之保持隨緣自適的豁達心情和良好樂觀的人生心態。自壽詞這一新興詞體之所以迅速受到青睞，原因就在於它的這種特殊功能。自壽詞所要表達的內容也是複雜多樣的。與他壽詞相較之下，自壽詞因為擺脫了他壽的功利目的，所以少了以取悅為目的躬逢阿諛之辭，多了一份樸實和真誠，從而更能真實的表現出詞人細膩委婉的內心世界。我們以劉克莊的自壽詞為例：

> 又誰能記得，觀裏千樹。老冉冉、歡意闌珊，縱桃葉多情，難喚同渡。(劉克莊〈解連環・甲子生日〉)[76]

> 年年歲歲今朝，左弧懸罷渾無事。吾衰久矣，我辰安在，老之將至。懶寫京書，怕看除目，敗人佳思。(劉克莊〈水龍吟・己亥自壽〉)[77]

> 即令七十平頭，豈能久作人間客。左車牙落，半分臂小，

---

76 唐圭璋編：《全宋詞》(北京：中華書局，1999 年)，頁 2607。
77 唐圭璋編：《全宋詞》(北京：中華書局，1999 年)，頁 2619。

> 幾莖鬢白。拚種樹書，舉障塵扇，著遊山屐。(劉克莊〈水龍吟・丙辰生日〉)[78]

> 遊英俊，從頭數、富貴消磨誰紀。道眼看來，歎人生如寄，家如旅邸。(劉克莊〈念奴嬌・丙寅生日二和〉)[79]

　　人生苦短，對於那些曾經真正認真設計過「生」的人來說，死亡的焦慮會一直伴隨著詞人，而生日這一天則會瀰漫於整個身心，這種焦慮被投射到自壽詞中，使自壽詞帶上了濃重的感傷色彩。從以上劉克莊諸詞例皆可見到自壽詞往往以現在的自我為和處境、景物為軸心，然後展開過去的自我、現在的自我、未來的自我，甚至整個人類，以及把整個宇宙自然融合在一起的整體觀照或整體領悟，在這種觀照與領悟中，自我與自然，主體與客觀，現象與本質，過去與未來，歷時與共時，空間與時間，感性與生性，具體與抽象，感覺和認知，融合為一。是以其感情不外乎生命意識的詠歎、憂患意識的表述、人生感悟的傳達、隱逸情懷的抒寫。在自壽之時，詞人往往會回顧過往經歷，審視現實人生，進行自我反思、自我對話、自我評判，展現了更為真實的自我書寫。

第八節　自壽詞創作的詞史意義

　　本節擬把自壽詞放在宋詞發展史上去看它的詞史意義，為詞史帶來怎樣的變化與拓展。

78　唐圭璋編：《全宋詞》(北京：中華書局，1999 年)，頁 2621。
79　唐圭璋編：《全宋詞》(北京：中華書局，1999 年)，頁 2605。

一、變而不失其正：對傳統壽詞的背離與深化

在詞的發展過程中，自壽書寫具有里程碑意義。把傳統壽詞，從歌酒筵席的應酬之作，提昇到可以用來對自己生命進行反思。從正變的角度而言，自壽詞對傳統的祝壽詞是一種背離和深化。背離表現在描寫內容和美學風格方面，深化表現在情感的抒發方面，因為「變」，反而更能好的回歸詞情之「真」與「深」的本色，可謂「變而不失其正」。自壽是一種追尋自我靈魂的旅程，是一種具有特殊性的創作主題，它不僅僅是詞人觀察自我，呈現自我鏡像的一種管道。除了記錄自身，自壽更體現出詞人家對自己、對社會、對時代的一個認知態度，一種靈魂精神的照射。韓立平〈南宋自壽詞的人生體悟〉說自壽詞的作用：

> 詞人得以潛入內心深處，叩問靈魂。他們感到人生如夢、興亡如夢。在對人生價值和意義的終極追問中，他們不僅勘破了長壽、富貴、功名的虛妄，甚至連過去壽詞所欣欣樂道的家園天倫之樂也一併勘破。用舍行藏的二元對立，在這裡也被否定掉了。詞人在借用自壽詞盡情抒寫自我、表達自我的同時，對早期壽詞自身所攜帶的種種元素進行了背離。自我抒寫的強烈需要侵佔了自壽詞的創作意圖，祝壽意圖已近乎消亡。自壽詞的創制與發展，體現了宋人破體為詞的創新精神，同時也成為一扇反映南宋詞人心靈世界的視窗。[80]

從這段評述我們可見自壽詞自從現身在詞壇始就顯露出對壽

---

80 韓立平，〈南宋自壽詞的人生體悟〉，《西南農業大學學報(社會科學版)》第 5 卷第 6 期，2007 年 12 月，頁 104-107。

詞祝頌本意的反叛和背離。自壽詞一方面弘揚作者自我的主體意識，一方面展現不同於他壽詞那種祝頌的應用本質。為他人所寫的壽詞往往帶有程度不同的喜慶色彩和祝頌性質，但自壽詞反而傾向內在世界的挖掘，這反而才更接近詞文體傾向內在世界挖掘的本色。壽詞以喜為美，自壽則以真為美；他壽詞以悅人為主，自壽以自審為主。與他壽不同，自壽更富於興發感動的力量。他壽是比較落實在人際場合，自壽則更有生命感觸，帶有自審和品味生命的性質，它和及時行樂千金買醉的態度不同。詞之境界，有自然境界、人事境界、感情境界與心靈境界，因為詞中所含的意蘊不同，南宋的自壽詞更有家國之思和人生之慨合一，具有憂生之思又有憂世之悲，促成了壽詞深廣的思想內涵，別有懷抱和寄託之作。

　　宋人以自壽之題而寄託了個體人生與身外世界的認知和感知。自壽詞其創制主要緣於詞人自我抒寫的需求。北宋時期晏殊自壽詞表達對人生的反思與對功名的超脫，這與晏殊其安閒富裕的生活、自足保和的心態有關。南宋中後期則展現了宋室衰亡背景下詞人對世事人生的悲觀絕望心理。因為文人士大夫普遍懷有強烈的三不朽的情結。詞人在自壽作裡對人生意義、生命價值的多重思考也是自壽書寫的內涵甚夥之因。

　　祝壽文學的創作也就從一個個細微的角度真實而形象地反映著作者濃厚的生命意識和自我實現的主觀意識。自壽詞的成功創制，緣於宋人破體尊詞的精神，自壽詞的誕生為詞人抒情言志開闢了一個嶄新的天地。詞人在借用自壽詞盡情抒寫自我、表達自我的同時，也對早期壽詞自身所攜帶的種種應酬、歡樂元素進行了徹底的否定和背離，使壽詞的思想內容發生了蛻變。至此，壽詞本身的祝壽意圖在自壽詞中已近乎消亡，自我抒寫與自我表達

的強烈需要侵佔了自壽詞的創作意圖。他壽詞的向外性與自壽詞的向內性，兩者在創作中的互補，使宋人豐富複雜的精神世界得以在這兩極之間充分展現。

二、由俗到雅：文學價值轉換的一種姿態

雅文學和俗文學是兩種價值取向不同的現象。在文學發展中，因文本的構成、時間的流程和接受心態等因素的作用，雅、俗文學常常會發生變易從而導致文學價值的轉換。雅俗變易的重要意義在於它體現了文學發展的一種方式和規律。就詞而言，可分為雅、俗兩大類，遂形成涇濁渭清、雅俗分趣的格局。自壽詞的表現相對於他壽而言，是一種由俗復雅的創作歷程。壽詞是俗詞，自壽詞是雅詞，由他壽到自壽，可謂由俗入雅，由淺到深，以雅為美，從此與享樂心理分道揚鑣，雅俗分趣。

北宋詞人晏殊自壽之作，首先表現為對生命長壽渴求的隱喻。他在生日這個特殊日子插入壽筵酒歡等意象，寄託了對生命力的想像。還通過節日化景觀的描繪構成一種樂景。盛大的狂歡歷史視景重構為生機勃勃的生命空間；相反的，卻又挖掘出繁華表像背後的世俗的本質。壽詞以喜為美，以樂為美，以歌頌為美，顯得庸俗，都破壞了宋詞應有的美感與風味，自壽詞因為抒情含蓄，而且面向自己生命的反思，往往以靜為美、以悲為美、以深為美。自壽詞的內心世界。創作主體身份的變化在其中起到了至關重要的作用。尤其是像晏殊、魏了翁這樣的文人以自壽詞加入到詞的創作之後，詞開始逐漸走上雅的發展道路。像魏了翁是南宋著名的理學家，以理學家的身份寫詞，更給詞注入了理性的因素。

從宋代壽詞文學雅俗變易與文學觀念之間的互動關係證明，文學發展需要在精神取向與世俗姿態之間尋求動態的平衡關係，而絕不會以一個極端取代另一個極端，那怕精神取向看上去更有價值。也就是說，當極端的雅或極端的俗出現，文學的轉型時代就即將到來，而轉型的前奏，則是雅、俗文學之間的不斷磨合與變易，通過雅俗變易等方式，總會達成一種宏觀的平衡。

小　結　自壽詞的文化闡釋
——從應用性至抒情性、從功利到自我生命書寫

綜合上述，在論述了宋代自壽詞士人的生存環境與處世心態；宋代文人士大夫的特殊心態與審美取向；自壽詞作者多姿多彩的生活及其所體現的文化精神和人生意趣，本節作為結論，總結全文的研究發現如下：

詞作為一種文體，隨著時代的變化不斷發展，這也或多或少地影響了祝壽詞的發展。自壽詞，是作者在生日前後，寫給自己、抒發胸臆的詞作。在這些對詞人來說非常特別的日子裡，以特別的感受為自己創作的詞作，因創作主體與祝壽物件合二為一，更能真切地表達作家的內心感受，透過自壽詞，可以更瞭解詞人對自己人生和社會的思考。

根據筆者的觀察，宋代的自壽詞大致可分為三期。一、產生期：北宋初期，以宰相晏殊為代表。二、興盛期：南宋中期，以理學家魏了翁為代表。三、普遍期：南宋末期，以愛國英雄劉克莊為代表。因為時代背景不同、詞家身分不同，於是形成了不同個性與氣質的自壽書寫，因為自壽詞的真摯，使這些原本遭人垢

病的祝壽詞提升了它的文學深度。我們從三位詞人的創作可以發現其自壽詞的創作偏向來看到一種發展的變化或創作的動力：晏殊極善養生，與其宰相、理性詞人的雙重身份有關。官至宰相的他，有美好舒適的生活和從容平和的心境，更有助於更多的在自壽書寫中思考人生，對社會人事的反思與叩問。北宋自壽詞主要表現詞人遣興寄情之用、或抒發身世感懷。南宋後期，在國勢衰頹的背景下，詞人的內心更易傾向內宇宙和主觀性，自壽詞提供的這一「自我對話」、「自我反思」的空間，恰使詞人的這種幻滅之感得以抒寫表達。魏了翁作為理學家，易於從理性的角度去思考問題，往往會把個我置身於整個宇宙間或歷史長河中去探究生命存在的意義。南宋愛國詞人劉克莊自壽詞的審美心理機制展現了宋室衰亡背景下詞人對世事人生的悲觀絕望心理。三位詞人相同的自壽書寫，卻呈現三種偏重的發展歷程：一是為留住生命的痕跡。二是作為生存的思考，三是表達亡國的痛楚。

　　本文考察了宋代自壽詞複雜矛盾的創作心理，依違在小我與大我之間既執著又超脫的生存姿態，探尋其情與理之間曲折起伏的心路歷程，把握其忠君報國、感時憂世又純任自然的文化精神，再現與描摹其閒適精緻、寄情詞酒的人生意趣，並通過詞體特徵的形式分析和具體文本的闡釋解讀，迫近了淺酌低唱的背後宋代詞人的人生焦慮與詩意訴求相悖反的歷史本真存在。

　　壽詞的創作不能單純的只看作是一種藝術活動，也不能以純審美的眼光來評判衡量，它是宋代祝壽慶生這一風俗的特殊的表現方式，也是沉澱在這種風俗下的一種社會心理的外化形態。當詞體文學開始與祝壽這種世俗的生活內容緊密相連，利用壽詞所表達出了宋代社會特殊歷史時期的民族意識、個人心態以及風俗民情等錯綜複雜的社會風貌，便具有其獨特的思想和藝術價值。

所以壽詞雖然難工，但從宋代以後壽詞創作依然興旺發達。自壽並被奉為雅事，得到了認同。作為宋代獨特獨文學主題，自壽詞的價值，不僅在於獨特的詞體文學性、內傾性，更在於它以全新的抒情方式，真實的再現了當時宋代廣闊的社會生活場景，傳達了豐富深邃的時代精神。自壽文學的出現既是為了滋潤人們的精神，更是為面對死亡和時間的不斷流逝中讓自己獲得前進的力量，進而讓人類能實現文學精神的永生。

第八章　納悅他者

——「詞人詞家」的情詞書寫及其詞史意義

　　男女戀情做為人性深刻的體驗之一，本是文學作品中不該缺席的重要主題，但在以儒家思想為主導的古老中國，卻長期被壓抑著。尤其是男性士大夫更是不輕易表現為情所苦的軟弱自我形象。所以我們很少在傳統詩歌中見到男性文人為情所悲所苦的內容，即使寫情詩，亦是從女性的角度來下筆。寫女性如何獨守空閨，如何在形單影隻、孤棲獨宿中等待對方。在詩人筆下的女性，大多是做為被觀賞、描寫的對象，絕少成為被男性作家所執愛癡戀的對象。

　　愛情作為一種生理、心理與精神共同參與的複雜生命活動，它包含男女之間從初見、愛慕、相戀、歡會、傷別、相思等一系列心緒意念的一種內在體驗與情感積澱的過程，被寫入文學作品時，不應只是停留在表層的觀賞與臨摹的代言。

　　詞作為一種娛樂性的應歌文學，在《花間》詞中就已確立了男歡女愛為主要表現內容。《花間》詞中頗多歌詠花情柳思，然而隨著詞人對於詞文體的重視，應歌娛樂性漸失，通過詞來表現自己內在深刻的情志與生命體驗的現象越來越多。唐宋詞人與歌妓的交往現象，並不只是日常生活的一個側面，更是情愛心理萌生的土壤，正因為心理的表現有其特殊需要，詞已成為抒寫情愛意

識的獨特載體。當我們從作品中反觀詞家的主體意識，對詞人的情感態度進行審視，將會發現，兩宋詞人對於男女情愛的表現，已從男性本位發展至尊重女性，終至願意表現出為情所苦的自我真實形貌，這是詞情深化的展現，創造出細微曲折的藝術美與感傷深摯的情思美。

　　在中國文學史上，幾乎每一個文人都與歌妓有過交往。透過這種交往，透露含著深刻而豐富的社會現象與人生內涵，它真實地反映了文人的命運與內心的掙扎。詹丹〈仙妓合流現象探因——唐代愛情傳奇片論之二〉提到：「唐代的妓女是多情的，又是忠城的、專一的。她們的忠城、專一是廣泛的社交中，在一種近乎自由戀愛的選擇中才產生的，所以就更顯得彌足珍貴。」「唐代妓女與文人的性結合，有一種超功利的性意識的存在。他們的結合不是為了政治的聯姻，不是為了經濟的利益，不是為了傳宗接代，而是出於彼此的真心愛慕。」[1]較之唐代，宋代的文化素養更高，在重文輕武、鼓勵享受生活這樣的文化背景下，宋代的娼妓更展現為美色與才情兼長的水準。宋朝歌妓制度盛行，文人士大夫與美妓有了更深刻的交往，給了文人靈思，詞人們往往具有浪漫情懷，並帶著特別的人生感悟而流連其中，創作情詞來表現自己的愛情態度。李劍亮《唐宋詞與唐宋歌妓制度》特別提出了詞人與歌妓關係研究的重要性：「與歌妓的這種交往，既是唐宋詞人生活方式的表現，又是其藝術創作的情感積累。當然，詞人在與歌妓的交往中，往往表現出不同的特點。他們對歌妓的認識和態度有著差別，表現在作品中的審美情趣也不完全相同。」[2]這種不同的

1　詹丹〈仙妓合流現象探因——唐代愛情傳奇片論之二〉，《西安教育學院學報》，1997 年第 3 期，頁 11-17。
2　李劍亮《唐宋詞與唐宋歌妓制度》(杭州：杭州大學出版社，1999 年 5 月)，頁 7。

審美情趣表現在「詩人之詞家」和「詞人之詞家」各異其趣的創作表現。雖然「詩人詞家」也不乏情詞之作(如蘇軾、辛棄疾、陸遊、劉過、劉辰翁)，但其情詞的創作不但數量不多，除了悼亡傷逝之作以外，也極少出現對女性的深情繾綣。但在「詞人詞家」中情詞的書寫卻成了一種質量兼具的創作成果。宋代的「詞人詞家」已經打破了晚唐五代以來以觀看賞玩或娛情而寫的「艷情作」或「閨情詞」的抒情老套，在大量詞作中，詞人以自我的身份傾吐對女性的真摯情意。同時在詞情漸趨深化的過程中，因南、北宋的時代背景差異，詞壇風氣的嬗變，以及詞家創作個性的不同，其表達情感的姿態，也呈現出一種漸變，而正是這種漸變，標誌了南、北宋情詞的差異。

　　本章從宋詞發展歷程中，選擇詞人詞中的幾位重要詞家，從其情詞的用情姿態與表現風貌，以見詞抒情化的歷史進程與詞史意義，審視了宋代柳永、晏幾道、秦觀、姜夔、吳文英五位詞人詞作中愛情意識對《花間》的承繼，更著重於揭示從北宋到南宋情詞的嬗變與出新，以見「詞人之詞」中的思女、求女之情，實已淡化了蘇、辛等「詩人之詞」中的政治寄託，而大大強化了具有個性色彩的思念情苦，在艷情題材中織進身世之感，從「類型化」的情態摹擬轉向了深沉的人生境遇，在兒女柔情中引伸出普遍的人生感懷，五位詞家在繼承中有創新，在共向中求變化，此種現象的形成，實與詞體之獨特性和詞的雅化趨勢有密切的關係。同時，亦可見男性詞人與歌妓交往，雖是詞體發展過程中的客觀現象，但卻反過來對於詞體特質的定型產生重要的影響。

第一節　美人心曲，詞家代言：
《花間》至北宋初年從觀賞女性到對女性精神的探索

一、《花間》詞之「男子而作閨音」的類型化閨情

　　詞中反映男女之間的戀情，大致可以分成兩種類型：一類是寫女性的相思之苦，一類是男性的戀情之癡。後一類出現比較慢，晚唐五代至北宋初年的戀情詞，大多寫的是女性的相思。《花間》詞作，多為應歌而作，以娛樂為目的，強調視覺感官的暢快，歌女舞者的美麗裝容是為酒歌宴席提供美好的視覺效果，《花間》筆下的女性形象是男性詞家帶著遠距離的觀看所描寫的，多從女性的美麗與多情著筆，詞人以代言體式的關懷創造了精緻絕倫的花間美人群像，表現女性美成為詞人審美活動的一個熱點，體現了男性作家對女性的理想期盼。

　　《花間》詞不同於六朝的宮體詩，宮體詩是沒有主觀感情投入的形貌刻劃與生活描述，作家只把女性視為賞玩的對象；《花間》詞是誕生於晚唐五代政治黑暗的社會背景之下，乃身處末世的文人掙扎在歌舞昇平的社會氛圍中尋求慰藉。《花間》詞人在向人們展現女子形象的嬌美、室內陳設的華麗、室外景致的優美的同時，亦能將人物感傷幽怨豐富細膩的內心世界展現出來，這些詞作也就不再是無生命的文字，而是浸染了人物的主觀情思，成了鮮活有生命的個體。《花間》詞偏於精神性描寫，是往內探索，詞人已

由外在的欣賞而伸進到對女性精神世界的探索，實現了對文學本質的回歸──深入細緻地表現真摯的內心世界。雖然隱含著寂寞的怨女悲情，但卻不具有寄託，只是純粹地寫出兒女歡會的一般模式、客觀的代言擬想，情感基調是比較平和的。

溫庭筠身為詞史上第一位專力填詞的作家，浪漫不羈的溫庭筠與歌女往來密切，他的詞為女性書寫開闢了一個獨特的世界，創造了大量描幕哀怨與相思的閨中女性，對後代愛情詞的創作產生了深遠影響。例如他的〈菩薩蠻〉十四首其四：

> 翠翹金縷雙鸂鶒。水紋細起春池碧。池上海棠梨。雨晴紅滿枝。　　繡衫遮笑靨，煙草粘飛蝶。青瑣對芳菲。玉關音信稀。[3]

從首句可知詞中女性乃出身自富貴之家，在芳菲時節遊園，見良辰美景，不由得情意綿綿。上片著重寫景物之美和觸物生情，直到末二句「青瑣對芳菲，玉關音信稀」，才點出了當日與之春遊之人，此時已遠在玉關之外，而且信音遼渺。才知過去的美好都化作煙雲，不可復得了。全詞透過女子的美麗姿容婉約隱曲地展示著女子的情思。浦江清《詞的講解》如此評價：「上半闋寫景，乃是美人游園所見，譬如畫仕女畫者，先畫園亭池沼，然後著筆寫人」，「作宮閨體詞，譬如畫仕女圖」，「此章言美女游園，而以一人獨處思念玉關征戍作結，此為唐人詩歌中陳套的說法，猶之『忽見陌頭楊柳色，悔教夫婿覓封侯』之類也。」[4]從這些評價可知溫庭筠在烘托構建女性美的同時，也賦予了人物的情感特質，他筆下的女性形象往往是「規格化」，且帶有富貴氣質的女性。情

3　後蜀・趙崇祚輯、蕭繼宗評點校注：《花間集》（臺北：學生書局，1981年10月），頁11。

4　參考自吳熊和等人主編：《唐宋詞彙評》唐五代卷」(杭州：浙江古籍出版社，2004年)，共分「唐五代卷」一冊，頁132。

感模式也是一種「類型化」的陳套，不外乎是「忽見陌頭楊柳色，悔教夫婿覓封侯」式的閨怨。

在《花間》詞作中，付出感情的大都是女子，承受傷心寂寞的也是女性，女性角色大多是思婦與怨婦，她們只能消極卑微地等待情人的關懷，承受著不平等的婚戀關係，女性只是男性生活的陪襯品，女性形象往往具有類型化的特徵，表現的也是類型化而不具個性的感情。男性詞人把女性視為描寫的對象，寫者與被寫者之間存在社會地位的高下之別，「即使有男性情感的存在，卻是一種貴族公子以俯視的、居高臨下的態度來欣賞女性」[5]，嚴格而言，這類作品並不能稱之為「情詞」，而是一種「閨情詞」，而且是在男性士大夫的視角下設身處地、以己度人所摹擬而來的「閨情詞」，詞人與被描寫的女性對象之間不然必存在著情愛的關係。到了宋代，女性角色在男性詞人筆下開始有了變化，她們不再單向地思念情人、被動地等待男性的選擇，她們也成為男性詞人愛戀欣賞、尊重珍惜的對象。且不說像李清照和朱淑貞以女性的身份自述閨情，寫出了一個真正屬於詞家真切細膩的內心，大部份的宋代男性作家在戀情詞中也能抒發了獨特的自我感受和人生體驗。

二、北宋初年晏、歐的「標準化」閨情

《花間集》中的閨情詞多是男作家模擬女性的口吻來抒寫女性行為與心理，到了北宋初年，不同的時代氛圍與文學風氣，使得閨情詞的書寫有了一些變化。北宋初「歌兒舞女，以終天年」

5　借用郭尚珍，〈美人才子　合是相知──論柳永戀情中的才子佳人模式〉一文所言，《科教文化》，2010 年 9 月，頁 69。

的娛樂氛圍又使得詞人能夠更自然而然的抒寫閨情,北宋初期閨情詞的代表是晏殊、歐陽脩。

(一)晏殊的豔情詞乃以娛樂賞玩和消解憂愁為目的

《珠玉詞》在內容基本上並沒有超越《花間》傳統的男歡女愛、閨情相思一類的題材,但在戀情詞方面往往褪去《花間》的穠豔,而展現出一種清雅平和、不沈溺其中的從容,例如〈木蘭花〉:

> 燕鴻過後鶯歸去。細算浮生千萬緒。長於春夢幾多時,散似秋雲無覓處。　　閒琴解佩神仙侶。挽斷羅衣留不住。勸君莫作獨醒人,爛醉花間應有數。[6]

上片借美好春光的消逝感歎韶華不再與人生無常,「長於春夢幾多時,散似秋雲無覓處」乃從白居易〈花非花〉的「來如春夢幾多時?去似朝雲無覓處」化用而來,在朦朧的意境中寄託深沉的人生感慨。下片是對逝去愛情的挽留。像卓文君、解佩的神女這樣美好的人兒一旦決定要離開,恐怕連挽斷她們的羅衣也無法挽回過去的一切,於是作者在末結勸告人們,不要過度沉浸於失去愛情的痛苦之中,畢竟這是無力把握的事情,即使在花間爛醉也於事無補。本詞不同於前人的閨情或戀情作,便在於其所抒發的感情並不全然是愛情,更多是對人生無常的感懷。春夢易斷、秋雲難覓,所謂的永恆的情愛,根本不可得,正如《金剛金》所云:「一切有為法,如夢幻泡影,如露亦如電」,正是本詞所描述的短暫無常的浮生一夢所切合的境界。

我們再看晏殊的另一首〈清平樂〉:

> 紅箋小字。說盡平生意。鴻雁在雲魚在水。惆悵此情難寄。

---

6 晏殊〈木蘭花〉,見唐圭璋編撰,王仲聞參訂,孔凡禮補輯:《全宋詞》(北京:中華書局,1999 年),頁 95。

　　　斜陽獨倚西樓。遙山恰對簾鉤。人面不知何處，綠波
依舊東流。[7]

　　這是一首相思之作，上片抒情，首句「紅箋小字，說盡平生
意」，平淡不做驚人語，實包蘊無限情思。可見對方是詞人傾心深
愛的對象，想在紅箋之上寫下自己一生深刻的愛慕之意，然而這
份情感卻難以真正表白，正如同鴻雁在天、魚在水，從來只得影
相親。「惆悵」表明未能如願的內心憂傷和失望。過片由抒情過渡
到寫景。斜暉照著獨倚高樓的自己，景象淒清，「遙山恰對簾鉤」，
象徵兩情相對而又遙相阻隔。倚樓遠眺本是為了等待對方早日歸
來，未料「遠望」並不能「當歸」，登樓反而加重自己的懷思，因
為有遙山相對，不但遮蔽著愁人的視線，也隔斷了離人的音信，
更加令人惆悵難遣。水往東流的大自然規律依舊，然而自己所愛
的人卻不知去向，以景作答，以景結情，給人以有餘不盡之感。

　　晚唐五代以來的《花間》詞作雖不乏對人物內心的摹寫，但
情感姿態是比較單一或一致的，但從以上二例來看，晏殊的詞較
之《花間》更細膩的描寫內心的情感，但也許是其宰相身份與理
性性格的影響，他在表現相思的同時常常多了一份圓融與觀照，
加以節制本來可能放縱的情感。宋代官員在宴席上與營妓之間逢
場作戲的調笑應酬很常見，女性，尤其是作為社會下層的歌妓，
已成為官員們宴會上佐歡助興的必須。以晏殊生平背景來看，家
妓藝妓與他的生活應是非常密切，晏殊的詞亦不乏與歌妓之間有
所互動的情詞，但他卻不允許自己與之發生實質性的情愛關係。
在文人士大夫眼中，歌姬、妓女的身份卑微，她們只能成為男性
的附屬品，只能認同命運的安排，甘為人下。晏殊官至宰相，其

---

7 晏殊〈清平樂〉，《全宋詞》(北京：中華書局，1999年)，頁92。

代表的階層決定了他難以真正對歌妓們流露出關懷，無法真正描摹出底層歌妓們的生活狀態，所以他的情詞大多是寫歌妓的美貌與才藝，缺乏反映其人其性格等生活氣息。詞人寫豔情不外乎娛樂賞玩和消解憂愁之目的，少有用情投入的創作態度。所以有論者指出：「晏殊的一百三十多首作品中，有三十多首是情詞，而在這三十多首作品中，沒有一首直接以男性的視角寫對女性的相思相戀，即便寫男女感情也較為模糊，具有不確定性。」[8]這種不確定性應是來自於晏殊對自我的約束，傳統「正人君子」式的人格教化迫使詞人收斂自己他在秀美的園林和旖旎的溫柔鄉中細吟著生活的閒適和安逸、享受著歌聲和舞態，表現心境的漣漪，可以說晏殊是把女樂和消閒的生活方式結合在一起。晏殊展現出以文人士大夫的情懷來審視女性的情感生活，其創作風格溫潤清雅，採用淡筆進行情感的描繪，整體呈現出含蓄圓融之姿。

（二）歐陽脩的情詞從具體的情事到表現更高遠的人情之轉換

劉熙載《詞概》云：「馮延巳詞，晏同叔得其俊，歐陽永叔得其深」[9]，從中可見晏殊與歐陽脩都是延續了以馮延巳為代表的婉約詞風，多寫戀情相思、酣歌醉舞，但卻能在繼承中有變化，對人物的形象與性格、精神內涵都有新的突破，相較而言，歐陽脩對於人物的心理描寫，比起晏殊更富於動態性和深刻化。晏殊寫人物內心，常常止於一種借景抒情的靜態描寫，而歐陽脩卻能寫出人物思緒的動態變化。例如〈蝶戀花〉：

> 庭院深深深幾許，楊柳堆煙，簾幕無重數。玉勒雕鞍遊冶

8　代軍詩，〈探微晏殊和柳永情愛詞的差異〉，《開封教學學院學報》第 37　卷第 6 期，2017 年 6 月 20 日，頁 25-26。

9　劉熙載《詞概》，見唐圭璋編《詞話叢編》（台北：新文豐出版社，1988　年 2 月），頁 3689。

處，樓高不見章臺路。　　雨橫風狂三月暮，門掩黃昏，無計留春住。淚眼問花花不語，亂紅飛過鞦韆去。[10]

　　全詞透過寫景狀物來烘染人物的心情，深婉細膩地描寫了閨中女子傷春之情。首三句先對思婦所處環境進行描寫：庭院深深、楊柳如煙既濃且密、更兼簾幕重重——生活在這種內外隔絕的幽深隱密中，女主角的生活狹小封閉也就可想而知了。接著揣摩她獨處深閨的心情：登樓凝望、無計留春、淚問花而花不語，以物之無情反襯人之多情。這首詞的情景交融、虛實相生的深遠意境很明顯是受到溫庭筠的影響。全是以第三者的角度來描寫思婦形象，傳達了孤苦悱惻的等待情懷。詞人自身的思想感情並未介入，而是以一個旁觀者的視角營造婉轉幽深的意境、搖曳變化的情思。

　　歐陽脩除了以代言之筆寫思婦的閨思，也有從男性的角度來寫離情，如〈踏莎行〉：

候館梅殘，溪橋柳細。草薰風暖搖征轡。離愁漸遠漸無窮，迢迢不斷如春水。　　寸寸柔腸，盈盈粉淚。樓高莫近危闌倚。平蕪盡處是春山，行人更在春山外。[11]

　　這首詞的主角應是一位浪跡天涯的遊子，上片描繪遊子羈旅途中觸景傷情的感受，下片則通過遊子的想像，設想家中佳人婦因思念自己而落淚，於是發出叮囑之語，千萬不要在高樓上倚欄而望了，原野盡頭是青山，而行人更遠在青山之外的天涯海角。兩人彼此的思念與牽掛之情，不僅借平蕪、青山、春水等景物而融為一體，同時又使這種思念之情隨著遊子的不斷前行而漸行漸遠，越來越深。另外，我們可以發現，這首詞的寫作視角有了一些變化，上片寫遊子自身綿綿不斷的愁緒，下片寫遊子設想思婦

10 歐陽脩〈蝶戀花〉，《全宋詞》(北京：中華書局，1999 年)，頁 125。
11 歐陽脩〈踏莎行〉，《全宋詞》(北京：中華書局，1999 年)，頁 122。

對其深摯的牽掛之心，這樣的寫法便富於動態變化，由實入虛，由自己寫到對方。這就把在不同時空中的彼此心心相印的情感表達出來，構成了一種心靈的交流與互動，呈現了「一種相思，兩處閒愁」、「我思君處君思我」的時空交錯，心靈的和諧，表現人物內心複雜思緒的流轉變化。

除了對面著筆的寫法，此外，歐陽脩亦從詞人自身的視角抒情，如〈玉樓春〉：

> 尊前擬把歸期說。未語春容先慘咽。人生自是有情癡，此恨不關風與月。　　離歌且莫翻新闋。一曲能教腸寸結。直須看盡洛城花，始共春風容易別。[12]

上片從尊前傷別當下，見芳容慘咽的情境，而轉入對人生的沉思：提出了「人生自是有情癡」的真理，「自是」是一種自然如此、必然如此的意味，他「把人情從自覺意識的高度看成是人的本質應該是它最深刻的含義。」[13]所謂「情之所鍾，正在我輩」，讓愛情昇華為一種自古以來、人人莫不如此的「集體意識」與「共同焦慮」，它折射出傳統文化。強調了人之有情，而且是「情癡」，乃是強調其「真」。風月等自然之物本無情，只因情癡人的眼中觀之，觸目皆成傷心斷腸之物，正因為有了對於情的人性自覺，最終才能實現了對情的超越。「直須看盡洛城花，始共春風容易別」，只有珍惜在一起時歡娛的美好，記得那些美好的時刻，共同賞看了洛陽美麗的牡丹，在分別時才沒有遺憾，這樣的離別才顯得容易一些。然而，花畢竟要落，人終是要別，詞人只不過是暫時以遣玩的意興擺脫離別的哀傷罷了，這樣的豪宕畢竟難以脫盡悲慨。

---

12 歐陽脩〈玉樓春〉，《全宋詞》(北京：中華書局，1999年)，頁132。
13 張兆勇，〈人生只是有情癡──從情的角度看歐陽修詞的價值〉，《淮北煤師院學報》(哲學社會科學版)，第21卷第2期，2000年5月，頁23-26。

　　在歐陽脩之前，詞人寫豔情不外乎娛樂賞玩和銷憂解愁之目的，大多是以男性視角揣摩女性內心，但從歐陽脩開始，詞人的創作立場有了變化，雖然仍然是離別相思之作，但更加深入的去體會人物的心思，也會以自身的真情對待對方，在離別的時刻，以作安慰。這種把自己面對情的態度，融入作品中，讓作品能夠直接抵達生命境界的高度。我們可以見到歐脩情詞中表現出的既深沉執著、又努力從感慨之途達於解脫的情感特徵，在悲哀中有沉著之致。實現了從描寫具體的情事到表現更高遠的人情之轉換的過程。

　　綜合本節所述，可知唐五代以來至北宋初年的晏、歐描寫男女情愛時，往往只有寫女子所思所戀，少有男子相思愛戀之態。晏殊和歐陽脩的情詞在吟詠男女相思之情這一類主題時雖有深淺不同、動靜的差異，但傳統的情詞，在宋初晏殊、歐陽脩詞中，呈現的是一種「標準化」、「規範化」的寫作模式，要想有突破，只有在詞家個人生活感受的深切和思想感情的真摯這兩方面入手，從柳永以後，就開始朝著個性化抒情發展。以下針對柳永以降的五位「詞人詞」的情詞表現入手，以見南、北宋情詞的發展演變。

第二節　秋雨黃昏動悲感:

柳永以「同是天涯淪落人」主動分擔離別之苦

一、官宦家世和生存的矛盾

　　柳永的性格和人生道路在古代的中國文人之中是十分特殊的,他不是我們常見的儒、道互補:窮則獨善其身、達則兼濟天下,而是進則廟堂、退則青樓。而且還是雙軌並行,他既「流連坊曲」也「追求仕宦」,然而這兩條道路是既平行並進,又互相排斥。兩種道路都是他的生存之道。當柳永不能在仕途上有所發展,沒有俸祿的他必須要選擇謀生的道路,好在北宋時期,瓦肆遍佈,到處是歌舞昇平,柳永他縱遊秦樓酒館勾欄瓦肆,與樂工歌妓之間相互助益,結下了深厚的情誼。《醉翁談錄》載:「妓者愛其有詞名,能移官換羽,一經品題,聲價十倍。」[14]許多歌妓想要讓自己聲價百倍就要求助於那些文人,才子詞人柳永備受青睞,歌妓們求得柳永的一手好詞,便可以極大的抬高自己的身價。柳永也相應的取得了不少的報酬。如此一來,這種公平的文學買賣,或者說是共同合作,對當時生活窘迫的柳永來說,也是一條求仕之外的謀生之道。樂工借柳永傳其新制樂曲,歌妓藉柳永增其纏頭聲價,柳永從中又增進了他填詞方面的修養與造詣,也藉著他們遠揚才名,可謂相得益彰。柳永在一個被大多數文人鄙棄和排

---

14 宋末元初・羅燁《醉翁談錄》(上海:古典文學出版社,1957)丙集卷二,頁35。

和排擠的角落裡默默地為自己的理想和性格釋放著才情與生命。
雖然他的自我價值在填詞的藝術才華中得到了實現。然而，在以
政治價值為本位的封建社會中，柳永為那些地位卑微的歌妓填寫
歌詞，並沒有得到讚許，反而招來上層社會的指責。在不甘心沉
淪的心境下，柳永走向另一個反面，他在〈鶴沖天〉中提出：

> 黃金榜上，偶失龍頭望。明代暫遺賢，如何向？未遂風雲
> 便，爭不恣狂蕩？何須論得喪。才子詞人，自是白衣卿
> 相。[15]

「未遂風雲便，爭不恣狂蕩？」用疑問的口氣來表述肯定的
意思，為得是起到強調的作用。骨子裡叛逆的性格又讓他以「狂
蕩」來自我標榜，「狂蕩」二字乃強調自己不受任何拘束的逞狂放
蕩，流露出對科舉功名的一種逆反的心理。他選擇用極端的方式
來抗議並強化自己的存在價值。要嘛我就出人頭地、鯉躍龍門，
要嘛我就在風流藪澤裡另尋一方精神寄託。柳永將「風雲便」與
「恣狂蕩」對舉，並堂而皇之的宣稱自己選擇的是後者，這需要
非比尋常的勇氣，因為他選擇的是一條與傳統悖離的人生價值取
向，是人煙稀少的小徑，冒了極大的人生風險，甚至把自己逼到
無可奈何的境地。接著，柳永便對「恣狂蕩」的生活展開一番具
體的鋪寫：

> 煙花巷陌，依約丹青屏障。幸有意中人，堪尋訪。且恁偎
> 紅倚翠，風流事，平生暢。青春都一餉。忍把浮名，換了
> 淺斟低唱！（〈鶴沖天〉）[16]

他選擇到煙花叢中去尋找自我的人生歸宿，他決定了要到傳

---

15 柳永〈鶴沖天〉，見唐圭璋編撰，王仲聞參訂，孔凡禮補輯：《全宋詞》
  （北京：中華書局，1999年），頁51。
16 同上註。

統意識所鄙薄的青樓妓館去享受自己的人生。不願用低姿態表現自己的失意，於是，柳永自覺或不自覺地運用了心理學「自我防禦機制」中的一種形式——轉移作用。轉移作用是指用另一個目標作為原來追求不到的替代物，從而安全地釋放內心的失落。柳永試圖以紙醉金迷的生活來回避現實矛盾，以逆反的姿態來表現他的狂傲，這也是他在極端環境下轉移內心隱憂和痛苦的一種方式。「且恁偎紅倚翠」，脈脈的女子柔情似乎可以為挫傷累累的柳永創造了一個美好安適的溫柔鄉，詞人可以盡情地享受一切，忘卻一切，並從那些女子對自己的傾慕中滿足自己存在的價值。然而，「幸」、「堪」、「且恁」等語已透露了這是一種在「不得已而求其次」中聊可自慰的語氣和心情，其實這和「借酒澆愁」一樣，只不過是求得暫時的麻醉而已，一旦酒醒，便會發現「舉杯澆愁愁更愁」。

　　柳永在流連坊曲中放縱自我，將心理的痛苦轉移為滿足本我欲求的衝動，從而維持心理的平衡。他在煙花巷陌中揮灑才情，試圖以花柳叢間的柔情來遺忘內心苦悶。然而，愛情並不是柳永生命的全部，當他沈溺在男歡女愛的世界中，但內心其實放不下正統文化涵養下的理想追求，造成了他矛盾尷尬的人生處境。那無法擺脫的功名之念，往往傷害著自己對愛情的投入，只能「動情」而無法「深情」，只能「多情」而無法「專情」。

　　柳永把狂蕩生活公開披露，也算是一種對道貌岸然的主流文化進行的一種挑戰的行為。然而柳永把「偎紅倚翠」的風流生活稱之為「平生暢」，這依然是言不由衷的話，如果要說出真心話，金榜題名才真是人生最暢快的事。〈鶴沖天〉這首詞一次又一次的顯露了柳永的狂傲性格，再次讓我們看到了他透過狂傲以尋求平衡的心理狀態。最後，柳永對自己的人生進行了反覆的權衡和最

後的取捨，在此詞末尾，極力想要達到一種嚮往珍惜有限生的灑脫，引導自己走向更自由自在的人格追求，又再次以言不由衷的瀟灑來遮掩心中的苦澀：「青春都一晌，忍把浮名，換了淺斟低唱。」一個「忍」字，流露出無可奈何之態，已間接告訴我們，且去淺斟低唱，實在是出於不得已。「灑脫」應是一種自在自得的豁達，一種飽經人生滄桑而又自得其樂的暢快，「灑脫」與「放浪」不可同日而語。柳永所強調的「放浪」並不是真的灑脫，他是在複雜的情緒中無可奈何才走向了對世俗文化的認同，試圖通過狂放的生活表現對封建倫理道德的反叛，對傳統理想人生的挑釁。

　　人世的悲傷幻化為歌樓裡的歡笑，苦澀的蒼涼演繹成生命中的傲骨。柳永在煙花叢中的拯救與受傷，在繁榮都會中的掙扎與沉淪，以詞作和歌酒串起了一個錯綜複雜的人生。當他對封建傳統觀念邁出背離的那一步開始，就已經注定了他必然遭受主流文化對他的黜斥和拋棄。不幸的是，柳永對主流文化的反擊是蒼白無力的，反而使自己處在了一個尷尬的人生境地。

二、與佳人「同是天涯淪落人」的命運契合感

　　柳永在寫妓情詞的時候，一方面是以代言人的身份傾述著那些歌妓們的內心苦悶，另一方面也寄託了自己飽受精神折磨的難堪。柳永之所以會在妓情詞中不由自主的寄託失意情懷，這與妓女「同是天涯淪落人」的命運契合是分不開的。

　　柳永他一心兼濟天下，追尋「學而優則仕」的儒家思想，並將自己融入仕宦傳統的大家庭。可惜當時「留意儒雅，務本理道，

深斥浮豔虛薄之文」[17]的仁宗皇帝很自然地要對柳永「臨軒放榜，特落之」[18]。柳永本來對自己充滿自信，以為定能受到皇帝賞識和獎掖，未料遭遇此挫折，一切的理想追求都化作泡影，不得不感傷懷才不遇知音難求。這正如歌妓，一心只想求得意中人，攜手同歸去，然而卻不能得償所願。柳永在〈迷仙引〉中以女性視角抒寫歌妓的內心世界：

> 才過笄年，初綰雲鬟，便學歌舞。席上尊前，王孫隨分相許。算等閒、酬一笑，便千金慵覰。常只恐、容易韶華偷換，光陰虛度。　　　已受君恩顧，好與花為主。萬里丹霄，何妨攜手同歸去。永棄卻、煙花伴侶。免教人見妾，朝雲暮雨。[19]

此詞透過歌女的自述，展現出於污泥卻嚮往光明高潔的情懷。詞的上片從以往的現實處境落筆，十五歲本是美好的青春年華，然而出身青樓、身不由己，束髮插簪後便開始學習歌舞，目的只為了敷衍那些紈綺子弟，求得艱難的生存而已，已經流露出厭倦風塵的心理。下片寫出女子對未來的願望，期待自己有能力追求自由生活和美好愛情，希望通過自己的努力，使世俗可以改變對她的看法，她並不是朝三暮四的人，「永棄卻、煙花伴侶」，表明決心拋棄這種燈紅酒綠的浮濫人際關係。詞人成功塑造了一個身處煙花之地，卻又對自由和幸福生活充滿希冀的女子，她希望他人對她的觀念能夠轉變。這種被身世所累之感，激起詞人的同情與共鳴。柳永何嘗不是因為填寫俗豔之詞而遭致仁宗為代表的主流文化對他人格和詞品的貶抑？柳永富有人道精神的歌妓

---

17 南宋‧吳曾《能改齋漫錄》十六卷‧十七「樂府」，見唐圭璋編《詞話叢編》(台北：新文豐出版社，1988 年 2 月)，頁 135。
18 同上。
19 柳永〈迷仙引〉，《全宋詞》(北京：中華書局，1999 年)，頁 22。

詞，是在冷漠的封建社會中尋求一個充滿人情味的角落。柳永對女性的描寫和關懷超越前人，對淪落青樓的女性其生活、思想、情感、心態、人格等方面進行了觀照，展現出了獨特的女性觀念和價值取向。

「萬里丹霄，何妨攜手同歸去」，這便是一份「天涯淪落人」的共感，一個是追逐官場卻沉淪下僚的自負才子，另一個是一心追求美滿家庭卻淪落煙花的多情女子，相同的命運讓他們有了相似的情感波折。相似的情感波折又致使這位多情的詞人將自己的失意情感蘊含在情詞中。詞人和歌妓同有「人生失意無南北」之感，由此產生同病相憐的感情。人在失意的時候，很容易從和我們同樣失意的群體中去取得「同溫層」的接納與認同，就是所謂的「共鳴」，產生共鳴的條件之一就是欣賞者和被欣賞者之間所蘊含的感情一脈相通。柳永把自己的身世和歌妓的身世合為一體，主賓俱化共生，並於歌妓詞中表達不遇之懷，這好似在向不懂得欣賞他的朝廷宣戰，暗暗地述說內心感受：皇帝不懂得欣賞自己的優長，只有同道中人才能明白。這種同道中人的情感，讓柳永把眷戀歌妓的深情，表達的格外的動人。

三、對愛情的主動承擔與對戀人的悔愧之心

「偎紅倚翠」的風流韻事是柳永人生悲劇的起因，同時也是柳永賴以發揮存在價值的依憑，但最終，也成了他超脫悲傷的轉移，成了他得到安慰的生命皈依。人生的種種發生與演繹，都是相生相形，因緣和合，有時竟是身不由己。柳永是在一種十分複雜的情緒中，選擇了「淺斟低唱」的生活。然而當他立足於俗情文化之中，卻放不下對功名利祿的本能嚮往，這就使得柳永不得

不在「追求仕進」與「流連坊曲」之間來回的奔走，於是造成了他尷尬而矛盾的人生處境。狂蕩傲世的自我標舉已經斷送了他對功名的想望，不得已只好退守脂粉香澤溫柔鄉；然而那根深柢固的仕宦觀念，又不斷動搖著自己視為安頓皈依的情愛世界。因此，他總是抱著愧悔之心去承擔造成和心愛女子分離的苦果，如〈八聲甘州〉：

> 想佳人、妝樓顒望，誤幾回、天際識歸舟？爭知我、倚闌干處，正恁凝愁。[20]

這是柳永以「對面著筆」的方式，想像佳人如何獨自在妝樓中癡望等待自己回來，該有多少次誤認天際的歸舟也有著還鄉的自己，每一次的誤認就是每一回期望的失落，沒想到自己至今依然漂泊天涯。然而對方又怎麼知道自己也正在倚欄而愁，想念佳人。在這裡不但寫出兩地相思之苦，也反襯出羈旅飄泊、生命落空之感。對於感情，對於分離的命運，柳永始終是個「勇於」也「樂於」承擔責任的人，這種承擔，可以從他的詞中所流露的「懺悔意識」而被我們鮮明的感受到。「懺悔」是一種道義承擔，體現的是詞人尊重他人、反省自己、追求完美、超越自我一份誠懇的態度。又如：

> 到此因念，繡閣輕拋，浪萍難駐。歎後約叮嚀竟何據？(〈夜半樂〉)[21]

> 佳人應怪我，別後寡信輕諾。記得當初，剪香雲為約。(〈尾犯〉)[22]

> 追悔當初孤深願。經年價、兩成幽怨。(〈風銜杯〉)[23]

20　柳永〈八聲甘州〉，《全宋詞》(北京：中華書局，1999 年)，頁 43。
21　柳永〈夜半樂〉，《全宋詞》(北京：中華書局，1999 年)，頁 37。
22　柳永〈尾犯〉，《全宋詞》(北京：中華書局，1999 年)，頁 13。
23　柳永〈風銜杯〉，《全宋詞》(北京：中華書局，1999 年)，頁 18。

> 繡閣輕拋，錦字難逢，等閒度歲。（〈定風波〉）[24]
>
> 空床展轉重追想，雲雨夢、任欹枕難繼。寸心萬緒，咫尺千里。好景良天，彼此空有相憐意。未有相憐計。（〈婆羅門令〉）[25]
>
> 負佳人、幾許盟言，便忍把、從前歡會，陡頓翻成憂戚。（〈浪淘沙〉）[26]。
>
> 繫我一生心，負你千行淚。（〈憶帝京〉）[27]
>
> 遠道何時行徹。算得佳人凝恨切。（〈寒孤〉）[28]

　　這些反省和自責，融入了儒家文化的內省態度，而且具有「告解」的姿態。柳永對自己辜負了心愛的人，進行真誠的懺悔，我們看到了柳永的痛苦心理，突出欲望與現實、靈與肉、自我與他者之間的矛盾，詞人在這樣的矛盾中想要為自己尋找一種開脫之道，來實現自我救贖和精神的超越。在唐五代以來與同時的詞人中，很少有人像柳永這樣在詞中反覆傾吐自己的真情，反覆表現自責與悔愧。在柳永的情詞中，他不再只是讓女性承受思念的情苦，而是主動分擔離別的痛苦。柳永在承受離別的負欠感中展現了真摯誠懇的感情，這就是承擔的勇氣。對於那些聚少離多的愛情，如果「只是」或「總是」讓女子去承擔思念與等待的痛苦，而自己在一旁以隔岸觀火之姿去欣賞或同情，那就只是浮在上層或表面而沒有真情投入的「逃避」了。讓自己承擔分離的責任，承受離苦的情境，就意味著情愛關係中的兩人地位是平等的、情感是相互的，「痛苦」要比觀賞或同情更真誠。「痛苦」意味著全

---

24 柳永〈定風波〉，《全宋詞》（北京：中華書局，1999年），頁21。
25 柳永〈婆羅門令〉，《全宋詞》（北京：中華書局，1999年），頁24。
26 柳永〈浪淘沙〉，《全宋詞》（北京：中華書局，1999年），頁34。
27 柳永〈憶帝京〉，《全宋詞》（北京：中華書局，1999年），頁49。
28 柳永〈寒孤〉，〈憶帝京〉，《全宋詞》（北京：中華書局，1999年），頁49。

身心身心地投入。這也是因為柳永雖然為生計奔走，他的才情卻在紅粉知己的愛戴中受到肯定、也在紅巾翠袖中得到了心靈慰藉的原因了。脈脈溫情為柳永創造了一個美好而完足的情境，可以盡情地享受一切，忘卻一切，並從那些柔情的傾慕中意識到自己存在的價值。正因為他與歌妓的遭遇相同，所以對歌妓產生了「同是天涯淪落人」的愛憐之情。而這種愛憐，正是出於對這些地位卑微歌妓的相知相惜的尊重，他在詞中也表明了這種態度，例如：

> 且相將，共樂平生，未肯輕分連理。(〈尉遲杯〉)[29]
>
> 算得人間天上，惟有兩心同。(〈集賢賓〉)[30]
>
> 美人才子，合是相知。(〈玉蝴蝶〉)[31]
>
> 自古及今，佳人才子，少得當年雙美。(〈玉女搖仙佩〉)[32]

這種表白與盟約，怕只有真心相許的人才能如此。「執手相看淚眼，竟無語凝噎」[33]，在執手相看中，在彼此的淚眼中，沒有身份高下之別、地位貴賤之分，就只有一對有情人為離別而肝腸寸斷，他們的結合正是一種落魄中見真情的表現。

柳永視女性為知音，欣賞她們的歌藝，尊重她們的感情，同情她們的遭遇，理解她們的願望，並在詞作中表現出他對歌妓舞女們的傾心愛憐和對她們情誼的珍重，甚至也想過要帶著她們脫離煙花人生，陪伴她們。這已經不僅是從語言和感情上同情妓女，甚至欲用行動去真正解救她們。在柳永內心情感的天秤上，才子與佳人，地位等同。詞人與歌妓相知相戀，既是情人又是知己。當然，柳永作為一個封建文人，在與歌妓們的交往中，或許也有

---

29 柳永〈尉遲杯〉，《全宋詞》(北京：中華書局，1999 年)，頁 21。

30 《全宋詞》(北京：中華書局，1999 年)，頁 31。

31 《全宋詞》(北京：中華書局，1999 年)，頁 40。

32 《全宋詞》(北京：中華書局，1999 年)，頁 13。

33 《全宋詞》(北京：中華書局，1999 年)，頁 20。

尋歡作樂的時候，但更多的是，他對女性們是真誠的愛憐，並與之結下了情誼。「漂泊天涯」和「淪落煙花」這種感同身受的相知，使柳永與歌妓們相互體貼，因此也贏得歌妓們的真心愛慕。柳永情詞的價值正在於他通過個人的真實體驗，進而關懷歌妓的心理和命運,同時也能更好地思考社會底層的人們其自身的尊嚴。

四、柳永的情詞不免具有浪子玩世的世俗氣

自從溫庭筠創造了綺麗婉媚的詞風特色之後，其詞所描寫的女性形象，幾乎如出一轍，多數是獨守空房，寂寞相思，倦懶嬌媚，她們的感情是內斂的，抒情方式是含蓄的、欲言又止的。晏殊的詞總是傳達出點點閨怨和淡淡的愁思，含蓄有餘而熱情不足。柳永一生寫了很多艷情詞，通過這些詞，我們看到了一幅宋代青樓與民間女性的生活圖景。柳永與歌妓之間雖然有著出身差別的存在，但是柳永將她們置於平等的地位來互動，詞人一生多與歌妓為友，他對這些色藝俱佳而身份卑微的下層女子往往傾注尊重和憐惜的感情，體現出超越尋常的人道精神。然而，需要指出的是這份深情並不是以婚姻為最終的歸宿，柳永的大半生都是風月場中度過，常與秦樓中的歌妓交往，他描寫的多是生活中遇到的真實存在的歌妓，如蟲娘、心娘、禾娘等等[34]，可知他的感

---

34 柳永的〈木蘭花〉四首分別詠心娘、佳娘、蟲娘、酥娘，在詞的第一句便把女性的名字置入其中。第一首：「心娘自小能歌舞。舉意動容皆濟楚。解教天上念奴羞，不怕掌中飛燕妒。　玲瓏繡扇花藏語。宛轉香茵雲衫步。王孫若擬贈千金，只在畫樓東畔住。」第二首：「佳娘捧板花鈿簇。唱出新聲群豔伏。金鵝扇掩調累累，文杏梁高塵簌簌。　鶯吟鳳嘯清相續。管裂弦焦爭可逐。何當夜召入連昌，飛上九天歌一曲。」第三首：「蟲娘舉措皆溫潤。每到婆娑偏恃俊。香檀敲緩玉纖遲，畫鼓聲催蓮步緊。　貪為顧盼誇風韻。往往曲終情未盡。坐中年少暗消魂，爭問青鸞家遠近。」第四首：「酥娘一搦腰肢嫋。回雪縈塵皆盡妙。幾多狎客看

情並不只為特定的對象而發，他的感情也不會只停留在某一位女子的身上，所以他的愛情對象並不是固定的。試看柳永〈西江月〉：

> 師師生得豔冶，香香於我情多。安安那更久比和。四個打成一箇。　　　幸自蒼皇未款，新詞寫處多磨。幾回扯了又重接。奸字中心著我。[35]

這首詞寫四個多情豔冶的妓女，圍著一個狎客索取新詞，這狎客當然是詞人自己。其實柳永很少在詞中以「狎客」自居，也從未把女性視為玩物或物質交換的對象，儘管此詞結句說：「奸字心中著我」，也只為表現出女性的欣賞讚美帶給他的快慰感。在這裡也真實道出自己對待妓女的本質是追歡逐樂。正因為詞人的生活形態決定了他在肉體上是難以做到對女性的忠誠專一，他見到才貌雙全的女性，常常不免要濫施愛情：「算贈笑千金，酬歌百琲，盡成輕負」（〈引駕行〉）[36]、「況有紅妝，楚腰越豔，一笑千金何啻」（〈長壽樂〉）[37]，「算一笑，百琲明珠非價」（〈洞仙歌〉）[38]，在風月場中千金買笑，擺闊鬥奢，不過是追逐聲色的一種手段，因此柳永在唱起情歌的同時，並非都是那麼專情、莊重的，有時不免透露出浪子玩世的氣息，而染上世俗氣了。但至少柳永對於這些風塵女子不乏真誠的同情，對其中的某些人確實產生過愛戀之情，在分離的歲月裡，仍然思念對方，彼此都體驗相同的孤獨，平等的付出，這就較之北宋初年的晏殊、歐陽脩等高官顯宦只把官妓視為暫時性的情感寄託，或公務忙碌之餘的生活調劑，要顯得更加真摯深刻。我們可以這樣說，在宋代文人中對娼妓最有同

無厭，一輩舞童功不到。　　　星眸顧指精神峭。羅袖迎風身段小。而今長大懶婆娑，只要千金酬一笑。」

35　柳永〈西江月〉，《全宋詞》（北京：中華書局，1999 年），頁 55。
36　柳永〈引駕行〉，《全宋詞》（北京：中華書局，1999 年），頁 42。
37　柳永〈長壽樂〉，《全宋詞》（北京：中華書局，1999 年），頁 39。
38　柳永〈洞仙歌〉，《全宋詞》（北京：中華書局，1999 年），頁 42。

情心恐怕就是柳永，否則就不會在民間永久流傳著〈眾名姬春風弔柳七〉的故事。柳永一出，改變了唐五代至宋初以來戀情詞大多寫女性相思之苦的局面，柳永用相當分量的詞作來專寫男性對女性的相思眷戀之情，這就拓展了情詞的內涵，豐富了情詞的反映面，其功不可沒。

　　雨果在《克倫威爾‧序》裡說：「人是二次元的，在他身上，有一種獸性，也有一種靈性，有靈魂，也有肉體；總之，他就像雙線的交切點，像包羅世界的兩條實體的鎖鏈間的連接環，這兩條鎖鏈，一條是物質實體的系統，一條是無形存在的系統。」[39]每個人或多或少都具有兩面性。如果說「真情」是柳永情詞的正面，那麼「濫情」就是反面。為了安撫自己追求仕進的失意，柳永選擇了以愛情來彌補心中的空缺。無情的命運打開了柳永的欲望之門。眾多的情人、氾濫的尋歡作樂都掩蓋不住柳永內心的巨大空虛，形成了他生命中的另一種落空。

第三節　欲將醉夢換淒涼：

晏幾道從初見的悸動，延展為一生的回憶

一、「追逼《花間》，高處過之」：癡執的自然心音

　　稍晚於柳永之後、和蘇軾同時的晏幾道，號小山，為晏殊第

---

39 〔法〕雨果《克倫威爾》(上海：譯文出版社，2011 年版)，頁 40。1827年，雨果發表劇本《克倫威爾》及其序言。此劇本雖未能演出，但這篇序言卻被認為是法國浪漫主義的宣言，對後世浪漫主義文學的發展起了很大的影響力。

七子，人稱「小晏」。留傳於後的《小山詞》，多為戀情詞。宋詞
發展到小晏所處的時代，長調慢詞有較大的發展，在柳永創調以
啟後人，長調已成主流趨勢，但晏幾道沒有一首長調，他仍然執
著在小令的世界裡低迴的訴說他的傷心往事。或許是受到父親晏
殊詞作全為小令的影響，也或許是出自個人的主觀偏好與選擇。
在文學史演進的過程中，有時會出現一些游離於大眾趨勢的個案
現象，這種個案現象，往往與作家其人特殊的身世遭遇與獨特的
性格有一定的關係。晏幾道正是一位特立獨行的人。他才華橫溢，
卻孤傲狷介，固守著真性情，特立獨行，他的好友黃庭堅〈小山
詞序〉從「知其人而論其世」的角度來分析晏幾道：

> 晏叔原，臨淄公子之暮子也。磊隗權奇，疏於顧忌，文章
> 翰墨，自立規摹。常欲軒輊人而不受世之輕重。諸公雖稱
> 愛之，而又以小謹望之，遂陸沉於下位。平生潛心六藝，
> 玩思百家，持論甚高，未嘗以沽世。余嘗怪而問焉，曰：「我
> 槃跚勃窣，猶獲罪于諸公，憤而吐之，是唾人面也。」乃
> 獨嬉弄於樂府之餘，而寓以詩人之句法，清壯頓挫，能動
> 搖人心。士大夫傳之，以為有臨淄之風耳，罕能味其言也。[40]

黃庭堅以「四癡」來評價晏幾道，可謂深知其人，可惜的是這「四
癡」之中卻沒有把晏幾道對「情」的癡執歸入其中。從這篇序文
中可見顯赫的家世和優越的成長環境使晏幾道有著與生俱來特立
獨行的的氣質。他輕視浮名，重視的是自由自在的藝術生命，不
考慮別人對自己的批評，我行我素，自有其不合常情之個性。在
家道中落之後，晏幾道從富貴的巔峰滑落到窮困的低谷，一連串
的打擊和窘迫，讓他在對仕途、生活失去希望之後，更加懷念過

---

40 黃庭堅：〈小山詞序〉，金啟華、張惠民等編著：《唐宋詞集序跋匯編》(臺
　　北：臺灣商務印書館，1993 年 2 月在臺第一版)，頁 26。

去幸福的時光。孤傲固執的性格，再加上沒落的家道，處境的寂寥，反而讓他與歌妓之間的心靈更加貼近。他一直以可貴的赤子情懷去面對自己所處的世界，可謂癡絕。如果用「純真」二字許李煜，則我們可以用「癡執」二字許晏幾道。晏幾道對情感的感知與眾不同，人情與戀愛，成為他人生主要的精神寄托。和柳永不同的地方在於，柳永雖有真情，但卻未能脫卻「濫情」和「泛愛」，他遊蕩在形形色色的女人之間。「真情」與「濫情」兩個極端在柳永身上碰撞、糾纏。晏幾道則不然，他的情感執著而真摯，而且富有一種純淨，他以精細靈敏的筆觸和天然秀逸的才性，創造了戀情書寫的新境界，使之擺脫了五代宋初詞體的世俗氣息和輕率態度，他從自己纖弱、敏感的心靈出發，用一種略帶偏執的性情來強化愛情的專注性和排他性。

　　他的詞作中表現出來的深情和感悟，必然是其真性情的流露，如〈蝶戀花〉：

> 笑豔秋蓮生綠浦。紅臉青腰，舊識淩波女。照影弄妝嬌欲語，西風豈是繁華主。　　可恨良辰天不與。才過斜陽，又是黃昏雨。朝落暮開空自許，竟無人解知心苦。[41]

　　這首詞先寫秋蓮之美，以花比人、以人喻花，再沿著「舊識」所指示的時間軌道向往昔的時光回流，想到當初相遇感受──「照影弄妝嬌欲語」，比喻蓮花迎風臨水的盛況，點出昔日的幸福與美好，接著作者的筆鋒陡然一轉，寫到了「西風豈是繁花主」，感嘆再美好的秋蓮一旦面對秋節西風吹來，終將凋謝，這是自然的規律，也是人世的無常。在這種悲劇的意蘊中又包含著作者個人的生命際遇。詞人從貴公子到落魄小吏的巨大身份落差，使他把自

41　晏幾道〈蝶戀花〉，《全宋詞》(北京：中華書局，1999年)，頁224。

己對過去溫馨場面的回憶和現實的苦悶這兩重今昔不同的情感世界融匯在詞中，由此產生的深沉思考，再加上作者善感而多情的性格，使《小山詞》的內容淒美而婉約，情感體會精微而深邃。

　　晏殊去世後，晏幾道在生命發生重大的轉折，生存方式與人生定位發生了巨大變化，在困窘的現實境遇下，他通過戀情與回憶，尋找心理補償。《小山詞》固然沒有越出花間酒邊的創作藩籬，但卻拋棄了代言體式的矯情、偽飾的做作，把自己的真摯深情融入詞中，南宋陳振孫《直齋書錄解題》對小山詞評曰：「獨可追逼《花間》，高處或過之。」[42]所謂的「過之」，即是指小山詞感官化成份的減少、心靈化成份的增加，整部《小山詞》就是詞人情感軌跡的自然流露和真實紀錄，「癡」便成為《小山詞》重要的抒情態度。

二、通過夢境與回憶來展現心靈，
在今昔對比中抒寫相思

　　晏幾道在《小山詞・自序》云：

　　　叔原往者浮沈酒中，病世之歌詞，不足以析酲解慍，試續南部諸賢餘緒，作五七字語，期以自娛，不獨敘其所懷，兼寫一時杯酒間聞見，所同遊者意中事。[43]

點出創作這本詞集的目的是在自娛，又是為解慍。更重要的是，作詞是吟詠性情，抒寫懷抱，傾吐自己的情志性靈，宣洩心中鬱結怨憤之情。又云：

　　　始時，沈十二廉叔，陳十君龍，家有蓮、鴻、蘋、雲，品

42　陳振孫：《直齋書錄解題》卷二十一(上海：上海古籍出版社，1987年11月)，頁614。
43　晏幾道〈小山詞自序〉，《唐宋詞集序跋匯編》，頁25。

清謳娛客，每得一解，即以草授諸兒，吾三人持酒聽之，為一笑樂而已。已而君龍疾廢臥家，廉叔下世，昔之狂篇醉句，遂與兩家歌兒酒使，俱流轉於人間。……考其篇中所記，悲歡合離之事，如幻如電，如昨夢前塵，但能掩捲憮然，感光陰之易遷，歎境緣之無實也。[44]

在經歷了家道中落之後，更使他倍感世態炎涼，晏幾道把全部憂愁都融進歌酒風流的和懷念過往的感傷之中，抒寫那些令人感動的男女悲歡離合之情。其詞中的思戀對象很明確，即表現他與四位歌妓之間的情感往事。他的詞中最常出現的女性是「蓮、鴻、蘋、雲」四人，她們是晏幾道之友沈廉叔和陳君龍家的歌女，晏幾道對朋友家中的四位家妓懷有獨特的情感，很大程度上源於其特殊的性格，還有與她們相遇的時候正是他生命中最美好的黃金歲月。即使她們不是名門高女，但詞人對她們未曾有過一絲一毫的看輕之心。在這一點上，他與許多追求情色享受、逢場作戲的文人便有著很大的差異。例如《小山詞》中屢屢提及小蘋：

小蘋若解愁春暮。一笑留春春也住。(〈木蘭花〉)[45]

小蘋微笑盡妖嬈，淺注輕勻長淡淨。(〈玉樓春〉)[46]

這位小蘋，是友人家中所蓄家妓，晏幾道在友人家中初見了小蘋時萌生了相憐相惜的情感，乃至全身心地沉溺於歌女的靈動多情與美貌天姿。對詞人而言，小蘋不是一位歌妓，而是他心目中至美的化身，愛戀的對象，傾心的所在。歌妓作為宋代社會的特殊群體，以其才情與美貌為文人士大夫所青睞，歌妓作為男性佐酒侍宴的玩物，看似承恩受寵，在繁華熱鬧的背後卻有難以言

44　晏幾道〈小山詞自序〉，《唐宋詞集序跋匯編》，頁 25。
45　晏幾道〈木蘭花〉，《全宋詞》(北京：中華書局，1999 年)，頁 233。
46　晏幾道〈玉樓春〉，《全宋詞》(北京：中華書局，1999 年)，頁 236。

喻的身世淒涼，這種以色藝為業的歌妓雖然易得，卻也易離，「輕付予，他人手」，只要人事發生變動也就流離飄渺了，若又加上遊宦無定，便決定了彼此之間是離多會少的悲劇性體驗。

晏幾道筆下的歌妓身份與生活背景和柳永詞也有很大的差異，不論是歌妓形象、性格特徵都有不同。柳永主要描寫在市井風流藪澤中討生活的「市妓」，而晏幾道所刻畫的是「家妓」。[47]這種差異產生的原因，與詞人的生活環境密不可分。柳永在仕途遭遇坎坷後，流連於市井之中，所接觸的大多為市井歌妓。她們大多處於社會底層，為生計所迫，送往迎來。而晏幾道家世顯赫，自幼便常與家妓、官妓有所接觸。蓄養在文官家庭中的家妓，長期與上層文官密切交往，具有較深厚的文化修養，行為舉止較市井歌妓有顯著差異。柳永與晏幾道筆下的歌妓，雖然大多都頗為貌美，多才多藝，且情感真摯，勇於追求自由愛情；但在性格上，柳永筆下的歌妓普遍較潑辣直率，而晏幾道筆下的歌妓通常頗為癡情，但性情又極為溫婉含蓄。晏幾道對歌妓的感情極其真淳而深沉，這正是其真純與癡執之處。縱然只是在朋友家中酒歌場合中萍水相逢，他也情願將一片真心完全投入其中。這與柳永的歌妓詞的情感內涵有很大的差異。晏幾道在與她們的頻繁接觸中產生了深深的愛戀之情，為特定的對象蓮、鴻、蘋、雲寫下了深情的詞篇。詞人以平等的視角與之由相識相知發展為相愛相戀。詞人隨著家道中落和政治的挫折之後，眼見自己心愛的人兒，因主

---

47 家妓，是被蓄養於官宦、豪富的家庭中，只為主人及其家屬服務，屬於私家所有。由於家妓大半是能歌善舞、擅長音樂雜藝的美貌女子，所以又稱為「家樂」。在宋代蓄養家妓之風日盛，上自天子、王侯將相，下至士大夫、富豪，都以廣蓄女奴為樂，並以蓄女奴的多寡作為炫耀權勢和財產的重要標誌。這些女奴都負有獻身與獻技的雙重使命。「市妓」是市井妓女，她們公開向嫖客提供聲色服務，以獲得金錢等物質報酬。也就是我們現代社會所定義的妓女。參考羅慧蘭、王向梅編寫《中國婦女史》(北京：當代中國出版社，2016 年 12 月)。

人沈、陳二位友人的下世和疾廢，而流轉於世俗紅塵中，自己卻
不能援手相救，苦痛悲哀之情便發為詞篇。朋友的衰病亡故，歌
女的離散飄零，都讓詞人感到人世的無常。通過描寫記憶中歌妓
的美好來反襯自己如今的憂傷，流露出物是人非的強烈落差感。
繁華往事如煙似霧、當年韻事渺不可追，生活日益窮困落魄，他
在盛衰今昔的對比中不斷地追憶，在困頓的歲月裡，回憶成為晏
幾道主要思維模式，在夢中超越現實的苦澀。

　　《小山詞》常見意象是釋放靈魂的「夢」與「醉」，「夢」與
「醉」都是晏幾道與現實對抗的武器，是人生情懷不得志的一種
釋放，一種宣洩。「沉醉」對於晏幾道而言有兩層含義：一是生命
的「縱情沉醉歡歌」，是詞人對生命的熱愛與強烈的留戀；二是遠
離現實，於沉醉中獲得暫時解脫。《小山詞》中的「沉醉」，是晏
幾道獲取心靈自由的獨特方式。然而夢醒後，是更深一層的惆悵：

> 夢後樓臺高鎖，酒醒簾幕低垂。去年春恨卻來時。落花人
> 獨立，微雨燕雙飛。（〈臨江仙〉）[48]

> 夢入江南煙水路，行盡江南，不與離人遇。睡裡消魂無說
> 處，覺來惆悵消魂誤。（〈蝶戀花〉）[49]

> 醉別西樓醒不記，春夢秋雲，聚散真容易。（〈蝶戀花〉）[50]

> 　關山魂夢長，塞雁音書少。兩鬢可憐青，只為相思老。
> （〈生查子〉）[51]

　　晏幾道以填詞為自己編織夢境排遣心緒。由寄情於夢境開
始，又轉為多情，最終走入傷情的境地，在夢境由築造到破碎的
流程裡，這一夢意氳氳的精神歷程，刻錄著詞人心靈的變化史。

48　晏幾道〈臨江仙〉，《全宋詞》（北京：中華書局，1999 年），頁 222。
49　晏幾道〈蝶戀花〉，《全宋詞》（北京：中華書局，1999 年），頁 225。
50　晏幾道〈蝶戀花〉，《全宋詞》（北京：中華書局，1999 年），頁 224。
51　晏幾道〈生查子〉，《全宋詞》（北京：中華書局，1999 年），頁 222。

對美好的往事重溫卻不可再得的悵惘是小山詞中最深的悲涼,「夢後」、「酒醒」,是久別後對前塵的思量,昔日歌舞繁華,如今淒寂無人,音塵斷絕,尤為難受。再如〈鷓鴣天〉:

> 今尊前見玉簫。銀燈一曲太妖嬈。歌中醉倒誰能恨,唱罷歸來酒未消。　　春悄悄,夜迢迢,碧雲天共楚宮遙。夢魂慣得無拘檢,又踏楊花過謝橋。[52]

詞人對情人因思極而夢,夢魂習慣牽惹,著一「又」字,可知夢裡相見,已非一次,這是情到深處、寤寐求之的夢遊,這虛幻飄緲的夢魂在春夜迢迢的夜光下散發著一份夢者對佳人如癡如狂的愛。

趙崇璧〈重復詩學:記憶與回憶〉說:「文學重復引發了兩種完全不同的認知,其一是記憶,其二是回憶。空間向度而言,記憶是一種經驗,它把重復變成了行動,並支撐著重復的實體化運作,以同化所有的差異性,由此形成了敘述邏輯;回憶則是一種體驗,它不斷剝離、抽空重復的實體性,將之轉換成載體,以匯聚形式的語境,由此形成了詩性邏輯。」[53]這裡已說明了詩人的重複回憶與作品詩性之間的關係,晏幾道善於回望過往,這種頻頻往後看的生活態度決定了晏幾道專注於內心世界的開掘。這種心理能力在進入審美體驗的境界,便是文學創作的秘密。他的詞往往從時間、空間以及人物形象等方面對內心進行細膩而真實地抒寫。於是其詞心理結構在時間上傾向回溯往昔,感嘆華屋山丘,空間上擅長營造感傷詞境;人物上塑造了戀人美好而令人難忘的形象。晏幾道的這種獨特的抒情方式,對宋代詞人產生了較為深

---

52 晏幾道〈鷓鴣天〉,《全宋詞》(北京:中華書局,1999 年),頁 227。
53 趙崇璧〈重復詩學:記憶與回憶〉,《馬克斯主義美學研究》,2015 年第 1 期,頁 131-142。

遠的影響，所流露出的悲情波動了無數讀者的心弦，引發了廣泛地共鳴。

三、「初見」書寫的創作意義

　　人生百味，總會在輾轉中感嘆著物是人非，每下愈況，日走下坡，便很容易回到原點去回味最美的初見。初見的熟悉亦是生命的重逢，凝結了往後回憶中最美好的印記。當人生的盛筵都成了追憶，對人生的美好回憶哪怕只是一個美的瞬間也可以透過反復述說讓它成為幸福的沉醉。當歲月的滄桑寫滿人生，晏幾道習慣在詞中追憶與苦戀對象「初見」的美好，也側面展現了詞人的自我形象。他是率性狂放的貴族公子，也是性格純真、苦苦追尋愛情的癡情人，也是被生活無情拋棄的悲劇者。他以其敏感真摯的心靈緬懷初見，難忘初見的美好：

> 江南未雪梅花白。憶梅人是江南客。猶記舊相逢。淡煙微月中。(〈菩薩蠻〉)[54]

> 鬥草階前初見，穿針樓上曾逢。羅裙香露玉釵風。靚妝眉沁綠，羞臉粉生紅。(〈臨江仙〉)[55]

> 舊香殘粉似當初。人情恨不如。(〈阮郎歸〉)[56]

> 碧玉高樓臨水住。紅杏開時，花底曾相遇。(〈蝶戀花〉)[57]

> 記得小蘋初見，兩重心字羅衣，琵琶弦上說相思。(〈臨江仙〉)[58]

54　晏幾道〈菩薩蠻〉,《全宋詞》(北京：中華書局,1999 年)，頁 236。
55　晏幾道〈臨江仙〉,《全宋詞》(北京：中華書局,1999 年)，頁 221。
56　晏幾道〈阮郎歸〉,《全宋詞》(北京：中華書局,1999 年)，頁 238。
57　晏幾道〈蝶戀花〉,《全宋詞》(北京：中華書局,1999 年)，頁 225。
58　晏幾道〈臨江仙〉,《全宋詞》(北京：中華書局,1999 年)，頁 222。

　　從這些詞句中，不難看出「初見」的當下記憶是那麼美好。無論是場景、意象還是色調，都給人以一種青春浪漫的視覺感受，當他描繪出歌妓最美好年華所特有的生機與活力，無不用明豔穠麗的字眼來描繪。因為初見或初戀，總是與青春有關。他回憶初見佳人美好，未始不是一種象徵，代表的是自己青春年少的流金歲月，是生命的精神家園，然而這些榮華富麗，在現實中已遍尋不著，只能放在私我的夢中追想，因而帶來更加深刻的傷痛。晏幾道追憶初見面的悸動，愛意瀰漫，歌妓純淨動人的美，足以讓詞人無視於彼此之間身份地位的差異而一見鍾情了。「心字羅衣」，意味著彼此的情投意合。在社會結構中，一方是歌妓，一方是貴族蕘子，地位身份並不平等，但詞人卻能以純情的角度愛戀著這些地位卑微的且才貌雙全的不幸歌女。在如訴的弦音中說著彼此的一見如故。其動情也何其深摯，其用情也何其專注。在感情的世界裡，她們卻得到了平等的對待。

　　晏幾道為人不趨炎附勢，對於愛情的本質何嘗不是建立在純淨的基礎上？他極深情，極重情，達到癡的境地。對待男女戀情，並不像某些文人士大夫那樣輕率浮濫，而是異常的執著與認真。何況是鍾情於那些地位低下、沒有人身自由的歌妓舞女。士妓相愛，良賤相知，正體現出晏幾道自由平等的人道情懷。儘管由於門第之異、社會輿論、文化修養等方面的因素，一開始就決定了他們最終不能結合的悲劇命運，但詞人仍然對她們付出了最真的愛情。文學是社會生活的反映，也是作家人格的映射和折光，正因為晏幾道在生活行為中有著種種不為人所理解的癡執，才使得他的詞作在言情上達到如此深沈、執著、真摯的境地，形成其詞作特有的巨大藝術魅力。

　　每個人內心深處都留著一個再也回不去的過去。對晏幾道而

言，過去的繁華就是夢想的天堂，是半生的依戀。如此看，詞人的初見書寫，堪稱寫美好幸福的喪失，青春的生命就在回望中化為煙塵。

四、愛情是心靈的避難所與缺失性補償

晏幾道對蓮、鴻、蘋、雲諸歌女的癡戀，可謂魂縈夢繞，對於精神戀愛的執著，對聚少離多中寶貴相聚的珍惜，對愛慕對象和好友的尊重和真摯，都讓讀者看到了一個耿介敏感的詞人和他簡單純粹的人生。諸葛憶兵〈走向心靈的避難所——論晏幾道的戀情詞〉如此評價晏幾道：

> 頹唐自任、及時行樂，蔑視「世情」的變幻，在醉鄉裡尋求自我陶醉和安慰，然仍無法擺脫「愁」與「恨」，否則，小山一生就沒有如此多的痛苦，就不會被稱為「古之傷心人」，這是另一種一廂情願、自欺欺人的方式。高呼掙脫虛名，恰恰是被虛名所牢籠。否則，就不必故作姿態。詞人很少回到現實，他更擅長在夢的精神世界裡獲得真正的穩定，為自己編織五彩的愛情夢幻，這些夢幻緩解了他的緊張精神狀態，安慰了他因巨變而受創的心靈，支撐著他的優越感和自豪感，使他再度自尊、自愛，並感受到他人對自己的高度評價。心理上得以補償，從不平衡過渡到新的平衡。……這是小山抵禦外部冷酷世界、維持心態平衡的絕妙武器。他那纏綿徘側、哀怨欲絕的戀情詞因此綿綿不絕的產生出來，詞人也因此走向最後的心靈避難所。[59]

---

59 諸葛憶兵〈走向心靈的避難所——論晏幾道的戀情詞〉，《求是學刊》，1993年第 4 期，頁 88-91。

　　該文指出晏幾道是一位擅長在夢幻虛景中構築自己情感世界的「內感型」詞人。所以，晏幾道詞所抒寫的戀情，與其說是一種真實世界的真實情感，不如說是虛構情景的心理補償。[60]在人生中，心理失衡的現象難免發生，痛苦就會佔據心頭，此時此刻，心理的補償就極為重要。心理的補償是治療心靈創傷的方式，讓自己可以暫時變失望為希望，化痛苦為美好，來調整主觀想望與客觀現實之間的反差。

　　晏幾道在歌妓形象的塑造上，甚少採用詳細鋪陳的手法，而多截取某個特定的畫面，抓住最美好的瞬間，強調瞬間的美感與瞬間的迸發力，塑造最突出的人物形象與特徵。如〈鷓鴣天〉：

> 彩袖殷勤捧玉鍾，當年拚卻醉顏紅。舞低楊柳樓心月，歌盡桃花扇底風。　　從別後，憶相逢，幾回魂夢與君同。今宵剩把銀缸照，猶恐相逢是夢中。[61]

這首詞極言當年詞人與歌女間的密切互動。歌女翩翩起舞，忘情歌唱，以至到了夜半風寂，桃花扇底已無風都渾然不覺。縱情歌舞卻已無力的片段描寫，強調歌妓為詞人盡情歌舞以致精疲力竭、忘卻時間，襯托出歌女對詞人的綿長深情。除了對歌妓形象的正面刻畫以外，詞人還通過不同的意象、場景加以側面烘托。從前是以夢疑真，待到現實真正相見時，又反而以真疑夢了，「今宵勝把銀缸照，猶恐相逢是夢中」，不由得拿燈一再照對方，以定真假，這種反常的行為，正展現了晏幾道的一往情深。追憶記憶中的佳人，實則緬懷他生命中已失去的流金歲月。晏幾道帶著傷感性的意緒賦予華年以一種悠長的時間回溯性。無論怎麼美好的

60　參考自諸葛憶兵〈走向心靈的避難所──論晏幾道的戀情詞〉(網路講學資料)，網址：https://www.sohu.com/a/309260733_100014621
61　晏幾道〈鷓鴣天〉，《全宋詞》(北京：中華書局，1999 年)，頁 225。

年代和動人的往事，一轉眼也就變成了許久以前了。想到了曾經歲月裡的一點一滴，每一點每一滴都掀起了內心的滔天巨浪。

文學是苦悶的象徵，也是生活的反映，一個誠摯的詞人，是不願有半點虛飾的。以晏幾道的多情與銳感，其情感之掙扎必然較之一般更為劇烈痛苦。他在詞集自序中自稱自己的作品為「狂篇醉句」。狂者，表現自己的創作個性是不受拘束，不為應酬，不作裝點，而直抒其率真誠摯之胸臆。醉者，表現他創作的視角往往是在酒後真情流露而益見其狂。因為是性情中人，在用心過、失去後，便真的久久不能忘懷。不論是寫初見、別後相思，還是不得相見的苦悶，晏幾道無不寫的深沉而真率，溫柔而奔放，給予我們的感覺便不是狎妓之屬的情感上的粉飾，而是對愛侶內心真情的傾吐。他善用淺淺的語言，發掘出非比尋常的愛情觀。晏幾道其深於情、專於情、篤於情較前代任何一位詞人更集中、更深刻、更藝術地表現男女之間最普遍、最深摯、最美好的愛戀之情，進而構成其詞鮮明而獨特的「癡」之情感特徵與藝術風貌。

第四節　淡煙流水盡淒迷：

秦觀對個別情事進行泛化書寫，避實就虛

時至北宋，蘇軾作為「詩人之詞」的代表已透過詞人「自我」唱出了屬於士大夫文人頗具個性的心聲，對詞的題材做了開拓與雅化。與蘇軾有師生關係的秦觀，被許為「詞人之詞」的代表[62]，

---

62 夏敬觀《淮海詞跋》，轉引自吳熊和主編：《唐宋詞彙評》兩宋卷第一冊（杭州：浙江教育出版社，2004 年 12 月），頁 675。關於「詞人之詞」的

如何在晏、歐、柳的基礎上，吸納蘇詞「詩化」的精神，把情詞更推高一步？本節擬針對這個問題進行探討。

一、情詞一往而深，清新不俗

　　如果說晏殊、歐陽脩的情詞，多為交付歌唱、為詞而造情的成分較多；柳永是「有感而發」、與佳人有著惺惺相惜之感；晏幾道是「有為而作」、抒寫詞家真實的現實感受和生活境遇，那麼秦觀不但具有柳永、小晏的真情實感，而且更具有嚴肅莊重的態度。

　　如果說柳永詞作充滿了對歌妓的真情，那麼秦觀抒情的真性情與柳永有何不同呢？柳永對歌妓的情感雖然真摯，然而卻有著逃避功名挫敗、沉溺世俗享樂的意味，從〈鶴沖天〉詞中「幸有意中人，堪尋訪，且恁偎紅依翠，風流事、平生暢」看來，「幸」、「堪」、「且」字，已流露出內心的隱衷。彷彿尋訪煙花，只是他功名無望之後「不得已而求其次」的選擇，只是求得暫時的麻醉而已。儘管柳永要透過豔情追求解脫，儘量展現出通達放浪的浪子性格，但又在無可奈何之中，透露出「且去淺斟低唱」實在是出於不得已。如此一來他的戀情也就無法擺脫對感官刺激的依賴。而秦觀對男女情感的態度，卻要比柳永純淨、深厚許多。南宋胡仔《苕溪漁隱叢話》轉引一條資料：秦觀和參寥的一首詩有云：「平康何處是，十里帶垂楊」之句，孫覺見之，曰：「這小

內涵，可參考筆者的博士論文《兩宋「詞人詞」雅化的發展與嬗變研究——以柳、周、姜、吳為探究中心》(國立台灣師範大學國文所博士論文，2002 年 1 月)，其中論及：「詞人詞」正朝著「言志」與「本色」的兼容並行而前進，既未簡單地回歸「樂人詞」，又吸收了「詩人詞」的某些成份，因而成為宋詞雅化集成的主流。」

子又賤發也。」[63]秦觀提到妓女所居住的平康，就被友人嘲為「賤相發作」，即使此言是友人之間的笑謔，但何以出言如此尖刻？想必是友人眼中見到秦觀在與妓女交往時，從不以貴客自居，不以狎客自處，而是甘心與她們同處「下賤」的緣故。這種平等的交往和真摯的情懷與晏幾道相同。晏幾道和秦觀兩人寫了許多情詞，雖未跳出男歡女愛、相思離別的藩籬，但他們的情詞已經超出了以前的士大夫階層尋歡作樂或男女大防的創作內容，體現了用情深摯的態度。晏幾道的情詞寫的深切懇摯，全無猥褻淫蕩之意，因此而提高了詞的品格。秦觀詞更是如此。他一生在新舊黨爭中沈浮起落，不斷遭貶謫，性格柔弱的他倍感悲懷，對同樣悲慘的煙花女子自然會產生同理心，加之他個人極重感情，對歌妓不由自主的產生憐愛之情，極力表現心靈的感應和共鳴，所以馮煦說：「淮海、小山，真古之傷心人也，其淡語皆有味，淺語皆有致。求之兩宋詞人，實罕其匹。」[64]把秦淮海和晏小山並列來談，並以「古之傷心人」許之。雖然他們是不同人生經驗和遭遇的詞人，但都是至情至性的人，在共同的痛苦心靈熔鑄著同中見異的詞心。所不同是秦觀的語言較之晏幾道更加清新淺淡。晏幾道在描寫記憶中的佳人形象時總不惜用色澤鮮明的字眼來強化[65]，但秦詞在抒情時已褪去了那些比較穠豔之筆，呈現出一種清雅之致，例如〈木蘭花〉：

> 秋容老盡芙蓉院。草上霜花勻似翦。西樓促坐酒杯深，風壓繡簾香不卷。　　玉纖慵整銀箏雁。紅袖時籠金鴨暖。

---

63 南宋胡仔《苕溪漁隱叢話》前集卷第五十。

64 馮煦《蒿庵論詞》，見唐圭璋編《詞話叢話》(臺北：新文豐出版社，1988年2月)，頁3586。

65 如「靚妝眉沁綠，羞臉粉生紅」(〈臨江仙〉)，「彩袖殷勤捧玉鐘」(〈鷓鴣天〉)、「雲隨碧玉歌聲轉，雪繞紅瓊舞袖回。」(〈〈鷓鴣天〉)，都是以有強烈色彩來描寫人物形象。

　　歲華一任委西風,獨有春紅留醉臉。[66]

　　秦觀在哲宗紹聖初年被貶為杭州通判,再貶監處州,這首詞是寫在秦觀受黨禍南遷的哲宗紹聖三年（1097）所寫。上闋描繪時序和場景。時當秋深,芙蓉院裏,一派秋容慘淡。詞人被貶到這蠻荒之地,受到熱愛其詞的藝妓的尊重,在西樓盛情相待,靠近而座,清歌侑酒,主人頻頻斟酒,這份熱心與真情使得詞人內心獲得了片刻的安慰。「風壓繡簾香不卷」令敏感的詞人留心,儘管外面秋風呼呼,但屋子裡卻散發着愜意的香味。「歲華一任委西風,獨有春紅留醉臉」,儘管時節已經到了秋季,萬物都已凋零了,可是佳人的臉上酒後紅暈,卻讓詞人感受到那就是僅存的春天紅豔的色澤。

　　此詞雖有豔情的體驗,但卻寫的超塵出俗。雖是綺情豔遇,卻無露骨的描寫,深具婉媚雅致之姿,而無俗豔淺薄之態。或許因為個性敏感陰柔,容易感傷,容易為自己坎坷的遭遇而痛苦,所以秦觀的詞幾少流露出歡會的喜悅或世俗的享樂,代之而起的是一份莊重純淨的描寫,即使是豔情之作,卻寫的豔而不俗,豔而愈發清新。正如幾位詞批家所言:

　　故所為詞,寄慨身世,閑雅有情思,酒邊花下,一往而深,
　　而怨悱不亂,悄乎得小雅之遺。[67]

　　秦少游詞得《花間》、《尊前》遺韻,卻能自出清新。[68]

---

66 秦觀〈木蘭花〉,《全宋詞》(北京:中華書局,1999 年),頁 460。
67 馮煦《蒿庵論詞》,見唐圭璋編:《詞話叢話》(臺北:新文豐出版社,1988 年 2 月),頁 3586。
68 劉熙載《詞概》,見唐圭璋編《詞話叢編》(台北:新文豐出版社,1988 年 2 月),頁 3691。

> 少游詞，雖間有《花間》遺韻，其小令深婉處，實出自六
> 一，仍是《陽春》一脈。慢詞清新淡雅，風骨高騫，更非
> 《花間》所能範圍矣。[69]

　　這些評價都以「清新」評秦詞。秦觀身為婉約詞派的重要代表，繼承並發展了唐五代以來《花間》的傳統並自成一家，為何自覺以「清新」的姿態來突破前賢呢？這或許可以從個人的審美認知和所處的詞壇現象來思考。

　　創作乃按照美的規律的能動創造，凝結著作者複雜的感情與思想、性格與氣質，個性細膩柔弱的秦觀在創作時，多用清淡的文字描繪意境深遠的畫面，情景契合的程度比較高，讀來別有一番清新淡雅之感。另一方面，秦觀身為北宋後期的婉約詞人，在他之前，詞壇經過晏、歐、柳、蘇等詞壇大家的創作耕耘，呈現了各異其趣的多元風貌。秦觀面對著前人豐富的詞作遺產，也有著自己的取捨與抉擇。在當時，蘇軾「以詩為詞」的開拓已經對詞進行了全面的革新，擴大詞的表現領域，但宋人的文化心態保守封閉，蘇軾開放式的詞風並未能為北宋詞壇帶來強烈的改變與實際的影響，況且蘇軾的胸襟、氣質、人生觀與個性，亦非常人所能學，故踵武的後學寥寥。儘管蘇詞豪邁之風不被時人所理解，但蘇軾把詞從娛賓遣興推向士大夫抒發自我性情的拓展，實際上卻被後人接受下來了。身為蘇軾門生的秦觀，雖未必繼承蘇軾「以詩為詞」的創作路線和豪放曠達的開放詞風，但必然在某種程度上受到蘇軾的影響。

　　相關資料記載蘇軾對秦觀學柳永詞表達了不滿[70]，這對秦觀

69　蔡嵩雲《柯亭詞論》，見唐圭璋編《詞話叢編》(台北：新文豐出版社，1988 年 2 月)，頁 4911。

70　《高齋詩話》有記載：秦少游自會稽入京，見東坡，坡曰：「久別當作

的創作必然形成某種程度的約束作用,秦觀的情詞雖仍然基本地繼承柳永「詞人之詞」的傳統,然而,因為蘇軾已對詞風進行了雅化,所以秦觀在繼承柳詞之餘,同時又吸收了蘇詞詩化的精神,對情詞進行了改良和修正,顯示出「運雅去俗」的風貌。他善於以清麗、和婉、輕柔、淒清、悲涼的意象來描寫悲歡離合的經歷,展示了心靈獨特的精神風貌。

二、融人事於景物之中,營造淒迷之境以渲染描寫

秦觀和晏幾道兩人的情詞在藝術表現上呈現了各異其趣的姿態。晏幾道多半是借助夢境來抒發對現實苦澀的感受,他將身世的淪落與愛情的失意苦悶融注在如夢似幻的境界裡,蘊藏著孤獨之悲與純真之戀,細細勾勒出夢幻般的淒美。似乎只有在夢裡的世界裡,才能慰藉詞人在現實人生的苦澀與失落。而秦觀主要是透過景物與意象的安排渲染描寫,化景為情,融情入景,營造淒迷之境的構造來抒情,做到融情入境,渾然一體,從而形成淒迷空靈蘊藉的境界。

晏幾道詞寫男女之情,沒有柳永的詞語塵下之弊,其詞多為友人家妓蓮、鴻、蘋、雲而作,秦觀詞更是如此。由於他一生沉淪,更有可能與同樣坎坷的煙花女子產生共鳴,在詞中表現了對歌妓的真摯情感,如其〈八六子〉:

文甚勝,都下盛唱公『山抹微雲』之詞。」秦遜謝。坡遂云:「不意別後,公卻學柳七作詞!」秦答曰:「某雖無識,亦不至是,先生之言,無乃過乎?」坡云:「『銷魂當此際』,非柳詞句法乎?」秦慚服,然已流傳,不復可改矣。此外,葉夢得《避暑錄話》也載蘇軾對秦詞學柳之不滿,猶以氣格為病並譏秦曰:「山抹微雲秦學士,露花倒影柳屯田。」可知蘇軾對柳永俗豔輕薄的詞作表現頗為不滿,不希望秦觀學柳詞的俗豔。

倚危亭。恨如芳草，萋萋鏟盡還生。念柳外青驄別後，水
邊紅袂分時，愴然暗驚。　　無端天與娉婷，夜月一簾幽
夢，春風十里柔情。怎奈向、歡娛漸隨流水，素弦聲斷，
翠綃香減。那堪片片飛花弄晚，濛濛殘雨籠晴。正銷凝。
黃鸝又啼數聲。[71]

秦觀在其豔詞中注入了深厚真摯的感情，以高超的表現技巧
創作雅詞。濛濛殘雨的氳氤、黃鸝數聲的啼鳴、淡煙流水的飄拂，
淡淡的愁緒被這些輕盈的景物撩撥，變得紛紛揚揚，似夢非夢。
秦觀善於營造淒迷的意境來抒情，情辭兼勝，淡語、淺語隨處可
見。如「夜月一簾幽夢，春風十里柔情」、「那堪片片飛花弄晚，
濛濛殘雨籠晴」，語言淡雅，境界空靈悠遠，但淡雅的清愁卻依舊
無可奈何地散逸開來。且在詞末不待情思說盡，而結以景物，「正
銷凝，黃鸝又啼數聲」，渲染一種淒美之景。這樣一來，讓全詞
籠罩在一種如夢境的淒迷中。與青樓歌妓的所悅相遇，終是短夢
一場，即使相知相惜仍必須分離，心中籠上一層濃厚的離別淒怨
愁苦之情。全詞抒發了一分深層微茫的意緒，具有一種煙水迷離
之致，一種朦朧之美。任何的豔情被安置在這樣一片優美卻感傷
的畫面上，也展現了一份超然的雅緻，絕不流於輕薄俗豔。

秦觀的情詞，在文字上保持適當距離的「雅化」，其寫情並
不直抒，而多避實就虛，融人事於景物之中，既不像柳永長調那
樣鋪展渲泄，亦不取晏殊、歐陽脩小令那樣標準化與普泛化的的
描寫，他把柳永的慢詞中的敘事藝術與晏幾道令詞的韻味有機地
融為一體，使其表情更加含蓄雅緻，委婉曲折，除去了柳詞的淺
率直露，避開了小令的表情單一。在秦觀的《淮海詞》中幾乎無

---

71 秦觀〈八六子〉，《全宋詞》(北京：中華書局，1999 年)，頁 460。

重筆，相較於晏幾道詞善用的高樓、簾幕、畫燭、銀釭、玉鐘等人造建築空間裡的華美景象，秦觀則更傾向於用微風疏雨、淡煙流水、芳草殘紅等自然意象來抒發心靈，即用景物烘托渲染，可以讓作品欲吐還吞、含蓄且留有餘味，顯得然清新雋永、意韻悠長。雖然不見得從夢境或醉酒的視角來創作，但因善於營造凄迷之境，使得作品具有如夢幻般的意境，飄浮不定的意象為情感意蘊的廣泛生成提供了藝術形象。

三、避實就虛的泛化概括：
在個別的基礎上，追求一般

　　晏幾道的詞全都是小令，但他的小令不同於晏殊、歐陽脩只寫一時或片刻的感懷，而是透過吸收長調的章法，使的其小令頓挫多姿，使令詞的發展有更完善的表現形式。而秦觀乃是小令和慢詞兼善並美，但其慢詞不同於柳永的一筆到底的層層鋪敘，他「能把令詞的韻味帶入長調」，「以令詞的含蓄來彌補柳永式的慢詞的直露之弊」[72]。秦觀善於把敘事與寫景、造境交織在一起，所以他的慢詞也以一種更為動情的細膩形式表現出來，具有一種和婉之美。如〈滿庭芳〉：

> 山抹微雲，天黏衰草，畫角聲斷譙門。暫停征棹，聊共引離尊。多少蓬萊舊事，空回首、煙靄紛紛。斜陽外，寒鴉數點，流水繞孤村。　　消魂！當此際，香囊暗解，羅帶輕分。漫贏得青樓，薄倖名存。此去何時見也？襟袖上、空惹啼痕。傷情處，高城望斷，燈火已黃昏。[73]

---

72 在楊海明《唐宋詞史》(高雄：麗文文化事業股份有限公司，1996 年 2月)「秦觀」一章中已有了細膩的分析，頁 394-396。
73 秦觀〈滿庭芳〉，《全宋詞》(北京：中華書局，1999 年)，頁 460。

　　這首詞據《苕溪漁隱叢話》引《藝苑雌黃》交代寫作背景，乃秦觀離開會稽之際，為所悅的歌妓到江邊送行而寫。這首詞既有本事，當然要在詞中交代，但作者在敘事上卻是惜墨如金的，與柳永〈雨霖鈴〉層層鋪敘、筆筆不懈相較，它僅以「暫停征棹，聊共引離尊」勾勒出「離別」、「征行」的大致線索，更見韻味。才剛提「多少蓬萊舊事」，立即岔開，才觸即轉，用「空回首」，一筆蕩開，「煙靄紛紛」亦景亦情，虛實兼顧，多少舊事全都化為眼前的煙靄，迷茫而不可追，紛亂而不可理。而這舊事，主要是指往昔情事，當然也包含一定的身世之感。秦觀恰如其分地安排敘事，如此虛晃一招，欲言還休，欲吐又吞，只以簡筆點出事件的線索，用虛筆勾劃出事件的輪廓，留下更多的筆墨就可以用在抒情、寫景。其意象的選擇如微雲、衰草、煙靄、斜陽、寒鴉、流水、孤村等景物，皆具有蕭颯淒涼的同質性，容易引發內心的愁苦與悵惘。在該抒情處，他往往化為景物；該寫景處，又融入情思，避免質實，而顯得空靈。回首只落得空虛，最後不說盡情思，而結以景物：「高城望斷，燈火已黃昏」，「傷情處」已經變成充塞於高城燈火之間非常廣闊的空間範圍了，渲染一種迷茫、淒迷之景。這句子具有極強的張力，便在於「望斷」和「已」之間的頓挫，包含著理想與現實的矛盾，希望成為幻影之後的慨歎。同樣是寫與戀人離別，但柳永〈雨霖鈴〉多直接抒情，秦觀寫以虛為主，富於韻致，從而避免質實，而且顯得空靈多姿。

　　〈滿庭芳〉一詞是有本事的，但秦觀卻能利用「避實就虛」的手法妥善地處理詞中的敘事成分。避實就虛，便是在一種個別的、特定的情境下，追求普泛化。因為「蓬萊舊事」只以虛筆一晃，並不具體，也不落實在個別獨特的人事上。其實，這才是深諳情詞之道。情由事生，事是情感發生之所由，若無事件的交代，

則感情便如無根之木、無源之水般無所依附。只要交代出情感所由發生，其它的就留給讀者想像空間，**讓讀者通過聯想把作者欲言又止未說出的「舊事」內容自行想像補充，實現鑑賞的再創造**。

　　秦觀的情詞，因為情韻兼勝，又不拘執在個人具體的事件上，所以常能從個別的感受昇華泛化為一種自古以來、人人皆然的情感現象，例如〈鵲橋仙〉：

　　纖雲弄巧，飛星傳恨，銀漢迢迢暗度。金風玉露一相逢，便勝卻人間無數。　　柔情似水，佳期如夢，忍顧鵲橋歸路。兩情若是久長時，又豈在朝朝暮暮。[74]

　　這首詞借牛郎織女的神話傳說來歌詠人世間永恆的愛情，秦觀並沒有把相隔千萬里的銀河當成雙星的隔閡，而是在筆下將這種可望而不可及的距離變成了一種美好的寄託。詞人用清麗的文字突出相逢的美好與珍貴，強調情長不在朝暮的形體相守，而在於精神的堅定執著，他認為真摯的感情可以超越時間空間的距離和阻隔，並以為這種精神之愛的力量可以超越時空。這一論說，蘊含著對高潔愛情的嚮往，對淺薄的虛情假意的厭棄。把雙星的品格昇華，境界高遠深幽，便在於提昇為一種超越時空的愛情觀，一種永恆的愛情態度，除了織入個人真切乃至深刻的生命感受，還展現在表現方式的淡雅有韻。因此能在這種傳統情詞的題材中脫穎而出，化腐朽為神奇，成為不朽的名篇。

四、以身世之感打併入豔情，
　　強化情詞的容量與內涵

　　晏幾道不屑逐名求利，一直都活在自己對往昔的追憶之中，

---

74 秦觀〈鵲橋仙〉，《全宋詞》（北京：中華書局，1999年），頁459。

他的詞作大多是追憶自己曾經的貴族生活和熱烈真摯的戀情，感慨世俗的悲歡離合與現實的淒迷，追憶刻骨銘心的愛情，並無太多對於政治上沉浮得失的感慨，因而能夠借純粹的愛情與離愁來書寫繁華與蕭條對比下的人生感悟。秦觀則不然，他原本是一個豪俊的青年，胸懷壯志，未料遭遇挫折，又和蘇軾的關係密切，受到牽連而捲入新舊黨爭的漩渦，一再貶官的人生歷程，讓個性柔弱的他內心充滿了悲音。秦觀一生失意，無法排解，把沉重的辛酸悲苦注入典型化的離情中，賦予了傳統豔詞更加深刻的內涵。秦觀詞中的政治背景比晏幾道詞要明朗強烈得多。他不像晏幾道那樣通過描寫歌妓舞女的不幸遭遇或者舊事春愁來曲折表達自己的感情，而是在歷經政治坎坷之後，用詞作來抒發江海般深重的愁恨，在抒寫戀情中也併入身世之悲。〈滿庭芳〉中的「漫贏得青樓，薄倖名存」，蹉跎十年，落得一個青樓薄倖。[75]但另一方面，遭際淹蹇，但可以遇到風塵知己，贏得青樓薄倖之名，未嘗沒有差堪自慰、聊以寬解的意味。青雲之路與薄倖之名，感慨身世與尋求慰藉、在失意的文人心中總是互為消長。秦觀作品中傳達的消極感傷的情緒，是遭逢缺失性體驗後的真情流露，由於其個性敏感纖弱，一次次的不幸就足以讓他不堪承受，所以情感豐富勝於前代婉約詞家，是以「情勝」著稱。其「情勝」之的「情」，內涵豐富，除了戀情的失落，也包括理想追求的失落，蘊涵著身世之感和貶謫之悲，正如周濟〈宋四家詞選目錄序論〉所言：「將身世之感打併入豔情」[76]。秦觀的作品中絕大多數是寫自己和青樓歌妓之間的愛情，在戀情的主題下往往寄託了個人

---

75 薄倖：反訓，多情、有情之意。
76 清・周濟：〈宋四家詞選目錄序論〉，見唐圭璋編：《詞話叢話》(臺北：新文豐出版社，1988 年 2 月)，頁 1652。

的身世之感,例如〈水龍吟〉:

> 小樓連苑橫空,下窺繡轂雕鞍驟。朱簾半卷,單衣初試,
> 清明時候。破暖輕風,弄晴微雨,欲無還有。賣花聲過盡,
> 斜是院落,紅成陣、飛鴛甃。　　玉佩丁東別後,悵佳期、
> 參差難又。名韁利鎖,天還知道,和天也瘦。花下重門,
> 柳邊深巷,不堪回首。念多情,但有當時皓月,向人依舊。
> 77

全詞以景起,以景結,上、下片由離別的雙方落筆,極寫兩
地相思之情,而其中一以貫之的則是詞人執著的情愫。秦觀善於
用淺淡清麗的言語輕輕道來,用淺顯易見的意象來表達他胸中那
不同尋常的深摯感情和追憶。《花庵詞選》此首調下注云:「寄
營妓婁琬,琬字東玉,詞中藏其姓名與字在焉。」胡仔《苕溪漁
隱叢話前集》卷五十引《高齋詩話》云:「少游在蔡州,與營妓
婁琬字東玉者甚密,贈之詞云『小樓連苑橫空』,又云『玉佩丁
東別後』者是也。曾季貍《艇齋詩話》:「少游詞『小樓連苑橫
空』,為都下一妓,姓樓,名婉,字東玉。詞中欲藏『樓琬』二
字。然少游亦自用出處,張籍詩云:『妾家高樓連苑起』」。78從
這些訊息可知,這首詞是為特定的人物而寫。對一個淪落風塵的
薄命女子,詞人竟能鍾情若此,這決非為一般以征歌逐舞而入秦
樓楚館的薄倖文人所能望其項背。下片便由自己的角度來寫,「玉
佩丁東別後」,離別時佳人環佩的丁冬聲响是那麼鮮明的留在自
己的記憶裡,一別之後,佳期難再,究其原由就在於自己難脫「名
韁利鎖」,為了蝸角虛名微利,他必須奔波於道途,不但志願難

---

77 秦觀〈水龍吟〉,《全宋詞》(北京:中華書局,1999年),頁459。

78 參考自吳熊和主編《唐宋詞滙評‧兩宋卷》第一冊(杭州:浙江教育出版
　　社,2004年12月),頁689。

成，也必須和心上人分離，這些憾恨，凝結在心中，化成為「天還知道，和天也瘦」。秦觀借離情別緒的感傷來抒發深沉蘊藉的生命感慨。從某個角度來看，秦觀的情詞和五代詞人如馮延巳的那種惆悵沈鬱有近似之處，然而秦觀寫的情詞與五代詞人又大相徑庭。五代詞人寫情多是「泛指」與「虛指」，沒有具體的思戀對象，只是在寫一種惆悵的心境和用情的姿態。而秦觀將具體的人物寫入詞中，情感深沈，達到語淡而情深之境。離別之苦，相思之痛，身世坎坷之念，構成了這首詞豐富深婉，此即「以身世之感打併入豔情」。

王國維言：「詞之雅鄭，在神不在貌。永叔、少游雖作豔語，終有品格。」[79]點出秦觀抒情具有真情，毫無輕薄浮浪的氣息，其情詞不但達到「情韻兼勝」的境界，而且通過其用情的品格蘊含著理性思索，戴建國說：

> 柳詞形容處有刻肌入骨之言，秦詞隱而不露，轉而為深深的思念，刻骨銘心的思念之苦表現得異常突出，他將理智滲入情感之中，體現出思慮深沉的兩宋理趣。……儘管是寫戀情豔語，也須有品格，不媚俗而高於世俗，不能像柳永那樣陷於酒色之中難以自拔，詞也必須回歸到道德理性上，以觀照人世。[80]

秦、柳並擅情詞，有著「山抹微秦學士，露花倒影柳屯田」[81]並提之譽，柳永雖然對歌妓有著真情，但卻無法掩飾他在秦樓楚

---

79 王國維《人間詞話》，《詞話叢編》，頁 4246。
80 戴建國〈秦觀詞的情韻之美與文化意蘊〉，《安慶師院社會科學學報》第 17 卷第 2 期，1998 年 5 月，頁 60-63。
81 宋‧葉夢得《避暑錄話》卷下有記載蘇軾曾有戲稱秦觀、柳永詞風的對聯：「山抹微雲秦學士，露花倒影柳屯田。」「山抹微雲」是秦觀〈滿庭芳〉首句，「露花倒影」是柳永〈破陣子〉中首句。正因秦觀〈滿庭芳〉一詞中的「銷魂、當此際」等語的風格近似柳永，所以蘇軾將秦觀與柳永放在了一起。「學士」與「屯田」，分別指的是秦觀和柳永二人的官職。

館中偎香倚暖的浮浪泛情之實。宋世崇尚儒雅理性精神，追求人格的美好，探究智慧的觀照，強調藏鋒內斂，即使是情欲的表露也必須符合理性道德，在情詞中個人的欲望也必須要有所節制與轉化，「專主情致」的秦觀詞，吸收了蘇軾的詩化精神，滲入了宋世的理趣與理性精神，從柳詞的發露直接轉向了另一種雅藉含蓄之致，終有品格。此即夏敬觀所言：「少游學柳，豈用諱言，稍加以坡，便成為少游之詞」[82]，這段評詞即說明了秦詞是經過了詩化、雅化洗禮後的正統婉約詞。

　　晏幾道情詞中蘊含傷逝之痛，秦觀的情詞中蘊含身世之悲，二人皆抒發個人的自我感受和人生體驗，呈現自我心靈世界與人格精神，譜寫出一曲曲充滿生命與氣韻的詞章。二人在藝術表現上也有所偏重，晏幾道多半是借助夢境與回憶，來暫時超脫現實的苦澀，而秦觀是以「濛濛殘雨籠晴」、「無邊絲雨細如愁」的淒迷之境來渲染情思。

　　柳永、晏幾道、秦觀三人寫了許多情詞，雖不脫男歡女愛、離愁別緒，但實已超出了一般以士大夫為本位的局限，展現了新的態度和觀念。詞人以其情深意重、懇摯真切的態度極力表現男女之間心靈的感應和共鳴，由此而提高了詞的品格。在表現方式上，三位詞人逐漸朝向個性化、深刻化、細膩化的路上邁進了一大步。到了秦觀，更能以淺淡之語化解內心的苦悶，使得情詞更曲折幽隱。秦觀在北宋新舊黨爭的傾軋中受到遷謫、流放的命運，多愁善感的性情，並用整個生命悲劇來鑄就詞作，促使秦觀的詞作流露出濃深複雜的感傷之情。他在書寫戀情的同時也織入了個人的身世之感，營造一種淒迷深曲隱約之姿，極大地強化、張揚

---

82 夏敬觀《淮海詞跋》，轉引自吳熊和主編：《唐宋詞彙評》兩宋卷第一冊，頁675。

了情詞的容量與深度。被譽為「婉約之宗」的秦觀，成為許多失意坎坷文人的共同知音。

第五節　冷霧迷離人縹緲：

姜夔在游離與隱匿的距離中追憶合肥情緣

宋室南渡之後，動盪的社會瀰漫著一股悲觀的氛圍，這種情緒催生了個體生命意識的覺醒。文人們對於時代與個體命運進行了深沉的思考。便使得南宋情詞歸於一往情深。出於對戰亂偏安的時代反思，與北宋詞人的身世之感相比，國勢與政局賦予南宋詞人更廣闊的關懷與更深刻的情志。

姜夔(1155－1221)是南宋典雅詞派的代表詞人，終生布衣江湖。在他留下來的八十四首詞中，約有四分之一為戀情詞，這是貫穿其一生詞作的重大主題。據夏承燾考證，姜夔在淳熙三年(1176)至十三年(1186)之間曾往來江淮間，住在合肥城南赤闌橋畔。初次來此，便愛上了赤闌橋邊那位彈琵琶的歌女。與琵琶女有一段繾綣纏綿、刻骨銘心的戀情。[83]姜夔曾為她多次往來合肥，後來這位女子遠去他鄉，兩人從此再未謀面，這段未果的戀情成為姜夔心中一生的隱痛。

---

83 夏承燾《姜白石詞編年箋校・行實考・合肥詞事》(臺北：台灣中華書局，1984 年 10 月在臺第二版)，頁 269-282。

一、時代動蕩與身世漂泊下的情愛覓求

在柳永的情詞中,我們可以見到好幾位歌妓的名子,他可能同情她們,但用情並不專一,有濫情和博愛的傾向,色欲的依戀也許大於情感的默契。晏幾道對於友人家中幾位的家妓一見傾心,相知相惜,但其中仍不可避免具有色、藝互賞的成份。到了秦觀,仍然不脫官場失意後在情場中尋求補償,借助女性的柔情來化解落寞,慰藉靈魂,「身世之感打併入豔情」,利名成空之歎和對佳人的思念二者相輔相成,衍化為一種「悲身世」與「歎別離」相織的唱歎。宦遊各地,也處處流情,雖有互愛的真情為基礎,但仍難脫泛愛博情的色彩,儘管惺惺相惜,但不免是「漫贏得青樓,薄倖名存」,就感情本身而言,談不上專情。但姜夔則不然,他不是像柳永那樣浪跡酒肆歌樓的風流才子,也非小晏那樣的家道中落的富貴公子,亦非秦觀、周邦彥那樣黨爭中浮沉的官宦文人,姜夔是一位耿介清高的雅士,一生清貧自守,仕途無望,乃至終身流落江湖,為旅食依人而四處漂泊,如他在〈一萼紅〉所言:

> 古城陰,有官梅幾許,紅萼未宜簪。池面冰膠,牆腰雪老,雲意還又沉沉。翠藤共、閒穿徑竹,漸笑語、驚起臥沙禽。野老林泉,故王臺榭,呼喚登臨。　　　南去北來何事,蕩湘雲楚水,目極傷心。朱戶黏雞,金盤簇燕,空歎時序侵尋。記曾共、西樓雅集,想垂楊、還嫋萬絲金。待得歸鞍到時,只怕春深。[84]

---

84 姜夔〈一萼紅〉,見唐圭璋編《全宋詞》(北京:中華書局,1999 年),頁 2176。

　　本詞乃記遊之作，據夏承燾《姜白石詞編年箋校》，作於淳熙十三年(1186)白石三十二歲時[85]，這是白石詞中最早的懷念合肥情緣之作。詞人與合肥姐妹初識合肥赤闌橋，其地多種柳，分手時為梅開時節，故白石詞寫及梅柳皆與此地有關。這場愛情悲劇，使姜夔從此鬱鬱寡歡，刻骨相思。詞人登高臨遠，弔古傷今，極目天際，湘雲變幻，楚水蒼茫，引發了身世飄零之感與懷舊之情。他想到古往今來許多人事的變化，也想到自己南去北來奔波，僕僕風塵，究竟所為何來？蝸角功名？還是稻粱謀？結果又如何呢？極目所望皆是傷心之景。想到自己雖承顯貴接濟，卻依舊貧困，如此身世，再加上風雨飄搖的時代氛圍對他形成了全方位的打擊。

　　柳永、秦觀等因遊宦羈旅行役所造成的離別，是男性文人主動追求功名利祿所造成的，愛情始終是被放在「退而求其次」的第二位；但江湖生涯在經濟上困頓拮据，所造成的四方流蕩飄泊，卻是迫於旅食依人的基本生活需求，由此而造成的離別相思，給男性詞人的自尊帶來更多的傷害和痛苦。姜夔在〈玲瓏四犯〉中有表現了他想要結束這段飄泊的人生，覓求情的歸宿：

> 疊鼓夜寒，垂燈春淺，勿勿時事如許。倦遊歡意少，俯仰悲今古。江淹又吟恨賦，記當時，送君南浦。萬里乾坤，百年身世，唯有此情苦。　　揚州柳，垂官路。有輕盈換馬，端正窺戶。酒醒明月下，夢逐潮聲去。文章信美知何用，漫贏得、天涯羈旅。教說與。春來要尋花伴侶。[86]

---

85 夏承燾《姜白石詞編年箋校》(台北：臺灣中華書局，1984 年 10 月在臺第二版)，頁 4。

86 姜夔〈玲瓏四犯〉，見唐圭璋編《全宋詞》(北京：中華書局，1999 年)，頁 2178。

　　此詞作於宋光宗紹熙四年（1193）歲末[87]，姜夔三十八歲，孤身客居紹興，耳聞四鄰簫鼓迎歲之聲，感慨萬端，遂寫此詞抒懷。外在的鑼鼓聲響、燈籠高掛的歡慶氛圍，反襯的是詞人內心的寒冷悲涼。長年羈游的人難有歡快時，回望人生，一如江淹那樣吟詠恨別，傾吐淒涼心聲。想到人生有限，此情最苦。想到自己曾經見過揚州繁華如夢，人間世事隨著潮水一樣消逝。就算自己的文才詩情又有何用，到頭來，還不是飄零天涯，四海為家。詞人已流露出欲結束飄零人生、尋找歸宿之想。

　　靖康之難之後，南宋的文人們便開始了他們的漂泊流離之路。在這樣屈辱的歷史環境中，在這樣失去家國的情況下，也就造成了姜夔的詞中流露出那份漂泊之感，尋歸之情。面對不幸的身世、昏暗的時代，必然會生發出一種漂泊滄桑之感，覓求一份情的皈依是結束心靈流浪的最好方式，這也使得他的詞流露出尋歸之情，形成了在愛情和相思中的尋找精神家園的情結。在姜夔的戀情詞中，我們極容易發現，其詞多寫對合肥情人的相思之情，視合肥為生命歸宿的眷戀之感。似乎詞人就是為合肥女子而來到這世間，為了這段戀情而過著飄蕩的生活，去合肥尋找他等待以久的戀人，同時也去懷念那消失久遠的情感。合肥情緣已成了他的尋歸之處，精神的家園。因此合肥情結的另一面，是失落家園的淒愴與感傷。

二、愛戀對象的無可取代：專一性與持久性

　　在姜夔內心深處這一段不能復圓的鴛鴦夢，是他終生無法超

87　夏承燾《姜白石詞編年箋校》（台北：臺灣中華書局，1984 年 10 月在臺第二版），頁 52。

拔的愁懷，也是其他女子都無可取代的珍藏。侯海榮、向欣〈姜夔合肥情詞的特質與「風月詞人」批判〉說：「在姜夔的生命中，共有五個女人，即蕭德藻的姪女蕭氏、合肥的二位戀人、范成大贈的歌女小紅、與蕭氏共同生活並守到姜夔亡故的『妾』。最令姜夔念念不忘的，既不是小紅，也不是蕭氏，而是合肥的兩位（或一位）戀人。因為詞中有『大喬、小喬』諸如此類字樣[88]，斷定為姐妹二人，實際可能只與一人有關而已。姜夔走進合肥，就走進了他的愛情『特區』。」[89]姜夔一生中最具重要意義便是合肥時期，據夏承燾考證，姜夔二十餘歲往來江淮，結識了妙擅音律的合肥姐妹，雙方情投意合，成為音樂上的知音和生活中的伴侶。在知音識曲中，結下了深厚的情誼，一往情深地相戀，但因故最後未能結合。這段經歷，在終身依人旅食的寒士心中有重要的意義，它是姜夔集子裡佔四分之一的戀情詞產生的重要背景。侯海榮、向欣〈姜夔合肥情詞的特質與「風月詞人」批判〉總結姜夔戀情詞體現出獨特之處：

> 第一，痛近一生的纏繞。姜夔的合肥之戀，戰線非常之長，從青年至晚年；相思非常之苦，從白日到夢中；情愫非常之真，從故鄉到異鄉。第二，用情專一的執迷。……姜夔始終如一愛我所愛。儘管詞中也出現多個代指，實際不變的只為姊妹兩人或一人。第三，聚少離多的深味。姜夔對「別」頗為敏感，在合肥情詞中，「別」字的內涵是逐漸加深逐漸豐富，「別」逐漸從一種現象、一種行為變成一種情緒、一種感悟，因為有過太多的離別，「別」在最後成了一

---

88 所指乃是姜夔的〈解連環・玉鞭重倚〉：「玉鞭重倚。卻沈吟未上，又縈離思。為大喬、能撥春風，小喬妙移箏，雁啼秋水。」
89 侯海榮、向欣〈姜夔合肥情詞的特質與「風月詞人」批判〉，《重慶科技學院學報（社會科學版）》2014 年第 9 期，頁 80-83。

> 種境界……第四，抒情視角的內轉。大多數戀情詞都是「男
> 子作閨音」，即模擬女性為抒情主體。姜夔的情詞則始終是
> 姜夔為抒情主角，即以自我為中心，而不是主語為「妾」、
> 「儂」、「奴」等代言的第一人稱，合肥琵琶女一直是被思
> 念、被苦戀的物件，沒有抒情主體的虛擬轉換，由此其情
> 詞更具紀實性、自傳性的特質。[90]

已精確的道出了姜夔情詞不同於風月詞人的獨特之處。姜夔
早年與合肥女子相戀，這一段戀情既僅非色藝互賞的成分，亦非
政治生活失落之外的補償，更是情侶間真摯情感的相吸、平等精
神的相契，讓人刻骨銘心。南宋偏安江南一隅，姜夔一生布衣江
湖，漂泊落魄，依人作客，旅食權門，其作品中便時常流露出寄
人籬下、淪落不偶的人生感慨。因求衣食所需造成與合肥女子的
離別相思，就有了更多苦痛和無奈。此後，姜夔生命中出現了兩
個比較重要的女子，一個為范成大系「為慰其合肥傷別之懷」[91]而
所贈的歌妓小紅，另一位為蕭德藻的侄女，因蕭德藻賞識姜夔之
才華將侄女許配給他。即使生命中出現了這兩位女子，但與昔時
合肥情事的至真、至深相比，這兩段情感只不過是一份補償和安
慰的性質。在姜夔心中最刻骨銘心的戀情只有合肥與琵琶女相知
相惜的這一段。這段戀情因種種原因而結束，對姜夔影響極大，
以至人到中年還常常作詞追憶。詞人落寞獨處時，總是無可避免
想起伊人，終究是天各一方，唯有用文字宣洩情感。縱觀姜夔二
十多篇戀情詞表達的對象只有一個——合肥戀人。各種相思、各
種離愁、各種心酸、各種悔恨，詞中情感直接指向姜夔在合肥的

---

90 侯海榮、向欣〈姜夔合肥情詞的特質與「風月詞人」批判〉，《重慶科技
學院學報（社會科學版）》2014 年第 9 期，頁 80-83。
91 夏承燾〈論姜白石的詞風〉，見《姜白石詞編年箋校》(臺北：臺灣中華
書局，1984 年 10 月在臺第二版)，頁 2。

淒美愛情故事，有強烈、持久和專一等鮮明特徵。

三、純淨的知音情懷：跳出閨襜豔情的傳統

　　姜夔的情詞和傳統豔情詞的不同，在他的詞作中，除了合肥兩姐妹之外，再也見不到他提到其他女性，而且未見到他有任何沉酣秦樓、醉臥花叢的描寫，而且對姐妹二人，也從未以「狎妓」的角度去描寫。他有意把她們從秦樓楚館的環境中抽離出來而加以描寫，姜夔與戀人相識、相知、相戀、相惜，已超越一般文人與歌姬的泛愛情懷，表現出實際意義的知音之間的平等互重。清・謝章鋌《賭棋山莊詞話》卷四提到「情語與綺語不同」：

> 純寫閨襜，不獨詞格之卑，抑亦靡薄無味，可厭之甚也。
> 然其中卻有毫釐之辨。作情語勿作綺語，綺語設為淫思，
> 壞人心術。情語則熱血所鐘，纏綿惻悱，而即近知遠，即
> 微知著，其人一生大節，可於此得其端況。……綺語淫，
> 情語不淫也。[92]

　　謝章鋌對「情語」與「綺語」差別的這段分析，或可用來說明純作「情語」而全然不涉「綺語」的姜夔情詞與其他閨帷豔詞的鮮明差異。姜詞極其純雅，正來自於他的專情與深情，其詞全不涉及閨帷綺思。他思戀合肥情戀人時，推心置腹，引為紅顏知己，傾訴滿腔愛意。這極其難能可貴，有別於其他唐宋戀情詞。其情詞中的愛情特質是一種基於平等和志同道合基礎上的知己之愛，他對待合肥戀人始終保持一份尊重，在詞中以柏拉圖式的精神愛戀虔誠的護守心中獨一無二的回憶。所以姜夔的「情詞」萬

92　清・謝章鋌《賭棋山莊詞話》卷四，唐圭璋編：《詞話叢話》(台北：新文豐出版社，1988 年 2 月)，頁 3366。

不可以「豔詞」視之，他的愛情也不是「風月情」或「雲雨愛」。
姜夔和合肥女子除了是生活上的伴侶之外，更像是知音，其〈琵
琶仙〉：

> 雙槳來時，有人似、舊曲桃根桃葉。歌扇輕約飛花，蛾眉
> 正奇絕。春漸遠、汀洲自綠，更添了、幾聲啼鴂。十里揚
> 州，三生杜牧，前事休說。[93]

　　這首詞追憶往日戀人。開篇倒敘，追憶芳華，表現出詞人對
舊日情人的一往情深，淳熙十六年己酉（1189），姜夔在吳興（今
浙江湖州）載酒遊春時，雙槳來時，遠觀「有人似、舊曲桃根桃
葉」，迷離恍惚因見畫船歌女酷似合肥情侶，而引發懷人之情。疑
其舊日情侶為女子二人，其人善彈琵琶。姜夔的〈解連環〉也提
到：「玉鞭重倚。卻沈吟未上，又縈離思。為大喬、能撥春風，小
喬妙移箏，雁啼秋水。」[94]其中的大、小喬字眼，可以判斷應為
姐妹二人，善彈琵琶和箏，這就是調名為「琵琶仙」的緣故，這
是姜夔的自度曲。夏承燾《姜白石詞編年箋校》判斷：「白石合肥
戀人善琵琶，他選用琵琶仙詞牌，當不是無因。」[95]從詞中可見
他們在音樂上是同好，又是情投意合的情人，情人再加上知音，
這樣的關係讓他們在彼此理解與認同，並在情感的投入中，感受
到對方的重要。所謂的「知音」，對男性而言，這是一個與其在精
神上獨立、在靈魂上平等，並且能夠達成深刻共鳴的女性朋友；
這是一種游離於親情、愛情、友情之外的第四類感情。「知己」以
內心真摯的感情出發，並不一定以締結婚姻為最終目的；知己的

---

93 姜夔〈琵琶仙〉，見唐圭璋編《全宋詞》（北京：中華書局，1999 年），
　　頁 2178。
94 姜夔〈解連環〉，見唐圭璋編《全宋詞》（北京：中華書局，1999 年），
　　頁 2180。
95 夏承燾《姜白石詞編年箋校‧詞箋卷二》，頁 28。

酬答是不計利害的無私奉獻，是永久、永恆的。所謂的「知音世所稀」，「人生能得一知己，可以死而無憾」，可見知音難遇，知己難得，我們可以從姜夔的情詞發掘出其中深刻內蘊著的真摯情感與人性的美。姜夔作為一名封建舊時代的文人，卻能夠在男女地位不平等的社會背景下，探索出另一種男女感情相處的模式，是非常難能可貴的。

夏承燾說：「白石誠摯之態度，純似友情，不類狎妓，在唐宋情詞中最為突出。」「傳統戀情詞寫作，乃以狎昵風流，軟媚濃豔者居多。……但白石的情詞，卻能從整體上一反近四百年之餘緒，而專以騷雅峭拔詞筆出之。」[96]姜夔從自身的生活審美、生命態度出發，厭棄院落笙歌尋歡而選擇終老江湖，跳出閨閣豔情的傳統詞作之路，以詞人的主觀感受為主線，側重敘寫自我內心感受之情，銘刻於心的是「淮南皓月冷千山」，而非「淮南風月熱酒醺」，其情詞自然呈現出情真意切、深情綿邈的特色。姜夔與合肥女子之間的兩情相悅，已經抽離並超越了「同是天涯淪落人」的這一情愛類型，他們彼此的真情，已經超出了文學的審美層面，進入到價值觀和理想的認同。然而，姜夔以江湖中人結江湖中情，漂泊的人生，不安的生活，合肥情緣注定是一場既不能相濡以沫又不能相忘江湖的知音之戀。

四、在游離與隱匿中和情事保持距離，在情感和理智之間維持制約

往事已休、情人遠去，昔時戀情難以釋懷，成為姜夔終身的隱痛。生活漂泊、愛情失落、年光流轉，姜夔在虛靜孤寂的心態

---

96 夏承燾《姜白石詞編年箋校・行實考・合肥詞事》，頁282。

要清空，下體味特有的生命情感，他將這一段心理傷痕通過追憶或夢幻的形式訴之筆端，反復歌唱自己對愛情的始終不渝，表達經久不忘的深情，詞作便尤顯深情綿邈且帶有悲涼的色彩。其次，孤高狷介的個性、孤獨落寞的心境。其中特有的審美情趣和審美理想，對其戀情詞風格的形成也產生重要影響。自《花間》詞開始，戀情詞就常帶有浮豔軟媚的色彩，柳永以來的情詞，多以婉約纏綿一反香豔之態，一洗塵俗之氣，脫離了傳統戀情詞濃墨重彩、俗豔輕薄的格調，以淡泊、清雅的審美趣向寫柔情。清人沈祥龍曾在《論詞隨筆》中寫道：「試觀白石詞，何嘗有一語涉於嫵媚」[97]，姜夔詞被張炎稱之為「清空」，張炎《詞源》極力推崇姜夔詞：「詞要清空，不要質實。清空則古雅峭拔。質實剛凝澀晦昧。姜白石詞如野雲孤飛，去留無跡」[98]，「清空」不只是一種詞風，也是一種創作的姿態和表達方式。姜夔在故地重游、觸景生情、興盡悲來的時候，卻往往避開了正面對愛情的直接描寫，在游離與隱匿中和情事保持相當的距離，在情感和理智之間維持相當的制約。姜夔的「清空」正在於感情不執著於事件的本身去寫，而是在空靈之處著手，在快要敘述到事情時突然宕開筆墨，而生一種空靈迴旋的起舞之感。它往往凌空提出一個問句，把以往的事情一筆帶過，而問句以下則著力描寫今日之虛空惆悵的心情。例如：

> 樹若有情時，不會得、青青如此！……算空有并刀，難剪離愁千縷。（〈長亭怨慢〉）[99]

> 算潮水、知人最苦。滿汀芳草不成歸，日暮。更移舟、

97　沈祥龍《論詞隨筆》，見唐圭璋編《詞話叢編》，頁 4056。
98　張炎《詞源》，見唐圭璋編《詞話叢編》，頁 259。
99　姜夔〈長亭怨慢〉，見唐圭璋編《全宋詞》(北京：中華書局，1999 年)，頁 2181。

西向甚處？(〈杏花天影〉)[100]

　　采香徑裏春寒，老子婆娑，自歌誰答？垂虹西望，飄
然引去，此興平生難遇。酒醒波遠，正凝想、明璫素襪。
如今安在？惟有欄杆，伴人一霎。(〈慶宮春〉)[101]

　　沉思年少浪跡，笛裡關山，柳下坊陌。墜紅無信息，
漫暗水涓涓溜碧。飄零久，而今何意，醉臥酒壚側。(〈霓
裳中序第一〉)[102]

　　西窗夜涼雨霽，歎幽歡未足，何事輕棄？(〈解連環〉)[103]

　　這些例句，一氣清空，可見詞人超然物外、飄然不群的精神
面貌，其寫景清超空靈，在冷色調的形象中，混合著傷感、懷舊、
瀟灑等意緒，調動幻覺、想像來描寫，看似淡化、淨遠了渺茫的
追憶，但卻是何等的執著。姜夔的情詞與傳統的情詞表現有很大
的不同，它沒有戀情詞常見的深情纏綿，而是別有一番淡遠冷寂
之美，這種行文風格，對讀者而言，往往如同被迷霧籠罩時，不
以目視，全以神遇，是那種清冷遠逸的獨特藝術風貌。姜夔首次
以虛空靈動的風神把詞帶上了靈動流轉卻深刻的道路，深情熱烈
的情感卻出之以冷景淡語。雖為情詞，但不為情所役，為何他的
情詞看來如此冷淡呢？正如論者所言：「這種『美人如花隔雲端』
式的描寫，恰恰是為了讓他們(指詞人所戀慕的對象)能更好的擺
脫那低賤齷齪的環境，造成一種只可愛慕而不可褻瀆的氣氛。在
足。在夢中見到了對方，她的身姿如「燕燕輕盈」，她的言語如「鶯

100　姜夔〈杏花天影〉，見唐圭璋編《全宋詞》(北京：中華書局，1999 年)，
　　　頁 2173。
101　姜夔〈慶宮春〉，見唐圭璋編《全宋詞》(北京：中華書局，1999 年)，
　　　頁 2175。
102　姜夔〈霓裳中序第一〉，見唐圭璋編《全宋詞》(北京：中華書局，1999
　　　年)，頁 2175。
103　姜夔〈解連環〉，見唐圭璋編《全宋詞》(北京：中華書局，1999 年)，
　　　頁 2180。

鶯嬌軟」，姜夔心中，他們是情人不是歌妓，是自身終身的情感寄託者」[104]，當這份摯愛在現實中難以再見時，只能透過潛意識縈懷於幽夢之中，例如〈踏莎行〉：

> 燕燕輕盈，鶯鶯嬌軟，分明又向華胥見。夜長爭得薄情知？春初早被相染。　　別後書辭，別時針線，離魂暗逐郎行遠。淮南皓月冷千山，冥冥歸去無人管。[105]

這首詞據序文所言：「從沔東來，淳熙十四年元旦，到金陵江上，因夢有感而作。」是寫於詞人三十一歲的時候。姜夔懷人作每每借夢境來表現，入夢覓人、尋情，在夢中實現代替性的滿足。在夢中見到了對方，她的身姿如「燕燕輕盈」，她的言語如「鶯鶯嬌軟」，千般嫵媚，萬種風情。而且對詞人有著「別時針線，別後書辭」的溫柔體貼，讓詞人難忘。「分明又向華胥見」，在夢幻中與情人自由穿行於華胥國[106]中纏綿歡愛。一個「又」字可見多次夢見戀人，「春初早被相思染」，一個「染」字道出戀人的百般相思。全詞意境極冷，籠罩著一層似夢似幻的氛圍，他的戀情詞境界極冷寂清幽空闊，現實中不見所愛，夢魂卻難以阻隔。夢醒之後，睹物思人，想像佳人如同倩女般，其離魂亦不遠千里來到夢中與自己相會，隨即黯然歸去。他從現實處境到借助回憶夢境中尋找情感的寄託，以意趣來提升詞的品位，表現出健雅穎秀的風格。姜夔沒有如周邦彥般細膩的心理刻劃，他通過簡單的

104　趙謙，〈試論姜夔詞中的「戀人情結」〉，《湖北經濟學院學報》，第 5 卷第 4 期，2008 年 4 月，頁 82-83。

105　姜夔〈踏莎行〉，見唐圭璋編《全宋詞》(北京：中華書局，1999 年)，頁 2174。

106　華胥，傳說中虛想的理想國度，見於《列子·黃帝》。華胥國的女首領「其治國有方，民無嗜欲，自然而已，是為盛世樂土。」據說軒轅黃帝為追求治世強國，夢寐以求地希望能夠復興華胥國的輝煌，於是有了「黃帝夢遊華胥之國，而後天下大治」的典故。本詞中乃以此代指夢境。

景物，創造了含蓄而豐厚的美學氛圍，他在不即不離之間維持了一種審美距離，對待情感的態度，表現了能「入」亦能「出」的特色。正因為能「入」，故能有深摯執著之態；惟其能「出」，故能得輕靈悠遠之韻。又如〈鷓鴣天〉：

> 肥水東流無盡期。當初不合種相思。夢中未比丹青見，暗裏忽驚山鳥啼。　　春未綠，鬢先絲。人間別久不成悲。誰教歲歲紅蓮夜，兩處沈吟各自知。

這是姜夔在寧宗慶元三年（1197）元夕之夜，夢見了二十年前的合肥戀人，醒後有所感而作。據夏承燾考證，姜夔初遇合肥戀人時，約為二十餘歲，而作此詞時，姜夔已是四十二歲，與舊戀人初遇至今已相隔近二十年。就這一年的元夕之夜，戀人入夢了，然而夢中的伊人卻是身影模糊不如畫像清晰。我們可以見到本詞和上一首的寫作相隔十年，詞人對戀人依舊一往情深，九死而不悔。全詞交織著對往日戀情的深切懷念以及人生無常的悲歎。「肥水東流無盡期」，點出了其相思之情如同一江春水那樣永無止期。「當初不合種相思」，用反語來襯託出他表面悔恨而實則執著無悔的摯情。接著寫他在夢中與戀人的短暫相會，然而就連這片刻的歡樂也不得長久，很快的就被山鳥的啼叫聲驚醒。下片「人間久別不成悲」是深得人生閱歷的至情之理。也許在乍別的當下，有很強烈的悲哀，然而隨著歲月的累積，那份悲哀也在時間的流逝中逐漸潛入內心深處，成為一種無聲的悲哀，卻在冷靜的外表下潛藏著熾熱的情感激流，這是富有生活體驗的真理。「誰教歲歲紅蓮夜」，「歲歲」正說明思念的長久。「兩處沈吟各自知」，作者不僅寫出自己的思念，也設想情人也在思念自己，正說明他們的愛情是兩心相許、兩情相悅，真摯不渝。姜夔乃以淡語寫深情，在「人間別久不成悲」的濃烈之情中，偏結

之以「兩處沈吟各自知」的平淡之語,在詞中充滿著對過去的追憶,對未來的渺不可知。正如同他在〈浣溪沙〉「夢尋千驛意難通」的一腔恨事,卻化作「當時何似莫匆匆」的慨歎。每一次的消逝就是對整個人生的回望。詞人在久別之後反而不成悲,在情到濃時情轉薄,因為體認到生命的本質是蒼涼。他以愛來悟「空」——追憶的空,時間的空,空間的空,情感的空,生命的空。正是在這種「空」中,對生命的總總色相見色生情,傳神入色,陷入難以自拔的深淵,因而產生奇異的審美效果。

在柳永、秦觀的情詞中,我們大多可以感受到為了追求名祿的羈旅行役之苦悶是作品的主調,在詞中表達對女性的思念,正如杜牧〈遣懷〉所云:「落魄江湖載酒行,楚腰纖細掌中輕。十年一覺揚州夢,贏得青樓薄倖名」式的傳統情懷,其戀情深處往往潛含著經世之念的受阻之失,其對利名祿位的追求成分總是超過對戀情的需求,戀情只是官場失意的一種彌補,只是消除宦遊疲倦之苦的暫時痳痺藥而已。但姜夔與合肥情侶的情緣遠遠超過了一般限於色藝欣賞的才子佳人模式,他們之間不但是生活上的伴侶,更是音樂上的知音,他們的相戀是建立在對音樂的共同愛好,兼具相知相惜的「戀人」、相投相契的「知交」、相濟相助的「家人」三位一體,早已形成多年來如一日的真情,在文人與歌妓交往成風的宋代,姜夔的一任情深,不但顯得特出,而且深摯。

透過姜夔,我們看到的是詞人感情世界的藝術昇華和境界的超越,也看到他在時代中跋涉的艱難,他在詞中所流露出來的淒楚之音,不僅是他個人生涯的悲歌,也是對那個時代即將崩解的悲鳴。國勢衰微,文人心中普遍存有憂患意識,詞中始終飄浮著黃昏苦雨的暗淡,根本無法瀟灑地只描寫個人的人生圖景,根本無法全然地抒懷一己的情愛世界。同時,由於經過了蘇軾、辛棄

疾「詩化」詞的創造發展，與辛棄疾有所交往、正處於詞壇轉型期的姜夔，很自然地吸收南宋愛國詞人的言志精神，同時他把「婉約」和「豪放」兩種風格融合而創造出清勁騷雅的新風貌，他的情詞便減少風月色相的描述，把男女之情泛化為更雅緻的心理感受，藏而不露，亦實亦虛，讓創作的世界與現實世界保持著相當的距離間隔，而這種距離正是其人生的失落的超然表現。他是透過與當年事件的疏離與觀望中來感悟生命的真實，這種「尺水興波」、「寸山起霧」的手法，正反映了他的人格精神。姜夔的情詞透露出一種激情過後的平和徹悟，對生命的深沈思考，它展現了一種不離世俗卻又超越世俗的淡遠人生。

　　姜夔生逢南宋偏安、時局動蕩的時代，詞人對於時代政治並未忘懷，往往在作品中追憶往昔，在古今對比中展現時空距離感與滄桑感。他的詞一方面抒其黍離之悲；另方面也從自身天涯羈旅、漂泊無歸的際遇中寫政治昏暗造成的一代士人被棄之痛。姜夔以愛情、感遇等為引子，表達對動亂時代憂國憂民的愛國情懷。至於愛情，詞人用自己真摯的心去對待和演繹。飽經滄桑，國破家亡，是動盪的時代加諸給他的哀情與凄苦。以愛情的失落詞來強化時代的黑暗。國家動盪，個人追求愛情的權利都被遏制了，個人正常的情感生活都無法得到滿足，想來是多麼可悲的一件事。現實生活中兩情相悅的兩人天各一方，只能在夢中相見。姜夔對合肥戀人情深意切，無論是現實生活中還是夢境中，都無法磨滅對戀人的思念之情。白衣詞家，布衣終老，漂泊無依，姜夔卻以自己的才華成就了另類的成就。他創造了一種獨特的情詞書寫，他寵辱不驚，閑看庭前花開花落，他淡泊名利，情隨天邊雲卷雲舒，給世間留下的的清空、幽冷的回憶書寫。

第六節　雲山深處情綿邈：

吳文英悼念去姬，寫愛情秘密心史

吳文英（大約 1200～1260），字夢窗，又號覺翁，浙江四明（今寧波）人。他生活在偏安一隅的南宋後期，他終生布衣，一生未曾真正入仕，為了生活不得不在官僚幕府中奔走，一生在蘇州、杭州、越州三地居留最久。敏感深情的性格影響了他的心態。在他內心深處有一段刻骨銘心的愛情心史，讓他癡於情、溺於情，一生難以釋懷。情詞發展到了吳文英，代表了宋代情詞中完全以作者身世為基礎的自傳式、個人化、私密性抒情的典型形式。本節針對這個問題進行分析。

一、只取一瓢飲：蘇、杭二姬應為同一女子

關於吳文英情詞的懷人對象，究竟是一人還是二人，學界已做過許多的探究，至今仍存在許多爭議，正因為吳文英情詞留下了許多隱晦的空白。夏承燾〈吳夢窗繫年〉、楊鐵夫〈吳夢窗事蹟考略〉等人皆持二人說，一位因故被迫遣去，一位盛年夭亡。但謝思煒〈夢窗情詞考索——兼論本事考索及情詞發展歷史〉[107]、錢錫生〈關於吳夢窗生平的兩個問題〉[108]從吳詞所呈現的情感基調判斷，都主張吳文英獨鍾一位姬妾的說法。黃陽華〈吳文英戀

---

[107] 謝思煒〈夢窗情詞考索——兼論本事考索及情詞發展歷史〉，《文學遺產》，1992 年第 3 期，頁 85-93。
[108] 錢錫生〈關於吳夢窗生平的兩個問題〉，《文學遺產》，1993 年第 2 期，頁 79-84。

情詞之謎探考〉在前人爭議的基礎上，根據吳詞中有大量同時寫蘇、杭二地往事情緣的記錄，提出他的判斷：

> 合理的解釋就是吳文英有過與其姬在蘇、杭二地相遇相伴的往事經歷，所以在每次追憶舊情的時候，兩地生活的情境和記憶就會自然融合在一起，前後相合，構成詞人無限懷想的心結，循環往復。從心理而言，當一個人在追懷故人故情的時候，與此相關的其他情節因素同時湧現是再正常不過的，這其實就是情感的慣性使然。因此，吳文英詞作中這些交叉寫蘇、杭兩地的情境文字應該是為懷念一人而作的結果，在蘇、杭出現的戀人也應該是一人，而不是二姬。[109]

黃陽華由此而做出結論：「吳文英實與一女眷往返於蘇、杭兩地：由相識到相伴再到相別，地點由杭州到蘇州，其間經了無盡的纏綿與痛楚」，「詞人對這份蘇州之戀的用情之深，難以脫解。甚至在與其姬分別後離蘇旅杭的第三年，他仍記掛著這份苦戀」，「詞人對這段情緣珍視程度，若忘卻舊情再覓另一度杭州情緣，以情移情，如此機緣似不足信。」[110]黃陽華從人性和人情的角度來推斷，二妾應為同一人。此乃符合常理、常情之推斷。筆者以為，從吳詞多首作品的類同性來看[111]，若以二妾合為一人來看，或許更接近於詞人情感的實際。我們從文本的閱讀體驗來看，可

109 黃陽華〈吳文英戀情詞之謎探考〉，《賀州學院學報》，第 24 卷第 3 期，2008 年 9 月，頁 28-35。
110 黃陽華〈吳文英戀情詞之謎探考〉，《賀州學院學報》，第 24 卷第 3 期，2008 年 9 月，頁 28-35。
111 例如〈踏莎行〉中的「香瘢新褪紅絲腕」句、〈隔浦蓮近‧泊長橋過重午〉中的「愁褪紅絲腕」句、〈澡蘭香‧淮安重午〉：「盤絲繫腕」句、〈滿江紅‧甲辰歲盤門外寓居過重午〉：「合歡縷，雙條脫，自香銷紅臂，舊情都別」，上述幾例句意均相同，可見吳文英對姬人端午節以彩絲繫腕一事的記憶深刻，因此在好幾首詞中都提到這件事。

以感受吳文英用情之專一執著,若說他的思緒在二女之間來回游盪,失去一份情感依託後旋即再以另一人來替代,則其作品感人之力量必然會被削弱。所以筆者在本節論吳文英情詞亦採取「一人」說。

錢錫生〈關於吳夢窗生平的兩個問題〉一文認為:夢窗曾在杭州與一湘人女子邂逅,十載西湖相愛卻不見容於封建禮法,為了擺脫困境,後來一起到了蘇州同住,共度了一段幸福美好的生活,再回到杭州,後來他入蘇州倉幕,遂與美姬又在杭州分手,不久美姬辭世[112],在以後漫長的人生中,他對這位亡姬的思念始終縈懷在心,這形成了詞人內心深處的傷痕,最終凝結成一生的疼痛。對吳文英而言,其情詞必然無法從生離死別、遺恨綿綿的情懷中逃逸而去。凡是情感,便具有某種專一性。在回憶深處,某一個人獨佔著一處祕密角落,曾經交換過的私語,傳遞過的心聲,因此無可替代。於是,在個人親身經歷的回憶之中,充滿了非常濃厚的情感色調。當詞人以回憶的方式寫出自己的思念,加上所追憶的對象是斯人已逝,天人永隔,更充滿了無限深厚的眷懷之情。

吳文英是寫情的聖手,善於援引心中的感思,回環入妙的寫來。在他現存三百四十餘首中情詞約佔總數的三分之一,有一百二十餘首,大都是為這位姬人而作。他在情詞中熾熱、纏綿地抒寫自己對這位美姬的深深眷戀,表現的是一個男性對一個女子的真摯感情。正因為這段愛情心史不輕易示人,於是他也用常人不容易注意的角度和非常理的深度探索內心,用常情不能體察的方式來展示情感的內涵。反常,是對於常情常理的超越,他的情詞

---

112 參考自據錢錫生〈關於吳夢窗生平的兩個問題〉,《文學遺產》,1993 年第 2 期,頁 79-84。

因此擺脫了既有定勢的局限，從而能更深刻的為個人抒發複雜細微的情感找到了表現的途徑，也為讀者留下了無窮的回味。他的情詞都是他個人經驗的獨特感受，反映了私人化的自傳書寫與潛隱性的人生況味，藏而不露，它已不是表層化的寫景、記人、敘事，而是內省性的、私密性的心靈跋涉，它寫出了詞人自己的生命狀態，還有個人生命情懷中最真情、最深刻的部分。

二、用情於生離死別之間

如果說姜夔對感情的態度是「冷處理」的游離與隱匿，那麼吳文英則是「熱抒情」的沉溺和潛入。姜夔通過虛靜心的觀照，經歷時間沉澱後，涉及回憶的創作心境較為和緩，展現「閒雲野鶴式」的理解和珍愛。吳文英則不然，一腔赤誠只自知，在創作時傾吐藏在潛意識裡的深情，且幾乎是用悼念的心境來回憶過往。失侶喪偶之痛是人生至痛，悼念情緒已是人生悲劇性的深度體驗，當悼念與人生失意、孤寂等消極體驗結合在一起時，就會顯示出更強大的力量。較之現實的失意情緒，悼亡顯得更加深沈莊重。因而悲劇體驗具有了普遍性的意義，具有了更為強烈持久的感染力。詞人懷著刻骨銘心的追戀之情，其情詞較之任何詞家都富濃鬱的感性色彩和私密心理。世界上還有什麼題材和感情比悼念更能感動人心呢？多愁善感的詞人以此為載體，在情詞中涵納悲劇性的人生體會。以下分兩點來看。

（一）「閒坐悲君亦自悲」：傷人亦傷己

吳文英在抒發悼念的悲哀時，或寫睹物思人，或寫物存人亡，或寫因人亡而物變；有時展示作者本身由於深哀巨痛所發生的顯著變化，或迅速衰老消瘦，或精神恍惚，出現反常非常態的

心情。愛人的亡故即意味著知音的離去和愛情的喪失，精神支柱
的崩塌，往往讓人在精神上也面臨著一種無法言明的痛苦。但悼
亡在激起作者極度悲傷的同時，也能為在困厄和磨難中的人們提
供心理平衡的支點。或許詞人在悼亡情緒下試圖消解人生苦痛的
可能。這種抒情詩常常是由個人生涯中的失意挫折而誘發的。它
反映了詞人所體驗著的沮喪和潦倒之情。如〈夜遊宮〉：

> 人去西樓雁杳。敘別夢、揚州一覺。雲淡星疏楚山曉。聽
> 啼烏，立河橋，話未了。　　　雨外蛩聲早。細織就，霜絲
> 多少。說與蕭娘未知道。向長安，對秋燈，幾人老。[113]

通過回憶，作家往往為自己的喪偶失侶獲得了某種心理上的補
償。我們若把吳文英對情人的思念僅僅理解為悼念亡者或對美好
愛情的回憶，顯然是不夠的。元稹的〈遣悲怀三首之三〉：「閒坐
悲君亦自悲，百年多是幾多時。」說明了詩人悼亡不是單純為君
而作，也是為自己悲苦的人生境遇而作。愛人亡故，詞人無法再
對今生重逢和他生緣會抱有期待或幻想，只能用非常理性的方式
表達遺憾的情緒。悼亡是一面鏡子，能反射出詞人的多面情感，
有對國家、時代，也有對個人、生活的。從吳文英的悼亡中更可
以窺見其感情豐富的內心世界。「人去樓空」、「揚州一夢覺醒」
之類的悲觀情緒已經內化為詞人的創作心理，他更是發出了「對
秋燈人老」的感慨。或許本詞一開始是為亡者、為離情而悲悼；
但到後來將「傷己」與「悼人」結合在一起，甚至「傷己」今生
的處境成了全詞的主要內容。悼亡與一切悲觀情緒具有相容性，
人生的失意造就了作者非常特殊的人生體驗和獨特氣質。

　　再看〈渡江雲三犯‧西湖清明〉：「羞紅顰淺恨，晚風未落，

---

113 〈夜遊宮〉，見唐圭璋編《全宋詞》(北京：中華書局，1999 年)，頁 2934。

片繡點重茵。」[114]此詞主要是寫西湖訪情人不遇的惆悵。開頭三句集中寫出所愛者的神態，這三句乃是詞人初遇其人感受最深刻最難忘的鏡頭而珍藏於胸。「羞紅顰淺恨」，可知其人之柔美含愁之態。「晚風未落」句，晦澀難明，從表面上看是寫晚風中搖搖欲墜的花朵，那將落未落之際也呈現出花的一種美的姿態，但這種美是屬於凋殘零落之美，這種美與吳文英的扭曲、失落的心靈相應，但詞人以殘春晚照之景作為與美人相遇時的背景，也喻示著有情人相見恨晚，間接著也流露出詞人對好景不多、人生飄泊的淒傷。吳文英情詞總能表現出綿邈的深情，正在於他善於抓住日常生活中的細節或瑣事來寫，就像這裡抓住亡姬的表情，事情雖小，但都曾深深觸動過他的感情，因而也能深深打動讀者的心。

這種由「傷人」發展到「自傷」的創作現象的出現，或許也是因社會動盪、詞人生活困厄以及對生命的困惑而生，實現了情愛意識與憂患意識的融合，在這個意義上，吳文英的情詞流淌著其他詞人的情詞中所沒有的沉重的生命憂傷，這種憂傷是真摯而深刻的個人身世之感與末世情懷。

（二）「春夢人間須斷」：悼亡作為悲觀哲學的存在

在對方亡故後相當長的歲月中，詞人將失去對方的痛苦漸漸積澱下來，讓這份追戀成為自己悲劇人生的重要組成部分，在詞人敏感而細膩的內心世界，它甚至上升到某種哲學的層面。他在〈三姝媚〉的感舊傷懷的同時，在詞中注入「春夢人間須斷，但怪得、當年夢緣能短」[115]的獨特思考。似乎看透了人間歡樂的往

---

114 吳文英〈渡江雲三犯〉，見唐圭璋編《全宋詞》(北京：中華書局，1999年)，頁 2874。

115 吳文英〈三姝媚〉，見《全宋詞》(北京：中華書局，1999 年)，頁 2923。

事猶如春夢，終有醒時。按事物發展的規律，再美滿的姻緣、再幸福的愛情遲早都有終止的一天。然而沒有想到的是：自己和愛人之間的緣分竟然像一場夢般的短暫。詞人對人生無常的獨特體驗和思考，已經上升到透視宇宙人生、感悟個體生命的層次。

吳文英把悼亡的情緒和對人生哲學的深層次體驗非常完美地統一在一起，使得傷悼的情詞容納了更多的內容，既有對死者的深切悼念，也有生者的自傷之情，對時代興衰、人生無常的生命感悟。吳文英大量以懷故悼逝為內容的情詞，表現了生者對亡者的無限追思，還有因情感的悲劇性引起的身世之感，還滲透了詞人對人生世態的諸多感悟，表現出一種生死觀和對存在的哲理思考。在懷人念往、愛情失落、知音難求的情詞主體之外，又加入了黍離之悲所展示的身世之感，隨著創作的不斷積累，其情詞的內容與思想層層深化，範圍逐步擴大到感時戀生的生命意識，這是情詞精神內涵深化與昇華的表現。

三、癡人說夢：生死懸隔之悲，超越幽明之想

吳文英情詞已形成了它自身一些獨特的特徵，有獨特的抒情模式及心理期待。首先，它有自己特定的主題——悼亡姬；其次，它的主要情感特徵是傷逝；再次，它有自己獨特的情感表現方式——善於營造幻想境界，力圖超越幽明界域的阻隔，營造亦幻亦真的夢境。詞人企圖以夢的回溯紀錄來拼貼、間接描繪內心渴求，讓原本難以於現實情境中成為觀看的對象的夢境，轉化為描繪現實的一種路徑，創造出超越現實拘限的可能性。

透過吳文英的表現，我們體會到的就不僅是詞人生命中一個簡單的感情事件，而是面對人生和情感的態度，展現了他一生中

最真摯難忘的愛情經歷和傷心史。其代表作〈鶯啼序〉(殘寒正欺病酒)是吳詞中最長的一首，抒寫愛情與生死兩重主題，在這首詞中，詞人將傷春、懷舊、傷別、悼亡融為一體，提到「事往花委」、「瘞玉埋香」[116]，以血淚之筆追悼在杭州的不幸與早逝的戀人，這場生死之戀如夢如幻，驚心動魄，感人肺腑。又如〈渡江雲三犯〉敘述的也是同一情事：「明朝事與孤煙冷，做滿湖、風雨愁人。」[117]寫自己欲使那段情事很快的隨望中的孤烟一起冷卻消逝，然而卻是滿湖的風雨愁人，愈見他的感情是那麼熾烈，在孤烟的催逼下都化作愁雨愁風，那麼，他心中的痛苦之深、之切，那就可想而知了。再如〈霜葉飛〉：「斷煙離緒。關心事，斜陽紅隱霜樹」[118]，此詞乃詞人在重九懷念杭州亡妾而作的。面對斷煙、殘陽等蕭索的景色，懷念追憶與愛妾醉遊南屏山的往事，詞人被斷斷續續的雲煙觸動離愁別緒，但更讓他關切傷心的，是斜陽映射出來的一片殘紅已漸漸隱沒於霜紅的樹林裏。觸景生情，融景入情，他的心事具有若斷若續、若隱若現之特點。又如〈瑞鶴仙〉：「晴絲牽緒亂。對滄江斜日，花飛人遠。垂楊暗吳苑……寄殘雲剩雨蓬萊，也應夢見」[119]，用「亂」來表達自己離恨苦悶的心聲，晴絲撲面而來，觸緒惹情，心裡煩亂得很，那心愛的人遠遠離去了，再也見不到了，也只能把思戀的心託付夢魂。又如〈高陽臺·過種山〉：「青春一夢荒丘」[120]、〈八聲甘州〉：「空惆悵，醉秋香畔，往事朦

116　吳文英〈鶯啼序〉，見唐圭璋編《全宋詞》(北京：中華書局，1999年)，頁 2907。
117　吳文英〈渡江雲三犯〉，見唐圭璋編《全宋詞》(北京：中華書局，1999年)，頁 2874。
118　吳文英〈霜葉飛〉，見唐圭璋編《全宋詞》(北京：中華書局，1999年)，頁 2874。
119　吳文英〈瑞鶴仙〉見唐圭璋編《全宋詞》(北京：中華書局，1999年)，頁 2875。
120　吳文英〈高陽台〉，見《全宋詞》(北京：中華書局，1999年)，頁 2923。

朧」[121]，皆可見當詞人回首自己的人生經歷，無不悲涼，在人所共知的情思層面之外寫出深沉悲痛、動人心魄的豐富情思。當主體從現實逃逸到夢境，留在現場的，並非意識的缺席，反而往往是由潛意識內部的欲望真實地去披露那不在場的，並與現實橋接連繫，從而描繪出細膩私密的情感流動。如〈夜合花〉下片：

> 十年一夢淒涼。似西湖燕去，吳館巢荒。重來萬感，依前喚酒銀罍。溪雨急，岸花狂。趁殘鴉、飛過蒼茫。故人樓上，憑誰指與，芳草斜陽？[122]

化用杜牧「十年一覺揚州夢」的意思，引出姬人離去的淒涼之感，又從憶舊中過渡到眼前的情況。樓空人去，是無可改變的事實，但作者偏以疑似之辭「似」領起，這不是出於理智上的不信，而是感情上的無法接受，不肯相信。接下來緣情布景，急雨拍擊溪流，狂飆橫掃堤岸，花瓣飄零，旋即亂舞，追逐殘鴉飛過蒼茫的天空，這一系列的景物應為虛擬，是詞人為了表現自己愁苦煩亂的心情，所營造出的幻景。詞人內心始終不能忘懷對方，以為微斯人不足與指。全詞從十年的美好回憶，過渡到眼前愛人之離或亡的無限淒涼，末尾寫到重登舊樓不見故人而只獨對芳草斜陽的慨歎，其感傷的程度就不問可知了。

詞人常以獨立蒼茫、縱目遠眺之姿，回思往事，追憶佳人。他面對孤獨，把心靈與外界隔絕，在狹窄黯淡的心靈空間中追憶過往，憑弔舊情，但又怕觸動心懷，往事是那樣的刻骨銘心，正因為其人其事「不在場」，現實的情境也正因所思所憶之人事的「缺席」，而使主體更為感傷。回憶的美好與現實的感傷在文本中形成

121　吳文英〈八聲甘州〉，見《全宋詞》(北京：中華書局，1999 年)，頁 2926。
122　吳文英〈夜合花〉，見唐圭璋編《全宋詞》(北京：中華書局，1999 年)，頁 2928。

了一種鮮明的審美張力，它們交織在一起，大大地增強了作品的內蘊。因為痛而難忘，因為失落而刻骨銘心，這是吳文英的遺憾，也是所有人經歷過企盼與幻滅的人共同的遺憾。吳文英擅常借助幻想、幻覺、回憶、紀夢等表現手段，靈活地營造幻象與幻境，呈現出一個或隱或現、亦真亦妄、豐富深邃的心靈世界。陳洵《海綃說詞》中曾云：

> 以澀求夢窗，不如以留求夢窗。見為澀者，以用事下語處求之。見為留著，以命意運筆中得之也。以澀求夢窗，即免於晦，亦不過極研煉麗密止矣。……以留求夢窗，則窮高極深，一步一境。[123]

「留」，是表面上的隱含不露，縱向深入。他只能向夢境中尋求解脫，以虛破實，虛中求深。吳詞的情節線索有時會不連貫，造成了片段與片段之間的割離，而被割離的情節和場面往往被一種意緒、氛圍和感覺所取代，讀者在作品中感受到的便是一種情緒氛圍，人生的淒涼況味。吳文英的情詞展現了異樣的空間，那是心靈宇宙的深層開掘，朝向最隱秘的內在發聲。正這種私密化的心靈探索和潛意識的挖掘開展了的詞的創作視野。

四、雜亂無序的意識流動，深層隱秘的內在探勘

吳文英的創作路徑是在繼承周邦彥回環反復的結構基礎上，以意識流動的線索打破時空有序化的線性結構，緣情布景，以情賦景，把不同的時空場景雜糅在同一作品中，詞人運用豐富的想像和聯想，把真實的情事和虛幻的情境錯綜疊映，時間地點之間

---

123 陳洵《海綃說詞》，見《詞話叢編》，頁 4840。

的跳躍性極強，顯得紛采雜繪，撲朔迷離。例如代表作〈鶯啼序〉時空隨詞人心緒而不停變換，顛倒交錯，忽而寫過去，忽而寫現在，曲折迴旋。要區分哪些是追憶、哪些是實境，不甚容易。這種寫法增加了讀者理解的難度。又如〈齊天樂〉其情思脈絡隱約閃爍：

> 煙波桃葉西陵路，十年斷魂潮尾。古柳重攀，輕鷗聚別，陳跡危亭獨倚。涼颸乍起，渺煙磧飛帆，暮山橫翠。但有江花，共臨秋鏡照憔悴。　　華堂燭暗送客，眼波回盼處，芳豔流水。素骨凝冰，柔蔥蘸雪，猶憶分瓜深意。清尊未洗。夢不濕行雲，漫沾殘淚。可惜秋宵，亂蛩疏雨裏。[124]

吳文英與愛人從相遇初知到相伴同行，到相離恨別，跨越了蘇州與杭州，成為一段刻骨銘心的生死之戀。全詞寫舊地重遊之思，今昔交錯，極開合變化之能事。一開始從十年後重遊故地寫起，「十年」二字濃縮了歷久彌深的心靈痛苦，我們看到詞人和自己所愛女子聚散兩難的悲哀。詞人久久倚亭佇立、臨水照影，目瞻神馳。在「涼颸乍起，渺煙磧飛帆，暮山橫翠」廣闊大景的層層開拓後，空際轉身落筆至下片的追憶往昔，點出造成心中痛苦的緣由——送客(遣姬)一事，再現當年把愛妾遣去時痛心難忘的一幕，「眼波回盼」是愛人離去時的多情顧盼，「素骨凝冰」三句追憶和去姬同居時的柔情密意，分瓜傳情的美好回憶，歷歷如在目前。如此溫馨旖旎的回憶正與開頭的獨尋陳跡形成悲歡迥異的鮮明對比，正因作者對於往事如此珍惜難忘，越發感到今日妾去後的孤淒。接下來由追憶往昔回到現實處境，別後只有淚流，連夢中的歡會也不可得。夢既不成，醒亦難矣，只有在亂蛩疏雨的淒切聲中，度

---

124 吳文英〈齊天樂〉，見《全宋詞》(北京：中華書局，1999年)，頁2883。

過漫漫長夜。

又如〈鎖窗寒‧玉蘭〉：

> 紺縷堆雲，清顋潤玉，汜人初見。蠻腥未洗，海客一懷悽
> 惋。渺征槎、去乘閬風，占香上國幽心展。遺芳掩色，真
> 姿凝澹。返魂騷畹。　　　一盼。千金換。又笑伴鴟夷，共
> 歸吳苑。離煙恨水，夢杳南天秋晚。比來時、瘦肌更銷，
> 冷薰沁骨悲鄉遠。最傷情、送客咸陽，佩結西風怨。[125]

　　上闋寫眼前之花的同時也寫憶中之人，下闋前三句寫玉人的
笑貌和歡樂情景，從「吳苑」來看，地點是江南。接下去兩句卻
寫夢的杳遠和環境的淒涼，時間和空間都轉換了，而這種轉換並
無時間線索字面的提示，而是根據情思脈絡而變換的。由於作家
不留斧痕地如實記錄人物內心世界中自然閃現的捉摸不定的心
思，所以這種轉換往往不嚴格遵循語法規範，或缺乏清晰的邏輯
程序，作家常常讓意識的流水在各個意識層面往返出入，自由流
淌。意識與無意識，理性與非理性，相互撞擊、滲透，交織成一
幅離奇多變的複雜心象圖。正是這種不規則的獨白，更曲折地表
達了人物思想活動和各種感受聯結的真實過程

　　傳統的心理描寫主要是邏輯的心理描寫，即按照某種要求，
先把思想條理化，然後再表述出來。而意識流主要是非理性的心
理描寫，即按照潛意識或下意識的情感潛流，把過去和現在、幻
想和實境等互相融匯，隨意阻接，打破一般的時空順序和邏輯聯
繫，這種表現，看起來跳躍多變，但萬變不離其宗，所有意念都
是從一個「中心點」——作者的心靈輻射而來。作品中的意識流
是以人物的意識活動為中心，將人物的觀察、回憶、聯想的場景

---

125 吳文英〈鎖窗寒‧玉蘭〉，見唐圭璋編《全宋詞》(北京：中華書局，1999 年)，頁 2873。

與人物的感覺、思想、情緒都交疊在一起，以心理時間結構作品。
吳詞中的意識流手法展示了詞人豐富複雜的心路歷程。

　　吳文英從客觀時間與主觀時間交織、現實與回憶相糅來傳達
他的創作旨趣。雜亂無序的意識流動，能更好的探勘深層隱秘的
內在世界，滲透著文人獨特的愛情觀和生命觀。正因為詞人對於
亡妾之情太過執著，自會讓人生出「癡」的評價。例如〈風入松〉：

> 聽風聽雨過清明。愁草瘞花銘。樓前綠暗分攜路，一絲柳、
> 一寸柔情。料峭春寒中酒，交加曉夢啼鶯。　　　西園日日
> 掃林亭。依舊賞新晴。黃蜂頻撲鞦韆索，有當時、纖手香
> 凝。惆悵雙鴛不到，幽階一夜苔生。[126]

　　本詞的主旨為傷春懷人，在其中也掘示出好夢易碎、美好難
再的普遍人生體驗，傷人亦自傷。其中勾勒了詞人的自我形象，
是一個愁腸百轉，陷入無處排遣的相思苦海中的憔悴詩人形象。
在結構謀篇上，詞人突破了現實時空，將當下的行動、回憶的情
形與夢境的虛像糅合在一起。「黃蜂頻撲秋千索，有當時、纖手香
凝。」曾經的纖纖玉手，縷縷幽香，歡聲笑語，歷歷在目。詞人
解釋為佳人纖手的餘香依然凝結在秋千索上不曾消散而致。很顯
然，這不符合生活的邏輯，然而全符合情感的發展。詞人暗示佳
人的氣息依然縈繞在西園裡，依然縈繞在自己的心中。陳洵《海
綃說詞》中的說法庶幾相似，「見秋千而思纖手，因蜂撲而念香凝，
純是癡望神理。」[127]，癡，即「理之所必無」，卻有著「情之所必
有」的表現。黃蜂在秋千上盤旋飛舞，定是玉人的纖手香汗仍然
濕潤芬芳吧。「幽階一夜苔生」亦是用了誇張手法，幽暗處的臺階

126　吳文英〈風入松〉，見唐圭璋編《全宋詞》（北京：中華書局，1999 年），
　　頁 2906。
127　陳洵《海綃說詞》見《詞話叢編》，頁 4845。

不可能一夜間青苔依依。這種誇張的處理暗示詞人一夜白頭的憂思。所謂「反常合道，無理而妙」，詩歌講究情感和意象契合，遵循情感邏輯，善於在外在物象中找到獨特的內在情感之對應物，是一致的。「西園日日掃林亭，依舊賞新晴。」西園是夢窗和情人的寓所，二人亦在此分手，這裡是詞人悲歡交織之地、魂牽夢繞之所。依常情判斷，故地重遊，物是人非，愈發令人痛心疾首，詞人應不忍心再回西園了。往昔日日清掃是為了迎候佳人，如今手持長帚又有何興味？但未料詞人卻更進一層，瘋魔般仍日日掃林亭，日日遊賞西園。夢窗天若有情天亦老，林亭、秋千、臺階……西園中的種種景物無不在訴說著寂寥和相思。這情，這愁，充塞於天地之間，綿延不盡，全然被心理時空所代替。

　　吳文英對亡姬的傷感悼念，透過詞作，展現了生者與死者之間的對話，這是為了忘卻又無法忘卻的紀念。因情成夢，借夢抒情；夢，成為詞人抒寫相思憶念之情的載體，也成為詞人求得心理慰藉的有效手段。他的夢境常常直探生命最幽微深邃之處，他對夢之偏執，正體現了他對戀人的沉緬、深情。「夢」是支撐詞人生命的精神大廈，然而夢又是虛無的，因此，夢幻的虛幻性、短暫性，又使得吳文英的情詞蒙上了一層剝骨的悲涼。吳小英說：

> 詞心是躁動於內心的情感體驗和意緒，是一種無法指實的，根觸與萬不得已的感覺。這樣一種感覺未必具有清晰的感情線索，或許忽悲忽喜，乍遠乍近，或許矛盾重重，百轉千回，或許突兀而來，莫名而逝，若不循著感情的脈絡遊走，很可陷入茫然之中。[128]

吳文英的詞作正是由心而發，輻射四方，使得所攝入之事物

---

128 吳小英，《唐宋詞抒情美探幽》(杭州：浙江大學出版社，2005 年 6 月)，〈第二章　唐宋詞抒情結構〉，頁 69。

都被賦予了感情的磁性，成為心靈之物，而以心理時空組織順序來達到更有效的抒情目的，這種心靈化的結構與時空交錯的手法絕不是對技巧的玩弄，而是一種更能揭示內心世界的藝術手段。吳文英用此法每能揭示出情思幽微之處，感人至深。

　　吳文英是一個極為重感情且非常細膩深沈的人，他用自己的詞記錄了生活中的每一片段的感受、每一幕的場景，彷彿就是自己的愛情心史所寫的秘密日記。日記中的每一場景、每一感受對他來說都是那麼熟悉，有如當天所發生之事，他可以省略其間的記敘成分和事件的來龍去脈。詞人在傷悼與念昔的敘述當中，呈現的是私人化、個性化的自我展示，是情緒世界的自我描述，沒有交流的欲望，在寫作手法上並不要求公共交流的模式，不追逐主流話語，這反而造成了創作風格的獨創性。吳文英的詞本不是為別人而寫，故他人看來就有如墜入五哩迷霧中而不知所云，然而他那豐富的感情、記憶庫，那盞燃燒於內心深處的心燈卻是永遠閃亮的。

　　吳文英的情感有著一條明顯的發展脈絡：忘情的回憶——執著的癡迷—夢境破滅的淒苦——生命的空幻，一切的一切悲歡離合，起落興衰，都只不過是鏡中月、水中花罷了。吳文英的詞以優美的語言與濃郁的感情相結合，將人性中最為深刻最淒美的感情刻畫得淋漓盡致，讓人感同身受。詞人對情殤遭遇的表現是癡心無悔，執著於真情摯愛。縱然肉身不能長相守，他的心靈觸角也要永遠攀向靈犀相通的情人，在精神王國裡長相守。雖然這場愛情最終是人亡緣滅，但詞人對愛人執著無悔的真摯情感卻借助於文字永久地留存下來，在宋詞中閃耀著深摯動人的光芒，向後

人訴說著「情之一字，所以維持世界」[129]之要義。

第七節 兩宋情詞三境

清代詞人納蘭性德有悼亡詞〈山花子〉其中有言：「人到情多情轉薄，而今真箇悔多情。又到斷腸回首處，淚偷零。」[130]又在〈攤破浣溪沙〉云：「人到情多情轉薄，而今真箇不多情」[131]，提出了情感發展有三境之嬗變——人一旦深情太過時，反而會變為薄情，而今似乎真的是不多情了。薄情本是無奈，多情卻成了回憶。廖原〈論「人到情多情轉薄」之境〉由此而提出「為情亦有三等境界」：

> 「人到情多」為第一境也，「情轉薄」為第二境也，「悔多情」為第三境，是一個由迷戀至悟情既而更加深情的過程。[132]

若借用此說以觀兩宋情詞，筆者以為，情詞亦有三境之發展。由由北宋詞人詞家的「人到情多」，到姜夔的「多情卻似總無情」，到吳文英「更加深情」的過程。以下說明之：

---

129 語出張潮《幽夢影》。
130 納蘭性德〈山花子〉，見肖辰著：《當時只道是尋常‧納蘭容若傳》附錄《納納蘭性德詞集》(哈爾濱：哈爾濱出版社，2017 年 5 月)，頁 258。
131 納蘭性德〈攤破浣溪沙〉，見肖辰著：《當時只道是尋常‧納蘭容若傳》附錄《納納蘭性德詞集》(哈爾濱：哈爾濱出版社，2017 年 5 月)，頁 244。
132 廖原〈論「人到情多情轉薄」之境〉，《時代文學》，「古典文學漫步」，2012 年第 1 期，頁 178-179。

一、北宋柳、晏、秦詞「人到情多」為第一境

南宋之前的情詞，從晚唐五代以來對女性富貴外貌渲染，直探到生動貼切的女性神髓，北宋詞家多在舒徐雍容中寫無常別恨的感傷，柳永以層層鋪敘，飽滿細密的手法，把一切情事都具體落實為形象的描述，以實取勝，以密見長。晏幾道深摯而深婉，寫的多是單純地對昔日繁華與愛情的追憶，主要是對蓮、鴻、蘋、雲的情思，哀婉深刻，較為具體貼切、質實求真。秦觀雖在某種程度上革除了柳永的直露淺白，超越了晏幾道拘於個別情事，然而仍是執著於過往的情感事件，不脫婉密之實。由此觀之，北宋情詞多是最直接、近距離地感受，唱出了心中最纏綿的心聲。柳、晏、秦三位詞家多因特定或具體的人物情事所觸動引發情思，詞人的悲傷是有源之水，是立足於實在可感的現實生活。北宋詞人追求的是情感的充實之美，追求一種源於具體事件與真實情事所引發的飽滿之情，惟求情感的真誠直率。

總體而言，北宋情詞多具有寫實傳真的特點，作者多是情動於中而不能抑制，在情感的體驗上，多為一往情深，這種對情感執著的態度導致了詞具有飽滿充實的特質與具體真切之境，有尚實的特質，多以明晰外向的強烈質感為特質，但多為情所役，能「入」而不能「出」。

二、南宋姜夔「情轉薄」為第二境

「人到情多情轉薄」與杜牧「多情卻似總無情」意境相似，這段情傷似乎完全被忘卻，但人的心裡恰恰是不能以表面的情況

去量度，正因為愛得太深反以冷漠無情的姿態表現。這種外在表現與內心相背的矛盾現象，正是最真實、最深刻情感的寫照。南宋時代理學思想盛行，反對人欲，此時，無所顧忌地抒寫私情私感已經不合時宜，飽滿豐沛的抒情也失去了往日的地位，取而代之的是空靈超越之美的追求。宋代情詞發展到了姜夔，正如同經過時間之手推移的沉潛之後，情感已漸漸沉澱，不再噴湧澎湃，語氣也不像北宋那樣的激切淒楚，而變得異常地平淡和沉靜，語出平和，似乎所有的悲傷和思念都漸漸消退，復歸於平靜。時間是一種距離，只有經過相當一段時間的平靜、冷卻，那些悲不勝悲的事件才能通過回憶和反省表現在語言文字之中。姜夔的情詞並不重視對個人身臨其境的寫真存實之感，而是營造一種空靈清淡、渺遠幽寂之境，它並不側重於由具體事件所引發的濃烈之情，而在於事件發生之後所留存的深長的回味韻致的滲透力。此外，也不再注重描摹刻劃的形似抒情，而是避實就虛、遺貌取神的抒情方式，呈現出一種空靈超越的境界。

　　和第一境的北宋情詞相比，姜夔的作品無一字直抒愁情悲慨，只是平靜的回憶，悠悠的情思，娓娓道來的景語，看似悲傷和愁怨都逐漸消退，但細讀品味之，出語平淡，實則沉痛，悲則在言外。正所謂「人到情多情轉薄，情到深處情轉淡」深情之至，反而顯出無情的境界，如同結冰的冰河，表面那麼平靜，但在冰封的河床深處，卻始終流淌著汨汨的深情。「為怕多情，不作憐花句」[133]，感情何曾淡薄過，只是擔心洩露了多情的秘密，只好忍住，憐惜的話一句也不說。真正的深情是透過淡泊、清雅的文字，把心靈深處的波濤，凝結為更深邃遠致之境。姜夔以薄情寫真情，

---

133 納蘭性德〈蝶戀花〉，見肖辰著：《當時只道是尋常‧納蘭容若傳》附錄《納納蘭性德詞集》(哈爾濱：哈爾濱出版社，2017 年 5 月)。

曲折地揭示了蕩氣迴旋的戀情，這是更深一層的寫法。我們也可以從創作與審美中事物對立統一角度來理解這種現象，用樂景寫哀情，用哀情寫樂，相反相成的悖論現象，情感轉化的交替變換，都為作品留下了濃重的審美體驗。

三、吳文英「更深情、悔情薄」為第三境

當我們瞭解了「人到情多情轉薄」之境，便可以瞭解「如今真箇悔多情」，情到深處情轉薄，非但不是後悔用情至深，反而是感傷當年來不及用情至深，如今卻已無法再回到未及珍惜的當年。吳文英他後悔的不是多情，反而是情薄。

吳文英對亡姬的思念是如此地深沉，正是基於這難以名狀的深情，才出生悔多情的愁緒，乃至於進入自我折磨的境地。例如〈鶯啼序〉：「殷勤待寫，書中長恨，藍霞遼海沉過雁，漫相思、彈入哀箏柱。傷心千里江南，怨曲重招，斷魂在否？」[134] 這一段憑弔亡姬，抒發他的相思愁苦，這種感傷並不是尋常的不如意，而是來自於內心深處的用情之深，至死方休，這場漫長的哀傷和思念遂一點點地耗盡了他的人生。又如〈三姝媚〉：「春夢人間須斷。但怪得當年，夢緣能短」[135]，三句極為沉痛，和著痛惜、悔恨、追懷的複雜情懷，想到過往與愛人傍花對飲的情景，歷歷在目，花未減當年之美，但伊人早已凋零，如同春夢短暫，詞人久立河橋不忍去，在斜陽中老淚滿眶，便是他的追悔當時未把握。

死亡，畢竟使生者絕了與死者再見之望。吳文英他是以「懷

134　吳文英〈鶯啼序〉，見唐圭璋編《全宋詞》(北京：中華書局，1999年)，頁 2907。

135　吳文英〈三姝媚〉，見唐圭璋編《全宋詞》(北京：中華書局，1999年)，頁 2923。

人」的心思與筆法來寫悼亡，但是，死者不能復生，相聚絕無可能，滿懷淒涼無處訴說，這又極度地突出了希望與失落、企盼與幻滅的尖銳矛盾，從而把詞人推向了一個無可自拔的悲劇漩渦。詞人的情感處於尖銳而不可緩解的矛盾煎熬中，傷痛沈鬱在心底，日積月累，一旦發而為詞，情感的發展自是哀婉淒惻，深摯纏綿，從而更進一步強化了情詞中富有悼亡情感的藝術感染力。再如〈齊天樂〉：「煙波桃葉西陵路，十年斷魂潮尾。……清尊未洗，夢不濕行雲」[136]，就算夢到了又能得到什麼呢？今朝追憶，但時移事往、霧散夢醒，又當如何呢？這裡可見他對重逢的希冀，以及重逢無望的痛苦，「夢不濕行雲」是他不便直言的內心渴望或欲求，或許是執著於理想中的性愛，但又無法直說內心的渴求。又如〈惜黃花慢〉：「恨斷魂送遠，〈九辯〉難招……歌雲載恨，飛上銀霄」[137]，即使像弄玉吹簫那樣的悲咽，宋玉作〈九辯〉那樣的才華情思，也無法解開這令人魂斷的離情。這斷魂，分成天上和地下兩路隨飛雲、寒濤流駛而去，可見其別情難禁，悔恨的心情，上達天際。

　　從兩宋情詞的三階段演變可見文學是處在不斷演變之中，這是詞人多情的品性和世風糾結與升華的結果，情詞主題所折射出的文化內涵、文化傳統與文化美學，再現文化美、情感美、人性美。從詞人之多情，發展至多情卻似總無情，人到情多情轉薄，充分體現了詩歌的審美本質，包含著深刻的藝術辯證法。正因為社會生活是絢麗多彩的，事物發展是曲折多變的，而人的思想性格也是豐富複雜的。所謂的哀莫心死、長歌當哭、喜極涕零等現

136　吳文英〈齊天樂〉，見唐圭璋編《全宋詞》(北京：中華書局，1999 年)，頁 2883。

137　吳文英〈惜黃花慢〉，見唐圭璋編《全宋詞》(北京：中華書局，1999 年)，頁 2913。

象，初看起來似乎很不合情理，但如果仔細地去琢磨、品味，就會發現其實是極其正常的展現人的心理複雜多變。當作者把一組組情景相反的畫面或互不相干的事物組合在一起所形成的強烈鮮明反差，不僅增添了作品的藝術魅力，為詞人抒發複雜細微的情感找到了途徑，也為讀者留下了無窮的回味。

第八節　兩宋情詞的詞史意義

　　綜合上述，我們可見，由於時代、個性、經歷的不同，必然使兩宋情詞的表情的態度，呈現了階段情的發展與千姿百態的詞體風格。各個時期詞家都在追求變化，不論怎樣的變化，都在更真實地表現自我的創作個性與審美偏嗜。本節即把五位詞家的情詞，置於詞史長河中以見其詞史意義。

一、至情至性的寫作態度：
開始以平等的視角看待歌妓，癡執真誠的投入

　　本章考察了五位詞家反復抒寫的愛情詞，可見宋人不再只是以代言擬想的方式去寫戀情，而是抒情主角和創作主體合而為一；其次抒情的對象漸趨恆定專注，展現了至情至性。柳永以蟲娘等多位紅紛知己為抒情對象，晏幾道專寫蓮、鴻、蘋、雲四位歌妓，秦觀在個別基礎上避實就虛，但仍可見他與所悅的女子的一段情緣。姜夔數十年仍然不忘合肥姐妹，吳文英癡戀先後在蘇州與杭州與姬妾共度的美好時光，這幾位詞家都以大量篇幅展現對女性的真情，且其情乃漸趨專指而非泛指，形成了無法停止的

情殤之苦。不論柳永、晏幾道、秦觀，或姜夔、吳文英等詞人皆以自己的漂泊落魄，和歌妓有了某種程度的情愛體驗，有一種交會共鳴之感，以尊重平等的目光來看待這些淪落社會下層的女子。

　　宋代情詞的產生大都與文人和歌妓之間的交往酬答有直接的關係，藝妓的存在是一種社會風氣，在宋代尤為發達，蓄妓、狎妓、憐妓也成為文人雅士生活的重要組成部份。藝妓雖以美色來吸引文人，但不同於一般出賣色相的娼妓，她們往往能歌善舞，色藝俱佳，不但以絕倫的美貌風情打動文人，同時又與文人進行心靈與精神的交流，文人們的情詞便在與藝妓的交往中產生了特異光彩。恩格斯《家庭、私有制與國家的起源》說：「在封建社會中，真正的愛情關係有時並不存在於包辦婚姻的夫妻之間，而往往同官方社會以外的婦女——藝妓，產生真正的戀情。」[138]妻子是明媒正娶而來，娶妻娶德，夫妻之間代表的是倫理綱常、道義責任，正常人倫關係不易激發文學感情，反而是求之不得的不圓滿才易於觸動詞人發之篇章，這也是情詞中多述婚外情而少見正常夫妻之情的原因。然而這類情詞並不是情感上的粉飾，而是情人之間情深意重的傾吐，絕非一般即興之作的遊戲文字可比。我們看到女性地位在宋代詞人筆下有了極大的變化，美人給了詞人靈感，詞人給了美人永恆。她們的美貌與才情，被一代又一代、一位又一位的詞人描寫和詠唱，她們思念情人，同時也被詞人思念，當她們被詞人思念的時候，無論她們形象是真實還是虛構，清晰還是朦朧，必然是美好動人的。正是人愈好而愈增其美，人愈美則更動人可愛也，當詞人把對她們的思念寫的越深越切，心境的表現也就越動人心魄，感情也就越蕩氣迴腸。愛情是人性中

---

138 德・恩格斯《家庭、私有制與國家的起源》(北京：人民出版社，2009年 5 月)。

耀眼的部份，一個女人，不論貴賤，不論幸與不幸，她也有得到男性愛情的權利，也有被尊重被珍惜的權利。宋代情詞所展現的內在世界已為我們揭示，苦難是生命的常態，不論男女，無論尊卑，都不可避免，女性有時更能以獨有的溫柔美麗成為男性的精神支柱，這就使宋代情詞超越了傳統的層面，突破了六朝的豔歌、唐代的咏妓的浪漫豔詩，細膩的展現了文人愛情心理，對愛情的享受、追求與失落，獲得了一種新的高度。

　　兩宋情詞既接力式地傳承了前代文學作品中的相關意蘊，同時又展現了新的時代風氣與新的文學景觀，實已超越了南北朝宮體詩對女性物化玩弄的層次，也突破了《花間》只以代言擬想的角度來寫女性的內心思念與怨情，宋代情詞視女性為一個獨立的個體，具有美好的姿容與才情，詞人不但寫她們的愛情意識，也寫她們與男性文人的情感交流，女性形象漸趨美好豐滿，兩性之間有著更真誠的情感交流，人真情真，有情天地，且共從容。宋代詞家能以人文關懷的視角來審視女性遭遇，並以深情去理解她們，實現了詞體文學的人性豐滿和獨特的生命華彩，千百年來始終撼動人心。

二、漸趨內傾心靈化的寫作視角：
從寫實傳真的形似描摹，到避實就虛的深幽傳神

　　陳廷焯《白雨齋詞話・自敘》提出情詞的標準：「其情長，其味永，其為言也哀以思，其感人也深以婉」[139]，強調情詞應轉向深微地、細膩地、曲折化的路上前進。北宋情詞具有「情長」、「味永」之致，情詞發展到南宋，「哀以思」、「深而婉」的特點已經推

---

139 陳廷焯《白雨齋詞話・自敘》，見唐圭璋編《詞話叢編》，頁 3750。

到極致了。

　　因南、北宋時代背景之不同，也影響了情詞的表現模式。北宋的詩文革新運動，嚴於文體分工，詩以言志，文以載道，然而，在正統文學的理性思維之外，收斂於內心的宋人亦不免有情，則把排遣不盡的愁情恨意、人生低迴的情感意蘊交給詞來表現，便使得北宋詞人盡情抒發心靈情思，情感自然而然地流露。南宋理學盛行，理學家對文學的要求，強調「以理節情」，不允許私情任意地表露，必須符合乎理的規範，使情的表現淨化與昇華，即使是詞也是如此，所以詞人們對於戀情轉為淡化、冷靜、潛隱的追求。從詞情雅化之別來看，北宋崇尚自然，顯得穠麗；南宋偏嗜研鍊，顯得清淡。從創作安排的差異來看，北宋多寫實傳真，南宋多化實為虛；北宋多即景生情，南宋多緣情佈景，北宋多具體情事，南宋多心靈之象，大體趨勢之差異如此。但其實在北宋的晏幾道開始以夢境之筆和今昔對比之想來組織詞篇，秦觀以化實為虛、避實就虛的象喻手法借景喻情，已漸漸影響了南宋詞家運用虛筆、不明言直抒的表情模式。

　　柳永在〈雨霖鈴〉中以敘述之筆做情節化的穿插或點染，他著重在對環境氣氛及人物內心情緒的描繪中獲得內在進展的敘事方式，已成為他建構詞境的有機組成部分。晏幾道在夢與醉中來超越現實與自我，在「今──昔──今」的模式中表現人生如夢之感，以回環往復之筆，營造空靈婉轉之姿。秦觀雖基本地繼承柳詞的傳統，然而，又吸收了蘇詞詩化的精神，對詞進行了改良和修正其摒棄俗豔之語，善於以淒迷之景寫淒苦之情，營造出淒悵的情調，創作出「情韻兼具」的情詞新風貌。姜夔以提空之勢進行心靈活動的描寫，他不在詞中交代完整的故事與事件，而注重客觀事件對內心世界所產生的影響和作用，多是主觀的詠懷和

感歎，營造一種淡遠空漠的情感美學。姜夔以「騷雅」的超逸精神，將情詞的風格與內涵作了昇華與淨化，形成韻外之致。此後吳文英又以情感的深邃隱蔽對情詞進行了突破與變化，省去作品各部份間的過度和聯接，由此及彼，詞情朝自我化、深隱化和私密化的軌道前進。吳詞不遵循理性的思維規則，打破現實與想像的界限，創造了一個神秘虛幻的夢幻境界。宋代情詞的表現模式最終的目標是意脈的含蓄不露，心事的深刻幽微，幾位詞人情詞的表現方式乃從線索分明、層次清楚的井然之態發展到脈絡深隱、離合變幻、騰挪變宕的深沈之姿。這種差異，除了作者個人的創作個性和審美偏嗜因素之外，其追求人生信念和終極理想、以及求而不得的感慨傷懷，加以唯美表現特質也起了相當的作用。同時也受到詞壇雅化風氣的影響。南宋張炎《詞源》提出了情詞的創作標準：

> 簸弄風月，陶寫性情，詞婉於詩。蓋聲出鶯吭燕舌間，稍近乎情可也。若鄰乎鄭衛，與纏令何異也。如陸雪溪〈瑞鶴仙〉云……辛稼軒〈祝英臺近〉云……皆景中帶情，而存騷雅。故其燕酣之樂，別離之愁，回文題葉之思，峴首西州之淚，一寓於詞。若能屏去浮艷，樂而不淫，是亦漢魏樂府之遺意。[140]

雅化，就是詩化，從思想內涵上看「以詩為詞」，詩影響詞最突出的表現在於以「詩言志」的古老觀念。詞評家於傳統的詩教尋求立足的基點，一方面承認人之多情，雖聖賢亦不能免，肯定詞多抒寫風月閑情的合理性，但不能「為情所役」而流於淫靡，若能出於溫柔敦厚，義歸雅正，品性自高。因此情詞的表便不在

---

140 南宋·張炎《詞源》卷下「賦情」，見唐圭璋編《詞話叢編》，頁 263。

相貌而在情感，漸趨心靈化結構而轉向內在，甚至朝向深邃隱蔽化，正符合了詞心幽微。宋代情詞雅化追求幽深綿邈的境界，多用曲筆，能增加韻味遠致，給讀者以品嚐回味的餘地。

從以上幾位詞人的情詞表現中，我們不僅能夠看到其情感抒發方式發生了變化，而且考察其抒發情感的角度與態度，我們也能看到他們之間的不同。概括而言，從愛戀的抒發到離別後的思念、不復可得的回憶、緣起緣滅的悲情、永不再見的生死隔絕，從周旋在多位愛侶、到偏重於特定的歌妓，再到只取一瓢飲而後人亡情散的生死之戀。李澤厚《美的歷程》說：「宋人的審美情趣和藝術主題走進更為細膩的官能感受和情感色彩的捕捉追求中」[141]，宋代情詞恰好是宋人審美情趣的集中表現，最為深刻地體現了宋人對愛情的美的官能享受和深隱委曲的心境。尤其是高度雅化的情詞，借用比興、象徵、暗喻、夢境或意識流等多種藝術表現手段，表現詞人動人心魄的深懷幽怨，展現了十分豐富細膩的內心世界。與六朝的宮體詩、唐代的豔情詩以及晚唐五代的言情詞相比，宋代的情詞在表現愛情的體驗和內心的感受方面，最了更高的成就，以後的元明清的文學作品也難以企及，宋代情詞也成了中國文學史上不可被取代的瑰寶。

三、具豐富的內涵與多元審美特徵：
「緣情」與「言志」合流，在情愛中織入身世之感、時代之悲

宋代是中國文化成就最為凝聚的時代，卻又是積弱不振、政

---

141 李澤厚《美的歷程》(北京：文物出版社，1989 年 9 月)，頁 153-154。

治鬥爭異常尖銳的時代，文化之高與國勢之弱形成一種不可調合的矛盾，命運多蹇的文人，更有一種深刻的生命意識與心靈覺醒之苦，所以愈發需要酒歌風流的慰藉，當他們沉醉於歌酒歡樂與女子柔情時，也在思索自身的人生定位與存在的意義，詞人往往通過愛情詞寄寓個人的身世之感、時代之悲，並不忘於字裡行間流露出對生命的思考。於是形成了一種不離世俗又含有哲理體悟的情愛世界，它借著戀情展現了一種形上超越，然而這種超越並不棄世，依然把人引向對現實人生的關懷。

　　文人在表現男女之情、相思離別之苦時，不自覺地把時光流逝的感傷和懷才不遇的苦悶以及羈旅飄泊的辛苦傾注其中。到了姜夔與吳文英的情詞，更成為一種在時代不幸之下個體生命體驗式的悲情。宋代愛情詞不僅是吟詠男女之愛，更多的還是用愛情作外衣，連帶抒發身世之感和家國之痛。

　　考察五位詞人反復抒寫的愛情詞，我們可以發現詞人不僅吟詠男女之情，更多是抒發身世之感與家國之痛。在抒寫情感的詞，也自然反映了自身處境。當詞人把感傷無奈投注於所愛憐的女子身上時，書寫的意義也就超出了男女之情，而有了身世之感，如柳永的「念去去、千里煙波，暮靄沉沉楚天闊」(〈八聲甘州〉)[142]，所表達的就是詞人無法掌握未來人生的無奈壓抑之感，從中我們可以看到詞人飄泊失意的經歷，是因與情人的離情才表現得如此淋漓盡致，於是就把飄泊異鄉的落魄感受與意中人的纏綿情思結合起來。情詞本來是表現人們對愛情追求，到了柳永已展現了對自我生存狀態的憂思，到了晏幾道更在追憶和緬懷中，感傷家道中落後的冷落蕭條，思考了「從來往事都如夢。傷心最是醉歸時，

142　柳永〈八聲甘州〉，見《全宋詞》(北京：中華書局，1999 年)，頁 43。

眼前少個人人送。」（〈踏莎行〉）[143]、「從前虛夢高唐，覺來何處
放思量。如今不是夢，真個到伊行。」（〈臨江仙〉）[144]的悲歡如
幻之思。秦觀更在婉約的詞境和豔情的題材中傾注了有關政治境
遇的人生感觸：「碧桃天上栽和露。不是凡花數。亂山深處水瀠回，
可惜一枝如畫、為誰開？」（〈虞美人〉）[145]，以仙桃比喻美人，
對美人命運深情詠歎的同時，又何嘗沒有個人的身世之感？或者
情詞就是他用來寄寓身世的自況之作。到了南宋，社會的憂患和
個體生命的憂患雙向並置的情況下，南宋詞人的豔情詞並不局限
於男女戀情，是在其中融入了身世之感與家國之痛，豐富了詞情
的內涵，也使情詞有了新的發展。到了南宋，更因為時代苦難使
得戀情之悲與家國之恨融合起來，而呈現出獨有的特色。姜夔詞
雖多戀情之描寫，但其重點皆是不離其飄零之感的創作意識，如
其〈長亭怨慢〉：「韋郎去也，怎忘得玉環分付：第一是早早歸來，
怕紅萼無人為主。」[146]借女性口吻表達詞人不忍離家及急欲歸家
的主題思想。又如〈江梅引〉：「舊約扁舟心事已成非！歌罷淮南
春草賦，又蔖蔖。漂零客，淚滿衣。」[147]既恨相見之難，又自歎
漂泊，自傷身世。詞人透過戀情寄寓身世之感和家國之歎。宋代
情詞中的人文關懷與人生思考帶給讀者至高無上的審美意義，除
了愛情，還有親情、愛國之情，心靈深處潛藏著更為清醒的深沉
悲哀。

　　就這樣，宋代情詞在「言志」與「抒情」、在詩教規範與娛樂
要求之間的矛盾中發展。這個發展並不表現為矛盾的一方為另一

---

143 晏幾道〈踏莎行〉，見《全宋詞》(北京：中華書局，1999 年)，頁 252。
144 晏幾道〈臨江仙〉，見《全宋詞》(北京：中華書局，1999 年)，頁 222。
145 秦觀〈虞美人〉，見《全宋詞》(北京：中華書局，1999 年)，頁 467。
146 姜夔〈長亭怨慢〉，見《全宋詞》(北京：中華書局，1999 年)，頁 2181。
147 姜夔〈江梅引〉，見《全宋詞》(北京：中華書局，1999 年)，頁 2170。

方所克服，而是矛盾的雙方的對立統一，是「言志」和「抒情」的有機融合。即在豔情的題材中儘可能多寫有關士大夫身世之感的主題(即是周濟評秦觀的「以身世之感打併入豔情」)，把詞這種娛賓遣興的唱詞提高到詩的水準。當詞的重心開始從娛樂抒情向言志寫心方面轉移，即向「詩」的範型認同，興發一己的身世境況、情事際遇，遂脫離往昔那種充分化的綺思閨怨的類型化習套，帶有強烈的主體性和獨特性。「言志」與「抒情」融和的結果，拓展了詞的情感領域，擴大了詞的抒情功能，使詞像詩一樣可以充分表現創作主體的豐富複雜的心靈世界、性情懷抱。詞論中「抒情」與「言志」兩者在對立中互補並存，使詞成為以「抒情」為主、「言志」為輔的詩體。既非供遊戲佐歡之作，也非道德規範，而是一種具有動人心魄的藝術作品。從而淨化昇華了浮豔之氣，對「詞為豔科」的局面做了有力的突破。

張炎《詞源》曾謂：「詞以意趣為主」[148]，「意趣」與「情感」不同，是情感的昇華與理思的提煉，張炎更強調雅正情志和意趣高雅的主腦地位，以之為作品的靈魂。詞中的風月戀情，作為詞面上的文字，只能退居賓位，是為了表現深層的抒情主體的高遠立意而服務的。由此我們也可以明白，文人豔詞中「雅」與「俗」的分化是詞體「雅化」和「詩化」的必然結果，也是來自詩的風騷精神對「詞為豔科」產生了中和作用的結果，「雅化」首先意味著詞的抒情性的增強，在豔情的題材中盡可能地寫入有關士大夫身世之感的主題，從豔情意象的堆砌轉向了情景交融，從個別的摹擬情態轉向了含義深沈的人生境遇，在兒女柔情中引伸出普遍的人生感懷，在普泛化的情詞題材中注入了詩的情致，因而把詞這種娛賓遣興的末

---

148 張炎《詞源》卷下，見唐圭璋編《詞話叢編》，頁 260。

技提高到詩的水準上。然而在雅化的趨勢中，也不約而同地表現了詞家無法被替代的個人經驗，不可抹去的個人記憶，既有普遍相似性，又有具體差異性的個人命運關注。

小　結　詞人詞家個體真實的
愛情體驗深化詞情

　　柳永、晏幾道與秦觀，乃北宋著名的婉約詞家，皆是沿著《花間》詞發展而來，他們都與歌妓有著深刻的感情，但在用心的態度與表現上仍有著各自的特色。南宋詞家中寫情的聖手則為姜夔和吳文英，二人在清空與穠摯的迥異風格中展現了對特定對象最深的執著和懷念。南宋理學思想盛行，在以理節情、情必從理等觀念的主導下，詞人就表現了一種「多情卻似總無情」的矜持和「門隔花深夢舊遊」的隔絕之悲，我們看到一種阻遏和禁錮兩性情愛的理學道統，並不必然導致人們情愛體驗的單調和缺席，相反，它可能會使愛情更加強烈執著和深刻，更加激發詞人內在千迴百折的感情、曲盡柔腸的體驗。宋代詞壇出現了這五位寫情聖手，從不同向度與程度對情詞的表現予以拓展、充實與深化，為詞壇開拓出新的人文情懷，使得詞更具有移人性情之美。

　　沈祥龍《論詞隨筆》指出：「屈、宋之作亦曰詞，香草美人，驚采絕豔，後世倚聲家所由祖也。」[149]把詞和屈宋中的香草美人比興寄託之作聯繫起來，其實詞中所寫的女性形象、求女的意蘊

---

149 沈祥龍《論詞隨筆》，見唐圭璋《詞話叢編》，頁 4048。

與《楚辭》中的「美人香草」的傳統是有著本質上的差異，楚騷有著政治寄託與人生理想，多是「美人以喻君子」，是「楚雨含情俱有託」，除了諷喻的意味幾乎已無任何男女戀情成份，而宋代「詞人之詞」的情詞主題就在表達男女相思之情，充其量是在自覺與不自覺之間把時光流逝的感傷傾注於其中，或加入了自己的羈旅飄泊之感、宦海浮沉之悲、國勢淪沒之歎，即使其中隱含著詞人身世的自哀，或流露對時代的哀感，也多屬於無意識中的自然流露。與前代詩賦相比，兩宋詞人詞中的中求女、思女內涵中的寄託諷喻意味淡化，已成為一種個體生命真實體驗式的悲情，同時也展現了文人的終極關懷，即是對女性的尊重與憐愛。如果說，情詞中的女性形象是外在的景緻，則景物不僅是審美對象，更是作家自我心性的體認；詞家對於感情體驗，不只是性靈的抒發，亦是人格氣象的表現，我們由此可以見到一種對感情的態度、對他人的關懷。

　　宋詞中的愛情作多半為「相遇—別離—想念—惆悵」型，多情自古傷離別，這些離別之作雖沒有熱烈渴望的激情，卻也有一份纏綿悱惻的溫情憐意，它所引發的是別離之後一種連猗迂迴的內在惆悵。大量的表現相思離別的作品讓我們看到，原來詞人感情世界是如此的豐饒與微妙，對愛情與青春的歌詠，對女性的尊重與憐惜，已間接地擴大了詞的表現內涵。詞壇出現了柳永、晏幾道、秦觀、姜夔、吳文英等幾位袒露自身情愛心理的詞人，詞的主情、重情、能移人情，使它在「言志」的詩學觀之外，走出了一條別具審美特質的「緣情」之路，我們若把情詞放在中國詩學來看，它是沿著「言志—緣情—寫心」的發展主線走了一條偏於往內挖掘而非往外探索的道路。真性情與真感情就是藝術審美的共性，宋代文人在仕途遇挫不得施展之外，終於找到了心靈的棲居

地。

　　總體而言，兩宋的情詞有著豐富的內涵，它不但表現了美好的人情美，也反映了宋人的精神風貌、心理狀態。在這些情詞中，我們充分地感受到男女之間至親至愛的深情，又在那些生離死別的作品中感受到了戀情的纏綿悱惻和難以忘卻。由此也可見「詞人詞」不同於「詩人詞」的求女、思女意蘊的差別何在。最根本便是寫作乃「緣情」而發，甚至是「寫心」而發。詩重在「言志」，詞重在「緣情」，這是宋人一般對詩、詞兩種不同文體分工的看法。但詞在不斷雅化的過程中，分明又存在著「抒發情感」向「抒寫心志」轉化的過程，這個過程實際上就是詞逐漸脫離音樂而向詩的內涵靠攏的過程。正是這種對「言志」的追求從而將詞提昇至與詩同等的地位。然而，「詞人詞」並不是對「詩言志」直接的模仿，而是依據詞體情韻深長的特徵來體現的。「詞人詞」的雅化並不是毫無顧忌，它始終有一種分寸，使詞和詩保持距離，既把詩之風格與精神引入詞中，但仍不失詞的藝術特質。雖然「詞人詞」為否定「詩人詞」取消詞之本性而發，卻並未簡單地回歸於「樂人詞」娛樂應歌功能之用。由於經過「詩化」階段的洗禮，「詞人詞」之「緣情」已不再是早期應歌消閑之需的一般性歌詠，而是實現了詞人自我的投入，在詞的創作中切實地營造自己的心靈世界和個性風貌。這才是更深層次上的「緣情」。雖然男女相思仍是南宋「詞人詞」的重要表現內容，但迥異於以往聊佐清歡的代言模式和應歌傳統，從北宋詞人在功名與風月之間的矛盾中發展出眷戀歌妓的真情，情詞發展至南宋則多寫自我人生的情感體驗，一段永難忘懷的戀情，已將情感從淺薄的官能享受提昇為一癡執深摯的專注。從這個角度來看，「以詩為詞」、「詩人之詞」不應被理解「豪放」的風格概念，同樣，「詞人之詞」也不應被解釋為「婉

約」，它是一種對為了應歌「樂人詞」的提昇、純化的表現姿態，也是一種對豔情超越、昇華的泛化作用，使人不沉弱在一個具體的感官知覺或表層的男歡女愛。兩宋情雅的詩化，並不同於批評家所謂的「以詩為詞」，而是在詞史上創作題材、內容、情懷、境界的一大進步。

　　在情詞的演進歷程中，男歡女愛、相思恨別是唐宋詞創作的主流。從情感的抒發來看，唐末五代的愛情詞絕大多數是「綺筵公子」為「秀幌佳人」所作的香豔之辭，所抒發的皆是類型化的「閨怨」單向度的情感。隨著詞史的發展，北宋詞已經漸漸注入了詞人個性化的主體意識，表現人們對愛欲戀情的渴望與失望、追求與失落，情詞的抒情格調也由單純的脂香粉濃轉向開始較多地融入主體的身世之感，經歷了從「類型化」的單向度代言，到「普泛化」的抒情，到「個性化」的抒情。詞發展到南宋典雅詞家，更發展為「自傳性」、「私秘化」的心跡，已不注重客觀描寫而注重主觀心志的抒寫，情詞也由「共我」的「普泛化」表現轉向自我表現，感情轉向深摯執著、曲徑深幽。同處於南宋中期的姜夔和吳文英的情詞創作都體現了這一創作趨向。從雅化的軌跡來看情詞的發展，是從「艷雅」到「閑雅」到「騷雅」的轉變。幾位詞家情詞創作以其豐富的數量、自傳性抒情以及卓絕的藝術表現，使情詞的面貌徹底改觀，完成了情詞的重大轉變。

附註：本章部份內容曾以〈兩宋情詞的演變及其詞史意義——以「詞人之詞」為論〉為題，發表於中國：武漢大學文學院《長江學術》2014 第四期，頁 42-50。

第九章　時代存照

——「感時紀事」的詞史創作與發展軌跡

　　「詞史」之說本是清代詞學家借鑒傳統「詩史」理論[1]提出的評詞觀點,「詩史」的意涵,根據魏中林、賀國強〈詩史思維與梅村體史詩〉所言,必須包含三個方面的內容:一、善紀時事,與史相合;二、表現社會心理,揭示歷史的真實狀態;三、為詩人一生行跡之史。[2]意指詩能善記時事,與史相合,具有實錄價值與《春秋》筆法。同時能表現時代社會氛圍,揭示歷的真實狀態。甚至能紀載詞人一生之行跡與心史。如此,「詞史」亦可作如是觀。

　　康熙年間,陽羨派主將陳維崧率先提出了「選詞所以存詞,其即所以存經存史也」[3]。接著,嘉慶年間周濟提出「感慨所寄,不過盛衰……詩有史,詞亦有史」[4],強調詞具有反映時代盛衰之感慨,一切均來自於作者對人生的真切體驗,足為後人論世之資。雖然詞學史是直至清代才提出「詞史」為「尊詞」提供理論依據,但以史實入詞的現象是遠在清代之前就已經出現在詞的創作表現

1　晚唐孟棨《本事詩》在《本事詩・高逸》中稱杜甫「逢祿山之難,流離隴蜀,畢陳於詩,推見至隱,殆無遺事,故當時號為詩史」,丁福保輯《歷代詩話續編》(北京:中華書局,1983 年),頁 15。
2　參考魏中林、賀國強〈詩史思維與梅村體史詩〉,《文學遺產》2003 第 3 期,2003 年 3 月。
3　陳維崧,〈今詞苑序〉,《迦陵文集》卷二,《四部叢刊》本。
4　周濟,《介存齋論詞雜著》,唐圭璋編:《詞話叢編》(台北:新文豐出版社,1988 年),頁 1630。

中。綜觀唐宋詞的發展演進過程，從最初的應歌之作至韋莊詞反映了唐朝滅亡的時代動盪、南唐後主李煜反映國破家亡的深哀巨慟，到宋室南渡以來的詞家不約而同的以詞存史、以詞為陶寫之具，表現對國家、對社會的重大關懷，展現時代心理與歷史氛圍，我們甚至可以說：宋詞的創作關懷與時代結合的演進過程，恰與清人周濟的詞史觀若合符節並相輝互映。

　　截至目前，學界對於宋詞之「詞史書寫」的論述多半局限在對南渡詞人群體或辛派愛國詞人的研究中附帶提及其詞具有反映現實的精神，但卻少見針對兩宋「感時紀事」進行全面的論述。如王福美〈略論南宋中興詞的「詞史」特質〉主要論述南宋中興詞人以詞紀事，通過感事而發的模式、直接敘事、議論，以強化詞作的敘事功能，來實現「詞史」特質。[5]又如李輝〈劉辰翁詞的「詞史」意義〉，主要論述劉辰翁以「入世」的態度，用比興的手法將個人經歷與國家命運藝術化；在舊日習俗的回憶中，發抒文化失落的傷痛；詠嘆、褒貶時事，有意識地表現出以詞存史紀事的精神。[6]又如李輝〈南宋「詞史」意識的自覺〉，主要論述南宋詞人已有「詞史」意識的自覺，主要表現在：一、辛派詞人以「入世」的態度寫詞，詞人情懷常因事而起，時有詞作與重要事件相關聯；二、南宋中後期在復雅風氣的指引下，強調詞的比興特質，詞人有意識地借懷古、詠物對現實加以褒貶；三、宋元之際，出現劉辰翁「用經用史」的詞學觀，強調詞的社會價值，其詞常以詞評事、以詞評人，已初步具備了「詞史」的文學特質。[7]又如劉

5　參考自王福美〈略論南宋中興詞的「詞史」特質〉，《中國社會科學院研究生院學報》，2005 年 3 月，頁 57-61

6　參考自李輝〈劉辰翁詞的「詞史」意義〉，《南京師範大學文學院學報》，2009 年 6 月第 2 期，頁 75-79。

7　整理自李輝〈南宋「詞史」意識的自覺〉，《中國韻文學刊》第 27 卷第 1 期，2013 年 1 月，頁 58-62

華民〈宋季詞史作品探討〉主要論述宋季詞史作品數量雖遠不如詩史，但也卓然可觀，別具一格。其論述的詞史之作有文天祥後期詞、汪元量北行詞、劉辰翁入元詞和《樂府補題》等。[8]

　　回顧當今的研究現況，可見學界對於宋代感時紀事的詞史書寫的研究多集中在南宋。但筆者以為，北宋已有了感時紀事的創作意識。在南渡之前，詞史意識是詞人在不自覺中無意識的流露；南渡之後，往往是詞人感於世局而情懷難抑。本文之所以從北宋論述至南宋，所欲勾勒出一個比較完整的線索，為兩宋詞史的宏觀研究提供一個切入點。感時紀事的詞史書寫不僅是一種詞學主題，也是一種珍貴的時代存照，更是一種文化精神的延續。這種精神在宋代這個內憂外患、劇烈動蕩的時代中對詞學的發展和轉型起著重要作用。在作品中感時、記事、述史，無非來自於作家的所見所聞、所遇所感，這本是一種寫作的常態，然而在九百多年前的詞文體寫作是在酒筵歌席的時間、空間而產生的特殊心緒文學。詞首先從詩歌反映時代與大我的書寫中打開缺口，將視角轉向了女性的內心世界、個人的身邊瑣事、一己的日常生活，即使在對時代與現實的雙重書寫中，無一例外地呈現出詞家感覺化、心緒化的內在狹深性特徵。總體上看，詩所表達的情感內容較為具體，往往是就一些事件或自身經歷中的有感而發，因此，往往據詩中線索便可掌握，易於索解；但以抒情寫心為主的詞，則很難提供這樣明晰的線索。從《花間》以來，大多數的詞便明顯地體現了以下這種特點：幽微的心靈，表情的細密，用意的含蓄，韻味的無窮，大多靠意象組合，敘述與說明性的成份被大大的略去，難以具體考索其本事，顯得虛靈縹緲。由於受到「詞為

8　參考自劉華民〈宋季詞史作品探討〉，《常熟理工學院學報》，2014 年 5 月第三期，頁 60-68。

艷科」、「詩言志，詞緣情」等傳統創作觀念的影響，詞整體上呈現出一種「綺錯婉媚」、「要眇宜修」的藝術特點，內容也大多離不開相思離別、傷春悲秋等主題。換言之，詞體乃以抒情寫意為主，拙於敘事寫史。然而，隨著詞在藝術上的日臻成熟，再加上時代環境的變遷與文人心態的變化，詞的創作題材變得日漸豐富起來，凡可入詩之事漸漸地也可入詞。於是，「以史入詩」、「詩史」這一傳統的詩歌主題也就開始漸漸出現在歷史「見證者」與現實「親歷者」的詞家筆下。雖然這類詞作在整個宋代詞壇所占的比重並不大，但其本身卻有著不可忽視的價值與重要性。同時為了更好的反映歷史，表現更多因時代的精神而形成的複雜內心世界和社會內容，詞僅僅只停留在「本色」、「當行」的窠臼中是無法擔待的，是以詞的題材範圍勢必在表達真情實感的基礎上得到大幅度的擴展。詞文學因為寫史而具有跨越文體界限、兼採眾體、突破自身的特殊意義。

　　通常「史」是後設的概念，對當時人而言是「實錄」，過後才是「歷史」，故詞家不必然有「以史入詞」的自覺，而只是寫出當下的心靈狀態，或是記錄所見所聞等等，作品中具有感時紀事、反映時代與歷史精神的代表詞家都是本章所關注的目標。所以，本章所謂的「以史入詞」不同於有寄託的「詠史詞」：「以史入詞」是直敘其事、寫實的「賦筆」；「詠史詞」是借題取義、比興寄託的「曲筆」。「以史入詞」乃以「蹈實存真」之筆描寫時代生活，反映社會現實。「詠史詞」則借著對歷史事件和歷史人物的描寫而另有言外之意；作者的用意往往不在於歷史人物、歷史事件本身，而是生發開來，或發議論，或抒情懷，或借古諷今、以圖古為今用。「以史入詞」，它要求詞要貼近詞家所處的當代歷史、符合自身親歷的史實。「詠史詞」反而要求詞要游離於當代的歷史，它必

須借古人古事以抒情之,才能諷刺勸意在言外,必然要求指東說西,言此喻彼。這是以史入詞與詠史詞的不同。許多時候,描寫一種眼前親歷的事件,要比想像、沉思一種逝去的或遠方的事物困難得多,尤其是詞文體在越界破體中如何能「變而不失其正」更需要有「度」的掌握,是以本文探究的不是有寄託的「詠史詞」,並非透過詠史、懷古來「曲折」呈現史識與情感的「寄託」之作。而是以實說之筆,是「正面」、「直接」反映社會現實之作,詞人在生活書寫中反映歷史,呈現一種生活化的歷史書寫。詠史詞是一種「曲筆」呈現,以史入詞是一種「史筆」。「史筆」和「曲筆」是兩種不同的表現手法。「史筆」體現在著史的自覺意識、史實的客觀呈現等方面,「曲筆」體現在文字的清質華贍、記人敘事的形象生動以及表情達意的委婉深邃等方面。感時紀事的「史筆」不是單純的抒情或說理,而是具有事實的呈現。史筆能以確鑿的事實令人心悅誠服。宋詞感時紀事的書寫充分運用了「史筆」和「文筆」兩種筆法,既保持了史筆之實錄精神,同時又不失文學色彩。

　　其次,本文所謂的「史」並非只停留在詞家個人的生命史或心史,而是指透過個人小我的經歷或觀看,而具有折射時代大我的面向,這才具有詞史意識。「史」是具有現實關切,即是以創作表現對時代的關懷,實現創作與時代精神的契合,具體表現為以詞存史,情餘於事,以詞述史,詞筆與史筆渾然一體的特徵。

　　綜合上述,本章從反映現實的角度,闡明兩宋「感時紀事」的創作現象與發展軌跡。所謂「創作現象」即創作的具體表現,透過對兩宋各階段詞作的分析,探討宋詞在繼承宋代以前「以詩寫史」文學遺產的基礎上,在史實內涵、表現手法和審美風格等方面所表現出的獨特藝術魅力。對於宋人「感時紀事」的關注,不僅可以使我們更為全面地把握宋詞在主題思想方面的發展變

化，代文人在特定社會時代中的文化心態、審美標準與文學創作觀念，同時也有助於我們瞭解「以史入詩」這一詩歌題材在宋詞中所產生的新變。而就「感時紀事」本身而言，其中相當數量的作品也都具有很高的藝術價值。因此，對於此類詞作的分析探討具有一定的價值和意義。

至於本章標題中的「發展軌跡」，即筆者選取北宋和南宋不同時間背景下的創作群體作為觀察點。自宋太祖趙匡胤發動陳橋兵變、後周恭帝禪讓（960 年）始，至靖康之變（1127 年）金兵攻入開封，俘虜徽、欽二帝，標誌著北宋結束，共計 167 年。北宋可分為初期(960-1015)、中期(1016-1071)和晚期(1072-1126)，初期詞人如晏殊、歐陽修、張先等諸位詞人，尚沒有出現以詞來寫史紀事的創作表現。直至從北宋初期至中期的柳永才開始「以賦為詞」書寫市井風俗史，接著第二階段是北宋中末期蘇軾、周邦彥等人以詩化典雅之筆寄懷抒情，間接反映政壇上的黨爭浮沈史。南宋自高宗建炎元年（1127）至帝昺祥興二年（1279）止，凡 152 年，若以 150 年為度，50 年為一期，則 1127-1179，屬前期；1179-1229 屬中期；1229-1279 屬晚期。南宋歷史雖然短於北宋，然因南宋詞史書寫的創作者較多，風格多樣，很多詞家生卒年橫跨南宋前期至中期，或從中期至末期，或末期至元初，很難以截然劃分。為了筆者論述的方便，本文對南宋詞的論述乃結合時代發展與詞人身份來進行說明。共分為南渡詞家、辛派愛國詞人、布衣清客詞家、宋末元初遺民詞家等四種不同身份詞家類型來進行說明：一是南渡詞家以事入詞，展現了時代動盪下流亡的生存境遇，二是南宋初年辛派愛國詞人「以文為詞」寫抵禦異族的群體記憶，三是南宋中末期典雅詞人藉今昔對比寫時代悲感與生之迷惘。四是宋元之際遺民詞人「以經論入詞」抒懷亡國之悲。

不同身份的詞家必有不同的創作背景,在思想主題、表現模式也展現了不同的風格特色。筆者既注重對北宋和南宋「以史入詞」獨特性的把握,同時也將兩宋「以史入詞」作為一個整體進行關照。考查兩宋「感時紀事」書寫的主題流變和題材差異,也關注到史筆的書寫特色——具有以賦為詞、以詩為詞、以事為詞、以文為詞、以經論入詞的不同表現,按照宋代詞史發展的五個階段來分別關注其主題變化,以見「感時紀事」的以史入詞在詞學史上的「以史入詞」創作表現在詞學史上的重要意義。

第一節　北宋初期柳永「以詞觀俗」留存市井風俗史

　　柳永(987~1053)主要經歷是在北宋真宗、仁宗兩朝。宋朝儘管積弱不振,但仁宗在位的四十二年(1023-1064)之間,還算是比較安定的時代,不見兵革,號稱「太平盛世」,柳永對這樣的時代是有深刻體會的,所以他的許多詞篇就不無歌頌的反映了這個「朝野多歡民康阜」[9]的時代。

　　柳永因長期年生活在市井民間,對於城市風情有比較深刻的體驗,自然會在詞中描寫他對時代的感受,汴京、杭州、蘇州等大城都在他筆下歷歷如繪,柳永可以說是詞史上首度以詞文體描繪了一幅幅北宋昇平時代的市井風情畫,由此而擴大了詞的表現

9　《柳永〈迎新春〉,引自唐圭璋編撰,王仲聞參訂,孔凡禮補輯:《全宋詞》(北京:中華書局,1999 年),頁 17。本文所引詞作,若無特別說明,皆為節省篇幅,不再一一說明。

範圍的詞家。

「市井空間，是與宮廷空間相對的民間百姓所生活的具體空間。由於詞起源於民間，市井空間在宋詞外景中是一個天然的存在。」[10]正由於市井風情更能呈現宋代尋常百姓他們生活的真實面貌，柳永將自己定位為市民作家，為尋常百姓寫心、為平民生活寫史，便成了他創作的自我要求，他對市井空間的描寫較之其他詞人有更深刻的表現，柳永以市民作家之姿，用民間歌手的心與眼來觀察和反映大都市，通過不同角度的描寫，構建起了一個鮮活的市井空間，寫出具有時代特徵的大我普遍風貌。他力圖在大自然和都會、大我和小我的敘述中將自己對盛世的感受和反思一一展現給讀者，為人們提供一面關照當代人們精神風貌的鏡子。

正因柳永的生活足跡主要遍佈於都市中——「列華燈，千門萬戶」[11]的汴京風貌使他流連忘返；「觸處青蛾畫舸，紅粉朱樓」[12]的蘇州風情，也讓他連連稱讚。汴京、蘇州之外，包括益州、會稽、洛陽、金陵、揚州、杭州等在內的知名城市，都曾出現在他的筆下，那一幕一幕的盛世繁華，以及都市民眾的嬉笑玩樂，他都透過詞作予以留存。柳永許多詞作都不無生動地描繪了一幅幅市井生活圖畫，多以「賦筆」集中再現庶民生活史，同時也將城市繁榮景象「鋪敘」得淋漓盡致。鋪敘，即鋪陳敘述，既有紀事敘述的因素，又有層層鋪陳的描寫手法。鋪敘不僅可以增強敘事性與畫面性，同時也因敘述的細膩而增強抒情性，為詞之淋漓

---

10 引自劉睿〈城市空間視角下的宋詞創作〉，《雲南師範大學學報》，第 48 卷第 4 期，2016 年 7 月，頁 147-156。

11 柳永〈迎新春・嶰管变青律〉，《全宋詞》(北京：中華書局，1999 年)，頁 17。

12 柳永〈瑞鷓鴣・吳會風流〉，《全宋詞》(北京：中華書局，1999 年)，頁 49。

盡致地表情達意提供比較寬廣的空間。以下透過〈迎新春〉下片為例來說明這個問題：

> 漸天如水，素月當午。香徑裡、絕纓擲果無數。更闌燭影
> 花陰下，少年人、往往奇遇。太平時、朝野多歡，民康阜。
> 隨分良聚，堪對此景，爭忍獨醒歸去。[13]

柳永這闋詞寫北宋都城開封在元宵節的盛況，我們可以把它歸入民俗史之書寫。詞作中對於場景和情節的取材，並非隨意為之，而是詞人對所見所聞予以精心的篩選、提煉可以充分反映生活的場景和情節，宛如工筆細描的寫實手法，對現實予以藝術形式的呈現。在寫實一般的描繪構圖之下，詞人寫都會風光和承平氣象，將個人對盛世人間的百般滋味娓娓道來，讓我們對北宋人的生活情趣有所感知。可想而知，在如詞作中的太平盛世裡，生活一旦富足，自然也會有浪漫旖旎的故事發生。柳永在此詞描寫了一處娛樂場所的佈局，從周邊環境到內部結構一一詳細道來，在隻言片語裡構建起一個雖小卻真實可感的空間。詞中所描寫的市井娛樂場所，是緊貼宋詞自身的題材，是關於詞之得以生成及傳播的根據地。這對於市井空間的建構來說，是一份不可多得的詳細資料。後人依託於柳永繪事寫景的功力，便能領會北宋早年太平盛世之下的社會風貌。

柳永除了「以詞觀俗」之外，也「以詞寫景」，而這個「景」不止是自然風景，更是都會風景，這一幅幅繁華富庶的民俗風情畫景式構圖皆來自柳永的生平所見。他為杭州所寫下的〈望海潮〉是這一系列詞作中公認的最負盛名的作品：

> 東南形勝，三吳都會，錢塘自古繁華。煙柳畫橋，風簾翠

13　《全宋詞》(北京：中華書局，1999年)，頁17。

幕，參差十萬人家。雲樹繞堤沙。怒濤卷霜雪，天塹無涯。市列珠璣，戶盈羅綺，競豪奢。　　重湖疊巘清嘉。有三秋桂子，十里荷花。羌管弄晴，菱歌泛夜，嬉嬉釣叟蓮娃。千騎擁高牙。乘醉聽簫鼓，吟賞煙霞。異日圖將好景，歸去鳳池誇。[14]

　　〈望海潮〉表面上看來是空間與生活的書寫，但其實是一種「由地及史」的存史紀錄。同時也傳遞了一個時代所特有的審美想像，讓後人見證杭州當年的時代風情，為我們留住了北宋的歷史記憶。全詞寫出了杭州城的美麗市容；也寫出了西湖的湖山之美。一方面是自然景物的廣闊，另一方面是市井人物的煙火，如此之下，才有了一個盛世如畫的杭州。從自然到街市、再從自然到人物予以逐步鋪排，一幕又一幕的風景畫面連續的呈現在讀者眼前，將都市特有的旖旎風情再現給讀者的同時，也將彼時社會的太平盛世予以了空前絕後的記錄。此詞所展現的尋常世俗，讓後人可以如臨其境地有如身處在九百年前北宋汴京的繁華盛景中。

　　在仕途場上屢遭挫敗的柳永，困頓於市井生活中，以背離主流的「浪子」自居，對包括歌妓在內的底層群體心態瞭若指掌，正是源於沉淪的相似遭遇，這使他的創作路數有別於傳統的詞人，他的詞面向尋常百姓與普羅大眾，慣於使用一目了然的市井俚語，在相對直接的表現方式下，所取題材基本是發生在市井見聞，是內心真實情感的投射，在詞的創作題材打開了一種豐富的視角，無疑是對傳統文人詞的一種創新。

　　綜合以上對柳永都會詞的探討，既有如詩如畫的情境，又有

---

14 《全宋詞》(北京：中華書局，1999 年)，頁 39。

經典生動的場面，柳永對都市的描繪，對自然風光和人文風情同時予以寫就，這無疑是詞人對所處時代歷史的真實寫照，他的每一篇作品都是對歷史的留存，是一種時代精神的反映，一種記錄，更是一種見證，以宋詞史上的「清明上河圖」來媲美都不為過。正如劉睿〈城市空間視角下的宋詞創作〉謂：

> 在很大程度上，文化可以被看作是人類在接受了外部世界的資訊之後所回饋出來的態度。以風俗為例。當人類在面對紛繁複雜的大千世界時，自然形成了應對的辦法、特定的規範以及相應的感受，而這一切以文化心態的方式在人類文明中長期積累並保留了下來。生活於城市空間中的文人自然受到潛移默化的影響，在生活方式、心理慣性、行為模式以及行事風格等方面，表現出與傳統風俗高度的一致性。[15]

詞人往往是重要歷史的見證人，其詞作往往滲透著史家之筆。柳永把他生活在北宋仁宗昇平時期所經歷的時代精彩，一幕幕地繪之於筆下，既給我們提供了最翔實的史料，同時又繪聲繪色、非常形象地領我們去身臨其境，去感受這些重要紀錄中的形象畫面。通過柳永對市井風俗的描寫，我們可以更好認識北宋人們生活的節令民俗、都會風情。這些詞不僅具有文學性的審美價值，而且包含著豐富的歷史和民俗內容。詞具史筆，史蘊詞心，柳永在存史書寫中蘊含著詞家之心，在詞情抒懷中多多少少呈現了其紀錄時代的品格。

柳永是盛世畫家，描繪京華的壯麗、承平的氣象、都市的繁華、人們的歡樂，創作大量的形容盛明之詞；他描寫市民階層男

---

15 引自劉睿〈城市空間視角下的宋詞創作〉，《雲南師範大學學報》，第 48 卷第 4 期，2016 年 7 月，頁 147-156。

女之間的感情，表達了市民的情緒。柳永不論是寫盛世，還是抒失意，都擅於以畫為詞，把都會景色具象化，呈現在我們眼前的不再是驚鴻一瞥的掠影，而是一幅幅優美的風俗畫。譚獻稱「耆卿正鋒，以當杜詩」[16]，將柳永詞比作杜詩，正是從其詞表現出當時社會面貌、時代氣象，具有紀實性而言。柳永在詞中所表現的太平盛世，是無意識地體現了「詞史」價值。柳詞所表現出具有詞史價值的作品在內容上和「詩史」又有所不同：杜甫詩史所描寫的是戰亂不斷的社會及在這種苦難環境中顛沛流離的百姓生活；柳永所描繪的是北宋社會的太平盛世及在繁華富麗都市中的市井生活。然而柳永詞中所出現的「以史入詞」並非是他自覺有意為之，而是在創作中有感而發、油然而生之中的自發性表現。

　　柳永感時紀事，擅於塑造典型形象，伴隨著許多具體的場景的鋪敘，生動的反映了當時的社會生活，把北宋時代風情浮雕在具有長青的藝術生命力的詞作中，它在精神內涵上的重要意義便是有著強烈的「以詞存史」的寫實性，把當時人民的生活面貌清晰地顯露出來，其中融進了作者對複雜生活現象的豐富感受。柳永的都會詞著實是一部生動活潑、多彩多姿的北宋百姓的生活圖卷。

---

16 譚獻：《復堂詞話》，唐圭璋編《詞話叢編》(臺北：新文豐出版社，1988年)，頁 3990。

第二節 北宋中後期黨爭下詩化之筆的日常書寫與政治抒懷

　　探討北宋中期以後「以史入詞」的現象,不能不論述新舊黨爭對詞人內心造成的影響。北宋黨爭始於仁宗景祐、慶曆年間,至神宗熙寧以後,北宋後期的歷史幾乎就是一部新舊黨爭史。長達半個多世紀的北宋黨爭,對北宋人的政治生命和文學創作均產生了深刻的影響。黨爭對宋代士人的一個重要影響就是因詩案所造成的畏避詩禍的心理。詩案留下的創傷使文人對詩歌的禁忌異常敏感,但當那些關涉時事的個人情志內容又不得不抒發時,被視為小道、末技的詞正好成為一條最安全的寄情管道。對於詞人而言,需要一個可供釋放壓力的管道,讓自己在被權力主流的體系排斥之後,完成精神的重建。沒有人會從娛賓遣興之用的詞中去採章摘句定某人之罪,黨爭雙方也從未到詞中去搜尋攻擊對方的證據。這使得「詩人之志」得以堂而皇之地寫入詞中,為詞注入了士大夫的主體精神和生命情懷,這正是「以詩為詞」的形成背景和實質內涵。北宋頻仍的黨爭使得詞人的政治命運沉浮不定,這一點不可避免地影響到詞作的內容。他們的詞作共同反映了自己在黨爭中的真實心態和情感,表現了對人世和人生的種種無奈和喟歎。皆隨著北宋社會由前期轉向後期的社會矛盾而進一步激化,詞的回歸於社會生活也更有了加速的發展,它們集中而突出地表現在蘇詞中。從蘇軾開始在詞中,以「自我」的張揚和心靈的展示,提昇了「以我為詞」的自傳書寫、個人日常生活史書寫,「自我表現」成了蘇詞最富個性的藝術真諦。

　　蘇軾詞中除展現真實的自我，他不但調下加題或小序清楚表明「自我」，更直接在寫景敘事中突出「自我」。例如「我亦逢場作戲，莫相疑」（〈南歌子〉）[17]、「歸去來兮，吾歸何處，萬里家在岷峨」（〈滿庭芳〉）[18]、「人生如逆旅，我亦是行人」（〈臨江仙・送錢穆父〉）[19]，詞人飽滿的自我形象挺立在字裡行間，自我精神得張揚於天地之間。從〈鷓鴣天〉便可見蘇軾自我的人生姿態：

> 林斷山明竹隱牆。亂蟬衰草小池塘。翻空白鳥時時見，照水紅蕖細細香。　　村舍外，古城旁。杖藜徐步轉斜陽。殷勤昨夜三更雨，又得浮生一日涼。[20]

　　此詞作於宋神宗元豐六年（1083），這時蘇軾謫居黃州已三年，仕途挫折沒有使他消極悲觀，他能從大自然中讓自己心境平和，隨遇而安。此詞寫綠竹叢生、亂蟬鳴叫、紅蕖照水、雨後清涼，展現了蘇軾雨後遊賞的歡快與閒適心境。謫居黃州時期，蘇軾儘管有不少放達曠遠的作品，但黨爭的打擊及由此帶來的幻滅感與人生之嗟始終是揮之不去的。例如「小舟從此逝，江海寄餘生」（〈臨江仙・夜歸臨皋〉）[21]，展現出對餘生的重新思考，想要掛冠求去，追求精神的自由。「萬事到頭都是夢，休休。明日黃花蝶也愁」（〈南鄉子〉）[22]，與〈念奴嬌〉中的「人生如夢，一樽還酹江月」[23]的嗟歎相通，抒發人生感觸和貶謫之歎。從以上諸例中，我們可見蘇軾已衝破「詞為豔科」的藩籬，「為時」、「為事」而作，「有感」、「緣情」而發，序與詞本文在「事」與「情」上互

---

17 《全宋詞》(北京：中華書局，1999 年)，頁 293。
18 《全宋詞》(北京：中華書局，1999 年)，頁 278。
19 《全宋詞》(北京：中華書局，1999 年)，頁 286。
20 《全宋詞》(北京：中華書局，1999 年)，頁 288。
21 《全宋詞》(北京：中華書局，1999 年)，頁 287。
22 《全宋詞》(北京：中華書局，1999 年)，頁 290。
23 《全宋詞》(北京：中華書局，1999 年)，頁 282。

相印證、補充，便於讀者充分理解詞意，使情感有確定性。蘇軾與柳永在詞的表現上有著承傳、發展的特殊關係，他是從柳永走出大都市、走向鄉野、走向大自然。從都會到自然、從市民題材到鄉村題材的演變之餘，蘇軾將詞題材的取向從他人轉向自我，突破了舊有詞作類型化的抒情模式和應歌創作的心理定勢。並且由於其在黨爭中的政治遭遇，更讓他把宋代文人士大夫的心靈衝突納入詞中。相較於前人詞作，我們可以發現，蘇軾詞所表現的情感是多面向的，他的生命狀態亦是多元的，他在詞裡構築起了一個生動活脫的立體的心靈世界。從挖掘文人士大夫心靈世界的直面性和深廣度來說，蘇軾是詞史上的第一且最徹底的詞人。貶謫黃州是他人生第一次重大的挫折，是他人生尤其是其詞創作的轉振點，也是儒、道、禪這幾種精神力量在他內心衝突得最厲害的時期。黃州詞所表露出來的生存狀態更為鮮明。「以詩為詞」，擴大了詞的表現空間，在日常生活的書寫中確立一種歷史意識和生存價值觀。

　　回顧詞史的發展，《花間》詞是助歡佐酒的應歌作；柳永詞雖然反映了詞人的生活面貌，但充其量只是生活中的部份或側面而已；而蘇軾則在柳永開拓的基礎上進一步地使詞更為徹底的自我化、完整的士大夫化、深入的社會化。如果說，柳永詞中出現的市井空間、民間文化、自然山水，有力地突破了晚唐以來詞審美空間局促狹小的局面；那麼，蘇軾透過自然山水思考歷史與人生，使詞的審美空間融入了人生如夢的感慨和歷史的滄桑感，也提升了「以史入詞」富有超越的境界。如果說，柳永極力描寫繁華的都市生活，以高度讚賞的心情再現了當時都市的繁華；蘇軾則把目光投向了農村鄉野和小我的日常生活，他在親身經歷和感受的基礎上，描寫了農民的純樸生活，寫閑居讀書、躬耕、狩獵、飲

酒等都進行了生動具體的描寫，並從日常瑣事中領悟到人生的哲理。如果說，柳永側重表現昇平時代的都城繁華；而蘇軾則更看重個體對於社會的責任，他常把歷史、現實社會與自然山水相互疊合，表現出對人生與現實的深沉思考。蘇詞已體現了歷史就在當下，在每個人的日常生活之中。

　　實際上，黨爭可以說是北宋中期以來所有被貶謫的詞人們創作的共同歷史背景，除了蘇軾之外，張耒、黃庭堅、秦觀、晁補之這些蘇門學士也陷於黨爭沉浮。由於不願屈附權貴，屢為當權者不容，與蘇軾同進退、共浮沉，迭遭貶謫，深諳世態炎涼、宦海浮沉的凄苦滋味。這些生活經歷多多少少在其詞作中投下了沉重的陰影。黃庭堅〈撼庭竹〉詞題作「宰太和日吉州城外作」，顯然是作於黨爭中被貶知吉州太和縣期間：

> 嗚咽南樓吹落梅。聞鴉樹驚棲。夢中相見不多時。隔城今夜也應知。坐久水空碧，山月影沈西。　　　買箇宅兒住著伊。剛不肯相隨。如今果被天嗔作，永落雞群被雞欺。空恁可憐伊。風日損花枝。[24]

詞中寫人有心護花，花則「剛不肯相隨」，「如今果被天嗔作，永落雞群被雞欺」，正反映了他當時在黨爭中的感受。這裡借風損花枝來曲折道出自己的現實遭遇。

　　黃庭堅作於崇寧元年太平州任上的〈木蘭花令〉表現了他的貶謫之歎和人生之嗟：

> 凌歊臺上青青麥。姑熟堂前餘翰墨。暫分一印管江山，稍為諸公分皂白。　　　江山依舊雲空碧。昨日主人今日客。誰分賓主強惺惺，問取磯頭新婦石。[25]

24　《全宋詞》（北京：中華書局，1999 年），頁 390。
25　《全宋詞》（北京：中華書局，1999 年），頁 405。

　　該詞作於宋徽宗崇甯元年（1102 年），黃庭堅當時初九到任當塗太平州知州，未料十七日即罷官，免職後一天，同僚為他擺設酒席，這使他感慨萬千而寫成此詞。該詞從當塗的名勝古跡寫起。開頭兩句概括了當塗的山川風物：「淩歊臺上青青麥，姑熟堂前餘翰墨」，昔時高臺離宮，而此時麥苗青青，透過景物的變化而寄寓了世事滄桑的感慨。「青青麥」三字，引發讀者「黍離麥秀」之思。姑孰本是當塗縣的古名，姑孰溪流貫其中，姑孰堂建在溪上。「餘翰墨」，感歎昔人已逝，只留下了翰墨佳篇。這兩句寄寓了黃庭堅自己宦海浮沉的身世之感，俯仰之間，一切都已化作歷史的陳跡，只有文章翰墨能和江山共存，永垂不朽。下片寫他出知太平州的經歷：「暫分一印管江山，稍為諸公分皂白」，經過遷謫的磨難，憂患餘生的詞人已把做官一事看得十分淡泊，所以他把到任一事稱為「管江山」、「分皂白」。詞人亦官亦隱，以做官為隱(即「吏隱」)，稍為百姓分辨是非。一個「暫」字，一個「稍」字，突出了他淡然超脫、優遊江湖、怡情山林的態度。黃庭堅雖然力圖尋求解脫，但仍然可見其內心的不平。下片起首「江山依舊雲空碧。昨日主人今日客」二句，概括了九日罷官的戲劇性變化，與上兩句適成對照，頗有人生變化無常之慨。它運用當句對，一句之中既構成今昨主客的鮮明對比，江山形勝，碧天浮雲，著一「空」字，很多事情都不能預料、不能掌控。本來要「管江山」、「分皂白」的主人，一下子成了客人了！這一句集中揭示了政治生活的反常和荒廖，人生變化之突兀。最後兩句「誰分賓主強惺惺，問取磯頭新婦石」，昨天的主人今天成了客人。誰要勉強把主客分個一清二白，那就去問江邊的新婦石吧。新婦石是千百年來歷史的見證，閱盡了人世滄桑，但見人間的升沉榮辱都只如過眼雲煙，不必去認真的去區分賓主彼此。這首詞曠達超然之中發洩

了牢騷不平，表現出詞人不以進退出處縈懷的超脫襟。然而這令人啼笑皆非的從主易客的宦途戲劇化的遭遇，畢竟難堪，不免心有牢騷。最後以「誰分賓主」來自我開脫，表露「能入亦能出」的放達情懷，同時也有感歎、不平、譏諷、自嘲，一首詞的內涵頗為豐富。

　　蘇門學士中的秦觀，更是在黨爭中抑鬱感傷，其〈望海潮〉(梅英疏淡)[26]作於元祐黨爭中遭貶離家之時，「東風暗換年華」，暗指高太后去世後哲宗親政，一變前法，舊黨眾人被迫遠離京城之事。「行人漸老，重來是事堪嗟」，寄寓著強烈的昔是今非之歎。〈踏莎行〉(霧失樓臺)[27]作於被貶郴州之時，霧靄迷茫，月色朦朧，孤館春寒，杜鵑啼暮，詞境淒婉。〈千秋歲〉(水邊沙外)抒發貶謫心態。[28]

　　又如晁補之對歸與不歸做了深思的思考，如其〈八聲甘州・揚州次韻和東坡錢塘作〉：

> 謂東坡、未老賦歸來，天未遣公歸。向西湖兩處，秋波一種，飛靄澄輝。又擁竹西歌吹，僧老木蘭非。一笑千秋事，浮世危機。　　　應倚平山欄檻，是醉翁飲處，江雨霏霏。送孤鴻相接，今古眼中稀。念平生、相從江海，任飄蓬、不遣此心違。登臨事，更何須惜，吹帽淋衣。[29]

詞人於此詞首次思考「歸否」的問題。晁補之乃蘇軾門生，蘇軾因烏台詩案貶黃州團練副使，晁補之不免受到牽連，對政治黑暗開始有了體驗，其時他入仕未久，沒有受到太多挫傷打擊，這首詞寫來尚能不失豪健。但自紹聖以後，他被貶謫中所作，明顯地

26　《全宋詞》(北京：中華書局，1999 年)，頁 455。
27　《全宋詞》(北京：中華書局，1999 年)，頁 460。
28　《全宋詞》(北京：中華書局，1999 年)，頁 460。
29　《全宋詞》(北京：中華書局，1999 年)，頁 553。

生發出內心的怨歎，表現了詞人的思想變化。總之，晁補之的遷謫詞猶如一曲心靈獨唱，吟詠了他在被貶謫宦遊這一特殊生命歷程中的憤懣與怨艾，期冀與愁苦。雖然只是感歎仕途不遇，抒發個人事業無成的怨悱，境界也許不夠高大，但卻飽含了作者最真切的情感體驗。其〈水龍吟〉(水晶宮繞千家)作於崇寧元年由河中府移任吳興郡，旋又被免官時期。其中「黃粱未熟，紅旗已遠，南柯舊事，常恐重來。夜闌相對，也疑非是」[30]，正是針對自己的遭際發出的生不逢時、富貴榮華罔如夢寐的人生感歎，同時也表現出詞人在黨爭中驚恐的心理狀態。

　　如果從黨爭視域下看周邦彥詞，便會發現詞人的仕宦生涯與其詞作之間有著互動的關係。周邦彥二十九歲，因獻〈汴都賦〉，得到神宗的賞識，由太學生擢為太學正。然而，他卻缺乏在政壇上應世的能力和本領。周邦彥的內心是矛盾的，既熱衷於仕途，又有出世的思想；既因獻賦而獲得仕途殊榮，卻又在政治鬥爭中感到苦惱。北宋後期，黨爭越益激烈，周邦彥在新、舊兩黨間的政治處境複雜微妙。他的詞有仕途沉淪的悲嘆，政治上無奧援的孤苦及末世情懷的流露，為主體情志的抒發開闢了更為廣闊的藝術空間。他的某些詞作表現了詞人對自身生存狀態的關懷以及生命本體的思考，間接的表現了時代的問題，個體化的政治抒情。像〈蘭陵王‧柳〉[31]這首送別詞，寫的便是自己「京華倦客」，懷著無限傷感與友人離別。詞中的柳絲、流水、斜陽，無不滲透著作者的身世之感，更寄託了作者宦途失意與身世飄零的喟歎。這些詞作自有它產生的特殊原因。在當時保守派與革新派的不斷鬥爭中，他浮沉州縣，官途失意，鬱悶迷惘的心情就自然而然地流

30　《全宋詞》(北京：中華書局，1999 年)，頁 553。
31　《全宋詞》(北京：中華書局，1999 年)，頁 611。

露在詞中：「年年。如社燕，飄零瀚海」（〈滿庭芳〉）[32]，詞人以社燕自比，身世飄零，暫在此溧水寄身。自從他因〈汴都賦〉而得官之後，便長期淹留他鄉，再加上仕途不順遂，寂寞悲涼，自然更易泛起故里之思、衰颯之情。〈蘇幕遮〉：「故鄉遙，何日去。家住吳門，久作長安旅」[33]，念及家鄉蘇州的荷塘、少年時代的同伴，勾起熾烈的鄉情，早年的豪情壯志如今已消磨殆盡。

　　又如〈瑣窗寒〉上片末尾「似楚江暝宿，風燈零亂，少年羈旅」[34]，詞人在楚江暝宿之處，有風燈零亂擾心，不由遙想少年羈旅之懷。從當前的客窗孤獨，想到昔日的楚江羈旅，少年京華作客和垂老之年的行役天涯，心境同樣淒涼，人生從少到老，徒然顛簸雜沓一程，終無所獲。再如〈驀山溪〉詞本寫湖上之遊，下片卻是這樣的結尾：「落日媚滄洲，泛一棹、夷猶未已。玉簫金管，不共美人游，因箇甚，煙霧底。獨愛尊羹美。」[35]欲遠離世事，處滄洲閒居之地。很明顯，他因思歸而不得，甚而產生捨卻官職的思想。與思鄉常聯繫在一起的是傷老。年華易逝、青春不再的感歎在周邦彥作品中也屢屢可見。思鄉傷老，在宋代詞人中並不是個別現象，但周邦彥卻比較突出。特定的時空，造就特定的心境。周邦彥生活在北宋末年，蔡京等人結黨營私，損公肥己，使得政壇與社會愈來愈腐朽黑暗，再加上他長年的飄零、仕途不順，在壓抑的情緒下就促使他產生這種心境。周邦彥畢竟不會只沉溺於個人情感中，還有憂國憂民的一面，這類作品數量不在少數。只是在他的詞作中這種思想感情表現得較隱晦、含蓄。因歷練時久，少年時一些急躁情緒也漸漸變得淡薄，在詞風上也就顯

32　《全宋詞》（北京：中華書局，1999 年），頁 602。
33　《全宋詞》（北京：中華書局，1999 年），頁 603。
34　《全宋詞》（北京：中華書局，1999 年），頁 595。
35　《全宋詞》（北京：中華書局，1999 年），頁 599。

得沉鬱而意蘊深厚。這一類詞作，索解比較不易，但細加尋繹，仍可隱約地看出當時政壇的新舊黨爭與權力此消彼長的某些側面，這也正反映了北宋後期的某些世態與人情。周邦彥詞還在其為數不多的作品中塑造了流落京華、身心俱疲的「倦客」形象，如〈滿庭芳〉：「憔悴江南倦客」[36]，〈蘭陵王〉中「誰識京華倦客」[37]，〈繞佛閣〉：「倦客最蕭索」[38]，〈西平樂〉：「翻令倦客思家」[39]等等。詞人寄託和內化了自己的生命情感體驗，注入了士大夫命遇之悲。再看〈黃鸝繞碧樹〉詞下片：

> 且尋芳、更休思慮。這浮世、甚驅馳利祿，奔競塵土。縱有魏珠照乘，未買得流年住。爭如盛飲流霞，醉偎瓊樹。[40]

　　此詞約作於政和七年(1117)，周邦彥又被召還京。此時正是宋徽宗命官吏大肆營造宮殿苑囿，愈來愈耽於逸樂之際。詞中的「這浮世、甚驅馳利祿，奔競塵土。縱有魏珠照乘，未買得流年住。」已經反映時代和人性，隱隱地諷刺了宋徽宗趙佶之流大傷國力與民力的奢侈行為，以及官場不問國計民生、只求自己利祿的腐朽作風。這也正從另一方面體現了作者為國家前途的擔憂心情。通過以上粗略分析，可以看出周邦彥是個有政治責任心的詞人，並非只知風花雪月的無聊文人。他的詞作題材有一定的廣泛性，思想意蘊也並非限於狹隘的男女豔情一類。周詞將一種敘事化的因素引進宋詞當中，並用一種曲折姿態橫生的方法對前人單調平直的寫法加以改造，給慢詞的寫作提供了不少可資借鑒的嶄新素質，使得南宋風雅詞人「以史入詞」的創作和藝術表現發生

36　《全宋詞》（北京：中華書局，1999 年），頁 602。
37　《全宋詞》（北京：中華書局，1999 年），頁 611。
38　《全宋詞》（北京：中華書局，1999 年），頁 614。
39　《全宋詞》（北京：中華書局，1999 年），頁 598。
40　《全宋詞》（北京：中華書局，1999 年），頁 613。

很大的變化，同時也奠定了他在詞壇上突出地位。

　　蘇軾、黃庭堅、秦觀、晁補之、張耒、周邦彥等人，雖在政治立場上有支持舊黨或新黨的不同，但都難以倖免被捲入黨爭的漩渦之中，黨爭使得宋代士人的參政理想遭受到摧殘。他們都通過了詞作來寄寓時代現實和政治風氣。北宋以來文人士大夫們普遍具有擔負天下的自覺精神和積極高揚的參與意識，直面當下。像蘇軾在新舊黨爭雙方喜同惡異、黨同伐異下形成了自己獨立不倚、有益於世的主體性格。正是北宋黨爭的歷史造就了蘇軾這一獨特的主體性格，造就了蘇軾的文學業績。因為作者面對人生的態度不同，性格不同，發出了不一樣的聲音，有著不一樣的精神品質。從王安石、蘇軾、黃庭堅、秦少游、周邦彥，處於這一脈絡的作家，他們的寫作多取材於日常生活，而在創作理念上，他們並未陷入日常寫作的庸俗化，而是盡力超拔出來，拓展了日常可能具有的最大詩意空間。他們沒有一味地簡化日常，而是在重塑生活中那些未被我們關注與挖掘的部分。從政治遭遇的書寫到個人化的自我觀照，從某種程度上說，也是順應了一種時代的美學邏輯。代女子立言擬作類型化的抒情已逐漸失效，取而代之的則是對個體自性的強調，自我的感受更符合這個時代的美學趣味。從記錄見聞到勘探內心，這是日常生活書寫向內轉的一個佐證。從中我們可以見到「以詩為詞」的表現，並不只停留在以隱括詩句入詞，更展現在詞中寄寓了時代面向，以詞存史，以史入詞，即使是曲折或含蓄的呈現。

　　相對於柳永展現大都會生活、市民文化的宏大主題，那些回歸內心和生命現場的寫作，更能在日常經驗裡獲得其創造的土壤。在北宋黨爭不斷的一個時代，詞人們更加專注於自己的日常生活而非歷史的縱橫捭闔，現實的波瀾壯闊，這是一代人審美觀

念變化的結果。並非因為「小」,就沒有被書寫的價值,「小」同樣也有它的自足性,真正的日常生活就是由小事構成。寫大詩需要神助,需要契機。寫小詞對於當時的文人來說,是一種常態的生活,而生活的常態又佔據了我們人生的絕大多數時間。畢竟,文學離不開自身所處的日常生活,「歷史」是在每一個小我的日常生活中累積。即使是日常書寫,也不免會在不同程度上反映歷史的內容。文學必然反映特定的歷史面貌,詞文學亦然。北宋詞家以史入詞之作,既具有反映新舊黨爭下的士大夫精神面貌,也真實地記錄了其坎坷多舛的人生經歷,滲透著獨特而真切的個人體驗,展示了其複雜而幽隱的心靈世界。

第三節　南渡詞人「以詞紀事」寫流亡的生存境遇

　　公元 1126 年,一場讓所有志士仁人為之痛心疾首的歷史巨變——靖康之難驚天動地而來,1127 年,金軍攻破汴京,徽、欽二帝被虜,北宋滅亡。高宗趙構倉惶即位,在臨安建立起僅有東南半壁的偏安政權,宋高宗成為南宋的開國之君,史稱「宋室南渡」。金人在占據北方大片領土之後,繼續揮師南下,步步進逼。靖康之變摧毀了北宋社會那倚紅偎翠、淺斟低唱的物質基礎,震撼了詞人的心靈,有力的改變了傳統的創作觀念,詞風也隨之發生了明顯的變化。南渡之際的代表性詞人有李綱、胡銓、岳飛、葉夢得、朱敦儒、向子諲、張元幹,以及傑出女詞人李清照,他們的詞風明顯不同於北宋。南渡這一特殊經歷對詞人的生活和創

作造成重大的影響，可以說，是歷史以一個王朝的陷落成全了一脈詞風的興盛。「詞史」意識在南渡以來的詞人詞作中已初露端倪。靖康之變促使文人經歷了流亡與逃難的經歷。流亡是人類被迫跨越地理與政治空間而不斷的遷徙。南渡詞家身為流亡者，其筆下的個人經歷，不僅是被書寫的對象，也是他們借以書寫內心深處流亡傷痛的一個媒介。流亡是詞人創作的動力和源泉，流亡賦予其獨特的感受和思維，由此形成詞境的拓展與深化。我們可以從詞人生存的視角，考察南渡詞作的詞史書寫與生命體驗，首先值得我們注意的是李清照。

　　李清照一生騎跨於南、北宋之間，以南渡為界，其後期作品更是融入了宋室南渡的獨特時代背景。她的作品往往在小我抒懷中具有反映時代集體記憶和共同焦慮的特色，例如其〈永遇樂〉一詞，表面上看來好像寫私人化的情感，但這感情卻與國家的命運和百姓的遭遇息息相關，在身世無依之感中寄寓著故國之憂：

> 落日熔金，暮雲合璧，人在何處？染柳煙濃，吹梅笛怨，春意知幾許？元宵佳節，融和天氣，次第豈無風雨？來相召，香車寶馬，謝他酒朋詩侶。　　中州盛日，閨門多暇，記得偏重三五。鋪翠冠兒，撚金雪柳，簇帶爭濟楚。如今憔悴，風鬟霜鬢，怕見夜間出去。不如向簾兒底下，聽人笑語。[41]

　　張端義《貴耳集》說：李清照「南渡以來，常懷京、洛舊事，晚年賦元宵〈永遇樂〉詞。」[42]則此詞確應是宋室南渡、趙明誠去世後的晚期詞作。陳祖美《李清照評傳》認為此詞繫之於紹興

---

41 《全宋詞》（北京：中華書局，1999 年），頁 931。
42 宋・張端義《貴耳集》（北京：中華書局，1985 年)卷上第 66 條評李清照部份，頁 55。

十七年(1147 年)或稍後，[43]也就是李清照六十四、五歲之際居於臨安時期創作的。李清照在詞中通過三問，字裡行間就蘊含了深層了隱喻義，滿載著作者的家國情思。一問「人在何處？」通過這一問來表達她流落異鄉，漂泊無依，孤獨寂寞的境遇和心情。二問「春意知幾許？」深層含意便是對國勢的擔憂。南宋小朝廷採取投降政策，對入侵者的忍讓，換來的是偏安一隅和暫時的安定。然而，北方的金人對南宋一直虎視眈眈，伺機南犯。南宋統治者用投降和卑躬屈膝換來的這暫時的「春意」又能維持多久呢？三問「次第豈無風雨？」對良辰美景，暖和天氣，本應盡情享受節日的快樂，但誰能保證轉眼之間不會有狂風暴雨呢？南渡之前，她過著安定、寧靜、幸福、快樂的生活，那時候她怎麼會預料得到後來會有一場國破家亡、背井離鄉的災難呢？詞人在本詞連著提出三個疑問時，便把內心的憂慮深刻的表現出來了。處在南渡國破家亡的巨創痛楚中，李清照的悲歡個人遭際的作品，其意義本身都已超越了個人的身世之感，它自然帶有動亂時代逃亡人民的共同哀愁，反映出南渡人民辭鄉別土、流離失所者的意欲返回故里的共同願望。這首詞問世之後，它由於突出今昔盛衰感，在社會上發生了強烈的反響，並引起一些愛國詩人、詞人的共鳴。例如比李清照稍後而基本屬於同一時期的劉辰翁及辛棄疾等作家，他們都深受感動，起而「效易安體」，依聲填詞，以抒發他們自己的愛國情懷，就是明證。

　　南渡詞人張元幹其早年詞風清麗婉轉，南渡後因親身參與抗金，詞風變而為慷慨悲涼。宋徽宗宣和七年十月(1125)，金太宗

43　陳祖美《李清照評傳》(南京：南京大學出版社，1995 年)第六章〈李清照年譜〉：六十四歲（紹興十七年，1147 年）條下云：「〈永遇樂〉、〈添字醜奴兒〉作於是年或稍後。」

下令大舉侵宋，包圍了汴京。張元幹於宋欽宗靖康元年（1126 年）
正月，任東京四壁守禦使，親歷汴京保衛戰，在顛沛流離中看盡
了人民苦難，關心國家前途，其詞的格調變而為激昂慷慨，愛國
情懷也在描寫時事中而洋溢在字裡行間。代表作是〈賀新郎〉兩
首，分別獻給主戰名臣李綱和胡銓[44]，表示了對主戰派的大力聲
援，寄寓了國土淪喪的悲憤之情，也抒發了收復故地的雄心。身
經世變的張元幹，敏感地把握住了時代的晴雨表，發出了無愧於
時代的顫音。

　　與張元幹被稱為南宋前期詞壇雙璧的張孝祥詞中也不乏反
映歷史之作。張孝祥〈六州歌頭・和龐佑甫聞采石戰勝〉寫於高
宗紹興三十二年(1162 年)二月間：

> 雪洗虜塵靜，風約楚雲留。何人為寫悲壯，吹角古城樓？
> 湖海平生豪氣，關塞如今風景，剪燭看吳鉤。謄喜燃犀處，
> 駭浪與天浮。　　憶當年，周與謝，富春秋。小喬初嫁，
> 香囊未解，勳業故優遊。赤壁磯頭落照，肥水橋邊衰草，
> 渺渺喚人愁。我欲乘風去，擊楫誓中流。[45]

　　1161 年冬，金主完顏亮入侵，與宋將虞允文會戰於采石，金
大敗，南宋才得以轉危為安。這是宋室南渡以來第一次振奮人心
的大捷，消息傳來，江南士氣大振，詞人喜悅欲狂，因而寫下此
詞。此詞雖未直寫戰事，卻是重大歷史事件在詞中的體現。此外，
張孝祥又有另一首〈六州歌頭〉表達壯懷激烈和憂國憂民的愛國
情懷：

> 長淮望斷，關塞莽然平。征塵暗，霜風勁，悄邊聲。黯銷

44　〈賀新郎・寄李伯紀丞相〉,〈賀新郎・送胡邦衡待制〉，見《全宋詞》，
　　頁 1073。
45　張孝祥〈六州歌頭・和龐佑甫聞采石戰勝〉,《全宋詞》(北京：中華書局，
　　1999 年），頁 1688

凝。追想當年事，殆天數，非人力，洙泗上，絃歌地，亦
羶腥。隔水氈鄉，落日牛羊下，區脫縱橫。看名王宵獵，
騎火一川明。笳鼓悲鳴。遣人驚。　　念腰間箭，匣中劍，
空埃蠹，竟何成。時易失，心徒壯，歲將零。渺神京。幹
羽方懷遠，靜烽燧，且休兵。冠蓋使，紛馳騖，若爲情。
聞道中原遺老，常南望、羽葆霓旌。使行人到此，忠憤氣
填膺。有淚如傾。[46]

　　上片描寫江淮前線宋金對峙的嚴峻態勢，一句「長淮望斷，
關塞莽然平」道出了半壁江山淪落敵手的傷痛；下片抒寫愛國的
壯志難酬，朝廷安於和議現狀，百姓對光復的期望只能落空，詞
情更加悲壯激烈，結尾處「使行人到此，忠憤氣填膺，有淚如傾」
三句音節鏗鏘，悲憤之情溢於言表，極具藝術感染力。

　　文學與流亡結下了不解之緣，流亡者生命的獨特造就了生命
的孤獨。南渡詞家在流亡漂泊的人生中忍受著的孤獨，同時卻體
驗到了生命的真諦，深化了創作內涵。他們的詞作堪稱是一部宋
人流亡的集體記憶。

第四節　辛派愛國詞家「以詞證史」
寫抵禦外侮的群體記憶

　　繼南渡詞人之後，一批新的愛國詞人陸續登上詞壇，包括陸
游、辛棄疾、陳亮、劉過、劉克莊等人，其中以辛棄疾為傑出之

---

46 張孝祥〈六州歌頭〉，《全宋詞》(北京：中華書局，1999 年)，頁 1686。

代表。辛棄疾以獨闢蹊徑的方式，創作了大量的反映現實之作。辛棄疾有多次戰場交鋒的經歷，因此在他的詞作中就有了許多對戰爭的直接描寫，在這些描寫中，我們可以看到一個驍勇善戰的英雄形象，例如〈水調歌頭・舟次揚州和人韻〉上片：

> 落日塞塵起，胡騎獵清秋。漢家組練十萬，列艦聳層樓。誰道投鞭飛渡，憶昔鳴髇血汗，風雨佛狸愁。季子正年少，匹馬黑貂裘。[47]

首二句從金主完顏亮發動南侵寫起。北方的少數民族經常在秋高馬肥的時節南下入侵，此處正是寫這一事實。「落日塞塵起，胡騎獵清秋」，寫出了落日中邊塞塵煙四起，遮天蔽日，戰爭氣氛濃重，這兩句將戰前一觸即發的緊張氣氛描繪了出來。如果說起首二句是在寫敵方，那麼接著寫我方便是「漢家組練十萬，列艦聳層樓」，詞人檢閱十萬精兵，戰艦高聳，早已經做好準備，年輕的季子穿著貂裘，身騎戰馬，英姿颯爽，刻畫了一個馳騁疆場、衝鋒陷陣的少年英雄形象。讀來令人精神一振。大有一種必勝的氣勢和信心。在辛棄疾的一生中，最值得他珍惜的回憶的就是早年那段戰鬥生活，〈破陣子・為陳同甫賦壯語以寄〉：

> 醉裡挑燈看劍，夢回吹角連營。八百里分麾下炙，五十弦翻塞外聲，沙場秋點兵。　　馬作的盧飛快，弓如霹靂弦驚。了卻君王天下事，贏得生前身後名。可憐白髮生。[48]

辛棄疾的詞意境雄渾開闊、情感悲憤蒼涼，生動的反映了當時動蕩不安的社會現實，具有豐富深刻的歷史內涵與現實價值。辛棄疾在〈臨江仙・戲為山園壁解嘲〉裡說自己：「有心雄泰華，

---

47 《全宋詞》(北京：中華書局，1999 年)，頁 1873。
48 辛棄疾〈破陣子・為陳同甫賦壯語以寄〉，《全宋詞》(北京：中華書局，1999 年)，頁 1940。

無意巧玲瓏」[49]，頗為精確地概括了辛詞境界開闊、感慨深沉、
蒼涼壯美的藝術風格形成的創作心理和審美偏嗜。時代固然需要
個人化的私語性的小詞，然而更加需要的是能夠反映時代脈搏與
群體記憶的大詞。與辛棄疾私交甚厚的陳亮，如此評價辛棄疾:「每
一章就，輒自歎曰:『平生經濟之懷，略已陳矣!』」[50]南渡以來
的詞家多述其「平生經濟之懷」，此乃時代造就，也是詞自誕生以
後所完成的最為重大的使命。所謂「經濟之懷」乃是詞人以仁愛
之心關懷當下的社會現實，從而創作出的具有關懷蒼生和憂患意
識及其相應藝術特徵的第一等真詩。

　　劉過(1154～1206)，是江湖詩人及辛派詞人，他終身布衣，
落魄於江湖之上，往來達官貴人與歌姬舞女之間，卻胸懷大志，
力主抗金收復中原失地。劉過一生為抗金報國孜孜不倦。劉過不
但懷念已逝的抗金英雄如岳飛，對郭杲、張路分等現實中的抗金
人士也寄予了深切的期望，如年輕時所寫〈沁園春‧御閱還上郭
殿帥〉:

> 玉帶猩袍，遙望翠華，馬去似龍。擁貂蟬爭出，千官鱗集，
> 貔貅不斷，萬騎雲從。細柳營開，團花袍窄，人指汾陽郭
> 令公。山西將，算韜鈐有種，五世元戎。　　旌旗蔽滿寒
> 空。魚陣整、從容虎帳中。想刀明似雪，縱橫脫鞘，箭飛
> 如雨，霹靂鳴弓。威撼邊城，氣吞胡虜，慘淡塵沙吹北風。
> 中興事，看君王神武，駕馭英雄。[51]

宋寧宗銳意北伐，以郭杲為殿帥。詞人在這首詞中寫出了郭

---

49 辛棄疾〈臨江仙‧戲為山園壁解嘲〉，《全宋詞》(北京:中華書局，1999
　　年)，頁1941。
50 南宋‧葉適《水心文集》卷二十九之《書龍川集後》。
51 劉過〈沁園春‧御閱還上郭殿帥〉，《全宋詞》(北京:中華書局，1999
　　年)，頁2142。

杲在沙場閱兵的壯觀盛況，在他的運籌指揮之下，宋軍展示了「旌旗蔽滿寒空。魚陣整、從容虎帳中」波瀾壯闊的場景。詞人在民族危亡關頭，頌揚郭杲這樣的將帥，正是詞人之心聲。此首著重刻畫統帥之高蹈與志意，英氣豪邁，展現一股浩氣。宋詞中集中描繪軍事場面與刻畫軍事將領形象的作品並不多見，劉過是很有代表性的一位。

又如〈沁園春・張路分秋閱〉：

> 萬馬不嘶，一聲寒角，令行柳營。見秋原如掌，槍刀突出，星馳鐵騎，陣勢縱橫。人在油幢，戎韜總制，羽扇從容裘帶輕。君知否，是山西將種，曾繫詩盟。　　龍蛇紙上飛騰。看落筆四筵風雨驚。便塵沙出塞，封侯萬里，印金如斗，未愜平生。拂拭腰間，吹毛劍在，不斬樓蘭心不平。歸來晚，聽隨軍鼓吹，已帶邊聲。[52]

詞題中「張路分」，乃姓張的一位擔任路分都監的軍事長官，生平不詳。劉過在這首詞中寫出了他在沙場點閱秋兵的壯觀盛況，寄託了作者渴望有更多的文武雙全的抗戰儒將。「拂拭胸間，吹毛劍在，不斬樓蘭心不平」，也是詞人終生奔走的心願。詞人以事入詞，以詞證史，精心煉選擇能反映人物具有典型意義的細節入詞。如「羽扇從容裘帶輕」、「龍蛇紙上飛騰。看落筆、四筵風雨驚。」「拂拭腰間，吹毛劍在」等，充滿著濃厚的時代氣息，顯得真實可感，這首詞就是對時事的及時反映。

這類反映戰爭事件的詞，對戰爭的場面、氣氛有一些鮮明生動的刻劃，即使缺乏整體性和系列性，但它把詞從象牙之塔拉到了烽煙滿地的戰場，極大地開闊詞境。這類作品流露了詞人對特

52　《全宋詞》（北京：中華書局，1999 年），頁 2144。

定時空中所產生的獨特情感體驗，必須用歷史與現實的審美眼光觀照，從某種意義上說，這些反映戰爭之作具有詞史的價值，因為它以形象的語言藝術性地再現了時代。過去詞壇所缺乏的正是此一存史精神。若無靖康之難，相信則不見事功派思想在詞中體現。一個拒絕關懷大我、心憂天下的詞壇畢竟是貧乏的詞壇。南宋辛派愛國詞人在創作時已有以詞記史的自覺，以入世的態度寫詞，詞作與重要時事相關聯，這使詞作在原有情感基礎上多了一層歷史事件的深沈，發人深思。

　　回溯南宋愛國詞人的詞史書寫，我們會注意到其中凝結了一代仁人志士救亡復興的憂憤與激昂。詞在宋人心中，是一種吟風弄月、抒寫私情私欲的文體，晚唐以來至北宋詞中，較少寫到重大的史實。在宋與金人戰事之後的南宋詞壇，反映時代巨變、抒發愛國和報國之志成為詞創作的主流。和「月白風清自在懷」的北宋士人相比，南宋士人們內心更多生命不能承受之重，日益衰落的特定時代形成了「以史入詞」的背景。他們在詞中呈現了歷史，也安頓了自己。以史入詞的創作實踐發展到南宋日趨成熟。南宋愛國詞作具有鮮明的詞史意識，通過對南宋愛國詞進行詞史精神的考察，我們可以進一步認識歷史對人心的影響、反思歷史對詞作的改變。

第五節　典雅詞家藉今昔對比寫時代悲感與生之迷惘

　　南宋朝廷曾於隆興元年（1163）和開禧二年（1206）兩次發

動對金的北伐，無奈皆告失敗，從此，南宋永遠地失去了收復失地的機會。符離之戰後，南宋後期的政權處於風雨飄搖的艱難時期，後來因為金人政權陷入複雜的內部權力鬥爭中，南宋王朝獲得了極為難得的休養生息機遇，出現了短暫的和平時期。隨之而來的「嘉定和議」使偏安的局面在屈辱之中得以維持數十年之久。但整個社會並沒有抓住歷史的恩賜，而是在一片「西湖歌舞幾時休、暖風薰得遊人醉」[53]的氛圍中繼續消沉下去。隨著偏安局面的逐漸凝定，此前普遍高漲的抗戰情緒漸趨消退，朝廷上下又恢復了北宋時期的文恬武嬉、酣歌醉舞。與此時代形勢相應，詞壇的審美風氣也在發生著變化。姜夔(1155-1221)、史達祖(1160-1210)、吳文英(1200-1260)等一批典雅派詞人相繼登上詞壇，成為詞壇主流。

　　南宋典雅詞派的代表姜夔出生於國家陷入衰敗的時代，家貧讓他無立錐之地，而在科舉道路上他又承受多次挫折，更強化了其內心的哀怨、淒清，身世的淒苦，造就了他成為典雅詞派代表性人物的歷史地位。我們應該認識到，當歷史的車輪沿著早已設定好的路線前進時，某一個人的努力不僅顯得蒼白無力，更讓人感受到一種莫名的悲哀。作品總是反映一代人的痛苦和夢想。

　　歷史是追求實錄與重敘述，而詞則是重抒情與想像，二者之間似乎存在著不能協調的天然矛盾。然而若從詞境的拓展和詞情的豐富的追求而言，如果單純的實事求是而不加情感與景物點染的話，容易在敘述和議論中顯得直露而造成作品缺乏情韻。倘若

---

53 南宋・林昇〈題臨安邸〉：「山外青山樓外樓，西湖歌舞幾時休？暖風薰得遊人醉，直把杭州作汴州。」這是一首題在臨安城一家旅店牆壁上的題壁詩，反映了南宋王朝荒淫腐化、苟且偷安、醉生夢死、屈膝投降的生活情景，寄寓著辛辣的諷刺，也表達了詩人對國家民族命運的深切憂慮。

一味地傾向虛構和想像，又勢必失去「詞史」真實性的基本性質。而典雅詞人卻完美地解決了上述矛盾。其「以史入詞」並非單純的為吟詠歷史人事，更多的透過典型意象曲折表現歷史。正如姜夔詞常是透過聚散離合之情，寄託興亡之感，透過內心來折射時代、穿越歷史，富有深刻而厚重的時代內涵。詞自有其政治因素以外感動人心的藝術力量，而這種力量實際上源於對人的命遇和生存處境的關懷，烘染出空虛渺茫之感。典雅詞人「以史入詞」的目的不是具體的政事而是抒情，因此沒有、也不必要對這些事件和人物進行逼真細緻的描寫，而只要抓住它們與政事和作者感情相似的特點加以描寫即可，這樣的描寫常常是「寫意」式的，而非具體的事件或歷程。典雅詞人「以心寫史，直指人心」既避免了單純的敘事和議論而缺乏情韻，又避免了直露的諷刺而缺乏美感。例如姜夔來到了曾經是「二十四橋明月夜」的揚州，寫下了〈揚州慢〉：

> 淮左名都，竹西佳處，解鞍少駐初程。過春風十里，盡薺麥青青。自胡馬窺江去後，廢池喬木，猶厭言兵。漸黃昏、清角吹寒，都在空城。　　杜郎俊賞，算而今、重到須驚。縱豆蔻詞工，青樓夢好，難賦深情。二十四橋仍在，波心蕩，冷月無聲。念橋邊紅藥，年年知為誰生。[54]

詞前小序具體說明了此詞的寫作背景和動機是「予懷愴然，感慨今昔，因自度此曲」，以抒發《黍離》之悲。全詞運用今昔對比的手法，以揚州昔日的繁盛來反襯今日之荒涼，在古今對比中更加使得這種由黍離之音、身世之悲的悲劇意蘊豐富起來。處在時代動蕩之際的姜夔，面對遭受金人入侵陷入破敗的揚州城，仍

---

54 《全宋詞》(北京：中華書局，1999 年)，頁 2180。

舊沒有恢復舊觀的蕭條景象，更增添自身的悲劇性感悟，其中包含了姜夔身世之悲與他對生存意義的拷問。詞的上闋是對於「名都」、「佳處」的虛寫，最終卻以「空城」實寫落筆作結，愴然涕下之情油然而生。自古繁華的揚州在杜牧的筆下經常呈現出歌舞升平、聲色犬馬的極樂氣象，更給姜夔心中留下了難以磨滅的文學記憶。「過春風十里，薺麥青青」，哪裡還有昔日杜牧的「春風十里揚州路」的繁華景象？這正是「彼黍離離」之意、「城春草木深」之象。作者面對揚州的心境就如同周代士大夫面對周平王東遷之後的國都，同樣是物是人非，同樣是感傷離別，跨越千年的姜夔和周代的士大夫尋得了精神的契合。詞中雖未直言人民離散、屋宇殘破有如廢墟的情景，他仍然深深銘記戰爭下的屠殺、焚燒、破壞之痛。從這感時傷世之意自可得知，作為一名布衣清客的詞人，姜夔無法對現實社會做出任何有積極意義的貢獻，這使得他只能在自己的作品中去宣洩壓抑的情感，讓讀者透過他對揚州城今昔對比的描寫而產生豐富的聯想。

　　姜夔在表達南宋人民掙扎於水深火熱的艱苦時，其所展現的愛國之情是那樣的糾結。一方面，他游離於政治現實和具體事件之間看到了更為豐富、更為廣闊的人生圖景，成為他的作品中所展現感傷的情感源泉；另一方面，他的人生中從來不缺乏依紅偎綠的風月生活，這使得姜夔的詞作始終不能擺脫愛情詞的營壘，間或流露出來的愛國之情就被沖淡了許多。姜夔詞的美學特徵在於詞人將身世之感寄託於時代滄桑中，實現了二者的和諧、共融。姜夔將愛國之情移植為個人的情感衝突，在他的筆下曾經繁花似錦的揚州城成為了觸動內心痛苦情感的閘門。對姜夔而言，當他沉浸在「自胡馬窺江去後，廢池喬木，猶厭言兵」的精神創傷中時，更多地聯想到了自己坎坷的人生之路。「波心蕩」，指橋下的

水波蕩漾，倒映出空中一輪明月，波光粼粼，閃爍不定。「冷月無聲」，冷冷的月光灑在水面彷彿將美麗凝固。詞末描寫的芍藥花：「念橋邊紅藥，年年知為誰生」，當作者將這一景物納入詞作的審美空間時，它所賦予的情感無疑是十分豐富的。詞作所描繪的季節是冬季，自然界中綻放的芍藥花並不真實存在。作者以此作為這首詞的結束，正是試圖喚起讀者對於揚州城曾經繁榮景象的想像。在詞人所表達的複雜情感中，不僅蘊含著他對戰爭的厭惡、對歷史滄桑的感受，也促使讀者思考造成這一切的根源究竟是什麼，面對著昔日的繁華、今朝的落寞，開放的芍藥花再也等不到欣賞它的人了，形象地描繪出揚州一副殘破荒涼的寂寞空城景狀。這種黍離悲聲，不是自姜夔才有，也不是姜夔獨有的，它是那個時代共有的民族悲聲。面對著滾滾的歷史長河，覺醒的詞人在思索，思索個人在歷史長河中的位置，而思索的結果卻是令人沮喪。在歷史的變遷中，個人孤獨而無奈，人生的悲劇便不可避免，瀰漫著一種悲涼與幻滅之感，這其實也是當時整個時代的思潮，「悲涼之霧，遍被華林」。詞人之悲，乃是把自己的身世放在一頁時代的痛史裡邊，以孤獨的個人來哀悼沉重的歷史。

又如吳文英的〈金縷歌・陪履齋先生滄浪看梅〉：

> 喬木生雲氣。訪中興、英雄陳跡，暗追前事。戰艦東風慳借便，夢斷神州故里。旋小築、吳宮閒地。華表月明歸夜鶴，歎當時、花竹今如此。枝上露，濺清淚。　　遨頭小簇行春隊。步蒼苔、尋幽別塢，問梅開未？重唱梅邊新度曲，催發寒梢凍蕊。此心與、東君同意。後不如今今非昔，兩無言、相對滄浪水。懷此恨，寄殘醉。[55]

55　《全宋詞》(北京：中華書局，1999 年)，頁 2939。

吳文英一般被視為典雅詞派詞家，和辛棄疾、劉過等愛國詞家的
豪放之致大異其趣。然而他的詞中也不乏流露愛國思想的篇章。
況周頤云：「夢窗與蘇、辛二公，實殊途而同源」[56]，指的正是這
類作品。詞人陪太守吳潛在滄浪亭觀梅，藉滄浪亭看梅而有所感
發，由緬懷抗金名將韓世忠而感及時事，撫今思昔，感時憂國。
上闋寫詞人與吳潛同遊滄浪亭別墅，追憶韓世忠大敗金兀朮的英
雄事蹟，寄慨歎悲傷之情。開頭即景生情，從韓世忠滄浪亭別墅
起筆：「喬木生雲氣」，寫入園所見，挺拔的大樹已聳立入雲霄，
似有雲氣繚繞。「訪中興、英雄陳跡，暗追前事」直接交代觀梅的
目的是景仰英雄韓世忠的業績，追思前朝的舊事。「戰艦東風慳借
便，夢斷神州故里」兩句語意雙關，既是藉赤壁之戰「借東風」
的典故來凸顯現實，同時也是以「東風」這個意象來表達生不逢
時、天不從人願的感慨。「華表月明歸夜鶴」用丁令威化鶴重歸遼
東的典故，想像英雄回到故鄉時已物是人非，昔日繁花似錦，如
今竟然是葉落花謝，悲傷之情油然而生。下闋寫滄浪別墅觀梅：「遨
頭小簇行春隊。步蒼苔、尋幽別塢。」從出遊賞梅寫起，宋代知
州出遊被稱為「遨頭」，點明作者陪吳潛尋幽探春。「重唱梅邊新
度曲，催發寒梢凍蕊」，唱曲催花，既點明題目，又語意雙關，隱
喻對當政者寄予發奮圖強的殷切希望。為下句「此心與東君同意」
作了鋪墊，要以歌聲把沉睡的梅蕊喚醒，期望「東君」──即春
神，再把美麗的春光帶回大地，表明詞人對當政者寄予發憤圖強
的殷切希望。後四句抒發「今不如昔」的悲慨，即使韓世忠再世，
恐是無力回天了。詞人和吳潛看著千古不廢的滄浪之水逝去，緬
懷英雄長逝，惟有默默無語，舉起酒杯，借酒消愁。作者寫此詞，

---

56 況周頤，《蕙風詞話》卷二，《詞話叢編》，頁 4447。

時代已非南宋前期，他感歎「後不如今」，表達了對現實強烈的不滿。這首詞雖然不同於稼軒詞的大聲鞺鞳，但仍然可見詞人具有家國情懷。足見吳文英絕非明哲保身之輩。只是作為婉約詞家，慣以深幽曲折表現情感的方式，以及身世與生平事蹟的湮沒無聞，其詞中的政治傾向部分地被遮蔽，研究者們難究其實。

　　由於文學往往產生在獨特的社會、政治、文化背景下，作者也因此形成了獨特的時空意識，且每每通過時間的發展、空間的移動來展示人們的生存狀態和情感傾向。典雅詞人「以史入詞」的情感抒寫，便常常借助今昔對比或時空的變遷來呈現。在時間的展演中，以季節更迭的時序感來寄託時代的變遷滄桑；在空間的構設上以多重境域疊加，如今昔對比，現實與回憶的對照，來興發生命飄泊感。作者注意到了時空變化所引發的情感動蕩，從而通過描述時空變化的過程，升華了詞的情感刻度，加深了內在的哲學意蘊。

　　詞人為了使自己的表達獲得一種新奇的效果，把事件、人物的心理體驗、記憶等當作一種意象插入文本，並使之與詞人自我情緒的流淌相協調，從而造成一種並列的形式。姜夔、吳文英等典雅詞家敏銳的時序感，微妙的空間感，以及在時空交錯中所產生的悲涼意識，使其詞產生了永恆的藝術魅力。此外，他們借助普遍的生活場景深入地表現了對永恆與有限的感慨，而時間、空間意識的介入，使上述情感得到升華，上升為受全人類共同關注的普遍情感。這一時空意識既蘊蓄著深厚的歷史內涵，又展開了富有美學的價值。

　　面對苦難，即使未投入殺敵報國的典雅詞家，他們仍然沒有缺席、失語，他們以詞間接存史，以詞曲折寫史，為詞壇開闢出不同於客觀紀實之筆的「詩史」的新境界。與風景形成互動關係，

加入自己對生命價值的體悟，表現出自己面對人生的姿態，對內心世界的深入挖掘。感受亂世情懷，思考情感和生命的真正意義，咀嚼人生的沉重與迷惘。迷惘的感受正是南宋那個年代典雅詞家「迷惘的一代」的蒼涼意識，因為在那個苦難的時代，他們的苦悶有一部份是在深沉的歷史感的背後展示著廣闊的文化背景。

在戰亂的年代，性格內向的詞人面對世情更多愁善感，典雅詞人的憂患意識的產生是社會現實和自身遭遇在他身上的映射。感懷身世，零落棲遲，激發了詞人對生命的思考，集中地表現為飄零之恨、垂暮之嘆和落拓之悲，它們是三位一體的生命意識，再與家國之思、時代滄桑之嘆相通，呈現出豐富的文化內涵。悲劇的意義不僅在於展示某種依憑的破碎，更在於通過展示悲劇，使人們看到一種更高的價值力量，一種生活的真理。由於社會政治的變化，人的心態、審美趣味，都發生了顯著變化。風雨如磐的社會現實，又使他們始終在迷惘和困惑中探索人生。籠罩在如夕陽餘暉裡的戰亂流離，讓詞人的內心低吟淺唱著一曲曲哀歌。他們的內心世界，代表了知識分子在社會動蕩不安時代下的共同心理。典雅詞人對詞史的書寫，是人們的心靈痛史，是深沈哀婉的時代心曲。

第六節　宋元之際遺民詞人「用經論入詞」

評事論人，抒亡國之悲

文學不是一個獨立存在的精神現象，它與作者所處的環境密切相關，與他們所屬的時代的精神相關。南宋遺民詞是一個獨特

的群體，他們的生命跨越了宋末、元初兩個朝代，親眼見證了國破家亡、改朝易主的時代巨變，邊緣人的處境和對異族不能認同的心態，使他們的個人生活方式、人生道路以及詞作的主題風格都出現了很明顯的群體性特徵。在某種意義上可以說，時世劫難、失去原本歸屬的生活體驗，深化了遺民詞人以隱逸為特點的自我解脫的人生哲學，反過來，這一人生哲學，在遺民詞人的隱居生活實踐中，又被轉化成了一種生存智慧、隱逸的志節與超然的風範。

　　宋亡前后，遺民詞人的詞作，往往透過以史入詞的內涵體現了其自覺而又強烈的遺民意識，既沈鬱凄苦又激憤豪宕，別具風貌。劉辰翁（1233－1297）是宋末元初遺民詞人中一位成就顯著、獨具特色的重要詞人。況周頤在《蕙風詞話》中評曰：「須溪詞，風格道上似稼軒，情辭跌宕似遺山。有時意筆俱化，純任天倪，竟能略似坡公。」[57]將其歸入蘇辛詞派。謝章鋌曾說：「亦知詞固有興觀群怨，事父事君，而與雅頌同文者乎。吾請舉近人陸太沖（以謙）之言曰：『其事關倫紀者甚多，……劉須溪〈寶鼎現〉，詞意凄婉，與麥秀歌無殊。〈蘭陵王・送春〉詞，抑揚悱惻，即以為小雅、楚騷可也。」[58]劉辰翁繼承愛國詞人以詞言志述懷的創作路徑，把自己對家國命運和大我的關懷之情流露在詞中。況周頤《餐櫻廡詞話》評述：「近人論詞，或以須溪詞為別調，非知人之言也。須溪詞多真率語，滿心而發，不假追琢，有掉臂游行之樂。其詞筆多用中鋒，風格道上，略與稼軒旗鼓相當。世俗之論，容或以稼軒為別調，宜其以別調目須溪也。」[59]若與周密、王沂

57　況周頤：《蕙風詞話》卷二，唐圭璋編：《詞話叢編》(臺北：新文豐出版社，1989)，頁4451。

58　謝章鋌：《賭棋山莊詞話》卷十一，唐圭璋：《詞話叢編》，頁3465。

59　況周頤，《餐櫻廡詞話》，轉引自吳熊和等人主編，《唐宋詞彙評》「兩宋

孫、蔣捷、張炎等宋末幾位遺民詞人的傳統詞風相比，視劉辰翁詞為別調也是可以的，因為劉辰翁詞有著詩化的審美傾向。繆鉞把和他同時期幾位典雅婉約遺民詞人相比後評曰：「碧山、叔夏傷離黍，誰及須溪重筆詞。」[60]劉辰翁的詞往往多用重筆以一貫之，直寫山河淪落的史事，不似姜夔之筆墨全在虛處的清空，也不像吳文英之深隱曲折，頗具有詞史的意味。他的詞，語言直白樸素，意象主觀色彩濃厚，詞旨也不刻意表現那種含蓄朦朧的味外之味，而是著重於表達出詞人的愛國志向及神州陸沈而生的悲苦，具有陽剛氣質的悲壯美。

劉辰翁《辛稼軒詞序》透過對辛棄疾的評價，表達自己的詞學觀：

> 詞至東坡，傾蕩磊落，如詩如文，如天地奇觀，豈與群兒雌聲學語較工拙；然猶未至用經用史，牽雅頌入鄭衛也。自辛稼軒前，用一語如此者必且掩口。及稼軒橫豎爛漫，及如禪宗棒喝，頭頭皆是；又如悲笳萬鼓，平生不平事並巵酒，但覺賓主酣暢，談不暇顧。詞至此亦足矣。然陳同父效之，則與左太沖入群嫗相似，亦無面而返。嗟乎！以稼軒為坡公少子，豈不痛快靈傑可愛哉！而愁聲齬齒作折腰步者闖然笑之。[61]

他肯定的是蘇詞「傾蕩磊落，如詩如文，如天地奇觀」，贊賞的是辛詞「用經用史，牽雅頌入鄭衛」。劉辰翁對辛詞「用經用史，牽雅、頌入鄭衛」的詞風大加讚賞，他的詞深受稼軒影響，

卷」(杭州：浙江古籍出版社，2004 年)第五冊，頁 3721。

60　金啟華、張惠民、王恒展、張宇聲、王增學合著，《唐宋詞集序跋匯編》(台北：臺灣商務印書館，1993 年)，頁 173。

61　南宋・劉辰翁著、段大林校點《劉辰翁集》卷六(南昌：江西人民出版社，1987 年)，頁 177。

他對稼軒風的繼承是自覺的，但在詩詞一體的認識上，劉辰翁走得更遠，以詞存史的意識表現得更為明顯。劉辰翁曾直接道出自己填詞的「存史」意向，在〈金縷曲〉中說：「暮年詩，句句皆成史。」[62]可見詞人有意以詞作為史跡。其詞重在言志，存經存史，但其「存史」並非直接敘事寫史，而是用歷史的眼光審視社會，用歷史的責任承載情感，作者在作品中表現對現實的關懷。劉辰翁以入世的態度、正面將個人經歷與國家命運結合，在對昔日習俗的回憶中，發抒文化失落的傷痛、詠嘆、褒貶時事，而不用兒女之情寄託，不用咏史詠物之筆寄情，有意識地表現出以詞存史的精神。這種態度在劉辰翁早期在臨安的詞作中已有所體現。

劉辰翁和李清照的〈永遇樂〉詞：

> 璧月初晴，黛雲遠淡，春事誰主。禁苑嬌寒，湖堤倦暖，前度遽如許。香塵暗陌，華燈明晝，長是懶攜手去。誰知道，斷煙禁夜，滿城似愁風雨。　宣和舊日，臨安南渡，芳景猶自如故。緗帙流離，風鬟三五，能賦詞最苦。江南無路，鄜州今夜，此苦又誰知否。空相對，殘紅無寐，滿村社鼓。[63]

作者在詞序中交代：「余自乙亥上元誦李易安〈永遇樂〉，為之泣下，今三年矣。每聞此詞，輒不自堪，遂依其聲，又託之易安自喻。雖辭情不及，而悲苦過之。」乙亥乃宋恭帝德祐元年（1275），德祐元年，正是蒙古大軍入侵、南宋政權顛覆的年月，情景又與李清照南渡初年相似，所以，劉辰翁讀李清照詞才感慨頗深。說「雖辭情不及」，是自謙，「而悲苦過之」，是實情。此詞作於三年後的上元節，即祥興元年（1278），宋亡於1276年，此

---

62 劉辰翁〈金縷曲·壽朱氏老人七十三歲〉，同上。
63 《全宋詞》(北京：中華書局，1999年)，頁3229。

時元兵已攻破臨安一年餘，只剩下廣東一隅，看來也撐不了多久，這就是詞人所謂比李清照「悲苦過之」的歷史背景。易安南奔，猶存半壁，但劉辰翁作此詞，國無寸土。全詞以李清照的身份與情事來說話，其實是「託之易安自喻」，借李來抒發自身哀感。直到的結尾寫道：「江南無路，鄜州今夜，此苦又誰知否。空相對，殘紅無寐，滿村社鼓。」李清照的「江南無路」是憂己，杜甫的「鄜州今夜」是憂妻憂國，劉辰翁借〈永遇樂〉的低黯音韻抒寫的是故國之情和家國之愁，並道出自己亡國人的心情，悲情滿卷，非李清照、杜甫所能及。「用經用史」是劉辰翁在政治逆境中反駁政敵、傳達幽思、表明心跡的方式。

再以劉辰翁的壓卷之作〈蘭陵王‧丙子送春〉為例：

> 送春去。春去人間無路。鞦韆外、芳草連天，誰遣風沙暗南浦。依依甚意緒。漫憶海門飛絮。亂鴉過，斗轉城荒，不見來時試燈處。　　春去。最誰苦。但箭雁沈邊，梁燕無主。杜鵑聲裡長門暮。想玉樹凋土，淚盤如露。咸陽送客屢回顧。斜日未能度。　　春去。尚來否。正江令恨別，庾信愁賦。二人皆北去。蘇堤盡日風和雨。歎神遊故國，花記前度。人生流落，顧孺子，共夜語。[64]

丙子即景炎元年(1276)，是年春臨安城破。劉辰翁詞往往是有所感而發、有所指而論。該詞以「春」喻宋，「送春去。春去人間無路」，真是悲涼欲絕。以「梁燕無主」喻南宋臣民，以「箭雁沉邊」喻被擄北去的君臣，以「風沙」、「亂鴉」喻元軍。「正江令恨別，庾信愁賦。二人皆北去。」以南朝文人成為北地貳臣的庾信寫〈哀江南賦〉、江淹寫〈恨賦〉、〈別賦〉的痛苦來寄寓南宋滅亡的哀傷。

---

64 《全宋詞》(北京：中華書局，1999 年)，頁 3213。

全詞「存經存史」之意甚明。劉辰翁常以詞紀事、以詞評事,已具備了「詞史」的特質。其議論精警,體現宋代文人的內省的態度、主體意識的獨立與張揚。這一切都可以從劉辰翁「用經用史」,以詞評事評人得到具體印證。陳廷焯《白雨齋詞話》:「題是〈送春〉,詞是悲宋,曲折說來,有多少眼淚。本詞實是悲歎臨安淪陷,恭帝及太后隨元兵北行。」[65]「送春」的悲苦心情,正如陶爾夫所評:「送春,即象徵是南宋王朝的滅亡,建國三百一十餘年的宋王朝伴隨著春天的來去永遠消失了。這首詞自始至終貫穿這一心理情緒,描繪了南宋都城被陷後的殘破景象,反映了上至皇室下至百姓所遭受的苦難。」[66]劉辰翁的詞或借歷史事件、歷史人物以闡述自己的政治立場,表達自己的理想抱負和內心感慨。「春去,最誰苦」的詰問,體現的是憂國憂民的深悲巨痛,這種深悲巨痛早已超越個人身世之感,這是亂世畫卷,遺民心曲,易代書寫。

　　儘管元人的統治已經穩定,由南宋亡所引起的悲憤和強烈的反抗情緒也隨著時間的推移而逐漸變為平靜,但人與家國的關係是割不斷的。對許多南宋遺民詞人來說,他們的生存價值原本就依託於宋王朝而存在,經歷過新舊兩朝的他們其實比忠義之士要承受更多、更複雜的心理煎熬。正是在這樣一種時代心理需求下,存史之作才應運而生。時代的巨變,容易讓人們產生盛衰無常的感慨。尤其是那些親身經歷了歷史巨變的人,對此更有切身體會。這種人生空幻意識由來久,翻開文學史,我們會發現,每當改朝換代之後,總有一些對那過去了的時代懷有深情的人要唱出他們

---

65 陳廷焯《白雨齋詞話》,參考自《唐宋詞彙評》「兩宋卷」(杭州:浙江古籍出版社,2004 年)第五冊,頁 3749。
66 陶爾夫、劉敬圻著,《南宋詞史》(黑龍江人民出版社,1992 年 12 月),頁 479。

的傷感。留在遺民詞人心弦上的黍離之悲便成為一個永恆的悲傷。在異己的時空中，他們只能透過隱居來表明他們的志節，透過交遊唱和來寄寓亡國之殤，他們彼此相互砥礪，自始至終地追求遺民的人格氣節，建構文本世界中的家國倫理，促成了群體認同的創作範式。

第七節　宋詞「感時紀事」的創作意義

「任何一個歷史時期，文學無不具有自己的特徵，這些特徵並非恆定不變的『本質』，而是與當時的生活相互呼應——儘管這呼應常常是曲折的、間接的。」[67]以抒情為主的詞，本應以心靈化、感覺化為主，但因為特殊的寫作情境和時代背景，詞中也不乏透露歷史事跡和時代感慨，這種建構個體自我日常書寫的寫作實踐，也同時展現出「以史入詞」的精神內涵。帶著個人感受對自己所處時空的「歷史記述」，在長期以來抒情寫意的詞作常態中反而成了獨特而值得珍惜的稀有品質。從某種程度上看，兩宋詞乃是對一個時代回望與記憶的文本。詞中存史具有多種形態，有柳永式的市民生活史、蘇軾式的自我日常生活史、南渡詞人的時代動盪史、愛國詞人式的鐵血丹心抗敵史、典雅詞人式的末世蒼涼心史、南宋遺民式的易代滄桑史，不一而足，這樣的詞已脫離傳統詞的狹隘而展現了廣表的內涵，寄寓了詞人對時代和家國的大我關懷，從而使詞文學與「詩史」意識合流。

67　南帆〈文學、現代性與日常生活〉，《當代作家評論》，2012 年第 5 期，頁 28-36。

綜合以上對兩宋「以史入詞」各階段和群體作品的探討，在本節對兩宋「以史入詞」的創作意義進行總結式的評論。

一、南、北宋以史入詞的創作差異

前文已述及，北宋以史入詞表現在：一、北宋初年柳永「以賦為詞」展現都會民俗生活史，二、北宋中末期蘇軾及其門生、周邦彥等人以詩化之筆抒寫自己在黨爭下的生命浮沈史，這些作品大都是自然而然的有感而發，並沒有明確的創作意圖和目的要在詞中紀錄時代歷史。北宋詞人尚無強烈的「詞史」自覺和「尊體」意識。

南宋詞人已有「詞史意識」的尊詞自覺，主要表現在四種不同的詞人群體的創作偏嗜：一是南渡詞家在時代巨變下的流亡生存體驗，乃情鬱於中抒懷之必須。二是辛派愛國詞人常以積極入世的態度寫詞，詞人情懷常因時事而發，從其詞作常能反映時事與史實，展現了「以文入詞」言志寫史下抗金的群體記憶。三是南宋中後期末期典雅詞人在復雅風氣的指引下，常有意識地借回憶展現時代悲感下的生之迷惘。四是宋元之際遺民詞人「以經論入詞」抒寫亡國之悲，劉辰翁「用經用史」對現實加以褒貶，強調詞的社會價值，常以詞評事、以詞評人，常常在感事紀事中具有「詞識」。南宋的「以史入詞」，基本上是在國仇家恨的群體自覺中進行，詞人在一定程度上理解了自己創作的目的，具有較明確的動機性和計劃性。南宋詞家自覺性的「以史入詞」使詞的創作達到一個新高度，得詞的功能進一步擴大，肩負起書寫時事的重任，這也是宋詞「詩化」的高度表現。

二、詞史不同於詩史，偏向內在生存
體驗與身世之感

　　吳本嵩《今詞苑・序》云：「大抵詩貴和平渾厚，雖言愁之作古今不絕，而纏綿淒惻，如訴如慕，莫若詩餘之言愁可以繪神繪聲。」[68]這段話已說明「詞史」與「詩史」之不同。「詩史」具有實錄精神，詩人往往有自覺的入世態度。杜甫、白居易能盡陳人民的苦難與政治的現實，與他們詩作上的入世的態度是分不開的。同樣反映時代的「寫史」，詩、詞同中有異。從「異」處看，詩之寫史，多鋪敘展衍的正面描寫，如杜甫的〈三吏〉、〈三別〉、韋莊的〈秦婦吟〉等，皆以客觀之筆「實錄」歷史，「再現」現實場景，真實細致。「詞史」同於「詩史」，是指用詞這種文體書寫的歷史，當是詞人以自覺的入世態度，兼具實錄精神與《春秋》筆法。但「詞史」不同於「史料」，也不同於史書的「秉筆直書」，不會過分對對歷史事件進行「純客觀」的真實敘述。「詞史」不是歷史本身，而是那些被時代感動的心靈史。不是原始的事件或事實，而是以文學手法所描寫出來的人性面貌與真實感受。「詞史」的精神是指通過心靈感受，去「折射」生活和「透視」人心面貌，比具體的場景與事件更深一層的是它表現為時代的歷史感與生命感懷。詞體表達感情更細膩、委婉、深沉，這些體驗都不離現實世界，不離生活日常，不離個體的生命感受。

　　以史入詞，不重實際的生活與事件層面，更多的是表達內在的心理和精神層面，它不是一般的客觀材料的歷史書寫，而是感性形象的時代面貌存照，是人的心靈史和精神史。詞書寫歷史，「實

68　吳本嵩：《今詞苑序》，陳維崧等輯《今詞苑》卷首，康熙十年(1671)刻本。

錄」較詩少，更多的是一種形象畫面，如圖象剪影、如寫意畫、或潛意識化的心象與虛景。詞之書寫歷史，追求的並非還原真實，最終是展現一種人文關懷，對人類命運的關注。從這個角度來看，詞文學反而比歷史更具有普遍意義與真實性。與詩體相比，詞不是「再現」歷史，而是「表現」詞人在歷史中的生存感受。不是「直接反射」，而是「間接折射」時代的精神面貌。時代的精神面貌是通過詞家「心靈鏡面」的不同介質「折射」而出。

　　歷史影響人心，人心反映歷史，一部歷史便是人類的心靈史，文學史便是人心之史。文學是人的靈魂學、人的性格學，詞學更是心學。我們應以詞心觀照詞史，以詞史印證詞心。以史入詞，與「詩史」的客觀實錄精神不同，是偏向詞人內在的生存體驗與身世之感。以史入詞，除了具有反映世情風俗、時勢變化的史學價值，還具有詞人的情感世界、心靈歷史的人學價值。詞史是詞人心史，從藝術的角度、人心的向度來分析「詞史」，有利於避免政治歷史對詞文學藝術的干擾，能夠更直入詞的藝術殿堂。

三、詞境的拓展：以詞寫史，抒情與敘事互為表裡

　　詞本是一種純粹抒情的文體，擅長言情寫景，敘事則非其所長。但「以史入詞」則彌補了這一缺陷。「以史入詞」的創作現象，在客觀上使詞體具備了敘事的功能，詞的功能具有多樣性、複雜性和交叉性，抒情、言志、社交、存史、娛樂等諸功能既彼此獨立又相互交會，構成了詞體的多種功能化。「以史入詞」必然使詞具備敘事功能，值得注意的是，詞文學的敘事在單一的文本中並不獨立出現，而是伴隨著抒情與議論，兼俱個人行蹟、一己行藏與時代背景相結合的特色。在多元共生的文學視野裡，不僅能提

示詞文學如何表現當下的生活，而且可以通過對苦難敘事的梳理，透視一個時代的人心風貌。

　　由於詞本身特質的局限，對社會現實的敘寫，和詩相比還是比較有限和間接的。「詞史」之作與「詩史」之作相較，正如論者所言：一是「詩史」較完整，「詞史」較零散；二是「詩史」較為具體、顯豁，「詞史」較為概括、虛隱；三是「詩史」側重在寫「史」；「詞史」側重在寫「詞」。[69]也就是說，詞的敘事功能往往不獨立出現、或不具完整性和確定性，有時在詞作中甚至如雪泥鴻爪般，僅以片斷的、支離的方式存在。敘事表現不在於靜止的人或事或物，而在於動態的事件。詞體的敘事性功能是以人的活動為中心，以人物、時間、地點、動作、場景為構成要素的文學表現形式。理清「以史入詞」的創作現象與詞體敘事功能演變之間的關係，將有助於對詞體功能的研究。例如南宋遺民在入元之後的詞作，所反映的內容正是宋元易代的歷史進程，經歷了南宋王朝覆亡前後和元朝政權趨於鞏固這一歷史演進的過程，南宋遺民在詞中，都能以鮮明的立場和態度加以反映，形成了南宋遺民詞普遍的存史、寫史的敘事性主題。即使詞中存史，只能就個人的見聞經驗所及和短小形式的表現力所能來反映歷史時代生活的一鱗半爪。但是，「一粒沙裡見世界，半瓣花上說人情」，詞有效發揮其挖掘內心的靈活敏銳，更能即小見大，更具有言約意遠的特長，多視角多層次地反映著感應著時代生活的五光十色，無異是一部廣雜紛然而又明晰可辨的時代社會畫卷。

69　參考劉華民〈宋季詞史作品探討〉，《常熟理工學院學報》，2014 年第三期，2014 年 5 月，頁 66-67。

四、「言志」導向下趨向「詩詞合流」

　　孔子說：「詩可以興，可以觀，可以群，可以怨」[70]的功能作用，亦說「溫柔敦厚，詩教也」，後人就把儒家這些注重詩的教化意義和社會功用的詩歌理論稱為「言志」，把「緣情」視為與社會價值對立的「小我」抒情，因而在詩論中往往出現「言志」和「緣情」的對立。然而，以史入詞，多針對時代精神而抒懷，或對自己所處的自然環境、歷史文化、社會現象等深沉的情感投入，具有人類共同的文化情感，往往體現了「言志」與「緣情」合流的創作傾向，在小我抒懷之中往往具有獨特的文化傳統與人文情懷，隱含了主體性與時代性合流的特徵。

　　在時代的滄桑下，詞人出於對人類生存的深刻苦悶的言說與表達，得以超越現實的困頓，創作成了人類生活中不可或缺的備忘錄、心理調節器。「以史入詞」源於「史筆」，以史筆為詞促使詞成為「史體」。以心為史、史外傳心之創作觀於焉誕生。詞人對詞文體應用面的突破，促使「以史入詞」成為詞人自覺的創作理念，不知不覺地使詞的體性產生了重大變化，在記時寫史的宗旨下，詞於是具備「詩騷」的精神內涵，在細膩的感性描繪中，寄寓深沉的社會政治的思想意蘊。詞一旦大量引進現實內容，崇史尚真、以詩為詞，便可擴大詞的表現領域。透過「以史入詞」，我們對詞的抒情性能進行重新認定。這不只是詞人用文字來紀錄一生的經驗和遭遇，更使得詞文學成為時代的溫度計和情緒的晴雨表，與「以史為鑒」的傳統心理相通，使詞因此顯得厚重深沈，

70　《論語・陽貨篇》，見宋・朱熹編著《四書章句集注・論語集注》(台北：長安出版社，1991 年)，178。

由是推尊詞體。

五、實現詞情之「真」與「深」：
史跡的藝術載體，文學與歷史的結合

　　從文藝把握世界的特點看詞史書寫，詞中所有歷史都指向現
實，從詞人的創作表現可見物質世界的本相、作者體驗的真切和
感情的真摯。王國維謂：「境非獨謂景物也。喜怒哀樂，亦人心中
之一境界。故能寫真景物、真感情者謂之有境界，否則謂之無境
界」[71]。以史入詞，正是在描摹「真景物」和表達「真性情」兩
個方面取得了令人矚目的進步。以史為詞，此為「寫境」，富有現
實感，是作者個人當下被景物人事觸動的真實感受，乃「有我」
之境。「以我觀物，物皆著我之色彩」，其營造的意象充滿著個人
的感情。我們可以循此而窺探出作者的內心世界。況周頤說：「而
能以吾言寫吾心，即吾詞也。此萬不得已者，由吾心醞釀而出，
即吾詞之真也。」[72]詞貴「真」，以史入詞主要體現在人真、事真、
情真。充盈其間的，有對無常生命的感傷、對消逝的故國的懷念、
對理想失落的歎息，亦有對滄海桑田的深沉感喟。從宋人「以史
入詞」的現象來看，歷史的苦難對於詞文學的意義有三點：第一，
歷史的苦難孕育了創作；第二，歷史的苦難提升作品的思想與藝
術的境界；第三，作品中對苦難的書寫在一定意義上具有悲劇美
學精神與生命的救贖意義。進而所牽引出生動可感的小我與大我
人、個人與時代的密切互動等關係，構成了詞情朝著豐厚深廣的
可能性發展。

---

71 王國維《人間詞話》，見《詞話叢編》，頁 4240。
72 況周頤《蕙風詞話》卷一，《詞話叢編》，頁 4411。

小　結　借史筆以抒懷，折射時代精神

「文變染乎世情」，有宋一代，詞文學本身就是風格變遷、滄桑巨變的歷史，因為創作主體的身份、遭際、性情之不同，觀看世界的視角與方式之不同，表現出來的史跡內涵與精神風貌亦不同。當詞人透過記述之筆，以詞來留存、記錄這些所見所聞、所歷所思的內容，便突破了從原本的代女性立言的思維模式，用史筆來為詞人所在的時空存在進行「蹈實存真」的描寫，借存史之筆以抒懷，對人事起落與時代興亡做了藝術的存照，供人體會、借鑒，給人以啟迪。

詞能歷史地反映時代面貌。透過本章的爬梳，可見南、北宋詞作中不乏具有詞史價值的作品，但在創作動機與內容又有所不同。北宋詞與史的關係比較不是那麼具體，但也清晰地表現在兩個方面：一是反映了北宋初期都會繁榮和市民生活文化；一是間接地透露了黨爭相關聯的線索，但詞對歷史的抒寫是間接的或自發的。柳永詞中所出現的詞史意識並非特意為之，而是在創作中對自己熟悉題材自然而然的表現。即使到了後來蘇軾的「以詩入詞」、「無意不可入，無事不可言」的寫詞宗旨下，這一「以史入詞」乃自發而為之的創作現象也未得到本質上的改變。

靖康之難，中原淪陷，一時之間，詞被賦予了反映時代的重大使命，直承蘇軾「以詞言志」，詞發展至南宋，幾乎是群體創作下不約而同選擇以史入詞，南宋詞與史的關係相對清晰與密切，不少詞作與重要歷史事件相關聯。南宋自覺以史入詞者，多半是滄桑歷史的親歷者、見證者。他們經歷榮辱沉浮，甚至見證了一代興亡。南宋初年詞人感於時事抒寫愛國情懷；南宋亡，一些傷

悼亡國之作已自覺地表現出詞史意識。在儒家構築的家國觀念中，家與國是利益相連的共同體，都展示了一種國與家之間休戚相關的血肉聯繫。

　　「以史入詞」是歷史與詞文學在交會處互放的光亮，詞情因與歷史結合而顯得更深沈，歷史也因詞心輻射而顯得更厚重，這是詞的書寫逐漸豐富化的表現。儘管如此，詞仍是多情之物，它不以客觀寫實為主，而是朝向內心。但在詞體功能不斷擴大的過程中，抒情特質始終是詞堅守的分際。以史入詞的表現，拓大詞體功能，使得詞不僅是一種文學樣式，也是社會活動的一種載體，更是歷史文化的一種產物，廣泛的題材內容呈現了宋人豐富多姿的生活畫面。

第十章　易代滄桑的悲吟

——仕金貳臣群體的創傷書寫

第一節　宋金易代之際的生存抉擇

「人世有代謝，往來成古今」[1]，人有生老病死，朝代有興廢遞嬗，這是無法逃避的自然規律。在易代之際，有一類人，出於種種原因，並沒有以死殉君國，也沒有逃到深山幽谷裡去做「不食周粟」的遺民，而是成了新朝的臣子，為敵國所重用。因為他們先後仕於兩個王朝，所以被稱為「貳臣」。對於這樣的人格典型，我們無法進行簡單的價值判斷，也很難說他們是好人還是壞人，因為他們的內心呈現出矛盾分裂的複雜狀態，值得我們設身處地的把自己置於當時特定的歷史時空中，以己度人，將心比心，才能比較接近他們的真實心理。

十二世紀上半葉，中華大地上風起雲湧，契丹、漢、党項、女真等各個民族在金戈鐵馬的角逐競技中，各族政權與勢力此消彼長。女真族首領完顏阿骨打(是為金太祖完顏旻)於西元 1115 年於上京會寧府建立金朝政權，金朝前期四位統治者經過十年的征戰，於 1125 年滅遼，懾服西夏。接著又逐鹿中原，在 1126 年侵

1　孟浩然〈與諸子登峴山〉。

滅了北宋，進而據有淮水以北的中國廣大地區。金朝幅員廣於遼，實力強於宋，最終與南宋政權劃淮成對峙之勢。金人用不到五十年的時間，從一個被遼國統治的屬國變成了強國，雄峙於中國北半部踰百年之久。但女真人也沒能逃脫封建王朝新陳代謝的輪迴，在端平元年(1234 年)，被新興的蒙古族所滅，蒙古人吸納了宋朝三百多年和金朝百餘年而積累的人才、文化遺產，成為元人在中原立國的基礎。

中華民族是民族的大熔爐，彙聚了多元文化，在這多元一體共生的結構中，金代文學實為中國文學不可或缺的一部分。金源文學雖然無法與前賢唐宋詩詞相比肩，也無法和後繼者明清文學相媲美，然而它卻有著自己獨特的魅力。女真人的文化比較落後，與同時期的宋代漢族文化水平差距甚多。一種文化系統的完善需要經過漫長的時間考驗，因此金初文學建設的主體主要是來自宋、遼的漢族文士。來自遼國的有韓竘、虞仲文、張通古等，入金後主要從政，如韓竘曾為金的翰林侍講學士、禮部尚書、參知政事，並且是金熙宗的啟蒙老師，親掌詞命。來自宋朝故地的文學家主要有宇文虛中、高士談、吳激、蔡松年，這幾位文人大都來自人文薈萃的中原地區，他們加入金朝陣營的原因各有不同的複雜性，其政治抉擇表現出明顯的矛盾性。既有因為離開故國的痛楚，同時又必須向金朝統治者服從或示好的無奈；在處世的態度方面，既享受了金人給予的禮遇，但又想隱遁以全節操，經常搖擺於仕與隱之間。仕金宋人生命中的這種矛盾性和複雜性源自於民族氣節與價值觀、人生觀，他們在入金後抒心寫懷，作品往往抒發了思念故土的情感，開闢出金初的文學園苑。在金代文學發展和民族文化融合的過程中，由宋入金的文人對金代文學的發展有了積極的貢獻。

　　由宋使金而被留在金代做官的士人如宇文虛中、吳激、蔡松年等人，他們傾注了自己的血淚在異鄉的土地上吟誦了一段段內心掙扎的詞心，共同為金代百年詞史開了端緒。但長期以來以大中華自重而輕賤夷狄的「華夷之辨」傳統觀念使然，學界對於這段文學遺產並不是很重視。截至目前為止，關於由宋入金文人的研究相當有限，且多集中在對其政治身份的變化而非文學成就的論述[2]，甚至存在著一種用南宋文學來代替金代文學、或金代文學從屬於南宋文學的傾向。[3]對於這種現象，嚴迪昌頗有微辭：

> 金元二代歷時二百五十餘年，其國祚與兩宋於不同空間而同時運轉達一百六十五年之久，世稱南宋詞者無非特定歷史時空之南方詞之謂。缺失北方詞人詞體創作實績之史事，焉足稱完備？凡此豈非熟視無睹！[4]

地理景觀是文學創作的重要源泉，對文學的內容、藝術特點與風格產生獨特的影響。與南宋詞平行發展的金詞是典型的北方文學，景觀與文學相輔相成，立足在中國北方的金詞，必有其不同於宋詞之特色。[5]但對於與南宋並立的金代詞，學界卻少有著墨，

---

2 陶然《金元詞通論》(上海：上海古籍出版社，2001 年 7 月)可視為當今詞學界中對金詞斷限、分期與演進進行了宏觀論述的具代表性著作，全書雖介紹了金代各階段的詞人，都並未對「借才異代」(1127-1150)期由宋入金的詞人群體的創作表現進行論述。在第八章「金元詞人群體」論金初詞人只談了吳激和蔡松年，只以一般詞人論述，未能從「貳臣詞人」的視角來看他們創作的獨特處。

3 學界對於金詞的研究大多集中在元好問，就算以「金詞研究」為題的，也多集中論述靖康之變後的南宋詞壇更加關注社會現實，擺脫了花間詞派遺存的側豔之風，繼承了蘇軾對詞境的開拓，強調以愛國詞為主調抒經濟之懷，提倡詞的雅化……。

4 嚴迪昌為陶然《金元詞通論》(上海古籍出版社，2001 年 7 月)所作之推薦序，頁 2。

5 參考自劉揚忠〈金代河朔詞人群體述論〉(《學術研究》，2005 年第 4 期，頁 135-140。)、〈略談對詞史的地域文化研究〉(《南陽師範學院學報》(社

這不僅不合實際情況，也是傾斜偏失的。

金人滅了北宋，由今之視昔，吾人或將它視為朝代更替之必然趨勢；少數民族入侵中原，我們視之為是凝聚了農耕文化與游牧文化之民族融合的自然而然。然而這種觀念是長期以來歷史發展的結果。若立足於當時的時空，其時靖康之恥深深刺入宋人心中，成為難以抹去的深哀巨慟。那些遠在宋土之外、他們並不熟悉甚至不知道的白山黑水之間的女真人，他們和他們所建立起的王朝對宋人而言，不過是「異族」和「番邦」而已。尤其金朝建國之前，女真人尚處於部落聯盟的社會階段，文化也相對落後，遠遠不及文化成就之高深的宋朝。這場以夷變夏的民族劫難，讓經歷過故宋歷史在劫後餘生中的人，面臨艱難的選擇，嚴格的道德自律使得他們選擇了多種多樣的生存方式。南方文人對北朝少數民族的文化缺乏認同感，於是，有人選擇了忠於自己出生的政權，在金宋戰爭中以死殉宋，這是忠臣烈士。另外還有一些人在當時北方淪陷在異族統治之下，混跡異族，俯仰隨人。還有一些人，在金人侵宋這樣一個劇烈變動的異質環境中，他們由南入北、由宋入金、由中原入蠻夷，內心始終無法平靜，活在自悔自責中。我們給這片土地上的人民冠上了「金人」的頭銜，但卻忘記了他們的漢人身份，忘記了在歷史的巨變和時間的消磨之中，這群人他們內心世界的變化。隔了江，有南宋——這個他們故朝的國祚還存在著，面對一邊是血濃於水的漢族政權，一邊是以武力得國的異族統治，這片土地上的人們各自做出了不同的情感選擇。每個民族都有屬於自己獨特的文化心理，每一種文化心理都有與之相因相成的地域社會環境，當外部的大環境發生變化時，處於異

會科學版)第 7 卷第 1 期，2008 年 1 月，頁 57-61)，二文皆論述北方的地理景觀對金詞造成的影響。

質環境中的個體的心理也會受到強大的影響，從而產生心理結構的解構與身份的重建等一系列的變化過程，這或許就是易代之際的生存規律。

依據一般研究的認知，入金的宋人其文化心理並不完全相同，其分殊在很大的程度是顯現在他們的仕進態度中。從他們的仕進態度來看，整體上可分為主動仕金、被迫仕金以及入金不仕。[6]入金不仕者選擇了隱居不與世事，我們稱之為「遺民」。遺民多半具有隱逸心理與倦仕心理。入金不仕的遺民以《中州集》中的「南冠五人」——司馬樸、滕茂實、何宏中、姚孝錫、朱弁加上使金被留的洪皓為代表。[7]但還有一部份人，在主動與被動之間，在北宋滅亡之際離開了這個曾經生養他的政權，出仕金朝，我們稱之為「貳臣」。逯雪梅〈南朝詞客北朝臣——論金代初期仕金宋人的貳臣心態與人格特徵〉說：

> 貳臣是一種人格概念，是在一定歷史時期中國古代儒家忠君思想觀照下的產物，與傳統的華夷之辨相關。在地域上，表現為南人北仕，在民族上，表現為漢族士人出仕少數民族政權。由於時代的不同，仕金宋人作為貳臣，有著獨特的心態，其人格特徵更具有一定的典型性。他們對金代初

---

6 參考熊豐《入金宋人的文化心理與詩歌創作》，李冬紅指導，曲阜師範大學文學院中國語文學科碩士論文，2018年3月。

7 元好問《中州集》卷十癸集中，把司馬樸、滕茂實、何宏中、姚孝錫、朱弁列為「南冠五人」，收其詩有八十一首。這五人或是作為使者被扣留，如滕茂實和朱弁，或是抗金被俘，如司馬樸、何宏中和姚孝錫。五人雖入金途徑不同，但入金後的表現一致，均為拒不仕金、不忘故國的忠臣。月。元好問所列「南冠五人」不包括洪皓，這是因為《中州集》為金詩選本，未收入洪皓詩，實際上，洪皓的經歷和政治態度與朱弁極為相似，均是因為通問二帝而使金被留，在金期間，均因拒不仕金險些喪失性命。

期的文化建設起到了重要作用。[8]

逯先生指出：「貳臣」並非某種職業或是身份，它是屬於人格或道德的類型，它與忠烈是相對的，往往被視為一種背叛前朝大節有虧的人格。此外，該文又提出「貳臣」與傳統的「華夷之辨」相關。歷史上的貳臣不計其數，但受到批評的往往只集中在三個歷史時空，一是南北朝，二是宋與金元，三是明清之際。這三個時期，或是漢族和少數民族政權同時並立而南北對峙，或是北方少數民族以武力侵犯或入主中原。同樣是先後兼仕兩朝，如果這兩朝都是漢族政權，例如南朝的宋、齊、梁、陳的前後相承，那麼這種人儘管人格上有污點，但不會引起多少的指責。[9]但再仕於少數民族政權的人就不只是兼仕兩朝，而是仕於「番邦」、「異類」了，在「非我族類，其心必異」的「華夷之辨」的傳統民族意識下，這是有失民族尊嚴的奇恥大辱，也是不可以原諒的道德瑕疵。然而同為貳臣，其人格和心態當然也有千差萬別，對於他們出仕新朝的行為我們並不能以單一的標準或體系去評價判定，因為並非全部的貳臣對舊朝的離棄都是出自於對權利金錢的追逐和貪生怕死的恐懼，他們有的是在無可奈何之下成為貳臣，有的還是出於對自我信仰的堅持而以降敵的方式暗中效忠南宋；有的在入金之後表面上不提宋朝的事情，但卻在私下教育自己的子孫，讓他們雖在異族政權下生活，仍然心懷南方，成為南宋王室的追隨者。

---

8 逯雪梅〈南朝詞客北朝臣——論金代初期仕金宋人的貳臣心態與人格特徵〉，《黑龍江社會科學》2008 年第 3 期(總第 108 期)，頁 113-115。

9 例如南朝江淹，歷仕南朝宋、齊、梁三代，在歷史上卻很少被視為「貳臣」來批評。但庾信就不然了，庾信當年乃是奉梁元帝之命出使北朝後被留，不得回歸，最後仕於北周官至驃騎大將軍、開府儀同三司，因為由南入北，由漢族而仕異族，已經跨越了民族的界限，被後人視為「貳臣」的代表人物。

　　當然，也有些原本生於金、長於金的北方宋人，則選擇了歸正，為這個侵略的異族效力，與南宋為敵。如「以詩撼齊王豫」（《金史》）的馬定國、因罪於南宋而奔逃於齊[10]的施宜生，還有主動北歸如張斛，對金朝這個新興王朝主動表現出認可的態度。另外，還有一類是因種種原因不得不羈留北地而被迫仕金，如出使見留的宇文虛中和吳激、隨著宋土淪陷轉而仕金的高士談、隨父降金的蔡松年，他們留在北地都是有不得已的理由。總之，宋人入金的途徑因個人際遇與主觀條件之差異而呈現多樣化與複雜性的態勢。傳統根深柢固的君臣關係是：「君使臣以禮，臣事君以忠」（《論語‧八佾篇》）、「事君不貳是謂臣」（《國語‧晉語四》），反過來說，事君有貳則非臣，一位忠臣不應仕於二主，何況是兼仕兩朝？何況是所仕之新朝乃是滅了舊朝的罪魁禍首？在傳統的價值體系下，貳臣都是不忠不義、人之大失也，在社會沒有立足的空間。這使得貳臣內心承受著來自社會的巨大壓力，進而影響其作品的情感與思想，這一類文人心態較為複雜。他們其中有些人會在創作中以各種題材表現出其生存境遇、內心世界、人生態度、價值取向等。目前學界對於這些由宋入金文人之後所經歷的情感變化、身份認同及思想轉變等方面的研究著作較少。[11]即使有，

10　齊（1130 年－1137 年），金朝在滅亡北宋後在華北建立的傀儡政權。金初統治者下令招撫遼地的漢族名士，對他們委以重要職務，這些名士又為金初統治者引見了許多有用的人才；金初統治者為了維護在宋地的統治，一方面留用當地的漢族名士。另一方面，在北宋滅亡後，康王趙構在靖康二年時，被擁立為新皇，建立南宋政權。但是當時的金人並沒有承認趙構建立的新政權，而是先後扶植了偽楚和偽齊政權，作為自己的替代者管理佔領的地區。因為皇帝是劉豫，一般稱「劉齊」；後世因其為金朝傀儡政權，也稱之為「偽齊」。存在共六年半。參考維基百科：https://zh.wikipedia.org/wiki/%E5%88%98%E9%BD%90

11　如以「仕金南人(或宋人)」為關鍵字搜索，可以得到的資料有二篇：逯雪梅〈南朝詞客北朝臣——論金代初期仕金宋人的貳臣心態與人格特

也多關注遺民書寫，對貳臣心境的討論有限。但仕金宋人的存在卻在歷史上有著獨特的意義和價值，這些士人的思想觀念、身份認同的變化，所體現的不只是新舊政權更迭下人這一特定群體的生命的斷裂，更體現了被侵略、被殖民地區的人們對侵略政權和原生政權情感態度的轉變及選擇。我們若把被迫入金的宋人作為一個群體進行分析時，可以展現某些群體性、共性的文化心理的變遷過程。若把他們作為獨立的個體來進行觀照時，他們獨特的人生經歷與價值觀念又使他們的文化心理結構展現出特定的變化軌跡。而無論是群體性還是個體性的文化心理的變遷，都通過入金後的創作來傳達和展現出掙扎的心跡。

　　當一個人在面臨著生死與道德之間的抉擇，往往都有著不同的表現。在這批各式各樣的貳臣中，同樣的人生遭際在不同的人那裡，往往會有相異的反應。有些人也就心安理得地接受了金朝的榮寵與禮遇，沒有愧疚，也沒有自責。有些人是在無可奈何中被迫仕金，但內心無論如何都放不下對故朝的懷思，這類人的內心往往是最矛盾與痛苦的，正因為是被迫的，他們雖然到了北地生活，但並沒有能夠真正融入到金朝的社會。他們一方面心仍然向著舊朝，但一方面又在金朝享有俸給，內心有許多的委屈、苦悶、矛盾、掙扎。這些被迫仕金的貳臣，歷來是被人忽略的一個群體。封建社會標榜的忠義之道，在「以德取人」以及由此導致的「因人廢言」等慣性思維的影響下，我們很容易將其創作評價和人格評價等同，使得貳臣群體被永久地釘立在有辱大節的柱子

徵〉，《黑龍江社會科學》2008 年第 3 期(總第 108 期)，頁 113-115。胡傳志〈略論仕金宋人的詩歌新變〉，《江西師範大學學報》(哲學社會科學版)，第 40 卷第 2 期，2007 年 4 月，頁 63-67。

上。他們的內心世界和創作實踐也沒有得到較有深度的總結。事實上，他們的種種表現，揭示著入金宋人的心理文化，決定著他們的仕進態度。他們在作品中所展現出的內心世界是很值得吾人探討的。

　　基於上述，本章以被迫仕金的宋代文人為考察，選擇了有留下詞作表現心跡的宇文虛中、高士談、吳激、蔡松年四位文人為論。在對前人的研究成果進行借鑑的基礎上，透過文本分析法、對作家人生經歷的理解、歷史與美學研究等方法，透過對創作審美評價的角度，進一步探究金初貳臣詞家在入金後的詞作表現以及創作心理。

第二節　南朝文士，北朝新臣：

「事金宋人」貳臣群體的形成

　　幾千年的中國歷史可謂一部朝代的更迭史。在中國歷史上出現了諸多的「易代之際」，誠如論者所言：「政治格局的變化與士人選擇的多元、文化價值的重估與思想觀念的活躍，以及文學風格的多樣與審美形態的趨新，賦予了易代之際以獨特的研究價值與學術魅力。」[12]如此說來，「易代之際」也應成為一個重要的學術領域。歷史上每一次朝代的更替，既會產生忠於前朝而隱居成為邊緣人的「遺民」，也會產生入仕新朝的前朝官員，即「貳臣」。中國古代政治奉行「一朝天子一朝臣」的慣例，但有些朝代在立

---

12 左東嶺〈易代之際研究的學術價值與難點所在——兼及張暉之《帝國的流亡》〉，《中國文化研究》2014 年第 1 期「春之卷」，頁 47-53。

國之初面臨人才緊缺的情況，以求賢若渴的姿態吸納前朝官員鞏固統治，於是便出現了所謂的「貳臣」。「貳臣」作為較特殊的政治群體，一方面遭到前朝遺民的抨擊，另一方面在新朝中被另眼相待，就算受到新朝的禮遇，但也容易被視為缺乏道義者，特殊的心理狀態造就了特殊的文學風格。「貳臣」違背了封建儒家的綱常倫理，被視作變節、苟且的代名詞，承受來自社會文化和個人內心的雙重壓力。從深層次的角度來說，「貳臣」之所以成為歷史語境中的特殊群體，與其在社會秩序中所處的位置有相當的關係。

中國歷史上的貳臣數量很多，若要進行取捨，入選便有了範圍的限制，在本標題強調「南朝文士，北朝新臣」，在這裡有二個重點：第一，以南人仕北為主。這裡所謂的南北，不是就空間意義而言，而是指漢族士大夫再仕於北方少數民族政權。同為漢族王朝間的權力交替，例如南朝四代，貳臣所受到的批評與心理壓力是還好，但如果是身為漢族士大夫再仕於少數民族政權，便被看作是人格和大節上不可原諒的污點。這就是同為貳臣的江淹和庾信不可同日而語的原因，宋元之際的方回〈偶題五言絕句五首之一〉詩中有謂：「江淹猶匪恨，庾信始為愁」，即此之謂也。第二，以文臣為主而不選武夫。因為文臣自幼飽讀經書，深受儒家倫理文化的薰陶，在失節後良心發現，自責自訟，表現出的人性心理深度和複雜性，值得同情。同時也因為文臣有作品流傳下來，為我們探討其人格心態，提供了充分的心靈文獻。在宋金易代之際，貳臣的形成有其特殊的背景。以下分兩點言之：

一、金初「借才易代」的文化政策

女真長期從屬於遼，深受契丹文化的影響。女真通過滅遼而

崛起，又乘勢吞併北宋的半壁江山。史載，滅遼戰爭時，金人尚無文字，「賦斂科發，射箭為號，事急者三射之」。[13]在這種文化形態下，立國之初，女真人自覺接受中原文化[14]，借前朝人才為當代治世所用，建立起一代封建王朝。《金史》卷一二五《文藝傳序》云：「太祖既興，得遼舊人用之，使介往復，其言已文。太宗繼統，乃行選舉之法，及伐宋，取汴經籍圖，宋士多歸之……金用武得國，無以異於遼，而一代製作能自樹立唐、宋之間，有非遼世所及，以文而不以武也。」[15]後人因將金初實施的文化政策定義為「借才異代」。[16]如清人莊仲方在《金文雅‧序》中對金整個文學環境做了大致的描述：「金初無文字也，自太祖得遼人韓昉，而言始文。太宗入宋汴州，取經籍圖書，宋宇文虛中、張斛、蔡松年、高士談輩，後先歸之，而文字熠興，然猶借才異代也。」[17]後人因之將金初實施的文化政策定義為「借才異代」。這種文化現象並不難理解。究其原因，蓋出於金初統治者對漢文化採取積極移植、吸收、融合，對遼、宋文士採取羈留、籠絡、任用授官的政策所致。這對金人建國、滅北宋後在政治和文化上迅速崛起有重要的闡釋功能。反過來說，如果沒有「借才異代」之舉，便不會有「文字熠興」之事實。

13　《大金國志‧初興風土卷》，《四庫全書補正‧子部》(台北：國立故宮博物院編，台灣商務印書館印行，1998 年 3 月)，《古今說海》139 卷，頁625。

14　《金史‧文藝傳》說：「金用武得國，無以異於遼，而一代製作能自樹立於唐、宋之間，有非遼世所及，以文而不以武也。」見脫脫等編《金史》(北京：中華書局，1977 年)，頁 2713。

15　脫脫等人編《金史》(北京：中華書局，1977 年出版)，頁 2713。

16　「借才異代」，借，憑藉之意；異，更換之意；即憑藉外來的英才來發展自己，改變自己。揭示了金初文學的起因及其性質。

17　清人莊仲方編《金文雅》序文，見任繼愈編《中華傳世文選》第 7 冊(吉林：吉林人民出版社，1998 年)，頁 107。

　　「借才異代」的文學現象具有豐富的文化內涵，它促成了文化的播散、文士的流動、觀念的改變以及漢語文的傳播，對遼金文學的發展進程產生了重要的影響。由於女真身體力行，靈活運用，遂成就了一代封建王朝的大業，使自己站在一個較高的文化起點向前發展。借才於宋，使女真躋身於中原文化傳人之列。

　　宋金易代的歷史背景與金人借才異代的用人政策，導致貳臣的形成。在時代的變動下，朝代更迭，文人們還沒來得及感慨舊朝，便要思考自己的下一步抉擇。由於外部環境的變化。汴京陷落後，女真又盡收北宋的人才與文物圖籍，一批士人如張孝純、宇文虛中、高士談、吳激、王競、蔡松年、施宜生等等，相繼歸附聽命。兩宋在人文思想方面的建樹對金人構成了巨大吸引力。女真統治者同渤海、契丹等其他北方少數民族相比，對中原文化更加認同，接受更加自覺，具有更加強烈的封建正統意識，從而加速了金代社會的封建化進程。總之，由於女真人運用充分借才異代，遂借此超越了渤海與契丹，建立起一代金朝的文化。

二、仕金宋人群體的形成

　　對於女真族這樣一個以漁獵為主的社會向封建社會轉型的民族，要想統治處在封建時代繁盛時期的中原廣袤地區，成為轄區內眾多民族的共同統治者，就必須向先進民族汲取養分，改變落後的文化現象和管理方式，以完成時代所賦予女真民族的歷史使命。因此，金朝統治集團對於所占領的北宋統治區域內的漢族官僚知識分子，對南宋出使金朝的官員都特別青睞，通過威逼利誘或強行扣留等不同方式迫其事金。所以，這些在宋金交戰及對峙時期由宋入金並為金朝服務過的人就形成了一個特殊的「仕金

宋人」群體。陶然《金元詞通論》提到文人群體具有三個特性:「其
一是較為明顯的地域性,其二是群體成員在身份上的共同性,其
三是相對明確的時間性。」「群體並不是永遠靜態的存在,它總在
不停的變動之中,或因環境的變化、或因成員的改變,這個群體
既有聯繫緊密的時候,也必有會分化鬆解的一天。」[18]就這三個
特性來看仕金南人這一群體也不例外。群體中的成員因為人生際
遇和性格的差異性、時間先後與年紀的不同性,他們在共性中存
在著個別性。

　　仕金宋人主要是原北宋或南宋統治下的官員,由於不同原因
在金朝前期一度歸順金朝或是入金後直接或間接服務於金朝統治
集團。他們其中有的是甘願仕金,效忠金朝;有的則被迫仕金,
欲伺機南歸;有的一開始拒絕仕金,卻在半推半就之間成為漢族
先進文化的傳播者和民族友好交往的使者,客觀上也為金朝的發
展壯大做出了貢獻。無論何種緣由,面對山河破碎、故國不堪回
首的歷史境遇,仕金南人這一特殊群體不得不流落異域,為異族
統治者服務。但是,在故國君臣的眼中他們就可能是民族的罪人,
難以得到宋人的理解和原諒;在金朝統治者的心裡他們也始終是
異族,是只能被「利用」卻不能被「重用」的一群人;而在與女
真同僚共事的過程中,他們也是被排擠的對象。

　　在金初借才異代的政策下,由宋入金的文士,主要有宇文虛
中、高士談、蔡松年和吳激等,他們入金之前,都在宋土受過傳
統儒家的文化教育,大多具有較為完美的自我人格,持有傳統儒
家道德觀念。習得純熟的詩文技藝,有的早有詩名。入金之後,
深重的羈留感、強烈的異域感和難以排遣的去國之思鬱積於胸

18　陶然《金元詞通論》(上海:上海古籍出版社,2001 年 7 月)第八章「金
　　元詞人群體」,頁 281。

中，流露於筆端，他們留下的詞作雖然不多，卻也能呈現出獨特
的心路歷程。他們在人格型態上也具有統一性，最明顯的是他們
的生命像是切斷為「兩截」的割裂和破碎，張仲謀《貳臣錄》在
論述貳臣人格「前後割裂」的兩重性時說：

> 前後割裂就是俗語所謂的「兩截人」。人的一生，前後行事
> 截然不同，幾乎判若兩人，本來不獨貳臣，在歷史或現實
> 中都不乏其例。但在生活中是或然，在貳臣是必然；在其
> 他人為漸變，在貳臣則為突變，所以成為貳臣人格一個基
> 本特徵。其所以為突變，當然不是人格的自然發生，而是
> 起因為突然的外力壓迫。或者因為民族之間戰亂的暴發，
> 或因為生於滄桑易代之際。至於那些出使被留的情況，往
> 往也和戰亂環境有關。⋯⋯或由南朝入北朝，或由敗國入
> 新朝。人還是原來那個人，有的甚至官職都沒變，但是國
> 號變了，君主變了，服色變了，正朔變了。對於一個有良
> 心的人來說，最大的變化也許是，他的心已經死了，而那
> 個仍然出入朝班和不得已的社交場合，感情麻木、反應機
> 械、倦於一切又敷衍一切的人，只不過是一個沒有自由意
> 志、沒有人格、甚至沒有靈魂的軀殼而已。[19]

　　這段文字可以說對貳臣的矛盾複雜處境與心態的典型寫
照。或者說是外在所扮演的社會角色和內在的本我之間不能協調
的本質進行具體的論述。以改節為分界，形成了完美的「前半截」
與失足的「後半截」的雙重自我。進任新朝後，他們始終在雙重
自我之間掙扎而無所依歸，形成人前人後人格割裂的痛苦處境。
他們在創作中留住真誠的自剖，或是靈魂的自我贖救，這部份是

值得我們重視的心靈文獻。以下第三至第六節即針對四位詞入金後的詞作，以透視他們的內心世界。

第三節　「流落天涯俱是客」：
宇文虛中出使效忠而內外交迫的悲劇人生

一、「是非留與後人傳」的貳臣人生

宇文虛中（1079－1146），字叔通，成都華陽（今屬四川）人。宇文虛中本是宋人，虛中的名字還是宋徽宗賜予的。他自三十歲登進士第，為官二十載，就以直節而著稱。在宋朝曾任大觀進士、資政殿大學士。從社會身份來說，他本是宋朝臣子，靖康年間，金人第一次入侵汴梁時，宇文虛中親至金軍營中和談，解了金軍之圍。宋高宗建炎二年(1128)，以「迎回二帝」為名義和金朝議和，詔求能出使絕域迎還徽、欽二帝之人，結果朝堂之上無人敢出使金朝，最終還是宇文虛中挺身而出承擔此任。[20]宇文虛中認為國家艱難之秋正是士人應前後奔赴之時，於是上表自薦。高宗極其讚賞，令其以「祈請使」的身份前往金國。《宋史‧列傳第一百三十‧宇文虛中傳》：

> 明年春，金人並遣歸，虛中曰：「奉命北來祈請二帝，二帝未還，虛中不可歸。」於是獨留。虛中有才藝，金人加以官爵，即受之，與韓昉輩俱掌詞命。明年，洪皓至上京，

20　《宋史‧列傳第一百三十‧宇文虛中傳》，《四部叢刊影本》。

見而甚鄙之。累官翰林學士、知制誥兼太常卿，封河內郡開國公，書金太祖《睿德神功碑》，進階金紫光祿大夫，金人號為「國師」。然因是而知東北之士皆憤恨陷北，遂密以信義結約，金人不覺也。[21]

宇文虛中是在天會六年(1128 年)為祈請使出使金朝，其使命就是懇請金朝送徽、欽二帝還國南歸，但未料宇文文虛中等人到了金朝之後便被軟禁扣留，次年春天，金人遣送使節回國，要他回南宋，宇文虛中以「奉使北來，祈請二帝，二帝未還」的責任心獨自留了下來，等待時機以迎歸二帝。那年他剛好五十歲，出使金國是他自動請行的，想必他也做好了最壞的心理準備。金朝當時需要有文化的漢族官員，見他文采不凡，金人想要留他為其所用，授以官爵，與韓窻俱掌詞命，宇文虛中並未推辭。後遂降金而加入金朝陣營[22]。後來又任禮部尚書、翰林學士承旨。為金規畫取江南之策，又為制定官制禮儀，參與機要。宇文虛中在金朝為官已近二十年，備受信任，金朝宮殿門匾及金帝聖旨多出於其手，屢次升遷進入金廷權力核心，就這樣宇文虛中一路升遷，加官進爵打入了金廷權力中心，被金人稱為「國師」。這種為異族和敵人效力的獨特身份和經歷，使他的內心充滿了矛盾。據宇文虛中《行狀》載：「初，公嘗夢挾日以飛。」[23]可見迎奉二帝南歸是宇文虛中夢寐以求的願望。[24]即使留金為官後，他在心中也始終沒有放棄這個心願。正因如此，他雖在金朝為官，但真實身份卻

---

21 同上。
22 元‧脫脫等《金史》卷七十九(北京：中華書局，1977 年版)〈宇文虛中傳〉，頁 1791。
23 《宇文虛中行狀》，此據光緒三十四年許刻本，以光緒四年活字本參校。
24 參考周惠泉〈金代三文學家評傳(宇文虛中、蔡松年、吳激)〉，《山西師大學報》(社會科學版)第 20 第 2 期，1993 年 4 月，頁 43-49

是南宋分在金廷臥底的間諜。正因為一路攀升，接觸到更多的情報，秘密傳回南宋，使得南宋對金朝的軍事行動漸漸占據上風。他以自己在金朝所握有的權柄，暗中聯絡中原東北的豪傑義勇舉事復宋。

金熙宗繼位後，完顏宗弼(即金兀朮)掌握朝政。皇統二年，在兀朮的要求下，宋對金妥協求和，奸細秦檜將宇文虛中的一家老小全部送到金朝，史載：「檜慮虛中沮和議，悉遣其家往金國以牽制之」。[25]在此前宇文虛中曾託人密奏宋高宗以家人早死於亂兵的理由回絕金人，但宋高宗和秦檜完全想著和金朝議和，拒絕了他的要求。根據清人袁枚在《隨園隨筆》中引宋人施德操筆記為宇文虛中之事留下的重要線索：「紹興十五年(西元 1145 年)，(宇文虛中)謀挾淵聖（宋欽宗）南歸，為人告變。虛中急發兵直至金主帳下，金主幾不能脫，事不成而誅。」[26]從這段文字記載可知宇文虛中最初的謀劃是解救宋欽宗南歸南宋，事前他密奏宋高宗請求派人接應，但宋高宗卻將他的謀反之計密報給了金朝。在得知消息洩露後，倉促之間，宇文虛中臨時決定轉變目標，擒賊先擒王，「欲因宣郊天就劫殺之」，在祭天之時直接發兵刺殺金熙宗。這一行動幾乎成功，金熙宗險些喪命。但最終可能因為雙方兵力差距過大，宇文虛中沒能完成刺殺計畫，事蹟失敗。《金史》載金熙宗皇統六年（1146 年），禮部尚書宇文虛中被告謀反，罪名為「圖書為反具」，以家中圖書是謀反工具之莫須有的罪名將宇文虛中連同家人百餘口全被活活燒死。宇文虛中被殺，也許宋高宗心裡也鬆了一口氣。宋高宗趙構內心始終不想迎回二帝，他之

25《宋史‧列傳第一百三十‧宇文虛中傳》，《四部叢刊影本》。

26 清人袁枚《隨園隨筆》轉引宋人施德操筆記。中國哲學書電子化計劃網
　　站：https://ctext.org/wiki.pl?if=gb&res=989871

前派宇文虛中出使金朝「迎回二帝」只是藉口，哪知道宇文虛中當真了，而且認真地去做了。

　　宇文虛中死後，南宋並不承認他的間諜身份，但是在他死後三十二年後，宋孝宗沒有忘記他，以虛中忠死，追他贈開府儀同三司，諡肅湣。再過二十七年，宋寧宗加贈少保，賜姓趙氏，顯然以忠臣烈士視之。而將出賣他的秦檜追奪王爵，改諡「謬醜」，恢復宇文虛中名譽的宋寧宗趙擴，終究是沒有忘了這位忠心的大英雄。從這個角度來看，貳臣與忠烈在宇文虛中的身上得到了相輔相成的身分轉換，同時也可以看人性中向上提升與向下沈淪一面錯綜交織的複雜性。宇文虛中是孤獨行走的英雄，卻在異地淒涼死去，在歷史上並沒有爆發出振聾發聵的巨響，這是身為貳臣的他，令人可歎的悲劇人生。

二、「舊日繁華，如今憔悴」：異地逢舊之悲歎

　　在金代文學的發展歷程中，宇文虛中「以翰林學士承旨、禮部尚書的身分問鼎文壇，曾經影響了從金初開始的一代文風」[27]。金初統治者十分看重他的才能，雖然如此，在他內心深處也不能擺脫「非我族類，其心必異」華夷之辨民族觀念的束縛，但是身不由己，只有寓情於詩詞以抒苦悶之情。宇文虛中既然是從「異代」「借來」的文士，那他的社會文化身份自然就比較複雜，或者說十分尷尬。許多人尤其是後來出使金朝的宋人更認為他變節叛國極度鄙視他。但如果我們了解他的身分，他的忍辱負重，當會為他一掬同情之淚。宇文虛中不以詞名家，今存詞作只留有二首，

27　郭長海《金代名臣名將傳》(哈爾濱：哈爾濱出版社，1998 年出版)，頁176。

但充分展示了他內心難言的苦衷和對故國鄉土的懷戀之情。其〈念奴嬌〉如下：

> 疎眉秀目。看來依舊是，宣和妝束。飛步盈盈姿媚巧，舉世知非凡俗。宋室宗姬，秦王幼女，曾嫁欽慈族。干戈浩蕩，事隨天地翻覆。　　一笑邂逅相逢，勸人滿飲，旋旋吹橫竹。流落天涯俱是客，何必平生相熟。舊日繁華，如今憔悴，付與杯中醁。興亡休問，為伊且盡船玉。[28]

人老思鄉，歌者垂淚，聽者唏噓。一場歌會，竟變成對盛世不再的哀歎了！眼前的美人眉目清秀，穿著仍是前朝宣和年間的妝束。在盈盈起舞中，其纖媚動人的身姿，美好的儀態，皆可見其出身非俗。經由交談方知她是大宋的貴冑，秦王一脈的宗女，曾經嫁於欽宗陳太后的家族。未料她的人生隨著金人南下，國破家亡後而天翻地覆。作者與宋室宗女，原本素昧平生，兩人只不過是偶然相遇，詞人卻因為異地逢故人，而緬懷舊朝，在詞中描述了歌女曲折、不幸的生活經歷和坎坷命運，在表現了歌女子悲慘命運的同時，也流露了對自身坎坷、北宋的淪亡之歎，增強了詞作的藝術效果。同是羈縻天涯的淪落人，相逢又何必相熟識呢？舊日的繁華隨風而逝，如今只剩憔悴付於這杯中之酒。莫問家國興亡，暫且讓彼此滿飲手中杯。這首詞直敘其事，直抒其情，完全是現身說法，與同期南宋諸詞家錦心繡口之詞作相比，略顯直露，但是這簡單直敘的文字背後，隱藏著多少國破家亡、天涯淪落的悲慘和苦痛。

靖康之變，整個宋王朝蒙受奇恥大辱，政治、經濟、外交各個方面都發生了天翻地覆的變化。金兵第二次南下包圍了汴京

---

28 宇文虛中〈念奴嬌〉，見唐圭璋編《金元詞・金詞卷》(北京：中華書局，2018 年第二版)，頁 3。

城，為了苟延殘喘，「徽宗、欽宗竟以上萬名宮廷、宗室和京城婦
女為抵押品，明碼標價地抵押給了金軍。在金軍的營寨中，她們
遭到強暴和蹂躪。北宋政權滅亡後，金兵北撤，這些女性在金軍
的押解下隨同北遷，在途中歷經路途跋涉的磨難、許多傷亡。到
達金國都城上京以後，她們被遣送到供金國君臣享樂的洗衣院、
金國皇帝的各大御寨，賞賜給金軍將領，甚至流落民間，被賣為
奴、娼。」[29]角色的轉換對於注重名節的北宋宮庭后妃是一個極
端痛苦恥辱的歷程。作為戰俘，她們成為金人的戰利品和蹂躪的
對象。不僅要承受國破家亡的精神痛苦，還要承擔身體被辱的折
磨。金朝統治者不僅視宋世宗女為奴僕，甚至特意把她們賜給南
宋出使金朝的大臣以示侮辱。這也正是宇文虛中看到大宋宗室淪
為歌女玩物後如此悲憤和痛苦的原因，但滿腔憤怒身異國他鄉又
如何才能發作呢？只能付之於酒杯了。

　　靖康之恥中被擄往金國的北宋女性在正史記載中往往被忽
略了。這首詞紀錄了她們的血淚斑斑。從現在追憶過去，也反映
了今昔盛衰，「事隨天地覆」的身世遭際，點出了異地相逢時的心
情。長年的痛苦懷念，想必也讓宇文虛中折磨而滄桑。此刻，這
些故宋的人們在異地相遇，會有怎樣的感情呢？他們會想些什麼
呢，相互傾訴些什麼呢？一定是哽咽無言！即使們有太多太多的
感慨，於時於地都不適合再說。一首樸實的小詞從作者心中流了
出來，只有事實，沒有渲染；只有敘述，沒有修飾。這首詞雖然
只平敘了與宋室宗女的一識一逢，卻表達了國家的一興一衰。這
就像一位高明的畫家，在尺方紙內畫出千里風光的畫卷！個人的
前途永遠與家國的命運緊緊連在一起。世運之治亂，年華之盛衰，

29　以上的歷史敘述乃參考改寫自張明華〈靖康之難被擄北宋宮廷及宗室女
　　性研究〉，《史學月刊》，2004 年第 5 期，頁 48-52。

彼此之淒涼流落，俱在不言中。宇文虛中生於宋地，飽覽中原勝景，而今深陷北國，在異鄉見舊人之際，又怎能不增添思鄉之情呢？怎奈造化弄人，只能縱情詩詞，聊表對宋朝的思念而已。

又如〈迎春樂·立春〉：

> 寶幡彩勝堆金縷。雙燕釵頭舞。人間要識春來處。天際雁，江邊樹。　　故國鶯花又誰主。念憔悴、幾年羈旅。把灑祝東風，吹取人歸去。[30]

唐宋風俗，每逢立春日，剪紙或絹作旛戴在頭上或繫在花下，以慶祝春日來臨。在立春時候看著多彩的「幡彩勝堆金縷」，還有頭戴著雙燕釵頭的美女，便知道春天到來。季節感往往引發生命意識，作者有意識地將季節這個「物理境」轉化為「心理場」。在北地看見美女與春天，他立即產生懷念家鄉之意。當他獨自一個人望著天際的雁子岸邊的柳樹，都會讓人想到故國的春色。春光是如此的明媚可人，但異鄉人在北地總會有一份疏離冷黯，畢竟宇文虛中始終把自己作為一介異鄉之人，從這一視角觀察外物，就使他的筆下帶有了濃厚的異鄉人情懷。「天際雁，江邊樹」，渲染北國自然風光，他想念故國的黃鶯花語。「又誰主」三字，表現了無人欣賞的悲傷，也表現了河山易主的悲怨。「念憔悴、幾年羈旅。」這是一種深刻而持久的痛苦，因為他不願放棄回歸的企盼。心靈荒蕪感是貳臣南人心態的一個重要組成部分。隨著時間的推移，創傷記憶更得到了強化。「把灑祝東風，吹取人歸去。」但他何時能歸去呢？宇文虛中最初的謀劃是解救欽宗徽宗南歸，但最後是落空了。本詞表現出一種對時代和命運播治下的無奈悲傷，我們看到每一個人物渺小的自身無力抗拒時代和命運的播

---

30 宇文虛中〈迎春樂〉，唐圭璋編《金元詞·金詞卷》(北京：中華書局，2018 年第)，頁 3。

弄，只有隨波逐流。

　　本節用史詩互證的方法，把宇文虛中入金之後的詞作與歷史背景結合起來，相互印證，還原他心態的真實樣貌。宋金對峙時期，在兩國交鋒中，使臣一直處在一個首當其衝的前哨位置。像宇文虛中這樣臥底在敵國的使臣，以自己的生命安全進行一場關乎國家具體利益的博奕，他本以為出行是帶著具體的任務，背負著皇帝和國家的期待，未料他不明白這其中有多少政治計算在阻撓他。宇文虛中由南入北，羈留北方，最後以謀反之罪，由金國的使臣成為金朝的國師一變而成為階下之囚，然後被全家處死，仕途風雲的變幻改變著他的人生命運。「生死已從前世定，是非留與後人傳」[31]，從宇文虛中留下的詩句可知他對自己的人生早已有自知之明，作為宋朝使節，背宋投金，又為報忠而在金朝隱忍苟活二十年，死已不足懼。他雖大節有虧，但從他的詞作中，我們可以見證在被留金期間，宇文虛中依舊沒忘自己的國家，整體而言，他是個值得同情的悲劇人物。

第四節　「形容憔悴不如初」：

高士談以孤臣之身，抒進退失據之悲

　　讓宇文虛中在異國的淒涼中聊堪自慰並同病相憐是因為有

31　宇文虛中〈己酉歲書懷〉：「去國匆匆遂隔年，公私無益兩茫然。當時議論不能固，今日窮愁何足憐。生死已從前世定，是非留與後人傳。孤臣不為沈湘恨，恨望三韓別有天。」見《御訂全金詩・增補中州集》(四庫全書本)卷四。

一種群體的聯結，這個群體中人，都是來自於南方的士人，包括
高士談和吳激等人。本節論述和宇文虛中一樣被留仕金、志同道
合的好朋友高士談，他的詞都是抒寫自己對於故國的思念和進退
失據的身世感慨，還有漂泊念平生、倦游歸隱以自慰的內心世界。

一、「縲絏元非罪，艱難已備嘗」的孤臣人生

　　高士談(？－1146)，字子文，一字季默，是宋英宗宣仁
高皇后之族弟，所謂王侯之後、皇親國戚，所以當北宋亡後
他的悲慨更甚於宇文虛中。高士談在宋徽宗宣和末任忻州
（今山西忻縣）戶曹參軍。他是隨著北方宋土的淪陷因而仕
金，入金國後，擔任翰林直學士。後來在皇統六年（1146
年），因宇文虛中案被牽連而見殺。《金史‧列傳第十七》：

> 虛中恃才輕肆，好譏訕，凡見女真人，輒以「礦鹵」目之，
> 貴人達官，往往積不能平。虛中嘗撰宮殿榜署，本皆嘉美
> 之名，惡虛中者摘其字以為謗訕朝廷，由是媒蘗以成其罪
> 矣。六年二月，唐括酬斡家奴杜天佛留告虛中謀反，詔有
> 司鞫治無狀，乃羅織虛中家圖書為反具。虛中曰：「死自吾
> 分。至於圖籍，南來士大夫家家有之，高士談圖書尤多於
> 我家，豈亦反耶？」有司承順風旨，並殺士談，至今冤之。[32]

　　這段記錄與《宋史》對同一件事情的敘述大抵相近，大凡南
人仕北，都不免對自身漢人傳統文化具有優越感，宇文虛中表現
出恃才輕肆的傲慢，輕蔑女真貴族，甚至當面譏訕他們，動輒以
「礦鹵」目之，女真貴族中不少人對宇文虛中妒恨不平。皇統六

32　元人脫脫等編《金史》(北京：中華書局，1977年)，《列傳‧第十七》，
　　頁1792。

年（1146年），終於有了報仇的好機會了。宇文虛中撰宮殿榜署，本是一件值得讚美的事情，卻被那些痛惡他的女真貴族從中摘取文字指為謗訕朝廷，女真貴族唐括酬斡的家奴杜天佛留誣告虛中謀反。熙宗詔有司審理，官府卻又拿不出什麼真憑實據，索性把虛中家裡藏有的圖書當成「謀反」的證據。虛中答辯：「如果我命中注定要死，那我也認了。至於圖籍，南來的士大夫家中都有，高士談家的藏書比我還多，難道說高士談也想謀反不成？」手持大權的金兀朮本就欲置宇文虛中於死地，見他這麼一說，就向官府透露意向，連帶把高士談也殺掉了。至此，金朝「借才異代」的措施最後劃上了句號。

　　高士談因宇文虛中一句話就被牽連入案，很是無辜，但似乎也是必然的下場。高士談身為宋室貴之後，入金後他的心態矛盾而苦悶，他對趙宋王朝始終難以忘懷，在情感上他終於未接受金人的高士談終於被女真貴族以的莫須有的罪名殺害了。

　　從《金史》所記載的這段文字看來，宇文虛中之死，似乎因性格與言行所導致的悲劇，但更進一步來看，這實際上應是兩個民族群體在接觸的過程中產生的文化衝突與撞擊所導致的野蠻抵抗。較為落後的民族一旦受到較為進步民族文化的壓迫時，往往會形成一股反彈力道，女真人以宇文虛中家中圖書為「反具」，這正好反映了文化報復的動機。高士談無辜被媒蘗以成其罪，也可以說明這一點。宇文虛中「死自吾分」，顯然對死有了心理準備，或許存有以死來對故國懺悔的打算。和宇文虛中相比，高士談顯然對這場從天而降的災難完全缺乏心理準備，在臨刑前他在獄中寫下二首絕筆詩〈丙寅刑部中二首〉可見一斑：

> 世事邯鄲枕，歸心渭上舟。驀來無朕兆，意外得俘囚。
> 忠信天堪仗，清明澤自流。藜羹猶火食，永愧絕糧丘。

　　幽囚四十日，坐穩穴藜床。縲絏元非罪，艱難已備嘗。

全家音頓阻，孤枕夢難忘。會有相逢日，牽衣話更長。[33]

　　丙寅年即皇統六年(1146)，從詩題可知此為高士談被繫獄時所作，而且也已經被囚四十日了。從中可見高士談對這場冤獄感到驚訝且茫然，世事像邯鄲夢一樣荒謬，「驀來無朕兆，意外得俘囚」，一切災難都沒有任何徵兆。「忠信天堪仗」，是對「謀反」的莫名有罪名的自辯；「清明澤自流」，道盡了身處易代動亂之際，不論如何抉擇，是至死都難保一個清白之名。甫自下獄，高士談就與家人斷絕了音訊，他本以為這只是一場意外的誤會，老天終會還給他公理的。他本以為在嘗盡了幽囚的艱難後，他一定可以和家人重逢牽衣絮語不已。卻沒想到他就這樣糊糊里糊塗被殺了。

　　這件文字獄的本質放說明金人對北宋入金士人仍存有敵視。金統治者雖然對漢人採取懷柔政策，但很多女真貴族嫉恨和提防被任用的漢人。這種心理上的隔閡，以及隨之而來的政治壓力，加重了漢族士人的羈留感和痛苦感。高士談本為宋臣，降金後被迫入仕，內心充滿矛盾和苦悶。所以他的作品，常以流落孤臣的身份，抒寫自己對於故國的思念和進退失據的身世感慨。

二、「漂泊念平生」：徘徊仕隱間，倦游以自慰

　　高士談在金期的情感、思想與行為充滿了矛盾，為尋求心靈的寧靜，他從入金始至死一直存有歸隱之念，始終徘徊於仕隱出處之間。其入仕金朝，情非得已；即使在金朝身居高位，仍不能全心投入，反而無心公事，一心只在隱遁山林。由於江山易主帶

---

33 見元好問《中州集校注》全八冊(北京：中華書局，2018 年 3 月)。

來的巨大衝擊，使高士談不論賞花或旅遊，心靈總不得安穩；觸目起情，語多憂傷。例如〈玉樓春‧為伯求作〉：

> 少年人物江山秀。流落天涯今白首。形容憔悴不如初，文采風流仍似舊。　　百花元是仙家酒。千歲靈根能益壽。都將萬事付天公。且伴老人開笑口。[34]

這首詞題「為伯求作」當是為友人之求而作，但全詞卻抒發了入金後的感懷。從「少年人物」到「白首流落」、「形容憔悴」，說明了仕金後的歲月風雨堪悲，不變的是文采風流的文人情懷。字裡行間存在著矛盾性，在看似曠放的文字背後，仍難掩其流離滄桑之感，如「流落天涯今白首。形容憔悴不如初」，可見他的「都將萬事付天公。且伴老人開笑口」都是處在流落的異域下不得不勉勵彼此而強顏歡笑。又如〈減字木蘭花〉：

> 西湖睡起。飛絮游絲春老矣。漲綠涵空。十頃玻璃四面風。　　時平事少。天與湖山供坐嘯。他日西州。卻怕羊曇感舊遊。[35]

西湖，在河南省許昌縣城外。如今春天只剩飄飛的柳絮和蜘蛛吐的游絲。意同於辛棄疾〈摸魚兒〉：「算只有殷勤，畫簷蛛網！盡日惹飛絮。」春天已到盡頭，其中的潛臺詞是北宋的盛世也已不再。「漲綠涵空」，春水上漲，水映天空，四面八方都是風。作者似乎在飛絮、風滿之外，感受著大自然在繁華過眼之後的寂靜之境。上半闋主要寫春去後的西湖景況，有一種寂寥之感，逗出作者對春天一絲淡淡的惆悵之意。下半闋寫自己的平日生活，沒太多事情煩憂，在湖水與山巒之間閑坐吟嘯，打發時光，就怕在日

---

34 高士談〈玉樓春〉，唐圭璋編《金元詞‧金詞卷》(北京：中華書局，2018年)，頁3。

35 高士談〈減字木蘭花〉，唐圭璋編《金元詞‧金詞卷》(北京：中華書局，2018年)，頁4。

後、將來的某一天或某一時期，一個不經意路過西州門，會像晉謝安之甥羊曇一樣感傷懷舊。[36]在看似平和恬淡的日常生活，難掩其對故國的思念。末尾傾訴了對故鄉與親人的深情摯愛，表達了深沉的故國之思，寄托了懷才不遇之落寞情懷。其間迴蕩著歷史的足音，折射出時代的風雲，可見一個降金士人在異朝的愁苦心境。又如〈好事近‧次蔡丞相韻首倡〉：

> 誰打玉川門，白絹斜封團月。晴日小窗活火，響一壺春雪。
> 　可憐桑苧一生顛，文字更清絕。直擬駕風歸去，把三山登徹。[37]

這首詞是以蔡松年的〈好事近‧天上賜金奩〉[38]一詞為次韻作，次韻不但要求同韻，且韻的前後次序也必須相同。從這首詞也可以看到仕金南人群體之間的創作唱和的情感聯繫。這首詞主要寫他在異地的日常生活，以飲茶為描寫重心。「誰打玉川門」，玉川是井名，在河南濟源縣瀧水北。高士談喜飲茶，嘗汲玉川井泉煎煮。經過玉川井時，想到在故國的種種生活文化，想用白絹寫下緘封的書信至南方。在晴日小窗旁用烈火煮茶，讓煮茶的聲

---

36 《晉書‧謝安傳》：「羊曇者，太山人，知名士也，為安所愛重。安薨後，輟樂彌年，行不由西州路。嘗因石頭大醉，扶路唱樂，不覺至州門。左右白曰：「此西州門。」曇悲感不已，以馬策扣扉，誦曹子建詩曰：『生存華屋處，零落歸山丘。』慟哭而去。」後將羊曇醉後過西州慟哭而去的事用為感舊興悲之典。唐司空曙〈哭苗員外呈張參軍〉：「季子生前別，羊曇醉後悲。」清‧許廷鑅〈重過東園別墅感舊作〉：「今日羊曇頭白盡，尚零哀淚過西州。」後世遂用「西州路」等表示感舊興悲，悼亡故友之情。

37 高士談〈好事近‧次蔡丞相韻首倡〉，唐圭璋編《金元詞‧金詞卷》(北京：中華書局，2018 年)，頁 4。

38 蔡松年〈好事近〉：「天上賜金奩，不減壑源三月。午椀春風纖手，看一時如雪。幽人只慣茂林前，松風聽清絕。無奈十年黃卷，向枯腸搜徹。」唐圭璋編《金元詞‧金詞卷》(北京：中華書局，2018 年)，頁 23。

音滌除塵雜。³⁹上片比較側重在日常生活行跡的描寫，下片由事
入情，由煎茶而聯想到唐代留下《茶經》的陸羽：「可憐桑苧一生
顛」，「可憐」二字，憐人亦自憐，流露著自憐幽獨的情懷，身仕
敵國的特殊經歷使羈旅中的高士談常常藉著延續在故國的生活習
慣或文化傳統來進行另類的「思鄉之旅」，透過飲茶，想像自號「桑
苧翁」的茶聖陸羽的人生，雖然一生遊走無定，但畢竟為自己尋
找到一種自在自得的內心世界。或許因為高士談心中有著難與人
言之的精神痛苦，為尋求精神解脫，他一直存有遠離塵囂、歸隱
田園的避世之念，想要效法陸羽那種自適自得的隱逸人生，實為
逃離痛苦的無可奈何。「文字更清絕」，寫陸羽，同時也是說自己
來到金國後的人生後期創作了許多表示歸隱意願的詩詞呈現出另
一種風姿，他只能從書寫中表現自己對現實的的清遠絕緣之志，
也意味著身為貳臣對於現實已無可奈何，只能以「詩人」自命的
願望吧。「直擬駕風歸去，把三山登徹。」詞人內心雖然體味著去
國的痛苦和漂泊的孤獨，但他把這份思念寄託在自然與日常生活
中。高士談的情懷傾向於超脫現實的避世渴望，突出表現是幻想
飛升成仙。他竭力追求曠達，多次表現淡看功名、酒伴平生的願
望，他在詞中表達了追陶慕蘇的人生理想。從中可見貳臣在出仕
時也能隱，在仕於異朝的同時，他們往往以疏離或超越的心態生
活著，他們並非真正歸隱，而是傾向在大自然中尋找寄託，或許
是以興亡有命的自然規律來自我開解。即使為了生存不能身體力
行歸隱，也要在精神上追求「心隱」，形成了隱逸文化內在化的傾
向。

　　高士談是隨宋土淪陷轉而仕金的漢族士人，在政治文化心理

---

39 「響一壺春雪」，茶須緩火炙，活火煎。活火謂炭火之焰者也，煎茶時
　　發出的聲音，是故用「響」字。春雪，指茶葉。

上對金朝都有不同程度的疏離感，堅守中原正統文化觀的特殊心態，使他們清高自傲，並從內心深處鄙視女真貴族。為了排遣這種難言的苦悶，高士談以「倦客」自謂，希望歸隱田園，夢游山林，取法陶淵明。在人格價值取向上，他認同陶淵明的歸田和超然塵世之外。但由於特殊的處境和身份，他內心是無心做官，但又不敢辭官，在進退失據的兩難境地中，蘇軾的淡泊曠達的襟懷為高士談提供了精神上的歸宿。他的作品目然流露了倦游思歸、身世之悲和家園情懷等三方面內容，整體反應了其不得志的人生際遇，抒發宦游悲苦、物是人非、生命不得舒展的感慨。從中看到看似放情山水的詞人並不是漠視現實人生，而是把無法逃避的現實寄托在詞筆中。他的詞展現較多的是以倦遊歸隱自慰內心難忘的去國情。

這也代表了金初文人從思想感情和精神上向蘇軾靠近的特點。以陶蘇境界為精神家園，寄託著高士談的人格理想。把傳統詩歌藝術表現手法帶入金源詩壇，體現了金初詩壇「借才異代」的特點。也為後來「國朝文派」的生成奠定了堅實的基礎。

第五節 「家山萬里，老作北朝臣」：

吳激奉使見留的羈旅餘生和流離詠歎

吳激(1090－1142)，字彥高，為北宋宰臣吳栻之子，畫家米芾之婿，其祖上歷任要職。吳激在靖康二年(1127年)，他受宋欽宗派遣出使金國被扣留，深受禮遇，使金以「知名被留」，終至仕金，官做到翰林待制。皇統二年(1142)，出知深州，到官三

日卒。[40]

一、「羈旅餘生飄蕩」：以知名而奉使見留

吳激以文才知名，被金人留任而仕金十五年，因此，就政治氣節而言，吳激與漢代蘇武相去甚遠，與南宋文天祥亦不可同日而語。然而，吳激骨子裡還是思念故國，心欲南歸。這種情思，官場上必須緘口不言，詩文裡也不便一吐為快。只能在詞中曲折流露。

在由宋入金的文人中，吳激是不可忽視的高峰、文學成就甚高的一位，與蔡松年、宇文虛中等一大批由宋使金而被留在金代做官的士人一道開啟了金代的百年詞史。吳激仕金十餘年，身處於金初複雜的社會環境之中，以其獨特的傲骨、悲婉相濟的詞風與蔡松年並稱「吳蔡體」，為金代詞壇的快速發展提供了豐富的養料。他留下的作品，元好問《中州集》錄有其詩二十五首，唐圭璋《全金元詞》輯其詞七調十首，均為入金之後所作。這十首詞分別是〈訴衷情·夜寒茅店不成眠〉、〈滿庭芳·寄友人〉四首(柳引青煙、千里傷春、誰挽銀河、射虎將軍)、〈人月圓·宴北人張侍御家有感〉、〈木蘭花慢·中秋〉、〈春從天上來〉、〈瑞鶴仙·寄友人〉和〈風流子〉。吳激傳世的這十首詞作，主題多為憶國懷鄉，充滿淒涼哀婉深沉的鄉關之思。這與詞人被迫長期滯留北方的身世和經歷有著密不可分的關係。正因為吳激大半生流離失所，一方面他在外在安於其位，文采風流，但退居獨處時他則是哀不自勝，只能透過創作，憶國思鄉，表現對北宋故土深切懷念。

40《金史》卷一百二十五《文藝上·吳激傳》。

二、「回首斷回腸」：憶昔念往的精神回歸

懷昔傷今、借景抒情成了吳激其創作的主要內容和常用手法。例如〈滿庭芳〉：

> 千里傷春，江南三月，故人何處汀州。滿簪華髮，花鳥莫深愁。烽火年年未了，清宵夢，定繞林丘。君知否，人間得喪，一笑付文楸。　　幽州。山偃蹇，孤雲何事，飛去還留。問來今往古，誰不悠悠。怪底眉間好色，燈花報、消息刀頭。看看是，珠簾暮卷，天際識歸舟。[41]

吳激在詞中，對故鄉的懷念，往往是寄寓在對故人的殷殷思念之中。「千里傷春，江南三月，故人何處汀州」，以汀州表示對家鄉的懷念。詞人身居萬里之外的北國，遙憶「雜花生樹，群鶯亂飛」的江南三月，能不「千里傷春」嗎？他不禁回憶起當年和友人一起渡過的歡樂時光與親密情景。他在〈瑞鶴仙‧寄友人〉云：

> 曉溪煙曳縷。乍潤入芳草，東風吹雨。桃花破冰渚。看葡萄東漲，孤舟掀舞。沿吳溯楚。記孤煙、相對夜語。到而今醉裡，聽打小窗，夢隨雙櫓。　　羈旅餘生飄蕩，地角天涯，故人何許。離腸最苦。思君意，渺南浦。會收身卻向，小山叢桂，重尋林下舊侶。把千巖萬壑雲霞，暮年占取。[42]

上半闋主要寫著昔日在故宋和友人共同度過的美好春天，下

---

41 吳激〈滿庭芳〉，唐圭璋編《金元詞‧金詞卷》(北京：中華書局，2018年)，頁5。

42 吳激〈瑞鶴仙‧寄友人〉，唐圭璋編《金元詞‧金詞卷》(北京：中華書局，2018年)，頁6。

半闋回到現在，如今是「羈旅餘生飄蕩，地角天涯，故人何許。」在這種苦苦相思的背後，我們分明看到了一個羈旅飄泊、獨處異域的詞人，在感傷舊日的美好中，而「歎舊日心情，如今容鬢，瘦沈愁潘」[43]，以至「老來怕見清明」，常常登高念遠，卻「高城。天共遠，山遮望斷，草喚愁生」[44]，我們似乎聽到了他終日思鄉的聲聲哀歎，感受到他思鄉懷舊、企盼南歸的焦渴心思。人與自然都是有生命的，這是自然與人之間的互滲，吳激常寫春天，透過季節感來傳達自我對生命意識的感受。「人稟七情，應物斯感。感物吟志，莫非自然。」他對於季節中春這個藝術符號，並在其中賦與了自我的生命感受，從而使其筆下的季節感具有了動人心魄的力量。這種情感，在他的代表作〈人月圓‧宴北人張侍御家有感〉更得到了集中的體現：

> 南朝千古傷心事，猶唱後庭花。舊時王謝，堂前燕子，飛向誰家。　　　恍然一夢，仙肌勝雪，宮髻堆鴉。江州司馬，青衫淚濕，同是天涯。[45]

關於這首詞的創作背景，據題目可知，這是應北人張侍禦之邀，南人詞客會飲其家。據此可知，這是一次以南人為主的聚會，與會的賓客多是淪落北方的南朝詞臣，這其中包括出仕金國的宇

---

43 吳激〈木蘭花慢‧中秋〉，唐圭璋編《金元詞‧金詞卷》(北京：中華書局，2018 年第)，頁 5。

44 吳激〈滿庭芳‧寄友人〉：「柳引青煙，花傾紅雨，老來怕見清明。欲行還住，天氣弄陰晴。是處吹簫巷陌，衫襟漬、春酒如餳。溪橋畔，涓涓流水，雞犬靜柴荊。　　　高城。天共遠，山遮望斷，草喚愁生。等五湖煙景，今有誰爭。淒斷湘靈鼓瑟，寫不盡、楚客多情。空惆悵，春閨夢短，斜月曉聞鶯。」唐圭璋編《金元詞‧金詞卷》(北京：中華書局，2018 年)，頁 4。

45 吳激〈人月圓‧宴北人張侍御家有感〉，唐圭璋編《金元詞‧金詞卷》(北京：中華書局，2018 年)，頁 4。

文虛中和吳激等，也包括流落北國已達十四年之久，拒不仕金的洪皓。席間主人派歌妓出場以侑酒助興，詞人發現這位佐酒的歌妓原來是宋故宮舊人，因靖康之難被俘至北，最終淪為張侍禦家婢。在座諸人為之不勝唏噓，感慨萬千，遂發而為詞，各賦一曲。宇文虛中〈念奴嬌〉先成，我們在前文已論述了過了。吳激〈人月圓〉成之於後。相較於宇文虛中〈念奴嬌〉的直言其事、直訴其情的寫法，吳激〈人月圓〉無疑更能傳婉約之風神，那縹緲如煙的歷史時空的再現，那含蓄雋永的經典名句的熔裁，那如泣如訴、如怨如慕的情感表達，都使吳詞別生出一種煙水迷離之致，這也正應合了當時南宋詞壇以婉約為宗的審美趣尚，因此受到眾人的追捧，見詞，宇文虛中為之讚賞，退而語人曰：「吳郎近以樂府高天下。」[46]認為超越自己。

　　全詞透過典故和化用前人詩句弔古傷今，顯然是面對現實有感而發、傾訴衷腸。「南朝千古傷心事，猶唱後庭花」，化用晚唐詩人杜牧〈泊秦淮〉詩句：「商女不知亡國恨，隔江猶唱後庭花。」杜牧寫〈泊秦淮〉在詠史中寓有諷喻之意，即提醒唐王朝的統治者們不要沉迷於燈紅酒綠之中而導致覆亡。吳激化用杜牧詩句意在反映宋室王朝的情景。宋室皇帝徽、欽二帝已經因荒淫誤國而導致偏安江左，可是仍然不思振作，仍然西湖歌舞不絕。面對千古傷心事而不傷心，反而癡迷地尋歡作樂，這是多麼可悲可憎可歎。另一個層面，也在寫眼前的宴會，自己身為宋臣竟在金國宴飲，不也是在苟且偷生嗎？「舊時王謝，堂前燕子，飛向誰家？」是借用了唐代劉禹錫〈烏衣巷〉「舊時王謝堂前燕，飛入尋常百姓家」句。王、謝是東晉南朝世居金陵的名門望族，以後隨著朝代

46　清・沈雄《古今詞話・詞評》下卷，見鍾陵編著《金元詞紀事會評》(合肥：黃山書社，1995 年 12 月)，頁 8。

的更替而衰落。劉禹錫用這個典故抒發的是一種滄海桑田之變的
興亡之感，而吳激的化用則更表達了一種民族之恥、亡國之恨。
在詞人看來，金人南侵，這不是朝代更迭，而是異族入侵，神州
陸沈，因此，王謝堂前的燕子在改朝換代之交還可以「飛人尋常
百姓家」，而國家滅亡之後，他們這些貳臣又何以落腳，何以家為
呢？這裡傾吐的故國之思，較之首二句，悲情更濃。

　　詞的下闋則專寫宴上情景，表明了對故國的深深眷戀之情。
「恍然一夢」具有承上啟下的作用。山河破碎，宋室衰落，如惡
夢一般，令人恍惚、驚詫；而宋室宮女在金地起舞，也如在夢中，
恍恍惚惚，難以置信。然而，難以置信卻又不得不信。那些被虜
的宋室宮女就在眼前，「仙肌勝雪，宮髻堆鴉」，她們膚色細嫩，
潔白勝雪，髮髻黑亮，美若天仙。可如今卻淪為專供金地宴飲場
上娛樂之用的工具，所有的悲淚只能往肚裡流淌，還得強顏歡笑、
輕歌曼舞。這是何等可悲、何等淒慘的人生啊！面對此情此景，
看客也不免傷感起來。於是，接下去自然唱出「江州司馬，青衫
淚濕，同是天涯！」這三句出自白居易〈琵琶行〉的「同是天涯
淪落人，相逢何必曾相識」和「座中泣下誰最多，江州司馬青衫
濕」。白詩中的「江州司馬」是詩人的自稱，這裡則是詞人的自比。
舞者、觀者產生了共鳴，出現了同悲，是因為有著同一的遭遇，
即故國淪陷後皆被羈留於金國。這種情緒的爆發已非吳激個人獨
有，而是在在座賓客的一種共同情感體驗。也就是說，面對淪落
北方宋室宗姬的不幸遭遇，在座諸公產生了「同是天涯淪落人」
的共同慨歎，因而有「諸公感歎，皆作樂章一闋」之說。因此，
正是有了這種共同的心理基礎和情感認同，吳激的故國之悲、飄
零之歎才在受眾中引起了強烈的反響，進而令「聞者揮涕」。因而
從這個意義上講，〈人月圓〉的成功得益於這種「同是天涯淪落人」

共同的心理和情感認同。這便與上闋呼應起來,「舊時王謝堂前
燕」,今時淪為亡國奴。家愁國恨的流露濃烈更能震撼人心。戰爭
創傷、易代創傷、性別創傷等多種創傷滙流合一。當然,詞中的
情緒不獨宋室宮女和使臣所有,而是大宋子民們共有的。由於這
種情緒具有普遍性,又由於詞人構思精巧、化用微妙,所以〈人
月圓〉一時間廣為傳誦也就不足為怪了。吳激的〈人月圓〉之所
以超越當時在座諸人所發之作,乃因為所寫的創傷,不僅止於當
下,而且是「南朝千古傷心事」,自古以來在易代之際的人類共同
的創傷,不僅止於個人,而且是「江州司馬,青衫淚濕,同是天
涯」,人我相通,異代同心。顯示出其創傷敘事下普世性的生命與
人文關懷,不僅將作品的主題聚焦於創傷,而且潛入人物內心,
書寫人的精神危機和易代帶來的創傷感。在書寫歷史、表徵創傷、
警醒人心等方面所具有的重要現實意義。

　　仕金南人在異地,足堪安慰的是有著同樣遭遇的群體互相取
暖抒懷,和擁有相似經歷的南人相聚一起談論故鄉,共同回憶往
事,是一種典型的「精神返鄉」,詞人們一旦見到故宋舊人時,總
會不勝感慨。當吳激在會寧府[47]遇見流離在北方的故宋宮姬,重
聞故國承平之曲時,他寫下了〈春從天上來‧會寧府遇老姬善鼓
瑟自言梨園舊籍[48]因感而賦此〉這首哀婉痛絕,極盡纏綿悱惻之
致的詞作:

　　　海角飄零。歎漢苑秦宮,墜露飛螢。夢裏天上,金屋銀屏。
　　　歌吹競舉青冥。問當時遺譜,有絕藝、鼓瑟湘靈。促哀彈,
　　　似林鶯喔喔,山溜泠泠。　　　梨園太平樂府,醉幾度春風,

---

47 金國都城,故址在今黑龍江阿城縣南的白城。
48 「梨園」,是當年唐玄宗培養伶人的處所,後世因稱戲班為「梨園」,演
　　員為梨園弟子。這裡是指白髮宮姬原籍北宋教坊。

鬢變星星。舞破中原，塵飛滄海，飛雪萬里龍庭。寫胡笳幽怨，人憔悴、不似丹青。酒微醒。對一窗涼月，燈火青熒。[49]

　　吳激於宋徽宗宣和四年（公元 1122 年）奉使到金，被強留不遣。詞人心懷抑鬱，在金國都城會寧府遇到一位年老的宮姬，善於彈奏琴瑟，對他說起她曾經是北宋教坊的梨園弟子。想到老姬和自己都是漂零在北地，感嘆漢代林苑、秦時宮殿，如今已經荒蕪，只剩墜落的寒露和紛飛的流螢。如夢似幻之中來到天上，滿眼是金色的房屋，銀色的畫屏。歌聲伴隨著樂聲，迴蕩在天際之間。老姬彈奏舊時宮中的樂譜，她鼓瑟的琴聲飄散在湘水之間。她彈奏出的瑟聲急促悲哀，猶如林中的黃鶯，嚦嚦聲鳴，又如山澗傳來的泠泠水聲。在梨園太平樂府的歲月，她曾度過自己的美好的青春，如今已經年華老去，兩鬢斑白。戰亂攪破了歌舞，戰塵飛揚，北來之後，面對滄海桑田的變幻，看著異地萬里江山的飛雪茫茫，在這北方幽怨的胡笳聲中，老姬人已憔悴，不再像畫中人般的美貌。此詞借教坊藝人的酒杯，澆詞人胸中塊壘，通過對老姬身世、彈奏技巧、樂曲情境的巧妙抒寫，把作者的愛憎傾注其中，末尾以「酒微醒」三句，由人及己，使人我渾然一體，詞人聽罷她的演奏，酒已漸醒，只有自己對著窗外冷冷的月光，屋裡青色的燈火微微閃爍。滲透出不勝悲涼的氣氛，極盡哀婉痛絕之致。雖然此作因記老姬彈瑟而發，詞人卻能宕開一筆，將眼前事、胸中情化為邈遠的歷史，引人以無限遐思。與此相關聯的是，對逝去歷史的憶念，恰又將眼前的實景幻化成一個個清虛縹緲的淒涼意象，從而使詞生出許多空靈之美。再看一首〈風流子〉：

49　吳激〈春從天上來〉，唐圭璋編《金元詞·金詞卷》(北京：中華書局，2018 年)，頁 4。

書劍憶游梁。當時事、底處不堪傷。蘭橈嫩漪，向吳南浦，
杏花微雨，窺宋東牆。鳳城外，燕隨青步障，絲惹紫游韁。
曲水古今，禁烟前後，暮雲樓閣，春草池塘。　　回首斷
回腸，年芳但如霧，鏡髮成霜。獨有蟻尊陶寫，蝶夢悠颺。
聽出塞琵琶，風沙淅瀝，寄書鴻雁，煙月微茫。不似海門
潮信，能到潯陽。[50]

　　如果說，〈春從天上來〉是通過教坊藝人今昔生活的對比來
寄寓詞人的故國之思，那麼此詞，吳激則是以自己前後期生活巨
大變化的生動比照，直接抒發了羈留北國的鄉關之情。此詞上片
著重追憶自己年青時在宋京都汴梁(今河南開封)遊賞的歡愉，作
者用了「書劍憶游梁」、「念蘭揖嫩漪，向吳南浦，杏花微雨，窺
宋東牆鳳。……暮雲樓閣，春草池塘」等句，以美麗的春景表現
了當年讀書、擊劍、游賞的青春生活，又以「當年事，底處不甚
傷」二句，在對美好年華的回憶中，流露出對故鄉的無限懷戀。
換片之後，詞人轉而直敘今日老居異域、飄零他鄉的淒愴。用「回
首斷回腸」句過渡，承上啟下，以下寫今日之愁苦。「鏡髮成霜」
著力在詞中凸現垂暮蒼老、落寞孤寂的自我形象，藉此表達去國
懷鄉之情。「聽出塞琵琶，風沙淅瀝，寄書鴻雁，煙月微茫。不似
海門潮信，能到潯陽。」在異域中時念故鄉，但寄書長不達，反
而比不上潮信猶能達潯陽，極為深婉曲折地表達了作者羈留北
方、欲歸不得的淒苦與悲哀。全詞用對比手法，以憶昔之歡娛，
反襯今日被羈留的憂傷，使優美與幽怨的意境互為映襯，其中蘊
含著詞人對故國的萬般眷戀之情。

　　對流落異域的人而言，如何使鄉愁有所寄託？最好的辦法就

---

50 吳激〈風流子〉，唐圭璋編《金元詞・金詞卷》(北京：中華書局，2018
　年)，頁6。

是回憶過往，過往有著自己熟悉的人和熟悉的風物，有自己曾經
的生活，有自己安身立命、認同歸屬的文化傳統，它承載著作者
的記憶，即通過對故地、故物、故景、故人、故事、故情等與故
鄉有關的一切的回憶和想像，從而使自己的精神、心靈、情感貼
近故鄉，通過回憶和想像建立過去與現在的的連續性，以抵抗對現
實的不滿，表達對理想的訴求。又如〈滿庭芳〉：

> 射虎將軍，釣鼇公子，騎鯨天上仙人。少年豪氣，買斷杏
> 園春。海內文章第一，屬車從、九九清塵。相逢地，歲雲
> 暮矣，何事又參辰。　　沾巾。雲雪暗，三韓底是，方丈
> 之濱。要遠人都識，物外精神。養就經綸器業，結來看、
> 開闔平津。應憐我，家山萬里，老作北朝臣。[51]

　　吳激是由南入北的詞臣，曾在北宋為官，使金後被扣留不
還，北宋亡後被迫仕金。因而在詞人心中，最讓他備感煎熬的是
身仕異國的痛苦，這首詞風格清壯俊朗，很明顯是受到蘇軾影響，
把詞作為自己抒發情感、訴說身遭家國變故的手段。上闋寫自己
年少時的豪情壯志，以漢代射虎將軍李廣，春秋時釣鼇的任國公
子，騎鯨天上仙人李白三個典型人物來自比，彷彿自己就是那個
心懷大志、佯狂傲世的人。但沒想到自己的人生因為易代而遽變。
「應憐我，家山萬里，老作北朝臣」之喟歎最能說出他悲涼的身
世和心境。這種身為貳臣的痛苦經歷與心境頗類乎南北朝時期的
庾信。與這種身為貳臣的痛苦心境相伴隨的還有深沉的亡國之
痛、對家鄉的深摯思戀以及飄零不偶的羈旅窮愁，這在吳詞中亦
隨處可見。金初宋代文人流播北地，他們不僅帶去了宋代成熟的
文化，更是在文學創作也帶去了宋人的創作習氣。所謂「借才異

51　吳激〈滿庭芳·寄友人〉，唐圭璋編《金元詞·金詞卷》(北京：中華書
　　局，2018 年)，頁 6。

代」也包括文風上的影響。詞人在他的詞中，不時提到自己衰弱蒼老的形象：「滿簪華髮」[52]、「如今容鬢，沈瘦愁潘」[53]等等詞句，既是他那羈旅飄泊、坎坷不幸身世的真實寫照，也是他憶國懷鄉、感懷傷世痛苦心情的自然流露，充滿了欲歸不得的無奈和飄零滄桑的悲哀。

　　吳激使金被留不久，北宋旋即覆滅，他留仕金朝超過十五年。雖然屈仕敵國是無何奈何，但終究是變節之行，其後期作品中的故國之思和負國之愧兩相並行。在他留存下來的十首詞作，沒有豔詞小調，幾乎篇篇都籠罩著這種沈鬱危苦之情。離鄉去國，來到白山黑水的北地，似乎也在預示著他創作中一個新季節的到來。正是由於吳激由宋朝江南流落到塞北，豐富的人生閱歷以及家國的變遷使他創作達到了一個高度。

第六節　「老境玩清世，甘作醉鄉侯」：

蔡松年全身遠禍下的貳臣人生

　　蔡松年（1107～1159），真定（今河北正定）人。字伯堅，其父蔡靖是北宋末年燕山守將，宋宣和末從父守燕山，宗望復燕，在宋軍敗績後隨父降金，父子二人歸順金朝。

---

52 吳激〈滿庭芳・寄友人〉，唐圭璋編《金元詞・金詞卷》(北京：中華書局，2018 年)，頁 5。

53 吳激〈木蘭花慢〉，唐圭璋編《金元詞・金詞卷》(北京：中華書局，2018 年)，頁 5。

一、迫於時勢隨父降金的身份重構

　　金太宗完顏晟天會十二年(1134)，他「嘗從元帥府(宗望)與齊(劉豫)俱伐宋」[54]。後一年，天會十五年(1137)，齊廢，金國於汴京置行台尚書省，他被任命為行台刑部郎中。金人十分器重他們父子，在滅宋後將其家眷接入燕雲，希望二人能為金人效力，當時二人並未領情，仍不肯降金。金人仍然多方籠絡，並授蔡松年為元帥府令史，蔡松年並未赴任。後來，蔡松年「與一渤海道奴通事，燕市中合開酒肆」[55]，最後在金人的禮遇之下，蔡松年或因懾於政治壓力，同時認為沒必要與金人對立，迫於時勢還是出仕於金了。蔡松年在天會年間授真定府判官。完顏宗弼攻宋，與岳飛等交戰時，蔡松年曾為宗弼「兼總軍中六部事」，仕至右丞相，封衛國公，卒諡文簡。他去世之後，金朝給予極其隆重的禮遇，「歸葬真定，四品以下官離都城十里送之」[56]蔡松年雖一生官運亨通，但再仕新朝的他無論如何都有著靦顏苟且的負罪心理，其內心深處潛伏著的民族意識使他感到自慚形穢，他的作品流露了頗為矛盾的思想感情。華夷之辨的民族觀念對其影響很深，他在金朝只能加倍小心，時刻注意自己的言行，否則就會有殺身之禍。萬般無奈之中，他將詞作的主題指向了投身大自然的「歸隱」。歸隱是亂世時文人的共同的想法。不過，「蔡松年與吳激等其他『宋儒』

---

54 元・脫脫等《金史》卷一百二十五《蔡松年傳》(北京：中華書局，1975)，頁 2717。

55 宋・徐夢莘《三朝北盟會編》卷九十八・靖康中帙七十三(上海：上海古籍出版社，1987)，頁 304。

56 元・脫脫等《金史》卷一百二十五《蔡松年傳》(北京：中華書局，1975)，頁 2717。

文人不同，他入金時年齡不大，心理負擔比其他人輕，再加上他後來地位的尊崇和心理的轉型，使得他就不像吳激詞中有那麼直接和深沉的故國之思，現實的哀痛被他轉換成了歷史的滄桑之感。」[57]蔡松年的一生，經歷了從「拒絕」仕金到「被迫」仕金再到「安於」仕金的過程，其心態及其文化人格也經歷了從「守節」到「徬徨」到「接納」到「重構」的過程。[58]隨著時光流逝，蔡松年的忠宋復國之情也逐漸淡漠，轉而平靜接納，安於現況。他先後擔任了金朝的參知政事、右丞相等重職，這一過程，正好體現出朝代更迭之際改仕新朝（尤其是異族王朝）的封建文人共同的心路歷程，有著極為典型的意義。

二、「識醉歌、悲壯一生心」：以醉酒抒故園之思

蔡松年作為金初文人，本身處於一個頗為尷尬的文化境地。儘管他榮登臺閣，歷任要職，但作為金初由宋入金、仕於外族的漢族文人，由於政治上的失節和文化上的難以認同而產生的心理上的壓迫畢竟是以難以抹去的。由南入北，屈節仕金的經歷使他產生了強烈的自卑感和恥辱感。這種自卑感、恥辱感又成為為創作的動力，讓他由南入北之後抒寫的大量鄉關之思、亡國之痛的作品，既是其情感、生活巨變的強烈表現，也是其自卑懺悔的有力反映。例如〈水調歌頭・丙辰九日，從獵涿水道中〉：

> 星河淡城闕，疎柳轉清流。黃雲南卷千騎，曉獵冷貂裘。
> 我欲幽尋節物，只有西風黃菊，香似故園秋。俯仰十年事，

---

57 陶然《金元詞通論》(上海：上海古籍出版社，2001 年)，頁 297。
58 參考劉鋒燾：〈從守節徬徨走向消釋超脫──論蔡松年文化人格的轉變〉，《蘭州大學學報》(社會科學版)，2000 年第 1 期。

華屋幾山邱。　　倦遊客，一樽酒，便忘憂。擬窮醉眼何
處，還有一層樓。不用悲涼今昔，好在西山寒碧，金屑酒
光浮。老境玩清世，甘作醉鄉侯。[59]

　　從題目詞題「丙辰九日，從獵涿水道中」，可知這是蔡松年
在金太宗完顏晟天會十四年(1136)的重陽節，他隨從金國軍隊北
上涿水遊獵時所寫。涿水是宗望當年攻取燕山府的進駐之地。詞
一開頭從景物描寫上，點明「從獵」的時間、季節。「星河淡城闕」，
寫城頭上的銀河星光開始黯淡，天色微明，這是破曉前的景象。「疏
柳轉清流」，河岸種植的楊柳，顯得枝葉稀落零落，河水澄清，點
出了秋色蕭森。這時他們一行人在秋晨的寒冷出發。「黃雲南卷千
騎」，說明從獵者眾，「黃雲」是指黃塵如雲，從獵的去處在北方
邊塞。因為邊塞多風沙，大片的黃土沙塵飛揚，風物之異，讓詞
人心境更顯淒寂。恰值九日重陽可見清晨之寒，深秋之冷「曉獵
冷貂裘」。「節物」，指重陽佳節的風物。重陽賞菊，已成傳統的習
俗，尋幽所得的節物，於是「只有西風黃菊，香似故園秋」。從「西
風黃菊」而聯想到以往家鄉歡度重陽，一樣的西風吹來，一樣的
菊黃清香，油然而生歸隱故園之思。故園，應非指任真定府(今河
北正定)判官時寓居之所，應是他在宋宣和末從父守燕山時的燕山
府舊宅。當年他就在燕山府降金，而如今和金人在涿水道中的從
獵，詞人回顧離開「故園」後，「俯仰十年事，華屋幾山邱」，這
「十年」，即指降金以來的十一年。就在「俯仰」一低頭、一抬頭
之間，人生就完全不同了。王羲之〈蘭亭集序〉曾說：「俯仰之間，
已為陳跡。」「華屋幾山邱」，用曹植〈箜篌引〉：「生存華屋處，
零落歸山丘」的詩句，有一種生命幻化的滄桑之感，用一「幾」

59　蔡松年〈水調歌頭・丙辰九日，從獵涿水道中〉，唐圭璋編《金元詞・
　　金詞卷》(北京：中華書局，2018 年)，頁 9。

字以見其多得不可勝計。上闋主要寫「從獵」的時、地、環境，由「九日」引發「故園」之思，歇拍二句轉到感慨人生，帶出下闋對於流連光景、沉迷杯酒以消遣歲月的生活態度的直接表述。「倦遊客」，接續「俯仰十年事」，說明身則為「客」，心則「倦遊」，對在外做官毫無興味。

　　全詞只在題目提及「從獵」，便獵放過一邊，略去不寫，而僅僅扣著題目「九日」，專寫「我欲幽尋節物」，以示為官俯仰隨人，實非本願，自己的心則專在對山水自然的探尋幽勝。看來，詞人對做官確乎十分厭倦，但身不由己，還得隨軍「從獵」，於是只好「一樽酒，便忘憂」了。其實，「酒不解真愁」。醉了依然思念故園，總想登高一望。「擬窮醉眼何處，還有一層樓」，就「九日」登高勝舉，抒發懷遠、望鄉、盼歸、思隱之情。而下面「不用悲涼今昔，好在西山寒碧，金屑酒光浮」三句，則將憂情宕開，以豪縱之筆寫曠達之懷。蔡松年不能明言，不敢著聲，但他畢竟是漢族士大夫，世為宋臣，屈身仕金，雖官高爵顯，而潛意識中總以為大節有虧，故時有隱退之想，卻又欲去不能。這種矛盾心情，幾乎成為他詩詞中的主調。他力求排除這矛盾心情帶來的痛苦，他常透過美景和美酒來自我聊慰。「不用悲涼今昔」，只要有佳景可賞，有美酒可酌，就可以了。「好在西山寒碧，金屑酒光浮」，自己可以在這樣的清秋佳節中「拄笏看山」[60]。「寒碧」暗合「爽氣」。「金屑」，泉名。以金屑泉水釀酒，自然可享遐齡，九日飲酒，黃菊相伴，花影照映於酒杯之中，這就不愁「華屋幾山邱」。至煞

---

[60]「拄笏看山」的典故出自於南朝・宋・劉義慶《世說新語・簡傲篇》：「王子猷作桓車騎參軍，桓謂王曰：『卿在府久，比當相料理。』初不答，直高視，以手版拄頰云：『西山朝來，致有爽氣。』」後人遂以「拄笏看山」表示做官而有閒情雅致。蔡松年他在這年春天所寫〈人月圓〉詞亦雲：「眼青獨拄西山笏，本是個中人」。

尾即以「老境玩清世，甘作醉鄉侯」收結全詞。以「清世」來美
化金國統治的現實，當是全身遠禍之考量。但一「玩」字又透露
出時不我予的隱痛，則「清世」如何已可想而知。詞人寫此詞時
不到三十歲，便已言「老境」，這世之污濁可想而知。這些字、詞
的運用，都隱而不隱，含意深隱，至為曲折。「甘作醉鄉侯」[61]，
借酒澆愁，借酒避禍，而用斬釘截鐵之「甘作」二字，卻強化了
全詞棄官退隱的主題。蔡松年在無可奈何之下成為金臣，讓他選
擇以蘇軾式的人生觀作為轉化內心矛盾的手段。例如〈念奴嬌・
還都後諸公見追和赤壁詞，用韻者凡九人，亦復重賦〉：

> 離騷痛飲，笑人生佳處，能消何物。夷甫當年成底事，空
> 想嵓嵓玉璧。五畝蒼煙，一邱寒碧，風晚憂風雪。西州扶
> 病，至今悲感前傑。　　我夢卜築蕭閒，覺來嵓桂，十里
> 幽香發。鬼魁胸中冰與炭，一酌春風都滅。勝日神交，悠
> 然得意，遺恨無毫髮。古今同致，永和徒記年月。[62]

　　蔡松年的詞作常流露身寵神辱、違己交病的矛盾心境，與慣
然辭官的陶淵明如出一轍。而喝酒是他最常用來借助超越的方
式，也常在作品中不自覺地流露出來。「鬼魁胸中冰與炭」，寫出
了他的心時時都在冰與火的掙扎中、承受那如煮如沸的煎熬。「一
酌春風都滅」，寫出了借酒銷憂。但實際上這也只是暫時的麻痺而
已。本詞格調高曠簡遠，感慨人生而又能超拔俗世，這來源於蔡
松年詞在主體精神上與東坡詞的契合，因此並不讓人覺得有亦步
亦趨甚至邯鄲學步之感，而是顯現為心理矛盾的自然轉化，是由

61　唐代王績有〈醉鄉記〉，以配晉代劉伶的〈酒德頌〉，皮日休〈夏景沖澹
　　偶然作〉詩又稱「他年謁帝言何事，請贈劉伶作醉侯」，蔡松年綜合引用，
　　稱自己為「醉鄉侯」。
62　蔡松年〈念奴嬌〉，唐圭璋編《金元詞・金詞卷》(北京：中華書局，2018
　　年)，頁 10。

深刻的悲劇感轉化而來的縱逸與激昂。尤其在這首詞中表現得最為明顯。

　　蔡松年是金代初期對陶淵明接受的典型代表，其對陶淵明詩詞意象的接受和拓展對金代陶淵明的接受開創了一個新局面。以下〈念奴嬌・九日作〉一詞可謂以「陶式」意象結合北國風貌，構成了蔡氏獨特的詩文意象群，展現了獨特的藝術效果：

> 倦遊老眼，放閑身、管領黃花三日。客子秋多茅舍外，滿眼秋嵐欲滴。澤國清霜，澄江爽氣，染出千林赤。感時懷古，酒前一笑都釋。　　千古栗里高情，雄豪割據，戲馬空陳跡。醉裡誰知許事，俯仰人間今昔。三弄胡床，九層飛觀，喚取穿雲笛。涼蟾有意，為人點破空碧。[63]

　　「客子秋多茅舍外，滿眼秋嵐欲滴。澤國清霜，澄江爽氣，染出千林赤」，這些陶式意象全面點化為己所用，將這些意象元素放在北國特有的地貌風情中。蔡松年與陶淵明少年時都深受儒家思想的薰陶，都懷有兼濟天下、大濟蒼生的遠大志向。所不同的是陶淵明是不滿高官權位壟斷，壯志難舒，努力無果後憤而去官歸隱，竟怡然自在的在大自然中找到了心靈發展的和諧之地；蔡松年雖仕途順暢，然而多年的儒家忠君思想和民族意識始終在內心翻騰，得金人知遇之恩又不能不思報答，內心深處的矛盾讓蔡松年變得疲憊不堪。陶淵明去官歸隱守拙得真，給宦海中矛盾的蔡松年以啟示，金國特有的北方風物觸動了詞人的感發，讓疲憊的蔡松年在接觸自然感慨天地的時候得到難得的清閑與慰藉。

　　又如〈滿江紅〉：

> 翠掃山光，春江夢，蒲萄綠遍。人換世、歲華良是，此身

63　蔡松年〈〈念奴嬌・九日作〉，唐圭璋編《金元詞・金詞卷》(北京：中華書局，2018 年)，頁 10。

流轉。雲破春陰花玉立，又逢故國春風面。記去年，曉月
掛星河，香凌亂。　　年年約，常相見。但無事，身強健。
賴孫壚獨有，酒鄉溫黍。老驥天山非我事，一蓑煙雨違人
願。識醉歌、悲壯一生心，狂猺阮。[64]

　　詞前有小序云：「辛亥三月，春事婉娩，土風熙然，東城雜
花間，梨為最。去家六年，對花無好情悰，然得流坎有命，無不
可歡。插花把酒，偶記去年今日事，賦十數長短句遣意，非知人
心，亦殆難明此意。以仙呂調滿江紅歌之，是月十五日，玩世酒
狂」。辛亥（1131）正是蔡松年剛剛在金做官前後時期。詞中小序
首句便寫出春光美好，民風和樂，梨花開遍了東城，似乎在花間
已經看到了人們的笑臉，好一幅欣欣向榮、春機勃勃的春景圖。
然而對於詞人來說，面對眼前的喜樂和滿城的梨花也沒有好的情
緒，只會勾起故國之思和自己六年來徬徨的愁思，唯有用「人生
安樂」四個字撫慰心靈。不過他的「非知心人」、「難明此意」是
什麼呢？也許詞人心裡已經在迷茫之中找到一條人生出路，這條
出路或許違背自己的意願，或許會被世人詬病，自己對此也難明。
從現在──過去──現在──過去的時間跳躍，從此時到故國的
空間轉換。「翠掃山光」的「掃」字，不僅掃盡了荒蕪的山巒，似
乎也淡去了詞人心中的陰霾，「春江夢」亦是「故國夢」，人生在
世，富貴與貧賤隨時流轉，不能掌控。「雲破春陰花玉立，又逢故
國春風面」，「破」、「立」兩個動詞使讀者產生立體的畫面感，意
境極美，讓詞人自己也有「又逢故國春風面」的錯覺。詞的下片
打破上片所構造的清秀婉麗的情境，突顯豪爽曠達的詞風。「年年
約，常相見」，淡化了故國之思，「但無事，身強健。賴孫壚獨有，

---

64 蔡松年〈滿江紅〉，唐圭璋編《金元詞・金詞卷》(北京：中華書局，2018
　年)，頁20。

酒鄉溫馨」，那種徬徨與傷感都淹沒在酒鄉之中，最後終於發出了「老驥天山非我事，一蓑煙雨違人願」的不平之慨歎。老驥，用曹操「老驥伏櫪，志在千里，烈士暮年，壯心不已」事；天山，用薛仁貴「三箭定天山，壯士長歌入漢官」事。非我事，用淵明「富貴非吾事」。雖說「非吾事」，卻說「一蓑煙雨非吾願」，其不願隱居江湖，趁年少建功立業的心態昭然若揭。即使出仕之心已有，不過也帶有無奈，「識醉歌、悲壯一生心，狂嵇阮」，最後用醉酒後的歌唱來排遣心中的鬱悶。這首詩中的「嵇阮」指三國時期魏國文學家嵇康和阮籍，二人在政治方面都不與魏國當權者合作。而詞人自詡「識醉歌、悲壯一生心，狂嵇阮」，其實他根本缺少阮籍、嵇康那樣的放蕩曠達，是一種「無奈」的佯狂。蔡松年在此詞中表達了他意欲歸隱的真實想法，說明了蔡松年還是嚮往著阮籍全身遠禍的處世態度，這在一定程度上也是蔡松年本人的真實處境。

在蔡松年的全部的詞中，其真實思想很少流露，所述者也大抵是歸隱山林、浪跡江湖之志，絕少這種慷慨淋漓式的表露。這一舉動，標誌著他人生道路上的一個重要轉變——他已由堅決不願仕金到積極尋求仕途發展的轉變。他雖然身仕金朝，然其內心深處卻與金政權保持著相當的距離，出處大節成了他心頭揮之不去的枷鎖，並成為他日後主要的心理負擔。仕途不暢之時，依然會以「心隱」來排遣，這種矛盾的心態跟隨他的一生。但他眼見著金國統治者殺害不受其官職的南宋使臣王倫，這恐怕使性格優柔怯弱的蔡松年更不敢著聲，在時代風雲變化之際，流血使不少人必須改圖變節，才能保存微軀。但蔡松年他畢竟是漢族士大夫，世為宋臣，屈身仕金，雖官高爵顯，而潛意識中總以為自己已大節有虧，故時有隱退之想，卻又欲去不能。這種矛盾心情，幾乎

成為他詩詞中的主調。

　　從上述詞例的分析中可以看出蔡松年其人既有避世之念又看重世俗榮利，理智和情感、理想追求和現實需要常難統一而不時交戰，一方占了上風，但另一方又時時襲擾，體現出明顯的內心矛盾性、人格的游離性、進退的兩難性。蔡松年隨父仕金以後，常作鄉關之思。或許他是透過鄉關之思作為自己以北宋舊人仕奉金朝的一種補償，來維繫心理的平衡。同時它也是蔡松年在顛簸的人生旅途中，維繫精神大廈不致傾覆的有力支柱。漂居異鄉，身仕異朝，他的身份焦慮與認同困惑也便開始了。這是因為他的生命形態與創作書寫在跨民族、跨文化之間展開，即在雙軸形成的扇面之間擺蕩：一邊是自己的精神故園，一邊是自己的生命新地；一頭牽著自己的歷史記憶，一頭連著自己的現實感受；一面是中國的傳統文化，一面是異族的落後文明；那邊是想像裡熟悉的鄉音，這邊是體驗中陌生的言語。但是，儘管受到雙重或多重的文化衝擊，儘管為了適應「新地」的生存而不同程度地「在地化」，甚至產生「我是誰」這種哲學意義上的認同焦慮，即使他擁有了金朝的高官厚祿，但他創作的民族之根、文化之根和感情之根依然在中土，他始終不變的依然是對漢人民族文化的認同。

　　蔡松年是金代第一位有意識效法蘇軾詞風的作家，取法蘇東坡的原因就其個體的角度來看，據陶然的看法：「主要是蘇軾式的人生觀念作為自身心理矛盾轉化的媒介。蘇軾作品中所體現出來的那種身處逆境而圓融達觀、超然物外的人生哲學，對處於夷夏之辨、仕隱之思的心理矛盾的蔡松年來說，不啻是一方良藥，因為這樣就可以通過蕭散風神與閒逸襟懷的展示，逐漸消解內心的

衝突，達至心理的平衡。」[65]然而終其一生蔡松年心中的矛盾也沒有真正排解，他也只能「一蓑煙雨違人願」，而不能像蘇軾一樣豁達地感發出「一蓑煙雨任平生」的超曠之思。蔡松年從原本拒絕入仕金朝，到內心有過掙扎與反抗，但最終卻是趨於平靜的接納命運。隨著時間的流逝，也許他也漸漸釋懷了自己曾經屬於另外一個政權，釋懷了他腳下的土地是以戰爭的方式被異族奪去。他平靜地生活，並以自己的努力繁盛著這個異族王朝的文化，並為了爭取這個王朝的正統地位，重塑著傳統的中國觀。

第七節　貳臣群體創傷書寫的創作心理與文學價值

　　透過了前面各節對四位詞人的作品探析，本節主要論述貳臣詞作的創作心理與文學價值。貳臣在異國，表面上必須強顏歡笑，但內心深處無不煎熬，所以通過創作來進行自我救贖。創傷往往是創作發生的動機，同時也成了作品的主題，創傷表徵也體現了文學的社會功能。創傷與貳臣的創作具有互文共證的關係，貳臣的創傷書寫並不是要以遮蔽創傷的形式重述歷史，而是重建人類新的道德共同體。易代之際，為了生存難免會成為貳臣，貳臣內心的懺悔，只能通過創作來求得心安，個體將固有的創傷記憶轉化為生活世界的重建，在反省式的重構中獲得自我療癒的可能。

---

65 陶然《金元詞通論》(上海：上海古籍出版社，2001 年出版)，頁 299。

一、以思鄉來彌合離散斷裂的人生，
進行自我救贖

　　每一次易代幾乎都伴隨著殘酷的戰爭。戰爭往往帶來深重的災難，雖然受其衝擊最大的是舊王朝的統治者，但易代影響所及卻可以遍及到每一個生民身上，讓人們的人身體和心理都遭受重大的創傷。很多人被迫離開了自己熟悉的地方，流落到異域，形成了離散人生。離散乃是通過主體的流亡、逃難、遷徙、移居，將此地與彼地連接在一起，形成跨民族或地域的文化和歷史關聯。意即某個民族的人離開了自己的故土家園到異國他鄉生活，卻始終在心靈和精神上保持著與故國家園文化、心理和精神上的聯繫。對於生活於特定時空尤其是距離權力中心較近、具有較高文化自覺的人而言，易代絕不簡單等同於新陳代謝或時間的遷逝，而是一切正常狀態被打斷後的再也不復求，是包括生活空間、社會身份、生活內容、心理認同、文化傳統等諸多方面的斷裂以及由此而來的支離破碎感。在回憶舊朝，今昔對比，身處其中的人們往往油然而生一種離散意識。「離散不在於時間的長短，也不在於空間的遠近。離散除了是有形的時空現象外，其實還是一種心境，一種心態。」[66]這種心境上的離散，造成的創傷更甚，例如吳激的「羈旅餘生飄盪，地角天涯，故人何許。離腸最苦。」[67]「長安底處高城，人不見，路漫漫」[68]。蔡松年的「憶昔東山，

---

66 李有成《離散》(台北：允晨叢刊，2013 年 8 月)，頁 148。
67 吳激〈瑞鶴仙〉，唐圭璋編《金元詞‧金詞卷》(北京：中華書局，2018 年)，頁 6。
68 吳激〈木蘭花慢〉，唐圭璋編《金元詞‧金詞卷》(北京：中華書局，2018 年)，頁 5。

王謝感概，離情多在中年。正賴哀弦清唱，陶寫餘歡。兩晉名流誰有，半生老眼常寒。夢回故國，酒前風味，一笑都還。」[69]，「人世長短亭中，此身流轉，幾花殘花發。」[70]、「醉裏誰能知許事，俯仰人間今昔」[71]、「雲海茫茫人換世」[72]……這些詞句都流露出一種回不到過去的斷裂感、離散感、漂泊感和人生如夢的空幻感，這甚至會導致自我認同的嚴重危機，不知道自己身份的歸屬為何，這是進退失據的人生。

貳臣是一個「異鄉人」，也是一個「邊緣人」，他們具有「異鄉人」身份和「邊緣人」的人格。「異鄉人」的身份催化了他們「邊緣人」的「人格」，從而對他們的創作和人生的選擇發生影響。懷鄉是中國文學重要的母題，它聯繫了千古以來人類生存的共同體驗。在易代之際，人們往往通過精神返鄉，懷舊憶往，他們與不滿意的現實和不如意的自己進行心理上的對話與抗爭，並在這個過程中確認時移世易的事實，取得一定的心理平衡，逐漸形成對新境況的接受或認同感，並由此獲得繼續前行的動力。如蔡松年的〈驀山溪〉：

> 霜林萬籟，秋滿人間世。客子舊山心，誤西風、悲號澗水。茅簷夜久，仍送雨疎疎，焚香坐，對牀眠，多少閒滋味。
> 釣舡篷底，閒殺煙蓑輩。老眼倦紛華，宦情與、秋光似紙。

---

69 蔡松年〈雨中花〉，唐圭璋編《金元詞・金詞卷》(北京：中華書局，2018年)，頁 21。

70 蔡松年〈念奴嬌〉，唐圭璋編《金元詞・金詞卷》(北京：中華書局，2018年)，頁 10。

71 蔡松年〈念奴嬌〉，唐圭璋編《金元詞・金詞卷》(北京：中華書局，2018年)，頁 10。

72 蔡松年〈念奴嬌〉，唐圭璋編《金元詞・金詞卷》(北京：中華書局，2018年)，頁 20。

　　幽棲歸去，梧影小樓寒，看山眼，打窗聲，莫放頹然醉。[73]

　　這首詞的主題意象可以概括為思鄉。詞中出現了霜林、秋色、西風、澗水、茅簷、疏雨、釣舡、飛篷、蓑衣、梧桐等意象，這些意象都具有相似的氛圍，詞人者通過聯想，把思鄉的感情寄予飄忽不定、蕭颯、淒寂的意象上。可以更深刻地揭示詞人的情感世界、思鄉情節和意象之間的關係。又如〈月華清〉：

　　樓倚明河，山蟠喬木，故國秋光如水。常記別時，月冷半山環佩。到而今、桂影尋人，端好在、竹西歌吹。如醉。望白蘋風裡，關山無際。　　可惜瓊瑤千里，有年少玉人，吟嘯天外。脂粉清輝，冷射藕花新蕊。念老去，鏡裡流年，空解道、人生適意。誰會。更微雲疏雨，空庭鶴唳。[74]

　　在這裡，詞人毫不掩飾自己對故國思念的情懷，致慨於關山無際，天涯千里，故國之夢難圓。在蔡松年其他詞作中，這類情懷的表露也多處可見。再如〈念奴嬌·小紅破雪〉：「莫望家山桑海變，惟有孤雲落日」、〈浣溪沙·天上仙人亦讀書〉：「老去心情，樂在故園生處。客抽如隋堤亂絮。秋嵐照水度黃衣，微雨。記蓬窗、舊年吳楚」、〈浣溪沙·溪雨空濛灑面涼〉：「夢為蝴蝶亦還鄉」、〈鷓鴣天·秀樾橫塘十里香〉：「醉魂應逐凌波夢，分付西風此夜涼」，名為賞荷，實為望鄉，故鄉，也就成了他夢裡的家園了。

　　民族認同上的窒礙，讓貳臣詞人無法跨越更大更遠的步伐確立自己的身分歸屬，反覆逡巡正是「他鄉即故鄉」「鄉關何處」的難解之謎，這種抑鬱與困惑轉化成創作上源源不絕的動能，驅使

73　蔡松年〈驀山溪〉，唐圭璋編《金元詞·金詞卷》(北京：中華書局，2018年)，頁 15。

74　蔡松年〈念奴嬌〉，唐圭璋編《金元詞·金詞卷》(北京：中華書局，2018年)，頁 23。

貳臣詞人永不疲倦的思念原鄉，寄寓飄盪無依的心情，我們可以從他們詞作中見證其潛意識不斷回望鄉愁的剪影。通過懷舊書寫進行思鄉憶昔，成為易代之際文人精神返鄉的一種方式；而書寫的過程，便成為他們尋找心靈故鄉的過程。故鄉是漂泊不定的旅人心中永遠的渴望，是浪跡天涯的遊子心裡深長的懷想。對於故鄉的思念是貳臣用來對抗這慘澹的人生、紛雜的人世的方式，用來彌補生命缺陷所帶來的種種苦悶與孤凄的管道。詞人借創作重溫了自己的精神回鄉之旅，並終於在心中、在詞裡找到屬於自己的故鄉。

二、徘徊在仕隱之間游移不定的文化人格

　　貳臣徘徊在仕隱之間，退居林間，優遊田園，但最終還是放不下出世的志向，所以最後還是選擇入仕新朝，但出仕新朝並不意味著他們內心真正就全盤接受了新朝。仕金南人在政治上好像幫助了金朝穩固統治，但文化上還是有很深的不認同感，他們的心中還是時時縈繞著故國之思與失路之悲。不要說來自社會輿論的冷嘲熱諷，就是他們本身也常用名節的這把鞭子拿出來時時抽打自己的靈魂，使自己處於心靈的煎熬之中，終其一生都得不到解放，從某種意義上說，名節對士大夫之重要有時超過了生死。正如嚴迪昌所言：「任何一個歷史人物，大抵都有長夜反思、捫心自問的時刻，何況名節大事對於深受傳統教化的士人來說，當知重於生命，更何況時值視為大防的『夏夷』之變。」[75]這種「捫心自問」就形了仕隱之間的掙扎，以蔡松年為例，其政治生涯跌

75　嚴迪昌《清詩史》(南京：江蘇古籍出版社，2002 年)。

宕起伏，而他的詞心在仕隱間矛盾尤其引人矚目，這在他詞中比比皆是，例如：「功身卻恐退身難」[76]、「古今都到，休官歸去，但要此言能踐。」[77]、「憂喜相尋皆物外，今古閑身難得。邱壑風流，稻粱卑辱，莫愛高官職。」[78]「莫話舊年夢，聊賦倦遊詩。玉盤高，金匾小，笑相窺。市朝聲利場裡，誰肯略忘機。庾老南樓佳興，陶令東籬高詠，千古賞音稀。」[79]這種擺盪在仕隱之間的心態在其詞作中，展現著一種深層次的心靈狀態，兼具感性的激揚與理性的深契。究其原因，傳統節操是產生仕隱矛盾的背景，反映了貳臣複雜、矛盾的心理狀態。

作為易代之際前朝舊人，貳臣既有著建功立業的仕進心，又有著保全自身的現實顧慮，還有著知難而退的隱逸情懷。在出處進退問題上，為了進退皆能恪守仁義、保全名節，往往會期許自己不為外物所役，在世俗社會中極力守護、經營自己的精神屬地，保有個體人格的獨立與自由。儒弱而有良知的人是最痛苦的人，仕金宋儒的貳臣正是這樣的一種人。做為政治人，他們在對利弊權衡決定後進行取捨，選擇在金朝任官；做為文人，他們常從道德出發衡量事物，所以對自己仕金背宋有著深重的負罪感。這雙重身份角色使貳臣詩人時常處於心靈衝突之中。家國身世與「達則兼濟天下」的仕途理想所構成的複雜矛盾心態，使貳臣詞人入

---

76 蔡松年〈浣溪沙〉，唐圭璋編《金元詞・金詞卷》(北京：中華書局，2018年)，頁17。

77 蔡松年〈永遇樂〉，唐圭璋編《金元詞・金詞卷》(北京：中華書局，2018年)，頁12。

78 蔡松年〈念奴嬌〉，唐圭璋編《金元詞・金詞卷》(北京：中華書局，2018年)，頁12。

79 蔡松年〈水調歌頭・閏八月望夕有作〉，唐圭璋編《金元詞・金詞卷》(北京：中華書局，2018年)，頁7。

金初期的行為、語言及寫下的文字，都表現、流露了特定的時代情感和心理，記錄了一代士人的特殊的的心路歷程。從某種意義上說，貳臣詩人的這種痛苦，是傳統的中國文人在政治文化大潮的裹挾下，彷徨無奈，進退失據，無所適從的痛苦。其創作反映了詞人的人品和氣節，凝聚著民族的文化心理和時代的精神特質。

三、在道德天秤上進行自剖與懺悔

即使來到金朝後，深受禮遇，並數蒙賜宴，但對於一個長年在南方生活的人，因為易代而成為作為貳臣、背井離鄉地來到北方生活，各種扞格與違和是可想而知的。在看似安逸的生活背後，貳臣的內心有著多少具的憂鬱與悲傷？既有遺民的失望而痛心，也有孤臣的無力而泣血，種種複雜的心理，成為他們普遍的內心狀態。面對山河破碎、故國不堪回首的歷史境遇，事金宋人這一特殊群體不得不流落到異域，為異族統治者服務。但是，在故國君臣的眼中他們就可能是民族的罪人，難以得到理解和原諒；在金朝統治者的心裡他們也始終是異族，是可以利用卻不可能被信任的一群人；而在與金朝其他民族同僚共事的過程中，他們也是被異目而視的對象。總之，在宋金交戰與對峙的歷史背景下，事金宋人無法為自己的貳臣身份而進行辯駁，令其「信而見疑」、「忠而被謗」，他們往往會以自省的姿態，對自己的人生進行自責與自嘲，對自己的身世飄零發出自憐自歎，例如如蔡松年的詞中所云：「身似驚鳥，半生飄蕩，一枝難穩」[80]，「三年俗駕，千鐘厚祿，心負天真。說與蒼煙空翠，未忘藜杖綸巾」[81]、「平生友，中年別。

---

80 蔡松年〈水龍吟・水村秋入江聲〉，《金元詞・金詞卷》（北京：中華書局，2018 年），頁 22。

81 蔡松年〈朝中措・玉屏松雪冷龍鱗〉，《金元詞・金詞卷》（北京：中華書

恨無際，那容髮。」[82]這些詞句可見他們對自己的自責也是真誠而嚴肅的。在字裡行間依然透露出他對世事的留戀，將世之所輕的「天真」看得如此之重。貳臣對自己出仕金朝的經歷倍感自責，因而將記憶的圖景由廣闊的社會現實凝縮成他自己的心靈懺悔。懺悔，成了他們減輕痛苦的最好方式，對此，張仲謀如此說：

> 懺悔是一種情感宣洩方式，也是靈魂的自我贖救與人格的
> 自我修補的一種手段。懺悔當然也需要勇氣，因為要把自
> 我推上心目中的道德法庭，自陳罪過，自我鞭撻，也自我
> 宣判，以求得某某之神的寬恕，求得當世與後世人們的原
> 諒，從而換取良心的平安。[83]

這段文字已對貳臣在懺悔中實現自我救贖心態進行了說明。懺悔是人類獨有的思考方式，是對自己有心或無心犯下的罪責所進行的告解和道義承擔，也是對是對自己的人生進行嚴肅的反省，它追求的是一份更真善美的真理。懺悔作為貳臣創作的主題意蘊，發揮著精神向上作用的可貴品質，實際上完成了有罪的個體從「本我」到「自我」再到「超我」的人格飛躍，展現示出自我療救的正向意義。

創傷書寫是貳臣詞家重要寫作特徵，貳臣創作的悲劇性敘事藝術及思想意識來源於對前朝和故園的情感在貳臣內心的糾結而成的情傷。這些詞作在書寫歷史、表徵創傷、警醒人心等方面所具有的重要理論與現實意義。

局，2018 年)，頁 16。

82　蔡松年〈滿江紅〉，唐圭璋編《金元詞・金詞卷》(北京：中華書局，2018年)，頁 19。

83　張仲謀《貳臣錄》(新北市：笙易文化，2002 年 5 月)，頁 42。

小　結　楚材而晉用之，

亦足爲一代之文矣

　　政治的博弈永遠是一場無情且無常的過程，在易代之際，每個人都無法掌握自己的人生，為了生存，人性表現也呈現了複雜性與多元化。有人為了道義，甘於淡泊貧困，以遺民自處。也有人在生死攸關時，大義凜然，寧可捨生，也要維持人格的高潔而以身殉國。還有一部份人是在現實困境下無可奈何的成為異族的臣子，被時人或後人視為失節或變節者。倫理與現實的矛盾、缺失的精神家園、無法彌補的創傷，貳臣只能透過書寫來進行精神的懺悔。

　　金宋劃江對峙百年，這種局面讓這些由宋入金或在金的南人內心產生了不少的變異與創傷。我們會看到仕金南人在情感上與原生政權漸行漸遠，與新生政權漸漸契合。然而在淮河南岸的宋人從來沒有忘記白溝以南到淮河以北那被金朝搶奪而去的土地，沒有忘記那片土地上生活的人民原是大宋子民。而在淮河的北面，人們即使有過掙扎與反抗，但最終卻是趨於平靜的接納命運。隨著時間的流逝，這片土地上的人們漸漸忘記了他們曾經屬於另外一個政權，忘記了他們腳下的土地是以戰爭的方式被異族奪去。他們平靜地生活，並以自己的努力繁盛著這個異族王朝的文化，並為了爭取這個王朝的正統地位，重塑著傳統的中國觀。在他們的努力之下，金朝，這個以武得國的異族王朝終於成為正統的中國封建王朝。仕金南人們雖來自宋朝，最後卻被寫入了金史，

他們入金後的創作也成為金代文學的一部分。從某種意義上說，仕金的貳臣其作品可以稱為民族的文學，雖然身在異族，仍然秉承漢民族的文化傳統和人文氣象。他們在詞作中言說文化創傷，一方面可以倡導不同文化間的相互溝通、彼此理解，體現出作家以文學承載文化記憶、以創作參與對時局思考的社會責任感和歷史使命感。

　　本章以被迫仕金的貳臣詞家為研究對象，分析他們在易代之際的生活經歷以及面對易代的創作表現中的不同姿態，以此來進一步探討宋金易代初期文學多元複雜的歷史創傷記憶。如出使見留的宇文虛中和吳激、由於宋土淪陷轉而仕金的高士談、隨父降金的蔡松年，他們仕金的原因各有不同，但同樣面臨生命斷裂的經歷，「亡國之使」的經歷改變了他的命運，給他的作品增添了豐富的內涵、多樣的情感，有思國之想、負國之愧、物是人非之慨、失路失節之悲、壯志未酬的之苦、隱逸逃避之想等多元主題，對金初文學也產生了重要影響。雖然北宋已為金所滅，但是在北地的大多數士人心中的祖國仍然是宋朝，他們真正的君主還在臨安。有些漢族士人雖然被迫改仕金朝，但是內心卻備受煎熬，他們對故國的情感依然濃厚，表面上對金初的統治者唯命是從，實際上卻和宋廷暗通款曲，像宇文虛中。因此，金初統治者對他們始終懷有戒心，可以給他們很高的官位，但是不可能真正信任他們，宇文虛中、高士談身首異處的悲慘結局就是明證。出仕金朝超過十五年的吳激，在詞中難掩自己對故國思念的情懷。最終接受金朝委以重任的蔡松年，詞中始終流露出對官場的逃離，發出「鏡裡流年春夢過，只有閑身難得」（〈念奴嬌・倦遊老眼〉）[84]之

84 蔡松年〈念奴嬌〉，唐圭璋編《金元詞・金詞卷》(北京：中華書局，2018年)，頁10。

歎，吳激和蔡松年即使未被金人殺害，但也未能獲得真正的平靜。在黑暗的年代，生命太脆弱，惟有敝帚自珍，借創作進行精神回鄉之旅，並終於在心中、在文字裡回到自己的故鄉。在精神的舊地重遊中尋找失去的自由天空，同時也宣洩無法自主的人格悲哀。

綜上所述，金初錯綜複雜的局勢和民族矛盾對金初的文學產生了重大影響。以宇文虛中為首的文學家為金初的文學創作奠定了基調，他們的文學風格為金代中期文學的發展指明了方向。從華夏一統到金宋對峙的局面，也為廣大漢族文學家提供了充足的創作素材，他們的入金後的作品飽含對故國的真摯情感，常作鄉關之思。這不是一種簡單的現實欲念，而是類似於形而上的宗教情感。它固然寄托了詞人對故國的真摯愛戀，但它更表達了詞人對宋朝的一種贖罪心理。詞人把鄉關之思作為自己以宋朝舊人仕奉金朝的一種補償，來維繫心理的平衡。

中國傳統倫理觀念普遍難以接受身仕兩朝的貳臣，是因為其處於兩個朝代的易代時空，在文化、民族和社群三個層面無法找到安放自己的位置，甚至被社會潛意識視為失節和無德的象徵，屢遭排斥和抨擊，其內心必然有許多難言的痛苦，只能透過創作以為療癒。是以本章結合他們的詞作以剖析他們仕金的心路歷程，以及由此折射出的文化心理的變遷，在通過其詞作對其進行「個體化」研究，也同時整體觀照與仕金宋人「群體化」的文化心理的異同。我們可見，貳臣在宋金易代的時空中，他們抒寫了個體對自我生命及當下處境的關注，在濃烈的詠史情感中蘊含著諸多人生體驗：生命意識的自覺、對親情的渴望、對羈旅漂泊的厭倦、生命短暫功業無成的哀嘆、歸家的熱望、欲歸不能的痛楚，還有戰亂時期家國一體的深刻體認等等。這類作品不僅展現了當時人們的生存狀況、情感心志，也反映了當時的政治狀況。從這

個意義上說，入金貳臣們的心境是我們瞭解靖康之難以後的金人及宋社會的一個窗口。從貳臣詞作中我們可以見到斷裂的兩截人生使得他們在矛盾對立中形成一種情感的張力，而這種張力正是詞心深幽的所在。在宋金政權易代之際，隨著入金南人政治立場的變化，其創作不僅在感情內涵方面多表現為一種兩難的憂傷，更重要的是在詞境深化的轉變，奠定了金源一代詞作的走向。

在宋金交戰與對峙的歷史背景下，仕金南人不得不在苦悶與徬徨中艱難的生存。對於這類作品，我們必須站在歷史的高度來進行評價，正如路遙所說：「對於作家來說，他們的勞動成果不僅要接受當代眼光的評估，還要經受歷史眼光的審視」[85]，「作家的勞動絕不僅是為了取悅當代，而更重要的是給歷史一個深厚的交待。」[86]我們若以歷史的角視角來對入金宋人進行易代之際生存倫理的觀照，和南渡作家相比，他們在感情的表達上沒能像南渡詞人那麼的直接或悲憤或淒楚，畢竟人在異地，說話或創作，要有所節制，要顧及時間和場合。從他們看似追求隱逸情懷的曲折隱忍中，便可以了解身為正統儒家士大夫的入金宋人與女真人在民族文化心理和價值取向上的衝突及其所帶來的影響。事金南人群體是特定歷史條件下的產物，客觀地說，他們的命運具有一定的無可奈何性。民族情結與政治操守固然重要，但是，如果站在中華民族的立場上重新給他們定位，我們不能否認，他們在客觀上為金朝統治的鞏固、女真民族的發展進步，甚至對宋金南北對峙、民族和平交流格局的出現與穩定，對中華民族多元一體的民

---

85 路遙：《路遙文集》(西安：陝西人民文學出版社，1993 年)，第二卷，頁 374。

86 路遙：《路遙文集》(西安：陝西人民文學出版社，1993 年)，第二卷，頁 5。

族關係的發展和演變都做出了不可磨滅的貢獻。入金的漢人參與了金初的政治活動，他們協助金朝統治者調整民族政策，輔佐金人改革，移風易俗、發展文學，致力於教育的提升。金代初期，朝廷十分重視對漢文化的學習和模仿，重用由宋入金的文士，金初的文學建設與漢人的付出密不可分，以宇文虛中為代表的漢族文學家對金初文學的發展做出了突出貢獻。這些被迫入金的文士在苦悶之時往往創作，他們在金代文學發展道路上的地位，也開啟了金源文學的發展之路。由此可見，「楚材而晉用之，亦足為一代之文矣」[87]。

　　事金宋人群體是特定歷史條件下的產物，客觀地說，他們的命運具有一定的不可選擇性。他們的「事君有貳」的非常態，意味著一個世代的完結，也可能暗示著一個世代的完而不了。

---

[87]《金史‧列傳卷六十四》：「贊曰：韓昉、吳激，楚材而晉用之，亦足為一代之文矣。」

結　論

經歷了全書的論述，本章在此為全書進行重點性的回顧與總結。

第一節　詞爲心學：

生命主體論的詞學走向及意義

上篇為導論，共分四章，主要論述詞學中的生命主體論。

人是一切活動的主體，也是文藝創作的根本問題，對其進行探討，具有一定的理論價值。「詞心」與「詞境」互為表裡，是創作的本源。「詞心」強調為詞之心乃「真」與「深」，「詞境」強調詞之化境達到了「天人合一」的至高、至極的境地。

一、「詞心」強調「詞為心學」：
為詞之用心乃「真」、「深」兼美

從上篇第一、二章的探討，可知「詞心」的發展，最初是從作者的「創作論」，延伸到讀者的「接受論」(包含鑑賞和批評)，貫串為一個嚴整的思想體系。筆者打破詞評家所屬詞派或群體之間的界限，依據一般創作的歷程和接受的規律入手。先有作品的

產生，才有讀者的接受，在第一章從創作歷程的角度論詞心。第二章再從讀者接受的角度論詞心。

第一章　從「性情而發」到「詞心醞釀」──從創作歷程的角度論詞心

詞為內在性情之至道，也是審美心靈的探險，更是生活體驗的表現，「性情」與「詞心」的觀念側重對主體內在世界的透視，這才是文學作品發生的根源。從宋明以來詞學即有關於「性情」的論述，爾後「詞心」一詞乃由清人馮煦首次提出，至況周頤而全面論述，至清末王國維再立足於詞體本身特性而強調「詞人當不失其赤子之心」，幾位詞家生卒年雖有先後的差異，且不一定是屬於「並時性」的同一詞派，但他們對於「詞心說」的闡述既各具特色卻又息息相關、後出轉精。在看似平易簡短的論述中，蘊藏著深刻的見解。

第二章　從「以心換心」到「詞外求詞──從讀者接受的角度論詞心

綜合全文，「詞心」之義涵，在讀者而言，就是心領神會的妙悟神會，「以心換心」與「詞外求詞」的審美再造。對批評家而言，就是一份「返本復歸」的哲學價值溯源，它是一個包含著藝術性感受和理性思考的雙重活動。

二、「境界」是「為詞至境」：
「天人合一」之最高化境

詩論中的「意境說」在唐代形成，而詞學的「境界說」正式呈現了與詩論的「意境」說同中趨異，則在王國維。然而事物的發展是連續的、漸進的，任何一種理論的提出，都離不開對前人

成果的吸收與繼承，王國維的「境界說」也不例外。清代之前的唐宋詞論很少「直接」探討詞境，在這個有限的論述中，多半是從營造意境的創作視角來論述。直到清代，詞學理論才引入「詞境說」。清代詞論的「詞境說」可以分成兩個階段來論述，一是王國維以前的發展，一是王國維對前人的突破。

第三章　「詞有別境」的審美藝術：清代詞學中的詞境說

本章主要在探析「境界說」在王國維之前的清代各詞學家的論述中呈現出怎樣的發展變異，除了探究清代詞論中的「境界說」對宋、明以來詞學的發展，並探討清代詞學中的「境界說」在劉體仁、周濟、蔣敦復、劉熙載、陳廷焯、況周頤等幾位詞家的論述中呈現出怎樣的發展與嬗變的歷程。上述幾位詞學家論述包含了不同的路徑，呈現出「詞境說」與古典詩學中「意境論」的離、合之別。一方面從承衍的發展繼承了古典詩學「意境論」的內涵，一方面也勾畫出詞學中「詞境論」的展開面貌及闡說的軌跡。可知王國維之前的詞評家仍然是從審美藝術的角度來論詞境，從意境論來看，詞論在向詩論趨同時，也同時建構了不同於詩論的特色。這些種種，已形成了王國維之前詞境觀念的存在前提。王國維在繼承前人的思想遺產的基礎上，才有了創新的突破。

第四章　從二元對立到統攝雙方——王國維「境界說」美學根源探究

王國維終身為了追尋人生意義的解答而苦苦探問，從對人間的探問而走向「天人合一」，從人生憂患昇華到生命美學的人文探幽，這種「超越對立，統攝雙方」的思想與中國傳統美學「天人合一」的基本思想具有會通之處，正是這種會通探索推動了中國傳統藝術美學思想向現代轉換的重要動力。

從本章可見，直到王國維提出「境界說」才真正有別於詩論

的「意境說」，乃在於它是生命體驗為本源和核心的審美觀，並以
自我超越為人生歸趨來把握審美活動的美學理念，就在能入與能
出、有我與無我、客觀與主觀之間的區別和聯繫、逐層進行梳理
辨析，闡明它們之間可能產生的互補互動的積極作用。

　　清代詞學中的「詞心」和「詞境」說可說是歷代詞學的總結
和發展，就總體而言，它遠承宋代詞學的新變，以「尊體」為旗
幟，確立了詞的主體論以心境為本。這一理論觀點既是對中國古
代文藝創作經驗的總結，又為現代文藝創作提供了有益的理論借
鑒。

第二節　情之所至，性情為開：

生命書寫的本源回歸

　　下篇是對於宋詞創作不同面向中所傳達出生命意蘊的闡述。

第五章　遊仙書寫的發展軌跡與對傳統的逸離

　　本章基於「越界破體」視野下對宋詞的「遊仙書寫」進行「以
詩為詞」的闡釋和發展歷程的探究。宋詞遊仙書寫既與前代文人
有所相通，又因歷史條件的不同而有其獨特性。在這樣的發展歷
程之中，我們可見兩宋詞家的遊仙書寫，從豔情意識、休閒意識，
到隱逸意識、超越意識、生命意識，再到憂患意識、漂泊意識的
漸入發展，由此發展的歷程中可見，詞人在收放之間、在沉溺與
拓逸之間擺盪，同時也消解了入世與出世之間判然有別的二極對
立，而以一種低調卻執著、深情卻出世的態度，在現實世間創造、
探索生命之愛。我們可以見到詞人在「以詩為詞」的越界下，並

沒有忽視詞體文學自身的藝術特性，在表現士大夫化的思想情感過程中，更著重展現出詞人內心渴望超脫現實的苦悶、貴身適志對自由境界的嚮往，「遊仙之想」於是成了詞人穿越人生缺憾的補償，在濁世中讓自己定心、靜心的理想寄託。因此，遊仙詞的出現，從表面上來看，是詞的「詩化」及「士大夫化」，然而，從某種意義上來說，何嘗不是一種心靈超越的過程？在另一個角度深化了詞體文學自身「狹深」的藝術特性，朝向詞境「深化」與「內在化」的表現。從中展現了詞文體在詩化過程中的「變而不失其正」，拓展了詞的表現內涵，但依然沒有改變詞往內挖掘的抒情本質。相信對詞遊仙越界書寫的探究是對文本闡釋的一種深化與拓展，有利於實現對詞文學審美價值的探求，可使闡釋活動變成一種文體發展的判斷線索。

第六章　歎老書寫與消解之道

　　本章主要探究宋詞中的歎老書寫與超越之道。這類作品往往包括老年生理體徵的描摹、生命感覺的展示和從大自然中尋求安頓，它呈現出有別於青壯年的心理特徵，呈現出詞人對老年後的心態超越調整，在老年經驗的表達上為詞的內涵開闢了新視野。詞中的歎老書寫在詞史上的價值與意義有四：

　　一是從抒情表現而言，實現了詞情之真與深。歎老背後是對人生的一種正視、一種追求，一種不甘願庸碌無為的覺醒。歎老主題因為表現了自己最真實的生命存在感受，逼近了生命存在的本質，使人以關懷自身生命週期為主題的創作得以更自覺的全面展開。

　　二是豐富了文學傳統中華民族集體的憂患意識。歎老主題基於中華民族集體的憂患意識，進而給整個中國抒情文學「以悲為美」的主旋律、總風格以決定性的影響。悲則歎老，老又生悲，

它帶動了中國的抒情文學中的白髮霜鬢意象的隱喻作用，更形了對生命的本質的思考，如人生如夢、空幻、閒適、虛靜等一系列美學範疇，無不或多或少地與歎老主題有內在關聯。

三是歎老主題從個人走向群體和時代，詞人往往由「人生之老」聯想到「時代之老」和「故國之老」、「亡國之音哀以思」，染濃了文學的社會內容與時代特徵。

四是作為生命及其經驗的反思，對衰老思考對於生存論具有重要的意義。宋代文人習於反思，往往提高了自我體察的精細程度。作家面對衰老時體現出加緊問學的精進勤勉，在自我更新中重構人生秩序。理性開啟的內在超越也為詞人帶來新的生命感覺。人生閱歷的真誠訴說，使年齡從文化符號變為情感紐帶。老年歸真返樸，也影響了詞的境界。「歎老」這一文化現象，並不是簡單地代表了宋代詞人心態的老化與龍鍾，也不只是對積弱不振的社會現實的一種單向度的投射，而是現實社會的發展問題與人們的功業情結有機交融的必然結果。在詞人看來，浮生百歲倏然而逝，都是無法掌握的，人生唯一值得珍視的是自己有限的生命。實際上，人生的衰老無依感固然是孱弱無力的表現，卻也未嘗不是一種對生命擔荷的責任意識，宋代詞人一向是對生命認真，對理想執著，不忍自己隨時光之流而無所作為。我們可以說，是衰老的困境激發了詞人的生存自覺，而生存的自覺又引導詞人擺脫了對日常生活的關懷而走向對生命終極意義的叩問。即使衰老使人不可避免的感傷，但較高的藝術素養卻使他在詞境表現走出了一條新路。他們從感受衰老到超越衰老，詞人透過對衰老的詠歎寫為自己找一種生命價值的建構。衰老雖然是人生不可避免的遺憾，但卻也因此而更增添生命的熱度與光彩，同時也促使人們去思索有價值的生命意義。

第七章 自壽詞的創作心理與發展意義

生日，對於每個人來說都是值得銘記的一天。這一天，是你睜開眼睛看世界的起始日。這樣的日子在生命流程中是無可取代的，它不同於一般節日，它是個只屬於個體人特殊的時間座標，在這一天人的心靈往往會變得格外善感幽微，敏感的詞心經常因這個特殊時刻而撞擊發出或深沉或悠揚的心聲。全文先把自壽詞放在兩宋時代文化大背景之下去看它形成的背景與因素，與時代祝壽風氣、文人生命意識覺醒、詩詞有別的傳統觀念和詞體功能演進有關係。復從兩宋自壽書寫數量最多的三位詞人晏殊、魏了翁、劉克莊詞作入手，從而發現自壽詞往往朝向內心、進行對人生經歷的回望，體現了作者強烈的生命意識。最後為自壽詞確立文學史地位和藝術品格。北宋與南宋詞因為時代背景、審美風氣、抒情方式的差異，對自壽主題的表現也呈現出「同中有異」的發展。大體而言，北宋是在憂生與黨爭背景下形成生命感懷寫，南宋是在戰爭與理學思想背景下形成寫。兩宋不同詞家面對壽日的不同生命姿態，不僅反映出不同時代的思想風氣，同時也折射出不同身份地位的詞家在面對「生命座標」時的態度與思想。北宋、南宋詞因時代背景不同，詞人生命體驗的差異，在自壽老書寫的表現便有所差異，各有其姿，各展其態。從北宋到南宋的自壽詞發展史，是從浮光掠影到尋幽入微，詞人在書寫生命、回望過往的同時，也蘊含的時代審美精神的變化。

自壽詞，是生日習俗與詞文學在交會處互放的光亮，詞情因與日常習俗結合而顯得更深沉，日常習俗也因詞心輻射而顯得更厚重，這是詞的書寫逐漸豐富化的表現。我們可以說，自壽詞的表現，既拓大詞體功能，但又能恪守詞體朝向內心隱微的要眇宜修的本質的兩種努力傾向。使得詞不僅是一種文學樣式，也是生

日習俗會活動的一種載體，更是歷史文化的一種產物，廣泛的題材內容呈現了宋人豐富多姿的生活畫面。我們可以見到宋人的思想深沈，既有面對現實的社會擔當精神，又善於反思生命歷史。直到現代，我們也會在生日這個特的日子，祝福自己生日快樂。生日是一個讓人心存感激自己生命起點的紀念日，如何能沒有快樂的心境呢？生命是可喜的，雖然它有風有雨；生活是美好的，即使它有愁有苦。宋人多在中年老年寫自壽詞，歲月之美不只屬於青春年少，美是一種在生命艱難時的努力綻放。安時而處順地在自己所處的生命時區，回到自我安頓與內在安定，瞭解自己的生命狀態，然後去完成它的使命。每一首自壽詞都是進入那個時代精神空間的途徑。我們與宋人之間的歷史距離，會因為這些歸真返樸的自壽詞作的存在而拉近。

第八章　納悅他者──「詞人詞家」的情詞書寫及詞史意義

男歡女愛、相思恨別本就是唐宋詞創作的主流。從情詞演變的來看，唐末五代的情詞絕大多數是類型化的「閨怨」單向度的情感。但到了北宋，柳永、晏幾道和秦觀為北宋著名的婉約詞家，皆是沿著《花間》詞發展而來，他們都與歌妓有著深刻的感情，但在用心的態度與表現上仍有著各自的特色。在表現男女之情、相思離別之苦時，不自覺地把時光流逝的感傷和懷才不遇的苦悶以及羈旅飄泊的辛苦傾注其中。隨著詞史的發展，北宋詞已經漸漸注入了詞人個性化的主體意識，表現人們對戀情的追求與失落，情詞的抒情格調也由單純的脂香粉濃轉向開始較多地融入主體的身世之感。南宋詞家中寫情的聖手則為姜夔和吳文英，二人在清空與穠摯的迥異風格中展現了對特定對象最深的執著和懷念。他們寫自我私秘性的情感體驗，一段永難忘懷的戀情，已將情感從淺薄的官能享受提升為一癡執深摯的專注。加上南宋的衰

世氣氛，姜夔與吳文英的情詞，更成為一種在時代不幸之下個體生命體驗式的悲情。其情詞不僅是吟詠男女之愛，更多的還是用愛情作外衣，連帶抒發身世之感和家國之痛。本章審視了宋代柳永、晏幾道、秦觀、姜夔、吳文英五位詞人詞作中愛情意識對《花間》的承繼，更著重於揭示從北宋到南宋情詞的嬗變與發展。五位詞家在繼承中有創新，在共向中求變化，此種現象的形成，實與詞體之獨特性和詞的雅化趨勢有密切的關係。在情詞的演進歷程中，經歷了從類型化、標準化、普泛化、個性化到私密化的抒情的轉變，使情詞的面貌徹底改觀。觀察情詞的演變，不僅對詞的發展具有深遠的意義，同時也是我們觀照宋詞生命意蘊的重要視角。宋代詞壇出現了這五位寫情聖手，從不同向度與程度對情詞的表現予以拓展、充實與深化，為詞壇開拓出新的人文情懷，使得詞更具有移人性情之美

第九章　時代存照——「感時紀事」的詞史創作與發展軌跡

　　由全章的探討可知「詞史」和「詩史」的不同便在於其反映時代的方式是表現路徑發生改變的「折射」(傾向於內心之鏡曲折的呈現)，不是直接進行的「反射」。在作品中記事、述史，無非來自於作家的所見所聞、所遇所感，這本是一種寫作的常態，然而詞體應以心靈化、感覺化的抒情寫意為主，拙於敘事、寫史。但因為特殊的寫作情境和時代背景，詞中也不乏透露歷史事跡和文化感慨，帶著個人感受對自己所處時空的「歷史記述」，再加上時代環境的變遷與文人心態的變化，詞的創作題材變得日漸豐富起來，於是，「以史入詞」這一傳統的詩歌主題也就開始漸漸出現在身為歷史的「見證者」與現實「親歷者」的詞家筆下。本文選取北宋和南宋不同階段歷史背景下的詞人作為觀察點。由於存史書寫的發生和發展必然和相應的時代背景相連，是以不同時代的

「感時紀事」也表現出不同的創作動機、思想主題與藝術特色。「以史入詞」在詞學史上的重要意義，是詞境擴大、詩化尊詞的創作實際表現。但在詞體功能不斷擴大的過程中，內在抒情特質始終是詞堅守的分際。可以說，「感時紀事」創作表現，既拓大詞體功能，但又能恪守詞體朝向內心隱微的「要眇宜修」的本質的兩種傾向並行。詞文學因為寫史而具有跨越文體界限、突破自身的特殊意義。在長期以來抒情寫意的詞作常態中反而成了獨特而值得珍惜的稀有品質。

第十章　易代滄桑的悲吟──仕金貳臣群體的創傷書寫

　　宋金長期對峙，在民族衝突趨於激化之際，由南入北的仕金宋人在時代劇變下成為貳臣，有著割裂、衝突、悔愧等獨特心態，其人格特徵更具有一定的典型性，值得我們了解。本章以仕金南人的貳臣群體──宇文虛中、高士談、吳激、蔡松年詞作為探究對象，以期揭示在宋金易代的特定歷史時期詞人創作所呈現出的特定內涵，還有揭示這種內涵的背後所蘊含的社會、歷史、文化因素，以見貳臣詞作對金朝初年的詞境具有深化的作用。他們入金的途徑因個人際遇與主觀條件之差異而呈現多樣化與複雜性的態勢。他們都是自幼飽讀經書，深受儒家倫理文化的薰陶，在失節後良心發現，自責自訟，表現出的人性心理深度和複雜性，值得同情。

　　從中我們也可見，一代文學風氣的轉變與形式，往往是由一代作家群共同完成的。如果我們不從群體的角度入手，也很難理解文學的演進。本章把被迫入金的宋人作為一個群體進行分析時，可以展現某些群體性、共同性的文化心理。他們獨特的人生經歷與價值觀念又使他們的文化心理結構展現出特定的變化軌跡。當我們以共時性的向度觀照貳臣書寫的發展脈絡時，可以發

現這四位詞人心境的變化，無疑帶有易代的歷史印記，但這印記是通過詞人的心靈曲折呈現而來的。與前人對生命際遇的哀歎不同，具有嚴肅的易代生存意義和鮮明的北地生存面貌。同時參照個體生命意識在相應發展階段上的變化，就可發現在宋室南渡以至金朝初年，貳臣詞家對易代的生存已自覺改變了關注的焦點，即由原來的傾向於對社會現實的關注轉向內心的救贖。這種救贖就是悔愧與思念。貳臣在仕於異朝的同時，他們往往以疏離或邊緣人或異鄉人的心態生活著，傾向在大自然中尋找寄託，或是以興亡有命的自然規律來自我開解。他們為精神找到了一個生命棲息的空間，他們是用思鄉念舊來進行靈魂的救贖，用自責與懺悔進行精神的超越，透過這種帶有補償性質的寄託性寫作，書寫在一定程度上化解了內心的創傷，達到療癒的作用的。創傷書寫是自我生命意識漸趨覺醒的表現，在另一個角度提高了詞體文學自身「狹深」的藝術特性，朝向詞境昇華與深化的表現。這就是貳臣書寫之所以比詩更能展現詞人複雜的內心世界的原因。

　　貳臣的懺悔之作和忠烈愛國作品，既是相互對照，又具有相輔相成的關係，同樣可以引起我們靈魂的超越和道德的自警。透過貳臣作品的探究，不僅可以感受到崇尚道德人文傳統，「華夷有別」的民族意識，而且還可以看到人性中墮落苟且的一面，自我完善的一面，彼此間錯綜交織的複雜性。

　　這世界，沒有什麼是永恆的，很多事情都會改變，就像歷史上的許多易代之際，宋金對峙、宋元改朝、明清易代，這都是自然的規律。無常才是唯一的有常。民族之間的硝煙會隨著時間淡去，族群的對立終將漸漸化解，生活還是要繼續，而那些屬於詞人前半段的人生歷史，會隨著時間推移成為自己珍放在心中的精神故鄉。

第三節　以情悟道：

詞之為道，智者之事

　　從本書下篇第五至十章共六個面向進行主題分析，可見其宋詞的精神內蘊不外乎是生命意識的詠歎、憂患意識的表述、人生感悟的傳達、隱逸情懷的抒寫，可以印證「詞為心學」──既重視生命之體現，也重視心靈之能動性，並對生命存在的價值做出了理性的提煉。況周頤云：「詞之為道，智者之事。」[1]和詩體一樣，詞在抒情之餘也深刻地體現了詞人的品格、修養、才情、學力等綜合的文化內涵。其次，詞體反映出詞人的思想心態，可知宋代詞人往往具有儒、釋、道三家思想的兼容並蓄，儒家入世的思想使宋代文人對於家國懷有擔待之責任心，而道家委任自然、隨緣自適的思想和佛家追求離苦解脫的思想又使他們能超然對待人生中的榮辱得失。即使因為黨爭而遭遇貶謫、外放等政治風雨，宋代文人也能調整自己的心態，在山水寄情和詩酒風流中超越苦悶，弱化「士不遇」的悲憤情結。

　　此外，宋代的政治社會背景、士風與文化風氣、民俗與歌妓制度也深刻影響了詞的創作內涵。總之，「詞之雅正，在神不在貌」[2]，詞的抒情應歌娛樂、交際等功能賦予詞人情感及所流露的生命精神正是詞體之「神」。透過全書的呈現，由此可見宋詞主題書寫

1　況周頤《蕙風詞話》，唐圭璋《詞話叢編》，頁 4405。
2　王國維著、施議對譯注：《人間詞話》(台北：貫雅文化，1991 年 5 月)，頁 101。

折射時代精神的發展趨勢，但同時又由外向「內轉」，從反映現實到生命留存記載等心理功用的意義。相信經過這樣的探究，有助於吾人體認宋人嘗試透過生命書寫提升詞體地位的「尊體」意識和「雅化」(詩化)的主觀努力。另一方面，因為詞文體傾向於詞人內在深沉幽隱微情感的坦露，這種表情的方向與詞體的抒情本色接拍合律，可以說正是對詞體「要眇宜修」[3]的回歸。詞體在承載幽深細婉的情緒方面得天獨厚，比詩來說更為委婉曲折，更可以展現難言之隱，更具有品讀的空間。詞之生命書寫既體現了文人主體精神的本源性回歸，又展現了詞體規範下詞心主體在審美經驗的傳承中既認識到了文學藝術的審美特性，又渴望尋求自我精神家園的建構和生命意識的張揚，從詞中我們更能看到內心深處的善感幽微。

　　「題材」和「主題」之間的關係，正如同「意象」與「意義」的關係，作家總是透過各種題材來呈現自我的內心的世界，傳達自我的生命態度和理念。筆者對宋詞五個面向進行「意義的生成與闡釋」，期望以主題學的方法系統研究宋詞的精神內涵。對宋詞幾個主題進行了整體的梳理、觀照和把握，期能超越文學史的一般性論述，透過主題而直指詞文學的核心——生命意蘊，為宋詞的研究和批評提供了廣闊的學術視野和理論基礎，同時也為詞文學主題研究的方法開拓出一條新的路徑。

---

3 「詞之為體，要眇宜修。」，見王國維著、施議對譯注：《人間詞話》(台北：貫雅文化，1991 年 5 月)，頁 225。

參考暨徵引書目

一、傳統文獻

先秦・《尚書・堯典》，見《十三經注疏》(台北：藝文印書館，1982年8月)。

先秦・《毛詩・大序》，見《十三經注疏》(台北：藝文印書館，1982年8月)。

東漢・許慎撰，清・段玉裁注《說文解字》(上海：上海古籍出版社，1981年10月版)。

魏・曹操著、夏傳才注：《曹操集注》(鄭州市：中州古籍出版社，1986年)。

西晉・葛洪：《西京雜記》卷二(北京：中華書局，1985年)

梁・蕭統編、唐・李善注：《昭明文選》(台北：文津出版社，1987年)。

梁・劉勰著、周振甫注釋：《文心雕龍注釋》(台北：里仁書局，1984年)。

梁・鍾嶸《詩品》(台北：金楓出版社，1986年12月)。

逯欽立編：《先秦漢魏晉南北朝詩》(北京：中華書局，1983年)。

後蜀・趙崇祚輯、蕭繼宗評點校注：《花間集》(臺北：學生書局，1981年10月)。

世界書局校註：《唐五代詞》(台北：世界書局，1976年7月)。

南唐・馮延已《重校陽春集》(台北：世界書局，1982 年 4 月)。

唐・孔穎達《毛詩正義》(北京：中華書局，1967 年)。

唐・韓愈撰、[宋]魏仲舉編：《五百家注昌黎文集》，見清・紀昀
　　等編撰《景印文淵閣四庫全書》集部 13 冊・別集一，總 1074
　　冊(台北：臺灣商務印書館，1985 年 9 月)。

北宋・蘇軾著，鄒同慶、王宗堂編校：《蘇軾詞編年校注》(北京：
　　中華書局，2007 年10 月)。

北宋・蘇軾撰、孔繁禮點校：《蘇軾文集》卷五三(北京：中華書
　　局，1986 年 2 月)

北宋・蘇軾撰，張志烈、馬德富等主編：《蘇軾全集校注》全二十
　　冊(河北人民出版社，2010 年 6 月)。

宋・李清照著、黃墨谷重輯：《李清照集》(齊魯書社，1981 年)，
　　頁 261。

宋・李清照著、王仲聞校注：《李清照集校注》(北京：人民文學
　　出版社，1979年)。

金・元好問：《中州集校注》全八冊(北京：中華書局，2018年3
　　月)。

南宋・朱熹編著：《四書章句集注・論語集注》(台北：長安出版
　　社，1991年)。

南宋・魏慶之《詩人玉屑》(台北：世界書局，1980年10月)。

南宋・胡仔纂集，廖德明校點：《苕溪漁隱叢話》（臺北：木鐸
　　出版社，1982）後集。

南宋・劉克莊撰、王秀梅點校：《後村詩話》續集卷四(北京：中
　　華書局，1983年)。

南宋・張端義《貴耳集》(北京：中華書局，1985年)。

南宋‧黃昇輯，王雪玲、周曉薇校點：《花庵詞選》(瀋陽：遼寧
　　人民出版社，1997年3月)。

南宋‧嚴羽：《滄浪詩話》，郭紹虞校釋：《滄浪詩話校釋》(台北：
　　東昇出版事業公司，1980 年)。

南宋‧陳振孫：《直齋書錄解題》卷二十一(上海：上海古籍出版
　　社，1987年11月)。

南宋‧劉辰翁著、段大林校點：《劉辰翁集》(南昌：江西人民出
　　版社，1987年)。

南宋‧劉克莊著、辛更儒箋校：《劉克莊集箋校》(北京：中華書
　　局，2011 年)。

南宋‧戴復古：《石屏詩集》卷一，見《宋詩鈔》，《文淵閣四
　　庫全書》本。

南宋‧陸游：《陸游全集》(北京：中華書局，1976年版)。

南宋‧黃昇《中興以來絕妙詞選》，《四庫叢刊本》。

孔凡禮輯：《全宋詞補輯》(臺北：源流出版社，1982年12月)。

唐圭璋編撰，王仲聞參訂，孔凡禮補輯：《全宋詞》(北京：中華
　　書局，1999年）。

金‧元好問《遺山集》，清‧紀昀等編撰《景印文淵閣四庫全書》
　　集部130冊‧別集四，總1191冊(台北：臺灣商務印書館，1985
　　年12月)。

《御訂全金詩‧增補中州集》，《四庫全書》本。

宋末元初‧羅燁：《醉翁談錄》（上海：古典文學出版社，1957
　　年）。

宋末元初‧鄭思肖：《大義集‧自序》，見《鄭思肖集》(上海：
　　上海古籍出版社，1991年)

元‧脫脫《宋史‧文苑傳》(北京：中華書局，1977年版)。

唐圭璋編《金元詞‧金詞卷》(北京：中華書局，2018 年)。

明‧張溥：《漢魏六朝百三家集題辭注》(台北：世界書局，1979
年)。

明‧湯顯祖著、徐朔方箋校：《湯顯祖詩文集》(上海：上海古籍
出版社，1987 年)。

明‧沈際飛編：《草堂詩餘》(台北：臺灣中華書局，1971 年 11
月)。

明末清初‧《雲間子新詩和稿‧幽蘭草‧倡和詩餘》點校本(瀋陽：)。
遼寧教育出版社「新世紀萬有文庫」出版，2000 年)。

清人莊仲方編《金文雅》序文，任繼愈編《中華傳世文選》第 7
冊(吉林：吉林人民出版社，1998 年)。

清‧陳維崧，《迦陵文集》卷二，《四部叢刊》本。

清‧張惠言、董毅編：《詞選‧續詞選》(北京：華夏出版社，2006
年 1 月)。

清‧劉熙載《藝概》(台北：金楓出版有限公司，1986 年 12 月)

清‧金聖歎評點，傅曉航點校：《貫華堂第六才子書西廂記》(蘭
州：甘肅人民出版社，1985 年)。

清‧吳雷發《說詩菅蒯》，丁福保編：《清詩話》(上海：上海古籍
出版社，1978 年修訂本)。

清‧郭慶藩編、王孝魚整理：《莊子集釋》(臺北：漢京文化事業
有限公司，1983年)。

清‧葉燮：《原詩》(北京：人民文學出版社，1979 年)。

清‧袁枚：《隨園詩話》，《袁枚全集》(江蘇古籍出版社，1993 年
版)。

清‧吳本嵩〈今詞苑序〉，陳維崧等輯：《今詞苑》卷首，康熙十
年(1671)刻本。

清‧丁福保輯：《歷代詩話續編》(北京：中華書局，1983 年)。

清‧張惠言、董毅編：《詞選‧續詞選》(北京：華夏出版社，2006年)。

清‧王國維著、施議對譯注：《人間詞話》(台北市：貫雅文化，1991 年 5 月)

清‧王國維《文學小言》，姚淦銘、王燕編：《王國維文集》第一卷(中國文史出版社，1997 年)。

清‧王國維《紅樓夢評論》，見《王國維文學論著三種》(北京：商務印書館，2001 年 3 月)。

清‧王國維，《王國維詞集》(上海：上海古籍出版社，2013 年 6 月)。

清‧王國維《宋元戲曲史》(台北：台灣商務印書館：2001 年 5 月)。

清‧潘德輿《養一齋詩話》(北京：中華書局，2010 年)。

清‧何文煥輯《歷代詩話》(北京：中華書局，1981 年)。

《大金國志‧初興風土卷》，《四庫全書補正‧子部》(台北：國立故宮博物院編，台灣商務印書館印行，1998 年 3 月)。

宋至民初‧唐圭璋編：《詞話叢話》(台北：新文豐出版社，1988年 2 月)

唐宋以來‧金啟華、張惠民、王恒展、張宇聲、王增學合著：《唐宋詞集序跋匯編》(台北：臺灣商務印書館，1993 年 2 月在台發行第一版)。

二、今人論著

郭紹虞《中國歷代文論選》(上海：上海古籍出版社，1979 年)。

劉永濟《詞論》(上海：上海古籍出版社，1981 年版)。

夏承燾《姜白石詞編年箋校‧行實考‧合肥詞事》(臺北：台灣中
　　華書局，1984 年 10 月在臺第二版)。

王水照：《唐宋文學論集》(濟南：齊魯書社，1984 年版)。

黃文吉《宋南渡詞人》(臺北：臺灣學生書局，1985 年)。

宗白華《美學散步》(上海：上海人民出版社，1985 年)。

王偉勇《南宋詞研究》(臺北：文史哲出版社，1987 年)。

楊海明《唐宋詞風格論》(臺北：木鐸出版社，1987 年)。

劉永濟《微睇室說詞》(上海：上海古籍出版社，1987 年)。

楊海明《唐宋詞論稿》(杭州：浙江古籍出版社，1988 年)。

李澤厚《美的歷程》(北京：文物出版社，1989 年 9 月)。

郭長海《金代名臣名將傳》(哈爾濱：哈爾濱出版社，1998 年)。

蔡鎮楚，《宋詞文化學研究》(長沙：湖南人民出版社，1999 年 7
　　月)。

陶爾夫、劉敬圻著《南宋詞史》(哈爾濱：黑龍江人民出版社，1992
　　年 12 月)。

王兆鵬《宋南渡詞人群體研究》(臺北：文津出版社，1992 年)。

路遙：《路遙文集》(西安：陝西人民文學出版社，1993 年)。

童慶炳《文體與文本的創造》（昆明：雲南出版社，1994 年）。

陳祖美《李清照評傳》(南京：南京大學出版社，1995 年)。

鍾陵編著《金元詞紀事會評》(合肥：黃山書社，1995 年 12 月。

張惠民，《宋代詞學審美理想》(北京：人民文學出版社，1995 年)。

黃文吉《北宋十大詞家研究》(臺北：文史哲出版社，1996 年)。

陳文華《海綃翁夢窗詞說詮評》(臺北：里仁書局，1996 年)。

楊海明《唐宋詞史》(高雄：麗文文化出版社，1996 年)

程孟輝《西方悲劇史學說史》(北京：中國人民大學出版社，1996
　　年)。

葉嘉瑩《王國維及其文學批評》(石家莊：河北教育出版社，1997
　　年)。

夏承燾著、吳戰壘等編：《夏承燾集》全八冊(杭州：浙江古籍出
　　版社、浙江教育出版社，1997 年)。第一冊：《唐宋詞人年譜》。

蘇著聰《宋代女性文學》(漢口：武漢大學出版社，1997 年)。

陳良運編《中國歷代詞學論著選》(南昌：百花洲文藝出版社，1998
　　年 8 月)。

李劍亮《唐宋詞與唐宋歌妓制度》(杭州：杭州大學出版社，1999
　　年 5 月)。

陳水雲《清代前中期詞學思想》(武漢：武漢大學出版社，1999
　　年)。

王兆鵬《唐宋詞史論》(北京：人民文學出版社，2000 年)。

王水照《王水照自選集》(上海：上海教育出版社，2000 年)。

沈松勤《唐宋詞社會文化學研究》(杭州：浙江大學出版社，2000
　　年 1 月)。

趙曉嵐《姜夔與南宋文化》(上海：華東師範大學，2001 年)。

陶然《金元詞通論》(上海：上海古籍出版社，2001 年 7 月)。

張仲謀《貳臣錄》(新北市：笙易文化，2002 年 5 月)。

顧祖釗《文學原理新釋》(北京：人民文學出版社，2002 年 2 月)。

劉子健《中國轉向內在——兩宋之際的文化內向》(南京：江蘇人
　　民出版社，2002 年)。

楊海明《唐宋詞與人生》(石家庄：河北人民出版社，2002 年)

嚴迪昌《清詩史》(南京：江蘇古籍出版社，2002 年)。

黃文吉《黃文吉詞學論集》(台北：臺灣學生書局有限公司，2003
　　年)。

王偉勇《詞學專題研究》(台北：文史哲出版社，2003 年 4 月)。

王偉勇《宋詞與唐詩之對應研究》(台北：文史哲出版社，2004
　　年3月)。

劉尊明《唐宋詞綜論》(北京：中國社會科學出版社，2004年)。

陶爾夫、諸葛憶兵《南宋詞史》(哈爾濱：黑龍江人民出版社，2004
　　年11月)。

孫克強《清代詞學》(北京：中國社會科學出版社，2004年7月)。

童慶炳《文學理論教程》(北京：高等教育出版社，2004年2月)。

王兆鵬《詞學史料學》(北京：中華書局，2004年5月)。

張賢根《存在‧真理‧語言—海德格爾美學思想研究》(武昌：武
　　漢大學出版社，2004年12月)。

吳熊和等人主編《唐宋詞彙評》(杭州：浙江古籍出版社，2004
　　年)，共分「唐五代卷」一冊，「兩宋卷」五冊。

吳小英《唐宋詞抒情美探幽》(杭州：浙江大學出版社，2005年6
　　月)。

陳水雲《清代詞學發展史論》(北京：學苑出版社，2005年7月)。

陶爾夫、諸葛憶兵《北宋詞史》，哈爾濱：黑龍江人民出版社，2005
　　年1月)。

朱崇才《詞話史》(北京：中華書局，2006年)。

韓立平《南宋壽詞的精神》，華東師範大學頭士論文，2006年，
　　彭國忠指導。

張宏生《清詞探微》(上海：上海古籍出版社，2008年)。

黃雅莉《宋代詞學批評專題探究》(台北：文津出版有限公司，2008
　　年4月)。

葉嘉瑩《王國維及其文學批評》(北京：北京大學出版社，2008
　　年)。

劉少雄《詞學文體與史觀新論》(台北：里仁書局，2010年)。

唐紅衛《二晏研究》(天津：南開大學出版社，2010年出版)

彭玉平《人間詞話疏證》（北京：中華書局，2011 年）。

王偉勇、薛乃文《詞學面面觀》(台北：里仁書局，2012 年)。

陳水雲《中國古典詩學的還原與闡釋》（北京：中國社會科學出版
社，2013 年）。

王兆鵬《唐宋詩詞考論》（北京：中國社會科學出版社，2013 年）。

李有成《離散》(台北：允晨叢刊，2013 年 8 月)。

彭玉平《王國維詞學與學緣研究》(北京：中華書局，2015 年 4
月)。

張惠民、向娜《江山風雨寄詞心：唐宋詞主題研究》(天津：南開
大學出版社，2016 年)。

陳水雲《中國詞學的現代轉型》(北京：社會科學文獻出版社，2016
年)。

王偉勇編《中外詞學碩博士論文索引（1935～2011）》(臺北：里
仁書局，2016 年)。

羅慧蘭、王向梅編寫《中國婦女史》(北京：當代中國出版社，2016
年 12 月)。

蕭　辰《當時只道是尋常‧納蘭容若傳》、《納納蘭性德詞集》(哈
爾濱：哈爾濱出版社，2017 年 5 月)。

熊豐《入金宋人的文化心理與詩歌創作》，李冬紅指導，曲阜師範
大學文學院中國語文學科碩士論文，2018 年 3 月。

三、外國譯著

[德] 費爾巴哈《費爾巴哈哲學著作選集》下卷(香港：三聯書店，
1960 年)。

[俄羅斯] 列夫‧托爾斯泰《藝術論》(北京：人民文學出版，1980

年版)

[德] 費爾巴哈《基督教的本質》(北京：商務印書館出版，1984 年)

[德] 恩斯特・凱西爾《人論》(上海：上海譯文出版社，1985 年)。

[德] 歌德《歌德談話錄》(北京：人民文學出版社，1987 年)。

[德] H・R 姚斯， [美] R・C，霍拉勃著；周甯、金元浦譯：《接受美學與接受理論》(瀋陽，遼寧人民出版社，1987 年)。

[德] 胡塞爾著、張慶熊譯：《歐洲科學危機和超驗現象學》(上海：上海譯文出版社，1988 年)。

[德] 弗裡德里希・席勒，馮至、範大燦譯：《審美教育書簡》(上海：人民出版社，2003 年)

[德] 恩格斯《家庭、私有制與國家的起源》(北京：人民出版社，2009 年 5 月)。

[德] 本雅明著、李雙志、蘇偉譯：《德意志悲苦劇的起源》(北京：北京師範大學出版社，2013 年)。

[俄羅斯] 車爾尼雪夫斯基《藝術與現實的審美關係》(北京：人民文學出版社，1979 年)。

[俄羅斯] 列寧《哲學筆記》(中央編譯出版社，2017 年 7 月)。

[奧地利] 弗洛伊德《夢的釋義》(香港：新世紀出版社，2007 年 1 月)。

[瑞士] 榮格《心理學與文學》(香港：三聯書店，1987 年)。

[法] 雨果《雨果散文》(北京：人民文學出版社，2008 年)。

[法] 雨果《克倫威爾》(上海：譯文出版社，2011 年版)。

[捷克] 米蘭・昆德拉著、唐曉渡譯：《小說的藝術》(北京：作家出版社，1993 年版)

[美] 卡爾文・S・霍爾，沃農・J・諾德拜合著，張月翻譯，《榮

格心理學綱要》(鄭州：黃河文藝出版社，1987 年版)。

[美] 蘇珊・朗格《藝術問題》(南京：南京出版社，2006 年 1 月)。

四、期刊論文

周惠泉：〈宇文虛中及其文學成就論略〉，《社會科學戰線》，1987 年第 3 期。

繆鉞：〈論金初詞人吳激〉，《四川大學學報》(哲學社會科學版)，1989 年第 4 期。

謝思煒〈夢窗情詞考索──兼論本事考索及情詞發展歷史〉，《文學遺產》，1992 年第 3 期，頁 85-93。

諸葛憶兵〈走向心靈的避難所──論晏幾道的戀情詞〉，《求是學刊》，1993 年第 4 期，頁 88-91。

錢錫生〈關於吳夢窗生平的兩個問題〉，《文學遺產》，1993 年第 2 期，頁 79-84。

周惠泉〈金代三文學家評傳(宇文虛中、蔡松年、吳激)〉，《山西師大學報》(社會科學版)第 20 第 2 期，1993 年 4 月，頁 43-49

杜濤〈〈蒹葭〉何以美〉，《國文天地》，1993 年 3 月，第 8 卷第 10 期，頁 62-67。

崔海正〈宋詞與宋代理學〉，《文學遺產》，1994 年第 3 期，頁 61-73。

李揚〈生命與才情的詠嘆──宋代壽詞創作的審美描述〉，《名作欣賞》1995 年第 6 期，頁 34-37。

吳永江〈宋代壽詞初論〉，《中國韻文學刊》，1996 年第 2 期，頁 46-59。

胡傳志：〈論金初作家蔡松年〉，《社會科學戰線》，1996 年第 6 期。

童勝強〈宋詞中的生命意識〉，《學術論壇》，1997 年 5 月，頁 86-91。

陶爾夫〈夢窗詞與夢幻的視窗〉,《文學遺產》,1997 年第一期,
　　頁 76-85。

詹　丹〈仙妓合流現象探因——唐代愛情傳奇片論之二〉,《西安
　　教育學院學報》,1997 年第 3 期,頁 11-17。

劉鋒燾〈劉後村壽詞淺論——兼談後村與賈似道的關係〉,《陝西
　　師範大學學報》(哲學社會科學版),1998 年 3 月,138-143。

孫維誠〈「憂世」與「憂生」—中國古代憂患詩歌史論綱〉,《安慶
　　師院社會科學學報》,第 17 卷第 4 期,1998 年 10 月,頁
　　90-96。

戴建國〈秦觀詞的情韻之美與文化意蘊〉,《安慶師院社會科學學
　　報》第 17 卷第 2 期,1998 年 5 月,頁 60-63。

賀慧宇〈略論宋代壽詞的歷史流程〉,《船山學刊》,1999 年第 1
　　期,頁 39-41。

張兆勇〈人生只是有情癡——從情的角度看歐陽修詞的價值〉,《淮
　　北煤師院學報》(哲學社會科學版),第 21 卷第 2 期,2000
　　年 5 月,頁 23-26。

劉峰燾:〈從守節徬徨走向消釋超脫——論蔡松年文化人格的轉
　　變〉,《蘭州大學學報》(社會科學版),2000 年第 1 期。

李紅霞〈論南宋壽詞的興盛及其文化成因〉,《陝西師範大學學報》
　　(哲學社會科學版),2002 年第 4 期,頁 56-61。

劉毅青〈詞論中的境界說〉,(《惠州學院學報》第 22 卷第 4 期,
　　2002 年 8 月,頁 4-29

徐　楓、葉抒〈論周濟對詞學寄託論的新闡釋〉,《東北師大學報》
　　(哲學社會科學版)2002 年第 2 期,總第 196 期,頁 79 至 85。

鮑　恒〈詞體與詞體學略論—詞學研究中的兩個基本問題〉,《安
　　徽大學學報》第 26 卷第 5 期,2002 年 9 月,頁 90-96。

朱蘇權〈善言感傷——淺談《淮海詞》贏得盛譽的重要原因〉,《廣西師院學報》,2003 年第 19 卷第 10 期,頁 11-15。

閻君祿〈欲托朱弦寫悲壯——後村壽詞初探〉,《樂山師範學院學報》,2003 年 2 月,頁 49-52。

魏中林、賀國強〈詩史思維與梅村體史詩〉,《文學遺產》,2003 第 3 期,2003 年 3 月,頁 98-108。

蔣曉城〈悲劇生命的心靈之音——李煜、晏幾道、秦觀詞詞心比較〉,《中國文學研究》2003 年第 3 期(總第 70 期),頁 34-37。

李紅霞〈從文化學角度解讀南宋壽詞的勃興〉,《江淮論壇》2004 年第 3 期,頁 127-130。

楊柏嶺〈晚清詞家詞心觀念評說〉,《文藝理論研究》,2004 年第 3 期,頁 89-96。

張玉雁〈文學內轉的動力——簡評心理學對文學的滲透〉,《華北水利水電學院學報》2004 年第 2 期,「摘要」。

鄧喬彬〈秦觀「詞心」析論〉,《文學遺產》2004 年第四期,頁 76-85。

張明華〈靖康之難被擄北宋宮廷及宗室女性研究〉,《史學月刊》,2004 年第 5 期,頁 48-52。

張利群〈論況周頤《蕙風詞話》的詞學主體性理論〉,《河池學院學報》第 25 卷第 3 期,2005 年 6 月,頁 36-41。

劉佳宏、段春楊、雪蘭〈論辛派壽詞中的抗金情結〉,《江蘇工業學院學報》(社會科學版),2005 年第 2 期,頁 55-57。

劉貴華〈詞境理論〉(《中國韻文學刊》第 19 卷第 1 期,2005 年 3 月,頁 70-74)

劉揚忠〈金代河朔詞人群體述論〉,《學術研究》,2005 年第 4 期,頁 135-140。

萬文斌、黎瑛〈試論中國古典詞論與詩論的變異及趨同〉,《江西

社會科學》2005 年第 1 期，頁 86。

李紅霞〈論南宋壽詞的分型及特徵──兼論祝壽文學的歷史演
　　進〉，《深圳大學學報》(人文社會科學版)，2005 年第 3 期，
　　頁 87-90。

王福美〈略論南宋中興詞的「詞史」特質〉，《中國社會科學院研
　　究生院學報》，2005 年 3 月，頁 57-61。

劉佳宏、段春楊、雪蘭〈論辛派壽詞中的抗金情結〉，《江蘇工業
　　學院學報》(社會科學版)，2005 年第 2 期，頁 55-57。

周惠泉，〈金代文學家──宇文虛中〉，《古典文學知識》，2006 年
　　第 5 期。

吳　楠〈從吳文英詞中的恐懼、夢幻心理看其愛國思想〉，《中國
　　古代文學研究》，2006 年 6 月，頁 17-18。

吳冬虹〈宋代自壽詞的悲傷意蘊〉，《廣西社會科學學報》，2007
　　年 12 期，總第 150 期，頁 123-126。

韓立平〈南宋自壽詞的人生體悟〉，《西南農業大學學報(社會科學
　　版)》第 5 卷第 6 期，2007 年 12 月，頁 104-107。

張　靜：〈金初詩人高士談考論〉，《社會科學輯刊》，2007 年第 3
　　期(總第 170 期)，頁 251-254。

徐　瑩〈從宋代壽詞的題材分型探討其內在意蘊〉，《語文學刊》
　　2008 年，第 14 期，頁 83-84。

胡傳志〈略論仕金宋人的詩歌新變〉，《江西師範大學學報》(哲學
　　社會科學版)，第 40 卷第 2 期，2007 年 4 月，頁 63-67。

逯雪梅〈南朝詞客北朝臣──論金代初期仕金宋人的貳臣心態與
　　人格特徵〉，《黑龍江社會科學》2008 年第 3 期(總第 108 期)，
　　頁 113-115。

黃陽華〈吳文英戀情詞之謎探考〉，《賀州學院學報》，第 24 卷第

3 期，2008 年 9 月，頁 28-35。

劉彩霞〈20 世紀 80 年代以來宋代壽詞研究綜述〉，《咸陽師範學院學報》，2008 第 1 期，頁 74-76。

劉揚忠〈略談對詞史的地域文化研究〉，《南陽師範學院學報》(社會科學版)第 7 卷第 1 期，2008 年 1 月，頁 57-61。

張　帆〈魏了翁壽詞創作考源〉，《四川師範大學學報》(社會科學版)第 36 卷第 4 期，2009 年 7 月，頁 101-104。

譚新紅〈「無厚入有間」與「有厚入無間」辨──周濟和蔣敦復詞學思想比較研究〉，《長沙理工大學學報》(社會科學版)第 24 卷第 3 期，2009 年第 3 期，頁 75-78。

胡建次〈清代詞學批評視野中的詞境論〉，《社會科學學刊》，2009 年第 3 期，總 183 期，頁 165-170。

甘　松、劉尊明〈宋代宮廷詞的文化內涵及詞史意義〉，《方叢刊》，2009 年 2 月，頁 238-254。

李　輝〈劉辰翁詞的「詞史」意義〉，《南京師範大學文學院學報》，2009 年 6 月第 2 期，頁 75-79

郭尚珍〈美人才子合是相知──論柳永戀情中的才子佳人模式〉，《科教文化》，2010 年 9 月，頁 69-70。

陳伯海〈論生命體驗美學及其當代建構〉，《社會科學戰線》，2011 年第 8 期「美學研究」，頁 123-134。

白顯鵬：〈論金朝初年『貳臣』文人詞〉，《民族文學研究》，2011 年第 3 期。

廖　原〈論「人到情多情轉薄」之境〉，《時代文學》，「古典文學漫步」，2012 年第 1 期，頁 178-179。

詹欽瑞〈「長安詞癡」月人先生的自壽詞〉，《渭南師範學院學報》，2013 年第 10 期，第 28 卷第 10 期，頁 69-73。

王慧綱〈祝壽詞所見宋代士人思想意識〉,《北方論叢》, 2013 年第 2 期(總第 238 期),頁 66-70。

李　輝〈南宋「詞史」意識的自覺〉,《中國韻文學刊》第 27 卷第 1 期, 2013 年 1 月,頁 58-62。

劉華民〈宋季詞史作品探討〉,《常熟理工學院學報》, 2014 年 5 月第三期,頁 60-68

左東嶺〈易代之際研究的學術價值與難點所在——兼及張暉之《帝國的流亡》〉,《中國文化研究》2014 年第 1 期「春之卷」,頁 47-53。

侯海榮、向欣〈姜夔合肥情詞的特質與「風月詞人」批判〉,《重慶科技學院學報(社會科學版)》, 2014 年第 9 期,頁 80-83。

劉鋒傑〈生命之敞亮：王國維「境界」說新論〉,《江西社會科學》, 2015 年第 10 期,頁 84-92。

趙崇璧〈重復詩學：記憶與回憶〉,《馬克斯主義美學研究》, 2015 年第 1 期,頁 131-142。

劉崇建〈淺論劉體仁《七頌堂詞繹》中境界說的內涵〉,《太原城市職業技術學院學報》, 2016 年 10 月,頁 199。

劉　睿〈城市空間視角下的宋詞創作〉,《雲南師範大學學報》, 2016 年 7 月第 48 卷第 4 期,頁 147-156

佘筠珺〈年誌書寫：論劉克莊「自壽詞」的自我形象〉,《成大中文學報》第五十九期, 2017 年 12 月,頁 1-40。

代軍詩〈探微晏殊和柳永情愛詞的差異〉,《開封教學學院學報》第 37 卷第 6 期, 2017 年 6 月,頁 25-26。

趙曉瑩〈宋代無名氏祝壽詞初探〉,《安徽文學研究》2018 年 7 期,總第 420 期,頁 11-13。